雪竇山文庫

雪窦山第一届慈氏学学术研讨会论文集

怡藏 主编

中西書局

《雪窦山文库》编委会

序 Preface

近年来，在党和政府的关心支持下，雪窦山佛教界坚持佛教中国化方向，秉承太虚大师“人间佛教”理念，与多方展开合作，全力推动慈氏学、禅文化与人间佛教思想的研究与发展。在这一过程中，“雪窦山文库”应运而生。

“雪窦山文库”承载了雪窦山作为弥勒道场的历史使命。雪窦山作为中国佛教第五大名山，是弥勒菩萨的根本道场。“弥勒”为梵文Maitreya的音译，意译为“慈氏”，由此衍生出“慈氏学”，即慈氏菩萨一脉相关的学问。慈氏菩萨是得释迦牟尼佛授记之未来佛，在中国民间通常被称为“弥勒佛”。在中国佛教史上，诸多高僧如法显、道宣、玄奘、窥基等皆有虔诚的弥勒信仰。奉化雪窦山是弥勒信仰扎根深厚之地，千年以前，传说弥勒菩萨以布袋和尚的形态示现于世间，并在此地应迹弘法。此后，布袋和尚的形象成为弥勒菩萨在中国的代表，雪窦山也成为弥勒道场。“雪窦山文库”不仅是对弥勒文化、慈氏学的保存和延续，也是雪窦山作为佛教名山的使命与责任。

“雪窦山文库”顺应了禅文化在新时代传承和发展的需求。雪窦山是禅宗史上有名的“禅窟”，禅僧辈出，以永明延寿和雪窦重显最为著名，雪窦重显的《颂古百则》开启了“文字禅”的滥觞。“雪窦山文库”不仅是对雪窦山禅文化传统的延续与弘扬，更是禅文化在当代传承与发展的一个载体。“雪窦山文库”旨在对雪窦山禅文化进行系统整理、保存和传播，以期为禅文化研究提供相关的资源，为广大信众和社会大众了解雪窦山禅文化提供公共平台。我们期待文库能有助于禅文化研究的深入与拓展，推动中国佛教文化的传承与创新，为社会主义精神文明建设作出贡献。

“雪窦山文库”是对太虚大师精神遗产的继承与弘扬。太虚大师是近现代佛学界泰斗，其倡导的“人间佛教”理念是当代佛教中国化的重要思想资源。太虚大师曾驻锡雪窦山十四载，对慈氏菩萨极其崇奉。他积极致力于“慈宗”的构建，并亲自撰写“慈宗三要”，以“慈宗”作为一切佛法的总枢机，并大力阐扬“弥勒净土”的理念，提出创造“人间净土”的理想。在太虚大师的倡导与努力下，雪窦山成为近现代人间佛教思想传播与弘扬的中心之一。“雪窦山文库”不仅是对雪窦山佛教文化传统的延续，也是对太虚大师慈氏信仰和“人间佛教”精神的传承与发扬。

衷心感谢所有为“雪窦山文库”作出贡献的人士与组织，也诚挚地盼望社会各界能够继续关注与支持“雪窦山文库”的建设和发展，共同推动慈氏学、禅文化与人间佛教思想的研究与传播，推动佛教文化与中华优秀传统文化的复兴。在这个拥有千年佛缘的圣地，愿雪窦山的佛教文化能够薪火相传，未来的学僧、学者、信众乃至社会大众，都能在此汲取佛陀的智慧，沐浴佛法的光辉。

是为序。

怡藏

于雪窦山颂古堂

二〇二五年一月三日

目录
Content

慈氏学的历史、意义及未来的展望

怡 藏

摘要： 慈氏学是对慈氏菩萨留下的经典、修行法门、思想的研究，也可以扩展到对于慈氏菩萨相关的历史、文学、艺术、现代意义等不同门类的研究。历史上，慈氏菩萨相关的本愿、上生、下生等经典影响了僧俗信众的信仰活动，慈氏论典直接促成了大乘瑜伽行派与中国唯识宗的形成，对全体佛法也有着整体性的重要影响。汉传佛教中代表慈悲、包容、喜乐的“布袋和尚”，被视作慈氏菩萨的化身，并成为最具代表性的中国僧人形象之一，是佛教中国化的鲜明标志。太虚大师非常重视“慈宗”，为弘扬慈氏学作出了诸多努力，编纂了代表慈氏学境、行、果的《慈宗三要》，确定慈氏学规模的《慈宗要藏目录》与慈宗修行方式的《慈宗修习仪》，同时支持汉藏佛学的“互学”与“互补”，并在慈氏学的影响下阐发“人间佛教”“创建人间净土”等伟大构想。雪窦山作为慈氏根本道场与太虚大师驻锡之地，秉承太虚大师的“人间佛教”理念，近年来在党和政府的支持下，与多方合作，全方位地致力于推动慈氏学与“人间佛教”的发展，并取得了一定的成果。最近，我们发挥区域优势，与复旦大学哲学学院傅新毅教授团队开展密切合作，制定了一系列弘扬慈氏学的发展计划，致力于将雪窦山慈氏学研究中心、慈氏学研讨会打造为海内外慈氏学研究的高端公共平台，与傅新毅教授合作编纂系列唯识学教材、制定教学计划，同时，打造雪窦山作为中国佛教第五大名山、慈氏道场的特色文化身份，与社会各界进行充分广泛交流，让慈氏学走向大众，为普及中华优秀传统文化与社会主义精神文明建设作出贡献。

关键词： 慈氏学；太虚大师；雪窦山

作者简介： 怡藏，中国佛教协会副会长、浙江省佛教协会名誉会长、浙江佛学院院长、宁波雪窦山佛教协会会长

慈氏菩萨是将在释迦摩尼佛之后成佛的未来佛，“慈氏”是梵语词的意译，其音译为“弥勒”，民间则习惯称之为“弥勒佛”。慈氏菩萨虽然是“未来佛”，但其已经以菩萨的身份，留下了诸多经典、佛理与修行法门。慈氏菩萨虽然主要被奉为大乘瑜伽行派的根本祖

师，但实际上，慈氏菩萨作为未来佛，是不限于一宗一派的，其所开示的佛理是适用于全体佛教的，历史上对各地的佛教都有着深远的影响。如太虚大师所说，慈氏学“是一切佛法的总枢机”[①]。

而我们对慈氏学的研究，有着重要的历史意义与现代价值。慈氏菩萨所代表的慈悲、包容、喜乐等积极的精神价值，以及慈氏菩萨所开示的各类佛法，在佛教的中国化历程中，逐渐被中国文化所吸收，成为中华优秀传统文化的重要组成部分，“弥勒佛”的形象成为汉传佛教文化的突出标志之一。而在现代社会，人们有着更高的思想追求与日益增长的精神文化需要，佛教、慈氏菩萨所传承的阳光、希望、自励、喜乐等积极精神价值，正可作为现代人的优秀精神食粮。我们对唯识学的弘扬，不仅是为了深化佛教信众对佛法的理解、推动佛教文化与中华优秀传统文化的复兴，而且也是在发扬慈氏菩萨的慈悲、能容的大乘精神。

一、慈氏学的历史意义与现代价值

近代以来，一些高僧大德与专家学者提出过关于“慈氏学”的界定，但没有清晰统一的标准。如明确使用“慈氏学”一词的韩清净居士，他对“慈氏学”的界定主要是集中于藏传的慈氏菩萨著作，如他曾编辑翻译《慈氏学九种译著》，即从藏文译为汉文的九种论典，[②]这样的界定其实是狭义的。而如太虚大师等高僧大德，他们未必明确用“慈氏学”一词，但所使用的“慈宗”“弥勒学”等说法，其实有着相近的意趣。我们可以说，严格意义上的“慈氏学”，就是对历代高僧、学者对于慈氏菩萨所传的经典、修行法门、思想的研究。而广义上，现代学术研究中对与弥勒菩萨相关的历史、文献、艺术、现代意义等不同门类的研究，也都可以被称为“慈氏学”。我们可以从与慈氏菩萨相关的经典与历史上慈氏信仰的几种突出形式，来具体说明慈氏学的历史意义与现代价值。

首先，与慈氏菩萨相关的契经，深刻影响了古今佛教信众的实践活动。现存与慈氏菩萨相关的契经可以大致分为三类。第一类，以西晋竺法护翻译的《弥勒菩萨所问本愿经》为代表，主要记载了释迦摩尼佛向弥勒菩萨开示菩萨的各种法行，以及弥勒菩萨过去发起的成佛、救护众生的大愿。其中对于菩萨的各类“法行”的解说，对于大乘佛教的菩萨道修行有着重要的意义，能够让人深切具体地领会到大乘佛教的修行精神。而慈氏菩萨“令我国中人民，无有诸垢瑕秽，于淫、怒、痴不大殷懃，奉行十善，我尔乃取无上正觉”[③]的本愿，也反映了慈氏菩萨对现世有情的大慈悲，是大乘佛教“普度众生”精神的生动诠释。

---

① 释太虚：《慈宗的名义》，《太虚大师全书》，北京：宗教文化出版社，2004年，第10册，第369页。
② 韩镜清：《慈氏学九种译著》，楼宇烈、怡学主编，北京：国家图书馆出版社，2017年。
③ 竺法护译：《弥勒菩萨所问本愿经》，《大正藏》第12册第189页上。

第二类，以竺法护翻译的《佛说弥勒菩萨上生兜率天经》为代表，主要记载释迦摩尼佛开示五百亿天子为供养慈氏菩萨而建造的兜率天宫的奥妙殊胜，并开示上生兜率天宫的因缘，由此促成了上生信仰。上生信仰虽然在汉地出现的时间最晚，但最初对汉传佛教影响最为显著。南北朝时期就已经有了僧众敬拜供养慈氏菩萨、念诵佛名、愿求上生兜率天宫的记载，其中以道安法师及其弟子的事迹最为出名。据《高僧传》记载，前秦君主苻坚曾将外国的结珠弥勒像等赠予道安法师，“每讲会法聚，辄罗列尊像，布置幢幡，珠佩迭晖，烟华乱发，使夫升阶履闼者，莫不肃焉尽敬矣”[①]，道安法师也经常“与弟子法遇等，于弥勒前，立誓愿生兜率”[②]；道安法师的弟子昙戒法师在病重时，“常诵弥勒佛名不辍口”，弟子问其原因，他回答说，他与道安法师七人都愿求往生兜率天，而道安法师等皆已往生。[③]上生信仰广义上是一种净土信仰，可以通过敬颂佛像或者念诵佛名的简易方法来实行，而不需要繁琐复杂的仪式或高深的文化知识，更适合普罗大众。当然，由于慈氏菩萨本身是未来佛，所以除了民众之外，也有很多高僧大德希望上生兜率天，请慈氏菩萨抉择佛法疑难。相传无著菩萨正是在学习小乘空观后心觉不染，上兜率天向慈氏菩萨请教，而后从慈氏菩萨听闻大乘佛法，[④]由此才有瑜伽行派的传承。

唐代之后，虽然中国民间的弥陀净土信仰、念诵阿弥陀佛佛名的修行方法影响更大，但这并不意味着慈氏信仰的衰落，因为第三类经典中所蕴含的下生信仰逐渐成为汉传佛教慈氏信仰的主流。这类经典，以刘宋时期开始流行的《佛说弥勒下生成佛经》为代表，主要记载释迦摩尼佛向舍利弗开示作为未来佛的慈氏菩萨下生成佛的因缘，“龙华三会”的说法也来自《下生经》。相比于阿弥陀佛信仰所追求的往生西方弥陀净土，弥勒下生类经典表达了信众对此岸的现实世界的美好追求，即希望未来佛下生于此，将人间转变为净土，在未来参与“龙华三会”。

太虚大师曾从法相唯识学的角度，对上生而至的兜率净土与慈氏菩萨下生而成的净土作出过开示，他认为：兜率净土仍在欲界，是慈氏菩萨专为教化此界有情而化，有情修十善福德可上生兜率净土；而随着有情修善，社会也清净安乐，进而可以早日感得慈氏菩萨下生成佛，创造人间净土。[⑤]在太虚大师的这种开示中，可以看出他一直致力于推动的“人间佛教”的思想渊源，亦即我们应用佛教推动人间的净化，在人间创造净土。

其次，慈氏菩萨所作的论典，深刻影响了印度与中国佛教的文化与哲学。关于慈氏论典，中国的汉传佛教与藏传佛教有不同的传说，但大致都认为有“五论”。汉传佛教记

---

① 慧皎撰：《高僧传》第5卷，《大正藏》第50册第352页中。
② 慧皎撰：《高僧传》第5卷，《大正藏》第50册第353页中。
③ 慧皎撰：《高僧传》第5卷，《大正藏》第50册第356页下。
④ 真谛译：《婆薮盘豆法师传》，《大正藏》第50册第188页中—下。
⑤ 释太虚：《兜率净土与十方净土之比较》，《太虚大师全书》第10册，第365页。

录的五论是《瑜伽师地论》《金刚般若经论颂》《辩中边论颂》《大乘庄严经论颂》与《分别瑜伽论》，藏传佛教记录的五论则是《大乘庄严经论颂》《辩中边论颂》《现观庄严论颂》《辨法法性论颂》与《究竟一乘宝性论颂》。这些论著大多是简明的颂文，无著菩萨、世亲菩萨分别为这些颂文作了精准确当的注释，这些祖师菩萨所留下的论藏正是学习、研究慈氏学的重要资源。这些与慈氏菩萨相关的论典，对印、中佛教义学，特别是大乘佛教义学，有着深远影响。关于大乘佛学的分类有很多不同的意见，如太虚大师认为大乘佛学有“大乘通学”，而大乘佛学过于广泛，具体还可以分为“法性空慧学”“法相唯识学”与“法界圆觉学”三类，[①]这是从佛法角度的区分。而从现在我们了解的佛教史来看，历史上的体系性的大乘佛教思想大致可以分为中观派、瑜伽行派与如来藏派三个派别。

瑜伽行派思想归本于慈氏菩萨的《瑜伽师地论》，也尊崇慈氏菩萨的其他论著以及无著菩萨、世亲菩萨的注释，此外瑜伽行派还尊奉《解深密经》《大乘阿毗达磨经》等经典，其核心思想是“实有唯事”“唯识无境”，在中国也被称为唯识学。瑜伽行派的思想在南北朝时期就已经传入中国，并形成了精研世亲菩萨《十地经论》的地论师与精研无著菩萨《摄大乘论》的摄论师两大学派，极大地促进了汉传佛学的发展。相传玄奘法师西行，正是为了求取《瑜伽师地论》，最终开创了中国佛教宗派之一的唯识宗，并影响到了韩国、日本的法相宗，形成了影响整个东亚的法相唯识学。可以说，法相唯识学是慈氏学的核心，太虚大师最初将慈氏学称为“慈宗”，也是简取“慈恩宗”与“慈氏宗”之意。[②]法相唯识学在中国历史上虽然长期衰落，但在近代以来也在太虚大师等高僧大德与章太炎、杨文会等居士学者的提倡下迎来复兴，并为中国文化的现代化、抵抗西方文化侵略提供了重要的帮助，现在的法相唯识学也仍然被思想界视为重要的思想理论。因此，慈氏学的教理研究，应以法相唯识学为中心。而广义上看，弘扬慈氏学不仅能复兴中华优秀传统文化，也能促进东亚文化圈的整体交流，让中国佛教文化走向世界，重新焕发其生命力。

中观派的主要思想是“一切法无自性”“缘起性空”等等，其祖师是龙树菩萨，主要经典包括《中论》《百论》《十二门论》《大智度论》等。其实，“空”“缘起”本来是佛教的通说，而大乘佛教对“空”的理解，很大程度上都是基于《般若经》的。但是，般若类经典极为庞大，如玄奘法师翻译的《大般若经》足有六百卷，因此完整地学习、把握般若思想是非常困难的，历史上也出现了《金刚经》《心经》等篇幅较短的般若类经典，后来在汉地家喻户晓。而汉、藏两地流传的慈氏菩萨的《金刚般若经论颂》与《现观庄严论颂》，则分别是两地的僧人、信众了解学习《般若经》的重要指南。此外，汉地也存有无著菩萨的《顺中论》、瑜伽行派的安慧菩萨的《大乘中观释论》，这些都是对龙树菩萨的

① 释太虚：《我怎样判摄一切佛法》，《太虚大师全书》第1册，第445—447页。
② 释太虚：《〈慈宗三要〉序》《〈慈宗要藏〉序》，《太虚大师全书》第32册，第303—304页。

《中论》的注疏。可以说，虽然慈氏学以法相唯识学为核心，但由于慈氏菩萨未来佛的身份，所以两地的信众会结合中观派与慈氏学的解释，慈氏学绝不仅限于法相唯识学。

慈氏菩萨对大乘如来藏派思想也有深刻的影响。在汉传佛教中，最初如来藏思想主要来自《涅槃经》等如来藏类经典，没有直接受到慈氏菩萨的论典影响，但实际上，汉传佛教中最早系统讨论如来藏思想与心识关系的派别，是受到瑜伽行派思想影响的汉地的地论师与摄论师，他们立足于《楞伽经》《十地经论》《摄大乘论》等慈氏学经典，对于“如来藏”“佛性”等佛法重要思想进行了广泛深入的辨析，确立了关于“如来藏真心”的理论，也确立了汉传如来藏思想的基本框架。此外，藏地将《宝性论》的作者归于慈氏菩萨，汉地认为《宝性论》的作者并非慈氏菩萨，但无论如何，《宝性论》是如来藏思想的一部集大成的论典，对于各类大乘如来藏经典的思想有着体系性的总结。藏地各派别的高僧大德也曾创作《宝性论》的注疏，将其视为如来藏思想的经典依据。可以说，慈氏菩萨关于“心识”的开示，极大地影响了对如来藏思想的理解与系统化。

最后，大众对慈氏菩萨的信仰，也可以从慈氏菩萨在大众中的形象来窥见。在印度、中亚地区，慈氏菩萨常常与观音菩萨一同作为释迦摩尼佛的胁侍，出现在塑像与浮雕之上，还有一种半跏、呈思惟状的慈氏菩萨形象也经常出现，此外中亚也有很多慈氏大佛塑像，从这些形象可以看出印度、中亚的慈氏信仰，还是偏重于将慈氏菩萨作为未来佛、智慧的象征。而在中国佛教史上，慈氏菩萨除了作为“未来佛”之外，还有许多慈氏菩萨示现化身的传说，其中以“布袋和尚”的传说影响最大。根据宋代的《佛祖统纪》《景德传灯录》《宋高僧传》等文献记载，五代时奉化地区有一僧人，自称“释契此”，“形裁腲脮，蹙额皤腹”，常带布袋装置资具，乞食之时亦将其放入布袋之中，时人称之为“布袋和尚”。布袋和尚曾显示出诸多神异，相传他于奉化岳林寺圆寂之后，有人却在别处又见到布袋和尚，而他圆寂时留下偈文“弥勒真弥勒，分身百千亿，时时示时人，时人自不识”，后人认为他是弥勒的化身，将“布袋和尚”的形象制作成绘画、雕像，广为流传，宋代时他被奉为“定应大师”，到今天已经成为中国佛教最具代表性的形象之一。相较于印度的慈氏菩萨形象，中国的布袋和尚这种大肚能容、慈悲喜乐的形象更贴近大众的信仰生活，也充分反映了慈氏学的大乘精神。

综上所述，与慈氏菩萨相关的经典深刻影响了佛教僧众的信仰活动，特别是上生类经典提供了简便易行的修行法门与丰富的净土思想，下生类经典则提供了“人间净土”的独特理想，更符合汉传佛教重视人间的特点，是推动佛教中国化发展的积极要素。而慈氏菩萨所作的论典，对全体佛法有着整体性的影响，特别是为中国文化留下了法相唯识学这一广博、深刻的学说，促成了中国佛教宗派唯识宗的形成。而汉传佛教的历史中，留下了慈氏菩萨不同化身形象的传说，特别是“布袋和尚”的形象，生动地反映了汉传佛教中对慈氏菩萨的慈悲、喜乐、包容等积极精神的推崇，也是佛教中国化的一种鲜明标志。我们在现代弘扬慈氏学，就是延续慈氏学在历史上的积极影响，为大众佛教、中华文化、佛教中国化的发展作出贡献。

二、太虚大师对慈氏学的弘扬与贡献

太虚大师是中国近代最伟大的佛教思想家、活动家之一，他对全体佛法的体系有着高屋建瓴的说明，其中尤为重视“慈宗”。大师最初对“慈宗”的界定是兼取“慈氏”“慈恩”二义，[①]在“慈宗的名义”的演讲中则明确说“‘慈宗’，就是‘弥勒宗’”，“然慈宗最重要者在宗奉慈氏菩萨，以上生内院”，但此演讲中他还是主要将慈宗视为法相唯识学。[②]太虚大师后来对慈宗、法相唯识学有更为系统、深入的阐发，也致力于弘扬慈氏学，对慈氏学的发展作出了不可磨灭的贡献。

太虚大师对慈宗的推崇，与他一生的经历密切相关。根据《太虚大师年谱》，大师于1920年被推举为杭州西湖弥勒院与大佛寺的住持，后来将二者合并，恢复古代“兜率寺”的旧名。1922年，太虚大师创立武昌佛学院，当时早晚的禅颂即不同于其他的丛林，是念诵弥勒佛名、回向兜率。而到1924年2月，太虚大师编纂了《慈宗三要》，明确要弘扬慈氏学与弥勒净土学说，并于同年春季于武昌佛学院开讲《弥勒上生经》。同年秋，太虚大师慕名到访作为弥勒道场的雪窦山，开启了他与雪窦山的半世因缘。后来太虚大师数次游访雪窦，于1932年之后住持雪窦寺，直至1947年卸任方丈职务，并于同年圆寂。他圆寂时，侍者助念的是弥勒佛号，愿求往生兜率、再来人间，其灵骨舍利也安奉于雪窦寺。[③]可以说，太虚大师虽然意求弘扬全体佛法，但其本人则更注重慈氏学。

太虚大师对慈氏学的弘扬，也可以从以下几个方面来说明。

首先，太虚大师将大乘佛学分为法性空慧学、法相唯识学、法界圆觉学，主要将慈氏学定位于法相唯识学。他将《瑜伽师地论·真实义品》《菩萨戒本》与《弥勒上生经》视作“慈宗三要”，即三者分别阐述了慈宗的境、行、果三学之要，由此可见，他所谓的“慈宗”之学，并非狭义上的单纯对“法相”或“唯识”（境）的阐述，也包括唯识的修行方法（菩萨戒）与所证之果（弥勒净土），兼具思想与实践。[④]而对“慈宗三要”的学习也被应用于武昌佛学院的教学中，这可以视作他从佛学教育的角度弘扬慈氏学的实践。

其次，太虚法师编纂了《慈宗要藏目录》，通过对慈氏学经典的整理，重新界定了慈氏学的范围。大师将“慈宗要藏”分为经、律、论、杂四藏，除了提及的关于慈氏菩萨的

① 释太虚：《〈慈宗三要〉序》《〈慈宗要藏〉序》，《太虚大师全书》第32册，第303—304页。
② 释太虚：《慈宗的名义》，《太虚大师全书》第10册，第366—370页。
③ 释印顺：《太虚大师年谱》，北京：中华书局，2011年，第72—349页。
④ 释太虚：《〈慈宗三要〉序》，《太虚大师全书》第32册，第303—304页。

经论外，还有诸多其他历史上未被重视的经典。如经藏中，除了前述三类经典外，也包括有密教色彩的《佛说慈氏菩萨陀罗尼经》等，以及提及慈氏菩萨的《楞严经》等；律藏中，除了出自《瑜伽师地论》的《菩萨戒本》，也包括《梵网经》等对汉传佛教影响力巨大的戒律文献；论藏中则主要是古代法相唯识宗文献；杂藏中，有各类历史、传记，也有讲述密教修行的《慈氏菩萨略修愈念诵法》。这一对“慈宗”的界定，已经超出了传统的狭义的佛法的范畴，其中“杂藏”的范围也可以对应本文开头提到的广义的慈氏学。①

再次，太虚大师还为慈宗的修学制定了具体的规制，即《慈宗修习仪》。大师将慈宗修行仪轨分为五门：第一是“要仪”，主要是归敬、回向释迦摩尼佛、三宝、弥勒如来，目标是往生慈氏内院；第二是“略仪”，主要是念诵《弥勒菩萨上生兜率天经》，念持弥勒佛名、弥勒法身咒印，目标是得入三摩地；第三是“本仪”，是最详细的整日的仪轨，主要内容是晨课默诵《瑜伽师地论·真实义品》而修唯识观，午课颂《菩萨戒本》，夜课持佛名、赞佛，此修行即以“慈宗三要”为中心，贯通于慈氏学的境、行、果；第四是“胜仪”，即对应唯识学的资粮位、加行位的修行；第五是“大仪”，即对应唯识学的见道位、修道位、究竟位的修行。可以说，太虚大师制定的这五门修习仪轨，结合了慈氏菩萨的经、律、论，贯通于慈宗的境、行、果，为慈氏学的实修提供了清晰而简明的指导。

最后，虽然太虚大师大体上将慈氏学定位在法相唯识学中，但如前所述，慈氏学本身不仅局限于法相唯识学，其影响也不局限于汉地，而大师对慈氏学的发扬，也在于对更广义的慈氏学与藏地慈氏学经典的发掘。1932年他在重庆创办了汉藏教理院，②支持弟子法尊法师等翻译藏地佛典，扩宽了汉地对藏地中观学与慈氏学的了解。比如，藏地所传的慈氏菩萨的《辨法法性论》被法尊法师翻译为汉语，太虚大师即于1938年为重庆佛学社讲解此论，后编纂为《辨法法性论讲记》。在《讲记》中，太虚大师还简略地依据藏地的学说介绍“五论”的归属，即《辩中边论》《大乘庄严经论》属于唯识，《现观庄严论》《究竟一乘宝性论》属于中观，即强调了慈氏菩萨对中观派的影响。③同时，《辨法法性论》对唯识的说明也与玄奘法师所传的唯识学有异。太虚大师还多次提到“汉藏应互补充”“汉藏应互学”的观点，④比如汉地没有的《辨法法性论》是藏可补充汉的例子，藏地没有的《大智度论》则是汉可补充藏的例子。⑤因此太虚大师对慈氏学的弘扬，不仅仅是汉传佛教历史上的法相唯识学的弘扬，而是立足于全体佛法，对慈氏学进行全面的研究与阐扬。

除了上述较为偏重佛法角度的弘扬之外，太虚法师对慈氏学最为深刻的阐发，则是

---

① 释太虚：《慈宗要藏目录》，《太虚大师全书》第32册，第7—11页。

② 释太虚：《世界佛学苑汉藏教理院缘起》《汉藏教理院记》，《太虚大师全书》第33册，第28—30、132—133页。

③ 释太虚：《辨法法性论讲记》，《太虚大师全书》第8册，第203—253页。

④ 释太虚：《汉藏教理融会谈》，《太虚大师全书》第1册，第359—360页。

⑤ 释太虚：《法性空慧学概论》，《太虚大师全书》第7册，第256页。

其“人生佛教”“人间佛教”与“建设人间净土”等思想。太虚大师生活在山河动荡的时代，如何使得佛法适用于当时的社会是他一生重视的问题，他认为佛教应该同样重视社会、人生，而不是单纯注重轮回、彼岸，在很多公开演讲中都提到了“人生佛教”“人间佛教”“人间净土”的说法。面对当时中国的危难，太虚大师深刻发扬大乘佛教的济世精神，希望通过佛学来为中国人找到出路，建设“人间佛教”即被认为是能够适用于当时社会的理想，并且也是“救各国救全世界”的理想，是“中华文化的真价值真精神”。①在大师的“真现实论”的“宗用论”中也提到了依于宗依、宗体而使得佛法发挥宗用，即对于文化、宗教、国学、哲学、道德、心理学、科学、人生观、社会、教育、健康、文艺这些不同的主题、领域发挥积极作用。②而大师关于建设“人间净土”的理论依据，也是来自慈氏学，即根据唯识学，人间是由有情的心识显现，所以只要有情能够行三皈、十善，则能建设人间净土，如果能进而称念佛名、回向，则能上生兜率内院净土。③

总之，太虚大师一生致力于全体佛法的发展，而他本人则主要尊奉慈宗的修行，并为慈宗、慈氏学划定了基本范围，确定了慈氏学的的境、行、果的要旨，为慈氏学制定了修行的方法，还提出了汉藏“互学”“互补”的重要思想，为慈氏学的发展作出了突出贡献。同时，大师深刻领会慈氏学与大乘佛教的济世与慈悲精神，用慈氏学的理论开展出了伟大的人间佛教思想，生动且具体地向社会展示了佛教的社会意义与价值，这是现代佛子所应继承与发扬的重要思想。

三、雪窦山与慈氏学的未来

雪窦山是中国佛教第五大名山、慈氏菩萨的根本道场，也是太虚大师的驻锡之地，因此我们希望秉持太虚大师的遗愿，从僧伽教育、佛学学术、佛教文化、社会活动等不同角度，推动慈氏学的发展，发扬人间佛教的精神。近年来在宁波党委政府的帮助下，我们也已经取得了一定的成果，并与复旦大学哲学学院合作，一起制定了弘扬唯识学的具体计划。

祖师曾说“法赖人弘”，慈氏学的中兴与发展也离不开深入了解、研究慈氏学的优秀的人才，雪窦山一直注意强调自身作为慈氏道场的特殊地位，以慈氏学为核心特色，兼及全体佛学与寺院管理、佛教文化等不同方向，大力发展僧伽教育。从20世纪90年代的“奉化弥勒僧伽培训班”，到后来21世纪初的“弥勒佛学院”，再到现在的“浙江佛学院雪窦山弥勒佛学院”，我们创立的佛学教育机构一直强调以慈氏学为底色。同时，我们也继

---

① 释太虚：《怎样来建设人间佛教》,《太虚大师全书》第25册，第354—376页。
② 释太虚：《慈宗要藏目录》,《太虚大师全书》第21—24册。
③ 释太虚：《建设人间净土论》,《太虚大师全书》第25册，第279—353页。

承太虚大师的人间佛教的基本理念，坚持佛教中国化的方向，于2020年成立了“中国佛教协会人间佛教思想研究基地”，一直支持人间佛教思想研究、佛教中国化研究、雪窦山文化研究、唯识学研究等不同主题的科研项目。现在，我们僧伽教育的基本设想是设置“四院两中心”，即弥勒学院、丛林管理学院、居士教育学院、研究生院与弥勒文化研究中心、两岸佛教交流中心。我们的本科僧伽教育的第一、二年以佛学基础为主，第三、四年则支持学僧进行唯识、禅宗、戒律、佛教管理、佛教艺术等不同方向的专精研究，这也是继承了太虚大师的办学理念。我们的研究生教育则以“双导师”“多平台”为特色，重点发展慈氏学、戒律学、禅宗学、佛教史等研究方向。至今为止，我们已经培养出了诸多优秀的毕业生，他们都是我们弘扬慈氏学的重要人才基础。

为了提高慈氏学研究的水平，我们不仅发展传统僧伽教育，也高度重视与国内外高校、研究机构与佛学院的各位专家学者的合作。我们长期与本地的宁波大学保持良好合作关系，由宁波大学的专家学者承担佛学院的社会课程。同时，我们还长期邀请中国社会科学院、清华大学、复旦大学、中国人民大学、西北大学、中国佛学院等不同高校、科研机构与佛学院的专家学者担任我们的合作导师。此外，我们还与日本爱知学院大学、泰国摩诃朱拉隆功大学等国际名校、研究机构保持长期良好合作关系，拓宽佛学院教育的国际视野，也努力让中国佛教文化发挥时代作用。

2022年，我们在复旦大学哲学学院傅新毅教授的帮助下，发挥宁波与上海的区位优势，开启了与复旦大学哲学学院的长期紧密合作。复旦大学的佛学研究有着悠久的历史，1931年复旦大学校长陈望道先生出版的《因明学》即是我国首部白话文的佛教逻辑学专著，王蘧常、严北溟、王雷泉等佛教研究专家也都曾于复旦大学任教，并培养了诸多佛学研究人才。而复旦大学哲学学院是我国哲学研究的领军机构，宗教学专业下的佛教研究方向也有着力量雄厚的科研团队，傅新毅教授更是国内顶尖的唯识学研究专家，在唯识学、因明学、佛教史、佛教文献等诸多领域都有着丰富的研究成果与教学经验，我们目前合作制定了一系列发展慈氏学的具体计划。

首先，我们计划成立雪窦山慈氏学研究中心，以两年或多年一届的频率与复旦大学哲学学院合作主办一系列“雪窦山慈氏学学术研讨会”，广邀学界、僧界的慈氏学研究的高僧大德与专家学者共聚雪窦山，一同研讨慈氏学的各类学术问题，以及未来的发展计划。我们深知慈氏学的发展不是一朝一夕一地一人之事，而是一项需要僧俗各界同仁一齐推动的公共事业，因此我们希望将雪窦山、浙江佛学院与“慈氏学学术研讨会”打造成为海内外慈氏学研究的高端公共平台，为所有对慈氏学感兴趣、致力于慈氏学研究、有志于弘扬慈氏学的高僧大德与专家学者提供交流的机会，以及提供各类支持。

其次，虽然慈氏学涵盖全体佛法，但其核心是唯识学，因此要切实地推动慈氏学的复兴，唯识学的研究是重中之重。但是，唯识学以艰深繁奥著称，在中国佛教史上也一度衰微，近代才重新复兴，因此如何复兴唯识学，让唯识学能够逐渐被学僧乃至零基础的大众正确如理地学习、了解、接受，是发展慈氏学、培养慈氏学人才所面临的一大难题。为此，我们与傅新毅教授的研究团队合作，制定了编纂本科四年制的唯识学教材的计划，希望进一步将唯识学教育渐次内化到本科四年的学习中，先培养一批能够正确讲解唯识学的僧才，再逐渐将慈氏菩萨的深刻洞见向大众普及。

最后，除了上述提到的专门的慈氏学研究，我们也十分关注慈氏学的社会效用，即继承太虚大师的人间佛教精神，让慈氏学能够造福社会、利益大众。一方面，我们希望利用较为现代的表现形式，将慈氏学中的一些较为晦涩、深奥的思想表达出来，比如用漫画、图像等形式，讲解“五位百法”“缘起性空”“唯识无境”等佛学思想，让大众更容易理解佛教的思想与哲学，为现代社会的大众提供积极的正能量。另一方面，我们也着力宣传雪窦山作为慈氏道场、中国佛教名山的形象，举办各类文化、艺术活动，让社会大众了解雪窦山与慈氏文化。同时，我们也希望邀请一些社会人士前来一同交流关于佛学、慈氏学的理解或心得体会，实现与大众的交流互动。

以上的这些构想，目前都在有计划地进行。虽然我们知道在弘扬慈氏学的过程中会面临很多困难，但我们相信在慈氏菩萨、太虚大师的宏愿加持下，在我们党与政府的支持帮助下，在教界与社会大众的共同努力下，这项伟大的事业一定会推进落实，并取得成效。我们也希望能够在计划的实行中，及时接受各方的反馈，根据佛法自身的要求与社会的需要，适时地调整计划中的细节，以便真正能够适应当代僧人、大众的需要，让慈氏学这一古老的优秀文化能够与社会相适应，在现代社会实现复兴，并为中国的精神文明建设与中华文化的伟大复兴作出独特的贡献。

慈氏学多元形态刍议

李利安

作者简介： 李利安，西北大学历史学院教授

慈氏学是一个出现在现代中国的新概念，而其内涵则是从南亚到东亚和东南亚的一个古老传统。从外延来说，慈氏学以慈氏为核心，在不同历史时期具有不同的表现，在今天的不同信仰人群中也具有彼此各异的受持。所以，尽管“慈氏学”这一概念的提出者对慈氏之唯识学情有独钟，但从历史到现实，慈氏学在现实中一直处于多元化的存在状态。特别是在今天，人类多元文明的交流互鉴与佛教三大语系的空前融会趋势，不可阻挡地激发佛教各种信仰资源的自觉整合，从而出现史无前例的会通现象。从慈氏学来说，多元化的存在正在从各系并立走向彼此圆融，从信众的实践会通走向精英的学理建构，并因为雪窦山第五大名山建设的全面推进，而在现实的空间载体和文化建构方面呈现出兼具理论和实践意义的多元化慈氏学发展态势。

一、从历史演进看弥勒信仰资源的多元结构

纵观整个佛教史，在不同历史时期或信仰逻辑的不同演进阶段中，弥勒的身份以及与身份相关的信仰内涵与价值指向都是不尽相同的。首先有前世作为居士或其他众生身份的弥勒，也就是因地的弥勒，是普通大众的一员，有社会角色，有喜怒哀乐，有生命诉求，主要是一种普通人的身份；其次有释迦佛时代跟随佛陀出家修道的弥勒，从俗人的身份转变为比丘的身份，作为释迦牟尼佛的弟子，也就是在人间最后一次轮回的弥勒；再有目前依然在兜率天宫的菩萨身弥勒，天冠华美，身躯高大，法相威严，作为兜率天之主，以说法为乐，是佛法的守护者，也是无佛时代解释佛法的第一权威；这样的弥勒未来将要成佛，所以也有一个提前预设的身份，即作为未来佛的弥勒；此后还出现了人间应化的弥勒，其中在印度大乘佛教中最常见的是弥勒菩萨参与释迦牟尼佛的说法现场，而在古代

中国为后世广泛接受的，即源于奉化一带并成为雪窦山打造弥勒道场的合法性之源的布袋弥勒。

可见，同样一个弥勒，时间上跨越过去、现在、未来三世，空间上跨越人间和天界，而在人间则既曾诞生于印度，也曾化现于中土；在形象方面也因为身份的不同而形色各异，俗人、僧人、菩萨、佛，各有其形，都得到广泛的接受；在境界方面，从未闻佛法到修学佛法，再到一生补处，乃至终极成佛，也是多阶多级的存在。如此丰富多彩的弥勒，注定其信仰形态也是丰富多样的，不同信仰形态的背后必然是不同的思想和不同的修行方法，其思想之差异涉及世界观、人生观和价值观，其修法之差异甚至可以使同为弥勒信仰者的人分道扬镳，但从文化的视野来看，正是这些彼此有别的信仰形态在相互呼应中形成了一个完整而饱满的弥勒文化体系。

如果我们系统勾勒一下弥勒信仰的历史脉络，便会发现以弥勒为主题的信仰建构和文化建构经历了多个阶段的发展，形成不同的形态。对于这个世界的人来说，从阿含经时代开始，弥勒及其理念、行法、品格等便开始为人们所知晓、传承，对此，本次研讨会界定法师等人的大作中有详细的解读，由此逐渐形成多种类型的弥勒文化现象，用传统佛教的称呼来说，就是弥勒法门。尽管从生命演进的规律来说，弥勒的前世和释迦佛时代的佛弟子身，自然是弥勒生命历程中的第一阶段，但从佛教史上的弥勒信仰来看，形成被信众广泛接受并实践的弥勒法门并不必然与弥勒的全部生命历程直接挂钩。在历史上最有影响的弥勒法门，可能是未来佛思想与信仰，以及兜率天思想与信仰，也就是常说的下生信仰和上生信仰。西北大学哲学院副院长王雪梅教授的专著《弥勒信仰研究》中认为，未来佛与下生信仰早于上生信仰，尽管在信仰的逻辑中似乎刚好相反，而信仰的历史却可能是另一番景象。生天信仰是早期佛教常见的一种信仰形态，而过去佛及其相对应的未来佛信仰则是佛灭后，甚至有人认为是释迦在世时即已出现的一种信仰。所以，上生信仰和下生信仰都是很古老的，是小乘佛教和大乘佛教共同接受和奉行的信仰，是释迦牟尼之外三大语系佛教在菩萨信仰和佛信仰当中唯一共享的纽带。我们可以将这一历史阶段的弥勒信仰称为“慈氏一期”。

由弥勒上生信仰和弥勒下生信仰这两种主体性的信仰形态引发了其他一些信仰和思想，历史上最著名的是决疑信仰和应化信仰。关于决疑信仰，因为弥勒在兜率天宫，并是未来佛，所以在释迦佛已经灭度的时代，弥勒便是佛学理论的最高权威。有问题，找弥勒，便成为印度和中国佛教史上的一种普遍信仰，并留下了大量的具体历史个案，我们可以将其称作决疑信仰。当然，“决疑”这个词本身也是玄奘等人对弥勒这一功能的称呼，玄奘在《大唐西域记》中记载了多个上升兜率天宫请弥勒决疑的信仰实例，可见在印度请弥勒决疑之风的盛行。传至中国，也代有请弥勒决疑的信仰传承。决疑信仰的前提是相信弥勒是未来佛，从而是真理的掌握者，而具体做法则是和兜率天宫的弥勒发生关系，所以这是源于上生和下生信仰的一种信仰形态。

关于应化信仰，同决疑信仰一样，也是源于上生信仰和下生信仰。如关于从哪里应化而来，这对接的是上生信仰，因为应化之主是从兜率天宫而来；为何应化来人间，这对接的是下生信仰，因为弥勒未来要下生人间成佛，教化众生，他的关注点不在他方，就在人间。但这次下生要等到56亿7千万年以后，中国人很着急，哪能等那么久，中国历史上在弥勒下生信仰传入不久，就将“当来下生”改为“当今下生”。这一改，时间方面倒是符合中国人的需求，可也引起了巨大的麻烦，因为弥勒下生，那可是万众的领袖，是最高的、最权威的精神导师，尽管弥勒下生信仰也承认弥勒成佛时有转轮圣王，但最高精神领袖的角色也让现实的统治者不可容忍，而事实上，那些将“当来”改为“当今”的人，也多是别有用心的狂妄之徒，所以，这种异端化了的下生信仰在中国遭到历代政权的严厉打击，在历史上留下很不光彩的名声。但身在兜率天宫的弥勒一直高高在上，这也不符合信仰者的需求，特别是一般人定功不足，也难以上升兜率面见弥勒，所以，民众希望在这个世界能够亲近弥勒，于是，弥勒应化人间便成为历史的必然。历史上，弥勒应化人间的事例不少，其实大乘佛经中也在不断告诉人们，身为一生补处的弥勒菩萨经常来释迦牟尼佛的法会现场，以菩萨的身份参与法会，或者代众问佛，或者替佛说法，或者在佛面前与声闻或菩萨对论佛法，弥勒成为大乘经典中与文殊齐名的弘法菩萨之一。也就是说，弥勒不会只是静静地守在那个无比壮丽、无比清净、无比快乐的天上宫殿里享福，他会在人间随处应化，我们将这称之为弥勒应化信仰。

如果说决疑信仰和应化信仰还属于大小乘佛教共同接受的信仰的话，那么，由这两种信仰分别引发出两种极其重大的弥勒信仰新现象，便开始超越了小乘佛教的范畴，前者引发了瑜伽行派，在中国形成唯识宗，后者应运而生了契此和尚，形成布袋弥勒信仰。关于前者，大家都知道，来自今天巴基斯坦巴沙瓦一带的无著，积十二年瑜伽修行的功夫（这是藏传佛教文献的记载），上升兜率天宫，请教弥勒，因此而传出弥勒五论。当然藏传和汉传佛教对无著所传弥勒作品的说法有所不同，甚至藏传佛教不承认《瑜伽师地论》是弥勒的作品，而直接署名为无著。今天学术界一般都认为弥勒传法只是一个伪托，实际上就是无著、世亲兄弟创立并推动起来的新佛教运动。当然也有学者在否定兜率天宫弥勒作为该派思想之源的同时，试图在历史中寻找一位人间曾经真实存在的作为思想家的弥勒，那便与我们常说的弥勒信仰没有什么关系了。从大乘佛教的历史来说，弥勒菩萨作为新学说的象征，在信仰的世界里得到了确认。总之，正是在无著的决疑信仰实践中，被视为源自弥勒的这套学说传到了人间，从此，在释迦旗帜之外，开始出现新的佛教旗帜，尽管弥勒之法一直强调与释迦之法的一脉相承，而其实，这种学说已发生了重大变革。以唯识学为核心的这种信仰和思想体系出现在公元5世纪左右，我们可将其称为“慈氏二期”。

至于布袋弥勒信仰，自然无人不晓。从信仰形态来看，这属于应化信仰的成功范例，当然这也是在上生信仰被西方净土信仰所取代、变异的下生信仰遭遇不断打击的背景下出现的一种弥补，也是慈氏的唯识之学在唐代以后不断走向衰落而禅宗大兴之后，弥勒信仰向禅宗主动靠拢的一种体现，同时也与印度佛教输入中国的日渐枯竭而中国佛教开始转向通俗化、生活化、简易化的历史趋势完全一致。尽管这种信仰没有直接经典依据，但菩萨应化符合佛教的基本教义，更重要的是，这种信仰与此前各种慈氏之学直接呼应，并超越这些信仰，开辟了弥勒信仰的新趋向。如兜率弥勒高居天宫，人们求其决疑，而布袋弥勒是应化人间，主动前来开示。前者威严说法，其中最有影响的就是开出唯识学体系；后者通俗教化，彰显禅宗风格，一扫兜率净土远离人间、天宫弥勒高高在上、唯识之学精深艰涩的弊端。再例如，弥勒当来下生，在人间成佛，以最高精神领袖身份主持教化，包括最高统治者在内的万民归仰；而布袋弥勒在人间应化，以游方僧身份随缘设教，亲和温润，洒脱自在，一扫下生信仰漫长无期、主宰世界以及异端性当今下生信仰的反叛性格。所以，布袋弥勒信仰堪称对传统上生信仰、下生信仰和唯识之学的一次全面超越，在弥勒信仰方面呈现出史无前例的轻松活泼。这种信仰出现在公元10世纪以后，我们可将其称作“慈氏三期”。

布袋弥勒信仰在明清时期极为流行，在上生、下生和唯识学所代表的传统弥勒信仰低迷的时代，这种禅宗化的弥勒信仰获得正统佛教、民间佛教以及民间宗教的广泛接受，并以其不可阻挡的魅力传入日本、朝鲜半岛等汉传佛教地区，同时进入印度、尼泊尔以及部分南传佛教区域。但这种占据弥勒主体形象的信仰形态始终没有完成承载全部弥勒信仰的体系建构，弥勒信仰转型的价值取代了弥勒信仰整合的价值，直到民国时期太虚大师提出“慈宗”的设想。

历史上，将全部弥勒信仰特别是将唯识之学和其他弥勒信仰结合在一起的说法并非没有，但从理论到实践的完整梳理、深度融会和具体推广，太虚可能是第一次。他首先将理论形态极强的唯识学和神圣意义极强的弥勒上生信仰结合起来，打破了历史上这两种信仰各自为政的分裂。当然，从理论上讲，这二者在历史上始终是彼此关联的，但实际上无论理论基础还是信仰情趣都完全不同。太虚试图实现融合型的弥勒文化学术体系，他将此称为“慈宗”，所以他特别强调所谓“慈宗”并非传统的慈恩宗，其中“慈宗三要”包括理论意义极强的《瑜伽真实义品》、信仰意义极强的《弥勒上生经》和具有实践意义的《瑜伽菩萨戒本》。后来，他又将弥勒下生信仰也融会进来，并对下生信仰进行了一定的转型，既避免历史上当今下生信仰的反叛性格，也避免当来下生信仰遥遥无期的弊端，结合弥勒下生的先决条件，倡导建设人间净土，从而与近代社会转型和民族复兴大业完全接轨。而且太虚大师在住持雪窦寺期间，对布袋弥勒信仰也予以全面的接受和融会，形成一种具有兼顾弥勒信仰历史发展、总摄弥勒信仰各种资源、具有强烈综合意义的弥勒学术文化体系——慈宗。在太虚的心目中，这个慈宗甚至就是“一切佛法的总枢机”，所以，他以此为基础试图融摄大乘佛教的基本理论和信仰。当然，这只是信仰者的理念和希望，客观上讲，“慈宗”还是以弥勒信仰为核心建构起来的一种弥勒文化体系。我们可将这种具有全新整合意义的弥勒文化体系称为“慈氏四期”。

二、从资源面对看古今慈氏之学的多元趋向

历史上的弥勒信仰或弥勒文化显然是多种类型的，而非单一形态的。这些主题各异的弥勒信仰和理念，在历史上其实都形成了一种具有相对独立性和完整性的文化现象，并足以成为一种独具个性的研究领域，从而形成各种专门的学问，堪称不同类型的“慈氏之学”。哪一个才是慈氏学呢？还是每个都属于慈氏学呢？或者还是包纳全部神圣资源才能叫慈氏学呢？

我们先来看历史上中国人是如何面对这些信仰资源的。总体上看，面对这些信仰资源，中国人随缘而入，各有选择，在弥勒信仰的接受和运用方面，显示出多彩的样态，形成不同类型的慈氏之学。例如，从信仰选择与实践运用的角度来看，有的人围绕上生信仰建构自己的理论诠释与修行实践，以上生信仰为主题自成体系；有的人围绕下生信仰建构自己的诠释和实践，也能自成体系，当然也常见这两种信仰融为一体的现象；有的围绕唯识学建构自己的诠释体系和实践路径，因其严密的逻辑和系统的框架，更能自成体系，这种信仰尽管从起源意义上看也与上生信仰相关，但毕竟是完全独立的一种思想体系，这也正是狭义的慈氏学；有的则专爱布袋弥勒，以人间化的轻松随和、快乐吉祥为修行理念，注重般若智慧的生活化落实和欢喜自在的精神境界的实现，形成具有禅宗风采的理念与信仰，也可以自成体系地存在，而且适应面极广，在社会各个阶层均极富魅力，这与上生、下生、唯识等信仰旨趣和修行方法迥然不同。当然，布袋弥勒信仰现在也在发生转化，一方面是向唯识学靠拢，走高雅之路，这从太虚时代就主动地开始了，但缺乏社会基础，历史与学理的隔阂较难消除；二是继续通俗化、大众化，并出现各种保佑祈福的信仰，如在发财送子等现实功利诉求方面不断拓展，原本智慧净心、欢喜自在的弥勒也肩负起更多神力保佑、救苦救难的功能，尽管这并非布袋弥勒的慈乐本怀，但大众的期待却使布袋弥勒具有了更多实用的价值。总之，即使以布袋弥勒为核心的慈氏学，也开始呈现出多元化发展的态势。

从上述历史的脉络来看，最具根基性的慈氏之学，自然应该是以上生和下生为核心内涵的弥勒信仰，因为它们是最早体系化的弥勒信仰，并为全球佛教所有派系所认同；从雪窦山的文化资源来看，最具感召性的慈氏之学当然应该是以禅为核心，融摄多种文化元素的布袋弥勒信仰，这不仅仅是因为布袋和尚诞生和活动于雪窦山一带，更重要的原因在于他成为宋以后中国弥勒的主体形象，不但传向三大语系佛教流行区，而且在明代以后特别

是近几十年来反哺南亚，正在成为世界佛教共同接受的一种弥勒信仰；从中国“慈氏学”这一概念的原本意义来看，则是源于无著决疑于弥勒所获得的唯识之学，如果前面两种信仰的核心内涵属于弥勒信仰，那么唯识之学的主体则在于弥勒所传思想的信仰，其最大的优势在于代表了印度大乘佛教两大学派之一，以其精深博大的理论体系，在大乘佛教传承发展的逻辑演进中拥有不可逾越的地位；从汉译大乘经典的总体格局来看，因为弥勒广泛参与各种释迦佛的法会，以多样化的角色助推释迦佛各种教说的呈现与传播，所以，这些大乘经典中的隐藏的慈氏学则兼通大乘佛教的各种理论，具有更加丰富的内涵，它们虽非弥勒所专有，并为历史上的弥勒信仰所忽视，但弥勒的介入及其思想呈现总有其角色的价值，值得深入挖掘、系统梳理、分类建构，相信一定能挖掘出更加丰富的弥勒信仰形态。总之，历史上的慈氏之学是多种样态的。

这些弥勒信仰形态在历史上的命运是不一样的。从中国佛教史来看，弥勒上生信仰在魏晋南北朝时代的流行并未能为自己奠定稳定的根基，总体上看，在唐以后为西方净土信仰所取代，其中原因可能与兜率净土不具备终极超越性有一定关系，也可能与西方净土更加清晰明确的美丽图景以及更加简洁鲜明的往生途径有关；弥勒当来下生信仰则更是在南北朝时代便开始异端化为当今下生信仰，并遭到正统佛教和政权的多重打压，而正统的下生信仰也一直未能发扬光大，尽管依然不同程度地流行；唯识学作为理论形态的弥勒信仰，其所蕴含的佛教思想体系和修行实践，在唐初与其他宗派竞相绽放，但因为中国化的艰难，特别是始终保持着理论的高深繁琐，加上修行实践的可操作性较弱，很快遭遇冷落。

面对以上三种主体性、正统性弥勒信仰之遭遇，布袋弥勒另辟蹊径，例如：针对兜率幸福来世才可实现的局限，布袋弥勒转为关注民众今世的甚至当下快乐的实现；针对兜率弥勒深居内院、以说法为主的理论高雅性，布袋弥勒转变为游走民间、在行事中展现智慧的庶民性；针对兜率弥勒高大威严和华美绚丽的菩萨形象，布袋弥勒转变为型不高大、衣不蔽体的游方之僧；针对兜率弥勒下生人间的时光久远和太多严苛条件，布袋弥勒应化人间，立即实现，且不再设置任何应化人间的前提；针对下生弥勒成佛做主的一统权威及由此引发的政治冲突，布袋弥勒转变为角色上的平易普通与行事上的低调含蓄；针对兜率弥勒所传唯识之学的繁琐艰涩，布袋弥勒放弃唯识奥义，转向禅宗意趣，聚焦般若智慧，施展通俗教化，充满生活情趣。这是一次非常成功的弥勒信仰转型，从弥勒信仰主体形态历史演进的角度来看，其维持的时间远超以上三种信仰形态，成为宋元明清时期中国弥勒信仰的主流。也正是在这一时期，布袋弥勒信仰不但进入包括寺院殿堂供奉在内的全部汉传佛教信仰体系之中，而且渗透到民间宗教和世俗文化系统之内，并逐渐进入藏传佛教，开始有限地反哺南亚，近几十年来在南亚的传播则更加广泛。

近代以后，上述弥勒信仰形态的命运开始出现新的变化。其中最重要的历史新潮可能是两种：一是唯识学的复兴和当代延续，二是融合型弥勒信仰体系的建构和当代推动。

关于第一种历史新潮，从晚清开始，在迎接西方文化挑战、振兴民族精神的过程中，一部分社会精英开始关注和推崇唯识之学，革命志士、知识分子、佛教居士，这些不同群体中相继涌现出很多青睐唯识的著名人士，以不同的方式，挖掘唯识的精神资源，以南京、成都、北京等地为中心，唯识学呈现复兴态势，尤其是以“南欧北韩”的格局，支撑起一种颇具精英情怀的佛教新潮，一扫千年之沉闷。这种新潮超越千年来以布袋弥勒为主体的慈氏之学，对接初唐兴起的唯识学，在新的时代背景下，进行全新的解读和推广，富有勃发的精神气象。但从多元慈氏之学的历史资源来看，这种复兴一方面只是专注于其中的一种形态，另一方面也因为对唯识哲学的专注而不同程度地淡化了弥勒的信仰。

这种复兴势头在20世纪50年代以后便暂告终结。改革开放以来，特别是20世纪90年代以后又逐渐复苏起来。除了学术研究的介入之外，以佛教为本位的各种努力也在不断推进当中，重庆的惟贤长老、成都的弘学居士、北京的韩镜清先生等一批对唯识之学情有独钟的人在这方面作了很多努力，其中韩镜清先生还提出了“慈氏学”的概念。根据黄夏年研究员2000年发表于《世界宗教文化》的一篇采访报道，韩镜清最早提出“慈氏学”的完整构想，特别强调了慈氏学并非传统的唯识学，而是以无著所传弥勒著述为核心，涵摄唯识、三性、般若等思想学说在内的一种学说体系，包括从藏传文献中翻译瑜伽行派的经论，进行更加广泛的拓展等，但实际上，主体还是瑜伽行派或者说唯识宗，遥接慈氏二期之学，近续南欧北韩之遗风，并不能涵摄全部的弥勒信仰和建立在这种信仰基础上的全部弥勒文化现象。近年来，从事“慈氏学”研究和推广的人还有一些，有的还成立了相关机构，举行了一些学术和文化活动，也取得了一定的成绩，但其关注的领域依然以唯识宗为主，与近代以来的唯识学复兴之势遥相呼应，当然，总体上看，还不能与南欧北韩的历史贡献相比。

关于第二种历史新潮，我们上文在讨论慈氏之学的历史阶段时所说的慈氏四期，就是民国时期由太虚大师所开启的融合型弥勒信仰体系。太虚在“慈宗名义”的讲演中曾经说他和妙阔法师于长安大慈恩寺创设慈恩宗学，也曾于1932年在厦门南普陀寺建立“慈宗学会”，但一方面这种立足现代文化视野下的统合性慈氏之学仅仅是首开端绪，因为各种原因并未能有效推广起来，另一方面，其主基调还是走信仰建构的路径，并没有完成现代意义的文化和学术体系的创设。

改革开放以来，佛教界的唯识宗复兴也在缓慢推动，并出现综合性的理解和推广迹象，但远不能和太虚大师的综合性创新气魄相比。近年来，雪窦山以中国佛教第五大名山理念推进名山文化建设，全面梳理和挖掘弥勒文化的各类资源，并在硬件建设方面给予落实，将历史馈赠的各种弥勒信仰形态以实体性建设项目方式予以具体的落地，在布袋弥勒信仰这一核心的主导下，新增了体现兜率天宫的弥勒、龙花树下的弥勒、创宗唯识的弥勒、应化人间的弥勒等多种弥勒信仰形态，从软件和硬件两个方面迈开了创建融合型弥勒信仰体系的坚实步伐，与太虚大师当年创设慈宗的理想一脉相承，尽管在学理体系、信仰体系、象征体系、教学体系、修行体系等的建构与完善方面还有很多工作要做，但融合型弥勒信仰的理念已有，框架已成，目前正处于蓄势待发之势，未来自然已在可期之中。

从首届慈氏学学术研讨会来看，融合型慈氏学也是雪窦山倡导的弥勒学术研究的基本原则，因为本次会议征稿函和提交论文的主题不仅仅局限在唯识思想的范围，而是兼及与弥勒相关的各个方面，这或许意味着一个基本发展方向，那就是在融合型弥勒信仰体系的建构过程中，多元化的慈氏学也正在形成，而这既与太虚有关慈宗的学理建构遥相呼应，也与近代以来学术界有关慈氏之学的多元化研究进路完全契合。

三、观察多元化慈氏学的三个视角

那么，慈氏学的多元化如何理解呢？能否努力建构一个多元化的慈氏学呢？我想是可以的，而且是应该的，尤其是对雪窦山来说，以弥勒道场的角色，打造第五大佛教名山的整体形象，就必须将弥勒菩萨这一名号所承载的所有信仰资源、思想资源、历史资源以及由这些资源所引发的其他文化的和社会的资源全部承担起来。下面我们从三个视角来观察多元化的慈氏学这一概念的内涵和外延。

尊重近代唯识学的复兴历史以及韩镜清等人的努力，我们将狭义的慈氏学限定为以唯识宗为主体的思想和实践以及对这种思想和实践的相关研究。这是一种建构性极强的理论体系，包含哲学、逻辑学、心理学以及认识论和实践论等很多部分，涉及很多概念、范畴、命题，当然也有由人物、事件、著作等组成的文化元素，并落实在一定的时空下，和其他思想与文化相互激荡，在社会政治乃至经济等的背景下展开历史的画卷，在中印佛教文化交往的过程中实现不同于其他佛教学说的中国化转型。值得骄傲的是，这种学说在精神解析和哲思运用方面独领风骚，但从世界佛教的格局来看，这种学说并不为南传佛教所信奉，从佛教的现实存在来看，与占据主体地位的禅宗、净土宗情趣相异，加之艰涩繁复，很难在民众信仰实践中推广起来。

中层意义的慈氏学概念，应该涵摄全部源于印度、有经典依据，并成为传统佛教弥勒文化主体的那些部分。以这个标准来看，除了狭义慈氏学所专注的唯识学外，还应该包括更具有根基意义的早期各种弥勒经典所说的，并为各系佛教所公认的弥勒信仰形态，也就是弥勒上生信仰和弥勒下生信仰，以及这些信仰形态背后所涉及的哲学、艺术、文学及生命关怀、伦理教化、心理建设等方面的思想资源。这是古今世界各系佛教一直认可的弥勒信仰，至今依然是全球佛教建构彼此认同的重要纽带。

其中上生信仰把目光从人间投向天上，将人类对眼前世界的观察拓展到理性认识所不能企及的远方，同时，与西方净土不同的是，这种信仰又坚信一定会再回来人间，与弥勒一起建设和安享人间的永恒幸福。而西方净土往生后，需要经过发愿，个别人才会愿意再回来人间。所以这是一种特别类型的彼岸信仰，它以一种别样的彼岸和此岸的关系建构，在所有宗教的彼岸信仰中独树一帜。更何况这种信仰中的其他优势，也都具有很强的诱惑性，包括对欲望的尊重和疏导、对生命美好的挖掘与拓展、对未来相会的坚信与期待，在今天的信仰舞台上应该可以大放异彩。

如果说上生信仰是一种有关人间之外的彼岸信仰的话，那么，下生信仰则是一种有关这个世界未来蓝图的信仰。人类历史上，各民族都有这种思想，特别著名的，如古代中国的大同理想、近代西方的乌托邦思想等。对人类未来的探索和想象，是哲学家、宗教界必须承担的责任，弥勒下生信仰中的未来世界图景极其绚丽多姿，其中标志性世界图景或许是地域的大一统、作为统治者的转轮圣王的英明伟大、山河大地的庄严洁净，以及人民的长寿、美丽、健康、快乐等。在这种信仰中，所有现在的乃至过去的生命将一起见证那个美好的时光，尽显弥勒大慈与乐的本怀。这是一种此岸的彼岸，是对人类生命品质未来提升空间的畅想，是佛教的未来学。

总之，中层意义的慈氏学，应该将阿赖耶识缘起与转识成智等解释命运机制与生命解脱的唯识学理论与实践体系同彼岸净土及此岸未来信仰结合在一起，将看似各自独立的理论、修法和宗旨融会贯通，建构一种既有经典依据又有历史传统的慈氏学体系。

但我们更应该在广义的层面建构新的慈氏学，尤其是对雪窦山来说。突破印度佛教的范围，突破正统经典的依据，承载中国佛教历史上所有并未遭到政权彻底否定的弥勒信仰资源，进行全面的收摄和梳理，从信仰形态的角度看，其中最为重要的便是布袋弥勒信仰。它与上述三种正统慈氏遗法的关系，从正统性的角度看，狭义和中层意义的慈氏学均源于印度，有直接的经典依据，在宋以前的历史上极为流行，而布袋弥勒信仰创自中土，无直接的经典依据，但符合佛教有关菩萨应化的传统信仰；从学理性的角度看，狭义慈氏学是有宗，讲八识体系，诠释阿赖耶识缘起及其在人的生命品质、命运变迁以及未来解脱方面的意义，中层意义的慈氏学所增加的上生信仰和下生信仰分别关注彼岸与未来的美好，而布袋弥勒讲的既非法相唯识，也非上生天界，亦非未来净土，而是借助般若智慧实现此岸的当下快乐，就像契此和尚那句有名的插秧歌所说的，“手把青秧插满田，低头便见水中天。六根清净方为道，退步原来是向前”，这完全是禅宗的精神，极具通俗化、简易化、生活化的情趣，与那种高高在上的繁琐哲学相比，更能适合民众的需求，与兜率净土的彼岸性和人间净土的未来性相比，更具有现世的时效性和此岸的可靠性。

广义的慈氏学还应该在正统佛教范围之内，从狭义和中层意义的慈氏学继续拓展，深挖一切与弥勒相关的经典文献和思想学说以及信仰实践。在印度传入中国的各种著名佛教经典中，几乎都有弥勒菩萨的身影，尤其是那些在中国佛教历史上影响巨大的经典，均可看到弥勒菩萨的深度参与，并分别形成不同类型的弥勒菩萨形象，蕴含着不同形态的弥勒思想。从般若经典来说，各译本的小品般若如其中最早汉译的道行经，以及各种译本的大品般若，还有其他几种流行的般若经典，如胜天王般若、文殊般若、仁王般若等，弥勒均为其中的重要角色，并有很多重要的话语表达，与般若思想的不同形态密切相关，体现了般若思想的发展演变和不同情趣。更具特色的还是在《法华经》《宝积经》《维摩经》《华严经》《大集经》《解深密经》等大乘经典中，弥勒都是其核心角色之一，其出现的场景、其充当的角色、其说出的话语，以及所表达的信仰和思想以及修行方法等，均与大乘佛教不同类型的思想直接相关。可以说，没有弥勒的参与，这些在中国历史上极为重要的大乘经典就难以完整支撑起来。以往人们要么关注上生或下生的弥勒信仰，要么关注应化人间的布袋弥勒信仰，要么关注传说出自弥勒的唯识学说，对于大乘经典中的其他弥勒元素很少关注，这是很可惜的。弥勒以其不可或缺的角色参与到主要大乘经典的思想建构之中，共同成就了大乘佛教各种理论和信仰的经典传递，蕴含着丰富的思想资源，都值得深入挖掘、系统梳理、准确评析，并将其融入整体的弥勒信仰之中。

广义的慈氏学，既要包括这些经典中的相关思想，也要包括所有佛教史上出现的各种具体的信仰个案，如弥勒感应事迹、弥勒造像与题记、社会各个阶层人士的弥勒信仰心态与实践方法、相关人物的活动与交往、体现弥勒信仰的各种文学和艺术作品，乃至涉及社会其他领域的一些重要事件，这些均应该纳入慈氏学的研究范围，成为支撑慈氏学的基本文化元素。

总之，只有在广义的慈氏学这里，才能体现出多元化的慈氏学体系。这种多元化，可以是多个角度下的多元，上面所说的几种慈氏学形态，也仅仅是一种观察角度而已。在多元化慈氏学的体系建构方面，既可以狭义慈氏学即唯识学为根基，也可以弥勒上生和下生信仰（这是世界各系佛教一致接受的，也是最初的根基性的慈氏学）为主轴，或者以雪窦山当仁不让的第一招牌——布袋弥勒为核心。总之，像李建欣研究员在发言中所说的，多面向、多进路、多学科地推进，以便充分体现不同研究者的个性，彰显不同信仰形态的魅力，同时也只有这样才能适应民众的不同需求，达到弥勒文化推广之实效的最大化，并在各自推进的过程中，实现彼此的呼应，建构起多元一体的慈氏学理论体系和实践体系。

何谓“了境及差别”？

——印藏阿毗达磨对心心所本质区别理解的演变

般　灯、云　丹

摘要：本文通过三个部分对印藏阿毗达磨师对心心所本质问题的理解进行了分析。第一部分主要分析传统阿毗达磨师——毗婆沙师及譬喻师/经部师对于心心所的理解，即毗婆沙师认为“离心别有心所”，而譬喻师、经部师则认为“离心无别心所”。第二部分考察了以安慧为主的唯识师及玄奘一系对心心所认识对象问题的理解。他们虽然都认为“离心别有心所”，但对于心所认识的对象又有“唯了境”“了境及差别”的不同。第三部分主要针对藏传佛教对心心所问题的研究。藏传佛教在讨论心心所问题时，大量引入了法称量论的思路与概念，从而大大提高了这个问题的理论深度。

关键词：心心所；阿毗达磨；辩中边论

作者简介：般灯，北京大学文学博士，中国人民大学国际佛学研究中心学术委员，沈阳北塔护国法轮寺编辑中心组副主任；云丹，北京大学哲学博士，中国人民大学国际佛学研究中心学术委员，沈阳北塔护国法轮寺翻译组副主任。

1. 传统阿毗达磨论师

阿毗达磨师对心心所问题的看法主要有两种。一种认为“离心别有心所”，即心与心所体异。这种说法被认为是“婆沙正宗”，代表人物有早期的阿毗达磨师觉天，以及后期的塞健陀逻（Skandhila）及称友。这种说法由于认为心与心所有本质的不同，因而认为它们认识事物的方式有所不同。

另一种则认为心与心所体一，代表人物有婆沙四评家中的尊者法救和尊者觉天。由于在《成实论》中也有相同的说法，因此法救和觉天关于心心所的观点也被后人归为经部说。这种说法没有明确说心与心所认识事物的方式是否不同，然而不难推论出：既然心与心所本质一致，那么它们所认识的事物应该没有本质区别。

1.1 毗婆沙师：离心别有心所

传统阿毗达磨认为心与心所有五种相应，即时相应、所依相应、所缘相应、行相相应、事相应。在提到事相应时，《大毗婆沙论》说：

> 复次五事等，故说名相应。即前四事及物体等，谓心心所各唯一物，和合而起故名相应。①

所谓事（dravya），亦译“实有”“实事”，事相应即心与心所分别都是“实事”，它们和合而起，所以叫作“相应”。

1.1.1 《入阿毗达磨论》

塞健陀逻所著的《入阿毗达磨论》旨在阐发毗婆沙宗正义。本论在心与心所异体的问题上不仅与《大毗婆沙论》一致，并且进一步提及了心与心所所认识事物的不同，这一点是《大毗婆沙论》没有明确说明的：

> 唯总分别色等境事说名为识。若能分别差别相者，即名受等诸心所法，识无彼用但作所依。识用但于现在世有一刹那顷能有了别，此亦名意，亦名为心。②

这里说识即是心，心唯能分别“境”，而心所唯能分别“境的差别”。当心所分别差别的时候，心只能作心所的所依。从这点可以看出，《入阿毗达磨论》认为心与心所是异体的。

1.1.2 《阿毗达磨顺正理论》

众贤在《顺正理论》中将心与心所各有其体的道理说得更加明确：

> 云何平等？五义等故，谓心心所五义平等故说相应，所依、所缘、行相、时、事皆平等故。事平等者，一相应中如心体一，诸心所法各各亦尔。③

对此，譬喻师或经部师反驳说：

---

① 玄奘译：《阿毗达磨大毗婆沙论》第16卷，《大正藏》第27册第80页下。
② 玄奘译：《入阿毗达磨论》第2卷，《大正藏》第28册第988页上。
③ 玄奘译：《阿毗达磨顺正理论》第11卷，《大正藏》第29册第394页下—395页上。

有譬喻者说唯有心无别心所，心想俱时，行相差别不可得故。何者？行相唯在想有，在识中无。深远推求，唯闻此二名言差别，曾无体义差别可知。……故唯有识随位而流，说有多种心心所别，如甘蔗汁，如倡伎人，故无受等别体可得。①

譬喻师许心与心所体性为一，成立体性一的理由下文将会详细探讨。众贤论师对此观点通过教证理证两方面进行了反驳：

心心所法共一境转，生住灭等分位是同，善不善等性类无异，体相差别实难了知，非诸劣智能生胜解。故契经言：“心心所法展转相应，若受、若想、若思、若识，如是等法，和杂不离，不可施设差别之相。”……纵仁于此识想差别若得不得，然其想相离于识体决定别有。②

这里众贤所引的经文在安慧的《辩中边论疏》中也同样引用作为“离心别有心所”的教证。众贤解释经中的“和杂”（saṃsṛṣṭā）一词说：“又‘和杂’言显有别体，非无别体可说和杂。”③即只有心与心所体性相异时，才可以说是“和杂”；如果体性是一，又何来“和杂”呢？

从理证的角度，众贤认为心与心所也不可能是一体。同一刹那不能有多个心产生，这是阿毗达磨师的共许。因此如果受想思只是识的差别，那么就不可能与识一时俱起，而必然是无间次第生起。假如是无间生起，那么后一刹那的想没有办法取前一刹那的相，“想以取相为体”的定义则不能满足。因此众贤说：

由正理者，如前所说，谓于眼识所了色中取相名想，若于后时想方起者，前色已灭，云何今时有相可取，乃至广说。④

关于心与心所认识事物的方式，众贤与《入阿毗达磨论》是一致的，即心认识事物的本质，心所认识事物的差别：

我于此二差别相中分明证得，谓若于彼诸境界中，总了其体说名为识，别取名

① 玄奘译：《阿毗达磨顺正理论》第11卷，《大正藏》第29册第395页上。
② 玄奘译：《阿毗达磨顺正理论》第11卷，《大正藏》第29册第395页上。
③ 玄奘译：《阿毗达磨顺正理论》第11卷，《大正藏》第29册第395页下。
④ 玄奘译：《阿毗达磨顺正理论》第11卷，《大正藏》第29册第396页上。

相施设名想。①

又如众贤所著《显宗论》说：

识谓了者，是唯总取境界相义，各各总取彼彼境相各各了别，谓识唯能总取境相，非能取彼境相差别。②

1.1.3 《阿毗达磨俱舍论・明义疏》

《俱舍论》第一品建立识蕴处颂言“识谓各了别（vijñānaṃ prativijñaptih）”，自释说：viṣayaṃ viṣayaṃ prativijñaptir upalabdhir vijñānaskandha ity ucyate.此处梵文与玄奘译本略有不同。依据梵文，意为“对各个境了别、缘取，名为识蕴”。而玄奘译本多了“总取境相”一句，此句可能为玄奘参考《顺正理论》《明义疏》等注释而加。在称友所著的《俱舍论明义疏》中提到：

pratir vīpsārthaḥ, viṣayaṃ viṣayaṃ pratīty arthaḥ. upalabdhir vastumātragrahaṇaṃ. vedanādayas tu caitasā viśeṣā viśeṣagrahaṇarūpāḥ.

（笔者译）“各”谓种种，义为对各种境。缘取，即唯取事。然受等心所，以取差别为体。

这里称友明确说心识唯取事（境），而心所的本质则是取差别。

1.1.4 光《记》提到四句分别及《宝疏》对此的辩正

玄奘的弟子普光在《俱舍论记》中记载了印度论典中对心心所认识能力的四种不同理解：

心对心所行解不同，略为四解。

第一解云：夫于境中有二种相。一者总相，谓色、声等。二者别相，谓违、顺等。心心所法对所缘境，心取总相，不能取别。心所各自取境别相，不能取总，以于一体无多解故。故《入阿毗达磨论》第二云：“唯总分别色等境事，说名为识。若能分别差别相者，即名受等诸心所法。识无彼用，但作所依。”

第二解云：心王正取总相，兼取别相。诸心所法各自取别相，非能取总相。此

① 玄奘译：《阿毗达磨顺正理论》第11卷，《大正藏》第29册第395页上—中。
② 玄奘译：《阿毗达磨藏显宗论》第2卷，《大正藏》第29册第783页中—下。

家意说心王力强，能取总别，心所力劣，取别非总。

第三解云：诸心所法，各各正能取自别相，兼取总相。心王但取总相非别。此家意说王所作处，心所必随。故心所法兼能取总，王非随所故非取别。

第四解云：心心所法，一一皆能取总别相。然彼心王，正取总相，兼取别相。诸心所法，各各正能取自别相，兼能取他别相及与总相。所以得知诸心心所，皆能取境总别相。①

简而言之，普光所说的四种观点即：

（1）心唯取境，心所唯取差别；

（2）心取境及差别，心所唯取差别；

（3）心唯取境，心所取境及差别；

（4）心及心所均取境及差别。

对这四种观点，玄奘的另一弟子法宝在《俱舍论疏》中评价说“有人不得论意，妄为四解”。他认为只有第一种说法普光记述的是正确的，第二第三种说法，既在毗婆沙宗的文献中没有明文证明，又违背道理，因此不可以作为依据：

第二解云……破曰：违文无教，不可依据。

第三解云……破曰：喻不相似，王能总领，臣岂遍摄？无文违喻，不可依也。

第四解云……破曰：有人虽引文证，不知正不。且如受领随触，想取境像，岂可亦说想领随触，受取境像？理必不然。诸心心所同一行相者，谓取青等诸法自共相等，非是心心所法各别取像等也。②

法宝认为第四种说法错在“兼能取他别相”，即一心所不能取其他心所的别相，否则受心所则能“取境像”，想心所则能“领纳随触”了。因此他认为《大毗婆沙论》的正义应该是心与心所必须同见境上的自相共相，因为心与心所有行相相应。然而心所有“取像”“领纳”等等不同，因此说“能取差别”；心王则在总体上执取境的本体，而难以了知境的差别。因此他说：

今详论意，心心所法虽同取青等总别相等，然于此相，有即印持、取像等多种不同，名为取别。心王总取境相，别相难知。如台六司同理一国，然所理事各各不

① 普光撰：《俱舍论记》第1卷，《大正藏》第41册第26页上—中。

② 法宝撰：《俱舍论疏》第1卷，《大正藏》第41册第487页上—中。

同，王则总理，别相难了。[①]

1.2 譬喻师/经部师：离心无别心所

1.2.1 觉天：心所是心差别

根据《大毗婆沙》的记载，尊者觉天认为心所是心的差别，即心所是心的一种特殊状态：

> 觉天所说，色唯大种，心所即心。彼作是说：造色即是大种差别，心所即是心之差别。[②]

又说：

> 尊者觉天作如是说：名二十二，实体唯一，所谓意根。彼作是说，诸有为法有二自性：一大种，二心。离大种无所造色，离心无心所。诸色皆是大种差别，无色皆是心之差别。[③]

1.2.2 法救：诸心心所是思差别

尊者法救虽然说心与心所不同，但又说心与心所都是思的差别，因此也可以认为他持心与心所体一的观点。如猫不是狗，但猫和狗的本质都是动物。《大毗婆沙》说：

> 尊者法救，说离大种别有造色，说心所法非即是心。[④]

又说：

> 尊者法救作如是言：诸心心所是思差别，故世第一法以思为自性。[⑤]

1.2.3 《成实论》

《成实论》是早期经部的重要论典。其中关于心心所的说法与觉天基本一致，即心所

---

① 法宝撰：《俱舍论疏》第1卷，《大正藏》第41册第487页中。
② 玄奘译：《阿毗达磨大毗婆沙论》第127卷，《大正藏》第27册第661页下。
③ 玄奘译：《阿毗达磨大毗婆沙论》第142卷，《大正藏》第27册第730页中。
④ 玄奘译：《阿毗达磨大毗婆沙论》第127卷，《大正藏》第27册第662页中。
⑤ 玄奘译：《阿毗达磨大毗婆沙论》第2卷，《大正藏》第27册第8页下。

是心的差别：

> 心意识体一而异名。若法能缘，是名为心。问曰：若尔，则受想行等诸心数法亦名为心，俱能缘故。答曰：受想行等皆心差别名，如道品中一念五名：念处、念根、念力、念觉、正念，精进等亦如是。[①]

心数法即"心所有法"的古译。由于承许心与心所体性为一、离心别无心所，因此《成实论》针对毗婆沙宗提出的成立心所存在的理由专门作了反驳。

1.2.3.1　反驳"相应说"

如上文所说，有部提出心与心所有"五种相应"，尤其其中"事相应"一条可以证明心与心所异体。而《成实论》则不承认心与心所相应：

> 无相应法。所以者何？无心数法故，心与谁相应？又受等诸相不得同时，又因果不俱，识是想等法因，此法不应一时俱有，故无相应。又佛说甚深因缘法中，是事生故是事得生。又如谷子牙茎枝叶花实等，现见因果相次。故有识等，亦应次第而生。[②]

譬喻师及后期的经部师皆不许因果同时，因此五相应中的"时相应"也就无法成立。既然心心所不能同时存在，那么只能许心心所次第生起。

1.2.3.2　反驳"相异说"

毗婆沙宗提出心与种种心所的"相"是不同的，如"受领纳相""想取相相"，因而离心别有心所。《成实论》对此反驳说：

> 汝言相异故有心数，是事不然。所以者何？若识若觉，是诸相等无有差别。若心识色即名为觉，亦名想等，如世间言汝识是人即名为知，从受苦乐亦即是知，当知识即受想。若此等法有定异相，今应当说；实不可说，故无异相。[③]

识与觉、知、受、想等没有绝对不可变的相，在不同的情况下，有时叫"知"，有时叫"受"，有时叫"想"，所以说它们的相是不同的这也是不对的。

此外，《成实论》还破斥了毗婆沙宗的"所依说""慧解脱说"等等证明，此处不具。

---

① 鸠摩罗什译：《成实论》第5卷，《大正藏》第32册第274页下。
② 鸠摩罗什译：《成实论》第5卷，《大正藏》第32册第276页中。
③ 鸠摩罗什译：《成实论》第5卷，《大正藏》第32册第276页上。

2. 唯识师

2.1 《辩中边论》及世亲释：心唯取境，心所取差别

《辩中边论》第一品第9颂说：

tatrārthadṛṣṭir vijñānaṃ tadviśeṣe tu caitasāḥ
此中能见境者为识，于彼差别，则为心所。①

这是十分暧昧的一颂。自古对于tadviśeṣe（于彼差别）一词有两种解读。一种认为tadviśeṣe是指心所认识的事物，其中tad指代的是前文artha（境）一词。世亲释与安慧疏均持此观点。第二种则认为tadviśeṣe指的就是心所，其中tad指代的是前文vijñāna一词，即“在识的差别方面（来建立）心所”。安慧疏中所提及的不承认圆成实性的他宗，以及嘉曹杰、根敦朱巴等人均持这种观点。

世亲在解释这一颂时说：

tatrārthamātre dṛṣṭir vijñānaṃ | arthaviśeṣe dṛṣṭiś caitasā vedanādayaḥ |
此中唯能见境者为识。能见境之差别，则为受等心所。

世亲在这里只说心所能见境的差别，但没有说心所“唯能见境的差别”或“亦能见境的差别”。对这一句话的理解，又有安慧与玄奘等人的两种解读。

2.1.1 安慧的解读

安慧在解释世亲释时说：

tatrārthamātradṛṣṭir vijñānam iti | “mātra”śabdo viśeṣanirasanenāgṛhītaviśeṣā vastusvarūpamātropalabdhir ity arthaḥ | arthaviśeṣadṛṣṭiś caitasā vedanādaya iti | tena tena viśeṣarūpeṇa tatrābhipravṛtteḥ | tatrāhlādakaparitāpakatvaviśeṣo yas tasya bhāvasya yat saumanasyādisthānaṃ tadgrahaṇaṃ vedanā | strīpuruṣādivyavahāralakṣaṇo yo ’rthaviśeṣas tadgrahaṇaṃ saṃjñā | evam anye ’pi yathāyogaṃ yojyāḥ |

“此中唯能见境者为识”者，“唯”字义为“遣差别故，不取差别，唯缘事体”。“能见境之差别，则为受等心所”者，一一别体入其中故。此中适悦逼恼差别，其体

---

① 未给出出处的译文皆是笔者所译。下同。

喜等为受所取。男女等名言相，即境差别，为想所取。余心所法，如其所应，应如是配。

这里安慧明确说识唯见“事体”，即境的本体，而心所则能见境的差别。关于心所是否也能见境的问题，安慧说：

evaṃ caiṣām āśayālambana-kāla-dravyasamatābhiḥ saṃprayuktatvaṃ na tv ākārasamatayāpi vijñānāviśeṣaprasaṅgāt |

如是心所，由所依、所缘、时、事平等，说名相应。然行相不等，应成与识无差别故。

这里安慧与《大乘阿毗达磨集论》一致，许心与心所只有四种相应。如果心与心所的行相是一致的话，那么心与心所就没有差别。既然心与心所行相不相应，那么所见之物必不相同，这也就能够推断出安慧不许心所见境的本体，同时也必然许心与心所异体。

2.1.2 他宗的解读

安慧在立自宗以后，又提出了另一种观点：

cittaviśeṣā eva caitasā ihābhipretā iti kecij jānanti | tad eva vijñānaṃ tādṛśasvarūpādinā vicitrapratibhāsam utpadyate mayūracandrikavat |

或许：心所即心差别，是此中意。即此识由如是自体，生种种显现，如孔雀翎眼。

这一宗在解释颂文中tadviśeṣe一词时将tad解释为citta（心），因此“彼差别”亦即心之差别，即心所。如同孔雀翎上有种种不同的“眼”，而这些眼本质都是孔雀翎，同一个识由同样的本质而能产生种种不同的显现。

2.1.3 安慧的批判

安慧对这种说法进行了问难：

katham ekaṃ vicitraṃ ca | naikaṃ hi lakṣaṇaṃ loke vicitram iṣyate | mā bhūd ekam anekasvabhāvam iti |

然一何以为多？世间不许一相为多，勿作多性为一。

安慧说：如果同一个识可以产生种种不同的显现，即产生种种心所，那么一不就成为多了吗？世间不许一是多，因此不可以说多的本质是一。

对方回答说：

syād eṣa doṣo yadi dharmasvabhāvaḥ pariniṣpannaḥ syāt | bhrāntimātre tu naiṣa doṣaḥ | “na tathā sarvathābhāvāt” | iti vacanāt |

若诸法自性为圆成实，则有此过。然（诸法自性）唯是颠倒，故无过失。如云“非实非无有”。

从回答中可以看出，与安慧辩论的对方似是许诸法唯是颠倒而不许圆成实性的中观宗。对方说，如果诸法是自性的圆成实，那么各个有自性的法就不能是一，因此就会有“多是一”的过失。然而对于不许圆成实与诸法自性成就，而许诸法自性唯是颠倒，即“无自性”的中观宗而言，则没有“多是一”的过失。这里对方又引用了《辩中边论》第四颂来成立诸法非实有非全无的道理。

安慧对此反驳说：

naitad evaṃ, sūtravacanavirodhāt | yā venadā yā saṃjñā yac cittaṃ yad vijñānaṃ ca saṃsṛṣṭā amī dharmā, na visaṃsṛṣṭā iti | saṃsargaś ca nāma satāṃ yugapac ca bhavatīti yo hi dharmasvabhāvam apariniṣpannam icchati tasyāitat sūtram asminn arthe ’jñāpakam iti ||

此非如是，与经相违：“若受、若想、若心、若识，和杂不离。”和杂者，诸有俱时。于不许“法性为圆成实”者，此经不能证成此义。

这里安慧引用了上文《顺正理论》中同样引用的一段经文。这段经文说受、想、心、识“和杂不离”，既然是“和杂”，那么就不是一。这个理路与众贤是一致的。安慧用satāṃ yugapad（存在的法同时产生）来解释saṃsarga（和杂），实际就是将saṃ-sarga等同于sam-yoga（相应）。然而这种解释是建立在诸法自性为圆成实的基础上，对于不承认圆成实的人而言，这段经文也就不能证明心心所是异体了。

2.2 玄奘一系的解读：心唯取境，心所取境及差别

玄奘，或是玄奘所继承的护法一系的解读与安慧的解读有所不同。上文的偈颂玄奘译为“唯了境名心，亦别名心所”①，译世亲释为“唯能了境总相名心，亦了差别名为受等诸

① 玄奘译：《辩中边论》第1卷，《大正藏》第31册第465页上。

心所法”[①]。梵文及藏译世亲释、安慧疏中，都没有“亦”字，而且从安慧的解释来看，是不许心所了境的本体（境总相）的。

真谛的译本中，也没有出现“亦”字：

> 唯尘智名心，差别名心法。
>
> 心者但了别尘通相。若了尘别相，说名为心法，谓受想行等。[②]

窥基对此批判说：

> 心王与所行相同异，王唯总取，臣取总别。如《瑜伽》第三，及《显扬》十八，《唯识》第五卷等说。然初一虚妄分别之言通二门用，余文可知。旧论但言心所取别，不言取总，违《瑜伽》等说。[③]

这里窥基依据《瑜伽师地论》《显扬圣教论》《成唯识论》来证明心所既能取境的总体，又能取境的差别。然而若考察这三部论的原文，却并不能得出心所既取总又取别的结论。如《瑜伽师地论》卷三说：

> 又识能了别事之总相。即此所未了别所了境相，能了别者说名作意。即此可意不可意俱相违相，由触了别。即此摄受损害俱相违相，由受了别。即此言说因相，由想了别。即此邪正俱相违行因相，由思了别。是故说彼作意等思为后边，名心所有法，遍一切处、一切地、一切时、一切生。[④]

这里只说心所能了知识所不能了知的事的差别，但未说心所能了知事的总相。

又如《显扬圣教论》卷十八说：

> 颂曰：依多境了别，各为自业生，心法不应思，相似境转故。
>
> 论曰：心所有法依止，能缘多境八种识故。各各造作自业而起，依心而有故名心所有法。不应更思彼所缘境，由彼与识等缘转故，如经言“若于此受，即于此思，若于此思，即于此想，若于此想，即于此了别”。复次今当略说作意、触、受、想、

---

① 玄奘译：《辩中边论》第1卷，《大正藏》第31册第465页上。
② 真谛译：《中边分别论》第1卷，《大正藏》第31册第451页下。
③ 窥基撰：《辩中边论述记》第1卷，《大正藏》第44册第5页上。
④ 玄奘译：《瑜伽师地论》第3卷，《大正藏》第30册第291页中。

思五种遍行心法作业。

颂曰：引心三分别，领位审了想，德失等营为，名作意等业。

论曰：引发于心是作意业。三和分别是触业。领纳违顺俱相违位是受业。审了位相是想业。为造功德过失俱非是思业。余心法业如前广说。①

这里说的内容和《瑜伽》基本一致，没有说到心所能取事的总体。《成唯识论》卷五引《瑜伽师地论》，与上文一致：

故《瑜伽》说："识能了别事之总相，作意了此所未了相。"即诸心所取所别相。②

可见窥基所说的三处证明并不能真正证明"王唯总取，臣取总别"的论义，由此可以得出心所兼取总别的说法是玄奘一系或源自护法或独创的解读。

3. 藏传论师的发展

藏传佛教中由于深受量论的影响，在心心所认识能力的问题上，又有了进一步的理解。由于量论中已证明根识是"表相转"，因而无论是五识心王还是相应心所，必然同见境上的本体与差别，这一点已被藏传各大教派所承许。但在会通《辩中边论》颂文的问题上，又呈现出了不同的说法。粗略而言，可以将其分为两类：一类是各宗通说，即心心所体性相异，虽皆取境及差别，但取境和差别的方式有所不同；另一类则是格鲁派三大创始人之一的嘉曹杰的观点，他认为心与心所体性同一，而遮回相异。

3.1 炯丹日洛：心心所皆见境体及差别，但有通达与否的区别

炯丹日洛③认为，心与心所虽然同见境及差别，但是心虽见境的差别而不通达，心所虽见境的体性而不通达：

བཅོམ་ལྡན་རིགས་པའི་རལ་གྲི་ན་རེ། གཉིས་ཀ་ལ་གཉིས་ཀ་སྣང་ཡང་རྟོགས་པའི་རྣམ་པ་མི་གཅིག་པ་ཡིན་ཏེ། སེམས་ཀྱིས་ཁྱད་པར་མཐོང་ཡང་མ་རྟོགས། སེམས་བྱུང་གིས་ངོ་བོ་མཐོང་ཡང་མ་རྟོགས་པ། སེམས་ཀྱིས་ངོ་བོ་རྟོགས་ལ་སེམས་བྱུང་གིས་ཁྱད་པར་རྟོགས་པའི་ཕྱིར། ཞེས་གསུང་ངོ་།།

炯丹日洛云：于二者（心心所）中二（体及差别）虽皆显现，然所达行相不

① 玄奘译：《显扬圣教论》第18卷，《大正藏》第31册第568页下—569页上。

② 玄奘译：《成唯识论》卷5，《大正藏》第31册第26页下。

③ 炯丹日洛（བཅོམ་ལྡན་རིག་པའི་རལ་གྲི།，1227—1305），或译"薄伽正理剑"，是藏传佛教噶当派著名学者。

同。心虽见差别然不通达，心所虽见体性而不通达，以“心通达体性而心所通达差别”故。

在《辩中边论》世亲释中，心被理解为“见境”（arthadṛṣṭi），心所被理解为“见境差别”（arthaviśeṣadṛṣṭi）。而若以量论的观点来看，“心只见境而不见境的差别”是无法成立的。因而炯丹日洛将“见”（dṛṣṭi，མཐོང་བ།）与“通达”（རྟོགས་པ།）作了区分，从而会通了文义。

3.2 绒敦巴：与心相比，心所有特殊的认识方式

绒敦巴[①]在《辩中边论释・慈氏密意庄严》中认为心不以特殊的执式（认识方式）来取境，而心所则以特殊的执式来取境：

> སེམས་དང་སེམས་ལས་བྱུང་བ་གང་ཡིན་ཞེ་ན། གཉིས་ཡོད་པ་དེ་ལ་རྣམ་པར་ཤེས་པའི་(པས)དོན་མཐོང་བ་ཙམ་མོ། །སེམས་ལས་བྱུང་བ་ནི་དོན་དེ་ཡི་ཡུལ་ཅན་ཁྱད་པར་གྱི་འཛིན་སྟངས་ཅན་ནོ། །དེ་ལ་སེམས་ནི་གཟུགས་ལ་དམིགས་ནས་གཟུགས་ཀྱི་རྣམ་པ་ཅན་དུ་སྐྱེ་བ་ཅན་ཡིན་གྱི་འཛིན་སྟངས་ཀྱི་ཁྱད་པར་བྱེ་བྲག་མེད་པས་དོན་ཙམ་མཐོང་བ་ཞེས་བཤད་དོ། །སེམས་བྱུང་ལ་ནི་སེམས་ལས་ལྷག་པའི་ཁྱད་པར་གྱི་འཛིན་སྟངས་ལྷག་པོ་རེ་རེ་ཡོད་པའི་ཕྱིར་དེའི་ཁྱད་པར་ཞེས་སྨོས་སོ། །འཛིན་སྟངས་ཀྱི་ཁྱད་པར་ཇི་ལྟ་བུ་ཞེ་ན། འདུ་ཤེས་ཀྱིས་མཚན་མར་འཛིན་པ་དང་། ཚོར་བས་ཉམས་སུ་མྱོང་བའི་ཚུལ་གྱིས་རིག་པ་ལྟ་བུའོ། །
>
> 云何心心所？二者之中识唯见境，心所取境而有特殊执式。此中心缘色已，生色行相，而无特殊执式，故说“唯见境（名心）”。心所于心增上有别余特殊执式，故说“其别（名心所）”。云何特殊执式？如想取相、受领纳之理可知。

绒敦巴提出了因明中的术语“执式”（འཛིན་སྟངས།，认知方式）来解决这个问题。他仍然认为心唯取境，但并不认为心所取差别。在他看来，心所同样取境，只不过心所是以一种心没有的特殊的认识方式来取境。

3.3 嘉曹杰的辨正：心心所体同遮异

格鲁派的创始人之一嘉曹杰[②]在其著作《大乘阿毗达磨集论释・对法海要》中对藏地旧时各家的说法进行了总结，并提出了自己的观点。

3.3.1 破心唯缘境体，心所缘境差别

嘉曹杰针对有人误解安慧所说心王“遣差别故，不取差别，唯缘事体”，引入法称量

---

① 绒敦・歇恰衮日（རོང་སྟོན་ཤེས་བྱ་ཀུན་རིག，1367—1449），是藏传佛教萨迦派著名学者。
② 嘉曹・达玛仁钦（རྒྱལ་ཚབ་དར་མ་རིན་ཆེན།，1364—1432），是藏传佛教格鲁派创始人之一。

论的观点，进行了驳斥：

> དབུས་མཐར། དེ་ལ་དོན་མཐོང་རྣམ་པར་ཤེས། །དེ་ཡི་ཁྱད་པར་སེམས་ལས་བྱུང་། །ཞེས་པ་དང་། དེའི་འགྲེལ་པར། དོན་ཙམ་མཐོང་བ་ནི་རྣམ་པར་ཤེས་པའོ། །དེའི་ཁྱད་པར་འཛིན་པ་ནི་སེམས་ལས་བྱུང་བའོ། །ཞེས་དང་། འགྲེལ་བཤད་དུ། ཙམ་ཞེས་བྱ་བའི་སྒྲས་ནི། བྱེ་བྲག་སེལ་བའི་ཕྱིར་ཏེ། ངོ་བོ་ཙམ་དམིགས་ཀྱི་ཁྱད་པར་མ་དམིགས་སོ། །ཞེས་བྱ་བའི་ཐ་ཚིག་གོ །ཞེས་སོགས་ཀྱི་དོན་ལ།……
>
> དོན་གྱི་ངོ་བོ་ ① ཁྱད་པར་དམིགས་མ་དམིགས་ཞེས་པའི་དོན་དེ་སྣང་མི་སྣང་གི་ཁྱད་པར་ལ་དབྱེ་ ② ན་ནི། དབང་ཤེས་གཙོ་འཁོར་གཉིས་ཀ་གཟུང་ཡུལ་ལ་སྒྲུབ་འཇུག་ཡིན་པས། གཉིས་ཀ་ལ་ངོ་བོ་དང་ཁྱད་པར་གཉིས་ཀ་སྣང་དགོས་ལ། སྒྲུབ་འཇུག་ཡིན་ཡང་གཅིག་ལ་སྣང་ལ་ཅིག་ ③ ཤོས་ལ་མི་སྣང་ན། གཟུགས་འཛིན་དང་སྒྲ་འཛིན་ལྟར་དམིགས་པ་མཚུངས་པ་མཉམ་ ④ པར་འགྱུར་རོ། །
>
> 《辩中边论》云："［唯］了境名心，［亦］别名心所。"⑤释曰："唯能了境总相名心；［亦］了差别，名为［受等诸］心所［法］。"⑥疏曰："'唯'字义为'遣差别故，不取差别，唯缘事体'。"……
>
> 破："是否缘境自性与差别"之义，若是以"是否显现"之差别而分，则根识心王及其眷属于所取境皆表相缘境，二皆须现自性差别。若表相缘境，一中显现、一中不现，则失坏"如取色及取声时，（心心所）所缘平等"。

这里提到的"表相缘境"（སྒྲུབ་འཇུག，又译表相转、立入）与"遮相缘境"（སེལ་འཇུག，又译遮相转、排入）相对，是法称因明学中一对特有的范畴。其基本内涵如法尊法师在《释量论略解》的译注中所说：

> 如现量等无分别心，以表相缘境；比量等诸分别心，以遮相缘境。在奘师所译之论中，似未提及，但在法称论师之因明论中，则作为一重要问题提出。表相缘境，是缘任何一法时，即缘彼法上之一切差别义，如声上之所作性、暂起性、生灭性、无常性、苦性、空性、无我性等，同时遍缘，无所遮遣，但对此等义不能决定，要待余心方能决定。遮相缘境，是缘随一境时，即须遣除该境之反义，乃对彼决定。如缘"声是无常"之比量智，是由遣除"声常"，而决定"声是无常"。此等智有分别，有简择，只能决定一义，不能遍缘一切差别。

嘉曹杰之前的藏地学者已经意识到了这个问题。由于根识及其相应心所执取境的时候

① 《སྐུ་》《སྣ་》+དང་།
② 《སྐུ་》《སྣ་》བྱེད།
③ 《སྣ་》གཅིག
④ 《སྐུ་》《སྣ་》ཉམས།
⑤ 《大正藏》第31册第465页上，梵藏颂文本无"唯""亦"二字。
⑥ 《大正藏》第31册第465页上。

都是表相缘境，因而无论是境的自性或是差别皆会在根识及其相应心所中显现。所以若说“不取差别，唯缘事体”是指差别不在心王中显现的话，那么便成过失。

有人据此回答说，此处不是“显现不显现”的区别，而是“决定不决定”的区别，如上文炯丹日洛的说法。嘉曹杰对此反驳说：

སྣང་མི་སྣང་གི་ཁྱད་པར་མ་ཡིན་གྱི། ངེས་མ་ངེས་ཀྱི་ཁྱད་པར་ཡིན་ནོ། །ཞེ་ན།

རང་ཉིད་ཀྱིས་ངེས་མ་ངེས་ལ་བྱེད་ན། རྟོག་མེད་ཀྱི་ཤེས་པ་ལ་གཙོ་འཁོར་བཞག་ཏུ་མེད་པར་འགྱུར་ལ། ངེས་ཤེས་སྐྱེད་ནུས་པ་དང་མི་ནུས་པའི་ཁྱད་པར་ལ་བྱེད་ན། གཟུགས་འཛིན་དབང་ཤེས་ཀྱི་གཟུགས་མཛེས་པ་མཐོང་བའི་ཚེ། གཟུགས་མཛེས་སོ་སྙམ་པའི་ངེས་ཤེས་དེ་དེའི་འཁོར་སེམས་བྱུང་དེས་སྐྱེད་ལ། གཙོ་བོ་དབང་ཤེས་དེས་མི་སྐྱེད་པ་①རྣམ་པ་ཐམས་ཅད་དུ་བཞག་མི་ནུས་ཤིང་། དེ་བཞིན་དུ་གཟུགས་སོ་སྙམ་པའི་ངེས་ཤེས་འཁོར་སེམས་བྱུང་གིས་མི་②སྐྱེད་པ་ཁས་བླངས་མི་ནུས་པའི་ཕྱིར་རོ། །

救：非“是否显现”之差别，是“是否决定”之差别。

破：此若是“是否由自身决定”之义，则成无分别知中心王眷属无可建立；若是“能否引发决定”之义，则取色根知见妙色时，全不可立“妙色”之决定是由眷属心所引发，非由心王根识引发。如是，亦不能许“是色”之决定非由眷属心所引发。

嘉曹杰这里提出两点批评。如果说心与心所了境的区别在于“能不能决定”，那么此处“决定”是（1）由自身决定的呢？还是（2）能引发定解呢？如果是（1）由自身决定，那么不合理。因为在法称量论的系统中，“决定”必须由分别心来完成，即遮相缘境。那么在无分别知中，由于没有遮相缘境，则没有“决定”，那么也就无法安立心王和心所了。

3.3.2 破心心所相互饶益而引发决定

对此有人说：

ཁ་ཅིག་ན་རེ། གཟུགས་འཛིན་དབང་ཤེས་གཙོ་བོ་③འཁོར་གྱིས་གཟུགས་དམིགས་པ་དཔེར་བྱས་ནས། གཟུགས་ཙམ་དོན་གྱི་ངོ་བོ་ཡིན་ལ། གཟུགས་རིང་ཐུང་དང་④ མཛེས་མི་མཛེས་དང་། སྔོ་སེར་དཀར་དམར་སོགས་དོན་གྱི་ཁྱད་པར་རོ། །དེ་ལ་གཙོ་འཁོར་གཉིས་ཀས་དོན་གྱི་ངོ་བོ་དང་ཁྱད་པར་གཉིས་ཀ་དམིགས་པར་ཁྱད་པར་མེད་ཀྱང་མི་འདྲ་བའི་ཁྱད་པར་ནི། སེམས་ཀྱི་〈ཀྱིས〉དོན་གྱི་ངོ་བོར་⑤རང་སྟོབས་ཀྱིས་རིག་ཅིང་། དོན་གྱི་ཁྱད་པར་གྲོགས་སེམས་བྱུང་གི་སྟོབས་ཀྱིས་རིག་ལ། སེམས་བྱུང་གིས་དེ་ལས་བཟློག་སྟེ་རིག་པ་ཡིན་ནོ་ཞེས་ཟེར་ཏོ⑥། །

或曰：譬如取色眼识心王眷属缘色，唯色是境自性，色长短、美丑、青黄赤白

---

① 《སྐུ་》ལ། 《ལྷ་》པ་ལ།
② 《ལྷ་》མ།
③ 《སྐུ་》《ལྷ་》བོ།
④ 《ཞོལ་》+ལུས།
⑤ 《སྐུ་》《ལྷ་》བོ།
⑥ 《སྐུ་》《ལྷ་》རོ།

等是境差别，此中心王、眷属二皆缘境自性无有差别，然不同者：心由自力明境自性，由其助伴心所之力明境差别；心所相反。

ངེས་ཤེས་སྐྱེར་སྐྱེད་ནུས་མི་ནུས་ཀྱི་ཁྱད་པར་ཙམ་མ་ཡིན་གྱི་སྨན་དང་སྦྱར་བའི་བཏུང་བས་ནད་ཞི་བ་སྨན་དང་འགྲོགས་པའི་སྟོབས་ཀྱིས་ཡིན་གྱི། རང་སྟོབས་ཀྱིས་མ་ཡིན་པ་ལྟར། སེམས་ཀྱིས་དོན་གྱི་ཁྱད་པར་ལ་ངེས་པ་སྐྱེད་པ་སེམས་བྱུང་དང་འགྲོགས་པའི་སྟོབས་ཀྱིས་ཡིན་ལ། སེམས་བྱུང་གིས་དོན་གྱི་ངོ་བོ་ལ་ངེས་པ་སྐྱེད་པ་ཡང་སེམས་དང་འགྲོགས་པའི་སྟོབས་ཀྱིས་ཡིན་ནོ་ཞེ་ན།

非唯总体能否引发决定之义。譬如合药之饮能疗疾病，是药助力，非由自力。心于境差别引发定解，是由心所助力；心所于境自性引发定解，是由心助力。

心与心所如果是通过自力了知境体和差别，那么由上文“无分别知中无法建立心心所”的道理已经破斥。如果心与心所是依靠彼此的力量而能引发定解，如同煮药的水之所以能治病，并不是因为水本身能治病，而是依靠了药的力量，那么相互饶益的心与心所究竟是同时呢，还是异时呢？二者皆会产生过失：

སེམས་དང་སེམས་བྱུང་ངོ་བོ་ཐད་① དུ་ཁས་བླངས་ནས། རང་སྟོབས་ཀྱི་② གཞན་གྱི་③ སྒོ་ནས་ཁྱད་པར་འབྱེད་པ་དེ་ལ་འདི་དྲི་བར་བྱ་སྟེ། དེ་གཉིས་ཕན་ཚུན་གཅིག་གིས་ཅིག་④ གཞན་ལ་ཕན་བཏགས་པའམ⑤། མ་བཏགས་ཕྱི་མ་ལྟར་ན། དོན་གཞན་དེ་དང་འགྲོགས་པའི་སྟོབས་ཀྱིས་འབྲས་བུ་ངེས་ཤེས་སྐྱེད་དགོས་པ་འགལ་ལོ། དང་པོ་ལྟར་ན། དུས་མཉམ་མམ། མི་མཉམ། མི་མཉམ་ན། དུས་མཚུངས་ཉམས་པར་འགྱུར་རོ། །དུས་མཉམ་ན། དོན་གཞན་དུས་མཉམ་ཕན་ཚུན་གཅིག་གིས་གཅིག་ལ་ཁྱད་པར་མི་འདྲ་བ་སྐྱེད་པ་རྟག་དངོས་ཁས་ལེན་པའི་ལུགས་ཡིན་པས། རིགས་པ་དང་འགལ་བའི་ཕྱིར⑥།

破：已许心心所体性异，而约自力之异区分差别，于此当问：此二者相互饶益否？若不相互饶益，则违“必由余事助此之力，方生其果定解”。若相互饶益，同时［饶益］抑或异时［饶益］？若是异时，坏“时相应”。若是同时，异事同时相互引发不同差别，是受许常事之宗，与理相违。⑦

如果心心所不相互饶益，那么说“助力”便不能成立。若果相互饶益的话，则必然是同时存在而相异的二者互相饶益。然而《七论庄严》《正理海》《量理庄严》等书都提到：根据法称量论的基本观点，同时且做能依所依的相异有为法，在佛教中是不存在的。如果一个有为法和另一个有为法，在异体的基础上，是能依所依的关系，那么二者必须是因

---

① 《སྐུ་》《ཞྭ་》ཐ་དད།
② 《སྐུ་》《ཞྭ་》དང་།
③ 《སྐུ་》《ཞྭ་》སྟོབས་ཀྱི།
④ 《ཞྭ་》གཅིག
⑤ 《སྐུ་》《ཞྭ་》སམ།
⑥ 《སྐུ་》《ཞྭ་》+རོ།
⑦ 此处“受许常事之宗”指胜论派。参见《释量论》第二品。

果，因此二者必定是先后产生。[①]满足相异、同时、相互饶益这三个特性的存在者，是胜论派的承许，即嘉曹杰所说“受许常事之宗”[②]。

对方对此有个辩答：

རང་ཉིད་ཀྱིས་སྐྱེད་པ་མ་ཡིན་ཀྱི། འོན་ཏེ་ཚོགས་པ་སྔ་མའི་སྟོབས་ཀྱིས་དེ་ལྟར་སྐྱེད་པ་ཡིན་ནོ་ཞེ་ན།

［救：］虽非由自身引发，然由过去集聚之力如是引发。

嘉曹杰回答说：

འོ་ན་མིག་ཤེས་མངོན་གྱུར་སྐྱེས་མ་ཐག་གི་སྐད་ཅིག་དང་པོ་དེ་ལ་གཙོ་འཁོར་གྱི་ཁྱད་པར་བཞག་ཏུ་མེད་[③]པར་ཐལ། དེ་ལྟར་དངོས་སུ་སྐྱེད་པའི་རང་གི་ཚོགས་པ་སྔ་མ་མེད་པའི་ཕྱིར།

［破：］然则，现行眼知出生无间第一刹那，应无主眷差别可立，无有直接亲可生之过去集聚故。

如果说由过去积聚的力量能引发定解，那么第一刹那出生的知中，就无法建立心王和心所，因为没有直接亲引发这个知的过去积聚的力量。

另外，嘉曹杰又引入了法称量论中“现而不定觉（སྣང་ལ་མ་ངེས་པའི་བློ）”的概念，他指出：

གཞན་ཡང་། ངོ་བོ་དང་ཁྱད་པར་རིག་མ་རིག་ངེས་ཤེས་སྐྱེད་པ་དང་མི་སྐྱེད་པ་ལ་ལྟོས་ན། སྣང་ལ་མ་ངེས་པའི་སེམས་སེམས་བྱུང་ལ་གཙོ་འཁོར་གྱི་ཁྱད་པར་བཞག་མི་ནུས་པར་འགྱུར་རོ། །

又，是否了知自性差别若是观待是否引发定解，则成现而不定心心所中主眷差别不可建立。

在藏传量论的“心明学”中，“现而不定觉”被归纳为法称理论中的“七种觉”之一，指的是：虽显现对象的自相，但并不加以决定、断除增益的心识。例如：正在专注于凝视某种色时，闻声的耳识。如果从引发定解的角度来安立心王心所的话，那么在“现而不定觉”中，心王和心所的区别就无从说起了。

3.3.3　嘉曹杰自宗的安立

嘉曹杰说：

---

① 法称量论随顺经部观点，否认“同时因果”的存在。此与有部、唯识大相径庭。

② 此段义解承色须寺高级佛学院更噶法师指导，谨致谢忱。

③《ཞོལ་》《སྐུ་》《སྣ་》མེད།

ཡུལ་དེ་ཉིད་ལ་དམིགས་པ་ཙམ་གྱིས་རབ་ཏུ་ཕྱེ་ཞིང་ཁྱད་པར་གཞན་གྱི་སྒོ་ནས་བཞག་དགོས་པ་མ་ཡིན་པའི་རིག་པ། གཙོ་བོ་སེམས་དང་། ཡུལ་དེ་ཉིད་ལ་དམིགས་པ་གཞིར་བྱས་ནས། བྱེད་ལས་ཀྱི་ལག་རྗེས་སོགས་ཁྱད་པར་[1] ཆོས་གཞན་གྱི་ལྡོག་པའི་སྒོ་ནས་ཡུལ་ལ་འཇུག་པའི་རིག་པ་སེམས་བྱུང་ངོ་།།

唯缘境所显，不必由余差别而立之明，是心王；缘境为依，由作用成就等余差别遮回趣境之明，是心所。

可见，嘉曹杰认为心与心所的关系是“体一而遮回异（ངོ་བོ་གཅིག་ལ་ལྡོག་པ་ཐ་དད།）”，即心与心所的本质是一致的，但由不同的角度得以安立。仅由缘境而不需要通过其他角度来安立的知或明，即是心王。而以缘境作为基础，并通过其他的作用等差别来安立的知或明，就是心所。根据这一定义和前面的论述，我们可以得出嘉曹杰认为：

（1）心与心所皆能缘境及境的差别；

（2）心与心所体性是一；

（3）心所只是从不同侧面安立的心。

通过以上三点我们可以看出，嘉曹杰的观点与经部的观点基本一致，只是在定义中引入了“遮回”（ལྡོག་པ།）等量学的术语。

3.4 格鲁派后代学者的观点

格鲁派后代学者中，研究心心所最有名非维芒班智达[2]莫属。他在其《心心所建立》中提到了嘉曹杰的说法，但并没有将其作为自宗的观点：

སེམས་དང་དེའི་འཁོར་སེམས་བྱུང་གཉིས་ཀྱང་ངོ་བོ་གཅིག་ལ་ལྡོག་པ་ཐ་དད་དང་། སེམས་གཅིག་གི་འཁོར་གྱི་སེམས་བྱུང་རྣམས་ཀྱང་མཚུངས་ལྡན་རྣམ་པ་ལྔ་མཚུངས་དང་། ངོ་བོ་གཅིག་ལ་ལྡོག་པ་ཐ་དད་དུ་གསུངས་པས་ཐམས་ཅད་རྫས་གཅིག་ཏུ་འདོད་པ་གྲགས་ཆེ་ལ། བཙུན་པ་དགེ་འདུན་སྲུང་སོགས་རྫས་ཐ་དད་དུ་འདོད་པ་ཡང་ཡོད་དོ།

有云心与其眷属心所二者体性一遮回异，一心之眷属诸心所亦有五种相应，且体性一遮回异。故许一切［心心所］为实质一者，极为普遍，然亦有尊者僧护等人许为实质异。

而他自宗对心心所的定义则是随顺第一世达赖喇嘛根敦朱巴[3]的说法：

དེས་ན་རང་གི་འཁོར་དུ་སེམས་བྱུང་ཡོད་པའི་ཆ་ནས་གཙོ་སེམས་དང་། རང་འཁོར་དུ་འགྲོ་ཡུལ་གྱི་སེམས་ཡོད་པའི་ཤེས་པ་དེ་སེམས་བྱུང་གི་མཚན་ཉིད་དུ་རིགས་རྒྱན་སོགས་ལས་གསུངས་པས་དེ་ལྟར་གྲགས་ཆེ་ལ། རང་སྟོབས་ཀྱིས་ཡུལ་གྱི་ངོ་བོ་རིག་པ་དང་། ཁྱད་པར་རིག་ཚུལ་

① 《སྐུ་》《ཐ་》—པར།

② 维芒班智达（དབལ་མང་དཀོན་མཆོག་རྒྱལ་མཚན།, 1764—1853），多然巴格西，.安多著名学者。

③ 根敦朱巴：དགེ་འདུན་གྲུབ་པ།, 1391—1474。

གྱི་བྱེ་བྲག་དབྱེ་དགོས་ཀྱང་ཞིབ་ཆ་མཐའ་དཔྱོད་དུ་འཆད་དོ།།

因此，有自眷心所之分，是心王相；有自所绕心之知，是心所相，此是《量理庄严论》等所说故，极为著名。以自力明境体性与明境差别之理，虽有应区分之差别，细分辨析处说。

根敦朱巴在《量理庄严论》中安立自宗说：

གཙོ་བོ་སེམས་ཀྱི་མཚན་ཉིད། རང་གི་འཁོར་སེམས་བྱུང་དང་མཚུངས་ལྡན་རྣམ་པ་ལྔས་མཚུངས་པར་ལྡན་པ། སེམས་བྱུང་གི་མཚན་ཉིད། རང་གི་གཙོ་བོ་སེམས་དང་མཚུངས་ལྡན་ལྔས་མཚུངས་པར་ལྡན་པ། དེ་སྐད་དུའང་ཕུང་པོ་ལྔ་པར། སེམས་ལས་བྱུང་བའི་ཆོས་རྣམས་ཅི་ཞེ་ན། གང་སེམས་དང་མཚུངས་པར་ལྡན་པའི་ཆོས་རྣམས་སོ་ཞེས་གསུངས་སོ།།

心王相：与自眷心所具五种相应者。心所相：与自心王具五种相应者。如《五蕴论》云：云何名为心所有法？谓彼诸法与心相应。

虽然后期格鲁派教材普遍采用这一类型的定义，但笔者认为，从现代的角度审视，这种定义实属循环定义，无法使人了解心王和心所究竟有什么区别。

4. 小结

通过以上的总结和分析，我们可以得出下表。“√”表示明确承许，“（√）”表示通过推理可知。

		心心所体一	心心所体异	心了知境	心了知境差别	心所了知境	心所了知境差别
毗婆沙宗	世友等		√				
	塞健陀逻		√				
	众贤		√	√			√
	称友		√	√			√
经部宗	觉天	√		(√)	(√)	(√)	(√)
	法救	√		(√)	(√)	(√)	(√)
	诃梨跋摩	√		(√)	(√)	(√)	(√)
唯识	安慧		√	√			√
	玄奘		√	√		√	√

续 表

		心心所体一	心心所体异	心了知境	心了知境差别	心所了知境	心所了知境差别
	安慧敌宗	√		(√)	(√)	(√)	(√)
藏传	炯丹日洛		√	√	√	√	√
	绒敦巴	√		√		√	
	嘉曹杰	√		√	√	√	√

笔者对于上文的分析，有四点小结。

1. 藏传佛教受法称量论影响甚大，而公认法称量论受经部影响很大，通常藏传内部也把量论归为“随理行经部”。可见，经部历来有一种心心所同体的传统观点。

2. 法称量论中对“异体无法同时饶益”的辨析、“遮相转与表相转”的异同、“现而未定觉”的概念、“体性与遮回”的区分，是前代论师未曾提及或深入发挥的重要观点，把这些观点引入心心所区别的讨论，大大提高了这个问题的理论深度。藏传阿毗达磨与其他阿毗达磨的差异，也以是否引入法称量论作为其重点之一。

3. 心心所“了境及差别”应该是早已存在于佛教传统中的一个公认说法。虽然各宗派基于其不同立场，提出了各异的解释，但基本上仍未超出“了境及差别”这个原则。所以，对心心所差异的理解、对心心所的定义方式，不应该超越这个原则。因此，近代藏传教材中对于心心所的循环式定义并不恰当。

4. 经部在批判心心所异体时一个重要论据是批判心心所的“相应”不合理。藏传佛教在承许心心所同体的同时又许“五种相应”，这似乎尚有值得讨论的地方。

关于《真实义品》中“离言自性”的教证

净 智

内容提要：《真实义品》证明离言自性的三段经文，唐代古德对其出处有所误判。通过对梵文、巴利文、汉文的相关文本分析，本文明确了三段经文的出处和内容，说明瑜伽行派与中观派、南传上座部在经文解释上的一些争议，指出本品在论证离言自性时采取先理后教的原因。

关键词：菩萨地；真实义品；离言自性；转有经；义品；诜陀经

作者简介：净智，苏州戒幢佛学研究所副所长。

《瑜伽师地论·菩萨地》(*Bodhisattva-bhūmi*)的《真实义品》(tattvārtha-paṭala)将真实分为世间极成(loka-prasiddha)、道理极成(yukti-prasiddha)、烦恼障净智所行(kleśavrṇa-viśuddhi-jñāna-gocara)、所知障净智所行(jñeyāvarṇa-viśuddhi-jñāna-gocara)四种真实。其中，菩萨乘特有的所知障净智所行真实是该品论述的重点。论中说，此真实义须通过远离二种边执方能显现，即远离对假说自性(prajñapti-vāda-svabhāva)的增益执，及远离对离言自性(nirabhilāpya-svabhāva)的损减执。特别是后一种损减执，被认为对佛法、律的危害比增益执更大，论中甚至引《楞伽经》(*Lanṅkāvaāra*)中“宁起我见如须弥山，不起空见怀增上慢”的教言，[①]来强调这种危害性。故本论固然一方面在破斥假说自性，但更多的笔墨则是用于成立离言自性。

本论在证明离言自性时，有几处值得注意的地方。其一，证成离言自性的三个教证，依唐代注疏《瑜伽论记》《瑜伽师地论略纂》所解，都是出自大乘经典；而依宗喀巴(Tsong kha pa)《辨了不了义善说藏论》(*Drang ba dang nges pa'i don rnam par phye ba'i bstan bcos legs bshad snying po*)所说，则都是出自小乘经典。若引文出自大乘经，则教化

---

① 实叉难陀译：《大乘入楞伽经》第4卷，《大正藏》第16册第608页下；又《瑜伽师地论》第36卷引用此经的译文为“宁如一类起我见者，不如一类恶取空者”。玄奘译：《瑜伽师地论》第36卷，《大正藏》第30册第488页下。

的对象应是对般若经义误解的损减执者；若引文出自小乘经，则教化的对象应是对《阿含经》(*Āgama*) 误解的增益执者。故确定三段引文的出处，对判断教化的对象有着重要的帮助。据宇井伯寿、印顺法师、Janice Dean Willis的研究，[①]三段引文中，有一段出自大乘经，有二段出自小乘经。唐代诸贤之所以出现误会，宇井伯寿认为可能是源于他们对小乘经典的轻视，或以为《菩萨地》的引文都是出自大乘经。[②]而宗喀巴的误会，从其著作中分析，可能是因为他认为小乘经部(Sautrāntika)才是此处瑜伽行派的教化对象，故须引二宗共许的三经为证。[③]但宗喀巴是以《辩中边论》《摄大乘论》等中的"能取所取异体空"的唯识见，来会通《真实义品》尚不明显的唯识见，且其比较的经部见解亦是以法称为代表的后期经部思想，故其所说尽管符合后期瑜伽行派(Yogācāra)与经部(Sautrāntika)的见解分判，但是否在《真实义品》出现的时代就已有着这样的意味，则是值得商榷的。[④]

其二，既然这三段引文是佛教内部共许的契经，那么瑜伽行派以外的大小乘宗派，在阅读这些经文时，是否也会出现实有离言自性的了悟呢？从现存的汉文、梵文、巴利文文献中，不难发现其他宗派对此有着不同于《真实义品》的解读。毕竟在三段引文中，都未明确出现"离言自性"的字样，若没有瑜伽行派的进一步诠释，很难说这些经意是不言自明的。

其三，按佛教论典的论证惯例，通常是先引教证，后申理证。因为教证建基于对佛陀的信仰，直接易懂；而理证往往是对契经中的说法，辅以道理上的证明。但本论却是先以深奥的道理，证成凡夫与二乘都不知晓的离言自性，其后方引圣教作为证据，这是基于何种原因？

鉴于以上所说，本文拟在宇井伯寿等人研究的基础上，将汉、梵、巴利文献中关于此三段引文的内容及诠释进行梳理，以试图解答以下三个问题：其一，此三段引文的经典出处和不同版本的内容异同；其二，瑜伽行派与其他宗派对三段引文的诠释差异；其三，

---

① 详见宇井伯寿：《瑜伽论研究》，慧观、周丽玫等译，北京：宗教文化出版社，2015年，第77页；印顺：《性空学探源》，《妙云集》中编之四，台北：正闻出版社，2000年，第16页；Janice Dean Willis, *On Knowing Reality: The Tattvārtha Chapter of Asaṅga's Bodhisattvabhūmi*, Delhi: Motilal Banarsidass, 1982, pp.119–125.

② 详见宇井伯寿：《瑜伽论研究》，慧观、周丽玫等译，第77页。

③ 如宗喀巴著，法尊译：《辨了不了义善说藏论》第二卷云："又非是破无自性师与瑜伽师所有别派，定是小乘部，故不引申《解深密经》，唯引于彼极成三经，而为破执。"中国佛教文化研究所主编：《宗喀巴大师集》之四，北京：民族出版社，2001年，第38页。

④ 如印顺《唯识学探源》云："它与经部一样的，在假说自性的背后，建立离言自性。这一一法的依它离言自性，是必有的，不然就是恶取空。一切境界，都不离心识名言的势力，这虽已达到了认识论上的唯识，但隐在认识背后的离言自性，经部说是十八界，瑜伽派也承认它是缘起因果，也不见得就是心罢！似乎也没有充分理由，证实它就是虚妄分别的心心所。《真实义品》成立离言自性，引用小乘共许的教典，我不知它比经部高超了多少！"《妙云集》中编之三，第206页。

本品论证离言自性时，采取先申道理（yukti）后引至教（āptāgama）的原因。本文参考的相关文献，包括获原云来校订的梵文本《菩萨地》(*Bodhisattva-bhūmi*，以下简称*BoBh*)、北凉昙无谶译的《菩萨地持经》(公元414—426年译出，以下简称《地持》)、刘宋求那跋摩译的《菩萨善戒经》(公元431年译出，以下简称《善戒》)、唐玄奘译的《瑜伽师地论》(公元647—648年译出，以下简称《瑜伽》)、唐遁伦集撰的《瑜伽论记》(以下简称《论记》)，以及与三经内容相关的各类典籍。

一、关于第一个教证

第一个教证是一个偈颂，其出自的经典，《地持》说为“趣有经”，《善戒》说为“大乘经”，《瑜伽》说为“转有经”，梵文本说为*Bhava-saṃkrānti-sūtra*，其中bhava是“有”义，saṃkrānti是“移转”义，显然玄奘所译的“转有”与梵文最贴切，昙无谶所译的“趣有”意思相近而稍差。《转有经》被认为是最早的大乘经典之一，据说龙树与无著都有对该经的注释。[①]此经的汉译有三个版本，分别是北魏菩提流支（Bodhiruci）译的《大方等修多罗王经》、北魏佛陀扇多（Buddhaśānta）译的《转有经》、唐义净译的《大乘流转诸有经》，全经内容是佛为摩羯托（Magadha）国王频婆娑罗（Bimbisāra）讲述为何诸法皆空，却有业果轮回之事。后二译的经名与《真实义品》所说相当，菩提流支所译的经名“大方等修多罗王经”，表明本经另有别名传世，《善戒》所说的“大乘经”或与此相关。《论记》在解释经名“转有”时，列举了三种意见：

(一)转者灭也，有者三有，灭三有故，名为转有。

(二)泰云：彼经明死有、中有等四有，流转不定，故名转有。

(三)基云：有是有执，即计名目所诠其体相称，除此有计，名为转有经。[②]

从此经的梵文名称以及三个汉译本的内容来看，以上三释都不完全正确。本经的“有”是指轮回中的存在，即通常所说的三有（欲有、色有、无色有）；“转”则是指在轮回中流转的意思，义净所译的“大乘流转诸有经”已清楚表明了此中含义，很显然玄奘门下都未见过原经。

《真实义品》所引此经的偈颂，汉译与梵文如下所述：

---

① Janice Dean Willis, *On Knowing Reality: The Tattvārtha Chapter of Asaṅga's Bodhisattvabhūmi*, Delhi: Motilal Banarsidass, 1982, p.119.

② 道伦集撰：《瑜伽论记》第9卷，《大正藏》第42册第510页上。

《地持》：如以种种名，用说种种法，此亦无有彼，是法法如是。[①]

《善戒》：一法有多名，实法中则无，不失法性故，流布于世间。[②]

《瑜伽》：以彼彼诸名，诠彼彼诸法，此中无有彼，是诸法法性。[③]

BoBh：yena yena hi nāmnā vai yo yo dharmo 'bhilapyate

na sa saṃvidyate tatra dharmāṇāṃ sā hi dharmateti.[④]

将诸汉译与梵文本比较，《善戒》的译文与原文相差较大，而《地持》与《瑜伽》则基本相同。不过，玄奘将第四句中的dharmatā译为"法性"，显然要比菩提流支所译的"法如是"更加妥当，因为dharmatā虽也有"法尔（如是）"的含义，[⑤]但毕竟本品是要论证"离言自性"（nir-abhilāpya-svabhāvatā）实有，故翻译为"法性"更能体现出自性实有的含义。

又本颂在原经汉译的三种版本中，被翻译如下：

《大方等修多罗王经》：以种种名字，说于种种法，法中无如是，此法诸法相。[⑥]

《转有经》：随所有言说，而说彼诸法，彼不在于彼。[⑦]

《大乘流转诸有经》：皆以别别名，诠彼种种法，于名法非有，是诸法自性。[⑧]

假设此三译所依的梵文底本，与上述*BoBh*所说一样，那么佛陀扇多的译文，显然缺失了本颂画龙点睛的第四句，而菩提流支、义净的译文与梵文基本相当，第四句中的dharmatā，无论是翻译为"法相"，还是"（法）自性"，意思上皆可。特别是义净将第三句中的代词"此""彼"（sa、tatra），用其实际所指的"名""法"替代，在理解上是有帮助的。

从义理上而言，《真实义品》引用此颂，旨在表明：被冠以色，乃至涅槃等名称的种种事物，其本身并没有这些假说自性，但有离于言说的自性，此自性是菩萨无分别智所行的胜义，也是诸法的法性。

值得注意的是，被玄奘门下视为"恶取空"（durgṛhītāśūnyatā）代表的清辨，在其

---

① 昙无谶译：《菩萨地持经》第2卷，《大正藏》第30册第894页下—895页上。
② 求那跋摩译：《菩萨善戒经》第2卷，《大正藏》第30册第970页上。
③ 玄奘译：《瑜伽师地论》第36卷，《大正藏》第30册第489页上。
④ Wogihara Unrai ed., *Bodhisattvabhūmi*, Tokyo: Sankibo Buddhist Book Store, 1971, p.48.
⑤ 另外，在鸠摩罗什翻译的典籍中，dharmatā也常被翻译为"诸法实相"。参见梶山雄一等：《般若思想》，许洋主译，台北：法尔出版社，1989年，第184页。
⑥ 菩提流支译：《佛说大方等修多罗王经》，《大正藏》第14册第949页上。
⑦ 佛陀扇多译：《佛说转有经》，《大正藏》第14册第949页下。
⑧ 义净译：《大乘流转诸有经》，《大正藏》第14册第950页中。

著作《中观心论注思择炎》(*Madhyamakahṛdayavṛtti Tarkajvālā*)中也引用过该颂，并说此是中观(madhyamaka)、唯识(vijñaptimātra)二宗共许之教。[①]但他只是在世俗有的层面，承许事物自体不可言诠，并不认可彼等胜义有。故在《大乘掌珍论》中，他激烈地批评相应论师(即瑜伽论师)将真如(tathatā)视为实有的观点，认为这只是外道神我论的另一种说辞。[②]不仅中观自续派(Svātantrika)的清辨(Bhāvaviveka)，中观应成派(Prāsaṅgika)的月称(Candrakīrti)也有类似观点，他在所著的《入中论》(*Madhaymakāvatāra*)中，尽管也引用了《转有经》的部分内容，却是为了论证业无自性而能感果的道理。[③]又他在《中观明句论》(*Madhyamakavṛttiprasannapadā*)中强调，将诸法的法性(dharmatā)称为真如(tathatā)、自性(svabhāva)、本性(prakṛti)等，只是为断除听者的恐惧，而增益说为世俗有，其本质依然是无自性。[④]由此可知，此颂所说的离言自性，虽被大乘空有二宗共许，但在真俗、假实的理解上，依然有着极大的不同。

另外，本颂还有一个相似的版本，见于护法(Dharmapāla)的《大乘广百论释论》，如云：

> 由立此此名，诠于彼彼法，彼皆性非有，由法性皆然。[⑤]

有人据此认为，不仅遍计所执(parikalpita)的“名”没有，“名”所诠的依他起(paratantra)“法”也没有，因为第三句中说“彼”皆性非有故。圆测认为此人即是清辨，[⑥]但正如上文所说，清辨自己的著作中并未有这样的解释，故可能是另一个“恶取空”者。护法认为此颂不是否定依他起，而是否定遍计所执，因为依他起的自相(svalakṣaṇa)离于言诠，名言所诠的都是共相(sāmānyalakṣaṇa)，故第二、第三句中的“彼”都是指遍计

---

① 详见清辨撰：《中观心论·入决择瑜伽师真实品》，吕澂译，肖永明整理，《世界哲学》2011年第6期，第85—86页。

② 如《大乘掌珍论》第二卷云：“若言真如虽离言说而是实有，即外道我名想差别说为真如。”玄奘译：《大乘掌珍论》第2卷，《大正藏》第30册，第275页上。

③ 月称：《入中论》第二卷，法尊译，台北：圆光寺印经会，1991年，第125—127页。

④ śrotṝṇāmuttrāsaparivarjanārthaṃ saṃvṛtyā samāropya tadastīti brūmaḥ |……atha keyaṃ dharmāṇāṃ dharmatā dharmāṇāṃ svabhāvaḥ | ko'yaṃ svabhāvaḥ prakṛtiḥ | kā ceyaṃ prakṛtiḥ yeyaṃ śūnyatā | keyaṃ śūnyatā naiḥsvābhāvyam | kimidaṃ naiḥsvābhāvyam tathatā |(直译：为令诸听闻者远离怖畏，我等世俗增益说彼为有。……此诸法法性为何？是诸法自性。此自性为何？是本性。此本性为何？是空性。此空性为何？是无自性。此无自性为何？是真如。)Louis de La Vallée Poussin ed., *Mūlamadhyamakakārikās (Mādhyamikasūtras) de Nāgārjuna avec la Prasannapadā Commentaire de Candrakīrti*, St. Pétersbourg: Commissionnaires de l'Académie impériale des Sciences, 1903-1913, pp.264-265.

⑤ 玄奘译：《大乘广百论释论》第10卷，《大正藏》第30册第247页下。

⑥ 圆测撰：《仁王经疏》第1卷，《大正藏》第33册第360页下。

所执的共相假法。[①]虽然此处护法是在维护瑜伽行派的离言法性，但其解释显然是受了陈那（Dignāga）以后认识论的影响，故与早期《真实义品》中的解释并不相同。

二、关于第二个教证

第二个教证也是一个偈颂，其出自的经典，《地持》与《瑜伽》皆说为“义品”，此与*BoBh*中的梵文artha-vargīya相合，《善戒》则说为“杂藏”，可能是因为“义品”是《杂藏》一分的缘故。所谓的《杂藏》，有说是经律论三藏外别立的第四藏，[②]有说即经藏中除四部阿含外的部分，此相当于南传上座部（Theravāda）的《小部》（*Khuddakanikāya*）。《论记》在介绍《义品》的出处时，列举了三种意见：

（一）景云：如《无量义经》等者为“义品”。
（二）基云：即《阿毗达磨经》之“义品”。
（三）测云：即是《转有经》中一品名也。[③]

以上三种观点，显然都是将《义品》误作为大乘经典。实际上，现存完整的《义品》内容，尚可见于公元3世纪由支谦所译的《义足经》，及南传小部《经集》（*Sutta-nipāta*）的第十三经《大集积经》（*Mahābyūha-sutta*）之《八法品》（Aṭṭhaka-vagga）中。

《真实义品》所引《义品》的偈颂，汉译与梵文如下所述：

《地持》：世间集言说，牟尼悉不着，不着孰能着，不起见闻着。[④]
《善戒》：诸佛世尊不着流布，若见若闻思惟觉知。[⑤]
《瑜伽》：世间诸世俗，牟尼皆不着，无着孰能取，见闻而不爱。[⑥]
BoBh：yāḥ kāścana saṃvṛtayo hi loke sarvā hi tā munir nopaiti
anupago hy asau kenopādadīta dṛṣṭaśrute kāntim asaṃprakurvan.[⑦]

对比上述四颂，《瑜伽》与梵文最为符合，《地持》次之，《善戒》则相差很大。又本

---

① 玄奘译：《大乘广百论释论》第10卷，《大正藏》第30册第247页下。
② 窥基撰：《大乘法苑义林章》第2卷，《大正藏》第45册第271页上。
③ 道伦集撰：《瑜伽论记》第9卷，《大正藏》第42册第510页下。
④ 昙无谶译：《菩萨地持经》第2卷，《大正藏》第30册第895页上。
⑤ 求那跋摩译：《菩萨善戒经》第2卷，《大正藏》第30册第970页中。
⑥ 玄奘译：《瑜伽师地论》第36卷，《大正藏》第30册第489页上。
⑦ Wogihara Unrai ed., *Bodhisattvabhūmi*, Tokyo: Sankibo Buddhist Book Store, 1971, pp.48–49.

颂在汉译《义足经》及巴利文《八法品》中被表述为：

> 《义足经》：一切平亦如地，是未尝当见等，本不等从何同？见闻说莫作变。[①]
>
> *Aṭṭhaka-vagga*：yā kācimā sammutiyo puthujjā sabbāva etā na upeti vidvā anūpayo so upayaṃ kimeyya diṭṭhe sute khantimakubbamāno.[②]
>
> （直译：凡此凡俗诸世俗，智者不着此一切，彼不着者何得着，于所见闻不生爱。）

《义足经》作为汉译佛典的早期文献，译文晦涩难懂，可以忽略。巴利文本与前述梵文本对比，除了几处相似表达的替换，及词序、虚词等略有变化外，二者字面意思基本一致。但若对比南传《大义释》（*Mahāniddesa*）与《真实义品》（tattvārtha-paṭala）对此颂的解读，则南传上座部与瑜伽行派差别很大。

首先，颂中的“世俗”（巴 sammuti，梵 saṃvṛti），南传上座部解释为外道的六十二种恶见（dvāsaṭṭhi diṭṭhigatāni），[③]因为从此颂的上下文来看，全经旨在批评外道由执着自宗见解而产生的种种自赞毁他的诤论；而《真实义品》中，瑜伽行派则将“世俗”解释为色等种种假说（rūpam ity evam ādyāḥ prajñaptayaḥ），[④]显然这不是针对外道恶见，而是针对一切名言施设，包括五蕴（pañca skandha），乃至涅槃（nirvāṇa），这些佛教概念亦在此列。

其次，“不着”（巴 na upeti，梵 na upaiti）的原因，[⑤]南传上座部解释为智者（vidvan）已断除了爱执与见执（taṇhūpayo ca diṭṭhūpayo ca）。[⑥]瑜伽行派则解释为牟尼（muni）没有增益、损减见（samāropāpavādikā dṛṣṭir asya nāsti），[⑦]也就是说，既没有对假说自性的增益，也没有对离言自性的损减，是圣者不执着世俗的原因。Janice Dean Willis 指出瑜伽行派将此妄见称为颠倒（viparyasa），是在佛教传统“四颠倒”的基础上，增添的第五种颠倒。[⑧]故这可看作是大乘瑜伽行派不同于小乘佛教的新见解，如《摄抉择分》（Viniścaya）中即有类似的说法。[⑨]

---

① 支谦译：《佛说义足经》第2卷，《大正藏》第4册第183页上。

② Dines Andersen and Helmer Smith ed., *Suttanipāta*, London: Pali Text Society, 1990, p.175.

③ L. de La Vallée Poussin and E.J. Thomas eds., *Mahāniddesa*, London: Pali Text Society, 1978, p.308.

④ 玄奘译：《瑜伽师地论》第36卷，《大正藏》第30册第489页上。

⑤ upa+√i，本义是走近、接近的意思，此处译为执着。

⑥ L. de La Vallée Poussin and E.J. Thomas eds., *Mahāniddesa*, London: Pali Text Society, 1978, p.308.

⑦ 玄奘译：《瑜伽师地论》第36卷，《大正藏》第30册第489页中。

⑧ Janice Dean Willis, *On Knowing Reality: The Tattvārtha Chapter of Asaṅga's Bodhisattvabhūmi*, Delhi: Motilal Banarsidass, 1982, p.122.

⑨ 如《瑜伽师地论》第73卷云：“复次微细执着当知五种，一于无常常执，二于苦乐执，三于不净净执，四于无我我执，五于诸相中遍计所执自性执。”玄奘译：《瑜伽师地论》第73卷，《大正藏》第30册第704页上。

据实而言，与本颂“不着世俗”内容相似的偈颂，在《经集》中非常普遍，但一般都是作为教化性的格言，罕有深奥的义理发挥。若非《真实义品》对此颂作了独到的阐发，乍读该颂时，几乎很难联想到离言自性。尤其本颂的“不着”“不爱”，都是遮诠而非表诠，故即便是在破斥假说自性，也很难说是对离言自性的直接证明。因此，只有了解瑜伽行派“假必依实”的预设立场，才能明白本品引用此颂证明离言自性的隐藏逻辑。

三、关于第三个教证

第三个教证没有提及经名，《地持》说是佛为讪大迦旃延说，《善戒》说是为迦栴延说，《瑜伽》说是为散他迦多衍那说，*BoBh*中说此闻法者的名称是Saṃtha kātyāyana，三本汉译中的人名，显然都是对此梵文人名的音译。本经相当于南传增支部（*Aṅguttara-nikāya*）第11集中的《诜陀经》（*Saddha-sutta*）、《杂阿含经》第926经及《别译杂阿含》第151经。《论记》解释此人名时，共有三说：

（一）泰云：旧云“仙释迦旃延”，音讹也。依梵本云“散他迦多衍那”，散他是名，迦多衍是姓，西方先举名，后方言姓，如言“那提迦叶”等。

（二）基云：散他多衍尼子，即迦旃延字。迦多延尼名为种姓，婆罗门十八姓中即一姓也，如四姓中之李姓也。散他者，即种姓中别一种姓，如一李中有其多种，谓赵郡、陇西诸差别也。

（三）测云：是大乘人，非是声闻乘迦旃延也。[①]

以上三说中，神泰与窥基都是以汉人的姓名传统来解释梵文的人名，而圆测则是强调此迦旃延是大乘行者，可能是他担心有人会误会听法者为佛十大声闻弟子中的摩诃迦旃延（Mahā kātyāyana），或说一切有部《发智论》的论主迦多衍尼子（Kātyāyanīputra）。但实际上，此经的散他迦多衍那（Saṃtha kātyāyana）虽不是上述二位，但确实是位声闻乘者，《杂阿含经》中就不止一次提到他，有时译为“陀迦旃延”，有时译为“诜陀迦旃延”。[②]

《真实义品》所引此经内容，《地持》《善戒》《瑜伽》和*BoBh*所说大同小异，都是佛为散他（Saṃtha）比丘讲述不依地（pṛthivīṃ）、水（āpaḥ）、火（tejas）、风（vāyuṃ）、空（ākāśa）、识（vijñāna）、无所有（ākiṃcanya）、非想非非想处（naivasaṃjñānāsaṃjñā-āyatanaṃ）、此世（imaṃ lokaṃ）、他世（paraṃ lokaṃ）、日月（sūryā-candramasau）、见

① 道伦集撰：《瑜伽论记》第9卷，《大正藏》第42册第511页上。
② 详见求那跋陀罗译：《杂阿含经》第12卷，《大正藏》第2册第85页下；第33卷，第235页下；第34卷，第244页下。

闻觉知（dṛṣṭa-śruta-mata-vijñāta）、所求（paryeṣita）、所得（prāpta）、意随寻伺（manasānuvitarkitaṃ anuvicāritaṃ）而修静虑（dhyāyati）。其修法的关键是于地除遣地想（yā pṛthivyāṃ pṛthivī-saṃjñā sā vibhūtā bhavati），乃至于一切除遣一切想（yāvat sarvatra sarva-saṃjñā sā vibhūtā bhavati）。此不依一切而修的静虑是因陀罗（indra）等天神赞叹而不能了知的。

《杂阿含经》第926经所述与此大致相同，经中称此为“真实禅”，①恰与《真实义品》品名相应。又经中闻法者除了诜陀迦旃延外，还有跋迦利（vakkalī）。针对前者，佛陀以“真生马”与“强良马”为譬喻，指出行者应不念五盖（pañca-nivaraṇa），住于出离而修不依地等一切的定。而后者在旁听闻后，向佛请问如何修习此定，佛则为其简单地说了“于地想能伏地想”的修行方法。

《别译杂阿含》第151经与前相似，闻法者也是二人，分别译为大迦旃延、薄迦梨。但相对于前经以及《真实义品》中简单的“遣除地等一切想”，本经给出了完整的修行逻辑。如云：

> 若有比丘深修禅定，观彼大地悉皆虚伪，都不见有真实地想，水火风种，及四无色，此世他世、日月星辰、识知见闻、推求觉观、心意境界，及以于彼智不及处，亦复如是，皆悉虚伪，无有实法，但以假号，因缘和合，有种种名，观斯空寂，不见有法，及以非法。②

此段解释，不见于本经的其他版本，疑是衍文，但其主张诸法假名的思想与《真实义品》如出一辙。不过，《真实义品》引用此经，不仅是为了破除假说自性，更是为了成立离言自性。其对“于地除遣地想”的解释是，若执着地等假名实有自性是增益（samāropa），若否定地等假名的所依实有则是损减（apavāda），故所谓的“除遣”（vibhūta），不仅是要除遣增益想，也要否定损减想。如云：

> 若于彼事起能增益，有体自性执，名增益想；起能损减唯事胜义执，名损减想；彼于此想，能正除遣、能断、能舍，故名除遣。③

---

① 本经将禅定分为“强良禅”（巴利文作khaḷuṅkajhāyita，意为“未调伏马禅”）和“真实禅”（巴利文作Ājānīyajhāyita，意为“优良马禅”）两种。“强良禅”是指行者内心对贪欲等五盖多所串习，虽表面上也修习禅定，然非是为了出离烦恼和痛苦，就如同系于槽枥的强良马，唯念谷草而已。“真实禅”则反是，行者内心不串习贪欲等五盖，如实了知出离，不因贪欲等而修禅，就如同系于槽枥的良马，唯念驾乘。详见求那跋陀罗译：《杂阿含经》第33卷，《大正藏》第2册第235页下—236页中。

② 失译：《别译杂阿含经》第8卷，《大正藏》第2册第431页上。

③ 玄奘译：《瑜伽师地论》第36卷，《大正藏》第30册第489页中。

本经对应的巴利文本，闻法者只是诜陀（Saddha）一人，相对于汉译经本及《真实义品》的引文，巴利文本最大的差异是，在否定完依地（pathaviṃ），乃至依意随寻（anuvicaritaṃ manasā）等修静虑后（tampi nissāya na jhāyati），末尾有一句略带转折语气的肯定句——“然而他修静虑”（jhāyati ca pana）。[①]而《瑜伽》此处引文的结尾只是否定句——“乃至不依一切而修静虑”（yāvat sarvaṃ na niśritya dhyāyati）。[②]据南传增支部的注释书《满足希求》（*Manorathapūraṇī*）对此经的解释是，行者不应像劣马（khaluṅka）般贪求定乐（samāpatti-sukha-nikanti）而修地等想，而应像良马（ājānīya）般“修习以涅槃为所缘的果定”（nibbānārammaṇāya phalasamāpattiyā jhāyati）。[③]换句话说，此静虑不依的只是世间杂染法，而非不依出世间的涅槃。另外，《满足希求》将“除遣”（vibhūta）解释为该词的另一个常见意思“显现”（pākaṭa），但从经文内容来看，显然是不合适的。关于这一点，Bhikkhu Bodhi、Janice Dean Willis 皆已有所指出。[④]

与此禅法相关的巴利经文，在南传增支部第10集、第11集中还有十篇，印顺认为“同一内容而已演化为十余经，然足以代表原形的，还是《诜陀迦旃延经》”[⑤]。这些经中的主角不再是诜陀，但解释更加详细。特别是有些经中，明确指出此无依定虽无地等想，然有涅槃想。如《想经》（*Saññā-sutta*）云：

> bhikkhu evaṃsaññī hoti–‘etaṃ santaṃ etaṃ paṇītaṃ, yadidaṃ sabbasaṅkhārasamatho sabbūpadhipaṭinissaggo taṇhākkhayo virāgo nirodho nibbānan’ti.[⑥]
>
> （直译：比丘有如是想：“此是寂静，此是殊妙，即一切行止息，一切依舍弃，爱尽，离，灭，涅槃。”）

换句话说，南传上座部认为没有地水火风、四无色定、此世他世、日月等法，是对涅槃的描述。另一明显的证据，可见于《小部》（*Khuddaka-nikāya*）之《自说经》（*udāna*），经中佛陀以涅槃相关的法语（nibbānapaṭisaṃyuttāya dhammiyā kathāya）教授诸比丘时云：

> Atthi, bhikkhave, tadāyatanaṃ, yattha neva pathavī, na āpo, na tejo, na vāyo, na ākāsānañ-

---

① E. Hardy ed., *Aṅguttara-nikāya, V*, London: Pali Text Society, 1979, p.325.

② 玄奘译：《瑜伽师地论》第36卷，《大正藏》第30册第489页中。Wogihara Unrai ed., *Bodhisattvabhūmi*, Tokyo: Sankibo Buddhist Book Store, 1971, p.49.

③ H. Kopp ed., *Manorathapūraṇī*, London: Pali Text Society, 1977, p.80.

④ Bhikkhu Bodhi, *The Numerical Discourses of the Buddha: A Complete Translation of the Anguttara Nikaya*, Boston: Wisdom Publications, 2012, p.1861. Janice Dean Willis, *On Knowing Reality: The Tattvārtha Chapter of Asaṅga's Bodhisattvabhūmi*, Delhi: Motilal Banarsidass, 1982, p.124.

⑤ 印顺：《初期大乘佛教之起源与开展》，新竹：正闻出版社，1994年，第279页。

⑥ E. Hardy ed., *Aṅguttara-nikāya, V*, London: Pali Text Society, 1979, p.319.

cāyatanaṃ, na viññāṇañcāyatanaṃ, na ākiñcaññāyatanaṃ, na nevasaññānāsaññāyatanaṃ, nāyaṃ loko, na paraloko, na ubho candimasūriyā.①

（直译：诸比丘！此处是无地，无水，无火，无风，无空无边处，无识无边处，无无所有处，无非想非非想处，无此世，无他世，无月日二者。）

显然，这与瑜伽行派的立场不同。在《真实义品》中，涅槃与地水火风一样，都被视为假说自性，都是世间长时所执及一切分别戏论的根本。②散他比丘所修的无依定，不仅不依世间杂染法，即使是出世间的涅槃也不依。无依定所依的境界，被说为离言自性（nirabhilāpya-svabhāva）、真如（tathatā）、法无我（dharma-nairātmya）、所知障净智所行真实（jñeya-āvaraṇa-viśuddhi-jñāna-gocaras tattva）。在瑜伽行派的眼中，大乘真如与小乘涅槃的差别在于：真如是通达法无我所证，涅槃是通达人无我所证；前者是所知障净智所行，后者是烦恼障净智所行；前者与诸行不一不异，后者异于有为诸行；前者为依，是得无上菩提广大方便，后者为依，则将引导有情速疾入灭。

《真实义品》对无依定的理解，与其说是瑜伽行派的独家发挥，不如说是整个大乘佛教的共识。因为《大宝积经》（*Mahā-ratnakūṭa-sūtra*）、《大方等大集经》（*Mahāvaipulya-mahāsaṃghāta-sūtra*）、《大乘起信论》（*Mahāyāna-śraddhotpāda-śāstra*）等大乘经典都说到了不依地等一切而修的静虑，并认为这是“禅波罗蜜”③“诸佛静虑”④“如来三摩地”⑤“真如三昧”⑥“不共声闻缘觉”⑦。从小乘的涅槃到大乘的真如，代表了大乘佛教不同于小乘佛教的价值转向，尽管大乘佛教内部对无依定所缘的真如空性尚有假实的争论。⑧

四、结论

《真实义品》证明离言自性的三个教证，玄奘门下对其出处的解释并不正确。这样的误判，固然有一部分是如宇井伯寿所说的主观因素，但更重要的原因，是受限于当时的客观条件。因为古德并没有如今方便、完备的藏经系统，也缺乏不同语种文本间的对勘。虽然《转有经》《义足经》《杂阿含经》在唐以前已有汉译本，但译本质量堪忧，与《真实义

---

① P. Steinthal ed., *Udāna*, London: Pali Text Society, 1982, p.80.
② 玄奘译：《瑜伽师地论》第36卷，《大正藏》第30册第487页上。
③ 菩提流志译：《大宝积经》第94卷，《大正藏》第11册第533页下—534页上。
④ 菩提流志译：《大宝积经》第44卷，《大正藏》第11册第259页中。
⑤ 菩提流志译：《大宝积经》第40卷，《大正藏》第11册第231页上。
⑥ 真谛译：《大乘起信论》第1卷，《大正藏》第32册第582页上。
⑦ 昙无谶译：《大方等大集经》第51卷，《大正藏》第13册第338页中。
⑧《大乘掌珍论》第二卷中也有类似无依定的描述，但清辨的立场与瑜伽行派截然相反，如云：“虽勤修习无倒空观，而于空性终不作证。”玄奘译：《大乘掌珍论》第2卷，《大正藏》第30册第276页中。

品》引文的内容不能完全匹配，甚至有缺失关键句的情况，若不借助梵文、巴利文的对勘，有时连经名、人名也无法确定，更遑论借助上下文来理解引文内容了。另一个不可忽视的因素，在于经文内容造成的迷惑性，像《诜陀经》中的无依定，在《阿含经》中是屈指可数的非主流禅法，但在大乘经论中，却是菩萨乘常见的禅定波罗蜜。故在没有看到声闻原经的情况下，极有可能将其判为大乘经典中的内容。

由于所引的三个教证，既有大乘佛经，又有小乘佛经，故本品成立离言自性，主要不是针对外道，而是针对佛教内部，其教化对象不仅包括执色等法实有的小乘部派，也包括误解般若空义的大乘恶取空者。虽然成立离言自性，看似只是为了破除一切皆空的损减执者，但由于法我执者已将假说自性增益为实有，则必然不会再承许另有真实的离言自性，[①]故增益执者与损减执者一样，都是本品成立离言自性所要教化的对象。

《真实义品》的三段经文，瑜伽行派是用以成立离言自性，亦即真如、法无我性的。但其他宗派由于立场不同，对此三经有着不同的解读。就《大乘转有经》而言，其法性不可言说的主张，是大乘空有二宗共许的，但瑜伽行派是站在离言自性胜义实有的立场，而中观派是站在世俗假有的立场。就《义品》而言，瑜伽行派是从否定色等法的假说自性来解释“不着世俗”，而南传上座部是从否定外道的六十二见来解释“不着世俗”。就《诜陀经》而言，瑜伽行派是以依于真如遣除地等想来理解无依定，南传上座部是以依于涅槃遣除地等想来理解无依定。由于《诜陀经》中无依定的教法过于简略，且绝不是指没有所缘境的无想定（asaṃjñisamāpatti）或灭尽定（nirodhasamāpatti），[②]故处于不同立场的小乘与大乘，便会对这超越言说的深奥境界，产生符合自宗立场的诠释。简而言之，在小乘佛教眼中，涅槃是离言自性；[③]在瑜伽行派眼中，真如是离言自性，涅槃是依真如假立的；[④]在中观派眼中，涅槃与真如都是假说的。[⑤]

另外，由于三段经文都没有出现“离言自性”这一关键概念，故作为离言自性的教证，并非直接易了，这也是瑜伽行派以外的各宗会有不同理解的原因。如果说《转有经》中尚有“法性”这一近似表达，那么《义品》《诜陀经》则只是不着、不爱、不依的遮诠，

① 如说一切有部、南传上座部等小乘部派，皆不许大乘的真如无为。

② 无想定是外道妄计无想为涅槃而邪修的定，而灭尽定是三果以上圣者在具有非想非非想处定的基础上，为求身心暂时休息而修的定，考虑到本经的请法者诜陀迦旃延在闻法后，方才“远尘离垢，得法眼净”，可见诜陀迦旃延在听法之前还是未见道的凡夫，故佛陀不可能对其教导高阶位圣者才能修习的灭尽定。

③《阿毗达磨俱舍论》第6卷云：“此法自性实有离言，唯诸圣者各别内证，但可方便总相说言，是善、是常，别有实物，名为择灭，亦名离系。”玄奘译：《阿毗达磨俱舍论》第6卷，《大正藏》第29册第34页上。

④ 如《成唯识论》第2卷说择灭等五种无为皆是依真如无为而假立的，第10卷说四种涅槃皆依真如安立。详见玄奘译：《成唯识论》第2卷，《大正藏》第31册第6页下；第10卷，第55页中。

⑤《大乘掌珍论》第二卷云：“由慧简择，于唯无有烦恼生起，立为择灭；……于唯无有一切所执，立为真如。想施设力许有假立虚空等故。”玄奘译：《大乘掌珍论》第2卷，《大正藏》第30册第274页中。

如何能证成离言自性实有呢？故瑜伽行派在成立离言自性时，必须先以道理阐明，破除假说自性即等同于成立离言自性，此逻辑就是“假必依实”，如论云：

> sati niḥsvabhāvatve nirvastukaḥ prajñaptivādo na yujyate...evaṃ sati rūpādīnāṃ dharmāṇāṃ vastusa rūpādidharmaprajñapitivādopacāro yujyate. nāsati nirvastukaḥ prajñaptivādopacāraḥ.[①]
>
> 若无自性，无事制立假说诠表，不应道理。……如是要有色等诸法实有唯事，方可得有色等诸法假说所表，非无唯事，而有色等假说所表。[②]

也就是说，瑜伽行派认为假名必依实事方能安立。《真实义品》所要否定的只是假说的自性，并不是否定假说这一行为事实的存在，因为地水火风等名言也是本品承许的世间极成真实，而这些名言虽不能诠表到事物的自相，但至少说明有被诠表的实体存在。故在破除假说自性实有的同时，也就间接成立了假说所依的离言自性实有。由是之故，《真实义品》方才一改佛教传统中先教后理的论证次第，而是先以理证做好逻辑铺垫，再引三段经文辅助证明。

---

① Wogihara Unrai ed., *Bodhisattvabhūmi*, Tokyo: Sankibo Buddhist Book Store, 1971, pp.45–46.

② 玄奘译：《瑜伽师地论》第36卷，《大正藏》第30册第488页中。

《瑜伽师地论》论“想”

张与弛

摘要：“想”是五蕴之一，也是五遍行心所之一，在佛教的法相系统中占据着重要的地位。然而，想心所在认识活动中发挥了怎样的功用，扮演了怎样的角色？想心所与语言活动如何关联？想蕴所含摄的诸想有何特点？本文拟深入作为瑜伽行派之根本论典的《瑜伽师地论》，在梵汉藏文本对勘的基础上，试图澄清“想心所”“想蕴”的原义，厘清“想”与语言的关联，勾勒“想”的总体面貌。

关键词：瑜伽师地论；想心所；想蕴；表象；言说活动

作者简介：张与弛，华中科技大学哲学学院讲师。

佛教中多有将一切事物进行分类的操作，无论是五蕴、十二处、十八界，还是五位法皆属此类。在分类方式更为周延、严谨的五位法之中，“心所”不仅是五类之一，而且子项数量最多。因此，瑜伽行派进一步将“心所”划分为“遍行”“别境”“善”“烦恼”“随烦恼”“不定”六类。其中，在一切心识活动中都会出现的五种遍行心所显然居于优先地位。五遍行心所中的“想心所”与对象性认知、语言活动相关，哲学性极强。

“想”理应成为佛教哲学研究的重要论题；然而，Robert H. Sharf[①]等人关于佛教认识活动的研究都聚焦于前五识与第六识的关系，结合寻伺以及“三分别”予以说明，反倒忽略了更为基础的“想”。这就导致了针对想心所的专题研究数量不足。据笔者的不完全搜集，专门探讨“想”的二手研究唯有两篇：熊谷诚慈考察了北传佛教中三种对于想蕴的不同列举方式，勾勒了三种列举方式之间的关联与差异；[②]林国良借助“感觉”“表象”“概念”等

① Robert H. Sharf, “Knowing Blue: Early Buddhist Accounts of Non-Conceptual Sense Perception”, *Philosophy East and West*, Vol. 68, No. 3, 2018, pp.826–870.

② 熊谷誠慈：《北伝仏教における想蘊区分についての一考察》，《印度学仏教学研究》通号144，2018年，第91—97页。作者指出：在北传佛教中存在三种区分想蕴的方式，其一为《品类足论》的小想—大想—无量想，其二为《中阿含·说处经》和《中阿含·第一得经》的小想—大想—无量想—无所有想，其三是《瑜伽师地论·摄抉择分》对于以上二说的统合：先将想蕴总体划分为有相想与无相想，再将小想—大想—无量想归入有相想，将无所有处想摄于无相想，将三想说与四想说融贯为一。

现代哲学概念，尝试厘清“想心所”的内涵，他认为想心所不仅具备形成表象、将事物提炼为概念的能力，还深度地参与了感觉活动。[①]在以上两篇论文中，后一篇是对“想心所”的总体概论，并未深入至文献的细节；前一篇虽然涉及了许多重要的法相文献，但由于其仅着眼于“想蕴”的列举方式，因此并未涉及“想”本身。有鉴于此，本文拟基于《瑜伽师地论》，考察其中关于“想心所”“想蕴”的相关界定，提炼出该文献的相关观点。

一、“想心所”

《瑜伽师地论》存在不同的文本层次已是学界定见，本文即先行考察成立时间较早的《本地分》，再考察较晚的《摄抉择分》。

1.《本地分·意地》将“想心所”定义为：“想是什么？就是了像。”[②]“想”梵文作saṃjñā，是前缀saṃ加上动词词根√jñā构成的名词。动词词根√jñā意为“了知”“理解”，加上前缀saṃ后意为“认知”“理解”，名词化的saṃjñā指示“认知行为”。“了像”[③]梵文作sañjānanā，是动词saṃ-√jñā加上-ana后缀形成的名词；加-ana后缀形成的名词多意指“行为本身”或“行为的方式”，此处为前者，意指“认知行为”。若此，《本地分》认为想心所的本质特征首先体现在认知活动，并未提及其与语言活动的关联。

在说明了想心所的“相”之后，《本地分》紧接着说明其“业”：“想拥有什么功用？拥有在面对所缘时，令心形成表象、进行言说活动的功用。”[④]这段定义的关键在于梵文的“citrī-kāra”一词，是citra加上√kṛ构成；Edgerton将其解作“make into picture”，直译即为“形成表象”。[⑤]“citrī-kāra”指“形成表象”，“vyavahāra”指言说活动，两者的关系或是

---

① 林国良：《唯识学的认知理论》，《社会科学》2000年第5期。

② 梵文：“saṃjñā katamā / sañjānanā //”（Vidhushekhara Bhattacharya: *The Yogācārabhūmi of Ācārya Asaṅga*, University of Calcutta Sankibo Buddhist Book Store, 1957, 60, p. 2.）
汉译：“想云何？谓了像。”（玄奘译：《瑜伽师地论》第3卷，《大正藏》第30册第291页中。）
藏译：“’du shes gang zhe na/ kun shes pa’o//”（D229, 30b1）

③ 玄奘使用的“了像”一词，含义并不清晰，本文曾考虑换用其他译词。笔者曾经在“认知行为”和“把握相状”两个译词之间徘徊，但最终选择沿用玄奘翻译，理由有二：其一，“认知行为”一词含义太过宽泛；其二，“把握相状”又太过具体，《本地分》并未说明想心所的作用对象，添加“相状”一词存在着过度诠释的风险。

④ 梵文：“saṃjña kim-karmikā / ālambane citta-citrīkāra-vyavahāra-karmikā //”（Bhattacharya, 1957, 60, pp.13–14.）
汉译：“想作何业？谓于所缘令心发起种种言说为业。”（玄奘译：《瑜伽师地论》第3卷，《大正藏》第30册第291页下。）
藏译：“’du shes las ci byed ce na/ dmigs ba la sems mtsan mar ’dzin pa’i tha snyad kyi las byed do//”（D229, 30b5）

⑤ 若依据藏译，由于mtshan mar一般对应于nimitta，理应机械地将其范围为“相状”。本文之所以译作“表象”是为了与从属于事物的“相状”加以区分，后者是属于所缘、尚未进入思维概念活动者，前者则是借助想心所而形成的进入了思维活动，并且与特定概念绑定者。如果没有这一区分，后文则无法说明“想倒”“想错乱”的错误是如何生成的。

并列，或是领属。

汉译本将“citrīkāra”译作“种种”，从而将其作为“vyavahāra”的修饰词。由于将“citrīkāra”理解作形容词，因此汉译没有涉及“形成表象”与“进行言说活动”的逻辑关系。但是，将“citrīkāra”译作“种种”，不仅遭到了藏译的反对，并且也并未使用“citrīkāra”一词的本义。既然其原义更为贴切，则不应使用派生义。藏译明确认为二者是领属关系。在“mtsan mar ’dzin pa’i tha snyad”之中，“mtsan mar ’dzin pa”指代“形成表象”，“tha snyad”指代“言说活动”；“’i”表明二者是领属关系，应当翻译为“形成表象的言说活动”。这一翻译的字面意思是：一种为“表象”所限制的“言说活动”。然而，本文认为藏译的领属关系实际上不能成立，因为进行语言表达必然需要先形成关于所言说物的表象乃至概念；换言之，并不存在所谓“无表象”的“言说活动”。所以这一领属关系实属画蛇添足。因此，本文认为“形成表象”与“言说活动”应为递进关系，亦即想心所在发挥“了像”这一功能时，首先能够形成关于对象的表象，其次能够基于此表象进行言说活动。

应当如何理解想心所提炼出的“表象”呢？《瑜伽师地论》区分了“假说自性”与“离言自性”，[①]前者是进入了概念网络系统之后的样态，后者则是事物自身本真的存在样态。虽然事物本真的存在样态独立于概念，但在现实的认知活动中，对象却始终绑定于名言、概念，于是，在人类把握对象时，必然存在一个将“离言”的对象绑定于特定名言的过程。想心所提炼的“表象”已经内在于主体认知，而非“离言”之物，所以“表象”本就是“概念化”的产物，于是，想心所将对象提炼为“表象”的活动，就是完成事物绑定至语言的过程。

2. 关于想心所的“相”，《摄抉择分》给出了更为明晰的说明：“想是什么？就是那基于三和合，以符号化的方式［把握］施设的所缘。此外，［想］有随觉［想］和言说随眠［想］。其中，随觉［想］就是为擅长语言表达的天、人所拥有的，言说随眠［想］则是为不擅长语言表达的幼儿乃至禽类兽类所拥有的。[②]”

引文先描述了想心所的功能，其次区分了两类群体。在前半部分中，汉藏译本都认为“三和合”是想心所运作的前提，亦即认为触心所是想心所的逻辑前件。在此基础上，

---

① 参见玄奘译：《瑜伽师地论》第36卷，《大正藏》第30册第486页下—487页上。

② 汉译：“想云何？谓三和合故，施设所缘、假合而取。此复二种：一、随觉想，二、言说随眠想。随觉想者，谓善言说人、天等想。言说随眠想者，谓不善言说婴儿等类乃至禽兽等想。”（玄奘译：《瑜伽师地论》第55卷，《大正藏》第30册第601页下。）

藏译：“’du shes gang zhe na/ gsum ’dus pa nyid las dmigs par ’dogs pa la brdar ’dzin pa gang yin pa ste/ de yang rjes su sad pa dang/ tha snyad bag la nyal ba’o// de la rjes su sad pa ni ’di lta ste/ lha dang mi tha snyad la mkhas pa rnams kyi’o// tha snyad bag la nyal ba ni ’di lta ste/ byis pa tha snyad la mi mkhas pa rnams dang/ tha na ri dvags dang bya rnams kyi’o//”（D232, 58b7–59a2）

汉译的“施设所缘、假合而取”含义模糊，因为“施设所缘”既可以理解为动宾结构，强调所缘是由想心所施设的，也可以理解为偏正结构，亦即“施设而成的所缘”；藏译的“dmigs par 'dogs pa la”明确支持偏正结构之理解，也就是说想心所并不具备“施设所缘”的能力，而只是朝向“施设而成的所缘”展开认识活动。汉译认为其具体的认识活动是“假合而取”，藏译认为是“brdar 'dzin pa”，汉译的“假合”与藏译的“brdar”共同指认想心所把握所缘的方式是符号化的；落实到哲学的语境中，此符号即是“概念”“名言”。由于想心所把握事物的方式是概念化的，所以其运作的过程必然就包含了将概念投掷于事物的环节，此即相当于前文所说的“形成表象”。

引文在后半部分中区分了两类生命体，一类是擅长语言表达的、拥有“随觉想”的天道众生和绝大多数的人道众生，一类是不擅长语言的婴幼儿和动物。虽然后者并不擅长语言，但是依旧拥有“言说随眠想”。可惜文中并没有详细解释“随觉想”和“言说随眠想”这两个名相本身是何含义，因此只能根据两种群体进行反推：“随觉想”指向的是灵活、明晰的概念化活动，“言说随眠想”则指向迟缓、模糊的概念化活动。需要注意的是，大乘佛教一贯认为借助“分别”“概念化”而展开的认识活动无法把握空性，所以虽然“随觉想”灵活、明晰，但并不因此就能把握空性或实相；也就是说，即便概念化活动获得了日常经验意义上的“正确”，在胜义层面依旧是“虚妄不实”。

不仅如此，《摄抉择分》还在说明想心所的功用时，明确了“形成表象”与“进行言说活动”二者是并列关系：“想拥有什么功用？拥有在面对所缘时，令心形成表象，并施设言说活动的功用。”①此段与《本地分》中有两处不同。一、汉译没有如同《本地分》那般略过“sems kyis mtsan mar 'dzin pa”，而是明确译作“令心彩画”。本文为了突出认识论的含义，将其该译为“令心形成表象”。二、藏译之中，“sems kyis mtsan mar 'dzin pa”与“tha snyad 'dogs pa”是以dang连接的，明确是并列关系，如此，即印证了前文关于二者关系的推理，有效证实了《本地分》藏译的“领属关系”说确属误解。此外，藏译中的“'dogs pa”还暗示了此言说活动仅仅是“施设”的，而非建基于真实、稳定的“概念”—“事物”之对应关系。

通过上述分析，《瑜伽师地论》的《本地分》与《摄抉择分》在界定想心所时，就已经呈现了前后两个阶段：《本地分》只是草草地将其界定为“了像”，《摄抉择分》则不仅明确想心所的作用对象是“施设而成的所缘”，还认为其把握此所缘的方式是符号化、概念化的。就想心所的功用而言，《摄抉择分》则保持了与《本地分》的一致性；与此同时，

---

① 汉译：“想为何业？谓于所缘，令心彩画、言说为业。”（玄奘译：《瑜伽师地论》第55卷，《大正藏》第30册第601页下—602页上。）
藏译：“'du shes las gang dang ldan zhe na/ dmigs pa la sems kyis mtsan mar 'dzin pa dang tha snyad 'dogs pa'i las can yin no//”（D232, 59a6-7）

借助《摄抉择分》的藏译本，可以证明《本地分》藏译以“形成表象”修饰“进行言说活动”的理解确实有误。就其结论，想心所的本质特征是以概念化的方式把握对象，想心所的功能就是形成表象，并在此基础上展开言说活动，此理论的核心就是想心所能够将非概念的事物提炼为与概念相对应的“表象”。

二、“想蕴”

1.《本地分・有寻有伺等三地》在缘起支部分解说识支时，提及了对“想蕴”的定义:“想蕴是什么？就是一切了像的种类。”①这一界定与《本地分・意地》对于想心所的界定如出一辙，唯一的不同之处在于：因为“想蕴”指向了所有包含于“想”这一集合的元素，所以补充了“一切”和“种类”这两个集合术语。

《本地分・声闻地》在“第二瑜伽处”—“所缘”—“善巧所缘”的“蕴善巧”中简要地列举了想蕴的诸类型：“其中，想蕴是什么？正如有相想、无相想，小想、大想、无量想、什么都没有的无所有处想，［以及］六想身：眼触所生想、耳鼻舌身意触所生想。”②其中首先按照想的存在样态列举了六种想，然后按照所依根又列举了六种，一共是十二种想。此处所列举的十二种想为后续瑜伽行派论典所继承，最终也没有在其中添加入新的元素。此处因为是瑜伽行派文献中首次列举诸想，所以并没有解释“有相想”等名相的含义。

2. 随着思想的不断推进，《摄抉择分》则简略地辨析了此十二种想的内涵：“想是什么？如同前所说，它有六种：有相想、无相想、小想、大想、无量想、无所有想。简而言之，它分为世间和出世间两类。其中，小想就是行于欲界者，大想就是行于色界者，无量想就是行于空［无边处］和识无边处者，无所有想就是行于无所有处者，以上一切都是有相想。无相想是有顶想以及为出世间的诸有学、无学［所拥有者］。此外，一切的想就

---

① 梵文：“saṃjñā-skandhaḥ katamaḥ / saṃjānanā-jātiḥ sarvā //”（Bhattacharya, 1957, 207, pp.1–2）
汉译：“想蕴云何？谓一切了像种类。”（玄奘译：《瑜伽师地论》第9卷，《大正藏》第30册第323页上。）
藏译：“’du shes kyi phung po gang zhe na/ thams cad kyang shes pa’i rnam pa yin no//”（D229, 106a4）

② 梵文：“tatra saṃjñā-skandhaḥ katamaḥ / tadyathā sanimitta-saṃjñā, animitta-saṃjñā, parītta-saṃjñā, mahadgata-saṃjñā, aprmāṇa-saṃjñā, nāsti kiñcid ity ākiñcanyāyatana-saṃjñā / ṣaṭ saṃjñā-kāyāś cakṣuḥ-saṁsparśajā saṃjñā / śrotra-ghrāṇa-jihvā-kāya-manaḥ-saṁsparśajā saṃjñā /”（声闻地研究会：《瑜伽论—声闻地—第二瑜伽处》，东京：山喜房佛书林，2007年，108，第12—15页。）
汉译：“云何想蕴？谓有相想、无相想、狭小想、广大想、无量想、无诸所有无所有处想。复有六想身：则眼触所生想、耳鼻舌身意触所生想，总名想蕴。”（玄奘译：《瑜伽师地论》第27卷，《大正藏》第30册第433页下。）
藏译：“de la ’du shes kyi phung po gang zhe na/ ’di lta ste/ mtsan ma’i ’du shes dang/ mtsan ma med pa’i ’du shes dang/ chung ngu’i ’du shes dang/ chen por gyur pa’i ’du shes dang/ tsad med pa’i ’du shes dang/ chung zad kyang med do zhes ci yang med pa’i skye mched kyi ’du shes so// ’du shes kyi tsogs drug po dag ste/ mig gi ’dus te reg pa las byung ba’i ’du shes dang/ rna ba dang/ sna dang/ lce dang/ lus dang/ yid kyi ’dus te reg pa las byung ba’i ’du shes rnams so//”（D230, 91a7–b2）

是一切以“认识”为特征者。”[①]这段引文分为三个意义段落：首先，将六种想区分为世间和出世间两类，出世间的唯是无相想，世间的则是包含于有相想的小想、大想、无量想和无所有想，如此一来，有相想不与后四者并列，而是包含了后四者的大集合，这一集合整体地是世间想。其次，明确将小想、大想、无量想、无所有想与欲界、色界、识无边处—空无边处、无所有处相对应，将无相想对应于有顶天（也就是非想非非想处），此外无相想还是为有学、无学所有者。最后，汉译的“相”即藏译的“mtshan nyid”，汉译的“等了”即藏译的“kun du shes par byed pa”，亦即“以‘认识’为特征”。此处强调想以“认识”为特征，即凸显想心所具备主动的认知功能。具体而言，此认知功能即是《本地分》与《摄抉择分》所谓的“citrīkāra”（把握表象），以及将事物提炼为内心表象。

三、“想”与言说活动

无论是在《本地分》亦或是在《摄抉择分》中，想心所的功用中都包含了“言说活动”这一关键内容。在前文的分析中，已经充分考察了想心所如何把握相状、把握表象，但是如何基于概念化的表象而展开言说活动尚不明晰。本小节则通过梳理《瑜伽师地论》中的相关段落，描述自“表象”而“言说”的具体过程。

《瑜伽师地论》在《本地分》和《思所成地》中都论及了这个话题：

> 其中，言说活动的因相是通过想而被理解的。[②]

---

① 汉译：“问：何等是想自性？答：此亦六种，如前应知。又，想有六：一、有相想，二、无相想，三、狭小想，四、广大想，五、无量想，六、无所有想。又，略有二：一、世间想，二、出世想。狭小想者，谓欲缠想；广大想者，谓色缠想；无量想者，谓空、识无边处缠想；无所有想者，谓无所有处缠想；即此一切名有相想。无相想者，谓有顶想及一切出世间学、无学想。又，一切想皆等了相。”（玄奘译：《瑜伽师地论》第53卷，《大正藏》第30册第593页中—下。）
藏译：“’du shes gang zhe na/ de yang snga ma bzhin du rnam pa drug go// de yang ’di lta ste/ mtsan ma dang bcas pa’i ’du shes dang/ mtsan ma med pa’i ’du shes dang/ chung ngu’i ’du shes dang/ chen por gyur pa’i ’du shes dang/ tsad med pa’i ’du shes dang/ ci yang med pa’i ’du shes so// de yang mdor bsdu na ’jig rten pa’i dang ’jig rten las ’das pa’i’o// de la chung ngu’i ’du shes ni ’dod pa na spyod pa’i’o// chen por gyur pa’i ’du shes ni gzugs na spyod pa’i’o// tsad med pa’i ’du shes ni nam mkha’ dang rnam shes mtha’ yas skye mched na spyod pa’i’o// ci yang med pa’i ’du shes ni ci yang med pa’i skye mched na spyod pa’i ste/ de dag thams cad ni mtsan ma dang bcas pa’i ’du shes yin no// mtsan ma med pa’i ’du shes ni srid pa’i rtze mo’i ’du shes gang yin pa dang ’jig rten las ’das pa slob pa dang/ mi slob pa’i thams cad// de thams cad kyang kun du shes par byed pa’i mtsan nyid yin no//”（D232, 38a6–b2）

② 梵文：“tatra eva vyavahāra-nimitta-lakṣaṇaṃ yat saṃjñayā pratipadyate ”（Bhattacharya, 1957, 59 ，pp.19–20.）
汉译：“即此言说因相，由想了别。”（玄奘译：《瑜伽师地论》第3卷，《大正藏》第30册第291页中。）
藏译：“de nyid la tha snyad kyi mtsan ma’i mtsan nyid gang yin pa ni ’du shes kyis rig par byed do//”（D229, 30a5）

> 什么是言说活动的因相？就是那为想所把握者。①

“言说活动的因相”一词梵文皆作“vyavahāra-nimitta-lakṣaṇa”，藏译皆作“tha snyad kyi mtshan ma’i mtshan nyid”，汉译一作“言说因相”，一作“言说相状”。首先，由于两处文本的上下文都是在说明五遍行心所在把握对象时的作用，所以两处文本应相同；梵藏文也支持这一理解，所以汉译前后译词不同应为翻译过程中的小失误。其次，nimitta与lakṣaṇa明确是领属关系，虽然仅从梵语中无法得此确定的判断，但藏译的“mtshan ma’i mtshan nyid”和汉译的“言说因相”都表明了对领属关系的支持。最后，虽然nimitta也有“相状”的含义，但由于lakṣaṇa明确是“特征”义，所以nimitta应解作“原因”。

基于以上的文本对勘，结合此前关于“想”的讨论，可以推断此处所谓的“言说活动的因相”指的就是作为想心所认识活动之结果的“诸想”（想果）。因为“诸想”是内在于心灵的表象，并且已经进入了概念网络，基于表象与概念的对应关系，即可借助概念指称、谓述该表象。由于言说活动的核心就是概念，特定表象则是使用特定概念的根据，因此此“表象”即是“言说活动的因相”。

将诸想视作言说活动的原因，在文献中是否有证据呢？在《有寻有伺地》的“界施设建立”—“因缘果建立”的“因等建立”中讨论了十五种因，第一种就是“随说因”：

> 什么是因和缘的建立？其中，以语言这一原因的依处作为条件，言说活动的原因就被知晓了。这是为什么呢？因为在与欲［界］、色［界］、无色［界］相应以及不［与任何界］相应的诸法之上，以施设的名称为前行、有想的运作，以想为前行、有语言的运作。凭借语言产生如是所见、如是所闻、如是所知、如是所识的言说。因此，以语言作为条件，言说活动的原因就被知晓了。②

---

① 梵文：“vyavahāra-nimitta-lakṣaṇaṃ katamat / yat saṃjñayā gṛhṇāti /”（声闻地研究会，2007, 326, p. 10.）
汉译：“言说相状者，谓想所取。”（玄奘译：《瑜伽师地论》第16卷，《大正藏》第30册第362页中。）
藏译：“tha snyad kyi mtsan ma’i mtsan nyid gang zhe na/ ’du shes kyis gzung ba gang yin pa’o//”（D229, 202b6–7）

② 梵文：“hetu-pratyaya-vyavasthānaṃ katamat / tatra vācaṃ hetv-adhiṣṭhānam adhiṣṭhāyānuvyavahāra-hetuḥ prajñāyate // tat kasya hetoḥ / tathā hi / kāma-pratisaṃyukteṣu dharmeṣu rūpa-pratisaṃyukteṣv ārūpya-pratisaṃyukteṣu apratisaṃyukteṣu nāma-vyavasthāna-pūrvā saṃjñā pravartate / saṃjñā-pūrvā vāk pravartate / vācā yathā-dṛṣṭaṃ yathā-śrutaṃ yathā-mataṃ yathā-vijñānam anuvyavahriyate / tasmād vācam adhiṣṭhāyānuvyavahāra-hetuḥ prajñāpyate //”（Bhattacharya, 1957, 107, pp.6–11.）
汉译：“因等建立者，谓依语因依处，施设随说因。所以者何？由于欲界系法、色无色界系法及不系法施设，名为先故想转，想为先故语转。由语故随见闻觉知起诸言说，是故依语依处施设随说因。”（玄奘译：《瑜伽师地论》第5卷，《大正藏》第30册第301页中。）
藏译：“rgyu dang rkyen dang ’bras bu rnam par gzhag pa gang yin zhe na/ de la rgyu’i gnas tsig la brten nas/ rjes su tha snyad ’dogs pa’i rgyu ’dogs par byed de/ de ci’i phyir zhe na/ ’di ltar ’dod pa dang ldan pa’i chos rnams dang/ gzugs dang ldan pa rnams dang/ gzugs med pa dang ldan pa rnams dang ldan pa ma yin pa’i chos rnams la ming rnam par gzhag pa sngar byung nas/ ’du shes ’jug go// ’du shes sngar byung nas tsig ’byung ngo// tsig gis ji ltar mthong ba dang/ ji ltar thos pa dang/ ji ltar bye brag byed pa dang/ ji ltar rnam par shes pa bzhin du rjes su tha snyad ’dogs pa’i phyir te/ de lta bas na tsig la brten nas rjes su tha snyad ’dogs ba’i rgyu ’dogs so//”（D229, 54b7–55a2）

不同于此前两处的简略，这里较为详细地讨论了言语活动的问题。由于讨论的主题是言语活动的原义，所以虽然“想”并非这段引文的重点，但也是不可或缺的理论要件。具体而言，言语活动的运作有三个环节：第一，想基于施设的名称而运转；第二，语言基于想而运作；第三，在语言的基础上即可进行各种各样的言语活动。

然则，为何想的运作需要以“施设的名称”为前提呢？尤其前文已指出言说活动的原因是心灵中的“表象”，为何此处又说是“施设的名称”呢？作者认为这两者同时都能成立，因为两个说法是基于不同的前提的：“表象”说是基于具体、当下的心识活动，“施设的名称”则是就总体、作为认知活动之前件的概念网络。就前者而言，心灵表象之所以不同于事物的相状，就是因其已经进入了概念网络；于是，想心所作用的结果就是与概念相绑定了的表象。就后者而言，想心所之所以能够轻松地把握表象，就是因为认识者通常是熟练的概念使用者，否则即无法将事物的相状提取为心灵表象。由于具体的认识活动始终依赖于后台的概念、名称网络，所以“施设的名称”也可以被视作是言语活动的原因。因此，“表象”是具体的言语活动的直接原因，“名称”是整体的言语活动的根本原因。

通过上述对想与言语活动关系的说明，想心所活动序列中的第三个环节也就最终成型了：一、想心所以符号化的方式把握对象；二、在心灵内部产生了表象；三、基于此表象即可以概念化的方式进行言说活动。至此，已经周延地考察了与“想心所”相关的“了像”“把握表象”“进行言说活动”“以符号化的方式［把握］施设的所缘”四个论题，在辨析四者的逻辑关系的基础上，将它们整理成了融贯的运作过程。在此基础上，还指出言语活动具备双重原因：作为直接原因的心灵表象、作为根本原因的名称概念网络。

至此，本文周延地考察了《瑜伽师地论》中的“想心所”“想蕴”。基于上述考察，可以得出如下结论。第一，《本地分》中将“想心所”界定为“了像”，含义模糊不清，《摄抉择分》则作“以符号化的方式［把握］施设的所缘”，明确了其运作的方式。第二，《本地分》与《摄抉择分》一致认为“想心所”的功用是“令心把握表象、进行言说活动”。其中，由于此内在表象已经进入了人类的意识活动，自当与名言、概念形成了对应性，这一表象—概念的对应关系就是言语活动的前提。因此，想心所、诸想也是言语活动的原因。基于此，可知想的运作包括三个环节：以符号化的方式把握对象—形成内在表象—进行言说活动。第三，以对象及其特征为所缘的想心所能够主动地提炼出内在表象，于是有必要区分尚未进入意识的对象之特征以及进入了意识的心灵表象，后者即所谓“内心表象”。并且，在想蕴中所列举的诸想都应当被理解为“内心表象”。

《唯识三十颂》安慧释“识转变”的同时/异时问题

兰 原

摘要：本文以上田义文和长尾雅人就安慧释《唯识三十颂》识转变是同时因果还是异时因果问题的争论为线索，通过对梵文的解读及对识转变原理的探讨，说明识转变不离同时与异时的任何一个维度，揭示识转变的缘起义。

关键词：安慧；唯识三十颂；识转变

作者简介：兰原，复旦大学哲学学院博士研究生

《唯识三十颂》（*Triṃśikārikākā*）的“识转变”（vijñānapariṇāma）一词，由于世亲本人并未加以解释，在东亚唯识传统中，向来跟随玄奘系统的解释。而随着《唯识三十颂》安慧释梵本（Triṃśikāvijñaptibhāṣya）的发现与翻译，识转变的解释有了新的可能。以上田义文与长尾雅人为代表的日本学者对识转变展开往复的争论，其中的焦点之一是识转变的同时/异时问题，本文以此争论为线索，探讨识转变的两个维度。

一、对安慧识转变定义的分歧解读

《唯识三十颂》的第1偈——“ātmadharmopacāro hi vividho yaḥ pravartate vijñānapariṇāme ’sau pariṇāmaḥ sa ca tridhā”说的是，产生的我、法的种种假说都于识转变上出现，而这识转变有三种。这是世亲第一次在颂文中使用“识转变”（vijñāna-pariṇāma）这一术语。在对第1偈的注释中，安慧这样定义识转变：“ko ’yaṃ pariṇāmo nāma | anyathātvam | kāraṇakṣaṇanirodhasamakālaḥ kāraṇakṣaṇavilakṣaṇaḥ kāryasyātmalābhaḥ pariṇāmaḥ |”（TrBh，*2，11-12）①

---

① TrBh = *Sthiramati's Triṃśikāvijñaptibhāṣya*, Hartmut Buescher, *Sthiramati's Triṃśikāvijñaptibhāṣya, Critical Editions of the Sanskrit Text and its Tibetan Translation*, Wien, Österreichischen Akademie der Wissenschaften, 2007.（下文略）按：下划线为笔者添加，下同。

笔者译：这转变是什么？是别样性（另一个样子）。因刹那灭的同时的、与因刹那不同特质的果产生，就是转变。

安慧首先仅以“别样性”一词明确转变的基本含义，接着说明这种不一样发生在因果之间，或说是因果关系。但是这一简要的定义，让读者不禁追问几个问题：因是什么？果是什么？因果在时间上是什么关系？因果如何特质不同？也正是以这些问题为源头，日本学者给出了识转变定义的不同解读方案。那么，根据安慧的定义，这是谁与谁的因果关系呢？又是什么和什么同时呢？

上田义文认为，识转变是识与识的因果关系，因、果都是识，果是现在刹那（下文：现刹那）的识，因是现刹那的前一刹那（下文：前刹那）的识。①在时间上，识转变是跨刹那的，②因为灭与生同时，也就是说，当作为果的识于现刹那产生之时，作为因的识因为处于前刹那，此时已经不存在了。③“同时”二字显示了识与识的因果关系是作为前刹那与现刹那的关系而成立的，④也显示了前刹那识的灭与现刹那识的生是无间的。⑤

长尾雅人则认为，识转变是种子和现行识的因果关系。定义中的因（kāraṇa）和果（kārya）是相对的因果关系，根据因转变（hetu-pariṇāma）和果转变（phala-pariṇāma）的具体内容，定义中的因和果也对应不同内容：或为现行识转变为种子（现行熏种子），或为种子转变为现行识（种子生现行）。⑥无论何者，识与种子都是同时关系，识活动的同时熏习种子，种子发挥功能的同时识进行活动。长尾认为这说明了种与识双向地互为因果的关系，而具有这种同时因果关系的识转变应被视为时间、空间的基础。⑦

转变是别样性，是一种变化，这是定义中最没有争议的部分了，但是因、果如何特质不同，基于异时因果与同时因果的立场，自然也有不同的解读：作为异时因果，前刹那识与现刹那识的特质不同（*vilakṣaṇa*），在上田看来有二：其一，是过去与现在的不同（按：所处时间不同）；其二，是识的内容不同，“如：前刹那识是似色之识，现刹那识是似声之识”⑧。作为同时因果，种子与识的特质不同，长尾雅人对此并未说明，但由持同样立场

① 上田義文：《安慧説と護法説との相違の根本は何か》，《京都女子学園仏教文化研究所研究紀要》1980年通号10（記念号），第14页。
② 上田義文：《“梵文唯識三十頌”の解明》，東京：第三文明社，1987年，第41页。
③ 上田義文：《“梵文唯識三十頌”の解明》，第48页。
④ 上田義文：《“梵文唯識三十頌”の解明》，第49页。
⑤ 上田義文：《安慧説と護法説との相違の根本は何か》，《京都女子学園仏教文化研究所研究紀要》1980年通号10（記念号），第14页。
⑥ 長尾雅人：《安慧の識転変説について》，《中観と唯識》，東京：岩波書店，1985年，第367—368页。
⑦ 長尾雅人：《転換の論理》《安慧の識転変説について》，《中観と唯識》，第240、355页。
⑧ 横山所引用的上田义文在《vipariṇāmaの意味》中的论述，参见：横山紘一：《世親の識転変》，平川彰、梶山雄一、高崎直道编《講座・大乗仏教8——唯識思想》，東京：春秋社，1982年，第143页。

的横山纮一借用《成唯识论》加以解释，称作为因的种子与作为果的现行识是异类，因而不同。[①]

这两种解读究竟是否合理呢？首先，“kāraṇakṣaṇanirodhasamakālaḥ”被上田义文严格地翻译为“因的刹那灭的同时”果生，[②]因刹那不存在时果生，的确是因果异时。而长尾雅人则调整性地译为“与因灭的刹那同时”果生，[③]根据刹那灭的原则，因灭的刹那实则也是因生的刹那，那么与因生的刹那同时果生，也就是因果同时了。

仅从安慧的这句梵文来看，有同时关系的双方是“因刹那的灭”与“果的生”，生和灭的主体分别是刹那（时间）和果（法）。就此，上田义文指出，按照常理，灭这一动作的主体应该和生一样，是诸法而非时间，因此，安慧所谓因刹那灭就是因灭，即因灭的同时果生，然而，安慧偏偏要在一句话中两次为“因”加入“刹那”而说成“因刹那”（kāraṇakṣaṇa），这种有违常理的表达，就是为了避免读者解作同时因果，而特意明确识转变的因、果是跨二刹那的。[④]上田还引安慧对第18偈的注释“转变是与前位不同”[⑤]，再次证明识转变是现刹那识与前刹那识不同。根据梵文的语法，识转变的因和果确实是分居前后刹那，异时因果关系是最合乎文意的。

因和果既然是指识，那么因、果的特质不同，也就应该是识与识的特质不同。根据上田的解释，前刹那识与现刹那识所处时间不同，从刹那灭的立场说，已灭的前刹那识一定不是现刹那识。但是，毕竟还需要解释识的内容上的不同，才能真正解释认识的变化与发展。然而，上田给出的例子却是前刹那的视觉认识不同于现刹那的听觉认识，[⑥]造成了如下问题：其一，视觉认识是因，听觉认识是果，虽然可以从一看到瀑布就竖起耳朵去听水声来解释，但这不一定总是具有因果关系，并不能普遍地解释前刹那识与后刹那识的不同；其二，对于相续的视觉认识，无法说明前刹那的视觉认识究竟如何不同于现刹那的视觉认识；其三，上田义文在描述识与识的关系时说：各识的前后不同是一一对应的，[⑦]怎么又用眼识与耳识相比不同呢？上田认为转变的基本义是“不同”，[⑧]然而仅以异时因果关系却不

---

① 横山紘一：《世親の識転変》，平川彰、梶山雄一、高崎直道编：《講座・大乗仏教8——唯識思想》，第143页。

② 上田義文：《“梵文唯識三十頌”の解明》，第55页。

③ 原文作：与能作（的因）灭的瞬间同时，与能作（的因）的瞬间别样地，得到所作（的果），这是转变。参见：長尾雅人：《転換の論理》，《中観と唯識》，第240页。

④ 对于横山认为安慧写作定义文时没有清楚严密地意识到时间上的关系这一点，上田如此进行反驳。参见：上田義文：《“梵文唯識三十頌”の解明》，第53—54页。

⑤ “pūrvāvasthāto ’nyathābhāvaḥ pariṇāmaḥ |”（TrBh, *37, 23）

⑥ 参见63页注释⑧。

⑦ 上田认为，根据诸识现行，这个诸识与前面的诸识彼此不同，例如，阿赖耶识与其前位不同染污意也与其前位不同，这就是pariṇāma。参见：上田义文：《论pariṇāma》，上田义文著，慧观等译：《唯识思想入门》，宗教文化出版社，2017年，第95页。

⑧ 参见：上田義文：《“梵文唯識三十頌”の解明》，第14页。

能把“不同”彻底阐明。

所以，如果识转变只是一条线性单向的异时因果关系，是难以解释清楚特质如何不同，又为何不同的。而这种“别样性”又是安慧回答什么是识转变时最先给出的基本义，如果不能解释如何不同、为何不同，那么甚至连识的相续也有沦为无实质发展的同一相续的危险。这就需要进一步分析识转变的具体内容，并重新审视长尾所作同时因果的解读。

二、因转变与果转变

1. 因转变与果转变的内容与关系

安慧将转变分为因转变与果转变：

> tatra hetupariṇāmo yālayavijñāne vipākaniṣyandavāsanāparipuṣṭiḥ | phalapariṇāmaḥ punar vipākavāsanāvṛttilābhād ālayavijñānasya pūrvakarmākṣepaparisamāptau yā nikāyasabhāgāntareṣv abhinirvṛttiḥ | niṣyandavāsanāvṛttilābhāc ca yā pravṛttivijñānānāṃkliṣṭasya ca manasa ālayavijñānād abhinirvṛttiḥ |（TrBh *6，16–20）
>
> 笔者译：在这［两种转变］中，因转变是在阿赖耶识中，异熟习气和等流习气① 的充分发展。其次，果转变（按：第一果转变）是因为异熟习气开始活动，在之前的业完成牵引的情况下，阿赖耶识在另一个众同分中生起；另一方面，（按：第二果转变）也是因为等流习气开始活动，诸转识与染污意从阿赖耶识产生。

相比前节的识转变定义，安慧对于因转变和果转变的说明是比较具体的。但是对于识转变定义的争议也延续到了对因转变、果转变内容与关系的解读。因转变的“因”、果转变的“果”与识转变定义中的“因”和“果”的梵文用语不同也与上田和长尾的分歧密切相关。

首先，简述上田的观点。转变分为作为因的情况和作为果的情况。“因转变”的“因”（hetu）不再是前节识转变定义中的因（kāraṇa），即不再是识，而是种子，即生识之因（hetu）。种子随时间而增长，跨刹那而不同，得以“与前位异”。“果转变”的“果”（phala）仍然是识转变定义中的果（kārya），也就是识，即种子的果（phala），现刹那识

① 调伏天注释习气是无间的生果的功能，即种子……因转变是习气增长的阿赖耶识。参见：野沢静証：《唯識三十頌の原典解釈——安慧造“唯識三十頌釈”及調伏天造“唯識三十頌釈疏”の訳解》，山口益、野沢静証译著：《世親唯識の原典解明》，京都：法蔵館，1953年，第163页。

生，与前刹那识相比，跨刹那而不同，得以“与前位异”。[①]

既然是转变的两种情况，无论因转变或果转变，就都必须符合转变的定义。然而，上田却不允许前刹那种子为因，后刹那种子为果。一个理由是因转变也必须满足定义中的“果（=识）生”，就必须解释为种子增长故识生；[②]另一个原因是前刹那种子与现刹那种子的关系只是前后关系，而不是因果关系，[③]只有识生识，没有种子生种子，因为毕竟只是为了成立识与识的关系才引入了种子说。[④]因此，果转变的媒介是因转变，因转变包含于果转变，[⑤]因转变是果转变的因，[⑥]而因转变也成了一种非因果关系的转变。

的确，识与识的因果关系是通过种子发生的，上田说种子增长故识生，这似乎可用来解释识转变之因、果“不同”的原因在于种子，然而，他却否认了通过识也会发生种子与种子的因果关系。若因转变只是单向地作为果转变的因，就会造成一幅割裂的图景，若不明种子何以增长，就不能真正解释不同之发生。此外，安慧将果转变又分为两方面，而上田在因转变与果转变的关系中实际上只讨论了后一方面，即诸转识与染污意从阿赖耶识产生，其论述是不完整的。

接着，来看长尾的主张。这里，需先替长尾澄清两种因果关系：[⑦]种子与识在因、果的命名上是固定的，种子因其生识的功能居因位而称为因（hetu），识居果位而称为果（phala），但是，识转变定义中的因（kāraṇa）果（kārya）则是相对的。将定义中“果（kārya）生”的“果”代入不同内容就得到被长尾称为识转变具体内容的因转变与果转变：[⑧]① 果（kārya）=种子，果（kārya）生=种子生=因（hetu）生，这是转变为因（hetu），即因（hetu）转变；② 果（kārya）=识，果（kārya）生=识生=果（phala）生，这是转变为果（phala），即果（phala）转变。[⑨]

因转变是前七识在阿赖耶识中放入种子，即现行熏种子，第二果转变[⑩]是前七识从阿赖耶识生起，即种子生现行。[⑪]长尾原文将因（kāraṇa）果（kārya）译为能作、所作，其

---

① 上田義文：《安慧説と護法説との相違の根本は何か》，《京都女子学園仏教文化研究所研究紀要》1980年通号10（記念号），第14—15页。

② 上田義文：《“梵文唯識三十頌”の解明》，第56页。

③ 参见：上田義文：《“梵文唯識三十頌”の解明》，第53页。

④ 参见：上田義文：《“梵文唯識三十頌”の解明》，第42页。

⑤ 上田认为，种与种的不同包含于识与识的不同，识发生不同的媒介是种子增长。参见：上田義文：《“梵文唯識三十頌”の解明》，第43页。

⑥ 上田義文：《“梵文唯識三十頌”の解明》，第58页。

⑦ 长尾用能作、所作翻译kāraṇa、kārya，为了避免用词混乱，笔者还是都采用“因”“果”的表达，但是会在括号中备注以示区别。

⑧ 長尾雅人：《転換の論理》，《中観と唯識》，第242页。

⑨ 長尾雅人：《安慧の識転変説について》《唯識義の基盤としての三性説》，《中観と唯識》，第367—368、458页。

⑩ 本文沿用长尾说法，分别称前后两种果转变为第一果转变和第二果转变。

⑪ 长尾借用《成唯识论》的现行熏种子、种子起现行来说明因转变与第二果转变。

中一个原因就是想强调作用及作用结果的因果同时，[①]例如在风的吹拂（作用）的同时有叶子的摇动（结果）。

其实，在转变中，有三个同时关系：① 在因转变中，现行识活动（作用）与种子的熏习（结果）是同时的；② 在第二果转变中，种子活动（作用）与现行识产生（结果）是同时的；③ 因转变与第二果转变是同时的，即种子生现行与现行熏种子是同时的，因为“种子生现行”就必然包含了“现行熏种子”，反之亦然。这里所谓“包含”是指不能孤立种子生现行的作用，也不能孤立现行熏种子的作用，因为没有离开生起的熏习，也没有离开熏习的生起，当我们说种子生现行的时候，这生现行之种子必是为另一现行所熏的种子，当我们说现行熏种子的时候，这熏种子的现行必是为另一种子所生的现行，这是一种相互依赖的关系，种子与现行的同时就必然显示了生与熏是同时的互动。为此，长尾借用《成唯识论》的“三法展转因果同时”[②]，认为安慧的注释正是明确了这种因果同时、相互缘生的关系。[③]而正是有了这种关系，才真正让“不同”的变化得以发生。

2. 二种果转变的关系

到此，我们暂且悬置了按照梵文文意识转变是异时关系的观点。也许，安慧的识转变定义在长尾看来确实是说明同时因果关系，但是长尾绝不否认异时因果也是识转变的应有之义，其要就在于第一果转变。

第一果转变，简而言之是阿赖耶识的生起，就“识生”这点而言，果转变的两方面是一样的，它们的区别关键在于与因转变的关系及其要处理的问题：[④]因转变与第二果转变是互为因果的关系，它们处理的问题是种子与现行的关系，即空间性的认识作用的应有根据；[⑤]而第一果转变，因为阿赖耶识本身不熏习种子，所以不能与因转变构成互为因果的关系，它处理的问题是时间性的相续（表1）。何以认为第一果转变是时间性的？因为安慧说“前业”。[⑥]前业也许会被误认为只讲前一期生命，但需要注意的是，所谓“阿赖耶识在另一个众同分中生起”[⑦]，根据刹那灭的原理，后一刹那的众同分对于前一刹那的众同分而言即是另一个（antara），因此第一果转变不必只谓跨越生命周期的连续，而是阿赖耶识刹那刹那的相续。

---

① 長尾雅人：《転換の論理》，《中観と唯識》，第241页。
② 玄奘译：《成唯识论》第2卷，《大正藏》第31册第10页上。
③ 長尾雅人：《安慧の識転変説について》，《中観と唯識》，第356页。
④ 長尾雅人：《安慧の識転変説について》，《中観と唯識》，第357页。
⑤ 長尾雅人：《安慧の識転変説について》，《中観と唯識》，第362页。
⑥ 長尾雅人：《安慧の識転変説について》，《中観と唯識》，第357页。
⑦ 五位百法之一的众同分指有情的同类性。关于在另一众同分中生起，也有观点认为在一期生命中不会有另一个众同分生起，本文不取这种观点。

表 1

识转变		
因位	果位	
因转变	第二果转变	第一果转变
空间		时间

在对果转变两个不同维度的阐释中，长尾面临一些质疑：① 种子与现行的同时互动是在一刹那中无限循环，无法在时间维度上展开第一果转变（图1）；② 在两种果转变中，识的生起会被拆分为两个阶段，先有阿赖耶识向下一刹那生起，再从阿赖耶识于下一刹那生前七识（图2）（铃木宗忠所批判的“二段现行”）。[①]这两种质疑的本质都是没有理解长尾之所谓“同时”及同时与异时的关系。“同时”虽然和异时一样也是个时间性概念，但是所处理的不是有关时间推移方面的问题，而是在无时间性地[②]使用时间性概念，“同时”不是要收时间于一刹那，而是以这种因果相依的结构作为时间空间的根源。[③]所谓种子与现行因果同时，归根结底是为了说明种子生识的功能与识熏种子的影响在认识作用中是同步发生的，以种识相依、生熏同步为基础结构，展开既相续又不断变化的识转变的活动，从而有了时间的意义。不妨用现实中的经验来比拟这种关系：设想面前有一个陀螺，陀螺盘面上相对的位置各有一个红点，当我们转动陀螺180° 时，这两个点同时向对方的位置变动。若将它们的转动分别看作是熏入和生出，种子发挥功能到达现行识的位置和现行识的影响到达种子的位置，无疑是同时的。当我们快速转动陀螺，两个点不断地同时向对方的位置变动，而陀螺也在桌面活动了一段时间（图3）。

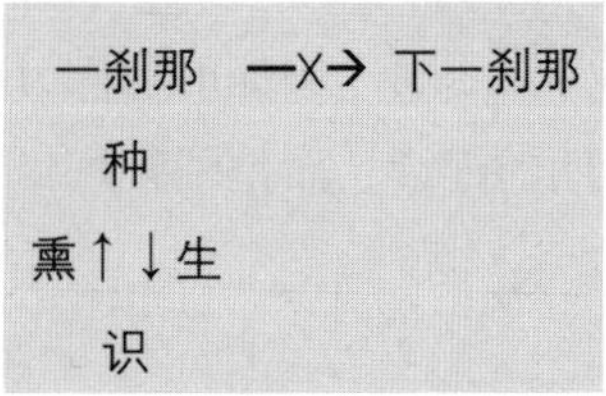

图1

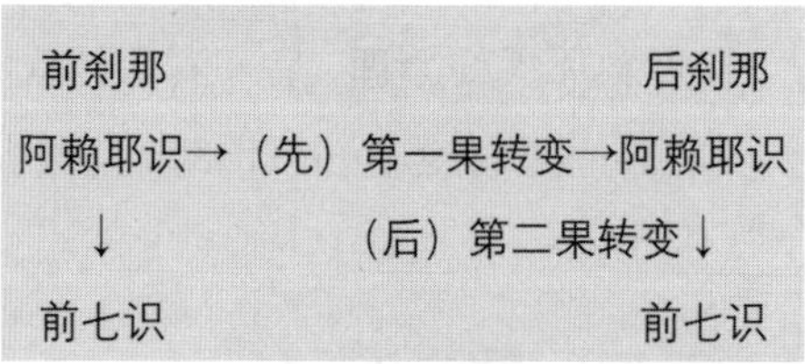

图2

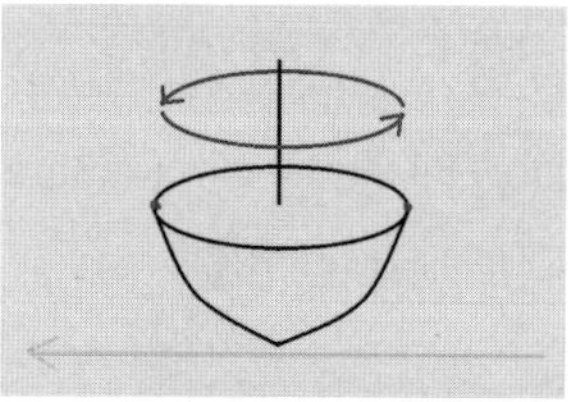
图3

① 長尾雅人：《安慧の識転変説について》，《中観と唯識》，第354页。
② 长尾使用的“无时间性”意指非时间性，笔者沿用长尾的说法。
③ 長尾雅人：《転換の論理》，《中観と唯識》，第243页。

3. 对比因能变与果能变

上田与长尾对因、果二转变的论述还涉及了对玄奘系统唯识宗因、果二能变思想的批判。玄奘对“转变”（pariṇāma）一词有多种译词，在《唯识三十颂》第1偈的译文中就将同一个转变分为“转变”（动作）和“能变”“所变”。[①]能变是八识，所变是八识转变出的相见二分。能变又有二种，因能变和果能变，分别是种子由识熏习而增长，和由种子生八识并现诸相。[②]

对于因能变，上田义文没有过多诟病，由识熏种而有种子随时间增长，这符合他所认为的种子的异时前后关系。相反，他批判现代日本学界把因能变及因转变解读为现刹那的现行识熏种子的同时关系。基于同样的思路，他也批判把果转变解读为种子生现行的同时关系，他认为只有现在刹那识生才能成立现刹那识不同于前刹那识，转变是“识生”，不是“种生识”。[③]上田的表达看似是文字游戏，其实他没有清楚说出的意思是：转变不是“生”，而是“生故异”，同理，对于因转变，转变不是“熏”，而是“熏故异”。上田不是否定“现行熏种子”“种子生现行”的道理，他也许意识到了只是没能清晰表达出来：因为现行熏种子，所以因转变，即现刹那种子不同于前刹那种子；因为种子生现行，所以果转变，即现刹那识不同于前刹那识。

上田对果能变的批判则是另一回事，他认为果能变虽然有两个可能解释，即种生识或识现诸相，但《成唯识论》只定义转变是识体转似见、相二分，所以果能变只能是识体变似相见二分。[④]这里，需要引入的是长尾雅人对果能变的批判：无论同时异时，“转变”都是一种活动，而“能变”则是转变的活动发出者，为了对比因能变、果能变和因转变、果转变，不得不把转变强行分解为“能变变为所变”。如表2和图4所示，对比中，最显而易见的区别是因能变、果能变从能变上立名，而因转变、果转变从所变上立名，但是，更关键的不同是因能变、果能变及其所变只是在一个方向上展开，即种→识→见相二分，而因转变、果转变的能变所变是双向关系，即种⇋识。[⑤]

---

① 玄奘译《唯识三十颂》第1偈：“由假说我法，有种种相转。彼依识所变，此能变唯三。”玄奘译：《成唯识论》第1卷，《大正藏》第31册第1页上。

② “能变有二种：一因能变，谓第八识中等流、异熟二因习气，等流习气由七识中善恶无记熏令生长，异熟习气由六识中有漏善恶熏令生长；二果能变，谓前二种习气力故，有八识生现种种相。”玄奘译：《成唯识论》第2卷，《大正藏》第31册第7页下。

③ 上田義文：《安慧説と護法説との相違の根本は何か》，《京都女子学園仏教文化研究所研究紀要》1980年通号10（記念号），第14—15页。

④ 上田義文：《“梵文唯識三十頌”の解明》，第38页。

⑤ 長尾雅人：《安慧の識転変説について》，《中観と唯識》，第366—367页。

表 2

	因能变	因转变	果能变	果转变
内容	种子	识熏种子	识	种子生识
“能变”	种子	识	识	种子
↓变为	↓变为	↓变为	↓变为	↓变为
“所变”	识	种子	见相二分	识
命名缘由	能变=因位的种子	所变=因位的种子	能变=果位的识	所变=果位的识

因能变与果能变在单向展开：

种子
↓因能变
识
↓果能变
见相二分

因转变与果转变是双向展开：

种子
因转变↓↑果转变
识

图4

当然，《成唯识论》在因能变、果能变中清楚表达了种子与识的双向关系，长尾的论述虽然只是服务于他对《成唯识论》把转变之活动静止为能变之体的批判，[①]但是，他运用的以双向驳单向的方法，却再次体现了他对于识转变中双向互为因果的结构的重视，也就是种子生现行与现行熏种子是互不相离、相互依赖的，正是这种同时互为因果的关系才能解释现刹那识与前刹那识何以不同。因此，就算上田明确地说出了“生故异”“熏故异”，从长尾的立场看来，也是不充分的，他应该会纠正为“生熏故异”，因为生熏不相离。

三、识转变的同时关系与异时关系

1. 同时关系的必要性

上田和长尾的解读尽管有分歧，却为我们勾勒了识转变中的一个关键结构——同时互为因果关系。在分析二人对因能变、果能变的批判之后，不妨以稍显冗长的方式重新陈述安慧的因、果二转变，来突出同时互为因果的关系：因转变是因为由种子活动产生的识熏习种子，所以现刹那种子与前刹那种子不同；果转变是因为由被识熏习的种子活动产生识，所以现刹那识与前刹那识不同。

目前，从因、果二转变的思想中，至少可以确定的是，安慧也肯定这种同时互为因果

① 長尾雅人：《安慧の識転変説について》，《中観と唯識》，第365页。

的关系，但是他如何定位这种关系？是否也如长尾把种识同时互为因果的关系看作成立识转变的基础呢？甚至，要再进一步追问，《唯识三十颂》的偈文中，并没有“因转变”“果转变”的字眼，安慧是否增益了世亲的识转变所没有的同时因果的思想呢？

为解答这些问题，需要聚焦《唯识三十颂》的第18偈：

> sarvabījaṃ hi vijñānaṃ pariṇāmas tathā tathā |
> yāty anyonyavaśād yena vikalpaḥ sa sa jāyate ||（TK–kk18）①
>
> 笔者译：因为［阿赖耶］识具有一切种子，以这样那样的方式，因相互之力转变，这样那样的分别也以此方式产生。

（按：玄奘译：由一切种识，如是如是变，以辗转力故，彼彼分别生。②）

第18偈的目的，据安慧注释，是要解答论敌可能的问难：若一切唯识，如何在没有作者与作具的情况下，从阿赖耶识产生诸分别？第17偈中说“识转变是分别”③，而第18偈解释分别如何产生，等于是在解释识转变的原理，那就是：以这样那样的方式，因相互之力转变。什么是相互之力？安慧这样注释道：

> tathā hi cakṣurādivijñānaṃ svaśaktiparipoṣe vartamāne śaktiviśiṣṭasyālayavijñānapariṇāmasya nimittaṃ so 'pi <u>ālayavijñānapariṇāmaś</u> cakṣurādivijñānasya nimittaṃ bhavati | evam anyonyavaśād yasmād ubhayaṃ pravartate tasmād ālayavijñānād anyenānadhiṣṭhitād anekaprakāro vikalpaḥ sa sa jāyate |（TrBh *38, 1–5）
>
> 笔者译：在眼等识自己的功能充分发展的情况下，成为有特殊功能的阿赖耶识的转变之因，而阿赖耶识的转变也成了眼等识的因。就这样，二者因相互之力而产生，因此从不被另一个东西（作者）支配的阿赖耶识产生分别。

因为眼等识活动的影响，所以阿赖耶识具有了产生眼等识的功能；同时，因为具有了产生眼等识的功能的阿赖耶识发挥其产生眼等识的功能，所以眼等识产生。在这种互为因果的作用之中，眼等识和阿赖耶识都得以产生，也就是说，识转变由此成立。

这种相互之力是同时的、双向的互为因果的作用，它阐明了阿赖耶识与前七识的同时

---

① TK = *Vasubandu's Triṃśikārikākā*, Hartmut Buescher ed., 2007, pp.147–149.（下文略）

②《成唯识论》第7卷，《大正藏》第31册第40页上。

③ “vijñānapariṇāmo 'yaṃ vikalpo yad vikalpyate | tena tan nāsti tenedaṃ sarvaṃ vijñāptimātrakam ||”（TK–kk17）

互为因果的关系：前七识是阿赖耶识转变的因，这是因转变所说的转识活动而有种子增长；阿赖耶识转变是前七识的因，这是第二果转变所说的种子活动而有转识产生。[①]阿赖耶识是有一切种子者，前文所讨论的种子与识的关系无非是阿赖耶识与前七识的关系。正是因为这种关系，识转变得以成立，因此，在安慧看来，互为因果的同时结构正是识转变的基础。

2. 同时关系与异时关系的相依

从识转变的定义我们已经发现有两个要点：相续与变化。关于变化，同偈注释中安慧称“转变”是“变得与前位不同”，所以也是因为这种同时互为因果的结构，解决了定义中“不同”的问题。若只有识生识的单向线性活动，或者只有因转变单向作为果转变的因，那么只能称为同一不断，[②]不成为真正的转变，有了互为因果的关系，才让识转变不是单调反复，而得以成为不断变化的相续。

关于相续的问题，安慧又是如何运用第一果转变让同时结构展开异时维度的呢？从第18偈中，我们已经看到安慧所谓“因转变”与第二“果转变”的雏形，正如长尾指出的那样，因、果二转变是由安慧对世亲已有的思想加以整理而形成的，这个思想基础就在第18偈与第19偈，[③]而第19偈对应的是第一果转变所处理的时间维度：

> karmaṇo vāsanā grāhadvayavāsanayā saha |
> kṣīṇe pūrvavipāke 'nyaṃ vipākaṃ janayanti tat ||（TK-kk19）
> 笔者译：前异熟消耗殆尽时，业习气在二取习气伴随下，产生另一个有异熟者。

安慧认为第18偈说完了现在生命中前七识与第八识的关系，第19偈用来说明现在生命结束时阿赖耶识如何相续到未来生命。如前文所述，第一果转变不一定是今生来世意义上的时间，但是，第19偈既然以福、非福、不动之业立论，更可能是在流转轮回的框架中处理时间，[④]加入了宗教伦理意味，而将跨刹那的时间延伸为跨生命周期的时间。无论第19偈是否完全对应了第一果转变，安慧似乎都没有在第19偈中解释同时与异时的关系问题。

其实，对于同时与异时的关系，安慧已然在第18偈中加以解答。不难发现，安慧陈述相互之力时，对阿赖耶识言“阿赖耶识转变”（ālaya-vijñānapariṇāma），而对前七识则只

---

① 長尾雅人：《安慧の識転変説について》，《中観と唯識》，第362页。
② 長尾雅人：《安慧の識転変説について》，《中観と唯識》，第360页。
③ 長尾雅人：《安慧の識転変説について》，《中観と唯識》，第364页。
④ 長尾雅人：《安慧の識転変説について》，《中観と唯識》，第363页。

言“眼等识”（cakṣurādivijñāna）不言“眼等识转变”，如此读来，似乎互为因果的双方是识转变和识。事实上，从世亲称八识为三种转变以及称识转变为分别即可知晓：识转变就是识，没有不是识转变的识，这可能正是上田强调识转变是异时关系的原因，因为识转变是变化着的识，而这正是识的具体的样子，①是识的现实。既然从定义就已经明确了识转变的时间性，那么即使单说“识”也已经是时间性的概念。无论是否说阿赖耶识“转变”或者眼等识“转变”，互为因果的只能是阿赖耶识的转变与前七识的转变。

因此，相互之力说的本来就不是静止在某一刹那的同时关系，或者无时间性的抽象关系，而是只有在具体时空中，才能成立的同时互为因果的关系。当我们说因转变与第二果转变互为因果时，其实就已经在第一果转变的时间维度之中了。安慧将果转变分为两方面，就是要保证识转变既离不开同时关系，也离不开异时关系。在识转变的相续变化的现实中，任一刹那中前七识的产生，都离不开阿赖耶识的相续变化和其自身的相续变化，任一刹那中阿赖耶识的产生，也同样离不开前七识的相续变化和其自身的相续变化。我们可以说同时关系是异时关系成立的基础，但是不能忘记异时关系也是同时关系成立的舞台，因此，同时关系与异时关系本身也是互不独立，共同作为识转变的原理，缺一不可（图5）。

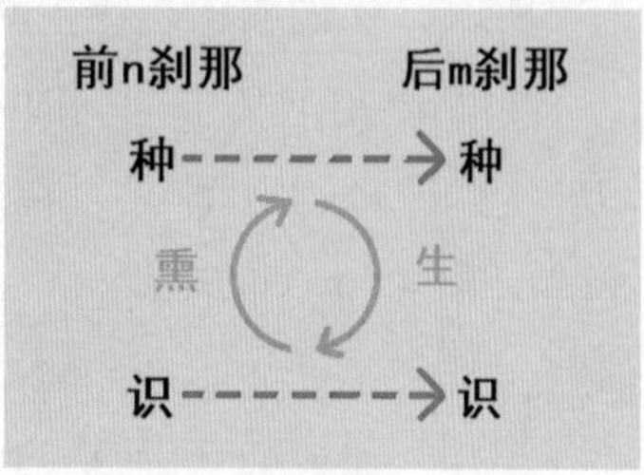

图5

在同时与异时的关系上，虽然长尾也说到依于阿赖耶识的相续才有因果同时，同时与异时都只是识转变构造的一面，②但是他的基本进路是让无时间性③的互为因果的结构进入时间中，从而解释三法辗转因果同时是识转变，④这是从同时结构展开异时维度的分析方法。相比之下，安慧并不是基于同时展开异时，而是在异时的现实中见到同时关系，以及同时关系与异时关系的相依。

四、结语

根据调伏天对安慧的注释，安慧在定义识转变时所作“转变是什么？是别样性”这一设问，是为了解答“这是外道的转变吗”的疑惑，也就是为了澄清识转变的转变不是数论学派的转变。⑤数论的转变说是因中有果论，作为实体的神我观照作为实体的原质而令原

① 上田义文著，慧观等译：《唯识思想入门》，第10页。
② 長尾雅人：《安慧の識転変説について》，《中観と唯識》，第364页。
③ 参见68页注释②。
④ 長尾雅人：《安慧の識転変説について》，《中観と唯識》，第361页。
⑤ 野沢静証：《唯識三十頌の原典解釈——安慧造“唯識三十頌釈”及調伏天造“唯識三十頌釈疏”の訳解》，山口益、野沢静証著：《世親唯識の原典解明》，第162页。

质发生的所谓“转变”，并不是内容上的不同，仅是形态上的不同，例如冰化成水，只是从固态的实体到液态的实体。因此，安慧基于佛教的立场，不承认不变的实体，通过说明转变是因、果“特质不同”，将识转变区别于“不变的实体在别处作为别的东西生起”的数论的转变。

佛教否定有常实体的基本思路就是缘起，识转变也需从缘起的角度才真正区别于数论的转变说。对于识转变，“不同”的实现正是源自因转变与果转变的互为因果。正如长尾所说，转变不是单纯变异过程而是因果关系。[①]在第18偈中，世亲也正是以阿赖耶识转变与转识转变的互为因果来回应所谓“作者”“作具”这种印度哲学实体论者的典型论调。应当这样说，转变与识的结合，通过阿赖耶识转变与转识转变的相依关系完满了转变的缘起之义，同时，通过对识转变中互为因果的缘起之义的开显，明确了识的缘起的存在状态。所以，在说明识是缘生时，安慧说：正是通过“转变”一词知道识的缘生性。[②]

从识转变定义中的同时/异时问题出发，围绕上田与长尾的争论，通过安慧的注释，识转变的原理得以呈现，那就是，识转变的相续与变化正是因为同时互为因果的关系及同时异时相依的关系而成立。对于识转变的定义，就梵文的翻译而言，上田更加合乎文法，但是，就对识转变原理的解释而言，长尾则更加全面。如果说长尾偏重于从点到线，从静止到运动，那么安慧则是直接在全体上考虑，在流动本身中考虑因果关系，来彰显识转变作为缘起的意义。

---

① 長尾雅人：《安慧の識転変説について》,《中観と唯識》, 第347页。
② “pratītyasamutpannatvaṃ punar vijñānasya pariṇāmaśabdena jñāpitam |”（TrBh, *3，17–18）

概念、思想与诠释：以《宝性论》①之“佛性”为中心

刘郑宁

摘要：《宝性论》不仅是印度佛教如来藏思潮的标志性论书，而且还是深刻影响汉传佛教、藏传佛教“佛性”思想的重要著作。通过对勘梵汉藏本《宝性论》，分析围绕“佛性”这一主题的概念谱系以及“一切众生悉有佛性”的不同句型，可以发现该作品具有巨大的诠释空间，且在翻译过程中形成了一定的“误读”。在这基础上引发了《宝性论》的“佛性”问题，也即由“如来藏”通向“佛法身”的问题、由有为法通向无为法的问题。诉诸《宝性论》诠释史，考察《楞伽经》的回应以及智顗、法藏、笃补巴、嘉曹·达玛仁钦等四位代表性人物的诠释，都能够为思考“佛性”问题提供有益的借鉴和参考。

关键词：宝性论；佛性；如来藏；诠释史

作者简介：刘郑宁，复旦大学文史研究院博士研究生。

一、引言

如来藏（tathāgatagarbha）作为一种“思潮”大约兴起于大乘佛教中后期（公元3—5世纪左右）。暂且以“思潮”称之，是因为有关如来藏的定性与定位问题，一直以来在佛教学界都未能形成共识。主流观点一般不以“如来藏”为派，而独言“中观”与“瑜伽行

① 从此论书现存梵汉藏本的标题来看，梵名“Ratnagotravibhāga Mahāyānottaratantraśāstra”意为“宝性分别大乘上续论”。由本论内容可知，“宝性分别”（也称“辨宝性”）与“大乘上续”之间的关系是：后者需要通过前者实现。对比汉译名“究竟一乘宝性论”，“究竟”对应uttara，“一乘”既有tantra（与大乘佛教早期般若经等“相续”）之义，又有本论“一切众生皆能成佛”的“一乘”思想之义，唯有vibhāga（分别、辨）一词没有与之对应的汉译；藏译名表达为“大乘上续论”（Theg pa chen po rgyud bla ma'i bstan bcos），“宝性分别”并未在标题中体现。其实，“宝性分别”（“辨宝性”）类似于众所周知的“中边分别”（“辨中边”）、“法法性分别”（“辨法法性”）等表述。也即，如果要概括或者简称此论书，似乎应当称作“辨宝性论”。实际上，中村瑞隆等学者都曾注意到这个问题。然而如今，无论是学者写作还是汉藏两地法师讲法，仍普遍将其简称为“宝性论”。

(唯识)”为大乘佛教的“鸟之两翼，车之两轮”，[①]毕竟无论是理论体系还是经论数量，如来藏似乎都不及二宗。又由于在《楞伽经》《密严经》等大乘瑜伽系经典中吸收和融合了如来藏，E. H. Johnston等学者把如来藏视为唯识的一支。[②]然而，存在三种与上述观点相异的主张。

第一，以法藏为代表的判教认为，如来藏的境界相对而言高于中观和瑜伽行。法藏将中观派和瑜伽行派归为“大乘始教”，如来藏则归为“大乘终教”。因为前者对佛性的认识并不完备，而后者却指出“一切众生悉有佛性”这一大乘佛教“终极法门”，所以两者有始终、末本之别。[③]

第二，以印顺为代表的主张是，如来藏自成体系，与中观、唯识共同构成大乘佛教“三系”。因为此三系的核心思想各有侧重：中观讲“名”，唯识讲“识”，如来藏讲“心性”“佛性”。支持以如来藏为“第三系”的还有高崎直道(Takasaki Jikido)、清田实(Minoru Kiyota)、E. Frauwallner等学者。[④]不过，他们似乎就“如来藏是独立的思想体系还是独立的学说派别”这一问题仍然无法统一意见。

第三，以松本史朗(Matsumoto Shiro)为代表的观点是，如来藏思想所认为的“一切众生悉有佛性”之“性”，意为“放置的场所”“基体”，等同于locus，并不体现“本性”“本质”的意思，指出这是“基体说”(dhatu-vada)、“梵我论”，是佛教所批判的对象，因而“如来藏不是佛教”。[⑤]这一观点石破天惊，随即引发了20世纪的“批判佛教”(Critical Buddhism)风暴。

事实上，我们或许可以对“如何回应这一问题”暂时悬搁判断，因为探究“为什么会出现这一问题”似乎显得更为重要且必要：为什么如来藏思想对中印大乘佛教影响如此深远，其定性却如此模糊，定位却如此尴尬呢？此为刍荛之见：如来藏思想的影响与其

---

① 义净曾在印度求法多年，据他所言大乘佛教无非“中观”和“瑜伽”两支。可见，至少对于当时的那烂陀僧众而言，“如来藏”在印度远未成为主流。参见义净撰：《南海寄归内法传》第1卷，《大正藏》第54册第205页下。

② 杨维中：《大乘“三系判教”与如来藏系经典的地位新论》，《华东师范大学学报》(哲学社会科学版)2016年第2期。

③ 韩焕忠：《华严判教论》，济南：齐鲁书社，2014年，第69—70、78—80页。法藏对于“五教”的表述如下：“以义分教，教类有五。此就义分，非约时事。一、小乘教；二、大乘始教；三、终教；四、顿教；五、圆教。初，小乘可知。二，始教者，以《深密经》中第二、第三时教同许定性二乘俱不成佛故，今合之总为一教。此既未尽大乘法理。是故立为大乘始教。三，终教者，定性二乘，无性阐提，悉当成佛。方尽大乘至极之说，立为终教。”法藏述：《华严经探玄记》，《大正藏》第35册第115页下。

④ 杨维中：《如来藏经典与中国佛教》，南京：江苏人民出版社，2012年，第29—30页。

⑤ 松本史朗：《如来藏思想不是佛教》，载杰米·霍巴德、保罗·史万森主编，龚隽、冯焕珍、周贵华、刘景联等译：《修剪菩提树——“批判佛教”的风暴》，上海：上海古籍出版社，2004年，第166—172页。

定性、定位的强烈反差恰恰反映了其最为独特之处。它在早中期时[①]拥有强烈的问题意识，所有经论中的名相、譬喻、论证仿佛都是围绕“既然承认‘无我’，那么是什么在求解脱，是什么使得解脱得以可能”来展开讨论的，它们最终给出的答案也较为清晰——一切众生皆有“佛性”，是“信解”的、具有“佛性”的“众生”在求解脱，是“佛性”使得解脱得以可能。尤其是中期，集大成之论书《宝性论》以构建“佛性”思想体系实现了对这一问题的回应，在此之后便不再出现对旧观点反复申说的新经论，这可能也是如来藏经多于论、经论不多的原因。至此，如来藏思想开始向晚期过渡，逐步化为Elvin Jones所形容的“二宗的知识财富”。[②]由是观之，如来藏在中期便已经从对佛性的阐述延伸出一套独一无二的思想体系。因此，试探如来藏思想的思想原貌离不开对于《宝性论》之“佛性”的研究。

更为可贵的是，就佛教传播与演变史而言，将梵本《宝性论》与汉译、藏译本相对照，能够充分体现“佛性”思想在印中大乘佛教之间的转换。就汉藏佛教对如来藏的诠释而言，《宝性论》不仅是印度佛教如来藏思潮的标志性论书，而且还是深刻影响汉传佛教、藏传佛教“佛性”思想的重要著作。将汉译本与藏译本对观，在翻译的措辞方面，二者从标题到内容都有一定的差异；在学说的内容方面，前者更多地处在唯识学的语境中，后者却多以中观来解释；在论典的影响力方面，前者在汉传佛教史上很少被直接讨论，而实则影响深远，后者在藏传佛教史上反复被剖析，还有大量高僧大德为此作注疏。[③]因此，比较《宝性论》梵汉藏文本，分析代表性人物对文本的诠释，兼顾历时性与共时性，可以促

---

① 此处涉及印度如来藏经论的分期。如来藏经典主要有《大方等如来藏经》（又称《如来藏经》）、《大法鼓经》、《央掘魔罗经》、《大般涅槃经》、《胜鬘师子吼一乘大方便方广经》（又称《胜鬘经》）、《不增不减经》、《无上依经》等，论典主要有《宝性论》《佛性论》等。高崎直道曾对这些经论的关系作出推论并绘制出“如来藏系经论系统图”。近来也有Michael Radich等学者提出新见。如来藏思想在不断发展中具有一定的层次：第一阶段主要表现为道出“一切众生如来藏”的根本命题，第二阶段主要表现为围绕根本命题以及“如来藏”“佛性”的核心概念进一步拓展思想体系，第三阶段主要表现为出现明显的唯识语言与思想。相应地，如来藏经论便可分为早、中、晚三期。早期以《如来藏经》《不增不减经》等为代表，《胜鬘经》中除了根本教义，还有诸多有关如来藏与圣谛、空智、生死等问题的讨论，并提及“六识及心法智”“三乘归于一乘真实（如来藏）”等，大大拓展了如来藏思想的外延，可以视作早期向中期过渡的典型作品。中期以《宝性论》《大乘法界无差别论》等为代表，《佛性论》中除了自《宝性论》以来一脉相承的思想体系，还出现了“阿梨耶识为本”的语句，可以视作中期向晚期过渡的典型作品。晚期以《楞伽经》等为代表。有关如来藏经论的概况总结可参考黄宝生：《梵汉对勘究竟一乘宝性论》，北京：中国社会科学出版社，2017年，《导言》第1—7页。

② Elvin Jones, “Buddhist Theories of Existents: The Systems of Two Truths”, *Mahayana Buddhist Meditation: Theory and Practice* (Minoru Kiyota ed.), Honolulu: University Press of Hawaii, 1978, pp.3-45.

③ 2012年8月31日，中国人民大学国际佛学研究中心举办汉译《〈宝性论〉大疏》专家审读意见会。会上，魏德东、沈卫荣、班班多杰、嘉木扬·凯朝等专家学者就汉藏佛教关于《宝性论》的诠释问题进行了深入的交流，明确指出了这些差异。

使我们更完整、全面地探究《宝性论》中“佛性”的思想内涵与源流演变。[①]

二、何谓佛性——一项语文学的考察

在本文中，“语文学的考察”作为一种基本的学术方法，包括文本对勘、词法分析、语法分析、文本解释等，是全部分析的起点。本节试图回溯梵藏汉本《宝性论》中“佛性”的若干种不同表达，并在比较中理解“佛性”，勾勒出“佛性”的概念谱系，回应“何谓佛性”这一问题。

（一）《宝性论》的梵、汉、藏本

现存《宝性论》梵本、汉译本、藏译本如下：

（1）梵本：*Ratnagotravibhāga Mahāyānottaratantraśāstra*（《宝性分别大乘至上怛特罗论》），1935年E. H. Johnston、H. W. Bailey在中亚发现梵文断片，Rāhula Sāṃkṛtyāyana于同年找到更为完整的梵文写本，最后由Johnston编订、T. Chowdhury整理后于1950年正式出版，也即*The Ratnagotravibhāga Mahāyānottaratantraśāstra*（Patna: The Bihar Research Society, 1950）。现在亦可参考1991年H. S. Prasad出版的*The Uttaratantra of Maitreya*（Delhi: Sri Satguru Publications, 1991）。以下缩写为“Rgvbh”。

（2）汉译本：《究竟一乘宝性论》四卷，译者元魏勒那摩提（Ratnamati），见《大正藏》卷三一T.1611。

---

① 杜正民曾对近代以来的如来藏研究作出全面而精彩的文献综述，其中包含相当数量的《宝性论》研究，参见杜正民：《如来藏学研究小史：如来藏学书目简介与导读（上、下）》，《佛教图书馆馆讯》1997年第10/11、12期；《当代如来藏学的开展与问题》，《佛学研究》2000年，第335—357页。珠玉在前，不便再献木椟，在此仅补充介绍2000年之后关于《宝性论》研究的新作佳作。谈锡永《〈宝性论〉梵本新译》（新北：全佛文化事业有限公司，2006年）非常细致地重新整理了梵本，总结汉译、藏译得失，并从宁玛派的角度解释本论。杨维中《如来藏经典与中国佛教》的其中一节综合讨论《宝性论》汉译本。程恭让《佛典汉译、理解与诠释研究——以善巧方便一系概念思想为中心》（北京：中国社会科学出版社，2017年）下卷中有多篇《宝性论》梵汉对照的专题研究论文，新见迭出。目前，关于《宝性论》文本研究的最新的专著中，加纳和雄《佛性与空：俄·洛丹喜饶与〈宝性论〉藏译本》（Kazuo Kano, *Buddha-Nature and Emptiness: rNgog Blo-ldan-shes-rab and A Transmission of the Ratnagotravibhāga from India to Tibet*, Wien: Wiener Studien zur Tibetologie und Buddhismuskunde, Heft 91, 2016）重点考察藏传佛教一支，李子捷《〈究竟一乘宝性论〉与东亚佛教：5—7世纪如来藏、真如、种姓说的研究》（李子捷，《“究竟一乘宝性論”と東アジア仏教：五—七世紀の如来蔵・真如・種姓説の研究》，東京：国書刊行会，2020年）和蔡孔章《论汉译〈究竟一乘宝性论〉的文本与思想特色》（台北：独立作家，2014年）重点考察汉传佛教一支，他们从语言、文献、思想等多个方面分别对《宝性论》展开了更为深入的探索。不过，《宝性论》自身的哲学性、文本层次的多样性以及翻译过程中不断的再诠释，使我们又发现了当前《宝性论》研究有待加强之所在：以往学者多集中于梵汉、梵藏对比，却较少将梵汉、梵藏两支综合起来，在梵汉藏比较的视野中考察；多重视文献学分析，却较少综合文献、历史和哲学进行思想史、诠释史考察。

（3）藏译本：*Theg pa chen po rgyud bla ma'i bstan bcos*（《大乘上续论》），也即《宝性论》颂部分，作者Maitreya（弥勒），译者Sajjana（萨遮那）、Rngog blo ldan shes rab（俄·洛丹喜饶），见《藏文大藏经》德格版第225函，D.4024，原页码54b1—73a7；*Theg pa chen po rgyud bla ma'i bstan bcos rnam par bshad pa*（《大乘上续论解说》），也即《宝性论》释部分，作者Thogs med（无著），译者Sajjana（萨遮那）、Rngog blo ldan shes rab（俄·洛丹喜饶），见《藏文大藏经》德格版第225函，D.4025，原页码74b2—129a7。以下缩写为“Tg phi”。

（4）对勘本：中村瑞隆（Nakamura Zuiryu）著《梵汉对照究竟一乘宝性论研究》（东京：山喜房，1961年），内含“梵藏英汉四译偈颂对照表”；黄宝生《梵汉对勘究竟一乘宝性论》（北京：中国社会科学出版社，2017年）。

根据高崎直道的研究，《宝性论》成书时间最早不会早于3世纪中叶，最迟不会晚于公元433年。当时印度梵语文学十分兴盛，是以《宝性论》最初也是由梵文写成的。其中，颂（kārikā）部分较早出现，释（vyākhyā）部分可能在5世纪早期才出现并与颂相结合。[①]如今现存的《宝性论》梵本为颂释体，那么可以推断其至少产生于5世纪以后。

《宝性论》梵本未言明其造论者，而汉传、藏传则各执一词。汉地皆谓《宝性论》为坚慧论师（Sāramati）所造；[②]藏地则流行一个传说，认为《宝性论》是弥勒菩萨为印度大手印法系传人慈护（Maitripa, 1007—1085）讲授，从而传入西藏的。

《宝性论》汉译本的出现时间至少在菩提流支、勒那摩提来华，也即公元508年之后。[③]最初似乎有两个版本的《宝性论》汉译本。一版为菩提流支所译，一般记载为“宝性论”；另一版为勒那摩提所译，记载为“究竟一乘宝性论”。但是在公元730年之后，只

---

① Takasaki Jikido, *A Study of the Ratnagotravibhaga (Uttaratantra): Being a Treatise on the Tathagatagarbha Theory of Mahayana Buddhism*, Roma: Istituto Italiano per il Medio ed Estremo Oriente, 1966, pp.61–62.

② 梵名“安”和“坚”、“慧”和“意”其义相同。隋朝言“坚意”，见隋智顗所说《摩诃止观》卷三：“坚意《宝性论》云……”唐朝言“坚慧”，并且似乎为不同宗派的大德所共许，见唐宗密撰《圆觉经大疏释义钞》卷三：“坚慧菩萨即《宝性论》主。”唐圆测撰《解深密经疏》卷一：“坚慧论师，即是旧翻《宝性论》主。”唐定宾作《四分律疏饰宗义记》卷十：“……（述曰）《宝性论》坚慧论师亦同此义。”法藏对于《宝性论》多有研读，他对于“坚慧”解释得更为详细。《大乘法界无差别论疏》云：“第八，造论缘起者。坚慧菩萨者，梵名‘娑啰末底’。‘娑啰’，此云‘坚固’；‘末底’云‘慧’；‘菩萨’者，具云‘菩提萨埵’，诸论通释。……谓此论主，有称理求佛，坚固正慧。故以为名。”有关“坚意”“坚慧”与“宝性论”，吕澂曾发表高见，参见吕澂：《佛学分科及其传承》，《法音》2005年第3期，第21—28页。

③ “菩提流支，魏言‘道希’，北天竺人也。遍通三藏，妙入总持，志在弘法，广流视听。遂挟道宵征，远莅葱左。以魏永平之初。来游东夏。……于时又有中天竺僧勒那摩提，魏云‘宝意’，博赡（瞻）之富，理事兼通，诵一亿偈，偈有三十二字，尤明禅法，意存游化，以正始五年初届洛邑。”道宣撰：《续高僧传》第1卷，《大正藏》第50册第428页上、429页上。正始五年、永平初年皆为公元508年。

能见到其中一版，由于剩下的一版题为“究竟一乘宝性论”，据此将流传至今的《宝性论》汉译本归为勒那摩提所译出。①

《宝性论》藏译本被标明为Sajjana、Rngog blo ldan shes rab所译。据加纳和雄（Kano Kazuo）所整理的Sajjana的生平信息，Sajjana活跃于11世纪后半叶，与Rngog blo ldan shes rab（1059—1109）在《宝性论》传承系谱中可能构成前后传承的关系。②故而大致判断现存的《宝性论》藏译本在11世纪后半叶译出。

（二）《宝性论》中的“佛性”原语

若以“觉悟（成佛）之性”为“所指”，那么在《宝性论》中，广义上的“能指”以不同的形式显现。现整理如下：

---

①《宝性论》汉译本的译者存在争论，例如，境野黄洋（Sakaino Kōyō）发现《历代三宝纪》中《十地经论》《大宝积经论》《究竟一乘宝性论》《法华经论》均列有两版（double-list），因为《十地经论》是由勒那摩提和菩提流支共同翻译的，但后来被误认为两人各自翻译了两个不同版本，所以他猜测其他三个作品其实也是由二者合译。参见Sakaino Kōyō, *Shina Bukkyō seishi*, Tokyo: Sakaino Kōyō Hakushi Ikō Kankōkai, 1935, pp.656-657, 668-671. 我们考察自隋代以来的经录记载，可以发现在隋朝，菩提流支所译的“宝性论”似乎更为人所熟知。隋法经等公元594年所撰《众经目录》卷五：“宝性论四卷，后魏世（世沙门）菩提留支译。”隋彦琮公元602年所撰《众经目录》卷一：“宝性论四卷，后魏世菩提留支译。”此二处不见勒那摩提的“究竟一乘宝性论”。但是从《历代三宝纪》到初唐时期大量经录，都列有“究竟一乘宝性论”和“宝性论”，为同本异译；且言勒那摩提所译“究竟一乘宝性论”引自《宝唱录》，在洛阳赵欣宅译出，菩提流支所译“宝性论”则在洛都或洛阳、邺城两地译出。如，唐道宣公元664年撰《大唐内典录》卷四：“究竟一乘宝性论四卷，一宝性分别七乘增上论，赵忻（欣）宅出，见宝唱录。”卷六：“宝性论，四卷八十六纸，后魏菩提留支于洛都译。”唐明佺等公元695年撰《大周刊定众经目录》卷六：“究竟一乘宝性论，一部五卷，或四卷，或三（二）卷，九十八纸。亦云宝性分别大乘曾（七乘增）上论，右后魏勒那摩提译，出长房录。宝性论，一部四卷（或五卷），右后魏菩提留支于洛（洛阳）及邺译，出长房录。”而公元730年，其中一个版本丢失。唐智昇公元730年撰《开元释教录》卷十二：“究竟一乘宝性论四卷（或三卷，或五卷）。元魏天竺三藏勒那摩提译。第二译两（二）译一阙。”卷十四：“宝性论四卷（或五卷）。元魏天竺三藏菩提留支译（第一译）。右前后两译一存一阙（大周入藏录有，今寻本未获）。”《开元释教录》似乎为我们带来了更多的信息。第一，菩提流支译本被称为“第一译”，勒那摩提译本被称为“第二译”，且还提到了“前后”，这有可能是根据译出时间来排序的。然而，这实际上与它所提及的“大周入藏”即《大周刊定众经目录》有所冲突：《大周录》认为菩提流支译宝性论“于洛及邺”，那么菩提流支译本势必要晚于勒那摩提译本。第二，“两译一阙”“一存一阙”是比较模糊的用语，可能无法明确判断留存的到底是哪个版本，将留存的译本归于勒那摩提所译，也许是依据“究竟一乘宝性论”的题目，而这之后竟未见再提及“菩提流支译本”的文字。由于菩提流支亦曾入赵欣宅，译出《弥勒菩萨所问经》等作品，且勒那摩提活跃时间较短，学界存在“勒那摩提圆寂后菩提流支接手”说、“合译”说、“后人糅合两版”说等等，可谓众说纷纭。

② Kano Kazuo, “Mahāyānottaratantraśāstropadeśa by Sajjana: On the Author and the Sanskrit Manuscripts”, *Mikkyō Bunka Kenkyūsho Kiyō* 19 (2006), pp.112-190.

表 1 《宝性论》中的“佛性”①

梵　本		汉 译 本		藏 译 本	
buddhadhātu（buddhadhātuḥ/buddhadhātoḥ）	Rgvbh5.5–6, 6.11, 35.2–3	佛性	T1611 p.821c27–822a01, 822a25, 831a11–12	sangs rgyas kyi khams	Tg phi 76b2–3, 77a4–5, 94a2
buddhatvam	Rgvbh7.9，8.7–9，56.7–9	佛体	T1611 p.822b23, 822c15, 835c14–17	sangs rgyas nyid	Tg phi 77b3–4, 78a1–2, 104b2–3
buddhatvam	Rgvbh7.16–18	佛宝	T1611 p.822c05	sangs rgyas nyid	Tg phi 77b5–6
buddhatvam	Rgvbh8.13–16	诸佛	T1611 p.822c24	sangs rgyas nyid	Tg phi 78a4–6
saṃbuddhatāṃ	Rgvbh14.1–4	佛法僧/佛法身②	T1611 p.824c06	rdzogs pa'i sangs rgyas	Tg phi 81b7–82a1
buddhatvaṃ	Rgvbh20.4–5	佛法身	T1611 p.826b25–27	sangs rgyas nyag gcig nyid	Tg phi 84b5–6
dhātu（dhātur/dhātor）	Rgvbh21.8–11，47.5–6，77.9–11	真如佛性	T1611 p.827a1–6, 833c12–13, 840b23–26	khams	Tg phi 85b1–3, 99b2–3, 114b5–6
gotra（gotrataḥ/gotre）	Rgvbh26.5–6，36.8–9，36.10–11，71.18–19	佛性③	T1611 p.828a27–29, 831a20–22, 831a23–26, 838c29–839a3	rigs	Tg phi 88a5–6, 94a4–5, 94a5–6, 111b2
bauddhe gotre	Rgvbh26.1–4	—	—	—	—
tathāgata gotra	Rgvbh26.7–11	真如佛性	T1611 p.828b1–11	sangs rgyas rigs	Tg phi 88a6–88b2
tathāgatadhātor	Rgvbh26.16–18	佛性	T1611 p.828b16–20	de bzhin gshegs pa'i khams	Tg phi 88b3–4
buddhadhātuḥ	Rgvbh35.17，115.1–4	佛性	T1611 p.831a6–8, 846c13–17	sangs rgyas khams	Tg phi 93b7–94a1, 127b4–5
prakṛtim	Rgvbh46.5–9	佛性	T1611 p.833b25–29	rang bzhin	Tg phi 99a5–6
buddhatvam	Rgvbh57.2–5	佛	T1611 p.836a4–7	sangs rgyas nyid	Tg phi 105a1–3
bhūtadharma	Rgvbh77.16–19	真如佛性	T1611 p.840c2–5	—	Tg phi 114b7–115a1

① 杨惠珊在其硕士论文中先行统计了“佛性”的原语，本文将在此基础上将藏译本对应词汇附上一同比较，并作进一步完善和分析。参见杨惠珊：《宝性论中佛性思想的研究》，中华佛学研究所硕士学位论文，1988年。

② 宋、元、明、宫本皆作“佛法身”。

③ T1611, pp.828a27–29，原文为“佛法身遍满，真如无差别，皆实有佛性，是故说常有”。宋、元、明、宫本皆作“法身遍无差，皆实有佛性，是故说众生，常有如来藏”。

由此表，可以澄清和探讨如下：

（1）与一贯的观点似乎有所差异——通常学者们会把“如来藏”（Skt. tathāgatagarbha, Tib. de bzhin gshegs pa'i snying po）译作“佛性”，然而事实上无论在《宝性论》的汉译本还是藏译本中都未出现这一现象，“藏”“garbha”和“snying po”几乎是严格对应的。可见，“如来藏”和“佛性”可能是一组内涵不同、外延存在重叠部分的语词。不过此中有一定数量的例子可以证明，存在将“如来”（Skt. tathāgata）和“佛”（Skt. buddha, Tib. sangs rgyas）对译的情况。

（2）汉译“佛性”在大多数情况下对应于buddha与dhātu、gotra的组合词汇。dhātu与khams对应，处于复合词中时汉译本倾向于表达为“界”，如sattvadhātu为“众生界”、traidhātu为“三界”、dharmadhātu为“法界”等，但是buddhadhātu却从未对应于“佛界”，而是表达为“佛性”“如来性”。dhātu单独出现时几乎没有被译作“界”的情况，而是三次被译作“佛性”，还有一次被译作“众生”。①由于作为“佛性”的dhātu、buddhadhātu出现的频次较高，高崎直道等学者推断它可能是“佛性”的原语。gotra与rigs对应，处于复合词中时汉译本倾向于译作“性”，如ratnagotra为“宝性”、aparinirvāṇagotrāṇāṃ为“无涅槃性”等，而gotra单独出现时基本被译作“佛性”。

dhātu和gotra单独出现时能够确切地指涉“佛性”，可能是因为行文时省略了前面的修饰词buddha。值得注意的是，作为“佛性”的gotra第一次在梵本中出现时，前面唯一一次一同出现了“bauddhe”（Rgvbh26.1-4，此处汉藏文皆无平行段落），而梵文bauddha是其他教徒对于虔信佛教的佛教徒的称呼。②也许bauddha暗示着存在三种“佛性”：虔信的佛教徒的“佛性”、有“障”众生的“佛性”以及一切众生的“佛性”。

（3）buddhatva、saṃbuddhatā、prakṛti、bhūtadharma等词也被理解为“佛性”。值得一提的是，不同于（2）中所言的“佛性”（the Essence of Buddha），buddhatva和saṃbuddhatā更多地指佛的性质、状态（Buddhahood, Buddhaness）。可惜，梵文可以用后缀tva、tā表达后者，藏文可以用nyid表达后者，汉文却只能通过译为“佛”“佛体”等来与前者相区分，这非常容易引发“本体论”“一元论”的误解。prakṛti（Eng. nature）、bhūtadharma（真实法）与“佛性”相关联则与具体语境有关。

（4）汉译本时而出现“佛性”，时而出现“真如佛性”。“真如”在汉译本中单独出现时，梵本会包含tathatā一词，藏译本与之相应的是de bzhin nyid。然而，每当“真如”“佛性”连用时，“真如”却没有对应的梵藏文，换言之，所有“真如佛性”都可以替换为“佛性”。佛经翻译通常不会有冗余的词，而且“真如佛性”这一词组的出现计凡七次，也

---

① 开篇提到“七金刚句”第四义，梵本（Rgvbh1.10-2.1）作dhātvartho，藏译本（Tg phi 74a4-5）作khams kyi don dang，汉译本（p.821a5-8）作“四者众生义”。

② 参见平川彰：《印度佛教史》，庄昆木译，北京：北京联合出版公司，2018年，第9页。

许勒那摩提所依照的梵本确实有相应的词，也许他希望传递出个人的见解——结合文意，或许他在试图强调这种“佛性”的“真理性”与“不可寻”。[①]

（三）“佛性”的概念谱系

在《宝性论》中，有一组具有“家族相似性”的概念，如“如来藏”“法身”“真如佛性”等等，它们是不同的，因为它们呈现出纷繁的名相；它们又在一定程度上等同，因为人们常把它们都视作“佛性”的不同表达。出入于梵汉藏本之间，有助于在比较与互补中完善对于“佛性”概念谱系的梳理。

针对这组概念的研究将如下所述般进行。第一，以tathāgatagarbha为起点。M. Zimmermann、D. S. Ruegg等学者都对tathāgatagarbha作过词法分析。根据M. Zimmarmann的研究，tathāgatagarbha为多财释复合词，也即“具有如来藏”，主要词义（anyapada）落在“一切有情”。[②]D. S. Ruegg认为还可以理解为依主释复合词，也即“如来之藏”。第二，以“如来藏三义”为框架。[③]D. S. Ruegg将上述两种理解与“如来藏三义”联系起来。“如来藏三义”是学者们从Rgvbh26.5–6归纳而来的三个方面：法身（Skt. buddhakāya, Tib. rdzogs sangs sku）、真如（Skt. tathatā, Tib. de bzhin nyid）、佛性（Skt. gotratas, Tib. rigs）。[④]

（1）tathāgatagarbha与（bauddha）gotra的关系对应于“如来藏三义”之“佛性”。探究tathāgatagarbha与（bauddha）gotra的关系，其实是探究garbha与gotra的关系。两者至少有两处明显不同，以两组平行文本为例：

Skt. ...sarvasattvās tathāgatagarbhā...（Rgvbh25.18–19）

Ch. 一切众生有如来藏（T1611 p.828a21–27）

---

① tathatā（tathātā）由tathā变化而来，tathā是不变词，有“如，像”之意，本身似乎并不直接具有“真理”的含义，但是它通常用作连接词，具有“与之同理地”（so also、in like manner）的含义。在佛教语境下可能是由具体语句中隐含的类似于“如是”（in that manner、so it shall be）的意思延伸出来，而被理解为具有“事物是如此而非其他”的“真理”之义。故而加上“tā”后缀后意为“真理性”。《摩诃婆罗多》里有一段话：“Śakuntānāmivākāśe matsyānāmiva codake, Padaṃ yathā nadṛśyate tathā jñānavidāṃ gatiḥ.”（Śāntiparva, 181, 12）Jaideva Singh将这段话译为“就像飞鸟游鱼的足迹不可见，那些解悟真理的人也是这样去往（真理）的”。这里的tathā-gati被他视作tathā-gata的词形变换，意为“不可寻”（untraceable）。参见Jaideva Singh, *An Introduction to Madhyamaka Philosophy*, Delhi: Motilal Banarsidass, 2002, pp.55–56.

② Michael Zimmermann, *A Buddha Within: The Tathāgatagarbhasutra: The Earliest Exposition of the Buddha Nature Teaching in India*, Tokyo: Soka University, 2002, pp.40–44.

③ 本文仅试图揭示《宝性论》中“佛性”概念谱系的架构与“如来藏三义”相对应。事实上，“如来藏三义”在佛教诠释学中是一个非常复杂的话题。

④ David Seyfort Ruegg, “Buddha-Nature, Mind and the Problem of Gradualism in a Comparative Perspective: On the Transmission and Reception of Buddhism in India and Tibet”, *Jordan Lectures in Comparative Religion* 13, London: School of Oriental and African Studies, University of London, 1989.

Tib. ...sems can thams cad ni de bzhin gshegs pa'i snying po...（Tg phi 88a4–5）

Skt. gotre sati bhavaty etad agotrāṇāṃ na vidyate（Rgvbh36.8–9）

Ch. 若无佛性者，不起如是心（T1611 p.831a20–22）

Tib. rigs med dag la med phyir ro（Tg phi 94a4–5）

第一，如来藏（Skt. tathāgatagarbha, Tib. de bzhin gshegs pa'i snying po）是一切众生都具备的，然而存在一部分有情众生不具备佛性（Skt. (bauddha) gotra, Tib. rigs）——其实指的也就是那些不虔信的有“障”众生。第二，有且只有tathāgatagarbha具有复数形式tathāgatagarbhāḥ，而以gotra为代表的其他“佛性”概念谱系中的语词却通篇都只是单数形式。这一点在汉藏本中都无法体现。

（2）同样地，探究tathāgatagarbha与dhātu的关系，其实是探究garbha与dhātu的关系。garbha在此处原本应解作“胚胎”而非场所（如“子宫”）。因为其一，藏文将其明确对应为snying po（精要、核心），在其他文献中同样是garbha却会译成dbus（中间）等，可见藏译并不支持将“如来藏”之“藏”理解为场所；其二，“界”（dhātu）为“因”（hetu）义自不必说，如果“界”还要与“藏”（garbha）对应，那么“藏”也要有“因”的含义，很显然“场所”不会有“因”的意思，只有“胚胎”之义才有可能；其三，如来藏经典常有类似“如来藏清净无所染”的说法，孕育如来的“场所”谈不上清净与否，只有“胚胎”本身因为有如来本性所以才是清净的，但是汉译甚至东亚佛教语境下似乎添加了如“子宫”“胎藏”等“场所”的含义。①

tathāgatagarbha与dhātu的关系对应于“如来藏三义”之“真如”，因为dhātu被多次表达为“真如佛性”。此外，汉译本有一句“见一切众生乃至畜生有如来藏，应知彼见一切众生有真如佛性”（T1611 p.825a7–11），后半句无梵藏文平行文本，但传递出了这样的信息：见“如来藏”即见“真如佛性”。

（3）tathāgatagarbha与（buddha/dharma）kāya的关系对应于“如来藏三义”之“法

① 学界对如来藏系经典中的garbha有不同的理解。D. S. Ruegg认为无论是梵文garbha还是藏文snying po，都不与“胎藏”“子宫”构成对应关系。也即，“胎藏”只是东亚（特别是中、日）佛教的翻译与理解，而非garbha的梵文原意。但是Paul L. Swanson从《如来藏经》《宝性论》的“女子怀胎”譬喻予以反驳，认为garbha也具有“胎藏”含义。近来，斋藤明重提此问题，将之与如来藏三义结合起来，认为garbha与“法身”对应是“胚胎”“胎儿”的意思，与“真如”“种姓”对应是“血筋”（“血统”）的意思，如此似乎可以回避“子宫”这个义项。参考D. S. Ruegg, “Some Reflections on the Place of Philosophy in the Study of Buddhism”, *Journal of the International Association of Buddhist Studies* (JIABS), Vol.18, No.2, 1995, pp.167–172；保罗·L.史万森：《他们为何说禅不是佛教——近期日本的佛性批判》，杰米·霍巴德、保罗·史万森主编：《修剪菩提树——“批判佛教”的风暴》，龚隽、冯焕珍、周贵华、刘景联等译，第1页；斋藤明：《“宝性論”のtathāgatagarbha（如来蔵）解釈考》，《国際仏教学大学院大学研究紀要》23号，2019年，第115—134页。

身”。《宝性论》中明确提到了两者本质上相同，但呈现的状态不同，以下面的平行段落为例：

Skt. tatra samalā tathatā yo dhātur avinirmuktakleśakośas tathāgatagarbha ity ucyate | nirmalā tathatā sa eva buddhabhūmāv āśrayaparivṛttilakṣaṇo yas tathāgatadharmakāya ity ucyate |

Ch. 真如有杂垢者。谓真如佛性未离诸烦恼所缠。如来藏故。及远离诸垢者。即彼如来藏转身到佛地得证法身。名如来法身故。

Tib. de la dri ma dang bcas pa'i de bzhin nyid ni nyon mongs pa'i sbubs las ma grol ba'i khams la de bzhin gshegs pa'i snying po zhes brjod pa gang yin pa'o || dri ma med pa'i de bzhin nyid ni de nyid sangs rgyas kyi sar gnas yongs su gyur pa'i mtshan nyid de bzhin gshegs pa'i chos kyi sku zhes brjod pa gang yin pa'o ||

如来藏是“真如不离杂垢”的现实状态，如来法身是“真如远离杂垢”的未来状态。同时，“如来法身”是“如来藏”的实现目标。那么，“法身”到底是什么？从汉语中最容易领会（buddha/dharma）kāya的意指。首先出示汉译本中的一个重要句子：“如来法身不名为无。以唯有彼真如我体。是故不得言无法身。”（T1611 p. 829c25-830a11，无梵藏文平行文本）这个句子不仅表明“法身”永恒存在，而且运用了同义互文的“体”与“身”，道出了所谓“佛身”“法身”也即“佛体”“法体”的道理。而这也相当于上文所言的buddhatva、buddhatā，指成佛后的性质、状态（Buddhahood，Buddhaness）。

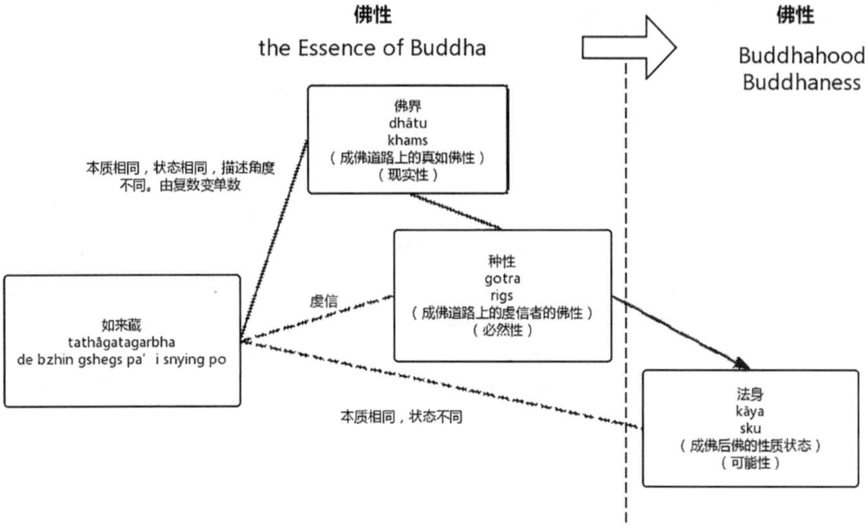

图1 《宝性论》中的“佛性”概念谱系

综上所述，《宝性论》中的“佛性”概念谱系如上图所示。这组概念实际上都是围绕“佛性”这个主题所设的。广义上的“佛性”分为两种，其一是成佛道路上的佛性（the Essence of Buddha），其二是成佛后佛的性质和状态（Buddhahood, Buddhaness）。“如来藏”“佛界”和“种性”属于前者，“法身”属于后者。

“如来藏”与“佛界”非常接近，然而“如来藏”具有复数形式，“佛界”只有单数形式，这暗示我们：从“如来藏”到“佛界”，描述角度从个体变化到了整体。“如来藏”可能更侧重于描述一切众生个体的“佛性”，“佛界”则代表一切众生整体的“佛性”。

“种性”在《宝性论》中并非一切众生的“佛性”，而是部分虔信之人的“佛性”。也只有虔信，才能从“如来藏”“佛界”真如不离污垢的状态转依至“法身”远离污垢的状态，从正在成佛的进行时到已然成佛的完成时。“法身”即是佛的“佛性”。

这幅概念谱系也描绘了成佛的道路：“佛界”“种性”和“法身”分别揭示了成佛的现实性、必然性和可能性。①

三、谁之佛性——有为法与无为法的联系

“一切众生悉有佛性”是人们对以《宝性论》为代表的如来藏系经论核心论题和观点的概括。上文已经对宾语“佛性”进行了一番探索，本节将重点考察该句中的主语（也即“佛性”的“主体”）以及动词（也即“主体”与“佛性”之间的关系）。最后，我们将直面一个较为尖锐的理论问题：《宝性论》中如何将作为有为法的“众生”和作为无为法的“佛性”联系起来。

（一）“一切众生”“有”与佛性

可能与人们的刻板印象有所偏差，实际上梵汉藏本真正直接明确地提到类似于“一切众生悉有佛性”含义的语句并不多见，一共只有五种不同的类型，其中四种中“佛性”表达为“如来藏”，余下一种中“佛性”表达为“真如佛性”（如来种性），兹列举如下以便分析：

表 2 《宝性论》中表达“一切众生悉有佛性”的五个句型

1	Skt.…sarva sattveṣv antaśas tiryagyonigateṣv api tathāgatagarbhāstitvadarśanād veditavyā.（Rgvbh15.11-14） Ch. 见一切众生乃至畜生有如来藏应知。彼见一切众生有真如佛性。（T1611 p.825a7-11）

①“三性”借自 F. G. Sutton 相关讨论，参见 F. G. Sutton, *Existence and Enlightenment in Laṅkāvatāra-sūtra: A Study in the Ontology and Epistemology of the Yogācāra School of Mahāyāna Buddhism*, New York, 1991.

续 表

1	Tib. ...sems can thams cad la tha na dud 'gro'i skye gnas su gyur pa rnams la yang de bzhin gshegs pa'i snying po yod pa nyid mthong ba las rig par bya'o.（Tg phi 82b3-4） 试译Skt./Tib.：在一切众生乃至畜生处知道如来藏的有性（āstitva/yod pa nyid）。
2	Skt. ...（sadā）sarvasattvās tathāgatagarbhā...（Rgvbh25.18-19, 26.7-11, 73.11-12） Ch.（一切时）一切众生有如来藏。（T1611 p.828a21-27, 828b1-11, 839b9-11） Tib. ...sems can thams cad ni (rtag tu) de bzhin gshegs pa'i snying po...（Tg phi 88a4-5, 88a6-b2, 112a6-7） 试译Skt./Tib.:(一切时）一切众生如来藏（复数）/（一切时）一切众生乃如来藏者也。
3	Skt. ...sarvasattveṣu...tathāgata gotrasaṃbhavārthena ...（Rgvbh26.7-11） Ch. 一切众生皆悉实有真如佛性。（T1611 p.828b1-11） Tib. ...sems can thams cad la...de bzhin gshegs pa'i rigs yod pa'i don gyis so.（Tg phi 88a6-b2） 试译Skt./Tib.：意味着在一切众生处存在（sambhava，yod pa）如来种性。
4	Skt. tathāgatatvaṃ tasmāc ca tadgarbhāḥ sarvadehina iti.（Rgvbh71.15-17） Ch. 说一切众生 皆有如来藏（T1611 p.838c24-28） Tib. ...thams cad la ...de bzhin gshegs nyid ...'gro kun de yi snying po can.（Tg phi 111b1-2） 试译Skt./Tib.：说一切众生（embodied living beings）即这如来性（Buddhahood）藏（复数）。
5	Skt. ...tathāgata...garbhaḥ sarvasattvānām iti.（Rgvbh72.7-9） Ch. 是故说言。一切众生有如来藏。（T1611 p.839a11-14） Tib. de bzhin gshegs pa'i khams sems can 'di dag thams cad kyi snying por bstan pa yin no.（Tg phi 111b4-5） 试译Skt./Tib.：……对一切众生而言，是如来藏（单数）/如来之界。

我们注意到“一切众生”一词。“一切”指的不仅是现在所有的，而且是“一切时”的，也即过去、现在、未来所有的。“众生”（sattva）也即“有情众生”，包括人和动物，但并不包括草木土石等“非情”（asattva）。行文提到“乃至畜生”，是强调不仅以“人道”为代表的“三善道”有如来藏，以“畜生道”为代表的“三恶道”也有如来藏。可见，“一切众生”类似于普遍主义（Universalism），是一种形而上学叙事（metaphysical narration）。[①]

“一切众生”在汉藏译本中是一个一成不变的名词主语，然而在梵本中有三种不同的呈现形式：其一是sarvasattveṣu，阳性、复数、依格，意为“在一切众生处”；其二是sarvasattvās，阳性、复数、体格，意为“一切众生”；其三是sarvasattvānām，阳性、复数、属格，意为“一切众生的”或“对于一切众生而言”。这对探析“一切众生如来藏”的原初含义以及翻译诠释过程中的理解与误读（misreading）具有十分重要的意义。

而动词或系动词连接着“一切众生”和“如来藏/如来种性”，暗示了两者之间的关

① Peter Skilling, “The Buddhist Cosmopolis: Universal Welfare, Universal Outreach, Universal Message”, *JBS XV* (2018), pp.55-80.

系。就梵本而言，动词或系动词的显与隐分为以下三种情况。

第一，动词或系动词省略，见例2、4、5。三例中藏译本均遵从梵本回避了动词或系动词，其中例2、4实为同调，此时“一切众生”即“如来藏”；而汉译本将省略的系动词表现出来，译为“有”。

在梵语等印欧语系语言中，正如西方哲学“存在论”所讨论的，“存在（有）”和“是”是统一的，被省略的asti同时包含“存在（有）”和“是”二义。①换言之，梵本中一个语句同时表达了“一切众生是如来藏”和“一切众生有如来藏”——这在汉文中十分费解，因为“存在（有）”和“是”是如此泾渭分明。同样地，在藏文中有yin和red两个系词表达“是”，yod、dug和yog red三个存在、处所、领有动词表达“存在（有）”。②

语言特征上的差异使得汉藏译本不得不产生“误读”。有趣的是，二者似乎各取一支：汉译本取“存在（有）”一义，统一译为“一切众生有如来藏”；藏译本取“是”一义，写作“一切众生乃如来藏者也”，也即“一切众生是如来藏”“如来藏是一切众生”。

例5中被省略的asti则只能解作“是”，如此一来，“如来藏是一切众生的”又传递出“如来藏属于一切众生”的意味，使得“一切众生如来藏”蕴含更多的诠释空间。

第二，动词名词化，见例1，astitva即asti接后缀tva/tā。在该句中“一切众生”是一个所处的地方，因此astitva或许无法解作“是性”，而只能解作“有性”。这在《宝性论》中不是一个孤例，除了“如来藏的有性”，Rgvbh78.5-6还出现过“界的有性”（dhātvastitva）。在一切众生乃至畜生处知道如来藏的有性，这就意味着一切众生“有”如来藏。

第三，动词显现，见例3，动词为sambhava。sambhava除了“有”，还有一种“生出”“生起”（birth, arise）的意味，这符合gotra“萌芽”“萌发”的本意，却很难被汉文“有”和藏文“yod pa”表达出来。

（二）从“众生”到“佛性”

耿晴在《论如来藏思想在解脱上的根本困难——以〈宝性论〉为中心的探讨》③中自称提出了一个鲜少有学者关注的问题：在《宝性论》中，作为有为法的、多元的众生和作为无为法的、一元的如来藏、法身、真如、佛种性之间如何产生联系。他指出，这个问题也等价于，不在因果序列中的“空性”如何“创生”出因果序列中的“色”。④

---

① 相关讨论参见金克木：《试论梵语中的“有—存在”》，《哲学研究》1980年第7期，第49—61页。

② 黄成龙：《藏语与喜马拉雅语言中存在类动词的概念结构》，《语言科学》第13卷第5期，2014年第520—534页。

③ 耿晴：《论如来藏思想在解脱学上的根本困难——以〈宝性论〉为中心的探讨》，《汉语佛学评论》2013年，第139—169页。

④ 这两个问题实际上有所区别，前者关涉修行论问题，后者却是一个生成论问题。

这是一个非常深刻的哲学理论问题。作者通过梵汉对照，认为有为法和无为法之间存在无法跨越的鸿沟，认定《宝性论》在解脱学（Soteriology）上是失败的。不过，本节试图运用上文得到的线索，揭示《宝性论》面对这一问题时在细节处可能作出的努力。

正如上文的结论，尽管《宝性论》中经常出现将“如来藏”“法身”“真如”“第一义谛”等概念等同起来的语句，但它们只是围绕“佛性”的概念群，并不能完全将它们一一等同，否则造论者就可以随意使用这些词。进一步来说，依浅见，“法身”“真如”的确呈现出无为法的气象，但是“如来藏”和“佛种性”却似乎并不能直截了当地归于一元的无为法。

（1）“如来藏”的两面。在“佛性”概念谱系中，有且只有tathāgatagarbha具有复数形式。更为重要的是，tathāgatagarbha在所列举的“一切众生如来藏”式语句中，既有单数形式，又有复数形式。如果“一切众生”即是“如来藏”（单数），那么两者都是无为法；如果“一切众生”“有”“如来藏”，那么对于有为法的“众生”来说，每一众生个体都具有“如来藏”（单数），所有众生便具有“如来藏”（复数）。假如“如来藏”是彻底的“一元”，那么就应该像同为一元的“法身”“真如”那样“遍满”，而非每一众生个体“分有”“如来藏”。如果联系文本，还可以发现《宝性论》继承《胜鬘经》而讲“空如来藏”与“不空如来藏”，可见“两种如来藏”的说法不仅有词法方面的支持，还有文本内容方面的支持。也正是“两种如来藏”，成了在“一切众生如来藏”式语句中实现有为法与无为法之间转化的契机。但梵本中微妙的表达在汉藏译本中很难体现，最终，译本中一成不变的“如来藏”（de bzhin gshegs pa'i snying po）迫使其滑向“一元论”“本体论”“无为法”的论调。

（2）“佛种性”的两面。如果说“如来藏”（tathāgatagarbha）之于每一众生个体尚是无差别的，那么“佛种性”（gotra）则不然，Rgvbh36.8-9明确表态在众生之中存在“有佛种性”“无佛种性”的区分，而区分就在于是否虔信大乘佛法。这使得“佛种性”较“一元的无为法”相去甚远，因为“虔信”的状态是可以发生改变的，且《宝性论》的落点和意义就在于规劝有“障”众生“虔信”“正信”，所以是否“虔信”决定了有无“佛种性”。又有关于“佛种性”的譬喻：“佛性（gotra）有二种，一者如地藏（nidhāna），二者如树果（phalavṛkṣa）。”（Rgvbh71.18-19）两种“佛种性”前者为无为法，后者为有为法。那么，如果说集合无为法与有为法在“如来藏”处尚有些模糊，在“佛种性”处就已经十分清晰了。也正是集合无为法与有为法的“如来藏”和“佛种性”，才使通往无为法的“法身”得以可能，使作为the Essence of Buddha的“佛性”到作为Buddhahood的“佛性”得以可能。

根据上面的分析，就梵本《宝性论》而言，它或许并未完全放弃“有为法和无为法迥然有别”的立场，但至少是有一些松动的。具体的表现就是，将无为法和有为法统摄到一个名相当中。然而，针对同一名相中无为法和有为法如何联系这一问题，《宝性论》作者隐而不言。这可能也就是“解脱学困难”之所在。不过，“解脱学困难”不仅可以在往后如《大乘起信论》等作品中凭借“真如受熏”的提出化解，其实也可以在《宝性论》在汉地、藏地的不同诠释中找到新思路。这就需要考察和判析《宝性论》的诠释史。

四、何种佛性——以《宝性论》为中心的判析

上一节中提出的有关《宝性论》中“有为法与无为法之间如何联系”“空性如何创生”的问题，实际上仍然不离对于“佛性”的理解和“一切众生悉有佛性”的诠释。后续汉藏两地的各家各派如何看待和解决从有为法到无为法的困难呢？这就需要纵览各家观点，总结各派得失，综合研判和解析汉藏大德对《宝性论》的理解和诠释。

判析部分将从三个方面展开：瑜伽行派的《楞伽经》存有梵本，且与《宝性论》面临相似的问题，因此将作为《宝性论》之后印度大乘佛教如来藏思想继续发展的代表纳入考察范畴；汉地、藏地对于《宝性论》的诠释及其发展判然两途，以下将分别选择标志性人物以考察其思想脉络。

（一）《楞伽经》的回应

尽管部分学者将《宝性论》归于瑜伽行派，但由于《宝性论》从未援引《楞伽经》等典型的融合如来藏与唯识思想的作品，行文中也并未流露出明显的唯识立场，所以我们仍然认为《楞伽经》《密严经》等说“阿赖耶识即如来藏”的作品出现在《宝性论》之后——不过相隔时间并不会太久，毕竟相传昙无谶（385—433）曾完成《楞伽经》的汉译。

由于这些作品中仅有《楞伽经》梵本①尚存，因此只能通过它管窥印度瑜伽行派对于《宝性论》遗留问题的间接回应。围绕“佛性”这一主题，在《楞伽经》中并未出现dhātu一词，而只谈gotra与tathāgatagarbha，并将后者表达为“名为阿赖耶识的如来藏”（tathāgatagarbha ālayavijñāna saṃśabdita），古德一般译为“如来藏识藏”“如来藏阿梨耶识”等。如来藏不离不转、不生不灭，而其他七识却流转生灭（aparāvṛtte ca tathāgatagarbha śabda saṃśabdite ālayavijñāne nāsti saptānāṃ pravṛtti vijñānānāṃ nirodhaḥ），这使得如来藏似乎具有恒常实存的无为法的特征。而“如来藏是善不善因（kuśala akuśala hetuka）……为无始虚伪恶习所熏（vāsita），名为识藏”则似乎揭示出“熏习”可以使无

① 《楞伽经》梵本有两个编订本，分别为南条文雄编订本（B. Nanjio ed., *The Laṅkāvatāra sūtra*, Kyoto: Otani University Press, 1923）以及Vaidya编订本（P. L.Vaidya ed., *Saddharmalankavatarasutra*, Darbhanga: The Mithila Institute of Post-Graduate Studies and Research in Sanskrit Learning, 1963）。

为法的“如来藏”过渡到作为有为法来源的“如来藏识藏”。这就进一步拓展了《宝性论》中兼具单数与复数形式的如来藏，将其两面性更加凸显出来，并且试图表明有为法、无为法之间的界限并不清晰，两者能通过“熏习”来转化。

此后，印度大乘佛教逐渐发展至晚期，中观派异说纷呈，甚至还出现与瑜伽行派相融合的情况。蜂起的论难模糊了“佛性”这一主题，我们很难再找到这一时期对于《宝性论》及其“佛性”的直接回应。

（二）汉地代表人物的诠释

汉地对于《宝性论》的诠释是一条隐埋于文献中的暗线。汉传古德似乎更热衷于为《大般涅槃经》《大乘起信论》等如来藏经论注疏，如隋代慧远作《大般涅槃经义记》《大乘起信论义疏》，灌顶作《大般涅槃经玄义》《大般涅槃经疏》，唐代法藏作《大乘起信论义记》《大乘起信论义记别记》等，却从未出现《宝性论》的注疏。那么我们是否能够以此得出“汉地并不重视《宝性论》”的结论？答案可能是否定的。大量文献表明，他们经常征引《宝性论》中的语句，显然对它同样十分熟悉。可见，《宝性论》在汉地虽然未被视作主要的研究对象，却早已成为论说其他经论时较为有力的佐证。下面就智顗（538—597）、法藏（643—712）这两位代表性人物对《宝性论》的理解进行粗疏的思考。

（1）智顗与《宝性论》

智顗的佛性论及判教在中国佛教史上影响深远。《宝性论》看似对智顗整体的思想体系几乎没有影响，[①]实则常为智顗所引用——在《妙法莲华经玄义》中引用三次，《金光明经玄义》中引用一次，《摩诃止观》中引用四次，可谓信手拈来，足见智顗对《宝性论》烂熟于心。他援引并赞成《宝性论》中的如下四点：第一，大乘佛教的基本立场，声闻、缘觉二乘不如大乘究竟；[②]第二，对于颠倒众生而言，佛性（不论是如来藏还是佛法身）都是不可见的；[③]第三，在通往无为法的路途中有“缘”“相”“生”“坏”四种障，若破除此四障，达至法身，那么将显现“常”“乐”“我”“净”四德；[④]第四，“三千大千世

① 参见李四龙：《天台智顗的如来藏思想述评》，《中国哲学史》2004年第4期，第5—12页。

② “故《宝性论》云：二乘之人，虽有无常、苦、空、无我等对治。于佛法身犹是颠倒。颠倒即是无明独头。”智顗说：《摩诃止观》第3卷，《大正藏》第46册第30页上。

③ “出界外十二因缘者，如《宝性论》云：‘罗汉、支佛空智，于如来身本所不见。’二乘虽有无常等四对治，依如来法身，复是颠倒，颠倒故即是无明。”智顗说：《妙法莲华经玄义》第2卷，《大正藏》第33册第699页下。

④ “界外复云何？答：《宝性论》云，生界外有四种障，谓‘缘’‘相’‘生’‘坏’。‘缘’即无明，为行作缘，即烦恼道也。‘相’即结业，即业道也。‘生’即名色等，是苦之初。‘坏’即老死，是苦之终，即苦道也。有此四障，障于四德。‘缘’障‘净’，‘相’障‘我’，‘生’障‘乐’，‘坏’障‘常’。四障破，四德显也。”智顗说：《金光明经玄义》第1卷，《大正藏》第39册第5页下。

界”“一尘一切尘”的宇宙论。[①]

其中，最后一点尤其值得关注。智顗在认可《宝性论》“一尘一切尘”的宇宙论的前提下，又独具特色地演绎出了解决有为法向无为法转换问题的思路：首先，他引入“一念心”并强调“一念心与如来藏不二”，又主张“一念三千”“一心包含一切”，如此则使得现实中鲜活的“众生个体”与形而上的“一切众生”之间不再具有鸿沟；其次，他创造性地加入“三谛圆融”，在这一立场下，从“即空即假即中”分别观察圆教如来藏，那么此时的圆教如来藏纯然是现象论而非本体论，或者说本体即现象，[②]有无为法不二，似乎从根本上消除了有为法和无为法如何联系这一问题。

总的来说，智顗对《宝性论》的重视程度要远高于隋唐之际十分流行的《大乘起信论》——毕竟他仅在《修习止观坐禅法要》中讲到“正念”时提及过后者。而真正将《宝性论》与《大乘起信论》等量齐观可能是从法藏开始的。

（2）法藏与《宝性论》

相较于智顗，法藏对《宝性论》的引用频次更高，且他对《宝性论》还有更为直接的讨论。他在解读《宝性论》的过程中有两处十分明显的创造性诠释。

其一，他接续《楞伽经》以及《大乘起信论》的观点，重视对如来藏与阿赖耶识关系问题的处理，在唯识学立场上倾向于真谛一系的无相唯识学而非玄奘一系的有相唯识学。在他的判教系统中，《宝性论》隶属于大乘终教。大乘终教阿赖耶识是清净如来藏的染污状态，有待于回归本来清净如来藏。[③]如此一来，法藏在思考“佛性”问题时似乎用“阿赖耶识—如来藏”诠释模式替换了“如来藏—佛种性—佛法身”诠释模式。实际上，前者反映的是更为清晰的“现象—本体”结构，同时也确认了如来藏是真实的本体。

其二，他首次提出“如来藏缘起”这一概念，将原来的修行论问题转变为了生成论问题。在《大乘法界无差别论疏》《大乘起信论义记》《入楞伽心玄义》等著作中，法藏均提到了“如来藏缘起宗”。尽管“如来藏缘起”的思想内核似乎可以从《楞伽经》中的“如来藏是善不善因”处提炼出来，甚至更远些还能够追溯到《胜鬘经》，但法藏在事实上的确最先提出这一概念，并且还总是将《宝性论》与《大乘起信论》归为“如来藏缘起宗”名下并列探讨。那么，我们可以肯定，法藏对《宝性论》的理解必然符合“如来藏缘起”

---

① “坚意《宝性论》云：有一大经卷，如三千大千世界大，记大千世界事。如中、如小四天下三界等大者，皆记其事在一微尘中。一尘既然一切尘亦尔。一人出世，以净天眼见此大经卷，而作是念，云何大经在微尘内而不饶益一切众生，即以方便破出此经以益于他。如来无碍智慧经卷具在众生身中。颠倒覆之不信不见。”智顗说：《摩诃止观》第3卷，《大正藏》第46册第31页中。

② 董平曾从不同的问题意识切入，得出与此相同的结论。参见董平：《论智顗一念三千的实相论》，《浙江学刊》1999年第4期，第60—65页。

③ 参见李子捷：《法藏的唯识观——以阿赖耶识和如来藏为中心》，《西安电子科技大学学报》（社会科学版）2011年第3期，第119—123页。

说。由此，法藏在佛性问题上完成了本体论和生成论的统一，将“如来藏”视作存在的唯一根据，平添了“一元论”色彩。同时，他还开辟了从“理事无碍”的出发点诠释“如来藏”与其他诸法之间关系的新路径，规避了一般情况下仅持有生成论立场可能面对的理论困难。①

可能正是由于法藏这位隋唐佛教的标杆人物将《宝性论》与《大乘起信论》的核心教法等同起来，使得人们对二者的理解渐渐同质化。此后，语言更为精美流畅、理论更为精致复杂的《大乘起信论》光芒四射，几乎完全遮盖了《宝性论》。于是，8世纪之后的汉传佛教史上，人们对《宝性论》的理解逐渐融化在了对于《大乘起信论》的热烈讨论中。②

（三）藏地代表人物的诠释

与汉地的境况恰好相反，《宝性论》在11世纪传入藏地后历久弥新，以解读《宝性论》的不同路径之“微”甚至可以见此后的整个藏传佛教史之“著”。根据Klaus-Dieter Mathes的思路，可以通过“如来藏是否等同于佛法身”③及“如来藏教法是否为了义”对不同的诠释进行分类：一部分藏传大德认定如来藏即为佛法身，其中，萨迦派的萨迦·班智达（Chos rje sa skya pandita kun dga’ rgyal mtshan, 1182—1251）、布敦（Bu ston rin chen ’grub，1290—1364）尊《般若经》而将如来藏教法判定为不了义，觉囊派的笃补巴（Dol po pa shes rab rgyal mtshan, 1292—1361）认为如来藏是超越时空的了义、真谛，噶举派的让炯多杰（Rang ’byung rdo rje, 1284—1339）、确札嘉措（Chos grags rgya mtsho, 1454—1506），以及工珠·云丹嘉措（Gong sprul yon tan rgyam tsho, 1813—1899）也以如来藏为了义，却主张如来藏是“相续不息的光明”；另一部分大师则坚持如来藏并非佛法身，格鲁派的嘉曹·达玛仁钦（Rgyal tshab dar ma rin chen, 1364—1432）认为如来藏教义是在“空性”哲学基础上的修行实践，噶举派的桂·熏奴贝（’Gos gzhon nu dpal, 1392—1481）主张如来藏含藏着“渐渐生长的、微细的、等虚空的佛德”，等等。④其中，笃补巴与嘉

---

① 张文良：《法藏的如来藏缘起说及其理论意义》，《2019华严专宗国际学术研讨会论文集》，台北：华严莲社，第267—279页。

② 程恭让同样观察到了法藏常将《宝性论》与《大乘起信论》列在一起的事实，并且也曾作出与本文类似的、有关法藏之后《宝性论》为人所忽视而《大乘起信论》十分盛行的原因的推测。他在宏观上指出了《宝性论》在汉系佛教史上的重要性亟待进一步研究，而本文则更关心法藏在解读《宝性论》时具体的创造性诠释。参见程恭让：《从印顺导师的〈宝性论〉研究看其对20世纪中国佛教学术思想的贡献》，《佛典汉译、理解与诠释研究——以善巧方便一系概念思想为中心》，北京：中国社会科学出版社，第825—828页。

③ Mathes原先表达为“佛性与法身是否等同”，而在本文的背景下，Mathes所言的“佛性”实指《宝性论》中的“如来藏”。

④ Klaus-Dieter Mathes：《从自空他空之争看如来藏思想在藏传佛教中的诠释》，2017年11月14日，http：//www.silkroads.org.cn/portal.php?mod=view&aid=9806，2022年3月15日。

曹·达玛仁钦的诠释是两个典型代表。

（1）笃补巴与《宝性论》

觉囊派学者笃补巴著有《宝性论释》《山法了义海论》等，他以持“他空见”（gzhan stong）阐发“佛性”问题而闻名。尽管觉囊派自称他们的思想是“了义大中观”，但他们是执着“他空”为“了义”，认为“胜义谛”恒常不变，因此作为“胜义谛”的“佛性”“如来藏”“佛”“法”“僧”都是“常”，是“无为法”。此外，笃补巴还引入“心”的概念，认为众生的“心”就是“佛性”“如来藏”。[①]然而一旦确认“佛性”是如同“虚空”的无为法，那么将可能违背佛教最基本的“缘起”理论；一旦确认“佛性”为“自性实有”的“心”，那么将可能违背佛教最基本的“性空”理论。[②]这无怪乎遭到了格鲁等派的激烈批评。

（2）嘉曹·达玛仁钦与《宝性论》

嘉曹·达玛仁钦是格鲁派创始人宗喀巴（Tsong kha pa, 1357—1419）座下大弟子，他不仅在现实世界中继承了宗喀巴的法位，还在思想世界中传承了宗喀巴所持的“中观应成派见”（dbu ma thal 'gyur ba）。于是，在宗喀巴成功构建其中观学说后，嘉曹·达玛仁钦接替其师在《宝性论大疏》中进一步说明站在这一立场上如何看待《宝性论》中的“佛性”问题。

他对《宝性论》的解读与笃补巴针锋相对，有如下特色：第一，坚持认为《宝性论》反映“中观应成见”，并视之为了义，而将混入阿赖耶识的《楞伽经》贬为不了义；第二，在对“佛性”概念的理解上，反对部分派别所宣称的类似于数论派“因中有果”的观点，澄清“如来藏”不是“佛”（包括本文中的“佛法身”），所以并不是说有已然成佛的“佛”内在于众生，仅需去除烦恼障的遮蔽就可使佛显现；第三，同时理解“空如来藏”与“不空如来藏”，取“空”与“不空”之中道，但拒绝引入“心”来展现“不空如来藏”的一面，不将其视作胜义谛；第四，强调如来藏教义是在“空性”哲学基础上的修行论。[③]由此，我们能够意识到，格鲁派精深的中观思想拒绝从“佛性”问题中发挥出本体论、生成论，而坚守修行论，这似乎是对《宝性论》原来主题的回归，也从根本上超越了有无为法的问题域。

五、结语与余论

本文所讨论的《宝性论》中的“佛性”问题，源于目前所能接触到的最早的梵本《宝

---

① 参见笃补巴·喜饶坚赞：《山法了义海论》，中国藏语系高级佛学院藏书，第52叶。

② 班班多杰：《藏传佛教史上的“他空见”与“自空见”——藏传佛教的思想特点及理论渊源》，《哲学研究》1995年第5期，第55—63页。

③ 嘉曹·达玛仁钦：《宝性论大疏》，江波译，北京：中国社会科学出版社，2015年，第21—37页。

性论》中，构成“佛性”概念谱系的tathāgatagarbha、dhātu、gotra、kāya等词具有复杂的变形、多样的含义、特定的修饰，以及“一切众生悉有佛性”不同句型的各个成分背后所蕴藏的巨大的诠释空间，继而在之后的汉译本和藏译本中各自形成了一定的“误读”。

在这基础上引发的“佛性”问题，即是由“如来藏”通向“佛法身”的问题、由有为法通向无为法的问题。为此，历史上后续的印度大乘佛教学者以及汉藏两地的佛教学者纷纷展开创造性诠释。本文所选定的代表人物中，智顗通过“一念三千,三谛圆融”的思想以“现象即本体”化解问题，嘉曹·达玛仁钦以独具特色的“中观应成见”超越问题域，法藏通过“阿赖耶识—如来藏”诠释模式和“如来藏缘起”说将原本的修行论问题拓宽至本体论和生成论问题，笃补巴坚持“他空见”，认定佛性为恒常不变的无为法。这些都是《宝性论》诠释史的一部分，是对《宝性论》“佛性”问题的不同诠释方式。

佛性理论在现当代依旧是个经久不衰的话题，民国时期大量学者就曾围绕《大乘起信论》发生过旷日持久的论辩，但是真正尝试以佛性理论为起点构建新思想的学者并不多见。印顺法师希望以《宝性论》为支柱建构出“真常唯心”的“第三系”，但是鲜有后辈赓续他的道路；牟宗三撰写《佛性与般若》似乎接着智顗而讲，但是他的这部唯一的佛学著作几乎已被淹没在他众多的儒学著作中；熊十力在《新唯识论》中似乎有意误读“唯识”而行“如来藏”之实，但是引来了很多批评的声音。本文回到佛教诠释学的原初境域，一路追索《宝性论》中的“佛性”以及“佛性”问题的发展，同样是在思考佛性思想在现当代学术中发展的可能性。

《摄大乘论》界颂的四种解读

陈　陶

摘要：在《摄大乘论·所知依分》开篇，作为阿赖耶识的教证之一，引述了《大乘阿毗达磨经》的偈颂“无始时来界，一切法等依，由此有诸趣，及涅槃证得”（玄奘译文），一般称之为界颂。根据注释书，我们知道，对于界（dhātu）这个词，至少有四种不同的解读。

其中真谛译世亲释“以解为性”有两种解读方式：一是将“解性”解读为无为常住的清净如来藏，理解为《起信论》式的如来藏缘起思想，如普寂、牟宗三、宇井伯寿与高崎直道等；一是将“解性”解读为正闻熏习所得的闻、思、修三慧，属于无漏有为，如上田义文等，这样的解读方式，既不同于玄奘唯识新学，视真如永为顽物，至果位亦不与智相融，也不同于《起信论》的具智真如，起随缘之用。第三种解读方式依据真谛译世亲释的第二释，以及笈多译、玄奘译、藏译的世亲释，界作为依他性，通于染污和清净两者，离开依他起，既没有遍计也没有圆成。第四种解读方式依据玄奘译、藏译的无性释，界即为阿赖耶识，自无始以来一直是杂染的根本，通过修习善法除灭杂染根本的阿赖耶识而证得涅槃。

关键词：摄大乘论；界颂；解性；真谛译；玄奘译

作者简介：陈陶，法鼓文理学院博士研究生。

引言

在《摄大乘论·所知依分》的开始，作为阿赖耶识的教证之一，引述了如下《大乘阿毗达磨经》的偈颂：

> 无始时来界，一切法等依，
> 由此有诸趣，及涅槃证得。（玄奘译）[①]

① 玄奘译：《摄大乘论释》第1卷，《大正藏》第31册第324页上。

《摄大乘论》虽不存梵本，但安慧《唯识三十论疏》（Sthiramati's *Triṃśikāvijñaptibhāṣya*）也引用了《大乘阿毗达磨经》此偈颂：

anādikāliko dhātuḥ sarvadharmasaṃāśryaḥ |
tasmin sati gatiḥ sarvā nirvāṇādhigamo'pi ca①||

而《摄大乘论》藏译本的这个偈颂为：

| thog ma med paḥi dus kyi dbyiṅs |
| chos rnams kun gyi gnas yin te |
| de yod pas na ḥgro kun daṅ |
| mya ṅan ḥdas paḥaṅ thob par ḥgyur || ②

解读界颂的关键在于界（dhātu）这个词的解读，首先对于界（dhātu）的词源以及在佛经中的用法稍作诠解。

界的原语是dhātu，词根是√dhā（第三种动词），有放置、持（to put，place，set，lay in or on to put）等意思。③界这个词可以用于地、水、火、风四界，根据世亲《俱舍论》的偈颂：

---

① Hartmut Buescher, *Sthiramati's Triṃśikāvijñaptibhāṣya: Critical Editions of the Sanskrit Text and its Tibetan Translation*, Wien: Verl. der Österr. Akad. der Wiss., 2007, p. 116.注：偈颂最后的“ca”在Sylvain Levi, *Vijñaptimātratāsiddhi: deux traités de Vasubandhu: Viṁśatikā (La vingtaine) accompagnée d'une explication en prose, et Triṁśikā (La trentaine) avec le commentaire de Sthiramati*(Paris: H. Champion, 1925)中作“vā”，Hartmut Buescher根据Schmithausen教授所发现的Triṃśikāvijñaptibhāṣya残片，而修改为“ca”，见Hartmut Buescher, *Sthiramati's Triṃśikāvijñaptibhāṣya: Critical Editions of the Sanskrit Text and its Tibetan Translation*, pp.12–13.霍韬晦将此偈颂翻译为“无始时来界，一切法所依；彼有时趣有，或涅槃证得”（霍韬晦：《安慧〈三十唯识释〉原典译注》，香港：香港中文大学出版社，1980年，第119页）。

② 長尾雅人：《摂大乗論：和訳と注解 上》，东京：讲谈社，1982年，“西藏译摄大乘论及还原梵文”部分，第9页。长尾雅人是使用Tōhoku 罗马转写（而非目前学界最常用的Wylie 罗马转写），换写成藏文字为：
ཐོག་མ་མེད་པའི་དུས་ཀྱི་དབྱིངས་།
།ཆོས་རྣམས་ཀུན་གྱི་གནས་ཡིན་ཏེ་།
།དེ་ཡོད་པས་ན་འགྲོ་ཀུན་དང་།
།མྱ་ངན་འདས་པའང་ཐོབ་པར་འགྱུར
以上藏文偈颂可翻译为：是无始时的界，是一切诸法的依止，由于此，证得诸趣和涅槃。
佐佐木教悟将之日译为：无始时（来）の界なり、一切诸法の依止なり、彼あるが故に、诸趣も涅槃を证得することもあり。（佐々木教悟：《無始時来の界について》，《大谷学報》1942年第4期。）

③ 详见M. Monier-Williams, *English-Sanskrit Dictionary*, New Delhi: Asian Educational Services, 2009, p. 513.

大种谓四界，即地水火风，
能成持等业，坚湿暖动性。[①]

因为“地、水、火、风能持自相及所造色，故名为界”[②]，可见界有持之义。

界也可以用于六境、六根、六识等十八界中，见世亲的《俱舍论》第一品《分别界品》：

法种族义是界义，如一山中有多铜铁金银等族，说名多界。如是一身或一相续，有十八类诸法种族，名十八界。此中种族是生本义。[③]

此中，说明界就是种族之义，而种族就是“生本”，如何理解呢？根据称友的《俱舍论疏》，凡是黄金等的生处就是黄金等的生本。[④]

可见，界有能持之义、种族之义、生本之义。[⑤]

《瑜伽师地论》中总结了界之六义：

问：何等是界义？
答：因义、种子义、本性义、种性义、微细义、任持义。是界义。[⑥]

界有多重含义，因此，在藏译佛典中，用三个藏文字khams、rigs、dbyings翻译梵文的dhātu一词，以作区别。khams用于翻译十八界、四大种界等，表示本质、要素的意味；rigs用于如来藏说、阿赖耶识说中，表示性、因、种子的意味；dbyings用于金刚界、不可思议界中，表示领域、依处的意味。[⑦]如上文所引《摄大乘论》藏译本所见，用藏文dbyings来翻译dhātu。藏译《唯识三十颂释》也是用dbyings翻译dhātu，《宝性论》则用

---

① 玄奘译：《阿毗达磨俱舍论》第1卷，《大正藏》第29册第3页上。
② 玄奘译：《阿毗达磨俱舍论》第1卷，《大正藏》第29册第3页中。
③ 玄奘译：《阿毗达磨俱舍论》第1卷，《大正藏》第29册第4页中。
④ 荻原雲来、山口益：《和譯稱友俱舍論疏》，梵文俱舍論疏刊行會，1933年，第73页。另外，在第90—91页，解释了界作为能持之义。六界（地水火风空识六界）有能持之义，因为六界是生的生者（janaka）、养者（poṣaka）、长者（saṃvardhaka）。此中，生者是识界，因为是结生的种子；养者是大种，因为作为生的所依止；长者是空界，因为给了空间。
⑤ 关于“界”原义的详细讨论，可参考水谷幸正：《Dhatu と Gotra》，《佛教大學研究紀要》36，1959年，第44—63页；長尾雅人：《摂大乘論：和訳と注解（上）》，东京：讲谈社，1982年，第78—79页。
⑥ 玄奘译：《瑜伽师地论》第56卷，《大正藏》第30册第610頁上。
⑦ 见水谷幸正：《Dhatu と Gotra》，另外，参考岩田諦靜：《真諦訳“摂大乘論世親釈”における此界無始時偈と最清浄法界について》，勝呂信靜博士古稀記念論文集刊行會編集會：《勝呂信靜博士古稀記念論文集》，东京：山喜房佛书林，1996年，第117—133页。山部能宜：《瑜伽行与如来藏文本中的“基体说”观念》，Jamie Hubbard、Paul L. Swanson：《修剪菩提树：“批判佛教”的风暴》，龚隽等译，上海：上海古籍出版社，2004年。

khams来翻译。①

那么，在界颂中“界”是什么意思？整个偈颂应该如何理解？

首先给出结论。根据《摄大乘论》注释书，我们知道，对于界（dhātu）这个词，有四种不同的解读。

其中真谛译《摄大乘论》世亲释的“以解为性”有两种解读方式：一是将“解性”解读为无为常住的清净如来藏，理解为《起信论》式的如来藏缘起思想，如普寂、牟宗三、宇井伯寿与高崎直道等；一是将“解性”解读为正闻熏习所得的闻、思、修三慧，属于无漏有为，如上田义文等，这样的解读方式，既不同于玄奘唯识新学，视真如永为顽物，至果位亦不与智相融，也不同于《起信论》具智真如，起随缘之用。第三种解读方式依据真谛译《摄大乘论》世亲释的第二释，以及笈多译、玄奘译、藏译的《摄大乘论》世亲释，界作为依他性，通于染污和清净两者，离开依他起，既没有遍计也没有圆成。第四种解读方式依据玄奘译、藏译的《摄大乘论》无性释，界即为阿赖耶识，自无始以来一直是杂染的根本，通过修习善法除灭杂染根本的阿赖耶识而证得涅槃。以表格表示之：

“界”的四种解读	文献依据	支持的学者
无为常住的清净如来藏	真谛译世亲释的第一种解释“以解为性”	普寂、牟宗三、宇井伯寿与高崎直道等
无漏有为的闻、思、修三慧	真谛译世亲释的第一种解释“以解为性”	上田义文等
界作为依他性，通于染污和清净两者	真谛译世亲释的第二释，以及笈多译、玄奘译、藏译的世亲释	
界即为阿赖耶识，是杂染的根本	玄奘译、藏译的无性释	

一、第一种解读："解性赖耶"是无为常住的清净如来藏

（一）真谛译世亲释的第一种解释的文句

第一种解读与第二种解读所依据的文献都是真谛译世亲释的第一种解释，首先，整理相关文句。

在真谛译世亲释《摄大乘论》解释界颂之处，增加了一段其他译本都没有的文字：

① 分别见寺本婉雅譯註：《唯識三十論疏：梵藏漢和四譯對照》，东京：国書刊行会，1977年，第102页。中村瑞隆：《藏和対訳究竟一乘宝性論研究》，东京：鈴木学術財团，1967年，第141页。另外，见岩田諦静：《真諦訳“摂大乗論世親釈”における此界無始時偈と最清浄法界について》，第119页。

此界无始时， 一切法依止，

若有诸道有， 及有得涅槃。

释曰：今欲引阿含证阿黎耶识体及名。阿含谓大乘阿毗达磨，此中佛世尊说偈。此即此阿黎耶识界，**以解为性**。

此界有五义：一体类义，一切众生不出此体类，由此体类众生不异；二因义，一切圣人法四念处等，缘此界生故；三生义，一切圣人所得法身，由信乐此界法门故得成就；四真实义，在世间不破，出世间亦不尽；五藏义，若应此法自性善故成内，若外此法虽复相应则成觳。

故约此界。佛世尊说：比丘！众生初际不可了达，无明为盖，贪爱所缚，或流或接，有时泥黎耶、有时畜生、有时鬼道、有时阿修罗道、有时人道、有时天道。比丘！汝等如此长时受苦，增益贪爱恒受血滴。**由此证故，知无始时**。

如经言：世尊！此识界是依、是持、是处，恒相应，及不相离、不舍智无为恒伽沙等数诸佛功德。世尊！非相应相离舍智，有为诸法是依是持是处。**故言一切法依止**。

如经言：世尊！若如来藏有，由不了故，可言生死是有。**故言若有诸道有**。

如经言：世尊！若如来藏非有，于苦无厌恶，于涅槃无欲乐愿。**故言及有得涅槃**。①

在真谛译独有的这段文字中，有三个重要的信息：一是认为“此即此阿黎耶识界，以解为性”，即解性赖耶；②二是提出了界有体类、因、生、真实、藏等五义；三是引用《胜鬘经》作为经证，分别证明四句偈颂。

第一，关于解性赖耶的解释，学界有两种解释，留待下文再加详述。

第二，关于界之五义，与同样是真谛译世亲释所独有的“法界”五义非常类似，与真

① 真谛译：《摄大乘论释》第1卷，《大正藏》第31册第156页下—157页上。

② “此即此阿黎耶识界以解为性”应该如何断句？上田义文认为不应该断作“此即此阿赖耶识界，以解为性”，而应该断作“此即此阿赖耶识，界以解为性”。因为真谛译颂文有“此”“界”两个字，释文应该是分别解释这两个字，“此”就是指阿赖耶识，“界”以解为性。而且因为“界”（dhātu）经常翻译为“性”，因此，上田认为“界以解为性”，就是“界解以为性”之意，界就是“性”，就是如来藏。（上田义文：《佛教思想史研究》，东京：永田文昌堂，1967年，第248页。）笔者不认同上田这样的断句，如印顺法师曾经责备这种解法不合汉语语法：“‘界’字是可以解说为体性的，但这里的‘以解为性’，依汉文的文法，不可能‘解说为体性’的。而且，在《摄大乘论释》卷三，还有这样说：‘圣人依者，闻熏习与解性和合，以此为依，一切圣道皆依此生。’”（印顺法师：《〈起信论〉与扶南大乘》，《永光集》，新竹：正闻出版社，2004年，第136—137页。）另外，可参考陈一标：《解性赖耶与智如合一——有关“此界无始时”颂的分析》，《玄奘人文学报》2004年第3期，第254页。

谛译《佛性论》解释《胜鬘经》“如来藏”的五藏义也有相关，整理如下表：

界之五义（真谛译《摄大乘论》世亲释）	法界五义（真谛译《摄大乘论》世亲释）①	五种如来藏（真谛译《佛性论》）②
一、体类义，一切众生不出此体类，由此体类众生不异。	一、性义，以无二我为性，一切众生不过此性故。	一者，如来藏自性是其藏义。一切诸法不出如来自性，无我为相故，故说一切诸法为如来藏。
二、因义，一切圣人法四念处等，缘此界生故。	二、因义，一切圣人四念处等法缘此生长故。	二者，正法藏，因是其藏义。以一切圣人四念处等正法皆取此性作境，未生得生、已生得满，是故说名为正法藏。
三、生义，一切圣人所得法身，由信乐此界法门故得成就。	三、藏义，一切虚妄法所隐覆，非凡夫二乘所能缘故。	三者，法身藏，至得是其藏义。此一切圣人信乐正性、信乐愿闻，由此信乐心故，令诸圣人得于四德，及过恒沙数等一切如来功德，故说此性名法身藏。
四、真实义，在世间不破，出世间亦不尽。	四、真实义，过世间法，世间法或自然坏、或由对治坏，离此二坏故。	四者，出世藏，真实是其藏义。世有三失：一者对治可灭尽故名为世，此法则无对治故名出世；二不静住故名为世，由虚妄心果报念念灭不住故，此法不尔故名出世；三由有倒见故，心在世间则恒倒见，如人在三界，心中决不得见苦法忍等，以其虚妄故名为世。此法能出世间故名真实，为出世藏。
五、藏义，若应此法自性善故成内，若外此法虽复相应则成。	五、甚深义，若与此相应，自性成净善故；若外不相应，自性成故。	五者，自性清净藏，以秘密是其藏义。若一切法随顺此性则名为内，是正非邪则为清净。若诸法违逆此理则名为外，是邪非正名为染浊。故言自性清净藏。故《胜鬘经》言：世尊！佛性者，是如来藏、是正法藏、是法身藏、是出世藏、是自性清净藏。由说此五藏义故，如意功德而得显现。

可见，真谛译世亲释中界之五义就是《佛性论》中五种如来藏的简化版，内容是大同小异的。③职是之故，虽然以上“界”之五义与“法界”五义在达摩笈多及玄奘所译的世亲释中都看不到，但宇井伯寿认为，这并非是真谛随意所附加，④真谛译中所独有的“界”之五义是从《胜鬘经》的“五藏”之义引申而出，与《胜鬘经》《宝性论》《佛性论》等经论有同样的意趣。⑤

第三，关于引用《胜鬘经》作为经证。同样的，此界颂在《宝性论》中也有出现：

---

① 真谛译：《摄大乘论释》第15卷，《大正藏》第31册第264页中。

② 真谛译：《佛性论》第2卷，《大正藏》第31册第796页中。

③ 岩田諦靜：《真諦訳“摂大乗論世親釈”における此界無始時偈と最清浄法界について》，勝呂信靜博士古稀記念論文集刊行會編集會：《勝呂信靜博士古稀記念論文集》，第121页。

④ 印顺法师《摄大乘论讲记》也认为真谛的译本里，把界字解释作“解性”，似乎是真谛所加的，但并不能就此说那种解释是错误，因为在《究竟一乘宝性论》释里，也引有这一颂，也是把界当作如来藏解释的。（《摄大乘论讲记》，新竹：正闻出版社，2000年，第34页。）

⑤ 宇井伯寿：《摄大乘论研究》，第211页。

无始世来性，作诸法依止，依性有诸道，及证涅槃果。①

此偈颂，在《宝性论》梵文本中作：

anādikāliko dhātuḥ sarvadharmasamāśrayaḥ |
tasmin sati gatiḥ sarvā nirvāṇādhigamo ’pi ca ||②

与安慧《唯识三十论疏》所引用界颂的梵文本全同，同样出自《大乘阿毗达摩经》。《宝性论》在解释这个偈颂之时，也是引用同样的《胜鬘经》作为经证。三者的关系，整理表格如下：

真谛译《摄大乘论》世亲释引《胜鬘经》作为经证	后魏勒那摩提译《宝性论》界颂引《胜鬘经》作为经证③	刘宋求那跋陀罗译《胜鬘经》相应经文
故约此界。佛世尊说：比丘！众生初际不可了达，无明为盖，贪爱所缚，或流或接，有时泥黎耶、有时畜生、有时鬼道、有时阿修罗道、有时人道、有时天道。比丘！汝等如此长时受苦，增益贪爱恒受血滴。由此证故，知无始时。	无始世界性者，如经说言：诸佛如来依如来藏，说诸众生无始本际不可得知故。所言性者，如《圣者胜鬘经》言：世尊！如来说如来藏者，是法界藏、出世间法身藏、出世间上上藏、自性清净法身藏，自性清净如来藏故。	世尊！生死者依如来藏，以如来藏故，说本际不可知。
如经言：世尊！此识界是依、是持、是处，恒相应，及不相离、不舍智无为恒伽沙等数诸佛功德。世尊！非相应相离舍智，有为诸法是依是持是处。故言一切法依止。	作诸法依止者，如《圣者胜鬘经》言：世尊！是故如来藏，是依、是持、是住持、是建立。世尊！不离不离智、不断不脱不异无为、不思议佛法。世尊！亦有断脱异外离离智有为法，亦依亦持亦住持亦建立，依如来藏故。	如来藏者离有为相，如来藏常住不变。是故如来藏，是依、是持、是建立。世尊！不离、不断、不脱、不异、不思议佛法。世尊！断脱异外有为法依持、建立者，是如来藏。
如经言：世尊！若如来藏有，由不了故，可言生死是有。故言若有诸道有。	依性有诸道者，如《圣者胜鬘经》言：世尊！生死者依如来藏。世尊！有如来藏故说生死，是名善说故。	世尊！有如来藏故说生死，是名善说。世尊！生死，生死者，诸受根没，次第不受根起，是名生死。世尊！死生者，此二法是如来藏。世间言说故，有死有生，死者谓根坏，生者新诸根起，非如来藏有生有死。

① 勒那摩提译：《究竟一乘宝性论》第4卷，《大正藏》第31册第839页上。

② 中村瑞隆：《梵汉对照究竟一乘宝性论研究》，台北：华宇出版社，1988年，“本论”第141页。此书梵文部分是根据E. H Johnston and T. Chowdhury, *The Ratnagotravibhaga Mahayanottaratantrasastra*, Patna: Bihar Research Society, 1950. 中村瑞隆对原梵文本中的一些明显误植进行了订正。

③ 勒那摩提译：《究竟一乘宝性论》第4卷，《大正藏》第31册第839页上—中。

续 表

真谛译《摄大乘论》世亲释引《胜鬘经》作为经证	后魏勒那摩提译《宝性论》界颂引《胜鬘经》作为经证	刘宋求那跋跎罗译《胜鬘经》相应经文
如经言：世尊！若如来藏非有，于苦无厌恶，于涅槃无欲乐愿。故言及有得涅槃。	及证涅槃果者，如《圣者胜鬘经》言：世尊！依如来藏故有生死，依如来藏故证涅槃。世尊！若无如来藏者，不得厌苦、乐求涅槃，不欲涅槃，不愿涅槃故。	世尊！若无如来藏者，不得厌苦乐求涅槃。何以故？于此六识及心法智，此七法刹那不住、不种众苦，不得厌苦、乐求涅槃。世尊！如来藏者，无前际，不起不灭法，种诸苦，得厌苦、乐求涅槃。

真谛译《摄大乘论》是在后魏勒那摩提译《宝性论》（508年）之后，真谛极有可能参考了勒那摩提的译文。

现在开始考察应该如何理解“此阿黎耶识界，以解为性”，解性赖耶是千古以来的公案，本文总结前辈学者的研究，分为两种解读方式：无为常住的清净如来藏以及无漏有为的闻思修三慧。

（二）“解性赖耶”是无为常住的清净如来藏

大部分的学者将真谛译中“此即此阿黎耶识界，以解为性”的“解性赖耶”理解为无为常住的清净如来藏，与《起信论》中的本觉相合。其中，最早提出“解性梨耶”的可能是圆测：

> 真谛三藏，依《决定藏论》，立九识义，如九识品说。言九识者，眼等六识，大同识论。第七阿陀那，此云执持，执持第八为我、我所，唯烦恼障，而无法执，定不成佛。第八阿梨耶识，自有三种。一、**解性梨耶，有成佛义**。二、果报梨耶，缘十八界。故《中边分别》偈云：根尘我及识，本识生似彼。依彼论等说，第八识缘十八界。三、染污阿梨耶，缘真如境，起四种谤，即是法执，而非人执。依安慧宗，作如是说。第九阿摩罗识，此云无垢识，真如为体。于一真如，有其二义：一、所缘境，名为真如及实际等；二、能缘义，名无垢识，亦名本觉，具如《九识章》引《决定藏论·九识品》中说。①

此中，“解性梨耶，有成佛义”就是“此阿黎耶识界，以解为性”的阿赖耶识，圆测的解读影响了千多年来中日学者对于真谛译唯识的理解。虽然上田义文认为圆测所说的“解性

---

① 圆测撰：《解深密经疏》第3卷，《新纂卍续藏》第34册第360页。

梨耶，有成佛义”也可以解读为“由闻薰习所成的闻思修三慧”[①]，但是从圆测叙述的文脉来看，“圆测将阿摩罗识定为以真如为体的无垢识，于其中大谈本觉与真如实际体用交彻时，解性赖耶就难逃落入‘不生不灭与生灭和合’的真妄和合识之命运；阿摩罗识是本觉、真如，解性赖耶是真妄和合的赖耶，完全合乎《大乘起信论》的格局”[②]。

另外，日人普寂的《摄大乘论略疏》认为：

> 以性释界，以解为性，是即如来藏觉照之义，与《起信》所说本觉大旨相似。[③]

解性就是如来藏觉照之义，与《起信论》所说的本觉之旨趣相似，也是将如来藏定义为本具的觉性，当与生灭和合成为阿赖耶识时，解性代表如来藏或者本觉的觉照之用。

牟宗三在《佛性与般若》中引述了真谛译世亲释界颂以及释文之后，说：

> 彼释“界”字之五义全就“如来藏自性清净心”说阿黎耶识，故而见阿黎耶识“以解为性”，此全从正面觉解性体（自性清净）说阿黎耶，此与《摄论》及世亲之唯识论说“赖耶唯妄”者异也。其所引经证大体俱是《胜鬘夫人经》语，而《胜鬘经》却正是以“如来藏自性清净心”为依止，并非以阿赖耶识为依止者。[④]

牟宗三认为真谛译中的“解性赖耶”全是从正面觉解性（自性清净）来说阿赖耶识，与《摄论》本身以及世亲的唯识论述所说的“赖耶唯妄”是不同的，与《胜鬘经》“如来藏自性清净心”为依止相同。

宇井伯寿会同意真谛译中的“解性赖耶”全是从正面觉解性（自性清净）来说阿赖耶识，与《宝性论》等都是从如来藏缘起解说界颂，[⑤]同样引用上述《胜鬘经》文句作为经据，真谛译中所独有的“界”之五义是从《胜鬘经》的“五藏”之义引申而出，与《胜鬘经》《宝性论》《佛性论》等经论有同样的意趣。[⑥]但是宇井不会同意真谛译所说与《摄论》本身以及世亲的唯识论述有所不同，相反，他认为以如来藏缘起解释《摄大乘论》论本，

---

① 上田义文：《阿梨耶识の原始的意味：原始唯识说の根本构造》，《佛教研究》第2卷1号期，1938年，第50页。

② 陈一标：《解性赖耶与智如合一——有关“此界无始时”颂的分析》，《玄奘人文学报》2004年第3期，第245页。

③ 普寂撰：《摄大乘论略疏》第2卷，《大正藏》第68册第142页中。另外，参考宇井伯寿：《摄大乘论研究》，第211—212页。

④ 牟宗三：《佛性与般若》，台北：联经出版公司，2003年，第295页。

⑤ 宇井伯寿：《摄大乘论研究》，第211页。

⑥ 宇井伯寿：《摄大乘论研究》，第211页。

符合《摄论》颂文的意涵。[①]这是宇井特别的见解，陈一标认为：

> 宇井伯寿对唯识古学的钻研更是深入，巨著《摄大乘论研究》大胆肯认印度初期唯识思想就是如来藏缘起说，因而主张真谛所传唯识古学才是真正继承弥勒、无著、世亲的思想，此结论可谓推翻一般传统的看法，在唯识学的研究中独树一帜。[②]

如来藏研究的专家高崎直道也赞同真谛以解性赖耶来解读“无始时来之界”，《大乘阿毗达磨经》原本的界颂就是意味着如来藏，他在《“无始时来の界”再考》中说：

> 关于《大乘阿毗达磨经》，胜吕教授推测道“只知道它原本是伴随无著著作的圣典”，“也许是为了表明《摄大乘论》的学说来源于佛说而作成的典据吧。或者是由无著自己制作”。若推进这一理论，“无始时来界”的成立也就属于无著构思的范围内。根据这个说法，“无始时来界”的原意是指阿赖耶识，《宝性论》将其称为如来藏明显是转用的。在《大乘阿毗达磨经》性格不详的基础上，笔者认为这个偈颂暗中继承《不增不减经》所说的“一界”的思想，以《胜鬘经》之说（《宝性论》在“无始时来界”的解说中作为教证使用）为基础，在《大乘阿毗达磨经》创作而成，因此我猜测，“无始时来的界”原本不就意味着如来藏吗？[③]

暂且不说真谛所译的唯识典籍是否真正继承弥勒、无著、世亲的思想，但关于真谛译中解性赖耶的解读，大多数学者认为是无为常住的如来藏，本具觉解性，是从《起信论》式的如来藏缘起来理解的。

二、第二种解读：“解性赖耶”是闻思修所得的无漏有为三慧

关于真谛译中解性赖耶，还有另外一种解读，即认为“解性赖耶”是闻思修所得的无漏有为三慧，并非是无为常住的清净如来藏，坚持此说者为上田义文。

上田义文是宇井伯寿的弟子，同样致力于唯识古学的研究，却得出不同的结论。上田同样认为真谛所传的唯识古学是初期唯识思想的原貌，但绝非《大乘起信论》式的如来藏

---

① 宇井伯寿：《摄大乘论研究》，第212页。
② 陈一标：《译序 上田义文唯识思想研究的回顾与前瞻》，上田义文：《大乘佛教思想》，陈一标译，台北：东大图书，2002年，第3页。
③ 高崎直道：《“無始時来の界”再考》，勝呂信靜博士古稀記念論文集刊行會編集會：《勝呂信靜博士古稀記念論文集》，第41—42页。

缘起，而是以三性为中心的特殊理论。[①]

关于“解性赖耶”的解读，上田通过对历来注疏的研究，发现对解性的理解可大致分为两类：

> 从散在中国人所作注疏中有关解性的记述，我们所得到的理解可分为两类，亦即有为无常的道以及无为常住的如来藏、真如。如果《摄大乘论》或真谛的解性意指前者的话，则无庸赘言，解性即使是阿梨耶识的一面，阿梨耶识也不像《大乘起信论》那样，是不生灭与生灭的和合。但若是后者的意味，解性为阿梨耶识的一面时，就非得认为阿梨耶识就是不生灭与生灭的和合不可。[②]

如上所述，中国人所作的注疏大多是从无为常住的如来藏、真如解读来理解解性赖耶，上田此处所说的“有为无常的道”是指吉藏的注疏，当然，这是上田认为吉藏的注疏中的解性赖耶是有为无常的道，[③]其实吉藏注疏原文不是十分清晰，可有不同的解读。暂且不论吉藏的原意为何，我们看看上田义文是如何解读真谛的“解性赖耶”。

上田关于“解性赖耶”的解读，全面体现在他所引前田慧云的如下一段话中：

> 《摄论》真如非有随缘用者。于因位，真理与智慧未相融合，要至果位，智慧始融合于真理，以起化用。若然，则不同于法相宗，真如永为顽物，至果位亦不与智相融；亦不同《起信论》，真如具智，始终皆随缘起用。[④]

如果以真如（如来藏）来诠释解性，那么这样的解性绝非如同《起信论》中的真如始终都有随缘用。在因位的时候，真理与智慧（如如与正智）是不相融合的，要到果位，智慧才融于真理（智如融合），此时的真如才有化用。这样的真如，既不同于法相宗的真如永为顽物，到果位也是智如永别；也不同于《起信论》，真如本具觉智，在因位也有随缘之用。

上田义文认为《摄论》的立场，还是以阿赖耶识为建立诸法的立足点，称之为“所知依”，妄法的生起，必然是由赖耶种子所生；清净的种子，也是寄存在阿赖耶识中。因此

---

① 陈一标：《译序 上田义文唯识思想研究的回顾与前瞻》，上田义文：《大乘佛教思想》，陈一标译，第4页。

② 上田义文：《阿梨耶识の原始的意味：原始唯识说の根本构造》，《佛教研究》第2卷1号期，1938年，第51页。

③ 上田的具体论证，见上田义文：《阿梨耶识の原始的意味：原始唯识说の根本构造》，《佛教研究》第2卷1号期，1938年，第47—49页。

④ 上田义文：《阿梨耶识の原始的意味：原始唯识说の根本构造》，《佛教研究》第2卷1号期，1938年，第37页。

阿赖耶识是一切染污、清净法的所依。《摄论》的原义并非是如来藏或真如在因位就有随缘之用，不是以如来藏缘起解说诸法的生起。

在坚持《摄论》阿赖耶识缘起的立场，上田认为“解性就是意指无为的真如智（理智不二的法身）”[①]，而之所以称为“解性”，是因为“真如的‘性’发挥‘解’亦即智的作用”[②]。这种作用于凡夫因位不存在，不可将解性视为“在缠真如”，不同于如来藏说；当它发挥作用时，又是境智不二的格局，又不同于法相宗的性相永别说。上田借由这样的定位，来破除一般“若非性相永别，即是《起信论》式性相融通”的刻板看法，开创了理论解释的新局。[③]

关于“此界无始时，一切法依止，若有诸道有，及有得涅槃”以及释文“此即此阿黎耶识界以解为性”具体的文本解读，首先，上田注意到偈颂中最开头的“此”字，对照其他汉译及藏译皆无“此”字，《宝性论》汉译、安慧《唯识三十论释》梵本所引亦无相应的字。[④]这个“此”应该是真谛所增益的，但是上田认为这不是真谛随意所加，而有其深义。根据颂文中的“此界”二字，上田将释文断句为“此即此阿黎耶识，界以解为性”，他认为颂文以及释文中都有两者：此与界。此是阿黎耶识，界以解为性。上田认为：

> 用“解性”此一般所未见的概念，与注解的目的并不相应；在说明“此界”的“界”即是如来藏时，单单将它解说成“性”，毋宁是较为自然的。[⑤]

确实，梵文的dhātu可理解为界，也可以理解为性。根据上田的解释，此界就是“阿赖耶识如来藏”，究竟是何意？根据梵文复合词，对于“此界”，上田认为有两种解法：可解为“此即界”的持业释，或“此之界”的依主释。[⑥]上田认为应该以依主释解，即“此之界”，意为：真如或解性必须透过阿赖耶识的灭才能成就。[⑦]陈一标认为上田的解释“使得唯识

---

① 上田义文：《佛教思想史研究》，第246页。
② 上田义文：《佛教思想史研究》，第247页。
③ 陈一标：《解性赖耶与智如合一——有关“此界无始时”颂的分析》，《玄奘人文学报》2004年第3期，第253页。
④ 上田义文：《佛教思想史研究》，第249页。
⑤ 上田义文：《佛教思想史研究》，第248页。
⑥ 上田义文：《阿梨耶识の原始的意味：原始唯识说の根本构造》，《佛教研究》第2卷1号期，1938年，第52页。
⑦ 另外，印顺法师对于“解性赖耶”的解释也值得注意，印顺虽然认为“解性”即是阿摩罗识，即是如来藏，似乎是类似第一种解读，将解性视为“无为常住的如来藏”，但他并不认为阿梨耶识《起信论》式的不生不灭与生灭的和合不可，此时的如来藏也不像本觉一样是真体，没有随缘之用。所谓如来藏就是“空”“本性清净”，是内在的心性，而不是圣道的生因。具体见《以佛法研究佛法》中的《真谛三藏所传的阿摩罗识》以及《如来藏之研究》，以及陈一标的《解性赖耶与智如合一——有关“此界无始时”颂的分析》，《玄奘人文学报》2004年第3期，第246—251页。

思想跳脱智如二分、性相永别的同时，未必一定要像如来藏思想一样，承认生命的主体当中本具清净的觉性”[①]。

三、第三种解读：界作为依他性，通于染污、清净两者

第三种解读所依据的文本是真谛译《摄大乘论》世亲释的第二释，以及笈多译、玄奘译、藏译的《摄大乘论》世亲释。首先列举出三种汉译的原文。

真谛译《摄大乘论》世亲释的第二释：[②]

> 复次，此界无始时者，即是显因；若不立因，可言有始。
>
> 一切法依止者，由此识为一切法因故，说一切法依止。
>
> 若有诸道有及有得涅槃者，此一切法依止，若有是道则有果报，亦有由此果报众生受生，易可令解邪正两说分别有异，后后能得上品正行应得胜德。
>
> 由烦恼依止故，生极重烦恼及常起烦恼。是果报等四种差别，名依止胜。能翻此四种，名依止下劣。生死中不但道等非有，涅槃义亦非有。何以故？若有烦恼则有解脱应知。依止中复有阿含，能证阿黎耶识名。[③]

笈多译《摄大乘论》世亲释：

> 世尊于《阿毗达磨阿含》中说阿梨耶识名阿梨耶识者，即是此论初所说阿毗达磨修多罗。
>
> 此中界者是因义，诸法共依止者，由是因故，一切法同共依止，谓依止此以为因体。
>
> 有此一切法依止故，诸趣果报由此得生，于无量生中有力，于善说恶说法中能解其义，若复越次得于胜得。又为烦恼依止体，由此得有极重烦恼及牢固烦恼。
>
> 此等四种果报中，胜者身有堪能，翻此者无堪能。应知一切者于生死中随何趣，非唯诸趣，亦有涅槃胜得，以有烦恼即有涅槃故。此阿含显应知依止是阿梨

① 陈一标：《解性赖耶与智如合一——有关“此界无始时”颂的分析》，《玄奘人文学报》2004年第3期，第237页。

② 牟宗三（2002：296）、上田义文（1967：247）、印顺（2000：292）、佐佐木教悟（1942：18）等都说到真谛世亲释中“复次，此界无始时者”以下为第二释。

③ 真谛译：《摄大乘论释》第1卷，《大正藏》第31册第157页上。

耶识。[①]

玄奘译《摄大乘论》世亲释：

此中能证阿赖耶识，其**体**定是阿赖耶识。

阿笈摩者，谓薄伽梵即初所说《阿毗达磨大乘经》中说如是颂。

界者谓因，是一切法等所依止。现见世间于金矿等说界名故，由此是因故，一切法等所依止因。**体**即是所依止义。

由此有者，由一切法等所依有。

诸趣者，于生死中所有诸趣。趣者谓异熟果。由此果故，或是顽愚瘖痖种类、或有势力能了善说恶说法义、或能证得上胜证得。又为烦恼所依止性，由此故有猛利烦恼、长时烦恼。如是四种异熟差别所依止故，无有堪能。应知翻此名有堪能。非唯诸趣由此而有，亦由此故证得涅槃，要由有杂染方得涅槃故。[②]

关于三种译本的异同，有几点需要注意：

首先三种译本最后的部分文句有所不同，列表如下：

真谛译	是果报等四种差别，名依止胜。能翻此四种，名依止下劣。
笈多译	此等四种果报中，胜者身有堪能，翻此者无堪能。
玄奘译	如是四种异熟差别所依止故，无有堪能。应知翻此名有堪能。

其中，依止“胜”就是“堪能”（karmaṇya）。真谛译和笈多译说四种果报是堪能，反之是无堪能；而玄奘译则说四种异熟差别是无堪能，反之是有堪能。[③]

其次，佐佐木教悟注意到笈多译和玄奘译在论述阿赖耶识的依止义时，都用到“因体”或者“体”来明确表示，而真谛和藏译，却缺乏与因体相当的词语，不能很好地表达所依止的性格。所谓因体，将界视为所取种子之义，作为同类色等的因体。而且，如果从三性说而言，因体是依他起。[④]

再次，在三种译本中，仅玄奘译本出现金矿之喻，佐佐木教悟认为这也是表示依他

① 笈多共行矩等译：《摄大乘论释论》第1卷，《大正藏》第31册第273页中。
② 世亲造，玄奘译：《摄大乘论释》第1卷，《大正藏》第31册第324页上—中。
③ 牟宗三《佛性与般若》也说到“三译相违，而意涵皆不明”（第298页）。
④ 佐々木教悟：《無始時来の界について》，《大谷学報》1942年第4期，第301页。

起。金矿是指“内藏金之土”，与《所知相分》所说的三性说譬喻相适应。[①]根据注释，在金矿上，作为地界、土、金，这三法依次是依他起、遍计所执、圆成实三性，因此可以理解为作为坚硬性的地界是媒介根柢性的东西，在这个被称为地界的地方，如果进行烧炼的话，真实性的金相显现出来。但是，如果不烧炼，就会呈现出土相，也就是遍计所执相。在这个譬喻中，这个地界的依他起是二分依他。所谓二分依他，是指依他地界在金矿（遍计）和金（圆成）两个世界中作为媒介。换言之，杂染分和清净分根据依他起统一起来。依他的界相通于染污和清净两者，离开依他起，既没有遍计也没有圆成。[②]

佐佐木教悟认为，解性赖耶的解读是基于真识缘起，而下文将要叙述的第四种解读是纯粹的妄识缘起，这两种解读都是基于特定的宗义，而将界作为依他性，通于染污、清净两者的解释是不偏不颇而且稳当的，应该作为第二期瑜伽唯识论书《摄大乘论》的立场。[③]

四、第四种解读：界为阿赖耶识，是杂染的根本

第四种解读所依据的文本是玄奘译、藏译的《摄大乘论》无性释。首先列举出汉译的原文。

> 无始时来界，　一切法等依，
> 由此有诸趣，　及涅槃证得。
>
> 释曰：此引阿笈摩，证阿赖耶识名所知依。无始时者，初际无故。界者，因也，即种子也。是谁因种？谓一切法，此唯杂染非是清净，故后当言多闻熏习所依非阿赖耶识所摄。如阿赖耶识成种子，如理作意所摄似法似义所起等。**彼一切法等所依者，能任持故，非因性故。能任持义，是所依义，非因性义，所依能依性各异故。**若不尔者，界声已了，无假依言。由此有诸趣及涅槃证得者，如决择处当广分别。谓生杂染等那落迦等，若离阿赖耶识皆不得有等生等。杂染毕竟止息名为涅槃，若

---

① 所指的文段为：阿毗达磨大乘经中，薄伽梵说法有三种：一杂染分、二清净分、三彼二分。依何密意作如是说？于依他起自性中，遍计所执自性是杂染分，圆成实自性是清净分，即依他起是彼二分。依此密意作如是说。于此义中以何喻显？以金土藏为喻显示。譬如世间金土藏中三法可得：一地界、二土、三金。于地界中土非实有而现可得，金是实有而不可得。火烧炼时，土相不现金相显现。又此地界，土显现时虚妄显现，金显现时真实显现，是故地界是彼二分。识亦如是，无分别智火未烧时，于此识中所有虚妄遍计所执自性显现，所有真实圆成实自性不显现。此识若为无分别智火所烧时，于此识中所有真实圆成实自性显现，所有虚妄遍计所执自性不显现。是故此虚妄分别识依他起自性有彼二分，如金土藏中所有地界。（世亲造，玄奘译：《摄大乘论释》第5卷，《大正藏》第31册第345页上—中。）

② 佐々木教悟：《無始時来の界について》，《大谷学報》1942年第4期，第301—302页。

③ 佐々木教悟：《無始時来の界について》，《大谷学報》1942年第4期，第313页。

离阿赖耶识，不应证得。[①]

此中，与第三种解释相似之处是：界是因（hetu）之义，而且清楚说明就是种子（bīja）。其不同之处在于，其种子被限定为“是谁因种，谓一切法，此惟杂染非是清净”[②]，佐佐木教悟认为这是无性释的独特色彩。界称为阿赖耶识，自无始以来一直是杂染的根本，只有通过修习善法，灭除作为杂染根本的阿赖耶识，才能证得涅槃。[③]多闻熏习所得的清净种子必然不是阿赖耶识所摄。阿赖耶识是烦恼转起之因，而非圣道转起之因。此说之阿赖耶识是以二取显现为中心，因此，只要存在阿赖耶识，就会出现杂染、流转的世界。涅槃的境界是由于阿赖耶识的还灭、杂染的止息。[④]这与第三种解读有所不同，第三种解读中依他性是二分的，不需要灭除依他性而证得涅槃，只需要通过正智之烧炼，在依他性中就显示出圆成实性。

另外，无性释中特别区别了界和依：“彼一切法等所依者，能任持故，非因性故。能任持义，是所依义，非因性义，所依能依性各异故。”界是因，而依是任持，不是因性。如果只是单纯地表示因性之义的话，用“界”这个词就足够了，没有必要特地借用“依”这个词。关于无性说“依”非因性的意趣，印顺法师认为是要强调种子与现识的区别：

> 无性及《成唯识论》的解释，把依和界看成两个东西，说界是种子，依是现识；若说依就是界，认为有犯重言的过失。世亲、无性二家主要的差别点：世亲是从种子不离识体这一面谈，无性却把种子与现识分开来说。[⑤]

佐佐木教悟认为，如果将“依”理解为因的话，在将“界”视为唯杂染法因的立场上，无论怎么学习善法，也永远不会脱离杂染。正因为如此，才必须将所依说明为任持之义，而不是因性之义。[⑥]

五、结论

本文主要根据《摄大乘论》的注释以及前贤的研究，发现至少有四种解读界颂的方

---

① 无性造，玄奘译：《摄大乘论释》第1卷，《大正藏》第31册第383页上。
② 佐佐木教悟提及：西藏译《无性释》也有“这是谁之因？是所有杂染法的因，不是清净法的因”，这加强了无性释的特色。（《無始時来の界について》，第306页。）
③ 佐々木教悟：《無始時来の界について》，《大谷学報》1942年第4期，第306页。
④ 佐々木教悟：《無始時来の界について》，《大谷学報》1942年第4期，第306—307页。
⑤ 印顺：《摄大乘论讲记》，第34页。
⑥ 佐々木教悟：《無始時来の界について》，《大谷学報》1942年第4期，第306—307页。

式。前两种解读是出自真谛译的“解性赖耶”概念，大部分学者将之解释为无为常住的清净如来藏，《大乘起信论》式的不生灭与生灭和合的如来藏缘起，虽然有的学者赞同真谛如来藏缘起说，如宇井伯寿，有的学者反对真谛的唯识旧学是弥勒、无著、世亲唯识学的真义。较为特别的是，上田义文认为“解性赖耶”可以理解为闻思修所得的无漏有为三慧，这样的解读方式，既不同于玄奘唯识新学，视真如永为顽物，至果位亦不与智相融，也不同于《起信论》具智真如，起随缘之用。使得唯识思想跳脱智如二分、性相永别的同时，未必一定要像如来藏思想一样，承认生命主体当中本具清净的觉性。

后两种解读方式都是将界理解为阿赖耶识，但是对于阿赖耶识的定义有所不同。第三种解释方式是以三性说为中心，其中的依他性是通染净二分，界作为依他性，同样通于染污、清净两者，作为联系遍计所执性与圆成实性的根基。因此，在转依的时候，不是灭去依他性，而是清净依他性。相对于此，第四种解读认为阿赖耶识是杂染的根本，只要存在阿赖耶，就会出现杂染、流转的世界，涅槃的境界是由于阿赖耶识的还灭、杂染的止息。

参考文献

《阿毗达磨俱舍论》,《大正藏》第29册

《瑜伽师地论》,《大正藏》第30册

真谛译《摄大乘论释》,《大正藏》第31册

笈多译《摄大乘论释论》,《大正藏》第31册

玄奘译《摄大乘论释》,《大正藏》第31册

无性释《摄大乘论释》,《大正藏》第31册

《佛性论》,《大正藏》第31册

《究竟一乘宝性论》,《大正藏》第31册

[日]普寂《摄大乘论略疏》,《大正藏》第68册

圆测《解深密经疏》,《卍续藏》第一辑第34册

荻原雲来、山口益:《和譯稱友俱舍論疏》，梵文俱舍論疏刊行會，1933年

霍韬晦:《安慧〈三十唯识释〉原典译注》，香港：香港中文大学出版社，1980年

長尾雅人:《摂大乗論: 和訳と注解 上》，东京：讲谈社，1982年

中村瑞隆:《藏和对訳究竟一乘宝性論研究》，东京：鈴木学術財团，1967年

寺本婉雅譯註:《唯識三十論疏：梵藏漢和四譯對照》，东京：国書刊行会，1977年

Hartmut Buescher, *Sthiramati's Triṃśikāvijñaptibhāṣya: Critical Editions of the Sanskrit Text and its Tibetan Translation*, Wien: Verl. der Österr. Akad. der Wiss., 2007

陈一标:《译序 上田义文唯识思想研究的回顾与前瞻》，上田义文《大乘佛教思想》，陈一

标译，台北：东大图书，2002年
陈一标：《解性赖耶与智如合一——有关“此界无始时”颂的分析》，《玄奘人文学报》2004年第3期
高崎直道：《“無始時来の界”再考》，勝呂信靜博士古稀記念論文集刊行會編集會：《勝呂信靜博士古稀記念論文集》，東京：山喜房仏書林，1996年
牟宗三：《佛性与般若》，台北：联经出版公司，2003年
山部能宜：《瑜伽行与如来藏文本中的“基体说”观念》，Jamie Hubbard、Paul L Swanson编《修剪菩提树：“批判佛教”的风暴》，龚隽等译，上海：上海古籍出版社，2004年
上田义文：《阿梨耶识の原始的意味：原始唯识说の根本构造》，《佛教研究》第2卷1号期，1938年
上田义文：《佛教思想史研究》，东京：永田文昌堂，1967年
水谷幸正：《Dhatu と Gotra》，《佛教大學研究紀要》36，1959年
岩田諦靜：《真諦訳“摂大乗論世親釈”における此界無始時偈と最清浄法界について》，勝呂信靜博士古稀記念論文集刊行會編集會：《勝呂信靜博士古稀記念論文集》，東京：山喜房仏書林，1996年
印顺法师：《〈起信论〉与扶南大乘》，《永光集》，新竹：正闻出版社，2004年
印顺法师：《摄大乘论讲记》，新竹：正闻出版社，2000年
印顺法师：《以佛法研究佛法》，新竹：正闻出版社，2000年
宇井伯寿：《摄大乘论研究》，东京：岩波书店，1966年
佐々木教悟：《無始時来の界について》，《大谷学報》1942年第4期
M. Monier-Williams, *English-Sanskrit Dictionary*, New Delhi: Asian Educational Services, 2009

“自证”还是“内证”？

——论佛教哲学中的svasaṃvṛtti等术语

许 伟

摘要： 现代汉语唯识学研究中，“自证分”常被解释为“自身意识”，又被历史地追溯到陈那对svasaṃvṛtti等相关术语的论述，但“自身意识”的解释不能直接套用于后者。陈那著作中svasaṃvṛtti等术语是多义的，本身存在巨大解释空间，玄奘传统与印度流行的法称传统所强调的侧重点有巨大差异。法称明确提出有svasaṃvṛtti或svasaṃvedana现量，而且其印度注释者多是在“‘认知’认知‘认知内显现的行相’”的意义上解释此现量，亦即将其视作“有行相论”的同义词、“唯识”的近义词，印、藏宗义书也是在此意义上说经量部有“带相”与“svasaṃvṛtti”的宗义，应该被称作“内证”。而瑜伽行—中观派的寂护对此概念的“以觉明为体相”等解释，其实仍旧是接续法称的思路，没有明确的“自身意识”的意涵。这种解释思路实质上对应于玄奘传统中的“见分缘相分”，实质上更接近“意向性”概念，刻画的是“内在性”，与玄奘传统中“自证分缘见分”“自证分果转变为见分、相分”的定位有异，但相关问题则直接包摄在“唯识无境”这一问题之中。

关键词： 自证；内证；唯识学

作者简介： 许伟，浙江大学哲学学院博士研究生。

引言

汉语哲学中的“自证”一词，直接源自玄奘唯识学，进而可以追溯到陈那著作中的svasaṃvṛtti、svasaṃvedana等词，而在现代汉语学界，又以“自身意识”（self-consciousness/Selbst-bewußtsein）的解释影响最大，即在现象学等思想背景的诠释下，唯识学“自证”被直接解释为某种“前反思的自身意识”，亦即某种反思性的、非对象性的意识成分。[①]同时，svasaṃvṛtti等词，作为法称量论的组成部分，在印、藏佛教文献中也时常出现，且也出现在中

① 如参见耿宁：《心的现象——耿宁心性现象学研究文集》，倪梁康编，倪梁康、张庆熊、王庆节等译，北京：商务印书馆，2012年，第142—150页。

观派对瑜伽行派的批判、瑜伽行—中观派文献以及其他宗义文献中，并被作为一个基本问题，如宗喀巴将“是否承许svasaṃvṛtti”视作中观派与瑜伽行派之间的“八大难题”之一。

而随着印、藏思想资源被现代学者关注，一方面，svasaṃvedana等梵语词，因其前缀“sva-”而字面上被无损地转换为以“self-”为前缀的西语词，如“self-consciousness”“self-cognition”“self-awareness”，又或经日译词“自己认识”“自己意识”而被转介，进而被不假思索、不带区分地联系于西方哲学、心理学中的相关理论；另一方面，这些印、藏著作中的相关词在西语化之后又经历汉语化，被直接等同于玄奘所用的“自证”，进而也就接受了汉语学界流行的“（前反思的）自身意识”的解释。

但是，这样一种将来自印、藏的词语直接解读为“自身意识”的做法，存在多层次的问题。首先，印度佛教文献中的svasaṃvṛtti等词与玄奘所采用的“自证”本身都不是单义的。例如，威廉姆斯（P. Williams）就曾指出唯识论者与寂护有两种不同的svasaṃvedana，①但他的分析问题颇多，实际情况更为复杂，即便在陈那那里也不止有一种含义。其次，玄奘唯识学中的“自证”一词亦是多义的，至少有量论语境中的“量果”“自证”与“识转变”语境中的“自体”等意涵，又如《正理门论》中玄奘把根现量的“svasaṃvedya”这一特征译作“内证”，总之汉语词“自证”也并非在所有语境中都是自身意识。第三，虽然印、藏佛教对svasaṃvṛtti等词与玄奘的“自证”一词或许都可以追溯到陈那，但是两个传统的此词的解释并不相同，将二者完全等同会造成诸多混乱，例如印度宗义书说“经量部有svasaṃvṛtti”，但实际上只是说“经量部有带相论”。最后，以“self-”“自己-”为前缀的西语、日语词，对于澄清问题并无帮助，因为“self-consciousness”一词的哲学背景与诠释方案，要比印度哲学中的“svasaṃvṛtti”等更为复杂，而大多数佛教研究者对这些词语的使用本身就是模糊的。

本文首先将指出，源自印度的svasaṃvṛtti等词在陈那那里有多义性，哲学史上存在“自证”（自身意识，自证对见分的证知）与“内证”（认知对象是识内的影像/行相，见分对相分的证知）两种基本解释传统；进而，借助法称、寂护等印度思想家的文献，展示出他们对svasaṃvṛtti的解释，以及他们如何淡化“自身意识”维度；最后，归纳玄奘唯识学的“自证”解释的思想背景，尝试给出其排除“内证”思路的理由。

1 印、藏佛学中的svasaṃvṛtti等术语的歧义

现代大部分西方、日本的佛学研究者，往往是在量论的语境中讨论svasaṃvṛtti等术

---

① Cf. P. Williams, *The Reflexive Nature of Awareness: A Tibetan Madhyamaka Defence*, Richmond: Curzon Press, 1998, pp.1-18.

语。虽然陈那、法称都曾说，有分别的认知都有“自证”，亦即接近“自身意识”的解释，但这一解释思路实质被逐渐淡化，他们的解释基本上是沿以下两种思路进行。

第一，svasaṃvṛtti 指的是“‘识’了别‘识内显现出的对象/行相’”，亦即“识了别识”意义上的“识了别自己”。进而，瑜伽行派的svasaṃvṛtti等被认为来自经部的“行相”（ākāra）理论，也是“唯识”（vijñaptimātra）的近义词。如果用玄奘唯识学的术语，svasaṃvṛtti描绘的是“‘识见分’了别‘识相分’”。这种解释源自陈那将“相分—见分—自证分”对应于“所量—能量—量果”，而无论是印度量论中好用的“木—斧—斧之断木”的譬喻，还是后来窥基给出的“物—尺—解数之智”的譬喻，[①]对应到“所量—能量—量果”的结构中，则“量果”都只能解释为“能量对所量”的作用。从字面上看，“自证是‘见分认知相分’的结果”，就是说“见分对相分的认知”才是“自证”。这虽然见于玄奘唯识学中，但与其“自证缘见”的解释差异明显，完全没有“自身意识”的意涵。因此，耿宁才会认为玄奘唯识学将自证分称为“测量（认知）的结果”是“相当惊奇的”。[②]

第二，由于论及svasaṃvṛtti的文段经常出现“灯照亮自身也照亮外物”的古老譬喻，同时寂护等的著作中又将“认知”的性质称为“觉明”（bodha），故而svasaṃvṛtti或被说是强调所谓“认知的自明性”，但是，研究者这种“觉明”或“自明”的实际思路并无具体的说明，“自明”这种词并未使问题自明。

笔者认为，陈那著作中的“svasaṃvṛtti”等术语本身即是多义的，上述两条解释思路都在陈那的著作中存在，事实上也在印度法称的著作与汉传唯识学中存在，并且现代学者、法称传统与玄奘都试图将其混合，但差异在于，现代学者大多依循法称传统强调第一种思路，并在印度量论的发展中引入第二种思路，但玄奘唯识学则淡化了这两种思路而作出新的解释。

1.1 “见缘相”“自证缘见”与“识显现为二”：陈那svasaṃvitti等术语的歧义

王俊淇指出陈那《集量论》中有“意所具有的贪等自证”与“分别的自证”两种自证，户崎宏正指出法称《释量论》中也承认这两种，而《正理滴论》将二者“合并为一”，即“所有的心、心所的自证”。[③]这一结论更像是从法称著作逆推，实际上陈那《集量论》的原始情况非常复杂，与svasaṃvitti相关的词，根据语境大体可以分为五类：[④]

---

① 窥基撰：《成唯识论述记》第3卷，《大正藏》第40册第319页上。
② 耿宁：《心的现象——耿宁心性现象学研究文集》，第147页。
③ 参见王俊淇：《法称〈正理滴论〉与法上〈正理滴论注〉译注与研究》，北京：中国社会科学出版社，2020年，第82页。
④ Cf. E. Steinkellner, *Dignāga's Pramāṇasamuccaya*, Chapter I, www.oeaw.ac.at/ias/Mat/dignaga_PS_1.pdf, 2005, pp.2-5.

编号	语　境	内　容
①	第5颂、第41颂，根现量语境中的svasaṃvedya。	本颂亦见于《正理门论》，玄奘译作“内证”。此词常被忽视。
②	第6颂，意现量语境中的“贪”等的svasaṃvitti，长行中解作svasaṃvedana。	此段在印、藏文献中被消融于法称“所有心、心所都有自证”的简单说明中，在玄奘唯识学中也被简化为“自证现量”。
③	第7颂，颂文说“对对象的分别”（arthe vikalpana）并非现量，长行说对自身的证知（svaṃ saṃvetti）是现量。	本段源自对②的追问，也即前文提到的、部分现代学者以为法称处有的“分别的自证”。
④	第8—11颂，“所量—能量—量果”的语境中，混用svasaṃvedana、svasaṃvitti。	对后世影响最大的文段，广泛见于印、藏文献，也被汉地《佛地经论》《成唯识论》收录。
⑤	第11颂，忆念论证，长行提到“对认知［活动］的证知”（jñānasya svasaṃvedyatā）。	在语境上与④重合，也是后来应成中观批判的重点。

印度量论研究中最为关注的④，即“所量—能量—量果”一体意义上的svasaṃvedana，其基本模型是：认知显现为二者，即“显现为自”（能量）与“显现为境”（所量），“自”对“境”的认知（量果）即是一种svasaṃvedana；由于所量、能量本身是由量果显现而来，所以三者是一体的。[①]这一段模糊的文字，张开了巨大的解释空间：第一类，若强调量果显现为二分，则量果是能量、所量的基础；第二类，强调量果是能量对所量的认知；第三类，若强调量果与“显现为自”，则量果与能量的关系要比所量更为密切。用玄奘唯识学的术语表达，第一类是自证作为相见的所依，第二类是以“见缘相”为自证，第三类是强调“自证缘见”。玄奘唯识学重视第一与第三义，但是这两义本身也不能被直接等同。同时，虽然在窥基给出的“物—尺—解数之智”的譬喻中隐含了第二义，但始终没有被接受。

户崎宏正则根据胜主觉（Jinendrabuddhi）的注释，指出以第9颂的“或者”（vā）一词为界，陈那论述了两种理论，前半是“外境论说”或“经量部说”，是以“对对象的认识”作为量果的“量果=量”说，后半是另一种以“自证”为量果的“量果=自证”说，但是他又认为，在法称那里这两个学说都来自经量部，前者是《俱舍论》中所说的“带相”（ākāratā），法称表达为“对象相性”（arthasārūpya）或“对象行相性”（arthākāratā），对后者的解释则是“在胜义上，认知中所显现的认知被自己认识”。[②]但这里他所谓的

① Cf. E. Steinkellner, *Dignāga's Pramāṇasamuccaya*, Chapter I, www.oeaw.ac.at/ias/Mat/dignaga_PS_1.pdf, 2005, pp.3-5.

② 参见戸崎宏正：《仏教認識論の研究：法称著“プラマーナ・ヴァールティカ”の現量論（上）》，東京：大東出版社，第36页，第43—47页。

“自证”，实质上是说“识认知识内显现的与境（artha）相似的行相（ākāra）”，有混同于前者的危险。而且他对宗义的判定来自印度注释者，也侧面反映了后来印度量论学者对svasaṃvedana等词的理解，亦即在诸多语境中都引向“见缘相”的解释——所有的心、心所都显现为“自”与显现为“境”，认知的对象都是在认知活动中所显现出的“境”，因此是“认知活动对自身的认知”。

而①中的svasaṃvedya，是对根现量的描述，现代学者或据《集量论》第41颂长行“它分别证知自体，正如认知的自己的部分/自身（sa pratyātmavedya eva jñānasvāṃśavat/jñānasvātmavat）”，即认知在其内部显现出“对象”，然后认知此内部的对象，[①]服部正明则直接将svasaṃvedya解释为“认知其自身中的对象（one perceives the object in itself）”。[②]这种解释仍旧是“见缘相”的。值得注意的是，玄奘在公元649年十月至十一月期间翻译的《佛地经论》中，将引自《集量论》的相关词语都译作“自证”，[③]而同年十二月翻译的《正理门论》中引了《集量论》根现量颂，却将svasaṃvedya译作“内证”，[④]这或许说明，玄奘有意将“见缘相”意义上的“内证”区别于他所要讨论的“自证”。[⑤]

现存唐疏中，唯归属于智周的《因明入正理论疏前记》中有对此颂的解释，即“‘唯内证离言’者，即此意唯内证得其色，既离其名言，即是现量得；若不离名言，即依共相转，非现量得”[⑥]，即将“内证”定位在“内证得其色”——对心识内的对象的认知上，而如日僧善珠有“五识缘境，了自相故，故云‘内证’”之说，[⑦]胜主觉亦将svasaṃvedya注释为“非普遍者”，即“自相”，[⑧]这虽然是对“现量缘自相”的同语反复，但都是将此词定位为“缘境”——对对象的认知。此外，《集量论》根现量颂虽然简略，但论述思路显然与陈那的《观所缘缘论》一致，从法称《释量论·现量品》第191—238颂亦可看出这一点，即分别破斥“多”与“一”作为认识对象，然后提出真正的认识对象（所缘）是由于迷

---

① 如参见褚俊杰：《陈那的对象认识理论——以集量论（释）·现量品为例》，汤铭钧等编：《正理之门——郑伟宏先生从教四十五周年纪念论文集》，上海：中西书局，2016年，第60—61页。

② M. Hattori, *Dignāga, On Perception: Being the Pratyakṣapariccheda of Dignāga's Pramāṇasamuccaya from the Sanskrit Fragments and the Tibetan Version*, Cambridge: Harvard University Press, 1968, p.91.

③ 参见玄奘译：《佛地经论》第3卷，《大正藏》第26册第303页中。

④ 参见玄奘译：《因明正理门论本》，《大正藏》第32册第3页中。

⑤ 玄奘在《俱舍论》中将pratyātmavedyaḥ翻译为“内证”，在《瑜伽师地论》中将pratyātma翻译为“内证”（YBh, Sh-SH, p. 388.9），或亦可反映他在《正理门论》中有意将“sva”翻译为“内”。同时，《正理门论》中的“内证离言”，在后来一些文献中被直接引述为“自证离言”。此外，“内证离言”在一些文献中则成为对“正智真如”的描述，这可能是玄奘放弃“内证”这一译名的一种原因。

⑥ 智周撰：《因明入正理论疏前记》，《新纂卍续藏》第53册第838页下。

⑦ 善珠撰：《因明论疏明灯抄》，《大正藏》第68册第421页上。

⑧ 戸崎宏正：《仏教認識論の研究：法称著“プラマーナ・ヴァールティカ”の現量論（上）》，第59—60页。

乱而由认知所显现的。[①]如此，则svasaṃvedya对应“识对所缘的认知/认知对其内显现出的对象的认知”，即“见缘相”。综上，笔者借用玄奘的术语，将“见缘相”的解释思路的svasaṃvitti等术语称为“内证”。

但是，“内证”的思路，其实难以直接适用于③和⑤。③的前提是svasaṃvitti是现量，而又说“对对象的认知”不是现量，“对自身（svam）的认知”才是现量，亦即类似玄奘所谓的“自证缘见”。而⑤的思路是，基于“能被忆念者必曾被领纳”的前提，从“有对‘认识对象’的忆念”推出“有认识［活动］”，从“有对‘认识［活动］’的认知”推出“有svasaṃvitti”，svasaṃvitti明显被描述为“认知活动对认知活动”的认知，也对应玄奘意义上的“自证缘见”。这两处，其实是“自身意识”解释得以成立的基础，也是后来玄奘唯识学所采纳的重点。

从文势上说，②是引出③的前提，正因为将“贪”等一般看作负面的心所视作“现量”，陈那才需要具体说明，现量是指对活动自身（sva）的认知。②被视作独立的“自证现量”的来源，现代学者的争议主要集中于陈那是否如法称一样将svasaṃvitti视作独立的现量。但是，这个问题本身可能并不重要，因为即便法称将其单列，他在解释上其实并没有比陈那更多，反而更少。

总之，陈那《集量论》中的svasaṃvitti等术语本身是不清晰的，大致有“见缘相”“自证缘见”“自证显现为相、见”三种模型，这三种模型最初在印度量论、汉传唯识中都存在，但往往被混合为一，在后来的发展中则有了区分：印度量论倾向于强调“见缘相”的“内证”的解释，汉传唯识则倾向于强调“自证缘见”与“自证显现为相、见”的解释。

1.2 内证、带相与唯识：“见缘相”的思路

如前所述，现代学者往往依循法称及其后学解释陈那，但是，他们所争议的“自证”，乃至法称的“自证”，都并未被认为是“自身意识”，而是近似经量部的“带相”。可以说，“经量部”概念的含混性，是造成今天“自证”概念混乱的一个重要原因。

学界对“经量部”概念已经有诸多先行研究，但遗憾的是，暂时没有一种能完全适用于所有已知文献中的“经量部”的解释。在印度文献中，单纯的“经量部”一词可能指称：①“以经为标准”的团体；② 从有部中分化出的、与譬喻师有直接关系的僧团；③ 世亲的《俱舍论》中的学说；④ 瑜伽行派中追随法称七论的派别；⑤ 中观派中认同在世俗谛上承许外境的自续派。如果再加上藏传宗义书的各类说法，“经量部”就更为复杂。

---

① 参见戸崎宏正：《仏教認識論の研究：法称著“プラマーナ・ヴァールティカ”の現量論（上）》，第312页。

而在法称的注释者那里，法称的理论有时被视为是经量部的，有时又被视为是瑜伽行派的，很难区分，而法称著作被翻译为汉语，与玄奘唯识学对“经量部”的界说又不相同，又导致了混乱。

比如，吕澂认为，陈那将经部的“带相”与“自证”导入唯识说，并且他其实早就注意自证的多义性：“‘自证’本有两种意思：一、心自己了解自变之相，谓之‘自证’。经部此处所说，不是这层意思，而是：二、心在了解对象的同时，还对本身有反省的作用。”[①]他这里所说的两义，依次即笔者前述的“内证”与“自证”。但是，他对“经量部”的自证说的解释，是《入中论》的批判对象，[②]一般被认为是瑜伽行派而非经量部，且法称的注释中也是将第一义归为经部，乃至归于法称。如果吕澂认为经部的“自证”是第二义，那么印度应该就没有派别支持第一义，也就谈不上“‘自证’本有两种意思”。其实，吕澂认为陈那将经部“带相”与“自证”导入唯识，颇具启发性，因为前述的印、藏传统的“内证”思路，恰恰是将“自证”解释为“带相”。

如前所述，户崎宏正根据胜主觉的注疏指出陈那《集量论》的“量果”有外境论说（经量部说）与唯识说两种解释，而褚俊杰则进一步强调胜主觉注释中的经量部解释，将陈那解释为与“外义论”（bāhyārthavāda）相对的“内所知论者”（antarjñeyavādin），亦即只有对心识内部的行相（ākāra）的认知，而无对外在对象（artha）的认知，认为这是共通于经部与瑜伽行派的立场，《集量论》I.8cd–9a所谈论的“自证”“能量—所量—量果”，就是在“内所知论”的意义上说的。[③]所谓“内所知论”，无非就是“带相”，亦即胜主觉将svasaṃvitti解释为“对心识内的行相的认知”。简而言之，经部与陈那都有“带相”学说，故而都认为“认识，是识对识中的行相的认知，而不是对外境的认知”，以及两派都有svasaṃvitti，区别是经量部承认“外境”罢了。

同样，威廉姆斯区分了两类“自身觉知”（self-awareness），引用清辨的《思择焰》而将“自身觉知（I）”论述为“主体相对对象相的领受”（the experience of the objective aspect by the subjective aspect），亦即与“唯识无境”一致，是论述的对他者或外境的认知的实际模式。[④]他所谓的“自身觉知（I）”，正是绝大多数印度量论文献所说的svasaṃvitti。

而较新的研究中，罗劲松亦从“有行相论”入手，总结了“一般意义上的”“反身性觉知”“对经量部而言的独特的”三种类型的“自身觉知”，并引入了诸多藏语文献的资源，他明确地将经量部的、联系于有行相论的理论称为“独特的自身觉知（3）”，但实际

---

① 吕澂：《吕澂佛学论著选集》，济南：齐鲁书社，1991年，第2150—2151页。

② 吕澂提到，他对经部自证说的了解来自《入中论》第6品，其援引的是法尊译本与Possin校勘本（参见吕澂：《吕澂佛学论著选集》，第2396—2397页），但其实现存注疏大多将此处批判对象视作瑜伽行派而非经部。

③ 参见褚俊杰：《陈那的对象认识理论——以集量论（释）· 现量品为例》，第61—67页。

④ Cf. P. Williams, *The Reflexive Nature of Awareness: A Tibetan Madhyamaka Defence*, p.4, 11.

上他提出的前两种自身觉知，与这种思路没有实质性的不同，第二种“反身性觉知”也并非“自身意识”，而就是前述所谓的“有分别认知的自证”。①

依循这种解释思路，也可以解释前述《集量论》中的其他语境。如户崎宏正将法称《释量论·现量品》第8—10颂关于因眼翳病而见的“头发”的认知解释为：当“认知中显现的头发”作为判断“这是头发”的比量认识的对象时，它是共相；在“认知显现的头发”作为自证现量的对象时，由于“头发”本身就是“认知”(jñāna-rūpatayā，以认知为自体相)，它是自相，其依据是慧藏护(Prajñākaragupta)的注释“因为是自证现量的境”(svasamvedana-pratyakṣa-viṣayatvāt)(参见户崎宏正1988，第68—70页)。这里的前提虽然是“头发就是认知”，亦即实质上自证还是“认知缘认知”，但将“头发”直接解释为自证现量的对象，就导致解释偏向了“认知缘认知中的显现行相”，亦即一种对象化的认知。也正是在这种“对象化认知”的解释之下，藏传佛教中对“反身性觉知”的批判——“任何比量应该都是现量”才会被提出。②

东亚唯识学中也有这种解释，善珠《因明论疏明灯抄》中即提到了印度有三种自证的有趣说法，谓世亲将“见分……望自心所见影像相分”称为“自证”，无性则提出“取见分自相”的自证，亲光等加上了“证自证”，③此处提到的世亲的“自证”显然就是“见缘相”意义上的“内证”。笔者认为，此处对世亲的述说有两种可能解释：第一，即是如印度量论文献一样，将世亲《俱舍论》的“带相”论称为“自证”；第二，考虑到此处将世亲、无性并举，也可能是将世亲在《摄大乘论释》中对《摄论》所引的《解深密经》“识所缘，唯识所现”一段的解释，④其实，《解深密经》这里的“唯识”，恰恰是说，识所认知的只是识自身，所谓“以质为缘，还见本质”。

如果回看《成唯识论》，可以发现其在引用《集量论》的段落之前，也有一段类似于提出外境论者与唯识论者的差异的文字，谓“执有离识所缘境者”以“外境—相分—见分”匹配“所缘—行相—事”，而“达无离识所缘境者”以“相分—见分—自体”匹配之。⑤如果将“事”替换为“量果”或“自证”，则这段文字就与印度注疏的解释风格相似了：提出量论有外境论与唯识论两套解释。但不同的是，《成唯识论》这段文字有着明确的价值判断，同时玄奘唯识学倾向于在近似有部的“认知活动”意义上使用“行相”一

① CF. Lo King Chung, “The Establishment of Self-Awareness: An Annotated Translation of Pramāṇavārttika 3.425-484”, Dissertation, Universität Leipzig, 2018, pp.26-46.

② CF. Lo King Chung, “The Establishment of Self-Awareness: An Annotated Translation of Pramāṇavārttika 3.425-484”, pp.40-41.

③ 善珠撰：《因明论疏明灯抄》，《大正藏》第68册第421页中。这一说法不见于现存其他唐疏，而且有意将提出“自证”“证自证”的陈那、护法替换为无性、亲光。

④ 玄奘译：《解深密经》第3卷，《大正藏》第16册第338页中—339页上。

⑤ 玄奘译：《成唯识论》第2卷，《大正藏》第31册第10页中。

词，而非经部“认识对象在心识中的影像”的意义上，这或许正是玄奘唯识学放弃“内证”解释的原因。但是，“见分—相分—自体”的解释本身也仍然有两种解释模式，一个是识转变意义上的“自体转变见、相”，一个是“自证缘见”。

此外，户崎宏正等现代学者虽然指出法称那里有两类“自证”，而将“有分别知的自证”解释为“认知对自体的证知”，但这一解释也同样模糊。而法称在《释量论·现量品》第123颂中，则直接将《集量论》第41颂出现的、论述根现量的“pratyātmavedyaḥ”（分别证知自体）一词，作为所有现量的定义，[①]这侧面反映了法称以“内证”思路消化复杂的svasaṃvitti等术语的工作。如此，法称在《正理滴论》中将svasaṃvitti现量的范围扩大到“所有心、心所”，无非就被解释为“一切认识都有行相”“一切认识都是唯识，而非对外在对象的认知”。而如前所述，根现量语境中的“svasaṃvedya”在法称传统中也被解释为svasaṃvitti，无非是说根识也是唯识的。

但第一个问题是，如果svasaṃvitti就是指“有行相”或“唯识”，是否还有必要作为一种独立的现量？事实上，将“见缘相是自证”这种解释贯彻到底，则自然得出了如《量理宝藏论》等藏传文献中的结论——“唯识二”，即瑜伽行派只有“自证现量”与“瑜伽现量”，根现量与意现量都可统摄于“自证现量”中。[②]

第二个问题是，如果“自证”只是“带相”或“唯识”的另一种表述，那么是否就没有独立的哲学意义？依循法称传统者，或强调法称的“经量部”特征，那么“自证”就更接近“带相”，与“唯识”尚有差异，但在玄奘唯识学中，“自证”显然是唯识论的特有理论，如果它就只是“唯识”，则未免有些多余，这或许正是玄奘唯识学将“内证”解释从“自证”中排除的原因。

1.3 “灯喻”与“觉明”

认为有“svasaṃvitti”的印度哲学派别，往往提出“灯自照、照他”的譬喻来说明svasaṃvitti，而龙树在《中论》《回净论》中也已批判过此喻。为现代学者所重的瑜伽行—中观派论师寂护，批判了以“所作与作者”为性（kriyā-kāraka-bhāvena）与以“三分”为体相（trairūpya）的svasaṃvitti，而提出了以“觉明”（bodha-rūpa）或以“非无知觉（ajaḍa）”为体相的svasaṃvedana，也即威廉姆斯所谓的“自身觉知（II）”，莲花戒用光喻解释“觉明”，现代学者或因此联系于灯喻，将“识的觉明”解释为“识的自明”，并以此

① 参见戸崎宏正：《仏教認識論の研究：法称著“プラマーナ・ヴァールティカ”の現量論（上）》，第203—204页。

② 参见萨迦班智达根嘎嘉村、索达吉堪布：《量理宝藏论释》，北京：中国文史出版社，2014年，第896—898页。

解说“自证”。[①]而部分量论研究者，则意图将“自明”解释为某种世俗知识的可靠性。但问题在于，“自明”一词本身并非自明的，相关研究文献或径引这种譬喻，但仍旧没有看到单纯的灯喻与寂护解释的差异及其解释的哲学意涵。

寂护著作中对上述内容最清晰的论述是《摄真实论》第2000—2002颂，[②]笔者试译如下：

> 【2000】识，离于“以‘无知（jaḍa）’”为体相，才生起。它以“非无知（ajaḍa）”为体相，就只是对自体的证知（ātmasaṃvittir）。
>
> 【2001】没有通过以“所作”（kriyā）与“作者”（kāraka）为性［而存在］的“自证知”（svasaṃvittir），而对于“一”性的、以“无部分”为体相者来说，以“三分”为体相是不合理的。
>
> 【2002】因为它以“觉明”（bodha）为体相，所以“自领受”（svavedanam）是合理的。然而，对以“对象”为体相（artha-rūpa）的他者来说，何以因此而有领受（saṃvedanaṃ）？[③]

首先，第2001颂所谓的“三分”，据莲华戒，是所受、受者与证受（vedya-vedaka-vitti），亦即对应前述“所作”“作者”与“证知”三部分。与此判断类似的批判，其实早见于月称《入中论》破斥自证的部分，其6.76颂提到“作者与业行、所作是非一的（kartuś ca karma-kriyayoś ca naikyaṃ），因此对它（笔者按：之前的认识）的执取不应理”[④]。只是月称论证的非三分说的前提是，“三分一体”会导致“单一者即能生起”，亦即会破坏缘起，而寂护虽然批判这种二分或三分一体的说法，但保留了认知是“一”“无部分”的特征，这是其与月称的不同。当然，一种可能的解释是，寂护批判的三分并非陈那意义上的三分，而是世俗上区分“外境”“认知”“所知”的三分。

其次，如前所述，慧藏护将《释量论·现量品》第8颂中的眼翳病所见“头发”解释为自证现量的对象，原因是颂文中的“jñāna-rūpatayā”（以认知为自体相）一词，这或许是寂护“bodha-rūpa”说法的一个直接来源，亦即“bodha-rūpa”谈论的并不是什么“认识

---

① Cf. Swami Dwarikadas Shastri, *Tattvasaṅgraha of Ācārya Shāntarakṣita with the Commentary of Pañjikā of Shri Jamalashīla*, Vol. II, Varanasi: Bauddha Bharati, 1968, pp.682−683; G. Jha, *The Tattvasaṅgraha of Shāntarakṣita with the Commentary of Kamalashīla*, Vol.II, Baroda: Oriental Institute, 1939, pp.949−950.

② Cf. Swami Dwarikadas Shastri, *Tattvasaṅgraha of Ācārya Shāntarakṣita with the Commentary of Pañjikā of Shri Jamalashīla,* Vol. II, pp.682−683.

③ 同样的文字亦见于寂护的《中观庄严论》，汉语资料可参见全知麦彭仁波切：《中观庄严论释》，索达吉译，拉萨：西藏藏文古籍出版社，2019年，第131—136页。此资料的细节姑且不论，但其中明确将“自证”解释为与“境证”对立者，侧面反应了对前述“内证”思路的理解。

④ Cf. Li Xuezhu, “Madhyamakāvatāra-kārikā Chapter 6”, *Indian Philosopher* 43, 2015, p.13.

的自明性”，而就是说认知中所显现者无非就是“觉知”（bodha）本身。由此，第2002颂中的“以觉明为体相”与第2000颂中的“以非无知为体相”即等同，第2002颂中的“以对象（artha）为体相”与第2000颂中的“以无知为体相”等同。

若此，寂护对自证的说明或许可以重构为以下三步：

①（大前提）凡性质是“无知”者都不能“被认知”/只有性质是“非无知”者才能“被认知”，（小前提）有X“被认知”，（结论）被认知的X的性质一定是“非无知”。

②（大前提）只有“认知”才以“非无知”为性/世俗意义上的“境”以“无知”为性，（小前提）X的性质是“非无知”，（结论）所以X一定是“认知”。

③ 因为“‘X’是认知”，所以“对X的认知”就是“认知对认知（以非无知为性者）的认知”，而不是“对世俗意义上的境（以无知为性）的认知”。

如果是这样，那么寂护实质上并没提出新的解释，仍旧是对法称传统“内证”思路的延续。事实上，印、藏宗义书或谓寂护等瑜伽行—中观派人持“世俗上唯识无境”“有自证”的宗义，也毋宁说是对前述“有行相论=自证”的复述，如一乡正道对瑜伽行—中观派思想的论述，也基本依循上述思路。[①]

最后，灯喻或莲华戒所谓的“如空中之光”（nabhastalavarttyālokavat）[②]之类的譬喻是在说“认识的自明性”吗？笔者认为，寂护与莲华戒的原意，或许仅仅是用其修饰“非无知”（ajaḍa）一词，意谓“所知”的性质与“认知”本身就相同。易言之，它还是在一种对象化认知的前提之下，将认识内容归约为认识活动。而如果要进一步引申，即论及所谓“认识的自明性”，应该需要更清晰的说明，但笔者认为在印度佛教哲学中并没真正清晰的论述，而玄奘唯识学的分析可能更有助于阐明问题。

2 玄奘唯识学“自证”的歧义与“自身意识”

汉语学界对玄奘唯识学的“自证”已经有过太多的研究与分析，文献上基本都是基于《成唯识论》卷二的相关文字及其注疏，笔者在此无意再重复那些分析，而是主要澄清两个问题：第一，玄奘唯识学的“自证”亦不是单义的，而是源自不同的问题意识与问题传统，只是在《成唯识论》中被统合于“自证”这个概念，这在佛教哲学中是一个常见的现象，最为典型的《成唯识论》将“业果”“持身识”“执受”等诸多问题的答案统合于“第八识”中，而提出了关于第八识存在的诸多论证与第八识的诸名；第二，尽管玄奘唯识学中“自证”是多义的，但与印度法称传统的“内证”解释却差异巨大，玄奘明显有意将

---

① 参见梶山雄一等：《中观思想》，李世杰译，贵州：贵州大学出版社，2016年，第183—191页。

② Swami Dwarikadas Shastri, *Tattvasaṅgraha of Ācārya Shāntarakṣita with the Commentary of Pañjikā of Shri Jamalashīla,* Vol. II, p.682.

“内证”思路从“自证”理论中排除。

2.1 《成唯识论》“自证分”的不同思想来源

为学者所乐道的《成唯识论》卷2关于自证分的论述，实际上有三个主要思想来源，在玄奘唯识学中也有不同的解释方向，部分文字已在前文论及，在此仅作总结。①

（1）“自体分”意义上的自证：强调自证分与相、见二分的“所依”关系。此解释，一方面源自陈那所说的“认知显现为自与显现为境”，另一方面源自《成唯识论》所引入的“识转变”理论，最终解释是“自证分果转变为见分、相分”，自证与见分、相分之间有了因果关系。这也是唯识学中“自证”最常见的含义，其与“自身意识”不能被直接等同。

（2）“自身意识”意义上的自证：强调自证分缘见分。直接思想资源或是陈那的忆念论证，其中明确说自证是对“认知”（活动，而非境）的领纳。但事实上，在后来的唯识学理论中，这种解释很少被应用。

（3）“量果”意义上的自证：这种解释传统源自陈那，或量论语境，但玄奘唯识学对此意义上的自证解释其实并不清晰，主要是论述“四分”之间的“能量—所量—量果”的关系，而传统研究不假思索地将“认识结果”等同于“自身意识”“自体分”，又或单纯引用窥基“尺—布—智”的比喻，其实仍旧费解。而根据本文第一节的分析，此框架可能本身只不过是对外境论的批判，陈那的“三分一体”理论在大谈“识转变”的玄奘唯识学中没有独立意义，完全可以被“自证转变为相、见，故三分一体”取代，而在法称传统中被解释为“见分对相分”的证知。

综上，笔者认为，《成唯识论》提及的“自证”其实不能一概而论：从识分的关系上看，“自体分”谈论的是“自证”与“见、相”的关系，“自身意识”谈论的是“自证”与“见”的关系，“量果”在玄奘唯识学中可能更接近“自证”与“见、相”的关系；从强调的效用看，“自体分”谈论的是一种构造见、相二分的意识活动，即意识的构造作用，不能直接等同于“自身意识”。

当然，这里并不是说“构造”与“自身意识”是矛盾的，因为就它们也都“识”的特征或内在特性，亦即心识应该是构造性的，心识也应该有对自身的当下觉知，但并不是说这两个特征就可以混淆。而在否认“外境”的前提下，“内证”无非就是“唯识”的同义词，那么“识都是唯识的”也可以与“识有构造性”“识有自身意识”一样，作为识的本质特征，亦即将法称的解释传统容纳进来。同时，玄奘传统所谓安慧有“自证分”的传

---

① 参见玄奘译：《成唯识论》第2卷，《大正藏》第31册第10页中。

说①或许也与此有关，如果用“内证”的思路来理解，安慧的所谓“一分”无非就是接受“唯识”，认为能取、所取都是一识所显现。

因此，“内证”思路本身被玄奘唯识学接受，只是被排除出了“自证”这个概念中。对此，前文已提出一个可能的原因：“内证”完全可以用“唯识”代替。在此，笔者还尝试提出另外两个猜想。

第一，《成唯识论》将“行相”界定为“见分”，而非“相分”。如前所述，“内证”思路的核心是将“行相”解释为“认识对象中的影像”，即“所缘”或“相分”，这是经量部对“行相”的界定，但《成唯识论》将“行相”定位为“认识活动”，亦即“见分”。如果将“行相=相分”与“行相=见分”分别代入“自证是对‘认识中的行相’的认知”这一论断中，则自然可得“自证是对‘相分’的认知”与“自证是对‘见分’的认知”两种结论。而《成唯识论》主动选择“行相=见分”的解释，即显示了“自证缘见分”的解释倾向。

第二，内证思路的可能问题。法称传统所谓“有分别的认知的自证”是指，有分别的认知本身不是现量，但就有分别的认知的内容是此认知中的行相来说，它是对自身的证知；易言之，“见缘相”，一方面是比量或似量，一方面是现量。亦即，同一个认识中，见与相的关系有两套说法，法称自己都曾设想论敌对这种解释的批判。玄奘唯识学则谓，见缘相可能是现量、比量或非量，自证缘见是现量，②至少在形式上避免了上述问题。当然，一方面“见缘相”到“自证缘见”并非仅仅追求形式的完备性，另一方面护法引入“证自证分”后还是导致了“自证”既是“（见的）能量”又是“（证自证的）所量”等问题。

2.2 “自明性”的问题意识

相较于在印度哲学传统中似乎只能用譬喻论述的“认识的自明性”，在玄奘唯识学中，可以有更具体的分析，在分析中也可发现融合“自体分”与“自身意识”的一种可能思路。

首先，从“自体分”的语境来说，依据护法的观点，“自体分”是依他起性，见、相二分由自证分转变而来，故亦是依他起性。这一解释直接将“见分”“相分”解释为了相对真实的依他起性，在传统“三界如梦”的佛教认识论解释中添加了相对真实的一层，在此意义上谈论世俗的认识活动与认识内容才有意义。如果依循“三界如梦”的思路，又或安慧传统将世俗的认识活动与内容视作“二取”，那么对世俗认识的讨论则在某种意义上丧失了合法性。在此意义上，“自体分”为世俗知识的有效性提供了存在论的说明。

---

① 如参见窥基撰：《成唯识论述记》第1卷，《大正藏》第43册第241页中—下。
② 参见玄奘译：《成唯识论》第2卷，《大正藏》第31册第10页中。

其次，我们或许可以借由对笛卡尔的“我思”的不同解读思路来说明。笛卡尔基于普遍怀疑来寻求知识自明的基础，而得出了这样一个事态：即便思维内容可能出错，但“（怀疑等）思维（活动）”清楚明白。对此事态，如果更强调思维活动与内容的相关性，即谓无论思维内容正确与否都至少有对其的活动，则是“内证”或“见缘相”的思路；如果更强调对“思维活动”本身的确认，即谓至少有对“在思维”的觉知，则是“自证”或“自身意识”的思路。由此，玄奘唯识学选择后一思路，或许是基于这样的考量：当我们确证“见缘相”可能是非量时，在“认识的自明基础”层面，又何必再强调“相”？而自身意识，毋宁说是为认知本身的自明性提供了偏向于认识论的说明。

再次，“自体分”的角度的存在论说明，与“自身意识”的角度的认识论说明之间存在着差异。可以说，差异是相当根本性的，一方面源自“识转变”等基本理论，另一方面又贯穿于“相见同别种”“三类境”等重要问题。例如，“自体分”中说自证分是相、见之因，“种子”是唯识学中的“亲因缘”，“种子论”中说自证与见分同种而与相分可能别种，形式上存在矛盾。这是因为，种子论语境中的“自证”，其实应该定位于“自身意识”，对应的理论是“自证缘见是现量”。而此二者之间的调和，或许可以在心识理论中得到说明，但至少在现有的佛教资料中并无明确的分析，而往往是将二者直接等同。

最后，“内证”的思路并非“自身意识”，而是更接近现象学的“意向性”概念，并与“内在”“相即性”相关。胡塞尔现象学的“意向性”大致可以从“指向性”与“构造性”两个角度论述。如前所述，“内证”是“见缘相”，刻画的是认识活动对认识对象的作用：一方面见作用于相，这是“指向性”；另一方面陈那即提出“认知显现为境”，这也是法称传统“境以认知为体相”的解释的根源，这可以解释为“构造性”。其实，司马春英早已指出这一点，他注意到《成唯识论》中的“行相”对应于“见分”，而且注疏中有“行于境相”的解释，由此将“行相”解释为“意向活动”（Noesis）指向“意向对象”（Noema），亦即“行相”论述了见、相的相关性。[①]进而，如果真的要谈论“内证”所提供的“自明性”，或许可以定位于胡塞尔所说的“相即明见性”：人们倾向于首先将“实项的内在”视作无疑的，因为对它的意指没有“超越”，只有当超出意识本身指向外物，亦即“超越”发生时，才有了各种问题，而我们可以通过还原来排除这些超越的预设，从“实在的内在”还原为“实项的内在”，进而还原到“绝对被给性”；[②]对应到唯识学中，则是基于无明而将心识计执为外境，通过如四寻思、四如实智的唯识观的修行，可以认知到

① 参见司馬春英：《唯識思想と現象学：思想構造の比較研究に向けて》，東京：大正大学出版会，2003年，第72—74页。

② 对此的简单刻画，参见胡塞尔：《现象学的观念》，倪梁康译，北京：商务印书馆，2017年，11—24页。司马春英在论述“行相=意向性”后，也基本是顺此思路进行分析，参见司馬春英：《唯識思想と現象学：思想構造の比較研究に向けて》，第72—94页。

“唯识无境”。当然，更细致的考察，需要另撰专文论述。

余论

本文以唯识学研究中一个已经“被做烂”的问题“自证”为主题，但仍旧发现了印、藏佛教传统与汉传唯识学中此问题的诠释差异，而此差异在过去的研究中并未被注意，大多学者还是习惯依据某些文本或直接依据宗义书，来重复某些基本论点或传统而流行的譬喻，而这些基本论点其实也没有得到较为清晰的表述。如“自身意识”“自我意识”等词，在法称研究者、玄奘研究者与有西方哲学背景的研究者处，实际上有不同的含义，却似乎很少被重视，而西方哲学应该没有将“内证”称为“self-consciousness”的思路。笔者则尝试从多义的文本出发，归纳出“自证”与“内证”这两个基本的解释倾向，并将之对应于“自身意识”与“意向性”这两个哲学基本问题。笔者也同样指出，玄奘不将“自证”解释为“内证”，并不意味着玄奘唯识学中没有“内证”相关的哲学讨论，只是将其置于“唯识”的主题之下；同时，笔者虽然提到玄奘唯识学的分析比印度传统丰富，但并不认为其已经终结了此问题，而是恰恰相反，正因为玄奘唯识学分析的丰富性，例如在“识转变”的问题意识指引下“自体分”纳入“自证”的问题中，其内部存在更多问题。这些问题不是现代人生造出来的，从古代的注疏中已经可以看到对部分问题的讨论，而现代哲学在相关的主题下提出了更多的问题，这些问题或许是现代唯识学研究所应考虑的。

略论二无心定中的有情相续
——基于瑜伽行派及有部、经部教义的考察

胡梦迪

内容摘要：二无心定是佛教中所描述的两种心识不生的禅定状态，在心识不能生起的情形下如何成立有情的生命相续、业力相续、随眠潜存等有情相续的问题，自部派佛教以来就是佛教各派面临的核心命题。瑜伽行派建立以阿赖耶识为中心的缘起理论，摄藏诸法种子的阿赖耶识成为有情相续的载体。说一切有部依于三世实有的基本教义，安立“得”“命根”等实有的心不相应行法，使有情相续得以可能。经部师则提出细心不灭说和色心持种说，也对有情相续问题进行合理的阐释。本文通过梳理这三个重要的佛教学派如何解决上述问题，勾勒出三个学派各自的教义特色以及彼此学说之间的联系。

关键词：无心定；阿赖耶识；种子；相续；三世实有；细心

作者简介：胡梦迪，香港中文大学哲学系博士生。

一、问题的引出

缘起（pratītya-samutpāda）是佛教的根本教义之一，佛教各学派对于缘起都有自宗的阐释，缘起学说也往往彰显出各宗的理论特色。瑜伽行派教义中，将缘起分为“分别自性缘起”和“分别爱非爱缘起”。[①]其中“分别爱非爱缘起”描述有情于三界中惑、业、苦流转的缘起现象，仍是基于原始佛教和部派佛教共许的十二有支缘起。“分别自性缘起”则是瑜伽行派的不共教法，由此建立了以阿赖耶识（ālaya-vijñāna）为中心的种现缘起学说。然而，为瑜伽行派以外诸宗共许的心识只有六种，对于瑜伽行派而言，如何证明在六识之外确实存有阿赖耶识，就成为其理论能否成立的基础。在瑜伽行派的多部论典中，都有阿赖耶识存在的论证。

① 玄奘译：《摄大乘论本》第1卷，《大正藏》第31册第134页下。

在《瑜伽师地论·本地分》中，只是描述了阿赖耶识的名义，并没有其存在的详细论证。[①]对于阿赖耶识存在进行系统证明，最早应是《瑜伽师地论·摄抉择分》中以由八种相证成阿赖耶识的论述。[②]概而言之，此处论证主要围绕两个命题展开：一、在一期生命中，有情如何能够相续？二、是否可以有两个或多个心识同时生起？这两个命题也是自部派佛教乃至大乘佛教兴起，就一直在佛教内部产生教义论诤的重要命题。

"八种相"（即八个证明阿赖耶识存在的理由）中，第一依止执受证、第四持种证、第七无心二定证、第八命终识证，都是有关第一个命题的；第二最初生起证、第三明了意识证、第五业用差别证、第六身受差别证则与第二个命题相关。瑜伽行派认为，一定要依赖阿赖耶识的相续，才能成立有情一期生的相续。既然阿赖耶识在一期生中恒常相续生灭，也就必然要承许两个或及多个心识可以同时生起。不难发现，之所以要证明第二个命题，事实上也是因为第二个命题是第一个命题成立的必要条件。因此，《摄抉择分》证明阿赖耶识存在的最主要的理由就在于：阿赖耶识是一期生中有情相续的基础。

对于八种相证成阿赖耶识的详细内容，本文暂不展开，仅聚焦于第七无心二定证所隐含的命题——在无心定的情形下，有情相续是如何可能的？所谓二无心定（acitta-samāpatti），即无想定（a-saṃjñi-samāpatti）和灭尽定（nirodha-samāpatti），是佛教经典中记载的两种心识不会生起的状态。在心识不生起的状态下，有情的生命如何相续？业力如何存续？乃至随眠如何潜存？二无心定的"无心"是心识全不生起，还是部分不生起？对于上述问题，不同的佛教学派都依于各自对法的诠释体系给予了不同的回答。

二、瑜伽行派的阐释

（一）二无心定的定义

作为瑜伽行派最早期的论书，《本地分》认为无想定是凡夫所修的一种定，有外道凡夫认为：想（saṃjñi）是产生烦恼和系缚的根源，如果断除想则能够离开烦恼的系缚。由此，他们生起出离于想的作意，并依托第四静虑，令诸心、心所法不生，从而证得无想定。[③]而灭尽定则是圣者所修的一种定，圣者并不认为想是烦恼的根源，只是为了暂时住

---

① 玄奘译：《瑜伽师地论》第1卷，《大正藏》第30册第280页中。

② 参见玄奘译：《瑜伽师地论》第51卷，《大正藏》第30册第579页上—下。

③《瑜伽师地论》卷33云："若诸异生，作如是念：诸想如病，诸想如痈，诸想如箭，唯有无想寂静微妙。摄受如是背想作意，于所生起一切想中，精勤修习不念作意。由此修习为因缘故，加行道中，是有心位；入定无间，心不从转。如是出离想作意为先，已离遍净贪，未离广果贪，诸心、心法灭，是名无想定。由是方便，证得此定。"（玄奘译：《瑜伽师地论》第33卷，《大正藏》第30册第469页上。）

于寂静，而有希求诸心、心所法不生的作意，依托非想非非想处定，入于灭尽定。①

这种诠释和此前的有部论书并无太大的区别，②即二无心定中前六识全不生起；此二定在心识不生的情形上并无二致，它们的区别在所依有情、加行作意、所依定等方面才得以体现。③后代的瑜伽行派论书也大体继承了前述诠释，并出现凸显瑜伽行派的特色的表述，如《显扬圣教论》卷一云：

> 无想定者，谓已离遍净欲，未离上地欲，观想如病、如痈、如箭，唯无想天寂静微妙。由于无想天起出离想作意前方便故，不恒现行心、心法灭性。
>
> 灭尽定者，谓已离无所有处欲，或入非想非非想处定，或复上进，或入无想定，或复上进，由起暂息想作意前方便故，止息所缘，不恒现行诸心心法及恒行一分诸心心法灭性。④

对于二无心定中心识不生的情形，作为瑜伽行派早期论书的《本地分》只是说到"诸心、心法灭"，并没有谈及阿赖耶识。与《本地分》中的模糊表述不同，相传无著所著的《显扬圣教论》将二无心定中心识不生的情形明确描述为"不恒行心、心所法灭"，即二无心定中，只有作为不恒行心的前六识及相应的心所法不会生起。并且，两种无心定在心识不生情形上也有显著区别：凡夫所入的无想定中，第七识及相应的心所法全都会生起；而灭尽定是圣者所入，第七识中染污的一分心所法则不会生起。这种表述一直被后来的瑜伽行派论书采纳，直至后期有相唯识的代表论著《成唯识论》。⑤

综上所述，瑜伽行派认为：一、二无心定中并非所有的心识都不生起，只有前六识及其相应的心所法不生；二、第七末那识和第八阿赖耶识在二无心定中仍会相续生灭；三、无想定和灭尽定的区别表现为第七识中染污的心所法是否生起。

（二）阿赖耶识与二无心定

既然瑜伽行派认为二无心定中仍有第七识和第八识生起，那么也就不难理解为什么在《摄抉择分》中安立第七无心二定证作为存在阿赖耶识的证明之一了。《摄抉择分》云：

---

①《瑜伽师地论》卷33云："若诸圣者，已得非想非非想处，复欲暂时住寂静住，从非有想非无想处心求上进，心上进时，求上所缘竟无所得；无所得故，灭而不转，如是有学已离无所有处贪、或阿罗汉，求暂住想作意为先，诸心、心法灭，是名灭尽定。由是方便，证得此定。"（同上）

② 玄奘译：《阿毗达磨俱舍论》第5卷，《大正藏》第29册第24页下—25页中。

③ 二无心定的区别表现为：无想定所依有情为凡夫，以出离想为加行作意，依于第四静虑入无想定，一期生后必然生于无想天等；灭尽定所依有情为圣者，以止息想为加行作意，依于非想非非想处入灭尽定，一期生后可能生于非想非非想处天等。

④ 玄奘译：《显扬圣教论》第1卷，《大正藏》第31卷第484页中。

⑤ 参见玄奘译：《成唯识论》第7卷，《大正藏》第31卷第37页中—下。

> 何故若无阿赖耶识，处无心定不应道理？谓入无想定或灭尽定，应如舍命，识离于身，非不离身。如世尊说，当于尔时识不离身故。

此处有一理证、一教证：在瑜伽行派看来，既然在二无心定中有情的前六识定不生起，如果没有阿赖耶识，那么有情的生命则无法相续，并且违背了世尊所说在无心定中有"识不离身"的圣言量。就理证而言，《摄抉择分》认为有情必须依赖阿赖耶识为生命相续的所依。所云"识不离身"的教证也多次出现在后出瑜伽行派论典依灭尽定证成阿赖耶识存在的论证中。对这一教证更为详尽的表述，见于《成唯识论》：

> 又契经说：住灭定者，身语心行无不皆灭，而寿不灭，亦不离暖，根无变坏，识不离身。①

这段契经提及：在灭尽定中，寿、暖、识三法皆不离于有情。据《成唯识论述记》，"寿"即有情生命存有的命根，"暖"是有生命的有情具有的体温，"暖"依于命根而有。而所谓命根，即是依于能生阿赖耶识之种子而假立。因此，灭尽定中有情生命不断的关键还是在于阿赖耶识的存在。②

又如《摄大乘论》之《所知依分》云："又入灭定识不离身，圣所说故。"③对此圣言安立"识不离身"的理由，无性《摄大乘论释》云："为显灭定与死差别，故说此识不离身言。识者，不离阿赖耶识。"④即有情依于阿赖耶识在灭尽定中生命相续，所以灭尽定不同于死位，因此圣言安立"识不离身"。

由上可知，瑜伽行派通过无心定中前六识心、心所不生而有情生命仍旧相续，证明有恒时相续的阿赖耶识存在，此识正是有情生命相续的所依载体。

（三）阿赖耶识与有情相续

在佛教教义中，有情相续问题并不仅仅局限于生命相续。有学者认为"种子说"的提出与部派佛教时期两个重要论题有关：业力的存续和烦恼的潜存。⑤本文对于有情相续的探讨将集中于以下三点：一、生命相续，有情一期生命中能够保持自相续的五蕴而不失坏；二、业力存续，有情所造的业已谢灭，而业的势力在自相续中存有，具有召感相应的

---

① 玄奘译：《成唯识论》第4卷，《大正藏》第31册第17页下。
② 参见窥基撰：《成唯识论述记》第4卷，《大正藏》第43册第369页上—中。
③ 玄奘译：《摄大乘论本》第1卷，《大正藏》第31册第137页上。
④ 无性造，玄奘译：《摄大乘论释》第3卷，《大正藏》第31册第395页中。
⑤ 傅新毅：《玄奘评传》，南京：南京大学出版社，2006年，第236页。

异熟果报的作用；三、随眠潜存，在烦恼没有现起的情形下，烦恼生起的潜在功能仍会随逐于有情。这三点是佛教各派建立自宗有情相续理论都要面对的问题。

在瑜伽行派建立的以第八阿赖耶识为中心的种现缘起理论中，上述三个问题都通过阿赖耶识的成立而解决。以下即以《成唯识论》阿赖耶识“三相门”相关内容加以阐释。

首先，阿赖耶识具有持诸法种子的功用，《成唯识论》将此安立为阿赖耶识的因相。①种子说在部派佛教时期即已出现，但是特别安立第八识作为持种的载体则是瑜伽行派特有的理论。所谓“种子”（bīja），“谓本识中亲生自果功能差别”②，即第八识中能够作为亲因缘而生起自类果法现行的种种有差别的潜在功能势力。

其次，以种子为媒介，第八识得以与前七转识辗转为缘。在《成唯识论》中，以能藏、所藏、执藏三义解释阿赖耶识的自相，其中能藏、所藏即显示阿赖耶识与前七转识相互为缘。③阿赖耶识能够执持诸杂染法的种子（因位第八识与无漏种体性相违，不名持无漏种），在此意义上，阿赖耶识名为能藏，种子名为所藏。当前七转识生起现行时，能够熏习自类种子的势力于第八识中，前七转识为能藏，阿赖耶识则为所藏。④因此，阿赖耶识和前七转识无始时来相互为缘，即便在诸法不现行的时候，由于阿赖耶识恒时生灭相续，诸有漏法的种子（“习气”）仍将存在（除以无漏道对治），由此建立有情无尽的生死流转。依此种现缘起理论，不难解决前述有情随眠潜存的问题。就二无心定而言，虽然前六识及相应心所法不生，其种子仍为阿赖耶识所储藏，出于二无心定的状态后，前六识及诸心所依旧可以生起。

再次，第八阿赖耶识又被称为异熟识（vipāka-vijñāna），为有情轮回相续中的总果报体（“真异熟”）。前七转识所造作的有漏善恶业行会熏习其势力在自类种子中，这些种子也被称为“业种子”或“异熟习气”。⑤它们存续了业的潜能——业力，遇缘时则可作为增上缘，协助阿赖耶识于结生相续时作为总果报体生起现行。在结生相续后，阿赖耶识即携带了此生的引业势力，由此一期生命中有情的五蕴则依阿赖耶识的执受而相续。而所谓的

---

① 玄奘译：《成唯识论》第2卷，《大正藏》第31册第7页下—8页上。

②《成唯识论》第二卷云：“此能执持诸法种子令不失故，名一切种。离此余法能遍执持诸法种子不可得故。此即显示初能变识所有因相。”（玄奘译：《成唯识论》第2卷，《大正藏》第31册第8页上。）

③《成唯识论》第二卷云：“初能变识，大小乘教名阿赖耶，此识具有能藏、所藏、执藏义故，谓与杂染互为缘故，有情执为自内我故。此即显示初能变识所有自相，摄持因果为自相故。”（玄奘译：《成唯识论》第2卷，《大正藏》第31册第7页下。）

④ 窥基撰：《成唯识论述记》第2卷，《大正藏》第43册第301页上。

⑤ 此处须注意，《成唯识论》中对诸法种有“二因习气”的区分，即“异熟习气”和“等流习气”。然而并非在“等流习气”之外别有一类“异熟习气”。所有的种子都可称为“等流习气”，具有作为亲因缘生起自类现行果法的功用。而“异熟习气”是指“等流习气”中由有漏善恶的现行识熏习而成的种子，因为它们还特别具有作为增上缘帮助阿赖耶识生起现行的功用，在此意义上被称为“异熟习气”。参见玄奘译：《成唯识论》第2卷，《大正藏》第31册第7页下。

命根、众同分等不相应行法，实际上是依于阿赖耶识所假立。[①]这样，即便处于二无心定中，第八识的相续也保证了有情的生命相续和业力存续。

瑜伽行派的诠释足以做到在自宗体系内的自洽。然而，如果抛开瑜伽行派对于阿赖耶识和二无心定的一些理论预设，仍可以进一步追问：一、二无心定中前六识是否一定全不生起？是否有对“识不离身”作不同诠释的可能？二、即便承许前六识全不生起，是否只有阿赖耶识或某种心识才可以作为有情相续的载体？三、一定要寻找到某种载体来成立有情的相续，这种思路本身是否有趋于常见的倾向？对于这些问题，对于不承许阿赖耶识的其他佛教学派将会如何解答呢？

二、说一切有部的阐释

有部对二无心定的描述，与前文《瑜伽师地论·本地分》大体相同，兹不赘述。然而，将此概念置于有部的体系中，与瑜伽行派有两点明显的差异：一、无想定和灭尽定作为心不相应行法（citta-viprayukta-dharma）是有实自体的法（不同于瑜伽行派将其安立为假法），其作用即是令心、心所法不生；二、有部只承许六识说（不同于瑜伽行派的八识说），并认为二无心定中前六识皆不生起。这也就意味着，依于有部宗义，在二无心定中一切心、心所法皆不得生起。因此，对于生命相续、业力存续和随眠随行这三个涉及有情相续的问题，有部不可能像瑜伽行派那样通过建立某种恒时相续的心识来解决。

（一）“三世实有”与业力存续

如果说阿赖耶识的建立是瑜伽行派理论的“阿基米德点”，那么“三世实有”则是迦湿弥罗有部学说的基石所在。[②]所谓“三世实有”，指一切有为法的法体于过去、现在、未来三世皆为实有。在迦湿弥罗有部看来，“说一切有”即等同于承许“三世实有”，如《俱舍论》所说：

> 若自谓是说一切有宗，决定应许实有去来世。以说三世皆定实有，故许是说一切有宗。谓若有人说三世实有，方许彼是说一切有宗。若人唯说有现在世及过去世未与果业，说无未来及过去世已与果业，彼可许为分别说部，非此部摄。[③]

---

① 《成唯识论》第二卷云：“此是能引诸界、趣、生善、不善业异熟果故，说名异熟。离此命根、众同分等恒时相续胜异熟果不可得故。此即显示初能变识所有果相。”（玄奘译：《成唯识论》第2卷，《大正藏》第31册第7页下。）

② 本文所说“有部”除特别说明外，均指以《阿毗达磨大毗婆沙论》为正义的迦湿弥罗有部。

③ 玄奘译：《阿毗达磨俱舍论》第20卷，《大正藏》第29册第104页中。

在上座部教义分化的背景下，有部的这种学说与以目犍连子帝须为代表的上座分别说系法体“现在是有，过未无体”的观点尖锐对立。[①]相较于分别说系，“三世实有”似乎并不符合常识：如果承许现在生起的法为实有容易理解，过去法生已谢灭，未来法尚未生起，如何能够成立法体“三世实有”呢？对此有部通过二教证、二理证来证明，所谓二理证即：

> 当依正理证有去、来，以识起时必有境故。谓必有境识乃得生，无则不生。其理决定。若去来世境体实无，是则应有无所缘识。所缘无故，识亦应无。又已谢业有当果故，谓若实无过去体者，善恶二业当果应无，非果生时有现因在。[②]

有部成立“三世实有”的理由有二：一、识生起一定有所缘境，否则识即无法生起，而识可以缘三世境，因此过去、未来法也是实有法体的；二、过去已谢灭的业能召感当来的果报，由此可知过去法必然实有法体。

那么，对于有部而言，显然面临一个问题：如果三世法体皆为实有，那么三世的区别何以体现？有部认为：三世法的法体并无差别，法体行于三世而有“位”的差别：法未生时，居于未来位；法遇缘生起，即流入现在位；法生已谢灭，即落入过去位。[③]有部后期论书《顺正理论》进一步说明：

> 法体恒存，法性变异。谓有为法行于世时，不舍自体，随缘起用，从此无间所起用息，由此故说，法体恒有而非是常，性变异故。

傅新毅认为：有为法的法体本身恒居自性，三世的时间性是就法的作用而言，也即文中所谓“法性变异”。[④]具体而言，这种能引有为法自体由未来位生起现行的作用，在有部被称为“取果用”（phala-pratigṛhīta），《俱舍论》所谓“能为彼种，故名取果”[⑤]。换言之，

---

① 印顺：《说一切有部为主的论书与论师之研究》，台北：正闻出版社，1992年，第98、167页。

② 玄奘译：《阿毗达磨俱舍论》第20卷，《大正藏》第29册第104页中。

③ 对于“三世实有”的解说，有部自宗有四家论师有不同的诠释，即《俱舍论》所谓“三世有由说，类相位待异”。正文仅引述《大毗婆沙论》奉为正义的世友说。详情参见玄奘译：《阿毗达磨大毗婆沙论》第77卷，《大正藏》第27册第396页上—下；《阿毗达磨俱舍论》第20卷，《大正藏》第29册第104页下；《阿毗达磨顺正理论》第52卷，《大正藏》第29册第631页上—中。

④ 傅新毅：《玄奘评传》，第125页。

⑤ 玄奘译：《阿毗达磨俱舍论》第6卷，《大正藏》第29册第35页下。关于“取果用”，另可参见玄奘译：《阿毗达磨顺正理论》第18卷，《大正藏》第29册第437页下—438页上。

“取果用”的正作用位是现在位。[①]未来法尚未取果，现在法取果用现前，而过去法取果用已谢灭——由此三世法体各居其位，作用不相紊乱。

除“取果用”外，有为法的作用还有“与果用”（phala-dāna）。所谓“与果用”，《俱舍论》云：“正与彼力，名为与果。”[②]即因法施与作用而令果法现起。在不同的因果关系中，“与果用”通过去位和现在位，此处且就异熟因感果的模式加以论述：已造作的业虽然“与果用”已谢灭，但其法体恒存，业力不会中断，遇缘时过去业可作为异熟因而有“取果用”，令作为业果的异熟果法现起。

综上所述，有部认为：一、三世诸法法体实有，因此三世法可作为所缘境令心识生起；二、未来法遇缘则流入现在位，即“与果用”现前，而此法现起的作用刹那灭后，落入过去位；三、过去法起现的“与果用”虽然谢灭，而法体恒存，因此已造作的业不会因法体流入过去而中断，而由恒存之法体存续，并在“取果用”现前时召感异熟果报。

由此，有部就解决了自宗关于业力存续的问题。通过法体“三世实有”的学说，有部无需寻找其他的中介或载体，由法体本身的作用即可成立业力存续。即便处在无心定中，一切心识全不生起，已谢灭业能够感果的势力仍然由法体本身而存续。

（二）“得”与随眠潜存

上文曾提及，有部将无想定和灭尽定均安立为实有的心不相应行法，二法均有令心、心所完全不生的功用。有部认为五位法皆为实有，所有的心不相应行法均为实有的法，[③]各有作用。有部安立的诸多心不相应行法中，和本文所述问题最为相关的除二无心定之外，还有得（prāpti）与命根（jīvitêndriya）。

在三世实有的论义基础下，不论烦恼乃至一切有漏法，还是无漏圣道，其法体都是恒时生灭相续，不会中断。既然如此，对于有情而言，如何断除烦恼，证得择灭呢？在无心定中，一切心识均不生起，那么随眠的势力又如何在有情相续中潜存呢？有部即通过建立得来解决这些问题。对于为什么要安立得，《俱舍论》云：

> 此得有何作用？谓于差别为建立因。若无有得，异生、圣者起世俗心，应无异生、诸圣差别。烦恼已断、未断，由烦恼得离、未离故。

---

①《阿毗达磨顺正理论》第十八卷云：“五因取果唯于现在，定非过去，彼已取故；亦非未来，彼无用故。言取果者，是能引义，谓引未来令其生等。……是故一切皆名能引。如是能引名为取果。此取果用唯现在有，非于去、来，唯此可名有为作用。”（玄奘译：《阿毗达磨顺正理论》第18卷，《大正藏》第29册第437页下。）

② 玄奘译：《阿毗达磨俱舍论》第6卷，《大正藏》第29册第35页下。

③ 玄奘译：《阿毗达磨俱舍论》第4卷，《大正藏》第29册第22页中。

如果凡夫和圣者都生起世俗心，此时他们呈现的心识同为有漏，这一刹那凡夫和圣者间的差别如何体现？即通过这个有情相续中的烦恼得（kleśa-prāpti）是否断除来判断。虽然诸法的法体恒存，但是在有情相续中并非一定能够有势力生起所有的法，或者说于所有的法有自在的能力。[①]在凡夫位的有情，会对自相续中的见所断烦恼及其随行诸法有自在力，系属于这些法的得就在有情相续中生起，从而建立有情和这些法的联系；即便在烦恼不现行的情形下，得仍旧存在。而对于见道位的圣者而言，虽不能破坏见所断烦恼及其随行诸法的法体（法体恒存），他们可以依于无漏道的力量，令系属于这些法的得在圣者相续中永不生起，从而以这样的方式完成对见所断烦恼的“离系”。

事实上有情与许多法的联系都由“得”来确立，不仅局限于上文这个例子。《俱舍论》云“得谓获成就，非得此相违。得非得唯于，自相续二灭”[②]。也就是说所有自相续的法，乃至无为法中的择灭与非择灭，一一法皆有随行本法的“得”。有情与这些法的联系即通过其相续中这些法体随行之“得”是否现起而确定。

《顺正理论》形象地将“得”的这种作用表述为：“由所许得是已得法不失因故，又是知此系属于彼智幖帜故。”[③]所谓“已得法不失因”，即描述了有情与所得法之间的联系；“知此系属于彼智幖帜”则体现了“得”与法体之间的联系。即由“得”为枢纽，有情与一一法之间的关系不会因为法体恒存或法体未现行而发生紊乱。

这样，随眠潜存的问题即可得以解决：尽管在善、无记心中烦恼未现行，而烦恼随行的仍在有情相续中潜存。不仅如此，处于无心定时，即便一切心法不生，诸心、心所随行之得作为实有的心不相应行法在这个阶段仍相续生灭，因此有情对于这些法并未失去自在力，出定之后遇缘依旧能令诸心法起现。

（三）“命根”与生命相续

对于生命相续的问题，有部同样是通过实有的不相应行法来解决——即命根的安立。和瑜伽行派一样，有部同样承许寿、暖、识三者在有情生命相续中的作用。不同于瑜伽行派的是，有部认为这三者的关键不在于识，而在于寿——也就是命根。因此，《俱舍论》云：“命根体即寿，能持暖及识。”又以长行释云：

> 命体即寿，故对法言：云何命根？谓三界寿。谓有别法能持暖、识相续住因，

---

① 《阿毗达磨俱舍论》第四卷云：“此中自在说名成就，谓转轮王于彼七宝有自在力，随乐转故。”（玄奘译：《阿毗达磨俱舍论》第4卷，《大正藏》第29册第22页中。）

② 玄奘译：《阿毗达磨俱舍论》第4卷，《大正藏》第29册第22页上。“非得”意义与“得”相违，然而建立的方式类似于得，本文兹不赘述。

③ 玄奘译：《阿毗达磨顺正理论》第12卷，《大正藏》第29册第397页中。

说名为寿。寿由业持，一向是业异熟果故。

命根由业所感，为异熟无记果法，由业力摄持而在有情一期生中恒时相续。正因为有命根相续，有情才能够保有体温以及令心识得以生起。因此，在二无心定中，即便心法全不生起，也可以由“命根”的力量使有情生命相续。对于有部的解释，瑜伽行派显然不能承许，道伦在《瑜伽论记》中阐释《摄抉择分》第七无心二定证时破有部义云：

若言：命根等在，各不烂坏。应破命根云：先破四相，四相定非实有，非二量知故，如兔角等以为喻，破彼命根。①

有部认为：由于命根的存在，在二无心定中有情生命不会中断，根身不会烂坏。道伦则认为：命根与生等四相同为心不相应行法，均为假法，可通过破斥生等四相非实有，例破命根非实有。他提出四相非实有的理由在于“非二量知故”，即生等四相为实有，不能被现、比二量所证实。基于瑜伽行派的立场，道伦以比量破斥心不相应行法非实有当然可以成立，但是基于前述有部自宗对法的诠释体系，承许命根实有未必违背比量。何况瑜伽行派安立命根为假法乃是基于阿赖耶识学说，而《摄抉择分》的这段文字首先需要证明阿赖耶识确然存在，因此道伦在此所立量的因或许并不圆满。

综上所述，有部通过命根令有情的生命相续得以可能：一、命根是前业所感有实体性的异熟无记法；二、命根在有情一期生中恒时相续，即便在心识不生时也不会中断；三、命根能够作为有情保有体温（根身不会失坏）和心识相续的基础。

（四）“识不离身”的另一种诠释

前文中，瑜伽行派论书以二无心定证成阿赖耶识时，常用的教证即“识不离身”，这一教证或许源自《杂阿含经》。②瑜伽行派认为此处的“识”即指阿赖耶识，理由之一即前六识是有间断的识。然而，在原始佛教时期只有六识说，早期契经的这种说法究竟是蕴含密意，还是可以另作别解呢？据《瑜伽师地论略纂》引述，有部对这句话确实有另一种解读：

萨婆多救六识不离身者，识得不离故名识不离身者。……彼正救云：入定虽无

① 道伦集撰：《瑜伽论记》第13卷，《大正藏》第42册第595页下。本论作者，《大正藏》为“遁伦”，《金藏》作“道伦”。

②《杂阿含经》第十卷云：“离于三法者，身为成弃物，寿暖及诸识，离此余身分，永弃丘冢间，如木无识想。”（求那跋陀罗译：《杂阿含经》第10卷，《大正藏》第2册第69页上。）

识。后出定时其识必生，言识不离身。[①]

文中，有部对于“识不离身”的解读并非识必然不离于身，而是识能够不离于身。基于前述有部宗义，由命根能够摄持暖及识，使有情一期生中生命不会中断，又由得令有情和所得法的联系不会中断。虽然心识在有情相续中存在某些中断的情形，如二无心定及生无想天，但是由命根和得的作用，有情仍有令心识生起的自在势力，因此在出于二无心定后，心识仍然能够生起。这样的解读能合理解释经文，并在有部自宗内自洽。

三、经部的阐释

（一）经部对有部说的评破

据《异部宗轮论》的记载，佛灭后四百年初，从说一切有部中分出经部。[②]经部师“唯依经为正量，不依律及对法，凡所援据，以经为证”[③]。经部不认同有部偏重论藏及繁琐的经院哲学倾向，依于经藏诠释佛法。由于不重视体系完备的论藏，经部学说呈现出自由论议的风气，这也使得经部并没有一个奉为正义的学说体系，不同的经部师对法的解读也各具特色。无论如何，由于经部与有部的密切联系，经部师说大多仍基于有部阿毗达磨体系展开，但在诸多教义上并不认同有部。

就本文所涉及的教义而言，有部认为无心二定皆是实法，有实作用能令心、心所法不生。经部师则认为，无心二定乃至无想果不过是依无心位中所依色身而假安立。[④]

有部基于法体三世实有而成立有情的业力存续。经部认为：三世法中，唯有现在法可安立为实有，过未法皆非实有。所谓“一切有”乃至“三世有”，应当“如其所有而说有言”[⑤]——现在法现有，过去法曾有，未来法当有。[⑥]对于有部“三世实有，法体恒存”的说法，世亲依于经部义在《俱舍论》中对此颇有揶揄：“许法体恒有，而说性非常，性体复无别，此真自在作。”[⑦]认为有部“法体恒存，用有生灭”的说法无异于外道大自在天之说。

---

① 窥基撰：《瑜伽师地论略纂》第13卷，《大正藏》第43册第172页中。对于有部的这种解读，窥基于《瑜伽师地论略纂》以两只比量加以破斥，限于篇幅未作引述。笔者认为，这两只比量仍是基于瑜伽行派立场的预设，并不足以破斥有部观点。亦可参考道伦集撰：《瑜伽论记》第13卷，《大正藏》第42册第595页下。

② 玄奘译：《异部宗轮论》，《大正藏》第49册第15页中。

③ 窥基撰：《异部宗轮论述记》，《新纂卍续藏》第53册第577页中。

④《俱舍论颂疏义钞》卷上云：“依经部，二定及无想果即无心位所依色身假立二定，不同有宗别有不相应为体也。”（慧晖述：《俱舍论颂疏义钞》第1卷，《新纂卍续藏》第53册第153页上。）

⑤ 玄奘译：《阿毗达磨俱舍论》第20卷，《大正藏》第29册第106页上。

⑥ 印顺：《说一切有部为主的论书与论师之研究》，第663页。

⑦ 玄奘译：《阿毗达磨俱舍论》第20卷，《大正藏》第29册第105页中。

有部依于“得”的作用确立在心法不生时随眠等法的势力仍然潜存。经部同样不承许得是实有的法，认为所谓“得”是依于有情所依身中能生起诸法的种子未被拔除及损害的状态而假安立的，离种子之外并没有实体的“得”。[①]

有部安立实有的“命根”保证有情一期生中的生命相续。经部则认为所谓“命根”体非实有，而是观待有情于三界中生命相续的时限而假安立——这种时限由前业所决定。如同种下谷物的种子，种子的作用能使谷物长至成熟的时限。又如张弓射箭，由拉弓势力的驱动，箭离弦后仍有前进至落地的时限。业力的作用即能够使有情在一期生命中相续不断，无须安立实有的“命根”。[②]

至此，有部自宗涉及有情相续的教义均被经部所否定。那么经部诸师又是如何建立自宗有关有情相续的理论的呢?

（二）经部譬喻师的细心不灭说

《异部宗轮论》中经部又被称为“说转部”，其本宗同义云：“谓说诸蕴有从前世转至后世，立说转名。”[③]即经部认为存在一类五蕴能在一期生后以某种形式延续至下一世。经部将五蕴分为两类：根边蕴和一味蕴。一味蕴即“无始时来辗转和合一味而转”的细意识，长时相续，从未间断。而根边蕴则依于住生死根本的细意识而有间断生灭的五蕴。[④]按照这种划分，“细意识”即“从前世转至后世”之蕴，在有情的生死流转中恒时相续而有。

据《大毗婆沙论》的记载，有经部譬喻师认为：在无想定中有“细心不灭”，若心识全灭，有情“命根便断，应名为死”。[⑤]这里所说的“细心”也就是前述“细意识”。灭尽定中的情形同样如此：

> 譬喻者分别论师执灭尽定细心不灭，彼说无有有情而无色者，亦无有定而无心者。若定无心，命根应断，便名为死，非谓在定。[⑥]

这一段论述中，有两个重要的经部论义：一、不存在有情无有色蕴的情形，故此经部

---

① 《阿毗达磨俱舍论》第四卷云：“然经部宗，说所依中唯有种子未拔未损、增长自在，于如是位立成就名，无有别物。”（玄奘译：《阿毗达磨俱舍论》第4卷，《大正藏》第29册第22页下。）

② 《阿毗达磨俱舍论》第五卷云：“谓三界业所引同分住时势分说为寿体。由三界业所引同分住时势分相续决定，随应住时尔所时住，故此势分说为寿体。如谷种等所引，乃至熟时势分。又如放箭所引，乃至住时势分。”（玄奘译：《阿毗达磨俱舍论》第5卷，《大正藏》第29册第26页中。）

③ 玄奘译：《异部宗轮论》第1卷，《大正藏》第49册第17页中。

④ 同上。又见窥基撰：《异部宗轮论述记》第1卷，《新纂卍续藏》第53册第589页下。

⑤ 玄奘译：《阿毗达磨大毗婆沙论》第151卷，《大正藏》第27册第772页下。

⑥ 玄奘译：《阿毗达磨大毗婆沙论》第152卷，《大正藏》第27册第774页上。

师认为在无色定中也有微细色蕴的存在；二、不存在定中无有心识生起的情形，否则有情的命根就不能相续。前文曾提及，经部认为命根是假法，是依于前业所引一期生命相续的时限而安立。结合此论的内容，至少在一分经部譬喻师而言，“细心”即承载了前业令有情一期生命相续的势力。

在解释经部何以被称为“说转部”时，《异部宗轮论述记》还有这样一种解释：“此师说有种子，唯一种子现在相续，转至后世，故言说转。”①也就是说，伴随着不灭的“细心”，还有种子随逐相续，相续不断。

种子说在经部师说中由来已久，早期经部师代表人物上座室利逻多即有“旧随界”的说法。②“旧”指过去业所具有的引生后果的潜在势力；“随”谓此潜在势力随逐于有情，不会中断；“界”即因义，此潜在势力未来遇缘时即能令果法现行。③这种随逐于细意识的势力，至《俱舍论》的时代有了更为清晰的表述：

> 此中何法名为种子？谓名与色于生自果所有展转邻近功能，此由相续、转变、差别。何名转变？谓相续中前后异性。何名相续？谓因果性三世诸行。何名差别？谓有无间生果功能。④

文中以相续、转变、差别三义释经部种子义，即前业的势力依于三世有为诸行而潜存（“相续”）；此三世有为诸行刹那生灭，而非是常（“转变”）；前业势力遇缘即可无间生起果法（“差别”）。⑤由此，譬喻师建立了以种子为媒介，依于相续不灭的细意识而使业力存续的理论。

在有部义中，随眠与烦恼虽有安立名称或摄法范围的差异，但在三世实有的体性上并无差别。⑥而在经部师看来，随眠与烦恼有着显著差异，随眠并不像烦恼那样具有相应随增和所缘随增义，⑦随眠只是随逐于有情的能生起烦恼的势力。《俱舍论》引述经部师说云：

---

① 窥基撰：《异部宗轮论述记》第1卷，《新纂卍续藏》第53册第577页中。

② 玄奘译：《阿毗达磨顺正理论》第18卷，《大正藏》第29册第440页中。

③ 参见印顺：《唯识学探源》，台北：正闻出版社，1992年，第171页；傅新毅：《玄奘评传》，第248页。

④ 玄奘译：《阿毗达磨俱舍论》第4卷，《大正藏》第29册第22页下。

⑤《阿毗达磨俱舍论》第三十卷云：“何名相续、转变、差别？谓业为先，后色心起，中无间断，名为相续；即此相续后后刹那异前前生，名为转变；即此转变于最后时有胜功能无间生果，胜余转变，故名差别。”（玄奘译：《阿毗达磨俱舍论》第30卷，《大正藏》第29册第159页上。）

⑥《入阿毗达磨论》卷上云：“随烦恼者，即诸烦恼亦名随烦恼。复有随烦恼，谓余一切行蕴所摄染污心所，与诸烦恼同蕴摄故。”（玄奘译：《入阿毗达磨论》第1卷，《大正藏》第28册第984页上。）

⑦《阿毗达磨大毗婆沙论》第二十二卷云：“或复有执：随眠不于所缘随增，亦不于相应法有随增义。如譬喻者。”（玄奘译：《阿毗达磨大毗婆沙论》第22卷，《大正藏》第27册第110页上。）

> 然随眠体非心相应，非不相应，无别物故。烦恼睡位说名随眠，于觉位中即名缠故。何名为睡？谓不现行种子随逐。何名为觉？谓诸烦恼现起缠心。[①]

经部师将烦恼从存在状态上分为两类：随眠与缠。随眠是烦恼潜存的状态（“睡位”），即是没有现行的随逐于有情之烦恼种子；缠是烦恼现起的状态（“觉位”）。由此经部依于种子说建立了自宗的随眠潜存理论。

综上所述，且将经部譬喻师的相关教义略作总结：一、有情相续中有无始时来恒时相续的细意识，承载了令有情一期生命相续的前业势力；二、随逐于相续不灭的细意识，有作为前业势力的种子，乃至果法生起以来相续潜存；三、烦恼的不现行位称为随眠，随眠也就是烦恼种，随逐于细意识而潜存，善法种亦如是；四、二无心定中，心识并未完全灭去，至少仍有细意识相续存在，[②]由此有情的生命、业力、随眠皆得以相续。

（三）先代轨范师的色心持种说

由于经部自由的学风，经部师说并没有定于一尊的正义，经部学说的不同时期、不同师承往往存在一些差异。如《俱舍论》中提及的“先代诸轨范师”，他们提出色心交互持种的说法：

> 有余师言：如生无色，色久时断。如何于后色复得生？彼生定应由心非色。如是出定，心亦应然，由有根身，非由心起。故彼先代诸轨范师，咸言二法互为种子。二法者，谓心、有根身。[③]

与前述经部譬喻师认为“无有有情而无色者，亦无有定而无心者”的观点不同，先代轨范师承许了有部“无色界无色，无心定无心”的说法，认为：生无色界决定无有色法，未来色法需依于心法而生起；处于无心定的有情决定没有心法生起，后时心法再次生起则需要依于有情的根身色法。之所以色、心能够相互为缘而生起，是由于诸法种子既可以随逐于心法，也可以随逐于色法。当色法中断时，持种的功用由心法完成，如处无色界的有情；当心法中断时，持种的功用则由作为色法的根身来完成，如处无心定的有情。

对于这种色心交互持种的说法，世亲在《大乘成业论》中基于瑜伽行派立场给予了

---

① 玄奘译：《阿毗达磨俱舍论》第19卷，《大正藏》第29册第99页上。

② 有关二无心定的具体情形，经部宗义尚有诸多诠释，非本文重点。可参考玄奘译：《阿毗达磨大毗婆沙论》第152卷，《大正藏》第27册第775页上；《阿毗达磨顺正理论》第11卷，《大正藏》第29册第395页上；同论第13卷，《大正藏》第29册第403页上。又见鸠摩罗什译：《成实论》第7卷，《大正藏》第32册第289页中；同论第13卷，《大正藏》第32册第344页下。

③ 玄奘译：《阿毗达磨俱舍论》第5卷，《大正藏》第29册第25页下。

明确的否定。首先，世亲引教证破斥：经中只是说到“意、法为缘，生于意识”，如果依托色法上种子而生起意识，即是离于意界也能生起意识，则违背了经说。对此，经部师回应：经中所说的“意”并非指现行的意界，而是指意界种子，由于意界种子与意界同类，于因法中立果法名，姑且称之为“意”。①世亲对此继续质难：

> 如何一一心、心所法，从二种子相续而生？不见芽等从种生法有如是事，可借多缘生于一果，无从二种有一果生。②

世亲认为，如果像经部师所理解的那样，意识依于意，指的是意识依于意界种子，而非意界自身，则意识从两个种子生起：意识种子和意界种子——这就有相滥的过失，世间从不见从两个种子生出一个芽。只可以承许从多缘生起一个果法（意识种子为因缘，意界为增上缘及等无间缘，法界为所缘缘），而不可能由多个种子生起一个果法。

尽管色心持种说确实有某些粗疏之处，但这种学说试图为有情相续找到一种合理的解释，对于这部分经部师而言，也算是以一种较为粗略的理论完成了有情相续的安立。

在经部学说中，不论是随界说、细心不灭说还是色心持种说，都将种子视为有情相续的重要枢纽，这为瑜伽行派建立更为完备的种子学说奠定了基础。经部认为存在恒常相续的细心或细意识，也可视为瑜伽行派阿赖耶识的雏形。经部认为有部所建立的二无心定、命根、得等心不相应行法均为假法，也被后来的瑜伽行派所承许。可以确定的是，经部师对于相关教义的思考和创见，与逐步完善的瑜伽行派理论体系有着密切的联系。

四、结语

《瑜伽师地论·摄抉择分》等瑜伽行派论书对于阿赖耶识存在的论证，一方面是为了成立自宗哲学体系，另一方面也体现出佛教哲学内部的一些核心问题和教义争论的焦点，如本文所聚焦的有情相续问题。瑜伽行派、说一切有部、经部都依于自宗的理论响应了二无心定中有情相续的问题。对于相同的佛教术语和概念，不同的学派有着不同的诠释，并由此建构了自宗的哲学体系。佛教不同学派的学说之间既有联系，又有区别。因此，对于佛教内部的法义论诤，不应只依于一宗的观点及相关术语的定义而作判断，应当将问题放置于各宗的学说体系中去考察，才能对各宗教义有更全面的认知，并洞察到论诤背后的问题所在。

---

① 《大乘成业论》云“岂不经说意法为缘生于意识，云何离意而意识生？应知意种或时名意以于因中立果名故。如于所触立饥渴名。”（玄奘译：《大乘成业论》，《大正藏》第31册第783页下。）

② 同上。

在解决有情相续的问题时，有部学说承许法体三世实有，并拓宽了行蕴的范围，安立实有的心不相应行法，以一种将法的潜在势力（业力、随眠）实体化的方式建构了自身的理论体系。而经部和瑜伽行派则倾向于将法的世界区分为显现与潜在两分，由此而有种子、细心乃至阿赖耶识等学说的建立。值得注意的是，瑜伽行派依于阿赖耶识为中心的缘起理论，建构了完备的学说体系，然而其对于种子和潜在心识的阐述也越来越趋于实体化，这在后期有相唯识的学说中尤为明显。也就是说，上述两种建构体系哲学的进路都不约而同地走向了趋于实体化的道路。是否建构的讲述方式在将法义阐述明确的过程中，不可避免地会有偏于实体化的倾向？如果不以建构的方式阐述，佛教完整的世界观又如何体现？或许这种矛盾本身即体现了佛教哲学的魅力所在。

世亲思想转变的考察

——以“心”（citta）之词源学解释为中心

张晓亮

摘要：佛教教义对心（citta）的词源解释不同于梵语的解说，通常以“集起”义解释“心”这一概念。世亲遵循佛教教义的传统，在梵本《俱舍论》中以同一“集起”义的主动、被动两个方面来解释心。但在玄奘翻译的汉语《俱舍论》中，以“集起”“种种”二义解释心。在之后的《成业论》《三自性论》中，世亲虽仍以此二义解释，但二义所配属的对象发生了转变。在《成业论》中，世亲参考了无著《摄大乘论》“积集”名“心”的解释，接受了阿赖耶识作为“心”的说法，而这一解释为之后的瑜伽行派一直沿用。从《俱舍论》到《成业论》“心”的词源解释的转变，可看出世亲思想转变的内在理路。

关键词：心；集起；种种；增长；世亲

作者简介：张晓亮，科伦坡大学佛教学系博士候选人。

在巴利语佛教中citta一词具有三义。1. 作为形容词和citra同义，种种的；也可作名词，绘画、彩色。2. 作为名词的心。3. 指月名（3—4月）。[①]表示心的含义的citta一词来自词根√cit，是动词cinteti的过去被动分词。在梵语中表示心的citta，同样来自词根√cit，含义为思考、考察，是动词cinteti的过去被动分词。[②]但在北传阿毗达磨佛教的文献中，表示心的citta的词源解释和梵语解说不同：citta来自词根√ci（聚集），是动词cinoti的过去被动分词，通常以“集起”义解释这一概念。在说一切有部等阿毗达磨论书中，心、意、识同体异名，共同指涉同一对象，心指的是六识。[③]瑜伽行派坚持三者别体，心特指

---

① 水野弘元：《パーリ语辞典》，东京：春秋社，2005年，第127页；云井昭善：《パーリ语仏教辞典》，东京：山喜房佛书林，1997年，第337—340页。

② 荻原云来：《汉訳対照梵和大辞典》，东京：讲谈社，1986年，第469页。

③ 参见《品类足论》第1卷：“心云何？谓心意识。此复云何？谓六识身，即眼识、耳识、鼻识、舌识、身识、意识。”玄奘译，《大正藏》第26册第692页中。

阿赖耶识；"集起义"被赋予阿赖耶识，能积集一切种子阿赖耶识被称为"心"。意特指染污意的末那识，识是眼识乃至意识的六转识。但是七转识因为具有种种的所缘和行相，因此被赋予心"种种"（citra）的含义，也被称为"心"。世亲继承了梵语佛教关于心的教义学解释，在《俱舍论》中以同一集起义的主动、被动两个方面来解释心。但玄奘在汉译本中以"集起""种种"二义解释心。在此后的著作中世亲虽仍以此二义解释心，但二义所配属的对象却发生了转变。在《成业论》中，参考无著《摄大乘论》"积集"名"心"的解释，世亲接受了阿赖耶识作为"心"的说法，而这一解释为瑜伽行派一直沿用。本文通过考察世亲"心"之词源学解释在其前后著作中的变迁，以考察世亲思想转变的内在理路。

一、《俱舍论》中心之二义

世亲在《俱舍论》"根品"中对心的解释如下：

cinotīti cittam | ……citaṃ śubhāśubhair dhātubhir iti cittam |（AKB, 61）

（1）集起故名心。……（2）复有释言，净不净界种种差别故名为心……故心、意、识三名所诠，义虽有异，而体是一。（玄奘译本）①

（1）心以增长为义。……（2）善恶诸界所增长故名心。（1）或能增长彼故名心。（真谛译本）②

以上梵本中，世亲以（1）cinoti和（2）cita解释心。第二义cita藏本作"bsags pa"（citam，聚集，积集），同于梵本。③称友对此段的引文同样是cita。玄奘译为"种种"，在玄奘所译《顺正理论》中同样译为"种种"。真谛将cita译为"所增长"，将cinoti译为"增长"或"能增长"。cita即cinoti的过去被动分词，含义为"已聚集的，已堆积的"。而"种种"的梵语形式为citra。从梵本看来，真谛的译文更符合原文，即主动形式的cinoti译为"增长"或"能增长"，被动形式的cita译为"所增长"。因此，从真谛的译文看来，将心分为能、所两个层次，心之二义不过是同一集起心的主动、被动两个方面，主动层面的心是"能增长"（cinoti），被动层面的心是"所增长"（cita）。或者说，从主动层面来讲心能集起善恶诸界，从被动层面善恶诸界被心集起，在心中增长。因此，真谛解释"善恶诸界所增长（cita）故名心，或能增长（cinoti）彼故名心"。

---

① 玄奘译：《阿毗达磨俱舍论》第4卷，《大正藏》第29册第21页下。
② 真谛译：《阿毗达磨俱舍释论》第3卷，《大正藏》第29册第180页下。
③ Pek.No.5591 Gu.79a: *kha cig na re dge ba dang mi dge ba'i khams dag gis bsags pas na sems so |*

不过，在这二义的学派归属上《俱舍论》的注释书存在着差异。普光解释第一义心能“集起心所及事业”，第二义心具有“净不净性种种差别”及种种“行相”，且第二义为说一切有部说。[①]根据快道林常的解释，第一义真谛所译“增长”即“集起”，在《大毗婆沙论》中译为“滋长”，旧婆沙译为“增积”，《五事毗婆沙论》译为“采集”，属于说一切有部的解释。但是第二义快道仍依据《顺正理论》解释为“种种”，依据是《大婆沙论》中的彩画义（citra），旧婆沙译为“种种杂色”（citra），因此判定心之二义都属于有部的解释。[②]

《大毗婆沙论》中以六门解释心之差别：① 声音（声，śabda）的差别；② 名称（名，nāma）上的差别；③ 过去（意）、未来（心）、现在（识）三世的差别；④ 心、意、识施设的差别；⑤ 种族（gotra）、生门（āya-dvāra）、积聚（rāśi）三科（界、处、蕴）名义上的差别；⑥ 心之业用的差别。根据不同的经说，业用差别中又列举了远行、彩画（citra）、滋长、滋长分割四种。六门差别图示如下：

表 1 《大毗婆沙论》心意识六门差别

	心	意	识
① 声	心	意	识
② 名	心	意	识
③ 三世	未来	过去	现在
④ 三科施设	界	处（入）	蕴（阴）
⑤ 三科义	种族（性）	生门（轮门）	积聚（聚）
⑥ 业	远行	前行（前导）	续生（生相续）
	彩画（种种杂色）*citra	归趣（归属）	了别（分别物体相）
	滋长（增积）*cinoti	思量（解了）	分别（别识）
	滋长、分割（增积、断）	思量、思惟（解了、知）	分别、解了（能识、别识）

注：括号中为旧译。

《杂阿毗昙心论》和《五事毗婆沙论》基本同于《大毗婆沙论》的说法，只是译文稍有差别。《杂阿毗昙心论》以五门解释：

① 普光撰：《俱舍论记》第4卷，《大正藏》第41册第83页中。
② 参见快道林常记：《阿毗达磨俱舍论法义》第2卷，《大正藏》第64册第86页中—下。

表 2　《杂阿毗昙心论》心意识五门差别

	心	意	识
① 名	心	意	识
② 义	集起	思量	别知
③ 业	远知	前知	续生
④ 世	当来	过去	现在
⑤ 施设	界	入	阴

《五事毗婆沙论》以四门解释：

表 3　《五事毗婆沙论》心意识四门差别

	心	意	识
① 义	采集	依趣	了别
② 业	远行	前行	续生
③ 世	未来	过去	现在
④ 施设	界	处	蕴

因此，从《大毗婆沙论》看来，正如快道所言，集起和种种这两种含义都属于说一切有部。称友在《阿毗达磨俱舍论明了义释》（*Sphuṭārthā Abhidharmakośa-vyākhyā*）中解释，第一义“集起”（cinoti）为“集善不善界”，第二义cita被解释为“熏习处/熏习依止”（bhāvanā-saṃniveśa），并说第二义是遵循经量部或瑜伽行派的解释方法。[①]由此看来，世亲关于心之第二义的解释究竟是基于有部的传统还是遵循瑜伽行派或经量部的传统，在《俱舍论》的注释书中存在着争议。

简言之，世亲在《俱舍论》中心之二义的解释不过是同一集起义的主、被动层面而已，心之二义都属六识。这二义的学派归属仍存争议。另外，玄奘基于何种考量将cita译为“种种”（citra）尚不得知，或许存在不同的梵本。但是，“种种义”已经存在于说一切

① AKVy., 141. 18f. *nirvacanabhedas tūcyate | cinotīti cittam iti: kuśalam akuśalaṃ vā cinotīty arthaḥ | nairuktena vidhinaivaṃ siddhaṃ |……citaṃ śubhāśubhair dhātubhir iti cittaṃ| bhāvanā-saṃniveśa-yogena Sautrāntikamatena Yogācāramatena vā|*

【今译】然，说训释差别："集故名心"者：集善不善界之义；此以训释规定所成。……"集净不净界为心"者：此即经量部或瑜珈行所许，聚集熏习道理。（译文参考法光法师2021年阿毗达磨课程资料。）

有部的论典中。

二、《成业论》中心之二义

世亲在《成业论》中同样以二义来解释心，不过是在经部异师“一类经为量者”（*Sūtrāpramāṇikas）、“异熟果识”的学说之下来解释：

心有二种：一集起心，无量种子集起处故；二种种心，所缘、行相差别转故。（玄奘《大乘成业论》）①

有二种心：一者聚集诸种子心，二者种种攀缘坏心。（毗目智仙《业成就论》）②

“一类经为量者”的身份，目前学界尚无一致的结论。Dhammajoti教授认为是瑜伽行派一经量部。③不过，根据松田和信教授的研究，“一类经为量者”在善慧戒的《成业论疏》中指的是考察《分别缘起初胜法门经》（*Ādi-viśeṣa-vibhāga-sūtra*）的经量部。④我们这里接受松田和信教授的判断。

根据世亲的解释，“一类经为量者”将心分为两类，集起心和种种心。集起心，指的是作为眼识等的“种子聚集处”的异熟果识；种种心，指的是眼识乃至意识的六种转识。灭尽定中因缺少认知功能的“种种心”，因此被称为“无心”，但是，灭尽定中存在作为“集起心”的异熟识，因此被称为“有心”。

以上，从表面上看来译文和玄奘译《俱舍论》一样，心之二义都使用的是“集起”“种种”。不过，正如上文已经提到的，在《俱舍论》中心之二义事实上是cinoti和cita，来自同一动词词根√ci的主动和被动形式，第二义并非“种种”（citra）。而在《成业论》中，玄奘和毗目智仙一致将第二义译为种种（citra），而非cita。另外，第一“集起”义，心作为“种子聚集处”的解释同于称友对《俱舍论》中第二义cita的解释。从下文梵本《三自性论》中心之二义的区分可以看出，《成业论》中心之第一“集起”义正是梵本《俱舍论》中的第二义cita，《成业论》中心之第二义正是玄奘《俱舍论》中所译的种种（citra）。因此，我们可以断定，《成业论》中心之集起义和种种义，分别对应的梵语形式为cita和citra，这二义属于经部异师“一类经为量者”。我们再考察称友的解释，第二义

---

① 玄奘译：《大乘成业论》，《大正藏》第31册第784页下。

② 毗目智仙译：《业成就论》，《大正藏》第31册第779页下。

③ K. L. Dhammajoti, *Sarvāstivāda, Dārṣṭāntika, Sautrāntika and Yogācāra–Some Reflections on Theri Interrelation*, Sri Lanka, Journal of the Centre for Buddhist Studies, 2006, pp.184–214.

④ 松田和信：《“分別縁起初勝法門教（ĀVVS）”–経量部世親の縁起説》，《佛教学セミナー》1982年第36期，第41—42页。

cita属于经量部或瑜伽行派，就得到了合理的解释。因此，可以推测，《俱舍论》中心之第一义可能是说一切有部的解释，第二义是经量部的解释。

表4　心之二义比较

俱舍论	cinoti	cita	
成业论		集起	种种
三自性论		cita（积集）	citra（种种）

值得注意的是，世亲在《成业论》中虽在“经部异师”“一类经为量者”的“异熟果识”学说之下解释心之二义，将“一类经为量者”的“异熟果识”分配给了“集起心”，不过引入《解深密经》中的阿赖耶识概念之后，阿赖耶识的得名是因为阿赖耶识集起一切种子，[①]而“异熟果识”作为“阿赖耶识”的异名指的是阿赖耶识作为异熟果。这和“一类经为量者”将“集起心”分配给“异熟果识”，作为“种子集起处”的解释有所不同。因此，我们可以推断，世亲在接受了瑜伽行派的阿赖耶识学说之后，可能有意区分了“经部异师”“一类经为量者”的异熟果识和瑜伽行派的异熟识概念。世亲以“阿赖耶识”这一名称取代了经量部作为“集起心”的“异熟果识”，将“阿赖耶识”分配给了“集起心”。后来唯识学的“阿赖耶识”就顺心之集起义的解释而发展。[②]

简言之，从《俱舍论》到《成业论》，心之二义的配属对象发生了变化。“集起心”分配给了种子的熏习处异熟果识或阿赖耶识，而“种种心”分配给了六转识。这和世亲以瑜伽行派思想立场完成的著作《三自性论》中所描述的一致，表明世亲在《成业论》中，通过“一类经为量者”的异熟果识的概念引入了独立于六识之外的阿赖耶识概念，接受了瑜伽行派的双层识相续理论。而《俱舍论》中不过是同一心的主动和被动层面而已，仍然坚持单层识相续说。

三、《三自性论》《五蕴论》中心之二义

在以瑜伽行派思想立场完成的著作《三自性论》中，和《成业论》一样，世亲以“积

① 《大乘成业论》第1卷：“摄藏一切诸法种子故，复说名阿赖耶识。”玄奘译，《大正藏》第31册第784页下。
② 《成唯识论》第3卷：“谓契经说杂染清净诸法种子之所集起故名为心。”玄奘译，《大正藏》第31册第15页中。《成唯识论》第5卷：“谓薄伽梵处处经中说心、意、识三种别义，集起名心，思量名意，了别名识，是三别义。”玄奘译，《大正藏》第31册第24页下。《成唯识论》卷3：“然第八识虽诸有情皆悉成就，而随义别立种种名，谓或名心，由种种法熏习种子所积集故。”玄奘译，《大正藏》第31册第13页下。

集”和“种种”二义解释心，“已积集的”（cita）含义分配给了阿赖耶识，而“种种的”（citra）含义分配给了七转识。《三自性论》对二种心的解释如下：

tad dhetuphalabhāvena cittaṃ dvividham iṣyate|
yad ālayākhyavijñānaṃ pravṛttyākhyaṃ ca saptadhā|| 6
saṃkleśavāsanābījaiś citatvāc cittam ucyate|
cittam ādyaṃ dvitīyaṃ tu citrākārapravṛttitaḥ|| 7
由因果性故，许心有二种：谓阿赖耶识，及与七种转。
初由染种习，积集故名心；二由于种种，行相转故名。(《三自性论》)①

以上，阿赖耶识称为心，是因为其由烦恼习气，即种子积集。七转识称为心，是因为其具有种种行相（ākāra）。《三自性论》对心的解释和《成业论》一致，而不同于《俱舍论》。

从《俱舍论》心单一的“集起”的含义发展为“集起”和“种种”的二种解释，表明世亲的思想已经从单层心相续说发展为双层心相续说。在《俱舍论》中，世亲仍接受心意识体一而异名的立场，用单一的集起义来解释心。在《成业论》《三自性论》中，将心分为两种，将属于意、识的转识分配给了种种心，将属于心的阿赖耶识分配给了集起心，表明世亲已经接受了心意识别体的瑜伽行派立场。

除了以上《成业论》《三自性论》心之二义的解释，我们发现之后的《五蕴论》和前二者保持了一致。

vijñānaṃ katamat| ālambanaṃ prati vijñaptiḥ| cittaṃ mano 'pi tat| citratām manaḥsanniśrayatāṃ copādāya| prādhānyena punaś cittam ālayavijñānaṃ| tathā hi tac citaṃ sarvasaṃskārabījaiḥ |（*Pañcaskandhaprakaraṇa*）②

云何识（vijñāna）？谓了别朝向所缘。亦名心、意，由种种性（citratā）故、意作所依性（sanniśrayatā）故。最胜心者，谓阿赖耶识。何以故？由此识中诸行种子皆积集（cita）故。（今译）

云何识蕴？谓于所缘境了别为性。亦名心、意，由采集故、意所摄故。最胜心

① 刘孝兰译：《三自性论》，蓝吉富主编：《大藏经补编》第9册，台北：华宇出版社，1986年，第175页。

② Li Xuezhu and Ernst Steinkellner eds., *Vasubandhu's Pañcaskandhaka*, Vienna: China Tibetology Publishing House and Austrian Academy of Science Press, 2008, p. 32.

者，谓阿赖耶识。何以故？由此识中诸行种子皆采集故。（玄奘译《五蕴论》）①

从汉译看来，玄奘和地婆诃罗两处均译作“采集”。不过参照藏译本和安慧的注释，前者应为citra（“种种”），后者应为cita（“已积集的”）。②且据安慧《五蕴论广释》的解释，前者种种义分配给了转识，是因为转识具有种种行相；后者分配给阿赖耶识，是因为阿赖耶识能积集诸行种子。③

兵藤一夫认为，《成业论》中世亲对心、意、识的理解仍是传统的立场，集起心和种种心仍然是同一心体的不同称呼而已，不同于瑜伽行派阿赖耶识才是本质上的心。④但若考虑《三自性论》中世亲两种心的解释，我们就不能认同这一点。《成业论》和《三自性论》对心的解释基本一致，而《三自性论》是解释瑜伽行派三性思想的重要著作，表明在《成业论》阶段，世亲已经摆脱了传统心意识同体的立场。

四、《摄大乘论》对世亲的影响

世亲《成业论》及《三自性论》心之二义的解释很有可能受无著《摄大乘论》的影响，而《摄大乘论》中明确否定了心、意、识同体说。在《摄大乘论》中，阿赖耶识称为心，原因是阿赖耶识是种种法（citradharma）熏习的种子所积集的处所。

tac ca kiṃkāraṇaṃ cittam ity apy ucyate| citradharmavāsanābījair ācitatvena||⑤

心体第三，若离阿赖耶识，无别可得。是故成就阿赖耶识以为心体，由此为种

---

① 玄奘译：《大乘五蕴论》，《大正藏》第31册第849页下。《大乘广五蕴论》：“云何识蕴？谓于所缘了别为性。亦名心，能采集故。亦名意，意所摄故。若最胜心即阿赖耶识，此能采集诸行种子故。”地婆诃罗译，《大正藏》第31册第854页中。

② 兵藤一夫：《心（citta）の语义解釈：特にヴァスバンドゥの立场を中心にして》，《佛教学セミナー》，1982年，第31页及注40。

③ Jowita Kramer, *Sthiramati's Pañcaskandhakavibhāṣā*, Part 2: Diplomatic Edition, Vienna/Beijing: Verlag der Österreichischen Akademie der Wissenscgoldhaften, 2014, pp.81–82.
citratāṃ manaḥsaṃniśrayatāṃ copādāya cittam utpadyate| ……tatra pravịttivijñānasyālambanaprativijña ptisva rūpatvād ālambanasya ca prativijñānam anekākāratvāvc cakṣurādivijñānaṃ citram utpadyate|…… prādhānyena punaś cittam ālayavijñānam| atraiva kāraṇam āha| tathā hi tac citaṃ sarvasaṃskārabījair iti pratikṣaṇaṃ sarvasaṃskāra bījaiś citatvāc cittam iti prādhānyena tad eva cittaṃ|
【今译】由种种（citra）故名“心（citta）”；……此中，转识以各别了境为自性。各别了境，行相非一，故眼等识谓之“种种（citra）”。……一一刹那中，皆采集（cita）诸行种子，而谓“心”者，是最胜心。“采集”（cita）谓数数养活种子，或诸行种子随逐。

④ 兵藤一夫：《心（citta）の语义解积–特にヴァスバンドゥの立场を中心にして》，《佛教学セミナー》，1982年，第31页。

⑤ 梵本还译参见長尾雅人：《摄大乘論：和訳と注解（上）》，东京：讲谈社，1991年，附录，第16页。

子，意及识转。何因缘故亦说名心？由种种法（citradharma）熏习种子所积集（cita）故。[①]（玄奘译《摄大乘论本》）

寻第三体，离阿黎耶识，不可得。是故，阿黎耶识，成就为意。依此以为种子，余识得生。云何此意，复说为心？多种熏习种子所聚故。[②]（真谛译《摄大乘论》）

以上，无著将心之二义"积集"和"种种"用来解释同一对象阿赖耶识，"种种法"正是七转识；阿赖耶识作为七转识熏习的种子的处所，和《成业论》中集起心是无量种子的处所是一致的。虽未明确如《成业论》中区分两种心，但从真谛所译的世亲《摄大乘论释》可明显看出世亲受《摄大乘论》的影响。在真谛所译的《摄大乘论释》中，"质多"（citta）有"种种"（citra）和"增长"（cita）二义，且种种有十义，增长有三义。[③]不过玄奘译《摄大乘论释》并没有此文，可以猜测此是真谛根据其所译《俱舍论》对世亲《摄大乘论释》的理解。

原田和宗根据称友的说法，认为世亲在《俱舍论》中对心之cita义的解释转用了无著《摄大乘论》对"心"的解释。《摄大乘论》以"积集"解释心，而且心是阿赖耶识。因此原田和宗推测，世亲在《俱舍论》中虽未直接使用"阿赖耶识"这个称呼，但是通过关于"心"的第二个解释（cita）的规定，事实上间接地提到了"阿赖耶识"。由于《摄大乘论》创作于《俱舍论》之前，因此在撰写《俱舍论》时，世亲必定参照了《摄大乘论》，且支持瑜伽行派的"复合识相续说"。[④]不过，在笔者看来，《俱舍论》中"心"的第二义cita的解释更有可能来自经量部。此外，和《俱舍论》比起来，世亲《成业论》《三自性论》中对心的解释更接近于无著的《摄大乘论》。

结论

佛教对心之词源的解释不同于梵语的解释。在《俱舍论》中，世亲遵从佛教心"集起"义的解释，虽区分心之二义，但不过是单一集起心的主动和被动两个层面而已，心、

---

① 玄奘译：《摄大乘论本》第1卷，《大正藏》第31册第134页上。

② 真谛译：《摄大乘论》第1卷，《大正藏》第31册第114页中。

③《摄大乘论释》第1卷："论曰：云何此意复说为心？多种熏习种子所聚故。释曰：第一识或名质多。质多名有何义？谓种种义及滋长义。种种者自有十义：一增上缘、二缘缘、三解相、四共作、五染污、六业熏习、七因、八果、九道、十地。此义中各有多种义，故名种种。滋长有三义：一由此十法聚集，令心相续久住。二此心能摄持一切法种子。三是种种法熏习种子之所滋长。种子者，谓功能差别因。所滋长者，谓变异为三界。由此义故，佛说第一识亦名质多。"真谛译，《大正藏》第31册第159页中。

④ 原田和宗：《経量部の"单层の"识の流れ〉という概念への疑问（5）》，《インド学チベット学研究》，2002年，第26页注14。

意、识体一异名，坚持单层心相续说；在《成业论》中，区分心为“集起”和“种种”二义，将心之集起义分配给异熟果识或阿赖耶识，将种种义分配给六转识，坚持双层心相续说。虽然在“一类经为量”者异熟果识的理论背景下讨论集起义，但世亲有意区分“阿赖耶识”的名称和经量部“异熟果识”的名称。从《俱舍论》到《成业论》，世亲对心之词源解释的转变可看作世亲思想由小转大的标志，这一转变可能受无著《摄大乘论》的影响。世亲自此建立了心之词源学解释的范式，之后的瑜伽行派著作基本按照“积集”和“种种”二义来解释心。

论佛教逻辑学—知识论学派的因明传统

——历史、特征与基本理论①

汤铭钧

作者简介：汤铭钧，复旦大学哲学学院副教授。

一、因明传统在古代东亚世界的形成

“因明”是梵语hetuvidyā一词的汉语翻译。一般认为，hetuvidyā的意思是关于（逻辑）理由（hetu，因）的科学或学问（vidyā，明）。这是无著（Asaṅga，ca. 315—390 CE）编纂的著名的佛教百科全书式著作《瑜伽师地论》（*Yogācārabhūmi*）中，对于逻辑学，或更准确地说，有关推理与论证的理论的命名。在该书中，有五种“明”（vidyā）的分类。根据玄奘（602—664 CE）《大唐西域记》的如下记载，“五明”是中古印度的五门最基本的学问。

> 七岁之后，渐授五明大论。一曰声明（*śabdavidyā，语法学），释诂训字，诠目疏别。二工巧明（*śilpakarmasthānavidyā，工艺学），伎术机关，阴阳历数。三医方明（*cikitsāvidyā，诊疗学），禁咒闲邪，药石针艾。四谓因明（*hetuvidyā），考定正邪，研核真伪。五曰内明（*adhyātmavidyā，各派宗教与哲学），究畅五乘因果

① 本文是笔者在为香港科技大学冯耀明教授主编的《中国逻辑哲学：道指南》（*Dao Companion to Chinese Philosophy of Logic*）一书撰写的章节《汉传佛教中的因明》（“*Yin ming* 因明 in Chinese Buddhism”）英文稿前半部分的基础上补充改写而成。本文曾经删节，以“论东亚因明传统”为标题，发表于《哲学门》第二十卷（2019年）第一册，第33—50页。这里发表的是全文。在英文稿撰写过程中，冯耀明先生向我提出了许多逻辑学方面的专业建议。其中一部分已采纳入英文稿以及本文，另一些建议则留待将来进一步思考。此外，上海社会科学院钱立卿博士帮助笔者消除了文中一处逻辑上的错误表述。湖南大学陈帅博士费心审阅全文，提出数条修改意见。谨此一并致谢！当然，文责在我。

妙理。①

正如在上述“五明”的分类中，“因明”被视为不同于印度各派哲学关于轮回、解脱与终极存在的教义，逻辑学也因此不同于哲学与宗教的教条，是印度各派哲学共通的思想工具和辩论方法，可以为古典印度的任何一种思想活动所采用和遵循。它拥有从公元初年算起大约一千五百余年的悠久历史。印度各派哲学，如正理（Nyāya）、胜论（Vaiśeṣika）、数论（Sāṅkhya）、耆那教和佛教等等派别，对于这门学问的发展都作出过贡献。这门学问在古代印度也在各种不同的主题之下得到研究，如“探究”（ānvīkṣikī, investigation）、“辩论”（vāda, debate，论议）、“方法”（nyāya, method，正理）、“推理”（tarka, reasoning，思择、如实）以及后来的“有效认知的手段”（pramāṇa, means of valid cognition，量）等等。而“因明”只是这些名称之中的一种。

《正理经》（*Nyāyasūtra*，约公元2世纪）代表了印度逻辑学的第一次系统阐述。“因明”的第一次系统阐述，则见于上述《瑜伽师地论》的“因明处”（Hetuvidyāsthāna）这一章。其中对“因明”的定义为：

> hetuvidyā katamā. parīkṣārthena yad vidyamānaṃ vastu.
>
> 汉译：云何因明处？谓于观察义中诸所有事。
>
> 日译：论理の学问（因明hetuvidyā）とは何か—［物事を正しく］考察するためにある事柄である。
>
> 今译：什么是因明？［这门学问探讨］任何与［批判性］考察这一目的有关的实际的事项。②

然而，这一章只是当时种类繁多的辩论手册之中的一种，对于当时的印度逻辑学还谈不上有什么实质性的贡献。

逻辑学能够恰如其分地被称为“佛教的”逻辑学，这还要归功于大约一个世纪以后的佛教哲学家陈那（Dignāga, ca. 480—540 CE）在该领域作出的独特思想贡

---

① 玄奘译，辩机撰：《大唐西域记》第2卷，《大正藏》第51册第876页下。

② 梵文见矢板秀臣：《仏教知識論の原典研究》，成田：成田山新勝寺，2005年，第98页。汉译见玄奘译：《瑜伽师地论》第15卷，《大正藏》第30册第356页上。日译见矢板秀臣：《仏教知識論の原典研究》，第22页。值得注意的是，《瑜伽论记》第五卷（《大正藏》第42册第411页中：“谓‘观察义中诸所有事’者，所建立法名‘观察义’，能随顺法名‘诸所有事’，‘诸所有事’即是因明，为因照明‘观察义’故。”若根据《瑜伽论记》，“因明”的“因”不是逻辑理由（reason）的意思，而是认识者产生有关“观察义”（认知对象）的认识的原因（cause），即了因（*jñāpakahetu）。

献。[①]正是陈那撰写了一系列关于逻辑学的重要著作。在这些著作中，最早是《因论抉择论》(*Hetucakraḍamaru*)，继而是《正理门论》(*Nyāyamukha*)，最后是《集量论》(*Pramāṇasamuccaya*)。[②]陈那通过这些著作发展出来的推理理论，标志着印度逻辑向形式逻辑的理念迈进过程中的重要一步。所谓“形式逻辑”(formal logic)，是指这样一种能以一般的方式(in a general way)将各种论证评价为可靠(reliable)或不可靠的理论。陈那以后的印度哲学家，不论其所属的宗派、所持的立场若何，都不得不将陈那的逻辑学与知识论学说，纳入他们的思想视域，才能在这方面有新的进展。他们当中有的接受陈那的学说，有的则持批判、反对的立场，但无论如何，没有一位能绕过陈那。因此，陈那被当代学者誉为“[印度]中世纪逻辑学之父”(the father of mediaeval logic)。[③]

中国[④]因明传统的主要奠基人是玄奘及其弟子。尽管在玄奘以前，已有至少两部关于逻辑学的文献被翻译成为汉语，即《方便心论》(**Prayogasāra*)和《如实论》(**Tarkaśāstra*)。两书先后于公元472年和公元550年译出。[⑤]这两部著作对当时中国人的影响几近于无。而当玄奘于公元645年抵达长安的时候，他从印度带回了657部著作，其中有36部是关于逻辑学的。[⑥]不过，这当中，唯有2部被玄奘及其团队翻译成为汉语，即商羯罗主(Śaṅkarasvāmin, ca. 500—560 CE)的《入正理论》(*Nyāyapraveśa*, “Introduction to Method”, NP，公元647年译出)和陈那的《正理门论》(公元649年译出)。在翻译两书的同一时期，从公元646年到648年，玄奘还翻译了《瑜伽师地论》。[⑦]很有可能，《入正理论》和《正理门论》的翻译，是为了配合《瑜伽师地论》的翻译，为其中的“因明处”一章提供补充材料，从而帮助译场中人更好地理解这门陌生的学问。[⑧]

事实上，“因明”这一名称在现存的印度逻辑学文献中，仅见于上述《瑜伽师地论》。

---

① “陈那”是“陈那迦”的缩写(见文轨撰:《因明入正理论疏》第4卷，南京：支那内学院，1934年，第27页左)。“陈那迦”是梵语diṅ-nā-ga的音译。diṅ-nā-ga是dignāga(域龙、方象)一词根据梵语词内连声规则的另一种发音。“陈”在现代汉语普通话中的发音为chén，而在公元600年前后长安地区的发音则是/ḍ'i̯ěn/(见Bernhard Karlgren, *Grammata Serica Recensa*, Stockholm: Museum of Far Eastern Antiquities, Bulletin 29, 1957, pp.106-107, 陈373a)，对应于diṅ-nā-ga中的diṅ-。现在的闽南语中，“陈”仍保留了类似的发音，仍以浊齿音起始。感谢复旦大学余柯君博士向我解释“陈”字读音的古今演变！

② 关于陈那的生平和著作编年顺序，见Erich Frauwallner, “Dignāga, sein Werk und seine Entwicklung”, *Wiener Zeitschrift für die Kunde Süd- und Ostasiens*, Band 3 (1959), SS. 83-164.

③ Satis Chandra Vidyabhusana, *A History of Indian Logic: Ancient, Mediæval and Modern Schools*, Calcutta: Calcutta University, 1921, p. 270.

④ 本文使用的“中国”概念，取其文化含义，指当时中国的汉语文化圈而言，下同。

⑤ 见吕澂编:《新编汉文大藏经目录》，济南：齐鲁书社，1980年，第84页。

⑥ 见玄奘译，辩机撰:《大唐西域记》第12卷，《大正藏》第51册第946页下。

⑦ 见吕澂编:《新编汉文大藏经目录》，第80、84页，又罗炤(《玄奘译〈因明正理门论本〉年代考》(《世界宗教研究》1981年第2期)主张：玄奘译出《正理门论》的年代为公元655年而非649年。这一问题，有待进一步研究。

⑧ 参见武邑尚邦:《因明学—起源と変迁》，京都：法藏館，2011年新版，第26—31页。

我们尚无法确认，陈那和商羯罗主在他们的著作中是否使用过hetuvidyā一词或它的某种形式。从现有材料来看，陈那和商羯罗主似乎从未用它来命名自己的学说体系。[①]汉译《因明正理门论》和《因明入正理论》题名中的"因明"两字，应该是玄奘本人所加。这或许是为了表明二论作为瑜伽行派的论典，以《瑜伽师地论》为宗，是秉承了该书"因明处"的思想学说，尽管二论所阐述的学说与"因明处"的学说之间实际上差别很大。

在佛教瑜伽行派的东亚传统即"法相宗"中，《瑜伽师地论》毫无疑问是最核心的论典。玄奘本人即"法相宗"的实际创始人。在玄奘传播瑜伽行派佛学的生涯中，《瑜伽师地论》无疑占有极核心、极崇高的位置。因此，或许可以说，采用"因明"（hetuvidyā）这个名称，来总称印度佛教关于推理和论证的思想学说，应该是玄奘本人为与《瑜伽师地论》的命名法保持一致而作出的选择。哪怕这个名称实际上在印度、在陈那本人及其后学的著作中，远没有"正理"（nyāya）或者"量论"（pramāṇavāda）来得重要，但它毕竟是《瑜伽师地论》采用的命名。玄奘或许是想通过这一命名来暗示这门学问实际上统摄在《瑜伽师地论》的整个思想框架之下。故而，我们不妨根据佛教逻辑学—知识论学派从南亚次大陆到东亚世界的各个传统的自我理解，将这一学派的印—藏传统称为"量论传统"（pramāṇa tradition），将玄奘开启的整个东亚传统称为"因明传统"（hetuvidyā tradition）。"量论传统"与"因明传统"之间，实际上存在着一系列的区别，有待进一步研究来充分说明。

在留学印度的时候，玄奘在不同场合，跟随不同的老师，学习过很多遍《正理门论》《集量论》和《入正理论》。[②]而且，在他将要离开印度归国的时候，玄奘还运用一则推论，在戒日王（Śīlāditya）于曲女城（Kanyākubja）举办的大辩论会上，成功地为瑜伽行派的观念论主张作出了辩护。这一则著名的推论，就是"唯识比量"，后来又被誉为"真唯识量"。因而，当玄奘翻译《正理门论》和《入正理论》的时候，他针对这两个文本，为其翻译团队和弟子们提供了丰富的口头阐释（口义）。[③]中国的第一代因明作家，正是诞生于这样一个背景之下。他们为《正理门论》和《入正理论》撰写的注释，正是基于玄奘关于因明的口义。如果考虑到玄奘在当时印度的求学经历，我们完全可以想象他关于因明的口义有多么丰富。出自中国第一代因明作家之手的著作约有20余部，然而这些著作大多已

---

① 在汉译《正理门论》本文中，"因明"一词出现过两次——"旧因明师"和"破古因明论"。二词分别指过去的逻辑学家和（陈那本人）反驳过去的逻辑学理论的著作。但由于这两处不存在对应的《集量论》段落或者梵文残片，故而无从确定陈那原文是否使用过hetuvidyā一词或它的某种形式。此外，在玄奘译《观所缘缘论》（*Ālambanaparīkṣāvṛtti*）中，还出现过"因明者"一词。今勘该论藏译及相关梵文材料，可知此"因明者"实即"因论师"（gtan tshigs pa, haituka）。《观所缘缘论》所引"因明者"的因果定义，也属当时印度学界常见的一种说法。笔者将另文专论，此不赘述。

② 见杨廷福：《玄奘年谱》，上海：上海古籍出版社，2011年，第17—18页；郑伟宏：《汉传佛教因明研究》，北京：中华书局，2007年，第94—97页。

③ 见文轨撰：《因明入正理论疏》第1卷，第2页左至右；郑伟宏：《汉传佛教因明研究》，第86—90页。

经散佚，保存下来有一定篇幅的著作仅有四部，即神泰（公元7世纪）的《因明正理门论述记》（缺后半部）、文轨（ca. 615—675 CE[①]）的《因明入正理论疏》（庄严疏，后半部乃今人辑佚而成），以及略晚于文轨的净眼（公元7世纪）《因明入正理论略抄》和《因明入正理论后疏》。后两书前后衔接，构成对《入正理论》全文的注释。[②]这些著作是我们研究玄奘所传因明学说的第一手材料。

窥基（632—682 CE）作为玄奘佛学的著名继承人，属于中国的第二代因明作家。他的《因明入正理论疏》不仅广泛参考了第一代作家的著作，而且还整合了玄奘后来向他单独传授的内容。[③]这就使得该书成为玄奘所传因明学说的集大成之作。在因明传统中，该书也因此被誉为《因明大疏》。[④]窥基以后的因明著作，大多是对于《因明大疏》的注释，或者是对其中若干专题的研究。不仅窥基的弟子慧沼（650—714 CE）与再传弟子智周（668—723 CE）的著作如此，因明传统的日本追随者们的著作也大多如此。与窥基以前的因明著作相比，《因明大疏》要更为系统和全面。当然，其中对问题的解释也更为错综复杂。总的来看，该书似乎带有建立一个佛教逻辑学体系的目的。而窥基以前第一代因明学者的著作，现在与窥基的“大疏”相对，便被总称为“古疏”。与“大疏”相比，“古疏”并没有那么强的体系性，而更像是当时徒众听受玄奘口义所记下的笔记。但是，我们也没有十分的把握，将《因明大疏》中不见于“古疏”的内容，全部归属于窥基本人，因为窥基据说曾经得到玄奘后来的单独传授。事实上，如果看得更仔细一些的话，“古疏”与“大疏”之间的差异并不能完全用窥基本人的发挥来解释。区分《因明大疏》中哪些内容来自玄奘、哪些内容是窥基本人的发挥，仍是一项艰巨的工作。无论如何，《因明大疏》与各种“古疏”之间的对照阅读，极有助于我们认识因明传统的不同历史层次和学说层次。

事实上，因明传统并不专属于中国。更准确地说，它是佛教逻辑学—知识论学派在整个东亚世界（中、日两国以及朝鲜半岛）范围内的分支。一方面，早在玄奘从印度抵达长安之初，在长安就已经有来自朝鲜半岛（时新罗）的杰出学僧，如著名的圆测（Wŏnch'ŭk，613—696 CE）。圆测后来成为玄奘的弟子，属于中国的第一代因明作家。来自朝鲜半岛的道证（Tojŭng，公元7—8世纪）从学于圆测门下，学成以后返回故乡。太贤（T'aehyŏn，公元735—744年间活跃）是道证在朝鲜半岛的弟子。此外，还有著名的元晓（Wŏnhyo, 617—686 CE）。虽然元晓从未到过中国，但他毫无疑问是一位思想敏锐的

---

① 沈剑英：《敦煌因明文献研究》，上海：上海古籍出版社，2008年，第3页。

② 见沈剑英：《敦煌因明文献研究》。

③ 见赞宁等撰：《宋高僧传》第4卷，《大正藏》第50册第725页下—726页上。参见郑伟宏：《汉传佛教因明研究》，第156—159页；《因明大疏校释、今译、研究》，上海：复旦大学出版社，2010年，第4—7页。

④ 不过，窥基未及完成《因明大疏》便已辞世。“能立法不成”以下大约全书六分之一的部分，乃窥基弟子慧沼（650—714 CE）在窥基逝世以后续成。

因明学者，以其针对玄奘“唯识比量”的“相违决定量”而著称于世。上述四位朝鲜半岛的学者都撰写过因明著作。另一方面，因明又通过日僧道昭（Dōshō, 629—700 CE）和玄昉（Genbō, ？—746 CE）传布到了日本。两人都曾在中国留学。道昭是玄奘的弟子，玄昉是智周的弟子。道昭和玄昉各自开启了日本因明研习的南寺传（Nanji den）和北寺传（Hokuji den）。①在中古时期日本的因明学者中，最著名的莫过于善珠（Zenju, 723—797 CE）和藏俊（Zōshun, 1104—1180 CE）。善珠撰有《因明论疏明灯抄》，藏俊撰有《因明大疏抄》。这两部卷帙浩繁的著作是我们今天研究因明不可或缺的参考资料。《明灯抄》是窥基《因明大疏》的全文批注，《大疏抄》是《因明大疏》的分专题研究。两书为了说明窥基的观点，前前后后大量引用了窥基以前和以后因明学者的残章断句，特别是窥基以前第一代因明作家的文字。而被引用的著作，现今大多已不存于世，仅见于日本因明著作尤其是《明灯抄》和《大疏抄》两书的援引。

唐代（618—907 CE）见证了因明在中国的黄金时代。据统计，唐代一共产出了大约78部因明著作。其中一些还出自当时在中国的朝鲜半岛学僧之手。尽管其中大部分著作今已不存于世，仅从数量上来看已颇为惊人，足以说明当时的中国人对于来自印度的推理和论证理论曾一度有多么痴迷。然而，佛教逻辑引入中国，以及中国人对这门学问的研究，与中国本土有关逻辑的各种思想，与来自先秦的名学和辩学思想之间，既不存在任何理论关联，也不曾发生过实质性的互动。在中国，对于佛教逻辑的研习，在唐武宗公元845—846年间的灭佛运动以后，便随着法相宗的衰落而衰落。②在玄奘的指导或者说“护持”之下写成的中国第一代和第二代因明作家的著作逐渐在中国销声匿迹。以至到了明代（1368—1644 CE），当时的知识分子对因明重新发生兴趣的时候，他们的手边没有一部唐代的因明著作可以参考。这一窘境就使得明代的因明著作存在这样和那样的问题。据统计，约有18部因明著作撰写于宋代（960—1279 CE），约6部因明著作撰写于明代。

相比之下，因明传统在日本从未有过中断。唐代诸师的因明著作在日本得到了保存和孜孜不倦的研究。据统计，到20世纪早期为止，日本的学僧一共撰写了大约289部因明著作。③这一数量是非常惊人的。也正是要感谢日本历代学僧的努力，因明在近代又重新回到了中国。窥基的《因明大疏》从日本回到故土，于1896年在金陵刻经处重新刊行，标志着因明研究在近代中国复兴的开端。④

---

① 见武邑尚邦：《因明学—起源と变迁》，第58—62页。南寺传和北寺传之间在唯识和因明学说上的分歧，见《法相灯明记》，《大正藏》第71册。

② 参见武邑尚邦：《因明学—起源と变迁》，第56页。

③ 上述全部统计，皆依据武邑尚邦：《因明学—起源と变迁》，第356—346页，“中国・日本的因明学者及其著作一览”。

④ 关于因明研究在近代中国的复兴，见郑伟宏：《汉传佛教因明研究》，第292—358页；Eyal Aviv, “A Well-Reasoned Dharma: Buddhist Logic in Republican China”, *Journal of Chinese Buddhist Studies*, Vol. 28 (2015), pp.189-234. 关于当代中国的因明研究，见郑伟宏：《汉传佛教因明研究》，第359—506页。

事实上，玄奘虽然不是佛教逻辑学文本的唯一翻译者，但他的确是唯一一位在中国（汉地）传播佛教逻辑学并取得成功的人。在中古中国，除了为数不多的翻译过来的文本以外，玄奘几乎是有关印度佛教逻辑学的一切信息的源头。当然，翻译过来的文本中，大部分也正是玄奘的翻译团队在玄奘的指导下完成的。唐代的所有因明著作，都直接或间接地基于他的口义。而后来中、日两国以及朝鲜半岛的学者，如果研究因明而不回溯到唐代的因明著作，便如同盲人摸象，不可能取得任何实质性的成果。对于今日的因明研究者而言，仍可以奉为金科玉律的是：中国的第一代和第二代因明作家的著作，是一位严肃的研究者认识和理解因明最有价值的一手文献，哪怕这些著作之间，时常可见这样或者那样的不一致之处。

如上所述，《正理门论》和《入正理论》是东亚因明传统的两大根本典籍。《入正理论》的作者商羯罗主据说是陈那的弟子。[①]他的《入正理论》也正是追随了《正理门论》的整个理论框架，是基于陈那理论的一部逻辑学入门手册。因而可以说，上述两大根本典籍的主要内容即陈那的逻辑学—知识论学说。但是，玄奘所传的因明学说实际上并不限于这两部根本典籍中阐述的内容。玄奘甚至根据陈那晚期的集大成之作《集量论》，有时还从陈那以后印度本土新出现的理论进展的角度，来重新阐释陈那早期的《正理门论》和商羯罗主的《入正理论》。[②]与此同时，大约在公元7世纪的印度，法称（Dharmakīrti，ca. 600—660 CE）以对陈那进行重新诠释的方式，全面革新了佛教的逻辑学—知识论学派。经过他的革新，佛教逻辑学逐渐剥离了各种辩论术方面的考虑，而同时存在论和知识论的意味则被加强。正是法称的逻辑学和知识论，在此后直至公元13世纪消亡的印度佛教中，一直被奉为佛教逻辑学—知识论学派的主流思想，得到传承和弘扬。他的著作还传播到了西藏，构成了藏传佛教逻辑学的理论基础。在印度和西藏的量论传统中，法称毫无疑问是实质上最核心的人物。法称的影响是如此之大，以至于以后的学者都习惯借他的眼睛来看陈那。然而，法称的名字在中国，直到义净（635—713 CE）的时候才被提到。尚无证据可以表明，他对整个因明传统有过任何影响。因此，作为一项工作假设（working hypothesis），佛教逻辑学—知识论学派的因明传统，可以视为主要是传承了法称以前的印度佛教学者的陈那解释，是一个尚未受到法称影响的陈那传统。

实际上，陈那以后、法称以前印度的大部分佛教逻辑学著作都已经散失。这些著作为法称的巨大成功所掩盖。我们关于陈那和法称之间印度佛教逻辑学曾有过什么发展和变化的认识，在很大程度上取决于我们从因明传统之中得到的信息。但需要注意的是：一方面，

① 见郑伟宏：《因明大疏校释、今译、研究》，第13页。
② 详见汤铭钧：《汉传因明的“能立”概念》，《宗教学研究》2016年第4期。

在缺少印度方面任何一种形式的文献学证据印证的情况下，我们并无十分的把握将因明传统对印度理论的记述和解释看作印度历史上真实发生过的事情；而另一方面，当我们无法在现有文献中找出证据来证明因明中某项理论的印度来源的时候，我们也同样没有十分的把握将这项理论毫无批判地视为佛教逻辑学在中国的新发展。在很多情况下，我们都无法确切地区分，因明传统中哪些是印度的、哪些是中国的，这条边界其实相当模糊。

二、以“能立”为核心的基本理论框架

《正理门论》和《入正理论》的基本理论框架，与《集量论》以及量论传统中的许多著作都不相同。前两部著作采用了一个在因明传统中称为“二益八门”的理论框架，后一类量论传统的著作则大多采用“二量”的理论框架。所谓“思想框架”，即一门学科对于自身所要探讨的基本主题的界定。当然，一个框架中的各项主题之间有主次、轻重之别。在一个框架中，什么主题被置于首要地位，从一个很重要的方面表现了该框架的基本致思方向，及其核心思想任务所在。

“二益八门”的理论框架在《入正理论》的开篇诗中概括如下：

sādhanaṃ dūṣaṇaṃ caiva sābhāsaṃ parasaṃvide | pratyakṣam anumānaṃ ca sābhāsaṃ tv ātmasaṃvide ||

古译：能立与能破，及似唯悟他，现量与比量，及似唯自悟。

今译：正是演证、反驳与它们的虚假形态（ābhāsa）是为［令］他人知晓。知觉、推论与它们的虚假形态则是为［令］自己知晓。①

“二益”（二种目的），即：(i)“悟他”（parasaṃvid），向他人传递知识；(ii)“自悟”（ātmasaṃvid），使自己获得知识。在这两种目的之下，又各有四项有待研究的主题。在“悟他”之下有：(1)演证（sādhana，能立，demonstration）；(2)反驳（dūṣaṇa，能破，refutation）；(3)虚假的演证（sādhanābhāsa，似能立，false demonstration）；(4)虚假的反驳（dūṣaṇābhāsa，似能破，false refutation）。在“自悟”之下有：(5)知觉（pratyakṣa，现量，perception）；(6)推论（anumāna，比量，inference）；(7)虚假的知觉（pratyakṣābhāsa，似现量，false perception）；(8)虚假的推论（anumānābhāsa，似比量，false inference）。因而，

---

① 梵文见Musashi Tachikawa, “A Sixth-Century Manual of Indian Logic: A Translation of the *Nyāyapraveśa*”, *Journal of Indian Philosophy,* Vol. 1 (1971), p. 140. 古译见玄奘译：《因明入正理论》，《大正藏》第32册第11页上。英译见Musashi Tachikawa, “A Sixth-Century Manual of Indian Logic: A Translation of the *Nyāyapraveśa*”, p. 120.

一共有八项主题，称为“八门”。

“二量”的理论框架包含（i）“现量”和（ii）“比量”。“比量”进一步分为两种类型：以自己为目的的推论（svārthānumāna，为自比量，inference for oneself）和以他人为目的的推论（parārthānumāna，为他比量，inference for others）。“为自比量”指未经言语表达出来、作为一个内心思维过程的推论，对应于上述“二益八门”框架中的“比量”。“为他比量”指推论的言语表达，对应于上述框架中的“能立”。“为他比量”与“能立”相当于我们今天所谓的论证，即“具有一定结构、用于表现一则推论的一组命题”（a structured group of propositions, reflecting an inference）。①

总的来看，“二益八门”的框架与“二量”的框架之间最主要的不同可概括为以下三点。（1）“二益八门”的框架展现各项议题的顺序通常是：“能立”“似能立”“现量”“比量”“似现量”“似比量”“能破”和“似能破”。②“二量”框架的顺序通常是：“现量”“为自比量”和“为他比量”。（2）在“二益八门”的框架中，“能立”和“似能立”，即推论的语言表达（论证）及其各种错误的情形，是理论阐述的最核心内容。在《正理门论》和《入正理论》两书中，“能立”和“似能立”的阐述皆占据了最大的篇幅，而“比量”则被一笔带过。③然而，在“二量”的框架中，“现量”“为自比量”和“为他比量”三个主题都得到各自应有的充分阐述，没有谁是谁的附属。作为一个思维过程的“为自比量”与作为它的言语表达的“为他比量”，两者均得到同等的关注。在“为自比量”的部分，详论基本的推论规则“因三相”；“为他比量”的部分，则给出其中各个命题（支分）的定义，以及对应各“支分”的过失种类。两个部分，各有侧重。（3）在“二益八门”的框架中，对“现量”的阐述也极为简短，在“二量”的框架中则构成一个重要的主题，并得到充分阐述。

这里，我们主要关注上述第二点差异，即这两个理论框架对于推论（“比量”=“为自比量”）及其表达为一定语言形式的论证（“能立”=“为他比量”），在逻辑学中各自地位的不同理解。实际上，不论“二益八门”框架中“比量”与“能立”的区分，还是“二量”框架中“为自比量”与“为他比量”的区分，均大致相当于今日逻辑学中推论与论证的区分（inference/argument distinction）。“比量”“为自比量”相当于推论，“能立”“为他比量”相当于论证。具体来看，在推论、论证这对区分中，“二量”与“二益八门”这两

---

① Irving M. Copi and Carl Cohen, *Introduction to Logic* (Twelfth Edition), New Jersey: Pearson Education, Inc., 2005, p. 7.

② 这是《入正理论》的顺序，《正理门论》的顺序稍有不同。其中，“似现量”的讨论紧跟在“现量”的讨论之后，“似比量”则未有专门讨论。

③ 从篇幅上来看，在《正理门论》中，“能立”与“似能立”两部分占了全书将近一半的篇幅，在《入正理论》中，占了全书五分之四的篇幅。相比之下，“比量”和“似比量”两部分仅占《入正理论》约百分之五的篇幅。“比量”的部分仅占《正理门论》约百分之三的篇幅，而“似比量”在该书中并未专门提到。

个框架各自强调的重点又有不同。

在“二量”的框架中，唯有“为自比量”被视为真正意义上的“比量”（推论），而“为他比量”仅在某种间接的意义上才称为“比量”。这是因为，在“二量”的框架中，一则推论的语言表达并不被视为直接意义上的推论，它本身只是一则语言表达而已。立论方自己心中先已作出的一则推论（“为自比量”），以及通过相应的语言表达，想要在对手心中引发的同一则推论（“为自比量”），才是真正意义上的“比量”。从因果关系的角度来看，语言表达是原因，对手心中被引发的那一则“比量”则是结果。正如法称所说：“结果所具有的［“比量”这一］名称［现在被应用］到［它的］原因之上的缘故。”（*kāraṇe kāryopacārāt*，NB 3.2，王森译：此于因位，安立果名。）作为原因的语言表达（“为他比量”），仅仅是根据它的结果（“为自比量”）来命名，才称为“比量”。因而，唯有“为自比量”是真正意义上的“比量”，“为他比量”只是因为起到了传递“为自比量”的作用，才称为“比量”。这就意味着：唯有推论是真正意义上的“比量”，因而是一种“量”，即“有效认知的手段”，而论证只是这一手段在语言层面的承载者。在“二量”的理论框架中，在推论与论证两者之间，唯有推论被赋予了独立的知识论含义，是人类理性认识的直接体现，而论证只是“分有”了推论的知识论含义。

这一思想最早可以追溯到陈那的《集量论》。陈那在印度逻辑史上首次提出“为自比量”与“为他比量”这对区分的时候，便已明确意识到了两种“比量”之间的这种主次之分。在该书第三章“为他比量品”的开头部分，陈那便郑重提出：

> PSV ad PS 3.1ab: ji ltar raṅ la tshul gsum pa’i rtags las rtags can gyi śes pa skyes pa de ltar gźan la tshul gsum pa’i rtags las rtags can gyi śes bskyed par ’dod nas tshul gsum pa’i rtags brjod pa ni gźan gyi don gyi rjes su dpag pa ste | rgyu la[a] ’bras bu btags[b] pa’i phyir ro || ([a] *la* PSṬ[T] [P vol. 139, no. 5766, Re 153a1]: *las* K, V. -[b] *btags* PSṬ[T] [153a1]: *brtags* K, V. [K124b3–*4* = V40b1–2])
>
> 今译：正如在自己这里，从具备三相的［推论］标记（rtags, liṅga，相），产生了对有标记者（rtags can, liṅgin，有相，即所立法 sādhyadharma）的认识；在他人那里，也想要这样从［同一个］具备三相的［推论］标记，产生［相同的］对有标记者的认识的情况下，对于［这个］具备三相的［推论］标记的表达（brjod pa），就是为他比量（gźan gyi don gyi rjes su dpag pa, 以他人为目的的推论）。［这一语言表达也称为“比量”，这是］由于［通过这一表达，在他人心中产生的］结果（’bras bu, kārya）所具有的［“比量”这一］名称（btags pa, upacāra，假立言说）［现在被应用］到［它的］原因（rgyu, kāraṇa）之上的缘故。①

---

① 藏文参见北川秀則：《インド古典論理学の研究—陳那（Dignāga）の体系》，京都：臨川書店，1985年，第470页。日译见北川秀則：《インド古典論理学の研究—陳那（Dignāga）の体系》，第127页。感谢Tom J. F. Tillemans教授提醒我注意量论传统对比量的这一重要观点！

相比之下，在“二益八门”的框架中，正是“能立”（sādhana）即论证，构成了理论探讨最重要的关注点，而“比量”即作为一个思维过程的推论，只是附带地、简短地被提到。在论述“比量”规则的时候，一般是回指到“能立”的规则上面，指出与“能立”的规则相同因而不再展开。正如《入正理论》在论述“比量”的规则时说道:“言比量者，谓借众相而观于义。相有三种，如前已说。”便暗示了在该书中，“比量”只是作为“能立”的附属或未经言表的形式而得到阐述。同样值得注意的是，《正理门论》开篇第一句话就说道:“欲简持能立、能破义中真实，故造斯论。”可见，阐述“能立”和“能破”，即论证与反驳，是本论的核心任务。该书在结束“现量”与“比量”两部分论述的时候还说道:“已说能立及似能立。”这一结语耐人寻味，似乎也暗示了本论关于“现量”和“比量”的讨论只是有关“能立”“似能立”的讨论的附属或者延伸。尽管我们还无法确定这两句话究竟是《正理门论》梵本的原文，还是译者玄奘本人的补充。无论如何，这两句话仍可以被视为体现了佛教逻辑学—知识论学派的因明传统对于推论与论证之间关系的基本理解。

正如窥基在下述引文中所说的那样，唯有论证才是真正意义上的“能立”（means of proof，确立一个主张的手段），推论对于构造这样一个“能立”而言，只是各项准备性步骤（“立具”）之一。窥基说道：

> 立义之法：一者真立，正成义故；二者立具，立所依故。真因喻等，名为真立。现比二量，名为立具。故先诸师，正称能立。陈那以后，非真能立，但为立具，能立所须。①
>
> 今译：证成某一属性（artha，义②）［存在于某一主项］的方法［包括］：首先，真正意义上的“能立”（真立，a genuine demonstration），因为它是对于该属性的直接证成；其次，是［构造一个］“真立”的各项手段（立具，instruments for demonstrating），因为它们是“能立”（=“真立”）的基础。真实的理由（因，hetu）与［真实的］例证（喻，dṛṣṭānta），［合起来］称为［一个］真正意义上的“能立”。知觉（现量）和推论（比量），作为两种有效认知的手段（pramāṇa，量，means of valid cognition），称为［构造一个］“真立”的手段。因此，［陈那］以前的诸多学者，将［知觉和推论也］正式称为“能立”。［但是，它们］在陈那以后，便［不再被视为］真正意义上的“能立”，而仅仅是［构造一个］“真立”的各项手段，因为它们［仅仅］是［构建］一个“能立”（=“真立”）的各项准备性步骤（能立所须，

---

① 郑伟宏:《因明大疏校释、今译、研究》，第83页。

② 这里的“义”是属性（attribute）的意思，与“体”（entity）相对。“体”“义”的区分，以及“有法”（dharmin, property-possessor）、“法”（dharma, property）的区分，对应西方逻辑中主项、谓项的区分。此外，汉语佛典中的“义”以及对应的梵语artha还有许多其他含义，如意义、目的、对象等。

preparatory steps for [constructing] a demonstration)。

在本段讨论中，窥基回溯到了印度逻辑学中“能立”(sādhana) 一词的最一般含义“证成一个主张的手段”。这一含义直接对应于该词的词源含义“成立（SĀDH）的手段(-ana)”。在陈那以前的逻辑学文献中，的确有许多要素都归在最一般含义的“能立”概念中。其中，便包括“现量”和“比量”。例如，《瑜伽师地论·因明处》《显扬圣教论》(*Āryaśāsanaprakaraṇa) 以及《大乘阿毗达磨集论》(*Abhidharmasamuccaya*) 三书都主张有八种“能立”(尽管具体内容互有出入)：

> sādhanam aṣṭavidhaṃ katamat. pratijñā hetur udāharaṇaṃ sārūpyaṃ vairūpyaṃ pratyakṣam anumānam āptāgamaś ca. 古译：能成立法有八种者：一立宗、二辩因、三引喻、四同类、五异类、六现量、七比量、八正教量。①
>
> 《显扬圣教论》：能成法八种者：一立宗、二辩因、三引喻、四同类、五异类、六现量、七比量、八至教。②
>
> 《大乘阿毗达磨集论》：sādhanāni aṣṭau | pratijñā hetuḥ dṛṣṭāntaḥ upanayaḥ nigamanaṃ pratyakṣaṃ anumānaṃ āptāgamaś ca || 古译：能成立有八种：一立宗、二立因、三立喻、四合、五结、六现量、七比量、八圣教量。③

在上述“八能立”的分类中，无论哪一个版本的“八能立”，都对于“能立”作为一种手段所服务于的那样一种“证成”采取了广义的理解：

> 广义的“证成”(justification)：一个主张的“证成”，既可以是知识论意义上的证成（认知主体对一个主张基于一定证据的确证），也可以是辩论术意义上的证成（说服对手接受这一主张）。

基于这一广义的“证成”概念，作为知识论意义上的“证成”的手段者，便可以有“现量”“比量”和“正教量”(“圣教量”)；作为辩论术意义上的“证成”的手段者，便可以有“宗”“因”“喻”“同类”“异类”乃至“合”“结”诸要素。我们可以将对应这一广义

---

① 矢板秀臣：《仏教知識論の原典研究》，第101页；玄奘译：《瑜伽师地论》第15卷，《大正藏》第30册第356页下。

② 玄奘译：《显扬圣教论》第11卷，《大正藏》第31册，第531页下。

③ 梵文见 Pralhad Pradhan ed., *Abhidharmasamuccaya of Asaṅga*, Visva-Bharati: Santiniketan Press, 1950, p. 105. 古译见玄奘译：《大乘阿毗达磨集论》第7卷，《大正藏》第31册，第693页中—下。

“证成”概念的“能立”，称为广义的“能立”概念，即：在任何一种意义上（知识论或者辩论术）证成一个主张的手段。

与这一广义的“能立”概念相比，窥基提出的“真立”（真正意义上的“能立”），便可以视为一种狭义的“能立”概念。狭义之“狭”，在于缩减了对于“证成”的理解。从广义的“能立”概念到狭义的“能立”（“真立”）概念的过渡，实际上基于对“证成”采取一种狭义的理解：

> 狭义的“证成”（justification）：一个主张的“证成”，现在被等同于在一场辩论中说服对手接受这一主张，而不是认知主体对这一主张在知识论意义上基于一定证据的确证。

狭义的“能立”作为“证成的手段”，其“证成”便仅仅指辩论术意义上的“证成”。也正因此，宗、因、喻或者仅仅因、喻构成的一组语言表达式，才被认为是真正意义上的“能立”（“真立”）。[①]而“现量”和“比量”，原先被视为知识论意义上的“证成的手段”，现在则被视为辩论术意义上的“证成”的准备性步骤（“立具”），即立论方提出一个论证以前在思维中的预备环节。

《正理门论》和《入正理论》正是主张这样一种狭义的“能立”概念，即“宗”（主张）、“因”（理由）和“喻”（例证）这三个语言表达构成的一个完整论证过程（三支论证式，three-membered argument）。[②]之前的文献中归在广义的“能立”概念下的其他要素，虽然现在也不否认它们对于证成一个主张而言的贡献乃至必要性，[③]但相对于论证的语言

① 至于“同类”“异类”不再计入“真立”，这是由于它们不过是“喻”的两个方面，即“同法喻”和“异法喻”。“合”是对“因”的重复，“结”是对“宗”的重复。陈那将“五支作法”缩减为“三支作法”，便是删去了“合”“结”两支。参见郑伟宏：《因明大疏校释、今译、研究》，第50—51页。

② 窥基在本段提到“真因喻等，名为真立”，将“宗”排除在“能立”之外，又涉及陈那后来在《集量论》中的新思想，详见汤铭钧：《汉传因明的“能立”概念》，第101—106页。尽管如此，窥基本段的讨论，仍适用于说明他乃至整个因明传统对于“能立”与“比量”、对于论证与推论之间关系的基本理解。因为，不论宗、因、喻意义上的“能立”，还是因、喻意义上的“能立”，都建立在将“现量”和“比量”排除在“能立”之外的基础上。而且，宗、因、喻意义上的“能立”指一个完整的论证过程，因、喻意义上的“能立”指这一论证过程中起决定作用的那些要素（“论证要素”[probative factor]，见汤铭钧：《汉传因明的“能立”概念》，第106—109页）。这两种含义的“能立”只是反映了对论证的两种不同理解，但都与论证密切相关。

③ 参见《正理门论》：“如是应知悟他比量（=能立）亦不离此（=比量）得成能立。”（玄奘译：《因明正理门论本》，《大正藏》第32册第3页下。）以及《因明大疏》：“立论者之现量等三，疏有悟他，故名能立。敌论者之现量等三，亲唯自悟，故非能立。”（郑伟宏：《因明大疏校释、今译、研究》，第52页。）然而，《因明论疏明灯抄》对《大疏》本句的注释则指出：“立敌之人现量等三，皆唯自智，不发言故，不得悟他，但是立具，非正能立。”（善珠撰：《因明论疏明灯抄》第1卷末，《大正藏》第68册第224页上。）今疑《大疏》本句“故名能立”之“故”，或系“古”字以形、音皆近而讹。参见《瑜伽师地论略纂》第六卷：“立论之者现量等三，疏有悟他，古名能立。立敌之者，亲唯自悟，故陈那等，不为能立。”（窥基撰：《瑜伽师地论略纂》第6卷，《大正藏》第43册第94页上。）

表达而言，它们仅仅被视为“立具”，即构建一个“能立”的各项准备性步骤（“能立所须”），而不再是“能立”。尤其是“比量”，现在也被排除在“能立”之外。这就意味着：唯有论证是对于一个主张的“证成”，而推论只是这种“证成”的辅助。

相比之下，在“二量”的框架中，唯有推论被视为人类理性认识的直接体现，而论证只是人类理性认识在言语层面的承载者。在“二益八门”的框架中，唯有论证被视为一场有效辩论的首要因素，而推论只是它的辅助。前者是从知识论的视角立论，后者是从辩论术的视角立论。两者事实上并不矛盾。但由于视角不同，便使得双方对于一系列问题的思考方式，乃至整个理论体系的建构，呈现出截然不同的面貌。①

从历史上来看，玄奘曾在印度反复学习过《集量论》，他不会不知道《集量论》中“为自比量”“为他比量”的著名区分，不会不知道“二量”的理论框架。②然而，不仅玄奘的学术传人窥基，而且佛教逻辑学—知识论的整个东亚传统，却好像对于“为自比量”与“为他比量”这对概念非常陌生。③这有可能是因为窥基确实不了解“为自比量”“为他比量”的区分，也有可能是在他看来，“为自”（svārtha）与“为他”（parārtha）的区分完全对应于“二益八门”中“悟自”与“悟他”的区分，“为自比量”与“为他比量”的区分完全对应于“二益八门”中“比量”与“能立”的区分。至于

① 一个重要的例证就是双方对“极成”（prasiddha）或“成”（siddha）的不同解释。在因明传统中，“极成”从辩论的视角被解释为辩论双方的共同认可（主宾俱许、共许）；而在法称著作中，则被解释为知识论意义上的确认（niścita, ascertained，决定）。法称还明确批评了将“成”理解为“许”（abhyupagama, acceptance）的观点。详见汤铭钧：《佛教逻辑学的论辩解释与认知解释——陈那、法称与因明》，《逻辑学研究》2021年（第14卷）第1期。

② 据记载，玄奘曾在那烂陀寺跟随戒贤（Śīlabhadra）学习过两遍《集量论》，在憍萨罗（Kosala，中印度）跟随一位娴熟因明的婆罗门学习过大约一个月的《集量论》。见慧立本，彦悰笺：《大唐大慈恩寺三藏法师传》第3卷，《大正藏》第50册第238页下—239页上；第4卷，第241页中。参见郑伟宏：《汉传佛教因明研究》，第93—97页。

③ 因明文献中提到与“为自比量”“为他比量”类似的区分，据笔者所知，仅见于《因明大疏》的下述段落（郑伟宏：《因明大疏校释、今译、研究》，第305页）：“如自决定已，悕他决定生，说宗法、相应、所立，余远离。（NMu k.13 = PS 4.6: svaniścayavad anyeṣāṃ niścayotpādanecchayā | pakṣadharmatva sambandhasādhyokter anyavarjanam ||）此说二比：一自、二他。自比处在弟子之位。此复有二：一相比量，如见火相烟，知下必有火；二言比量，闻师所说比度而知。于此二量自生决定。他比处在师主之位，与弟子等作其比量，悕他解生。上之二句，如次别配。”今译：《正理门论》说道：“如果想要使他人产生确定（niścaya，决定）[的认知]，如同自己确定[的认知]那样，那么，宗法性、[因与宗之间的逻辑]联系与所立[三者]的言语表达（ukti）以外的其他[言语表达]就应当避免。”这是说有两种[类型的]比量：一是“自比”，二是“他比”。“自比”发生在弟子的情况下。它又有两种：一是“相比量”（基于一定证据的推论）。例如在观察到烟作为火[存在的]证据的情况下，就能知道[烟的]下面一定存在火。二是“言比量”（基于一定言辞的推论）。[例如]在听闻老师所说的话的情况下，就能[从老师的话进行]推论（比度），从而获得知识。在这两种[自比]量的情况下，就能[使]自己产生确定[的认知]。“他比”发生在老师或主人的情况下，[老师或主人]向弟子等人，提出他[自己得到]的一则“比量”，想要使他人（即弟子等）产生[确定的]理解。[《正理门论》这一颂的]前两句，依次分别对应[“自比”和“他比”]。这段译文的“自比”和“他比”大致对应于“为自比量”和“为他比量”。

"为自比量"才是真正意义上的"比量"的思想，在他看来并不重要。[①]假如我们再考虑到《入正理论》的作者商羯罗主，相传为陈那的弟子者，[②]的确知道陈那的《集量论》，[③]那么，为什么商羯罗主还要采用"二益八门"的理论框架，为什么还要在《入正理论》的整个理论体系中给予"能立"（论证）以首要地位呢？更可能的解释似乎就是：当时的印度学界就是从辩论术的视角而非知识论的视角，来理解、继承与重组当时以陈那为代表的印度佛教逻辑学—知识论学派的整个思想体系的。而这就构成了玄奘当时在印度学习和理解陈那思想的一个重要历史背景。玄奘只是将这一辩论术的思想立场，在传译陈那的逻辑学—知识论思想的同时，一并传来中国，传给了他的弟子们而已。因而，东亚因明传统所采取的辩论术的思想立场，极有可能反映了当时印度学界对于陈那逻辑学—知识论学说的理解方式。[④]

总之，正是论证（"能立"）而非推论（"比量"）构成了"二益八门"的理论框架的核心。因明传统的学者，实际上就是在这一框架之下展开研究。因而，论证也就成了他们理论探究的首要关注点。在因明文献中，绝大多数提到"比量"或"量"的地方，实际上指的还是"能立"即一则论证。正如玄奘的"唯识比量"，实际上是指玄奘本人提出的一则对于"色不离识"的论证。

"二量"的框架关注推论，"二益八门"的框架关注论证，这从一个很重要的方面反映了印—藏量论传统（pramāṇa tradition）所采取的知识论的思想立场与东亚因明传统（hetuvidyā tradition）所采取的辩论术的思想立场之间的根本差异。这是我们将佛教逻辑学—知识论学派的东亚传统，称为"因明传统"以区别于"量论传统"的一种重要理由。

---

① 实际上，因明传统的确承袭了某些来自《集量论》的重要理论要素，比如该传统中的"能立"概念。

② 见郑伟宏：《因明大疏校释、今译、研究》，第13页："商羯罗主，即其门人也。岂若苏、张之师鬼谷，独擅纵横；游、夏之事宣尼，空闻礼乐而已。既而善穷三量，妙尽二因；启以八门，通以两益。考核前哲，规模后颖。总括纲纪，以为此论。"

③ 因为《入论》的有些表述，只能追溯到《集量论》而不见于《门论》或之前的著作。比如"如是多言，是遣诸法自相门故"一句（eṣāṃ vacanāni dharmasvarūpanirākaraṇamukhena），便大致对应于《集量论》藏译的如下句子：'di yaṅ chos kyi raṅ gi ṅo bo daṅ 'gal bas sel ba'i sgo tsam źig bstan pa yin la |（今译：而且，它们显示为仅仅与法的自相矛盾而被排除这一途径），"遣诸法自相门"对应chos kyi raṅ gi ṅo bo daṅ 'gal bas sel ba'i sgo，见PSV ad PS 3.2, K125a5-6=V41a1，北川秀則：《インド古典論理学の研究—陳那（Dignāga）の体系》，第472页。而且《入论》的四相违似因学说，也只能追溯到《集量论》第三品第26—27偈及其释论的相关论述，见PSV ad PS 3.26-27（K133b1-134a8=V47b1-48a5），参见北川秀則：《インド古典論理学の研究—陳那（Dignāga）の体系》，第205—217页。因此，认为商羯罗主仅仅是陈那的早期弟子，而且并不了解陈那晚期的思想，这是不妥的。

④ 当然，就佛教逻辑学—知识论从印度向中国的传播而言，就东亚因明传统的印度源头而言，有太多的问题有待解答，有太多的谜团尚未解开。本段所述，在没有充足证据支撑的情况下，哪怕可以用来说明许多问题，也还只是一项有待证明的猜测。

三、三支作法及其论证思路

按照古印度辩论的惯例，一则论证（“能立”）经常是在一场辩论中，在一位或一组见证者（sākṣin，证）监督的情况下，由一位立论者（vādin，立）向一位敌论者（prativādin，敌）提出的。在因明传统中，一则好的论证的范例可以完整表述如下：

表 1 三支作法 ①

宗：	anityaḥ śabdaḥ 古译：声是无常， 今译：声是无常的，
因：	kṛtakatvāt 古译：所作性故。 今译：因为［声］是所作的。
同法喻：	yat kṛtakaṃ tad anityaṃ dṛṣṭaṃ yathā ghaṭādiḥ 古译：若是所作，见彼无常，如瓶等； 今译：凡所作的都被观察到（dṛṣṭa，observed，见）是无常，如瓶等；
异法喻：	yan nityaṃ tad akṛtakaṃ dṛṣṭaṃ yathākāśam 古译：若是其常，见非所作，如虚空。 今译：凡恒常的都被观察到非所作，如虚空。

在因明传统中，一则论证（“能立”）包含三个命题，即“宗”（pakṣa，thesis）“因”（hetu，reason）和“喻”（dṛṣṭānta，example）。由这三个命题（trayāvayava，三支）构成一则现代汉语学界称为“三支作法”的三支论证式（three-membered argument）。其中的“喻”又分为“同法喻”或“同喻”（sādharmyadṛṣṭānta，positive example，“example by similarity”）和“异法喻”或“异喻”（vaidharmyadṛṣṭānta，negative example，“example by dissimilarity”）。在文献中，通常唯有“同法喻”是不可缺少的成分，而“异法喻”经常省略。“同法喻”中，又唯有末尾举出的实例“瓶等”，因明中称为“同喻依”（basis of positive example）者，是不可缺少的。而之前的那个命题“若是所作，见彼无常”，因明中称为“同喻体”（statement

① 参见《入正理论》：eṣāṃ vacanāni parapratyāyanakāle sādhanam | tadyathā / anityaḥ śabda iti pakṣavacanam | kṛtakatvād iti pakṣadharmavacanam | yat kṛtakaṃ tad anityaṃ dṛṣṭaṃ yathā ghaṭādir iti sapakṣānugamavacanam | yan nityaṃ tad akṛtakaṃ dṛṣṭaṃ yathākāśam iti vyatirekavacanam || etāny eva trayo ’vayavā ity ucyante || (Musashi Tachikawa, “A Sixth-Century Manual of Indian Logic: A Translation of the *Nyāyapraveśa*”, p. 141.) 古译：如是多言开悟他时，说名能立。如说声无常者，是立宗言；所作性故者，是宗法言；若是所作，见彼无常，如瓶等者，是随同品言；若是其常，见非所作，如虚空者，是远离言。唯此三分，说名能立。（玄奘译：《因明入正理论》，《大正藏》第32册第11页中。）今译：对此等［宗、因、喻三者］的表达，在说服他者的时候，被说为能立，如下：对宗的表达（宗）：声是无常；对宗法的表达（因）：由于［声］是所作；对同品跟随［因法］的表达（同法喻）：凡所作的都被观察到是无常，如瓶等；对［因法］远离［异品］的表达（异法喻）：凡恒常的都被观察到非所作，如虚空（*ākāśa*，ether）。唯有这三部分（三支）应被表达［为能立］。参见 Musashi Tachikawa, “A Sixth-Century Manual of Indian Logic: A Translation of the *Nyāyapraveśa*”, pp.121–122. 最后一个方括号中的文字仅见于汉语古译。

of positive example）者，由于很容易便能根据论证式的“宗”和“因”重构出来，也经常省略。故而，在因明文献中，经常把“同喻体”或者“同喻依”直接称为“喻”。

在上述论证中，宗命题“声是无常”可以视为一个主谓结构的命题，谓项“无常”是对于主项“声”的限定。这样一种限定关系应当为立论者所主张，同时为敌论者所反对。正是因此，辩论才得以发生。主项“声”也可以在间接的意义上称为“宗”（pakṣa），因为它是宗命题的一部分。它的另一个名称是“有法”（dharmin，property-possessor），因为在立论方看来，它是谓项“无常”所指示的那种属性（dharma，法）的具有者。谓项所指示的那种属性（法），即无常性（anityatva，impermanence），称为“所立法”（sādhyadharma，property to be proved/ inferable property），或直接称为“所立”（sādhya，the inferable）。我们如果用P来表示主项（pakṣa，宗），用S来表示谓项（sādhya，所立），则整个宗命题的逻辑形式便可以表述为：$(x)(Px \rightarrow Sx)$。

为了说服敌论者接受上述“无常”对于“声”的限定关系，或者说“声”对于“无常”的持有关系，立论者就必须要援引另外一种属性。那种属性必须被立、敌双方共同承认为主项“声”所具有的属性（法）。上述论证中的“所作性”（kṛtakatva，producedness）正是这样一种属性，它为立论者所援引，以充当论证“声是无常”的“因”（hetu，reason）。三支论证式的第二个命题“因为［声］是所作的”（所作性故，because of being produced），由于以“所作性”为谓项，故而整个因命题，在因明中也可以称为“因”。但为了与该命题的谓项“所作性”相区分，我们也可以将整个因命题称为“因言”（reason-statement），将谓项“所作性”称为“因法”（reason-property）。[①]我们如果用H来表示“因”（hetu）——“所作性”，整个因命题的逻辑形式便可以初步表述为：$(x)(Px \rightarrow Hx)$。这里需要留意的是，因命题实际上暗含了一层存在含义（existential import），即：存在某个既体现了主项（P，“声”）又体现了谓项（H，“所作性”因）的个体。因而，这层存在含义可以表达为：$(\exists x)(Px \wedge Hx)$。[②]将这层存在含义与上述因命题的初步逻辑形式进行合取，

① 在梵语原文中，因命题仅仅是通过因法“所作性”一词（kṛtakatva）的从格（ablative）形式kṛtakatvāt来表达，而因命题的主项“声”则总是省略。对应的汉语古译即“所作性故”，也没有提到主项“声”（见上表1）。但我们在刻画整个因命题的逻辑形式时，必须要将主项“声”还原出来。

② 参见《入正理论》：dravyam ākāśaṃ guṇāśrayatvād ity ākāśāsattvavādinaṃ praty āśrayāsiddhaḥ ‖ (Musashi Tachikawa, “A Sixth-Century Manual of Indian Logic: A Translation of the *Nyāyapraveśa*”, p. 142.) 古译：虚空实有，德所依故，对无空论，所依不成。（玄奘译：《因明入正理论》，《大正藏》第32册第11页下。）今译：虚空是一种实体（dravya，实，substance），因为［虚空］是属性（guṇa，德，quality）的基体（āśraya，所依，substratum）。向主张虚空不存在的人［提出这一论证］，［因法“德所依”的］基体（*āśraya*，所依，即主项）便不成立。以及《入正理论》：śabdānityatve sādhye cākṣuṣatvād ity ubhayāsiddhaḥ ‖（Musashi Tachikawa, “A Sixth-Century Manual of Indian Logic: A Translation of the *Nyāyapraveśa*”, p. 141.）古译：如成立声为无常等，若言是眼所见性故，两俱不成。（玄奘译：《因明入正理论》，《大正藏》第32册，第11页下。）今译：当所要论证的（sādhya，所立）是声是无常的情况下，“因为［声］是视觉对象（cākṣuṣa, visible）”［这一理由］对于［立、敌］双方都不成立。（转下页）

因命题的完整逻辑形式便可以表述为：$(x)(Px \rightarrow Hx) \wedge (\exists x)(Px \wedge Hx)$。

接下来，为了说明“因法”（所作性）与“所立法”（无常性）之间的逻辑联系，立论者就应当提出“喻”。“同法喻”和“异法喻”各自均由一个普遍命题（general proposition）[①]与作为这个一般命题的证据的若干个个体组成。在因明文献中，这样一个一般命题称为“喻体”（statement of example），为它提供证据的个体称为“喻依”（basis of example），而在梵语文献中，无论命题还是个体，均一概称为“喻”（dṛṣṭānta）。“同法喻”和“异法喻”当中的一般命题，都是用来表现理由（H，因）与所立（S）之间的“不相离性”（avinābhāva，invariable concomitance）。“不相离性”关系是说：

> “不相离性”：在所立（如“无常性”）不存在的场合，理由（如“所作性”）也不存在。

avinābhāva一词的藏译med na mi ’byuṅ ba（无则不生）便明确揭示了这层含义，即：［所立］无（med na, vinā），则［因］不生（mi ’byuṅ ba, abhāva）。[②]因此，“不相离性”关系的逻辑形式便可以刻画为：$(x)(\neg Sx \rightarrow \neg Hx)$。“同法喻体”是从正面证据（positive evidence，如“瓶等”）的角度来揭示“不相离性”。以“瓶等”作为例证，肯定了凡是理由存在的地方，所立也存在。其逻辑形式为：$(x)(Hx \rightarrow Sx)$。“异法喻体”则是从反面证据（negative evidence，如“虚空”）的角度来揭示“不相离性”。以“虚空”为例证，否定了在所立不存在的场合，理由仍然存在的可能性。其逻辑形式为：$(x)(\neg Sx \rightarrow \neg Hx)$。[③]

（接上页）参见Musashi Tachikawa, “A Sixth-Century Manual of Indian Logic: A Translation of the *Nyāyapraveśa*”, pp.123–124. 前一段落要求了命题（$\exists x$）Px必须为真，整个因命题才成立。即要求了：存在某个体现因命题的主项（P，即该段所谓“虚空”）的个体。后一段落则要求了命题（$\exists x$）（$Px \wedge Hx$）必须为真，整个因命题才成立。即要求了：存在某个既体现了因命题的主项（P，即该段所谓“声”）又体现了因命题的谓项（H，即该段所谓“眼所见”）的个体。本则注释得益于与冯耀明教授的讨论，谨此致谢！

① “普遍命题”（general proposition）是对一定论域内存在的某种事态的概括。只有当这个论域是全集的时候，“一般命题”才能够成为“全称命题”（universal proposition）。简言之，在陈那逻辑学中，“喻体”是“在［宗有法］以外的对象中概括得到的”（bāhyārthopasaṃhṛta），是一个普遍命题，但不是全称命题。在法称逻辑学中，“喻体”是“对一切进行概括”（sarvopasaṃhāra），既是普遍命题，又是全称命题。见汤铭钧、郑伟宏：《同、异品除宗有法的再探讨——答沈海燕〈论“除外说”——与郑伟宏教授商榷〉》，《复旦学报》（社会科学版）2016年第1期，第79—80页。

② 在窥基《因明大疏》中，有提到宗的主项与谓项之间“互相差别不相离性以为宗体”（郑伟宏：《因明大疏校释、今译、研究》，第131页）。在印度逻辑中，“不相离性”一般用于刻画两种属性之间的逻辑联系，而不用于刻画个体（有法）与属性（法）之间的关系。本文取该术语在印度逻辑中的一般用法。

③ 根据古典印度形上学，“虚空”（ākāśa, ether）是一种弥散在空间中的物质，属于胜论派（Vaiśeṣika）的九种实体（dravya，实）之一，是传递声音的介质。作为一种基本实体，它是恒常的，而且并非由其他实体构造而成（“非所作”）。故而在“虚空”上，既不存在“无常性”（所立），也不存在“所作性”。印度逻辑学家经常用它来充当否定“无常性不存在的场合所作性依然存在”的一个例证。

然而，以上对“同法喻体”和“异法喻体”的形式化仍非常初步。假如我们看得更仔细一些的话，就不得不对它们作进一步的补充和修正。首先，“同法喻体”和“异法喻体”这两个一般命题都限制在立论者与敌论者双方不存在意见分歧的对象范围以内。以上述表1所列的论证为例，所谓不存在意见分歧，即就这些对象是无常还是恒常不存在意见分歧。它们当中的任何一个成员，或者被辩论的双方共同承认为无常，或者共同承认为恒常，不存在一方承认为无常而另一方承认为恒常的情况。因此，“同法喻”和“异法喻”两命题，尽管都以一种一般的方式对论域中的对象进行了概括，但实际上并非真正意义上的全称命题（universal proposition）。因为，两命题所概括的论域，并不是一个无限制的全集（unrestricted realm of discourse），而是辩论双方就“常”“无常”问题，已形成确定的知识的对象范围。“同法喻体”并不是说“凡所作的都是无常”，而是说“凡所作的都被观察到/已观察到（dṛṣṭa, observed，见）是无常”。[①]立论者与敌论者就其常与无常，必定无法达成共识的对象，便是辩论的主项“声”。正因为双方就“声是否无常”发生分歧，辩论才得以发生。此“声”即辩论双方就“常”“无常”问题，尚未形成确定的知识（见）的那一个或那一类对象。因而，如果一个对象满足命题 $(x)(Hx \rightarrow Sx)$（“对任一x，如果x是所作的，x就是无常的”），并且辩论的双方都能就此达成共识，那么这个对象就不能是辩论的主项（P）“声”。[②]表达为逻辑形式，我们就能将“同喻体”的形式进一步刻画为 $(x)(\neg Px \wedge Hx \rightarrow Sx)$（“对任一$x$，如果$x$不是声，并且是所作的，$x$就是无常的”），将“异喻体”的形式进一步刻画为 $(x)(\neg Px \wedge \neg Sx \rightarrow \neg Hx)$（“对任一$x$，如果$x$不是声，并且不是无常的，$x$就不是所作的”）。[③]

其次，一方面，“同法喻体”实际上包含了一层存在含义：至少存在一个对象，既体现了理由又体现了所立。在上文表1的论证中，“瓶”正是这样一个存在的个体，既体现了理由“所作性”，又体现了所立“无常性”。这层存在含义是为了肯定理由与所立在实在世界中共同出现（co-occurrence）的可能性。通过一个实际存在的“瓶”，便体现了理由“所作性”与所立“无常性”在实在世界中的共同存在。这里也需注意，这样一个存在

① 见上表1，以及汤铭钧、郑伟宏：《同、异品除宗有法的再探讨——答沈海燕〈论“除外说”——与郑伟宏教授商榷〉》，第82页。

② 参见Zheng Weihong, “Dignāga and Dharmakīrti: Two Summits of Indian Buddhist Logic”, in G. Paul ed., *Logic in Buddhist Scholasticism*, Lumbini: Lumbini International Research Institute, 2015, pp.161–162.

③ 当然，这里默认了立、敌双方处于一种理想的认知状态，即：对于他们而言，“声”是双方在“常”“无常”问题方面唯一发生分歧的对象。而实际上，我们完全可以设想，除了“声”以外，仍有许多对象，是双方在“常”“无常”问题方面尚未形成共识（见）的对象（见=“其敌、证等见”，郑伟宏：《因明大疏校释、今译、研究》，第256页）。无论如何，在上文表1所示的辩论情境中，唯一被主题化为争议对象的是“声”，唯有它是该场辩论的焦点所在。

的对象同时体现“所作性”和“无常性”这一点，必须是辩论双方的共识。[①]尤其是该对象体现“无常性”这一点也必须是共识。因此，这一对象就不能是主项（pakṣa）“声”本身。所以，我们可以将这层存在含义刻画为：$(\exists x)(\neg Px \wedge Hx \wedge Sx)$（“存在$x$，$x$不是声，并且$x$是所作的，并且$x$是无常的”）。将这一存在含义与上述“同喻体”的逻辑形式进行合取，“同喻体”的完整逻辑形式便可以刻画为：$(x)(\neg Px \wedge Hx \rightarrow Sx) \wedge (\exists x)(\neg Px \wedge Hx \wedge Sx)$。另一方面，“异法喻体”则并不包含这样一层存在含义。[②]故而，“异法喻体”的完整逻辑形式就是：$(x)(\neg Px \wedge \neg Sx \rightarrow \neg Hx)$。[③]

综上所述，整个三支论证式的逻辑形式便能表达如下：

表 2　三支作法的逻辑形式[④]

宗：	$(x)(Px \rightarrow Sx)$
因： 同法喻： 异法喻：	$(x)(Px \rightarrow Hx) \wedge (\exists x)(Px \wedge Hx)$ $(x)(\neg Px \wedge Hx \rightarrow Sx) \wedge (\exists x)(\neg Px \wedge Hx \wedge Sx)$ $(x)(\neg Px \wedge \neg Sx \neg \neg Hx)$

由此可见，整个论证过程并没有体现任何一种演绎（deduction）的理念。为了保证从“（同法）喻”命题与“因”命题的合取之中，能够推导出结论“宗”来，必须要默认一点：

> 人类知识融贯性扩张的预设（presupposition of the coherent expansion of human knowledge）：P所代表的辩论主题，应当对“不相离性”关系（$(x)(\neg Sx \rightarrow \neg Hx)$）为真而言，不构成“唯一的例外”（a singular abnormal case）。[⑤]

---

① 参见《正理门论》论“同法喻中有法不成”（同喻所举例证不为辩论双方共同承认为存在的过失），《入正理论》论“有俱不成”（由于辩论中一方不承认同喻所举例证存在，因而理由与所立两者均不被［辩论双方共同］承认存在于其上的过失）。

② 参见《正理门论》：“由是虽对不立实有太虚空等，而得显示无有宗处无因义成。”（玄奘译：《因明正理门论本》，《大正藏》第32册第2页下。）今译：“由此，即便是对主张虚空不存在的人而言，［异法喻］也能显示宗（所立）不存在的地方，理由（因）不存在是成立的。”

③ 参见Claus Oetke, *Studies on the Doctrine of Trairūpya*, Wien: Arbeitskreis für Tibetische und Buddhistische Studien, Universität Wien, 1994, p. 24, $ES_{+eva}4$.

④ 在本文的形式化中，P代表pakṣa（宗），如“声”；S代表sādhya（所立），如“无常性”；H代表hetu（因），如“所作性”。此外，$(x)(\neg Px \wedge Hx \rightarrow Sx)$与$(x)(\neg Px \wedge \neg Sx \rightarrow \neg Hx)$在逻辑上等值。感谢冯耀明教授提醒我注意这一点！因而，“同法喻体”实际上蕴含了“异法喻体”，而后者并不蕴含前者。至于表一提到的“瓶等”“虚空”之类个体，它们只是体现了“同法喻体”为真或“异法喻体”为真的实例。为此，如果要对它们进行刻画，我们只需要在表二的形式化方案之下再设定若干个体常项。比如用a来代表个体“瓶”，我们就能得到$\neg Pa \wedge Ha \wedge Sa$，读作：瓶不是声，并且瓶既体现了理由“所作性”又体现了所立“无常性”，诸如此类。

⑤ 见Claus Oetke, “Ancient Indian Logic as a Theory of Non-Monotonic Reasoning”, *Journal of Indian Philosophy*, Vol. 24 (1996), p. 474.

然而，这只是一条预设（presupposition）而已。这条预设无法通过“同法喻”或者“异法喻”乃至两者的合取来证明。“同法喻”和“异法喻”，最多只能保证“不相离性”关系在*P*所指示事物以外的范围内——例如，对除“声”以外的所有个体而言——是有效的。在有其他证据确已证明辩论的主题对“不相离性”为真构成“唯一的例外”的情况下，这条预设就必须撤回。

在因明文献中，对于这一论证思路背后的基本想法，存在如下解释：

> 有法“声”上有二种法：一不成法，谓“无常”；二极成法，谓“所作”。以极成法在声上故，证其声上不成无常亦令极成。①
>
> 今译：在属性持有者（有法，property-possessor）“声”上，存在两种属性（法，property）：一是尚未确立的（asiddha，不成，not established）属性，即“无常”；二是得到最终确立的（prasiddha，极成，well established）属性，即“所作”。由于得到最终确立的属性（“所作”）存在于“声”上的缘故，[立论者]便能论证尚未确立的[属性]“无常”[也存在于]“声”上，从而使得[“无常”相对于“声”]也成为得到最终确立的[属性]。②

“声是所作”，这为辩论双方所共同承认（共许）。因而，“所作性”相对于“声”，就是一种得到最终确立的（极成）或得到确立的（成）属性。而“声是无常”则尚未得到辩论双方的共同承认，尤其是为敌论者所不承认。因而，“无常性”相对于“声”，便是一种尚未确立的（不成）属性。

同时，如果一个个体可用于检验“所作性”与“无常性”之间的“不相离性”关系，最低限度的条件就是：或者“无常性”，或者“无常性”的否定“恒常性”，两者之中必有一种属性，相对于这一个体而言是得到确立的。例如，瓶就是这样一个个体，相对于它而言，不仅“所作性”而且“无常性”都是得到确立的属性。③虚空（ākāśa），根据印度的形上学，是一种实体，相对于它，不仅“非所作性”而且“非无常性”（恒常性）都是得

---

① 文轨撰：《因明入正理论疏》第1卷，第13页右—14页左。

② 类似的解释，又见郑伟宏：《因明大疏校释、今译、研究》，第177页；神泰撰：《因明正理门论述记》第1卷，南京：支那内学院，1923年，第15页右。

③ 文轨撰：《因明入正理论疏》第1卷，第15页右：“‘所作’两处俱成就……‘无常’瓶成、声不成。”今译：“所作性”相对于[“声”和“瓶”]两者而言，都是得到确立的[属性]。……“无常性”相对于“瓶”是得到确立的[属性]，相对于“声”则是尚未确立的[属性]。又郑伟宏：《因明大疏校释、今译、研究》，第129页：“故知因、喻必须极成。”今译：由此知道，理由（因）和例证（喻）[这两个命题]都应当是得到最终确立的。

到确立的属性。[①]因此，瓶和虚空便能归在“同法喻体”和“异法喻体”的论域之中。“同法喻体”和“异法喻体”这两个命题都是为了表现“不相离性”关系。

相比之下，主项“声”则无论如何也不能归在“同法喻体”和“异法喻体”的论域中。因为，不论是“无常性”，还是“无常性”的否定“恒常性”，相对于声，都是尚未确立的属性。在辩论的情境中，立、敌双方既没有共同承认“声是无常”，也没有共同承认“声是恒常”。因此，“同法喻体”和“异法喻体”的论域，便被说成是“一切除宗以外有、无法处”[②]，即除了主项（pakṣa，宗）以外的一切存在和不存在的个体的场合。

现在，立论者要说服敌论者接受“声是无常”这一主张，用因明的术语来说，就是要使得“无常性”相对于“声”而言，也成为得到最终确立的（极成）属性。根据上述因明文献的解释，整个论证的思路便能重述如下：

表3 因明对三支作法的认知解读（epistemic interpretation）

同法喻：	对声以外的任一个体，如果“所作性”对它而言是得到确立的，那么“无常性”对它而言也是得到确立的，例如瓶等个体。
异法喻：	对声以外的任一个体，如果“无常性”的否定（“非无常性”）对它而言是得到确立的，那么“所作性”的否定（“非所作性”）对它而言也是得到确立的，例如虚空。
因：	现在，“所作性”对“声”是得到确立的。
宗：	“无常性”对“声”也应是得到确立的。

上述认知解读的基本想法是：论证必须基于辩论双方既已形成的共识。认知主体通过一则推论获取新知，实际上是对他先已掌握的知识进行合理扩张的结果。无论如何，辩论不发生在真空之中，求取新知也必须基于现有的知识。

四、结论

佛教逻辑学—知识论学派传播到东亚世界以后形成的因明传统，兴盛于公元7世纪的中国，旋即传到了当时的朝鲜半岛和日本，并在日本延续至今。可以初步推定，这个传统主要继承了公元6、7世纪之间印度学界对陈那的逻辑学与知识论思想的诠释、整合与重

① 即便是在不承认“虚空”存在的辩手那里，也是如此。因为，在佛教逻辑学中，一个不存在或者被认为不存在的个体，便不具有任何属性。它自然也不具有“所作性”与“无常性”。

② 郑伟宏：《因明大疏校释、今译、研究》，第253、269页，参见汤铭钧、郑伟宏：《同、异品除宗有法的再探讨——答沈海燕〈论“除外说”——与郑伟宏教授商榷〉》，第79—80页。“同法喻体”和“异法喻体”的论域，出于类似的考虑，也被有的学者称为“归纳域”（induction domain）。此外，所谓“一切除宗以外有、无法处”中的“一切”，正是默认了立、敌双方处于这样一种理想的认知状态，即：在辩论的情境中，立、敌双方在是否具有所立（如“无常”）问题方面，仅针对“宗”（主项，如“声”）存在意见分歧，而对其余一切事物皆不存在分歧。

组。作为中印之间文化交流的产物，因明传统见证了中、日两国以及朝鲜半岛的古典学问僧，运用在各个方面都迥异于印—欧诸语言的古典汉语，在一个全新的文化环境中再现古典印度逻辑思想的努力。为此，古典学僧在古典汉语中发明了一套全新的逻辑学语言。据我们今日所知，没有证据可以表明他们曾有借鉴渊源于早期中国的名学和辩学的逻辑学语言，也没有证据可以表明，因明传统对于唐代以后中国本土的哲学思想曾有何种重要的影响。

在陈那以前以《瑜伽师地论》为代表的逻辑学说，兼容知识论与辩论术两个思想方向的大背景下，佛教逻辑学—知识论学派的印—藏量论传统（pramāṇa tradition）在其中择取了知识论的研究进路，以推论（"为自比量"）为核心来组织各项学说。而东亚世界的因明传统（heuvidyā tradition）在其中择取了辩论术的研究进路，以论证（"能立"）为核心来组织各项学说。这是两个朝向不同方向发展的传统。

从因明传统对于三支论证式的分析当中，我们可以看到：该传统强调论证必须基于辩论双方在辩论之初已有共识的基础上。这种共识在本质上就是双方在辩论的情境中对于一定事态作出的口头承认（许，abhyupagama），因而带有辩论术的特征。从知识论的角度来看，该传统对一个三支论证式的论证思路的阐释，也可被理解为主张新知来自我们对现有知识所作的合理扩张。这种扩张的合理性来源于默认了：人类的知识是以逻辑上融贯的方式扩张的。任何接触到的新事物，在尚未遭遇反证以前，都应被默认为与现有的知识不发生矛盾。

当代研究者将印度关于pramāṇa（量）的学说，以及藏传佛教关于tshad ma（量）的学说，一概称为"因明"，甚至用"因明"来统称从印度到日本的整个佛教逻辑学—知识论学派，这其实和我们今天使用"佛教逻辑学—知识论"一样，都是一种方便的说法。假如因为命名相同，便忽略了实质上存在的种种差异，那就得不偿失了。

"因明"的源头尽管可以追溯到《瑜伽师地论》的"因明处"，但"因明"传统的主要阐释者是东亚世界中、日两国以及朝鲜半岛的古代学僧。"因明传统"是东亚文化圈中的佛教逻辑学—知识论传统。笔者相信，随着对于因明的精细的历史—文献学（historical-philological）研究的逐步开展，东亚因明传统与印—藏量论传统之间的异同将以更丰富、更立体的面貌呈现在我们面前。

唯识学在观修“无自性”上的基本观点及核心要点①

则　生

摘要：由于遍计所执习气导致低劣或颠倒或错乱的心识出现，就无法显现真实，也导致心识不能见真实。依处（执处）是自心识的显现，众生执着一切以符合自识所呈现所认知的方式存在。如果依处（执处）不存在，执着就不得生。如果获得“无相”，达至无显现，执着即被有力对治。唯识建立三无性不是因为自性分三种，而是因为三性有内在关系。别别观择遍依圆三性，并不足以证悟三无性。通过否定认知对象，除遣带有这样的境的心识，除遣依他起性（虚妄分别）建立在除遣遍计所执性相上。除遣遍计所执性并不足以证空性，还需观择圆成实性是一分胜义无自性及依他起性是一分胜义无自性。

关键词：有自性；无；无自性

作者简介：则生，温州佛学院法师。

前言

缘起定然不是否定缘起，而是否定与缘起相违的体性。探究“自性”应该如何释词或许无法解决问题，应探究原理。切勿简单地认为“有自性”或“无自性”一定不成立，而是应当分析各自主张有什么自性，没有什么自性，彼自性何以有无及以什么方式有

---

① 说明：本文部分内容以“如何从‘无’跨入‘无自性’”为题，发表在法相唯识学学术研讨会暨第四届东方唯识学论坛论文集，第422—431页。《如何从“无”跨入“无自性”》偏于中观思想，本文删除了相关内容，增入唯识相关部分，并作出相应调整。2020年11月的这次论坛一个主题是“中观与虚无主义”（分论坛），主要是由港中大姚治华教授提议，对北大叶少勇教授提出的“虚无主义”进行探讨，这个分论坛有叶少勇、倪梁康、廖钦彬、何欢欢、姚治华及我撰文。《如何从“无”跨入“无自性”》基于根本中观来写，有少部分的唯识内容，可以说这五篇论文中唯识领域只有《如何从“无”跨入“无自性”》这一篇，而这次研讨会又是唯识方面的，所以这个分论坛就称为“唯识、中观与虚无主义”。

无。[1]宣说“无自性”并不一定比“有自性”高明，或者说“缘起性空”未必比“缘起性有”的说法高明。这样就可以体会，为何区分三种自性及三种无自性。

如果对“我”（“人我”“法我”）的界定不同，对“人我空”“法我空”的界定定然不同。类似地，所否定的“自性”不同，所证得的“无自性”定然不同。这样不难理解，如何界定“自性”或“无自性”很关键，直接关系观修及所证。唯识宗提倡的观修必须结合三无性进行，如实了知三性各自的无自性就是如实认知无自性。

一、从“有”到无自性

没有了依处（执处），烦恼就不会生起。譬如于黑暗的房间里对蛇生起恐惧，一旦了知所以为的蛇根本不存在，只是心识把绳妄现为蛇，所见的只是这样的影像，就不会有执蛇的恐惧心，远离了恐惧。总之，人们的执着都是关于依处（执处）的执着，当依处（执处）不存在，那么执着就不得生。

绕开心识认知任何法都是不可能的，法如果不被心识呈现就无以被认知，也就不成立为境。心识呈现出的法，必定不超越识的显现。境不可能自己显明，显明是识的体性。所以，超越于识，于识之外存在的“外境”是不存在的。如果承认认知论基本原理，就应该否定外境。

依处（执处）是自心识的显现，如果自心识无所显现，也就是消除“相”获得“无相”，达至无显现，执着就被有力对治。无相唯识对依处（执处）进行了极力否定，可以说否定凡夫认知的世界。由于俱生或分别之力，众生迷失于戏论稠林，又以盲人摸象的方式认知世界。某种意义上，如同精神分裂的病人以其乱识所现的人或物的影像为真实，而执着地认为有如现而有的人或物；众生实际见闻觉知的一切都是众生自己的心识显现出来的，于中横生种种执着，认为万物如其所见如其所闻如其所觉所知，一切一切以符合自识所呈现所认知的方式存在。

如同一群色盲以亲眼所见为由，坚持认为有灰色树叶生及灭，而他们的观点是不成立的；诸法都不被凡夫如实显现和认知，凡夫认为的如所认知的法存在且有生灭，无论其如何强调这样法的缘生，其观点都是不成立的，此情况正如色盲强调灰色树叶缘生那般。

世人容易在“有”上生起执着，前文把所执着的“有”称为“依处（执处）”。宣说

① 这里以中观宗和唯识宗来说明这种情况。中观宗一贯说：法是缘起的，一定是无自性的，缘起定然不能成立自性。唯识宗可以说：法是缘起的，就是有自性的，缘起就能成立依他起性这种自性；唯识宗也可以说：法是缘起的，就是无自性的，缘起即否定了不平等因生及无因生等等。唯识宗不是一个一味宣说有自性或无自性的宗派。唯识宗既宣说有自性，也宣说无自性，明确区分了法具有或不具有何等体性（自性）的缘由及方式。两个宗派所言都是这样一个道理：应许缘起成立，缘起定然不是否定缘起，而是否定与缘起相违的体性。

"无"，有釜底抽薪之效。然而，也需要正确安立有无。存在与否应以殊胜的量（心智）来判断，被此胜量决断为有的应许为真实存在（"胜义有"）。宝藏寂（Ratnākaraśānti）提出，宣说一切都被胜量决断为不存在的人比断见外道还可怕，[①]因为断见外道否定后世等，并未否定一切，那些宣说一切都是"胜义无"的人否定一切。大抵，唯识宗有无的安立沿用《小空经》原则。[②]结合三性之后，基于遍计所执性是在依圆二性上的增益而安立了三无性，完成了有（三性）和无（三无性）的统一。

理解相关问题，需要了解"自性"（svabhāva）一词，金克木、叶少勇等人的论文及专著中对这个概念有很好的解释。大千世界，事物千差万别，自他不同。某种意义上，"自"透过否定他者（非"自"）彰显。"自性"本义就是任何法都严格局于自体性，其存在元素不在自体性外存在，简单说是自己的存在。这样，在诸法中彰显自而非是他，区分了一个个法。所以，一切法都被自性含摄。[③]譬如牛体性不是马体性，牛体性中没有马体性，马体性中没有牛体性，这样实可断言"牛不是马"。如同牛，眼耳等等都是如此。对于这样道理，如说："任何存在者都于'其他'的存在物之外单独存在。存在就意味着单独存在。自身的存在意味着凸显于其他物中。……唯其非另有别存，它们就根本没有。"[④]这样，就不难理解，一切存在的法都有其自性，龟毛兔角之类丝毫不存在者才没有自性。自性是从存在论上对法的肯定，无自性意味着绝对不存在。有证据表明般若经采取了这样的本义，如《大般若波罗蜜多经》第五百二十八卷中说"若法无自性，则无所有"，这样的意思在般若经中多次出现。[⑤]

---

① 宝藏寂：《中观庄严释成就中道论》："又复，于彼宣说胜义中皆无者，如云：'若一切皆无，超胜说无者，先有由对治，破坏成影像。'若宣说一切中皆无，则超胜说无者，何以故？说无者等，见谛及宝及业及果等为无也。"（法光法师由藏译汉）按宝藏寂行文，"胜义中"是指圣者智慧所见，不特指根本智缘证的空性中。此论另有顾毳译本，收入顾毳：《印度佛教后期"空有融合"思想佛论选译》，北京：宗教文化出版社，2020年。

② "若此中无者，以此故我见是空，若此有余者，我见真实有。"瞿昙僧伽提婆译：《中阿含经》第49卷，《大正藏》第1册第737页上。唯识典籍方面："若于此非有，由彼观为空。所余非无故，如实知为有。若如是者，则能无倒显示空相。"玄奘译：《辩中边论》第1卷，《大正藏》第31册第464页下。"若于是处此非有，由此理正观为空。若于是处余是有，由此理如实知有。"玄奘译：《大乘阿毗达磨集论》第3卷，《大正藏》第31册第675页上。"云何复名善取空者？谓由于此彼无所有，即由彼故正观为空。复由于此余实是有，即由余故如实知有。如是名为'悟入空性如实无倒'。"玄奘译：《瑜伽师地论》第36卷，《大正藏》第30册第488页下—489页上。

③《阿毗昙心论》第1卷："云何摄法？为自性，为他性？答：自性。问：何故？答：诸法离他性，各自住己性，故说一切法，自性定所摄。诸法离他性者，谓眼离耳，如是一切法不应说。若离者是摄，以故非他性所摄。各自住己性者，眼自住眼性，如是一切法应当说。若住者是摄，故说一切法自性之所摄。"僧伽提婆共慧远等译，《大正藏》第28册第810页中。

④ 舍尔巴茨基：《佛教逻辑》，宋立道、舒晓炜译，北京：商务印书馆，1997年，第122页。

⑤ 如《大般若波罗蜜多经》第528卷："诸缘起法，皆无自性。若法无自性，则无所有；若法无所有，则不可念，不可思惟。"玄奘译，《大正藏》第7册第710页中。《摩诃般若波罗蜜经》第23卷："若法无自性，是为无所有。"鸠摩罗什译，《大正藏》第8册第385页中—下。另可参照《大智度论》第85卷："佛答：'色等一切法亦是无法。'自说因缘：'若法从因缘和合生，即无自性；若法无自性，即是空无法。以是因缘故，当知一切法无所有性。'"鸠摩罗什译，《大正藏》第25册第654页中。

根本中论把“自性”理解成不是造作而成及不观待他法而成与无变异的体性，[①]唯识体系的经论并没有采用这个解释。笔者很怀疑空有之争问题的一大症结是“自性”能否分成可以成立及不可以成立的体性，或者说讲三性合不合理。且不说经里说三性，难道印度唯识祖师的梵语水平差到不知道“自性”的意思，而说三种自性？这完全可以说明，中观学对“自性”的这种解释在印度并没有被普遍接受（采用）。

唯识宗坚守“自性”的本义，由于不可能所有法都无所有，唯识宗一方面宣说有自性（三自性），一方面宣说无自性（三无性），这样在执行依了义不依不了义的原则的时候，就别引三种无自性的道理理解般若经中宣说的诸法无自性。简单说，唯识宗认为只有遍计所执性是以无所有的方式无自性，依圆二性的无自性方式与遍计所执性不同。

唯识宗基于对“自性”的理解，把自性区分为遍依圆三种。其中，遍计所执性是假有，也就是仅仅在心识内妄现为有；依圆二性是实有或胜义有，也就是谛实有（真的有），依据二谛的区分，一者是尽所有性真实，一者是如所有性真实。遍依圆三性本身就是自性，所以不必再说遍依圆三性有自性。如果强调自性的话，可以再加一个“性”，表述为“遍计所执自性性”“依他起自性性”“圆成实自性性”。

三种自性是三种根本真实，理应都不是龟毛兔角。这是说，遍计所执自性性也不是龟毛兔角，否则就无法成立名言增上之力，乃至于染净都无可知。[②]心识依据名言增上之力构建遍计所执性，也就是说心识显现遍计所执性或得遍计所执性。如果没有遍计所执性，具有一切众生不由修行自然解脱的过患，实际上无法成立杂染。

既然如此，为什么有些地方宣说“遍计所执自性是龟毛兔角”？那种表述要么不正确，要么是指由自相成立为相的体性不存在。也就是说，需要结合相无自性性理解“遍计所执自性是龟毛兔角”之类的说法。当然，在交流上也还是可以说“遍计所执自性是龟毛兔角”，毕竟遍计所执自性是增益体性，往往不需要细究增益而有的“有”。

唯识宗所许的无自性是指根本不存在。在遍计所执性上建立的无自性，所否定的是由自相成立为相的体性，这种体性不存在就是相无自性性的内涵。[③]缘起决定遍计所执性的相只是虚妄现有，不能以此作为真实具有自相，证明遍计所执性如现而有。遍计所执性是在依圆二性上的增益，基于此而说遍计所执自性不存在。基于此，三无性得以成立。依他起性上建立的无自性，所否定的是自然有的体性，这种体性不存在就是生无自性性的内

---

① 从《中论颂》第十五品中“性若是作者，云何有此义：性名为无作，不待异法成”“若法实有性，后则不应异；性若有异相，是事终不然”两颂就知，这三点限定自性是常法。参见鸠摩罗什译：《中论》第3卷，《大正藏》第30册第19页下、20页中。

②《瑜伽师地论》第74卷：“问：‘若无遍计所执自性，当有何过？’答：‘于依他起自性中，应无名言，无名言执；此若无者，应不可知杂染清净。’”玄奘译，《大正藏》第30册第705页中。

③《解深密经》第2卷：“云何诸法相无自性性？谓诸法遍计所执相。何以故？此由假名安立为相，非由自相安立为相，是故说名相无自性性。”玄奘译，《大正藏》第16册第694页上。

涵。[①]圆成实性上建立的无自性，所否定的是戏论体性，这种体性不存在就是胜义无自性性的内涵。[②]由于圆成实性本身是胜义谛，依他起性不是胜义谛，所以如果认为圆成实性中有依他起性，这样的依他起性对于胜义无自性也是戏论体性，胜义无自性以此戏论体性不存在在内的无自性而显示。此中，由于依他起性不是胜义谛，而不是根本智的所行境，所以没有胜义自性，依他起性也被取名为胜义无自性性。[③]当然，圆成实性才是真正的胜义无自性性。《解深密经》侧重于否定"法我"，以法无我为圆成实性。此外一些经论的语境中，圆成实性内涵并不局限于法无我。[④]

核心要点整理为下表：

三自性(三无性)	体性成立方式	所遮的体性（自体性如何成立，即以此否定所遮自性）	"空"的方式
依他起性（生无自性）	通过缘起获得的体性	非缘起的体性，不平等因、无因等方式成立。主体是自然有的体性（依自起性）。	异性空（如性空性），不像妄所执那般的体性（与妄所执自性体性异）。
遍计所执性（相无自性）	名言增上之力安立的体性	以自相成立为有的体性（遍计所执性是增益建构，不是自相有）。	无性空（自性空性），没有理趣能够说为有。
圆成实性（胜义无自性）	胜义谛体及无自性	戏论体性（分别心构建的非胜义的体性）。	自性空（真性空性），无我所显为其体性。

此中，体性异而空是通用的"空"的方式，却有种观点认为唯识是他空，自标榜"自空"。试问：对于无自性空（"自空"），空性与自性难道不是体性异而是体性一？如果体性一，遮破自性就是遮破空性，证空性就是证自性，……具有此等过失。总之，所破的和所证的必定是体性异而空，二者体性一而空有很多过患。

建立三无性不是因为自性分三种，而是因为三性有内在关系。也就是说，不是因为遍计所执性是一种自性，依圆二性各是一种自性，而是因为遍计所执性之于依圆二性，依他

① 《解深密经》第2卷："云何诸法生无自性性？谓诸法依他起相。何以故？此由依他缘力故有，非自然有，是故说名生无自性性。"玄奘译，《大正藏》第16册第694页上。

② 《解深密经》第2卷："复有诸法圆成实相，亦名胜义无自性性。何以故？一切诸法法无我性名为胜义，亦得名为无自性性，是一切法胜义谛故，无自性性之所显故。由此因缘，名为胜义无自性性。"玄奘译，《大正藏》第16册第694页中—下。《显扬圣教论》第16卷："圆成实自性，由胜义无性故说为无性。何以故？由此自性即是胜义亦是无性，由无戏论我法性故。是故圆成实自性，是胜义故及无戏论性故，说为胜义无性应知。"玄奘译，《大正藏》第31册第559页中。

③ 《解深密经》第2卷："诸法由生无自性性故，说名无自性性；即缘生法，亦名胜义无自性性。何以故？于诸法中，若是清净所缘境界，我显示彼以为胜义无自性性，依他起相非是清净所缘境界，是故亦说名为胜义无自性性。"玄奘译，《大正藏》第16册第694页上。《显扬圣教论》第16卷："于依他起自性，由异相故，亦得建立为胜义无性。何以故？由无胜义性故。"玄奘译，《大正藏》第31册第559页中。

④ 要注意唯识典籍具体行文中圆成实性指什么，有些地方把人无我乃至清净依他起性归类为圆成实性。

起性之于遍圆二性，圆成实性之于依遍二性。[①]虽然有时候可以说三自性和三无性是一回事，但是有时候还是要区分。别别观择遍依圆三性，并不足以证悟三无性。

二、“无”与识转变

鉴于对“自性”的界定并不相同，仅仅从“自性”这个词说明何以肯定或否定，很可能无助于探讨。某个体性如果并无缘起支撑，就不会存在，就可以判摄为应否定的自性。如果一种自性是存在的体性，就不应该否定。自性有无需要以殊胜的量来决断，也就是以所知障净智来判断。当探讨的双方都不是佛，乃至于都具有异生性，只能以双方受许的缘起来探讨。所以，缘起观相对立的双方，所否定的自性是不同的。

唯识无境缘起和外境有缘起是典型的对立观点：一者否定外境，一者不否定外境；一者受许唯识性，一者反对唯识性。就诸法是否依赖识成立，双方意见截然相反。这造成双方其实找不到共许有法，从根本上探讨就无法进行。如果有意想探讨，势必要作出些让步，以找到双方可接受的基点，以这个基点作为有法展开探讨。在这个方向上，笔者有意点到为止。

回到有（存在）和无（非存在），也就是自性和无自性的问题。众生习惯根据心识中的显像，认定境的情况。譬如某类色盲眼识显现灰色树叶的显像，认定树上有灰色树叶。很多人依据眼识显现绿色树叶的显像，认定树上有绿色树叶。如果世界上绝大多数人是那类色盲，也就约定灰色树叶是世间世俗谛，而眼根正常的人会被认为眼睛有疾患。有情世间的颠倒未必都是如此明显，但本质上类似。

《三摩地王经》说：“眼耳鼻非量，舌身意亦非，若诸根是量，圣道复益谁？”如果以佛的净识不颠倒，承许只有这样的识认知真实，众生的心识就不是量，对世界的认知就是颠倒的。在很多情况下，可以这样认为。这也就是说，众生认为有的，万物以那般那般的相状而存在，完全可能只是基于共同的颠倒而如此，其实根本就不存在，万物不以那般那般的相状而有。[②]所以，为追求真实，众生才需进求佛智，以佛法为师（法为自洲），圣道才是有用的。

---

①《解深密经》第2卷：“胜义生！非由有情界中诸有情类，别观遍计所执自性为自性故，亦非由彼别观依他起自性及圆成实自性为自性故，我立三种无自性性；然由有情于依他起自性及圆成实自性上，增益遍计所执自性故，我立三种无自性性。”玄奘译，《大正藏》第16册第694页中—下。

② 这样的情况，叶少勇近些年提出“认知论虚无主义”，他认为根本中论的立场就是“认知论虚无主义”。比如，他在《〈中论佛护释〉译注》中说：“笔者认为认识论虚无主义是最接近中观古学思想特征的现代哲学框架，其与本体论虚无主义的最大不同之处在于，认识论虚无主义所否定的并不是形而上学意义上的存在，而是符合凡夫所感、所知那样的存在，是主张符合凡夫所认识的事物是绝无可能存在的。”（叶少勇：《〈中论佛护释〉译注》，上海：中西书局，2021年，“导论”，第10页。）“换句话说，凡夫凡有所感所知，都是循着执着自性的方式产生，都是在臆造毫无存在可能性的对象，这样也就不可能从凡夫的认识中剥离出一个绝对错谬的自性执着，却赦免其余的部分，承认其相对合理性。这就是为什么笔者要为这种‘虚无主义’之前加一个‘认识论’的限定。龙树所遮破的自性并未完全遵循小乘部派的本体论定义，而是在认识论维度上予以推进。”（“导论”，第12页。）

有情不见真实的原因，当然是心识，毕竟需要通过心识来认知诸法。心识不见真实，也就是无法显现真实。心识无法显现真实，也就意味着心识有局限或者说有问题。其原因可以归结到烦恼障和所知障之上，这二障导致低劣或颠倒或错乱的心识出现。

就八识而言，由于第八识见境是“不可知”，不能像根识那般了境，所以在探讨认知境的时候，我们可以略过第八识。就我们平常所感知的认知而言，仅仅讨论六识即可，也可以略过第七识。唯识理论成立第七识的根源，首要的原因是解说凡夫在行善或无心位时为何还是凡夫的问题，其次回答大乘圣者具有平等性智相应心品的问题。至于论证第七识存在，《摄大乘论》等提出了意识也应像前五识一样有根作为俱有依（“五同法”）等多项证明。当然，《摄大乘论》等也从阿罗汉灭尽定与死人何以区别等方面论证第八识的存在。由于本文主题关系，这些证明不予具体说明。

在唯识文献中，有必要重视《三自性颂》（*Trisvabhāvanirdeśa*）。[①]《三自性颂》对八识的描述出现在颂6—9，完全可以说太简略，这注定仅就这些描述，铺陈太多可能失去《三自性颂》本意。这几个颂主张整个八识都是虚妄分别。第八识被称为“根本识”，体是异熟或说具有异熟特性，是烦恼习气种子积集而成。“根本”的含义，可能更多地需要从颂29指出的第八识是转识（前七识）以不真实显现的方式出现的根本原因来理解。这个根本原因造成转识虚妄显现能所，就好比咒语之于咒语之力产生的大象的影像。简单说，转识以迷乱方式出现的“迷因”是第八识。整个八识都是依他起性，由于都是虚妄分别，所以此论的依他起性偏于杂染。

这种情况下，理解《三自性颂》中的三性需要结合幻术喻。从颂27—30不难发现，第八识像是咒语，造成前七识显现出迷乱的行相，如此这般的前七识就像是大象的样子，这是譬喻依他起性。[②]基于这样的带有能所二现的识计执二取性，就犹如被计执为如现而有的大象，这是说明遍计所执性。至于作为道具的木头，则是譬喻被掩藏起来的圆成实性。心识没有显现圆成实性，不得圆成实性。这个譬喻对三性关系的说明，雷同于《解深密经》中的翳眼喻。[③]翳眼中显现的毛发等的样子譬喻依他起性，据此而认为存在具有如此样子的

① 传统的汉译大藏经并无此论汉译本，如今已经有多个汉译本，当然也有日、英、法译本。此论藏译本有两个，德格版大藏经中观部No.3843，《入三自性成就》（རང་བཞིན་གསུམ་ལ་འཇུག་པའི་སྒྲུབ་པ།），题为龙树（ཀླུ་སྒྲུབ）造；唯识部No.4058，《三自性说示》（རང་བཞིན་གསུམ་ངེས་པར་བསྟན་པ།），题为世亲（དབྱིག་གཉེན）造。莱维（Sylvain Lévi）1928年在尼泊尔发现《三自性论》梵文本，1933年图奇（Giuseppe Tucci）在尼泊尔获得了原稿的另一份副本。

② 姚治华译本:（27）恰如依咒力作出幻术，显现大象之形一样。那里只有［大象的］行相（ākāra），大象却完全不存在。（28）大象是遍计所执自性，其行相（ākṛti）是依他起。大象之不存在于此，就许之为圆成实。（29）同样，不真实（asat）的分别依根本心而显现为二分的特性。此二分绝对不存在，此处只有行相（ākṛti）。https：//dedu.dila.edu.tw/view/trisvabhavaYao，最后访问日期2021年8月1日。此论另有金克木（1948）、刘孝兰（1949）、杨白衣（1978）、韩镜清（1982）、谈锡永（2003）等的汉译本。

③《解深密经》第2卷：“如眩瞖人眼中所有眩瞖过患，遍计所执相当知亦尔。如眩瞖人眩瞖众相：或发毛、轮、蜂蝇、巨胜，或复青、黄、赤、白等相差别现前；依他起相当知亦尔。如净眼人远离眼中眩［*］瞖过患，即此净眼本性所行无乱境界；圆成实相当知亦尔。”玄奘译，《大正藏》第16册第693页上—中。此中“瞖”疑为“翳”，“巨胜”疑为“苣藤”（苣胜），也就是胡麻，有说是黑胡麻。

毛发等等过患，譬喻遍计所执性。净眼人既无翳眼，又无过患，其眼识所行的无错乱境界譬喻圆成实性。这样，就不难理解“圆成实性是前二性（遍依二性）之无”的说法。

那么，转识为何错乱显现？从譬喻不难发现，是依于第八识之力，第八识扮演了咒语的角色。第八识积集业烦恼习气，于中扼要者当属遍计所执相（性）言说习气。参照《解深密经》中颇胝迦宝譬喻行文不难发现，由于依他起性杂合了这一习气，也就是这一习气导致黄金等显相的出现及对黄金等的执着。[①]这样，对于“依他起性”的“他”，完全可以偏于理解成遍计所执相（性）言说习气。

结合识转变，凡夫有情的执着（遍计所执性执）出现的情况中，心中显现两种情况：1. 完全是遍计所执的显像；2. 依他起性的显像和遍计所执的显像掺杂在一起的显像。后者仍然是遍计所执的显像，好比同时显现兔子和兔角的样子，就是头上长有角的兔子的显像。这样可知，识转变导致识如斯出现的时候，就已经无法避免地带有遍计所执性相。换言之，法的相和法我的相一起显现，法显现为具有有法我的情状，法看起来是法有我的法，而非法无我的“唯法”。[②]

---

①《解深密经》第2卷：“善男子！譬如清净颇胝迦宝，若与青染色合，则似帝青、大青、末尼宝像；由邪执取帝青、大青、末尼宝故，惑乱有情。若与赤染色合，则似琥珀末尼宝像；由邪执取琥珀末尼宝故，惑乱有情。若与绿染色合，则似末罗羯多末尼宝像；由邪执取末罗羯多末尼宝故，惑乱有情。若与黄染色合，则似金像；由邪执取真金像故，惑乱有情。如是，德本！如彼清净颇胝迦上，所有染色相应；依他起相上，遍计所执相言说习气，当知亦尔。如彼清净颇胝迦上，所有帝青、大青、琥珀、末罗羯多、金等邪执；依他起相上遍计所执相执，当知亦尔。如彼清净颇胝迦宝；依他起相，当知亦尔。如彼清净颇胝迦上，所有帝青、大青、琥珀、末罗羯多、真金等相，于常常时，于恒恒时，无有真实、无自性性，即依他起相上，由遍计所执相，于常常时、于恒恒时，无有真实、无自性性；圆成实相，当知亦尔。”玄奘译，《大正藏》第16册第693页中。此中，“遍计所执相执”是指执着遍计所执性（相）的执着。

②《摄大乘论》中虚妄分别识本身是依他起性，虚妄分别识显现的相是遍计所执性，因为这显现了遍计所执自性相。比如显现法我的样子（法显现为法有我的法），人我的样子（有情显现为有情有我的有情）。世亲《摄大乘论释》第4卷：“论曰：此中何者遍计所执相？谓于无义唯有识中，似义显现。释曰：于无义者，谓无所取，如实无我。唯有识中者，谓无实义。似义识中，如唯似我显现识中栏。似义显现者，似所取义相貌显现，如实无我似我显现。”（玄奘译，《大正藏》第31册第338页中。）依据这显像执着如现而有的遍计所执性，顺带着也把这显现称为遍计所执性。无性《摄大乘论释》第4卷：“谓于无义唯有识中似义显现者，实无所取及能取义，唯有虚妄分别所摄种种识中遍计所取似义显现。”（玄奘译，《大正藏》第31册第399页中。）也凸显说明“显现”这层意思。二取义（二取性）是遍计所执性，在被遍计的时候，就成为所取（境），由于这所取（境）是虚妄显现，所以称为“似所取”“似义”。“似义显现”中显现的“似义”，必须结合“显现”理解，也就是虚妄分别而显现出的相，在《解深密经》等中一般是判为依他起性。《摄大乘论》中判为遍计所执性，我觉得称之为“遍计所执自性相”更便于理解。《摄大乘论本》第2卷：“又此诸识皆唯有识，都无义故。此中以何为喻显示？应知梦等为喻显示。谓如梦中都无其义独唯有识，虽种种色声香味触，舍林地山似义影现，而于此中都无有义。”（玄奘译，《大正藏》第31册第138页上。）梦到的色、声、香、味、触、舍、林、地、山等譬喻“似义”，还是显现出的相。所以，《摄大乘论》中的“似义”也就是“遍计所执自性相”，按通常的判摄实际是依他起性。由于透过执着遍计所执自性相而执着遍计所执自性，所以顺带着把此显相视为遍计所执性。由于它是以颠倒的原因出现的，是对不存在的事物的反映，尽管分别心把握为有，实际是不应该具有的，所以也可以说具有有和无两个特性。

由于遍计所执相（性）言说习气，色声等等在心中显现为与实际情况不相符合的样子，如那个样子的法并不存在（如所显现不如是有），然而凡夫执着如所显现如是而有。这种情况是凡夫无法超出的，凡夫见闻觉知都受制于此。即使善心位的意识无执，即使承许前五识没有遍计，充其量这个时候是说不去执着如现而有，但是颠倒显现依旧存在。这就犹如翳眼人不执着空中有如现而有的毛发，但还是显现毛发的显相。从这里大抵可以理解无相唯识的立场，即使第八识显现器世界也还是有错乱显像，如凡夫所见的世界并不存在。这样，就有理由否定凡夫认知的一切。结合做梦来说，如果梦本是以错误的原因出现，再去肯定做梦及梦中显现的山河大地自他等等并无太大意义。

由于这样的关系，除遣依他起性（虚妄分别）就建立在除遣遍计所执性相上。通过否定认知对象，否定带有这样的境的心识。境是心识的一部分，识转变本身注定识带着境一起出现，也就是识以显现能所的方式出现。犹如对于头上长角的兔子，只是否定兔角却不否定兔身是没有意义的，因为长角的兔子根本不存在，无论其兔角还是躯干都不存在。心识已经错乱显现，理应否定这样的心识的全部。又如对于翳眼人，否定毛发显像是不够的，翳眼得不到根治，终究无以显现净眼所行真实。

一旦遍计所执相（性）言说习气不存在，那么就没有错乱显像及由此而生的遍计所执相执，也就没有依他起性（虚妄分别）。《解深密经》中说："相名相应以为缘故，遍计所执相而可了知；依他起相上，遍计所执相执以为缘故，依他起相而可了知；依他起相上，遍计所执相无执以为缘故，圆成实相而可了知。"[①]此中，遍计所执相（性）言说习气一大作用就是实现"相名相应"。相（事物）与名（概念）本来没有关联，也就是丝毫不相应。譬如，对于刷微信朋友圈的东西，个人愿意称之为"手机""茄子"等等都无所谓，只是与他人交流的时候须选择"手机"这个名。"手机"是人类社会已经约定的名，如果约定的是另外一个名，现在的人们也就用那个名来称呼这东西。"手机"的意指性是分别心实现的，实际这个名并不指向那个相（事物）。仅仅是在分别心中，在约定之后，"手机"和那个相才有了关联，意识构建了这一能诠和所诠的关系。也就是说，名上无相，名没有能诠性，不是能指（signifier）；相上无名，相没有所诠性，不是所指（signified）；相与名上都没有能诠所诠关系，二者仅仅是分别心安立的指称关系中的能所。

最常见的两种遍计是遍计自性（体性）和遍计差别，此中基本的遍计是谓词"是"。[②]以"这（x）是y"来说，"是"表示构建y，这是一种分别（遍计）。y是观察者对x的认定，基于观察者的认知经验或已知的描述。这种认知活动中，x被遍计成y，或说y被赋予x。无论具体是遍计自性（体性）还是遍计差别，"是这样的自性""是这样的差别"都包

---

① 玄奘译：《解深密经》第2卷，《大正藏》第16册第693页中。
② 在语言哲学中，"是"是否是谓词存在争议。

含这种基本遍计。“是”是分别心的假名安立活动，也是建立遍计所执性的运动，这一活动自然包含过程和结果。其结果就是x被用y表述，这就意味着，在心中x被y取代，或者说x与y出现同一性。

假名安立的体性，包含但不局限于“无作”“不待异法”“无变异”限定的自性。假名安立的无常、缘起、自、他、空性等等，都是言说自性（假言自性），也就是遍计所执性。这样就可以理解，唯识学中的无自性思想比传统中观学中的无自性思想具有更丰富的内涵。

《解深密经》确立的“离言法性”包含依圆二性，或者说离言有为法及离言无为法。离言有为法不是言语表述的有为法，也不是言语表述的无为法；离言无为法不是言语表述的有为法，也不是言语表述的无为法。离言有为法及离言无为法一旦有名言介入，被表述出来的就不是离言法性（离言自性），而是言说自性（假言自性）。“是”在此中意味着离言法性（离言自性）被表述成言说自性（假言自性），这是在依圆二性上增益安立遍计所执性。

遍计所执性是在离言法性上的增益建构，也就意味着凡夫认知不到离言法性。凡夫认知的一切都是识转变的结果，而识转变受到遍计所执性言说习气的影响，具有颠倒显现。换言之，凡夫所见者是无而现为有。这就注定欲认知真实，必须承认凡夫认知的虚妄，对于相无自性等产生胜解。

三、从无跨入空性

龙树著作《中论颂》的目的并不是像阿毗达磨论典一样建立诸法自性、差别等等，罕有言及尽所有性。龙树著作的目的是引导证悟空性，笔者认为这至少给我们一种暗示，我们不要站在佛的高度去理解龙树中观思想，应该着眼于凡夫的现实，侧重于其具有的实践意义理解，也就是从作为观修的指导来理解其思想。

根本中论“众因缘生法，我说即是无；亦为是假名，亦是中道义”[①]等颂，显示“缘起”和“空性”同义。龙树认为描述诸有为法依存关系的“此缘性”并不是“缘起”，他认为缘起具有超越性，是胜义谛。在其他宗派，乃至部分中观论者中，缘起属于世俗谛，是描述诸有为法依存关系的理则。依据缘起成立缘已生法，这是阿含经固有的立场。当

---

① 也有资料作“众因缘生法，我说即是无；亦为是假名，亦是中道义”。叶少勇翻译为：“我们主张彼缘起，[本身]即是此空性，此即假托而施设，此者亦即是中道。”（叶少勇：《中论颂：梵藏汉合校·导读·译注》，中西书局，2011年，第427页。）对此的解释为：“我方主张，缘起就是空性，这个空性也只是一个假托施设，而无所诠之体，因此不堕二边，即是中道。也就是说，缘起、空性、中道三者等同。”（第409页。）

然，阿含中缘起偏于十二缘起，也就是分别爱非爱缘起。唯识宗受许的缘起是基于识转变的唯识无境缘起，分别爱非爱缘起是这一缘起的重要组成部分。

如果缘起是胜义谛，观择缘起就是观择胜义。观择自性不成立，就是观择言说自性不成立，了知言语所显的法不存在。观择自性与观择缘起之间，仍然缺了一环。也就是，需要从观择自性不成立所得的“无”跨入胜义。如何从无跨入胜义需要深挖，也就是需要深入考察如何从观择无所有进入观择无所有性（空性）。

证入胜义非但要除遣虚妄分别产生的构造物，也需要泯灭有为法行相；就心智而言，还需要消除能所显现。此中，就存在从世俗跨入胜义的问题。我们参考护法对提婆思想的解读，以色法为例说明：

> 若一切法都无所有，如何无性而复言性？若言“色等世俗无性即是色等胜义之性”，与理相违，所以者何？夫“胜义”者，分别戏论所不能及，岂得以“无”为其自性？若以“无性”为自性者，应类余“无”不名“胜义”，应不能证无上菩提，则违自宗成大过失。①

“无自性性为自性”也就意味着“无”不可能是胜义，对“无”的了知仍然没有超脱分别心的寻思。胜义离言，超过寻思境。这样，我们应该认为作为实相的空性存在，并非仅仅所遮自性之无就是空性。空性一定于观察胜义的心智决定空性的决定前有，否则空性就不是观察胜义的心智的自境。为了避免对空性的执着，也要宣说空性是假名，彻底摆脱分别。

理清这个问题，从三自性和三无性下手较为容易。遍计所执性没有资格被称为“胜义无自性性”，依他起性虽然有资格被称为“胜义无自性性”，但并不是真正的胜义无自性，只有圆成实性才是真正的胜义无自性。如果证知胜义无自性，仅仅除遣遍计所执性是不够的，还需要除遣依他起性。②这是说在一个有为法上，仅仅观择那个“无作”“不待异法”“无变异”限定的自性不存在，所得的“空”充其量是相无自性性。如前所说，相无自性性没有资格被称为胜义无自性，证悟遍计所执性不存在的无并不是证悟真正的胜义无

① 玄奘译：《大乘广百论释论》第10卷，《大正藏》第30册第248页下。

② 于此可对照《瑜伽师地论》第74卷：“问：‘若观行者如实悟入遍计所执自性时，当言随入何等自性？’答：‘圆成实自性。’问：‘若观行者随入圆成实自性时，当言除遣何等自性？’答：‘依他起自性。’”（玄奘译，《大正藏》第30册第705页中。）观择法的言说自性无所得的时候，由于真如作意而住于真如观。由于真如中不能安立依他起性，所以不会观察言说自性所依的依他起性。如此，观境唯是心的显现（观境不可得）之后，也要超越有显现的心，达至无显现（识境俱不可得）继而趣入真如。对此，《解深密经》第3卷说为：“善男子！由真如作意，除遣法相及与义相；若于其名及名自性无所得时，亦不观彼所依之相，如是除遣。如于其名，于句、于文、于一切义，当知亦尔；乃至于界及界自性无所得时，亦不观彼所依之相，如是除遣。”（玄奘译，《大正藏》第16册第700页下。）

自性。当然，证悟依他起性不存在的无也并不是证悟真正的胜义无自性。

唯识学在法上建立了三种空性。“又有三种空性，谓自性空性、如性空性、真性空性。初依遍计所执自性观，由此自相定非有故。第二依依他起自性观，由此如所计度皆非有故。第三依圆成实自性观，由此即空真性故。”①需要缘证的是真性空性即真正的胜义无自性，实现这一步，不但要观择自性空性，还需要观择如性空性。或许，有中观论者质疑“何不直接观择真性空性”，那么唯识论者就可以反问：“何不直接观择空性？不必观择‘自性’不成立。”

就心智而言，凡夫之所以不能证空性，是因为凡夫的心智没有证空性的堪能。换言之，需要把观择的分别心变成根本无分别智才能证空性。这一转换必然意味着去除分别，而这种去除必然是逐步的，需要逐渐消弭分别习气，不可能一蹴而就。对心识的虚妄显现要有两方面的认知：一方面固然以名言增上之力建构的诸法都不存在，另一方面能所也是虚妄显现。唯有如此观择，才能获得堪能证悟空性的无分别智。对于能所也是虚妄显现，这是除遣依他起性的观择。步骤上，先观境（所取）空，次印忍境（所取）空；再观识（能取）空，次印忍识（能取）空，后双印识境空（二取空）。在这个观择中，仅仅把二取解释为遍计所执性，充其量除遣遍计所执性，心识仍然有能所显现。然而，根本智没有能所显现，湮灭了能所二现。

《摄大乘论》以绳蛇喻说明，先除遣遍计所执性，次除遣依起性，才能证圆成实性的道理。②这样不难看出，仅仅观择唯识所变的道理，保留对依他起性的觉知（唯识性觉），也就不除遣心识，执意以带有能所二现的心识证空性，不可能亲证胜义。这个观择中，但

---

① 玄奘译：《大乘阿毗达磨杂集论》第6卷，《大正藏》第31册第720页下—721页上。

②《摄大乘论本》第2卷：“此悟入唯识性中，何所悟入？如何悟入？入唯识性，相见二性，及种种性：若名，若义，自性，差别假，自性差别义，如是六种义皆无故；所取能取性现前故；一时现似种种相义而生起故。如暗中绳显现似蛇，譬如绳上蛇非真实，以无有故。若已了知彼义无者，蛇觉虽灭，绳觉犹在。若以微细品类分析，此又虚妄，色香味触为其相故，此觉为依绳觉当灭。如是于彼似文似义六相意言，伏除非实六相义时，唯识性觉犹如蛇觉亦当除遣，由圆成实自性觉故。”玄奘译，《大正藏》第31册第142页下—143页上。无性《摄大乘论释》第6卷：“释曰：于此悟入唯识性中，欲显所入及入譬喻，故为此问：‘若义无有，于此悟入唯识性中，为何所入？’此意难言：‘此唯识性即是其义，云何义无？’为遮此难，故先说言入唯识性。谓此识义亦无义性，非唯外义是无所有。‘若无义性，云何得有十二处教？云何世间有义言说？’为遮此难，故次说言相见二性虽无实义，识似内外二义显现，无始言说熏习力故，识似义转似了别用说名为见，故不相违。‘为唯悟入似相似见识别种类，为不尔耶？’为答此问，故说悟入及种种性，谓唯一识，所取能取性差别故，于一时间分为二种。又于一识似三相现，所取、能取及自证分名为三相。如是三相，一识义分，非一非异，如余处辨。于一识上有多相现，故名种种。名等六相无有义等，释前三种。为答前问‘如何悟入’，故复说言如暗中绳显现似蛇，由此譬喻成立通达三种自性。譬如绳上蛇非真实，以无有故。如是似名似义意言，依他起上名等六种遍计所执亦非真实，以无有故。又于此中如依绳觉舍于蛇觉，如是依止唯识显现依他起觉，舍于六义遍计执觉。如依色等细分之觉除遣绳觉，如是依止圆成实觉遣依他起迷乱之觉。如有颂言‘于绳谓蛇智，见绳了义无，证见彼分时，知如蛇智乱’。伏除非实六相义时者，是非有义，六种非实义非有为相故。”玄奘译，《大正藏》第31册第415页中—下。

凡还有“少物”显现，就说明没有能现证圆成实性。

《三自性颂》中以咒语譬喻阿赖耶识，阿赖耶识是染污依他起相显现的根本原因。见道位前七识不现起染污行相，但后得位中有时仍然有染污行相出现。这样，需要断除染污第八识，也就是获得清净第八识，才能够彻底消除染污行相，那时也就得到三身。

在有相唯识的观择中，有一个思维是：能所观待，能取既无，所取既无。有些资料中并不承认此中能取其实是识或说见分、所取是境或说相分。无相唯识干脆利索地主张，依他起识是虚妄显现，能所都是无而现似有，如同咒术导致大象的影像妄现，这样直接针对虚妄分别的能所二现。以无相唯识来说，虚妄分别识的见相二分都是应否定的，其实虚妄分别的心王和心所都是应磨灭的，以这个方式消磨虚妄分别的习气。根本智是不带有能所二现的，也就是说既无见分也无相分。①

在观择遍计安立的诸法无所有之后，需要观择空性，以空中无色、识等依他起性的观择，消磨虚妄分别习气，才可能证空性。也就是说，证空性除遣遍计所执性远远不够，不但要观择圆成实性是一分胜义无自性，也需要观择依他起性是一分胜义无自性。只有这样，才能从无及从缘起理则跨入空性。

结语

如同证悟“人无我”“法无我”，需要观择“人我”“法我”不存在一般，需要观择“自性”不存在，才能够证悟“无自性”。一些观念中，“自性”=“人我”“法我”，也就是“自性”定然意指所遮自性。在唯识宗的观念中，“自性”不定然意指所遮自性。所否定的“自性”应该是与缘起相违的体性，缘起决定了这种体性实际在法上不存在，才成为“空性”所遮，也就是说证悟空性需要观择这种体性不存在。唯识宗认为依圆二性并不是所遮自性，法如果没有依圆这两种自性定然无法成立。

唯识宗内部分为有相唯识和无相唯识，这两个派别共同承许三性（三无性），主要差异是对心识与三性的关系认定不同。在心识上，无相唯识侧重于杂染依他起性来说，有相唯识则是以染净依他起性来说。本文重点并不是这两个唯识派别的差异，主要是就共同的三性（三无性）来探讨如何体认“无自性”。

体认“无自性”一个前提观念是“如所显现非有”（不所显现不如是有）。所遮自性是心识的增益安立，实际在法上不存在，然而却在心识中颠倒显现为有，造成法看起来是有自性的法。心识由于遍计所执言说习气的影响，造成境颠倒显现，心识也可说是颠倒的。

① 护法所传的有相唯识认为有见分，理由是需要以见分认知真如。无相唯识立场是如果是这样就还是有能所，就不是根本智。正由于没有能所二现，根本智本具的明分没有障蔽地显现，从而证悟胜义。略说如此，具体探讨从略。

换言之，法实际并不是凡夫所认为的那个样子，法的实际存在方式与显现方式不一致。这也就是“如所显现非有”（不所显现不如是有）。

唯识宗追求的转识成智就是要消除颠倒的心识，这离不开体认此等心识显现的境无所有，也就是体认一种“无自性”，确切地说是遍计所执的无自性（相无自性）。除遣遍计所执性远远不够，尚需要观择圆成实性是一分胜义无自性及观择依他起性是一分胜义无自性，这样才能证悟“无自性”（空性）。

阿赖耶识的自种是什么？

隆　藏

提要：阿赖耶识的自种是什么？从何而来？这一问题既容易被忽略，又如鲠在喉地令我们意识到传统熏习理论的理解上可能有不完善的地方。本文从熏习的定义出发，说明阿赖耶识自种成立的种种困难。传统能熏定义中业感异熟阿赖耶识无记法不能熏习，因此有相唯识学提出相分熏理论，以六七识缘阿赖耶识为疏缘相分，熏成阿赖耶识见分本质种，以此解决阿赖耶识自种问题。但这一解决远非完善。本文提出对相分熏的疑问，并以此为基础试图重构对相分熏的理解。

关键词：阿赖耶识自种；能熏；有胜用；相分熏

作者简介：隆藏，峨眉山佛学院副院长。

一、问题的提出

唯识学中“种子—现行—种子”“现行—种子…种子—现行”的种现熏生模式，已经奠定了关于杂染诸法来源的基本理解，这一理解基于阿赖耶识，提出分别自性缘起和分别爱非爱趣缘起，随着对阿赖耶识的存在证明，几乎可谓诸法因缘问题的最终解。此理论对于前七转识的有效性是毋庸置疑的，正如《成唯识论》卷3所言：“谓此识性无始时来，刹那刹那，果生因灭，果生故非断，因灭故非常，非断非常是缘起理。”[①]以阿赖耶识为因（或说以阿赖耶识中所藏诸法自种为因），转识诸法得以随同阿赖耶识一起刹那刹那非断非常地因果相续，既说明了转识诸法生起的亲因，也说明了诸法不断轮回相续的理由。但是一旦要将此理论推而广之，贯彻至一切缘生法时，则不可避免地会遭遇到困难。

根据玄奘法师所传唯识学的正统阐释，阿赖耶识作为“所知依”，并非在缘起现象之外，同样是因果链条中的一环，由此非第一因、不平等因；同时由于作为“摄藏诸法一切

---

① 玄奘译：《成唯识论》第3卷，《大正藏》第31册第12页下。

种子识”，其自相与“摄持”种子的功能相应。因而，阿赖耶识是有为缘生法，被玄奘法师一系所坚持。当阿赖耶识被理解为有为法时，我们当然会提问：既然转识诸法以阿赖耶识中的自种子为因而生起现行，那么阿赖耶识作为缘生有为法，它以何为因而得生起？想当然的回答是从“阿赖耶识种子”所生，甚至这一回答还可以找到经论中的证明，如世亲菩萨《摄大乘论释》卷2说：“唯能引自果者，谓自种子但引自果。如阿赖耶识种子唯能引生阿赖耶识。”[①]阿赖耶识种子引生阿赖耶识，似乎坐实了阿赖耶识有自种子。但从《摄论》以来，种子从广义的“因”义逐渐被窄化为阿赖耶识所摄藏的熏习所成习气，甚至《摄论》强调说“外或无熏习，非内种应知”[②]，肯定了“阿赖耶识中一切法熏习，如是种子应知定由熏习故有”[③]。那么，阿赖耶识的自种从何熏习而来？

依据《摄大乘论》的熏习理论，熏习必须要有所熏、能熏的此、彼二法俱生俱灭，然后此所熏法受彼能熏法的熏习影响，在此所熏法上有能生彼能熏法现行的“因性”，即为熏习。但阿赖耶识的自种，显然不能由阿赖耶识作能熏熏习作所熏的阿赖耶识而来，因为违反了“二念不俱有”的规则，不能有俱生灭义，也不能前念赖耶熏习后念赖耶，因为唯识学“过未非有”的理解，使得二者同样无俱生灭义，不能形成熏习。阿赖耶识仅凭自身无法依熏习形成自种。

若是前七转识熏习形成阿赖耶识的自种，则很难与种子所具有的“因缘”义自洽。因为因缘是“有为法亲办自果”[④]，而前七转识与阿赖耶识是异类法，异类法之间不作因缘性，为彼种子不应道理。

同时，根据《成唯识论》所述护法一系的理解，作为能熏法，必具四义。一者，“有生灭”，即只有有为法有生灭有变异，才能熏习生长习气，无为法前后无变无生长用非是能熏。二者，“有胜用”，即唯有势力增胜才能熏习引发习气，异熟心心所等势力微劣非是能熏。三者，“有增减”，要有增减才能熏习摄殖习气，佛果圆满善法无增减故非是能熏。四者，“与所熏共和合性”，要与所熏法同时同处不即不离才是能熏，他身以及刹那前后，在空间与时间上不和合，非是能熏。因此，并非所有的前七转识及彼相应法都可以成为能熏，“唯七转识及彼心所，有胜势用而增减者，具此四义，可是能熏”[⑤]。可见，作为能熏法的前七转识及彼相应中，若是善恶有记性的前六识心心所，从熏成作因缘性的名言种子而言，未来所生一定是“性（类）决定”相同的有记前六识心心所，不会熏成异熟无记性的阿赖耶识的自种。从熏成业种子而言，则仅是阿赖耶识生起的增上缘，非亲因缘的自种。

---

① 世亲造，玄奘译：《摄大乘论释》第2卷，《大正藏》第31册第329页下。
② 玄奘译：《摄大乘论》第1卷，《大正藏》第31册第135页中。
③ 无性造，玄奘译：《摄大乘论释》第2卷，《大正藏》第31册第390页上。
④ 玄奘译：《成唯识论》第7卷，《大正藏》第31册第40页上。
⑤ 玄奘译：《成唯识论》第2卷，《大正藏》第31册第9页下—10页上。

但对于被“有胜用”所简别掉的“异熟心心所等”无记法，到底是否能够熏习成种，唐贤诸师还有进一步的讨论。对于“有胜用”，《成唯识论述记》中窥基解释说：“胜用有二：一能缘势用，即简诸色为相分熏，非能缘熏；二强盛胜用，谓不任运起，即简别类异熟心等有缘虑用无强盛用，为相分熏非能缘熏。由斯色等有强盛用、无能缘用，异熟心等有能缘用、无强盛用，不相应法二用俱无，皆非能熏。即胜势用可致熏习，如强健人能致功效故。第八俱五心所等亦非能熏，若为他缘一切无过。此中总言意说如此。”[①]西明圆测对此则解释说：“诸无记法，亦有四种，异熟乃至变化无记。威仪等三，亦有势用，定是能熏，分别强故。异熟无记，自有二种：一、善恶业所感异熟无记；二、非善恶感，是法执故，定是能熏。亦依业所感者，诸说不同。若依月藏菩萨，决定不熏，难陀论师，定能熏成。然彼护法无异分别，故彼门人分成两释。一云，善恶所感异熟果法定不能熏，以力劣故，第八识但由法尔旧种故生，由此无力，不能熏故，别用业助，方能生果。一云，业果异熟自有两释，一强二劣，强者能熏，劣即不尔。虽有两说，三藏意存后解为胜。若依前释，此遮异熟心、心所，等者，举第八识心及心所，等六识满业所感心及心所。若依后释，等言等取业所感中势力劣者。”[②]按圆测的说法，并非所有无记法皆非能熏，凡分别起非任运起的威仪、工巧、变化三无记法，可以成为能熏。异熟无记中的法执也定有熏习。唯有对业感的异熟无记法有异议：1. 护月（月藏）等主张本有种，业感异熟无记法不能熏种，以阿赖耶识为代表的业感异熟无记的因种，是无始法尔本具的旧种，非由新熏而成。善恶业甚至不是熏令增长，只是助生令法尔种起现行；2. 难陀等宗新熏义，认为只要业感异熟无记法与所熏俱生灭，就一定有熏习，所以除阿赖耶识及相应法不与所熏俱生灭，其余包括六识满业所感心心所都可以作能熏。

唐贤对能熏的讨论，最终回归到种子来源是新熏还是本有上。护月持本有说（包括圆测转述护法门下第一释），则业感异熟无记一切定无熏习，异熟心心所生起皆由本有种。此说法虽能说明异熟心心所生起的因缘，但和无著菩萨《摄大乘论》内种皆由熏习的立场相违，将异熟心心所的种子来源，推给不可知前际的无始时来法尔本有。纯粹的本有说，与“第一因”论同构，对有果生起、作为有为法的种子，无法说明其来源的因缘，使其成为“不平等因”。这是本有说最终难以提供阿赖耶识自种来源令人信服依据的原因。

难陀的新熏说并不反对无始而来的种子，二者的区别在于，新熏说认为：“所熏能熏俱无始有，故诸种子无始成就。”[③]种子的法尔本有，并非是因为它神秘地本来就存在，它同样是缘起的，从能熏所熏法俱生俱灭的熏习而来，无始即有熏习，无始即有种子，故说法尔。此说法比纯粹本有说更好地符合缘起论的立场。但对于蕴处界的种子而言，熏习是

① 窥基撰：《成唯识论述记》第3卷，《大正藏》第43册第313页下—314页上。
②《成唯识论测疏》第2卷，台北：佛教慈济文化服务中心，1989年，第59—60页。
③ 玄奘译：《成唯识论》第2卷，《大正藏》第31册第8页中。

增长，而不是新生，如《瑜伽师地论》卷51："（转识）于现法中长养彼（阿赖耶识）种子者，谓如依止阿赖耶识，善不善无记转识转时，如是如是于一依止同生同灭，熏习阿赖耶识。由此因缘，后后转识善不善无记性，转更增长、转更炽盛、转更明了而转。"[①]现行的转更增长、炽盛、明了，也是由于熏习造成阿赖耶识中种子增长、炽盛、明了，同时由于作亲因缘的名言种子的"无受尽相"，这都说明了蕴处界法的名言种的无始本有，并非由现在的熏习才"本无今有"。而对于业种子而言，其"有受尽相"使得所有熏习都是新熏的业种，熏生而非熏长，是"本无今有"的，这就只能用新熏来解释。因此护法折中提出"本新并建"说。

经圆测转述，认为得到玄奘认可的护法门下的第二释则说，业果异熟区分强劣二种，劣不能熏，强者能熏。玄奘之所以认可第二释，大概和第二释取分别说的态度，同于护法种子"本新并建"的立场有关。

作为护法一系的继承者的窥基看来，异熟心心所，无强盛势用，不是能熏。但并不能因此认为窥基的观点同于护月，因为窥基在本有种之外，仍然认可某种特殊的"新熏"。虽然异熟心心所本身不能熏习成种，转识心心所见分的熏习也只能熏成自心心所的种子，不能熏成阿赖耶识心心所种子，但转识心心所的相分，为其见分挟带，可以形成"相分熏"，由此形成阿赖耶识的自种。能熏虽是自体分，但相分作为自体的组成部分，也可以附带地被熏习，所以窥基说："若为相分，何法为障？即第八识为六、七识之所缘故，为相分熏。"[②]如果作为相分，随同能缘见分一起熏习，则对于能熏的限制就不存在了，因此明确说明阿赖耶识的种子由六、七二识的相分熏成。前述前七转识与阿赖耶识是异类法，异类法之间不作因缘性，而"相分熏"理论在转识与阿赖耶识之间找到了同类联系，即前七转识所缘相分中，有仗托阿赖耶识的部分，这就为熏成阿赖耶识自种提供了保证。

二、传统唯识学的解决方案：相分熏

"相分熏"在有相唯识学体系内，对阿赖耶识自种来源提供了解决方案。这一理论始自何时,也许并没有特别清晰的答案，但《成唯识论》中就已经提到"前七于八所缘容有，能熏成彼相见种故"[③]。第八识能够作前七识所缘，因此前七识能熏成第八识相见种，这当然只能在相分熏理论中才能得到解释。无论如何，它一定和有相唯识学区分见相分有关，更与见分挟带相分的说法有关，所以认同它来自护法一系应问题不大，而且玄奘一系在其中有重要贡献。

---

① 玄奘译：《瑜伽师地论》第51卷，《大正藏》第30册第580页中。
② 窥基撰：《成唯识论述记》第3卷，《大正藏》第43册第314页下。
③ 玄奘译：《成唯识论》第8卷，《大正藏》第31册第42页下。

有相唯识学中，整体的认识现象以识“自体分”（自证分）而存在，识自体受无始来虚妄分别戏论习气的影响，转似能所二分，依此似能似所之相，施设安立见相二分。如《成唯识论》说：“变谓识体转似二分。相见俱依自证起故。”[①]因此，当自体分作为能熏时，显现为见分和相分的各自熏习，此即如理所说“受熏既唯自体分，准能熏且唯自体分。然见、相二分是自体功能，是自体变后方可能熏”[②]。无“能缘势用”的色法，和无“强盛势用”的异熟心心所，虽然不能主动进行熏习，但可以作为相分，“被带相分熏”，也就是作为所缘的认识内容，随同认识一起熏习。灵泰《疏钞》比喻为“如兵马不能打贼，将军能打，将军带故，马今能打贼。色法且尔，被心带故，且熏成种也”[③]。

虽然各自熏习，但见分熏和相分熏又保持相应与同步，这是识意向性特征所内在规定的。虽然同步，但见相分熏习的是同种还是别种，与见相分是同种别种生属于同一问题，都牵涉对相分的分类以及见相同别种的分析。

玄奘所传有相唯识学对此保持分别说的态度。《枢要》说：“护法正义，质、影二相与见分三，此三三性、种子、界系等，未要皆同，随所应故。即前所说相见别种，是此正义。”[④]窥基转述护法的观点，本质境、影像相分、见分。此三者的三性、种子和界系都不一定相同，随不同情况而论。具体说，就是“本质、见分定别种生。其影像相，与见分及本质，或异或同种。相分等现行为因缘故，本有俱生。现行相分或和合生，新旧同种（《大正》作“种同”，依《金藏》改）生故”[⑤]。影像相分与见分、本质是同种还是别种，主要看影像相分的性质，决定其同别种的情况。

窥基《枢要》总摄诸境有其三类：

> 一者，性境。诸真法体名为性境，色是真色，心是实心。此真实法不定随心三性不定。如实五尘唯无记性，不随能缘五识通三性故。亦不随心同于一系。如第八识是一界系，所缘种子通三界系。身在下界，起二通时，缘天眼耳。身在上地，眼、耳二识见欲界境。二禅已上眼、耳、身识缘自地境，识初禅系，境自地系。如是等类。亦不随心一种所生，由见、相种各别体故。二者，独影之境，唯从见分。性、系、种子皆定同故。如第六识缘龟毛、空花、石女儿（按：“儿”字据《金藏》增，《大正》《陵本》无）、无为、他界缘等所有诸境，如是等类皆定（按：“定”字据《金藏》改，《大正》《陵本》误作“是”）随心，无别体用，假境摄故，名为独影。三

① 玄奘译：《成唯识论》卷1，《大正藏》第31册第1页上—中。
② 如理撰：《成唯识论疏义演》第3卷，《新纂卍续藏》第49册第546页下。
③ 灵泰撰：《成唯识论疏抄》第5卷，《新纂卍续藏》第50册第219页上。
④ 窥基撰：《成唯识论掌中枢要》第1卷，《大正藏》第43册第620页上。
⑤ 窥基撰：《成唯识论掌中枢要》第1卷，《大正藏》第43册第620页上。

者，带质之境。谓此影像有实本质，如因中第七所变相分，得从本质是无覆无记等，亦从见分是有覆所摄。亦得说言从本质种生，亦得说言从见分种生，义不定故。[①]

玄奘一系有相唯识学将影像相分分为三种：性境、独影境、带质境。所谓性境，即等同世俗所谓客观存在之境，它的现起有其自身的因缘，不随见分的主观分别力而转，因此性境与见分在性、界上都可以不同，与见分各别种生。所谓独影境，是完全随主观分别力现起的所缘影像，因此在性界种上与见分保持一致。所谓带质境，它既依本质境随因缘力生起，同时又受见分分别势力影响，而使之似所分别而显现，其可以说从见分种生，也可以说从本质种生。《枢要》之后的二合三合的解释太过散漫，且对于带质的理解过于宽泛，今且不论。在关于三类境的理论中，与本论主题相关的，主要在于有本质境存在的性境和带质境。独影境因其与见分同种，可以视为与“相分熏”无关而忽略。性境和带质境，全分一分仗托本质境起，所以奠定了相分熏成本质种的可能性。

相分熏理论认为，相分不仅可以熏成自相分种，亦兼熏成本质种。如理《义演》解释其理由说:“以相分即彼质同，不即不离，全是彼体相，故能熏彼本质种也。”[②]这是认为，相分与本质境不即不离，在本质境处现起相分，虽非一识亲缘，但是二者体相相同，所以相分熏能熏成本质种。由此如理进一步得出结论说:“故第七熏彼第八见种，前五识熏第八相分种子，第六识通熏第八见相二分种子，以第六通缘十八界故。”[③]前五识亲缘相分是色等五尘，属性境；疏缘本质境是第八识所变现的组成器界的相分色境。前五识相分在随从见分熏习时，可以熏成色等五尘的五识相分种，与此同时，还可以熏成第八识的相分种。第六意识通缘一切，其所缘相分不仅包括法处法界，也能缘一切心色诸法，因此相分熏时，不但熏成自相分种，也熏成第八识见相二分种子。第七末那识以阿赖耶识见分为本质，别变似阿赖耶识见分影像为自相分所缘，在相分熏时，既熏成自相分种，也熏成第八识见分种。相分熏熏成本质种，为业感异熟阿赖耶识心心所的由来提供了解释。

六、七二识相分熏成八识见种，只适应于能熏心王，能熏心所相分熏无如是用。如《述记》说:“即能熏心王缘本识及五数熏成种子，此种后时生本识及五数现行。能熏心所不熏彼本识及五数种，此相分熏种但生自相分现行，非亲生彼本识等故。”[④]能熏心王缘第八识见分及八识相应五遍行心所，自变相分影像熏成本质种，即第八识见分种子和相应五遍行心所种子。但能熏心王相应的心所，其相分熏只能熏成心所的自相分种，不能熏成本质第八识见种。

---

① 窥基撰:《成唯识论掌中枢要》第1卷,《大正藏》第43册第620页上—中。
② 如理撰:《成唯识论疏义演》第3卷,《新纂卍续藏》第49册第546页下—547页上。
③ 如理撰:《成唯识论疏义演》第3卷,《新纂卍续藏》第49册第547页上。
④ 窥基撰:《成唯识论述记》第3卷,《大正藏》第43册第335页下。

《述记》结合护法的“本新并建”说，谈其“如实义者，如缘本识熏种之时，能熏心聚共熏成一本识之种，此增上缘。本有种子为因缘故，无顿生六果之妨。多种生一芽，因缘便无此事，增上缘等理亦无失”[①]。窥基认为，能熏心聚相分熏成本质种，虽有新熏，其实质还是对本质境生起作增上缘，本质境的因缘是无始本有种，新熏的本质种只是增长了它的本有种子因性势力。

三、对“相分熏”的质疑与新的理解

尽管相分熏作为说明阿赖耶识自种新熏途径的理论，在东亚唯识学内部已经得到广泛认同，但是并非无懈可击。首先，六、七二识缘阿赖耶识见分为本质境时，并非直接以阿赖耶识见分为亲所缘，其亲缘相分是以本质境赖耶见分为模板，自识别变似赖耶见分的影像相，“我说识所缘，唯识所变故”，此影像相具所缘义，无能缘用。那么为何能够熏成本质赖耶见分种子，后复以此见种为因生起赖耶现行？如果似能缘的影像可以熏成能缘用的话，那么自意识在以他人意识为本质境，揣度他人意识想法时，自意识中别变的他人意识的影像为自亲缘相分，此相分熏，也就可以熏成他人意识的种子了。显然这并不符合实际。

其次，现行于所熏成自种，作因缘义。因缘是一，不能多法共为因缘生起一果。但在相分熏理论中，六、七二识相分熏都可以熏成阿赖耶识见分种，这是以不同识的相分为因，熏成同一赖耶见分种，则违于因缘义。如果说二者都是赖耶见分影像，所以熏成一种，无有过失，但相分始终相应于见分，六识所缘赖耶，只是第六识自证上所显相分用，体即是自证分；第七识所缘赖耶，亦体是第七识自证分。因为离自证外别无见相分，所以虽皆是赖耶见分影像，而其体是六、七二识各自自证分，二识同为一种作因缘，不应道理。

虽然《成唯识论》在说明异熟由来的《唯识三十颂》第十九颂“由诸业习气，二取习气俱，前异熟既尽，复生余异熟”时，用“相见、名色、心及心所、本末，彼取，皆二取摄。彼所熏发亲能生彼本识上功能，名二取习气。此显来世异熟果心及彼相应诸因缘种”来解释二取习气为因缘种，其中“本”即指本识阿赖耶识，似乎是通过前七转识缘取第八识，即能熏成第八识因缘种。但是，仔细分析此文可知 :“彼取”，是对“相见、名色、心及心所、本末”的取。取，不是一般意义上的缘取，还有执取义。对“相见”的取，就是将“相”取著为“实能”认识，将“见”取著为“实所”认识。乃至将“本末”取著为实在的本识和转识，或引业所感异熟总报和满业所感六识别报。对这些相对概念的取著，称

---

① 窥基撰 :《成唯识论述记》第3卷，《大正藏》第43册第335页下。

为“二取”。彼“取”以何而取？依名言而取。也就是说，取实际上是缘名为境，在“相见、名色、心及心所、本末”上依名“取”名所定义的相。彼“二取”在熏习时，引发本识上亲能生起“相见、名色、心及心所、本末”的因性功能，就是“二取习气”。实际上，“相见、名色、心及心所、本末”都是彼此观待，互为缘起，不可分割的整体，但是在“二取”带着名言进行熏习的过程中，使得无相见可得、无名色可得、无心心所可得、无本末可得的离言自性所摄“相见、名色、心及心所、本末”，以似“相见、名色、心及心所、本末”的表现显现于认识上。我们在似“相见、名色、心及心所、本末”上，施设其为“相见、名色、心及心所、本末”诸法。由此可知，二取的名言熏习，是使得诸法似名言所取相显现的亲因，也就是一切行相（表象）如是显现的亲因，而非要在虚妄分别认识的表象之外，另外找作为质料因的亲因。举例说，要有之前山水名言概念的熏习，才能在黄宾虹所涂抹的墨疙瘩上，见到山水的形象。山水形象出现在观看者的认识之上，所以是识所认识的行相，此行相与其说是所缘相，毋宁说是对此所缘的认识——山水的认识。如果没有山水的概念的熏习，在此墨疙瘩上，根本不会产生山水的认识。所以名言熏习，是使得识以如是——如名言所取——的方式得以呈显的原因。在如是呈显的认识行相之外，并无认识的实体。回到阿赖耶识的自种问题上，如果二取习气为因生起阿赖耶识，它生起的是作为“所”熏的阿赖耶识，是“能”执受根身的阿赖耶识，是以所执取的作为特定能、所的形象显现的。阿赖耶识的见分功能，是摄藏、是执受、是积集等等，而摄藏的见分功能，是在所摄藏的种子的因流中显现，执受的见分功能，也是在所执受根身的相续中显现。犹如眼识，是在所见色的呈显中显现其自身。概而论之，一切诸法，包括阿赖耶识，都是在缘起整体的离言自性上所假设的——依诸缘起，假设诸法。假设诸法的目的，在于说明诸法间缘起的关系，借以销融诸法实有的执着。既然是假设诸法来说明缘起关系，在关系中建立的角色就仅仅是一种似相。例如在识的自体上，以能所关系假立见相，但能所不能孤立存在，所以见相也非实有，而是似见似相而已。为何会显示似见、似相？“我法分别熏习力故，诸识生时变似我法。”①是因为之前有所似“见相”的名言熏习，所以在识现起时以似见相的似相显现。在此似见似相的似二分之外，永远找不到另外的识自体。

名言习气，谓“有为法各别亲种”，《成唯识论》中说此名言有二。1. 表义名言，是能诠的语言概念。2. 显境名言，“即能了境心心所法，随二名言所熏成种，作有为法各别因缘。”②有为法各别因缘为什么被称为名言？又为什么名为“显境”？窥基解释说：“‘即能了境心心所法’，即是一切七识见分等心，非相分心，不能‘显境’故。此见分等，实非名

① 玄奘译：《成唯识论》第1卷，《大正藏》第31册第1页中。
② 玄奘译：《成唯识论》第8卷，《大正藏》第31册第43页中。

言，如言说名显所诠法，此心心所能‘显’所了‘境’，如似（《大正》无‘似’，依《金藏》改）彼故，名之为‘名’，体非‘名’也。”[①]窥基的解释说显境的是七识见分心，换一个角度，我们也可以说“显境”的就是名言本身，能取名言的“二取”，带着所取表义的名言，进行熏习，使所生起的有为诸法“似”“名言所取相”显现似境——似心、心所、色、不相应行法。所以显境名言作为有为法亲因，仍然是说借着虚妄分别识的“相名分别”言说戏论熏习，显现有为法各别的“似相”。

《解深密经》卷2《无自性相品第五》说：

> 由遍计所执自性相故，彼诸有情于依他起自性及圆成实自性中，随起言说。如如随起言说如是如是，由言说熏习心故、由言说随觉故、由言说随眠故，于依他起自性及圆成实自性中，执着遍计所执自性相。如如执着如是如是，于依他起自性及圆成实自性上，执着遍计所执自性；由是因缘，生当来世依他起自性；由此因缘，或为烦恼杂染所染、或为业杂染所染、或为生杂染所染，于生死中长时驰骋、长时流转，无有休息，或在那落迦、或在傍生、或在饿鬼、或在天上、或在阿素洛、或在人中，受诸苦恼。[②]

与此相类似的描述还有《真实义品》所说：“若自性分别，若差别分别，若总执分别，此三分别能生分别戏论所依、分别戏论所缘事。”[③]经论所说，都指出在依他起和圆成实上，由执着遍计所执相，发起言说来诠表遍计所执相。《无自性相品》说其为“此由假名安立为相，非由自相安立为相”。所以名言所定义所对应的是所安立的遍计所执相。依于名言的运用，就在依他起和圆成实上，依照名言来取相，没有取到真实相，反而去执着了遍计所执相。随着起言说的识的数数熏习，也就是进行遍计所执相执的识的数数熏习，由此为因缘，生当来世依他起，依他起一现起，就显现为如名言所取遍计所执一切法一样的似相。

《解深密经·一切法相品》中的“颇胝迦宝”喻，其中说到“如彼清净颇胝迦上，所有染色相应；依他起相上，遍计所执相言说习气，当知亦尔”。透明纯净的颇胝迦宝上，如果涂上不同的染色，就会像各种宝石黄金一样显现其相。比喻依他起上，由遍计所执相言说习气所熏染，使得依他起“似（所执）相”显现，亦是“似言说所取相”显现。就像清净颇胝迦宝上，各类宝石黄金的似相从何因缘而来？是从不同染色而来。于不可言说不可分别自性差别相之依他起离言自性上，心、心所、色、不相应行等诸法自性似相显现，

---

① 窥基撰：《成唯识论述记》第8卷，《大正藏》第43册第517页上。
② 玄奘译：《解深密经》第2卷，《大正藏》第16册第694页下。
③ 玄奘译：《瑜伽师地论》第36卷，《大正藏》第30册第489页下。

此等诸法以何为因而得现起？应当说是不同的言说习气为因。

因此，我们不但要审视相分熏成本质种的理解是否正确，甚至要重新审视在能熏四义下的心心所熏习名言种形成诸法亲因的理解是否如理。如果现行熏种子、种子起现行，被理解为提供诸法生起的质料因的话，我们就将诸法的存在和它以"迷惑觉慧"的似相显现的行相（表象）区分开来，而这种将性、相区分的方式，恰恰是唯识学所力图避免的。很多时候，我们将因缘都理解为了一种"质料因"，在相用表现之外的实体的亲因，这恰恰是凡夫永恒的形而上冲动，也是根本的尽生死际存在的无明。

此处还有一问题在于，上述讨论中，名言概念指向遍计所执，依照名言进行取相的二取分别，唯在第六识，因为只有第六意识可以缘名为境。那为什么不是只有意识才能熏习？有相唯识学中，唯有六、七二识有执着，第七识虽不用名言，然其虽恒行不共无明、萨迦耶见，以及别境中慧等心所作用，于似赖耶见分的所缘影像上，无明所覆，慧心推度，取常一主宰等相，执为实我实法，虽非依名取相，而有俱生我法执，如六识名言分别而分别我法，亦如名言随眠，所以亦有名言熏习。前五识也不用名言，且现量缘境，不与执见相应。但前五识生起，要以第六意识为分别依，其业用亦随第六意识而转，有第六意识，前五识才能明了取境。所以前五识缘境，虽无能所、我法等分别，然为意识所缘之时，亦以似相显现，可通名之为"虚妄分别"。《摄论》解释说："由此诸识，一切界趣杂染所摄依他起相虚妄分别皆得显现。如此诸识，皆是虚妄分别所摄，唯识为性，是无所有非真实义显现所依。"①因此也皆可摄在名言熏习。

在早期唯识学的论述中，对阿赖耶识自种，也避免以一种具象化实体种子的方式来描述。比如《瑜伽师地论·摄抉择分》中，在阿赖耶识与诸转识"互为缘性转相"中说到转识对阿赖耶识所起因缘作用时说：

> 复次诸转识，与阿赖耶识作二缘性：一、于现法中，能长养彼种子故；二、于后法中，为彼得生，摄殖彼种子故。于现法中长养彼种子者，谓如依止阿赖耶识，善不善无记转识转时，如是如是于一依止同生同灭，熏习阿赖耶识，由此因缘，后后转识善不善无记性，转更增长、转更炽盛、转更明了而转。于后法中为彼得生摄殖彼种子者，谓彼熏习种类，能引摄当来异熟无记。②

在阐述阿赖耶识对转识的因缘作用时，《摄抉择分》非常清晰地用"为彼种子""为彼所依"进行说明，因此可以明确定义因缘和增上缘。但在阐述转识对阿赖耶识的因缘作用

---

① 玄奘译：《摄大乘论本》第2卷，《大正藏》第31册第138页上。
② 玄奘译：《瑜伽师地论》第51卷，《大正藏》第30册第580页中。

时，行文就较为暧昧而不易理解。“于后法中，为彼得生，摄殖彼种子故”，尚易明了。“于后法中”，显示其为异时因果。“为彼得生，摄殖彼种子”，这是指业种子。转识熏习业种，能“引摄当来异熟无记”阿赖耶识，转识为阿赖耶识作增上缘，因为业感缘起是增上缘缘起。但在说明因缘缘起时就晦涩不明，它并不直接说明转识熏习阿赖耶识，给阿赖耶识作种子、作因缘，而是说“于现法中，能长养彼种子故”，此处主语承前，应指转识，因此“彼”指阿赖耶识。转识在现在当下的同时因果中，能熏习长养阿赖耶识中的种子。按照后文“依止阿赖耶识，善不善无记转识转时，如是如是于一依止同生同灭，熏习阿赖耶识，由此因缘，后后转识善不善无记性，转更增长、转更炽盛、转更明了而转”的解释，“彼种子”指阿赖耶识中使得后后转识生起时能转更增长、炽盛、明了的转识自种，并非指阿赖耶识自身的因缘种子。此中似乎并未直接说明转识对阿赖耶识见分功能所起的因缘作用，而是说转识熏习，长养了阿赖耶识中的转识自种，用“长养”，显然说明转识所摄一切法的种子是阿赖耶识中本有种，新熏是长养本有种而非新生。这是说在现法的同时因果中，转识增长了阿赖耶识相分，那么是否可以认为，这是通过相分增长来显示其见分功能的加强？就像通过河水的暴涨，来说明河流本身的增长一样。阿赖耶识见分功能的自相，是对种子的“摄持”，如《摄大乘论本》说：“此中安立阿赖耶识自相者，谓依一切杂染品法所有熏习为彼生因，由能摄持种子相应。”[①]阿赖耶识的自相，就是与“能摄持种子”相应的功能。因此，离开所摄持的种子，此“能摄持”功能还会显现吗？二者是非一非异、不即不离，一体的两面。又比如镜子能照的功能和所照的影像，其实是一体的两面，离开能照的功能没有所照的影像，反之亦然。所以可以通过所照影像的愈加清晰，说明镜子的功能愈加明净。这也可以视为阿赖耶识自种来源问题的一个解释。

四、未尽的结论

有相唯识学立足法相施设的阿毗达磨，其理论精密繁复令人叹为观止，但同样难以避免的问题在于，在安立法相并对法相之间的复杂关系进行研讨的时候，很容易落入实体主义的窠臼。在阿赖耶识自种问题上，相分熏几乎是必然的思路，但传统相分熏熏成本质种的理解，很可能异变成对质料因的追索。这对于唯识学来说，就是在现象之外去找一个实体，违背了唯识学所根据的缘起论立场。在此意义上，我们对阿赖耶识因缘自种是什么的提问，应该理解为：以何因缘，阿赖耶识以如是功能（似能摄持相）显现。而不是：以何因缘，阿赖耶识法体生起。就像我们问怎么显现照的功能，而不是问怎么生起镜子。只有实体主义才在相用之外寻求法体。因此，包括阿赖耶识在内的有为诸相，从何因缘而

---

① 玄奘译：《摄大乘论本》第1卷，《大正藏》第31册第134页中。

来，“相，由相生，及由先分别生”[①]将是唯一确定的答案。

但我们并非全然否定相分熏理论。在见相分的似相显现上，似能取相和似所取相是不可分割的缘起整体。因此当见分熏习时，必挟带相分一同熏习。但见相的熏习都不是熏成能生法体的种子，更不用说熏成阿赖耶识法体的本质种。它是作为“似”言说安立的“遍计所执相”，以如是的“似相”进行熏习，因其所似的“遍计所执相”在缘生法上并无自相存在，只是以“名言”所指的方式存在，所以“似相”的熏习，其实质就是名言的熏习，这样的熏习，使当来世再再生起的诸法，仍然以“似”“所似遍计所执”的“似相”显现自身。这就是一切诸法如是以“似本识、似转识”“似见识、似相识”等显现的亲因缘。

什么是阿赖耶识自种？应说无始来虚妄分别言说戏论习气，是异熟阿赖耶识亲因。也许这才真正回归了世亲菩萨《三十颂》的理解。

---

① 参见玄奘译:《瑜伽师地论》第72卷,《大正藏》第30册第696页中。

唯识学视角下的业报形成机制

——以杀生业道为例

慧　因

内容提要：业报思想是佛教的核心思想之一，各个学派都有详细讨论。而唯识学在唯识无境的理论之下，如何完成造业的行为，从而形成感果的力量，需要从理论上给予澄清。本文即以杀生业道为具体案例，分析在唯识学视角下的业报形成机制。

关键词：唯识；业报；杀生业道

作者简介：慧因，成都文殊院空林佛学院法师。

佛教的核心理论主要讨论两个方面的问题，在缘起中称为"流转缘起"与"还灭缘起"，在四谛中即是"苦集"与"灭道"，亦即一般所说的轮回与解脱。解脱是佛教修行者所要追求的终极目标，而其建立则以轮回为前提，若没有轮回则解脱无从谈起。因此，自部派佛教以来，各部派论师都从自宗的理论出发，详细阐明有情的轮回情况。

造业、受报是轮回的具体表现形式，因此，各个部派集中讨论业的形式、业的相续以及业果的关联等问题。本文即以部派佛教的业报思想为背景，讨论唯识学视角下的业报形成机制问题。

一、有我与无我的业报观

如所周知，业报作为一种轮回观念并非佛教的特见，在古印度，除了断灭论者和无因论者，基本都接受这一观念。

早在吠陀时期（公元前7至公元前6世纪前后），"业"（karman）这个词就已被广泛使用，据葛维钧的统计，在《梨俱吠陀》中，"业"出现过40余次。但是，彼时的"业"，单纯指一般的行为，或祭祀中的行为，还不具有后来所说的业报观念。[①]到梵书时期（公元前10至公元前7世纪），随着祭祀的地位大幅度提升，并拥有神秘的力量，由此产生与祭祀相结合的业力观。通过祭祀可以生到天堂，达到不死的境地，而没有通过祭祀生到天堂的人，则会不停地经受人间的生、老、病、死，循环往复。此时已出现业报与轮回的思想，但是比较粗浅，没有进行精细和系统化的探讨。[②]

奥义书时期（公元前6世纪左右）在梵书的基础上进一步组织完善，形成系统性的"善恶业报"思想。如《唱赞奥义书》中说：

> 唯在斯世行善行者，有望于生善胎，或生为婆罗门，或生为刹帝利，或生为吠奢。若在斯世行恶行者，其事且将为入乎不善之胎，入乎犬，或野彘，或战陀罗人之胎。[③]

我们可以看出，此时的业报思想，已从祭祀活动中独立出来，就行为本身而谈"善受乐报，恶受苦报"。这一业报模式被后来的婆罗门教的正统六派哲学[④]以及非正统[⑤]的耆那教和佛教等所接受。尽管佛教也接受了这一业报观念，但是对"业报"的阐释却与印度其他思想派别有根本的不同。

佛教以外的思想派别，不管是正统派，还是非正统派，都认为有一个"常、一、主、宰"的"我"（ātman）作为造业、受报的主体。如，吠陀时代以来的婆罗门教传统提出"梵我一如"的思想，认为"梵"（brahman）是宇宙的本原、万物的本体，又称"大我"；"我"（ātman）则是个体生命的实体、轮回的主体，又称"小我"，二者的关系本质是同一的。当人不能正确认识"梵"时，就会将"梵"与"我"分离，这时"我"即受善恶业的影响，而不断轮回。[⑥]

又如，耆那教将宇宙万物分为"命"（jīva）与"非命"（ajiva）。"命"即灵魂、自我，有意识；"非命"相反，即非灵魂，无意识。他们认为"命"在本性上是全知全能的，超然于苦乐，不具形式，永恒存在。但是，当"命"与物质性的"业"相结合时，就陷入轮回，难以自拔。

---

① 参见葛维钧：《吠陀时代业报说的萌芽——"业报理论源流探索"之一》，《南亚研究》1996年第2期。
② 参见李志阳：《奥义书之业力思想研究》，湘潭大学硕士学位论文，2019年。
③ 徐梵澄译：《五十奥义书》，北京：中国社会出版社，1984年，第184页。
④ 二世纪顷，出现于印度婆罗门教系中六种哲学学派之总称。分别是：弥曼差学派、吠檀多学派、僧佉学派（数论学派）、瑜伽学派、卫世师学派（胜论学派）、尼柔学派（正理学派）。
⑤ 指反对婆罗门的沙门思潮。
⑥ 参见姚卫群：《印度婆罗门教哲学与佛教哲学比较研究》，北京：中国大百科全书出版社，2014年，第247页。

总之，佛教以外思想派别的业报思想，无一例外，都是奠基于一个先在的主体——“我”。而佛教虽然接受了业报思想，但摒弃实我的观念，基于缘起而阐发业报与轮回。

“缘起”是佛教的核心观念，也是佛教区别于佛教之外的思想派别的标识，其基本的表述方式是“此有故彼有，此生故彼生；此无故彼无，此灭故彼灭”。在这一表述中，一切事物都是相互依存的，没有独立存在的事物。在这个意义上，生命的轮转过程中，没有一个造业的主体，也没有受报的主体，只是一系列的因果相续而已。这正如《杂阿含经》中所说:“有业报而无作者，此阴灭已，异阴相续，除俗数法。”[①]虽然没有一个先在的实体作为造业受报的主体，但是，在缘起之流中，不妨存在一个现象的“我”(“俗数法”，即所谓“假我”)。换言之，生命现象的流转，并不是基于一个生命实体(“我”)，相反，是在业报的因果相续过程中，建立生命现象。恰如傅新毅所指出的：

> 缘起论采纳的无疑是一种“关系先在”而非“实体先在”的视角，亦即是说，并非是首先存在着各种自我规定的事物，然后再在其间发生一些偶然的外在关系，仿佛没有这些外在关系也不会改变事物的内在本性，而各种关系的发生倒是以事物的存在为前提的，恰恰相反，首先乃是一种关系性的存在，只有依于这些关系，事物才能有不同的差别相。[②]

但是，自部派以来，提出了一种“刹那”(kṣaṇa)的时间观。所谓“刹那”，即将时间分割至不可再分割的点，而时间之流乃是刹那的集合。而在刹那的时间观之下，一切法刹那生灭，而业与果报又分属不同的刹那(异时因果)，那么，它们之间的必然关联如何可能? 这个意义上，虽然没有造业、受报的主体，但是业与果报之间的联系需要解释。

对这一问题，部派佛教有广泛的讨论。其中，比较有代表性的是说一切有部和经量部。

说一切有部，基于“三世实有”的学说，提出“取果”“与果”的理论，以说明业果的关联。所谓的“三世实有”是指在现象范围之外建立一个非时间性的法体，法体本身是“恒住自性”的，但其作用有生灭，即在作用的生灭中建立时间的流变。在这个意义上，过去业的作用虽已谢灭，但其法体不灭，正因为其法体的存在，所以在现在还能为因感果。而所谓“取果”，即“在业之法体起现的刹那，即业的当下性行为的刹那，业之法体有作为因而引生未来果的功能”。“与果”，即“在果报生起的刹那，业的当下性行为已落

---

① 求那跋陀罗译：《杂阿含经》第13卷，《大正藏》第2册第92页下。这句话玄奘译为：“有业有异熟，作者不可得。谓能舍此蕴及能续余蕴，唯除法假。”(玄奘译：《阿毗达磨俱舍论》第9卷，《大正藏》第29册第47页下。)

② 傅新毅：《佛法是一种本体论吗?》，《南京大学学报》2002年第6期，第19页。

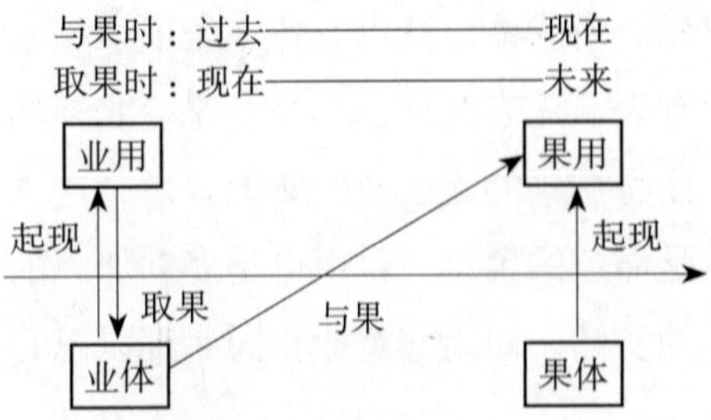

图1　取果与果关系图

入过去，而业之法体依然存在，虽然它不能直接起现为业，但能作为因而予果法起现以力用”[①]（见图1）。通过具有连续性的法体的“取果”与“与果”功能，有部在刹那生灭的缘起之流中建立起了业与果的关联。

经量部不同于有部认为“过未无体”，因此无法像有部那样就法体本身的功能建立业果关联，而以“种子熏习”的理论解释业果的相续问题。所谓“种子熏习”，即，业的当下性行为结束后，业本身虽然谢灭了，但是会通过熏习的方式，在色心中留下一种潜在的力量——“种子”（bīja），作为未来生果的因缘。如此，业虽谢灭，但种子相续，业果关联得以建立。

唯识学延续了经量部的种子熏习思想，但是认为它将色心作为种子的依处，有不周遍。比如，入二无心定时，没有心；生无色界，则没有色身。色心无法周遍作为种子的依处，因此唯识学安立遍三界、不间断的阿赖耶识作为种子的依处。

总之，佛教的核心思想是缘起，基于缘起所展开的是无我的业报思想。而唯识学正是基于这一核心思想，批判性地继承了部派中的相关思想，提出了自宗的阿赖耶识及种子熏习说，更加完善了业报理论。

二、业与业的形成机制

由于唯识学的独特的世界观——唯识无境，其业报的形成机制与其他承认实有外境的部派不同。因此，本文接下来所要探讨的重点就是，在唯识无境的视角下业报的形成机制。为了更加具体化，我们将以十不善业道中的“杀生业道”为具体分析的案例。

（一）业的含义与实质

业，梵文karman，有多种含义，其核心含义是“行为”，即指有情的身心活动。按梵文的构词法，karman由词根√kṛ（做）加后缀-man（拥有）构成。-man有“拥有力量”之义，因此，karman这个词就具有了“有具体力量的行为”的意思。在这个意义上，“业”就不单指当下的行为本身，还包括行为所产生的力量。在业报思想中，就将之解释为能够招感未来苦乐果报的力量，在佛典中多称之为“业力”（karma-bala）。[②]

---

① 参见傅新毅：《识体与识变——玄奘唯识学的基本问题》，上海：中西书局，2024年。
② 参见水野弘元：《佛教教理研究》，释惠敏译，台北：法鼓文化事业有限股份公司，2000年，第207—208页。

就业的实质来说，身、语、意三业，其中意业以思心所为体，这没有什么争议。关于身、语二业，有不同的说法。有部认为，身、语二业有表、无表两种，都是在意业之外的实体。其中身表业以形色为体，语表业以言声为体，而身、语的无表业，属无表色，这三者都是有实体色法。而经部与有部不同，认为，形色是显色的聚集，言声也是多刹那声的聚集，都是假法，因此不认为身语二业是独立于意业的实体，而是与意业相同，都以思心所为体。

既然都是以思心所为体，那为什么还要安立三业的差别呢？经部的回答是：

> 若业依身立为身业，谓能种种运动身思，依身门行故名身业。语业意业随其所应，立差别名当知亦尔。①

虽然三业都是以思心所为体，但是所依不同，业的命名也不同。即此思心所，依身行名为身业，依语行名为语业，依意行名为意业。又依思心所的不同阶段，立不同的名称：

> 谓前加行起思惟思，我当应为如是如是所应作事，名为思业。既思惟已，起作事思，随前所思作所作事，动身发语名思已业。②

即，思的行为过程分为两个阶段：第一阶段是“思惟思”，思惟所应所事；第二阶段是“作事思”，依前思而动身发语。前者为思业，亦即意业；后者为思已业，亦即身语二业。

经部既然认为表业无实体，那么，无表业自然也是假施设的，因而将有部无表业所承担的功能落实在了思种子上，如《俱舍论》说：“谓从如前所说二表，殊胜思故，起思差别，名为无表。”③此中的思差别即是思种子。

唯识学在这一点上基本上继承了经部的思想，而将经部的两种思细分为三种思，即审虑思、决定思、动发思。而其与三业的关系，如《成唯识论》说：“能动身思说名身业，能发语思说名语业，审、决二思意相应故、作动意故，说名意业。”④

虽然一切业都以思为体，但是，能够感果报的业，并不是泛泛的一切业，而是有明确标识的善恶业。即如《成唯识论》曰：“诸业谓福、非福、不动，即有漏善不善思业。业之眷属亦立业名，同招引满异熟果故。”⑤而，唯有第六意识相应的思心所才具有发这种有

---

① 玄奘译：《阿毗达磨俱舍论》第13卷，《大正藏》第29册第68页下。
② 玄奘译：《阿毗达磨俱舍论》第13卷，《大正藏》第29册第68页下。
③ 玄奘译：《阿毗达磨俱舍论》第13卷，《大正藏》第29册第68页下。
④ 玄奘译：《成唯识论》第1卷，《大正藏》第31册第4页下。
⑤ 玄奘译：《成唯识论》第8卷，《大正藏》第31册第43页下。

漏善不善业的功能。因为，第七、第八识都是无记性，前五识虽能与善恶心所相应，但不具有主动性，只能依靠第六识的引发。唯有第六意识最具有主动性，造作性最强，也只有第六意识相应的思心所才具有这种发业的功能。

同时，以上这一段论文也提示我们，招感果报的业，不仅仅是有漏善恶思心所，还包括“业之眷属”。根据窥基的解释，此处的“业之眷属”，是指“五蕴性善、不善律仪”[①]。道邑进一步解释说：“色中取所发善、恶身语为律仪、不律仪色，余四蕴中唯取有漏善恶，所余非也。”[②]也就是说，虽然标明是五蕴性，但并不是所有的五蕴。色蕴中只取律仪、不律仪色，其他四蕴只取与思相应的有漏善恶心、心所。

如上所述，业是一种“有具体力量的行为”，而在唯识学中，这种力量不在于行为本身，而在于思心所。同时，进一步表明，能招感果报的不仅仅是思心所本身的力量，还包括其眷属。

在此基础上，我们进一步要讨论的是，能感果的善恶业如何达成？这看似不成问题，但是，在唯识无境的思想之下，有讨论的必要。

（二）业形成的条件

以杀生业道为例，根本业道的成就，《俱舍论》列出了五种条件：

> 要由先发欲杀故思；于他有情；他有情想；作杀加行；不误而杀，谓唯杀彼，不漫杀余。齐此名为杀生业道。[③]

在《瑜伽师地论》中也有类似的五种条件：

> 复由五相，何等为五？一事，二想，三欲乐，四烦恼，五方便究竟。……杀生业道以有情数众生为事。若能害者，于众生所作众生想，起害生欲，此想即名于彼众生名不颠倒想；依此想故，作如是心，我当害生，如是名为杀生欲乐。此能害者或贪所蔽，或瞋所蔽，或痴所蔽，或二所蔽，或三所蔽，而起作心，是名烦恼。彼由欲乐及染污心，或自或他发起方便加害众生，若害无间彼便命终，即此方便当于尔时说名成就究竟业道。若于后时彼方舍命，由此方便彼命终时，乃名成就究竟业道。[④]

---

① 窥基撰：《成唯识论述记》第8卷，《大正藏》第43册第515页上。
② 道邑撰：《成唯识论义蕴》第5卷，《新纂卍续藏》第49册第467页中。
③ 玄奘译：《阿毗达磨俱舍论》第16卷，《大正藏》第29册第86页下。
④ 玄奘译：《瑜伽师地论》第59卷，《大正藏》第30册第630页上。

两部论所列的成就杀生业道的条件大同小异，下面我们从自、他两个方面来谈。

1. 自的方面，有四点。（1）杀生的意志，即《俱舍论》中的“欲杀故思”、《瑜伽论》中的“欲乐”，即有明确杀害众生的想法。（2）对象的认知，即《俱舍论》中的“他有情想”、《瑜伽论》中的“于众生所作众生想”，即明确知道自己所要杀的对象是一个有情。（3）杀生的行为，即《俱舍论》中的“作杀加行”、《瑜伽论》中的“方便究竟”中的“方便”，即身语刀杖等行为。（4）杀生的心理状态，即《瑜伽论》所说的“烦恼”，这是表明造成杀生业道的心理状态一定是染污的，反过来说，若清净心即不成就杀生的根本业道。

2. 他的方面，有两点。（1）他者的生命，即《俱舍论》中所说的“他有情”、《瑜伽论》中所说的“有情数众生”。这里面有两个关键点，一个是“他”，即除自身之外的他者；另一个是“有情”，这是排除了无情物。在这两个条件之下，自杀①或者砍伐草木都不成就杀生的根本业道。（2）对象命终，即《俱舍论》中的“不误而杀”、《瑜伽论》中的“究竟”。这是说由一个能杀者的主观行为而导致客观上另外一个有情（被杀者）命终，并且这个被杀者与能杀者的主观认知是一致的，这样才可说是杀生业道成就。反之，若所杀的对象与能杀者的主观认知不一致，即不成就杀生的根本业道。②

完成业之过程可分为加行、根本、后起三阶段。其中，加行业道属预备之行为，不完全具备以上五种条件；根本业道，即具足以上五种条件，完成行为；后起业道，属于完成之后的从属行为，如欣乐、随喜等。

就根本业道而言，杀生业道的成就，并不是单纯主观的运作，而是在自他主客观的交互当中才得以成立。这样的业道模式，在外境实有论者角度是很好理解的。但是，若以唯识学的理论来看，难免就会有一些疑难。

按唯识理论，每一个有情的世界都是自识的变现，自识世界中的“他有情”也是自识所现的。若如此，“他有情”是否存在？如不存在，那么杀生业道如何成立？如果仅凭主观臆想就可成立杀生业道，一方面，与前二论所说杀生业道的条件相违背；另一方面，举心动念就造作无边罪业。若如此，凡夫众生的解脱如何可能？或者反过来，从行善的角

---

① 此处所说的“自杀”是指自己杀自己，不同于律中的“自杀、教他杀”的自杀的意义，律中的“自杀”是指自作杀业。关于自杀为什么不成就根本业道，我们可以参考《阿毗达磨俱舍论》卷16：“有问言：‘颇有杀者起杀加行及令果满而彼不为杀罪触耶？’曰：‘有。云何？谓能杀者与所杀生俱死、前死。何缘如是？以所杀生，其命犹存，不可令彼能杀生者成杀罪故。非能杀者其命已终可得杀罪，别依生故。谓杀加行所依止身今已断灭，虽有别类身同分生，非罪依止，此曾未起杀生加行，成杀业道理不应然。’”（玄奘译：《阿毗达磨俱舍论》第16卷，《大正藏》第29册第86页中。）此文意说，能杀者与所杀者同时死，或在所杀者前死，皆不成就根本业道。“自杀”即属于能杀者与所杀者同时死的情况。

②《瑜伽师地论》卷9：“作用颠倒者，谓如有一于余众生思欲杀害，误害余者，当知此中虽有杀生，无杀生罪，然有杀生种类、杀生相似同分罪生。若不误杀其余众生，然于非情加刀杖已谓我杀生，当知此中无有杀生，无杀生罪，然有杀生种类、杀生相似同分罪生。”（玄奘译：《瑜伽师地论》第9卷，《大正藏》第30册第319页上。）

度，是不是可以不用去做真实利益众生的事情，只靠意识观想就能成就无上佛道？综上，根本业道能否成就的关键在于，自他交互如何可能。

（三）自他交互的可能

如上所述，在杀生业道中，必须存在一个自身之外的他者——他有情，杀生业道方能成立。这里面首先点出的就是自他关系之下，杀生才有可能。那么在唯识视角下，自、他的关系如何建立呢？

首先我们要澄清的一个问题是，所谓“唯识”，并不是“唯有一识”，而是一切有情各有八识，如《成唯识论》说：

> 若唯一识，宁有十方凡圣、尊卑、因果等别？谁为谁说？何法何求？故唯识言有深意趣。识言总显一切有情各有八识、六位心所、所变相见、分位差别及彼空理所显真如。识自相故，识相应故，二所变故，三分位故，四实性故，如是诸法皆不离识，总立识名。唯言但遮愚夫所执定离诸识实有色等。①

这一段文字，首先，为我们指出了“唯一识”的过失；其次，说明唯识的意义是“一切法皆不离识”；最后，指出了唯识教法的指向是“遮止离识之外的实有法”。在这个意义上，所谓的“有情”，并不是离识实有的，而是依识假施设而有的。这正如《唯识三十颂》第一颂所说的：“由假说我法，有种种相转，彼依识所变，此能变唯三。”②所以，每一个有情及其所处的世界都是由各自八识所显现的，每一个有情都是“唯识”的 。在这个意义上，唯识学认可有自识之外的“他有情”的存在。

问题是，自识所缘的“他有情”是不是就是自识之外的“他有情”呢？这涉及一个唯识理论的问题，即《解深密经》所说的：“我所识所缘，唯识所现故。”③又如《成唯识论》说：“即以所变为自所缘。”④这表明在唯识理论中，虽然承认“他有情”的存在，但是在每一个有情的认识中，都是以自识所变相为自所缘。这也就意味着，自识所缘的“他有情”并不是自识之外的“他有情”。在此基础上也就无法真正触及他者，那么“杀他有情”如何成立？

比较合理的解释是，自识之中的“他有情”是自识所现，但也不是与自识之外的他者完全无关。如《成唯识论》说：“自他身土可互受用，他所变者为自质故。”⑤这是说自他

---

① 玄奘译：《成唯识论》第7卷，《大正藏》第31册第39页下。

② 玄奘译：《唯识三十论颂》，《大正藏》第31册第60页上。

③《解深密经·分别瑜伽品》：“我说识所缘，唯识所现故。”（玄奘译：《解深密经》第3卷，《大正藏》第16册第698页中。）

④《成唯识论》卷2：“即以所变为自所缘。”（玄奘译：《成唯识论》第2卷，《大正藏》第31册第10页上。）

⑤ 玄奘译：《成唯识论》第7卷，《大正藏》第31册第40页下。

第八识所变的根身和器界是可以互相受用的，也就是说自他的交互是可能的。但是，这里的“受用”并不是自直接缘取他所变的身、土，而是以他所变的身、土作为本质，在自识中显现出他身、土的影像。以亲疏所缘缘来说，即以他识所变的身、土为疏所缘缘，自识所变的他之身、土为亲所缘缘。略示如右（图2）：

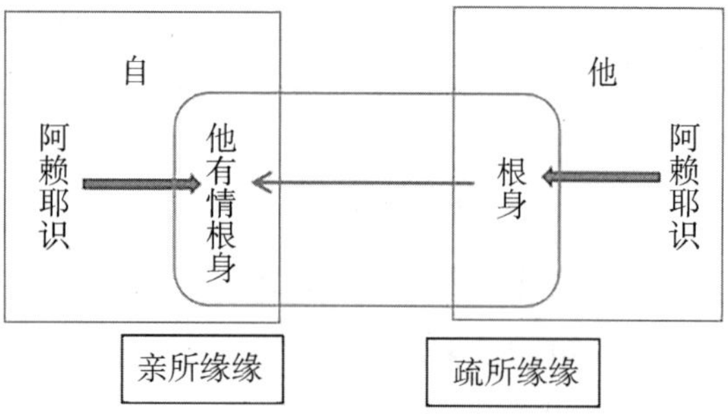

图2

以这样亲疏所缘缘的关系模式，在唯识理论之下，自他交互得以达成。这是在认识论的角度说明自他的关系，但是在“杀他有情”这一个命题当中，是有“他有情命终”这样一个客观事实。那么，在自他交互的过程中，如何通过主观认知当中的“他有情命终”而达成客观的“他有情命终”这个事实？这需要进一步说明。

（四）造业行为的成立

如前所述，通过亲疏所缘缘的模式，说明了在认识论中自他交互得以达成。那么，在这样的关系模式中，自他的影响如何可能？《唯识二十论》对这个问题作出了解释：“展转增上力，二识成决定。”[①]又说：“由他识转变，有杀害事业。”[②]前者说明，在自他的关系中，除了亲疏所缘缘的关系，还有互为增上缘的关系，在互为增上缘的关系中，自他的影响得以达成。[③]后者说明，在互为增上缘的关系中，杀害的事业可以达成。窥基进一步解释说：

> 由能杀者为增上缘，起杀害识转变力故，令所杀者有杀害已，断命事成。故能杀者，得杀生罪。[④]

下面以图3来具体说明。

如图3所示，在能杀者视角中，在能杀者识中现起杀他之身语，自识中之他者被杀，以此为增上缘，自识之外所杀者命根断。在所杀者的视角中，以自识之外能杀者之身语为增上缘，在自识中现起能杀者之身语，根身被害，命根断。灵泰在《成唯识论疏抄》中又进一步说明：

---

① 玄奘译：《唯识二十论》，《大正藏》第31册第76页下。
② 玄奘译：《唯识二十论》，《大正藏》第31册第76页下。
③ 颂文的本意是为解释在唯识理由论中，“近善恶友，闻正邪法”的可能性问题。
④ 窥基撰：《唯识二十论述记》第2卷，《大正藏》第43册第1003页中。

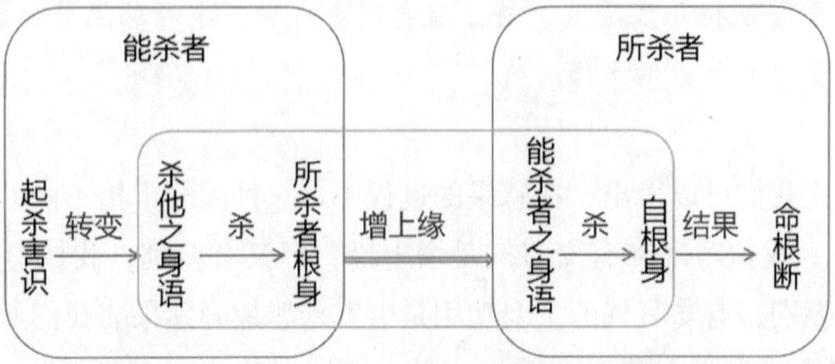

图3

> 如自身手打他人身，亦是自心上相，碍他人身上扶尘，持自家心变，由共他人扶尘同处，损自扶尘，他人亦即命终也。①

这段文字更加明确地指出，自识中所现的他者，只是他者的扶根尘，并不是他者的整体生命。但是，因为扶根尘与净色根及阿赖耶识"同共安危"，同时，又因为自他所现的扶根尘同处，所以自识中当他者的扶根尘被损害，客观上他者的扶根尘也被损害，从而导致命终。如是，自他主客观结果一致，杀生的行为成立。

综上所述，在唯识无境的理论之下，自他交互是可以达成的，因此，相关业道的行为可以完成。但是，这种当下性的行为如何成为一种力量，从而招感未来的果报呢?

（五）业力的形成

根据业报理论，业的当下性行为，才生即灭，无法招感未来的果报。而能感果的，是当下性行为谢灭之后留存在来的一种潜在力量。那么这种力量如何形成？以什么形式存在？唯识学的解答是，由熏习形成，以种子形式存在。

根据《摄大乘论》，熏习有三种，分别是名言熏习、我见熏习、有支熏习。《成唯识论》继承《摄论》的说法，建立三种习气，即名言习气、我执习气、有支习气。所谓习气，即种子异名。关于三种习气的定义，如《论》说：

> 一、名言习气，谓有为法各别亲种。名言有二：一表义名言，即能诠义音声差别；二显境名言，即能了境心心所法。随二名言所熏成种，作有为法各别因缘。
>
> 二、我执习气，谓虚妄执我我所种。我执有二：一俱生我执，即修所断我我所执；二分别我执，即见所断我我所执。随二我执所熏成种，令有情等自他差别。
>
> 三、有支习气，谓招三界异熟业种。有支有二：一有漏善，即是能招可爱果业；

---

① 灵泰撰：《成唯识论疏抄》第5卷，《新纂卍续藏》第50册第231中。

二诸不善，即是能招非爱果业。随二有支所熏成种，令异熟果善恶趣别。应知我执、有支习气，于差别果是增上缘。[①]

从上面的引文我们可以得出，在感果的过程中，三种习气承担不同的功能。其中，名言习气是亲因缘；我执习气和有支习气是增上缘，但又有差别，我执习气的主要功用是导致有情的自他差别，有支习气的主要功用是引发善恶趣异熟果。我们所讨论的“业力”，即是指有支习气而言，它有善恶业熏习成种，所以又称为“业习气”。其本质其实就是“思心所”及其眷属的种子。

理论上，这三种习气是在造业的刹那同时熏成的。如，当我们生起一种强烈的杀心去杀他人的时候，我们是被一种强烈的不善思推动，而对他者做出杀害的行为。此时，这个思心所本身的熏习，会熏成一个“名言习气”，作为将来思心所的亲因缘。而又因为是不善的，这个思种上，会有一种感果的力量，这就是“有支习气”；又由于是怀着我执去做这个行为的，所以又有“我执习气”，此二作为异熟果的增上缘。此外，当我们令他者受苦时，他者作为我们认识的一部分，也会熏习到我们的阿赖耶识中（相分熏），成为苦果的“名言习气”，作为异熟果的亲因缘。待到将来条件成熟时，以我执习气和有支习气为增上缘，以相关的名言习气为亲因缘，在恶趣中感得与他者不同的生命个体。善业，则以此反推。

三、果报与果报的形成机制

（一）果报的含义与实质

果报，梵文vipāka，有“煮熟、成熟”等义，在业报思想中，指由过去业因所招感的结果。该词出自vi-√pac，动词词根√pac有“煮、烧、成熟”等义，前缀vi-则有“差别、不同”的意思。玄奘按照梵文构词法将vipāka译为“异（vi-）熟（pāka）”。而玄奘之所以这么翻译，应该是为了词义的周全考虑。如窥基所述，“异熟”有三义：

一、变异而熟，要因变异之时，果方熟故。此义通余，种生果时，皆变异故。二、异时而熟，与因异时，果方熟故。今者大乘，约造之时，非约种体，许同世故。三、异类而熟，与因异性，果酬因故。然初二解无别论文，今依论文但取后解。[②]

① 玄奘译：《成唯识论》第8卷，《大正藏》第31册第43页中。
② 窥基撰：《成唯识论述记》第1卷，《大正藏》第43册第238页下。

根据窥基的解释，第一义，变易而熟，这个解释通其他的果，无法体现异熟的独特性，因为所有的果从种子生现行时，都有变异。第二义，异时而熟，即因在过去，果在现在，或因在现在，果在未来。但，需要注意的是，这里所说的因，是指造业之时的业，而不是种子，若从种子生现行的角度，是同时因果。第三义，异类而熟，是指业因与所成熟的果在善、恶、无记三性上不同类，即所谓的“因有善恶，果是无记”。换言之，造善恶业招感的是苦乐果，苦乐果本身既不是善，也不是恶，无法用善恶标识，因此是无记。

虽然窥基依据唯识学取第三义为正义，但是，我们仍然可以通过这三义看出，果报作为“异熟”的特征，即，其与业因的关系，在时间上是异时的——异时因果，在性类上是异类的——异类因果。

异熟果又可以分为两种，即真异熟与异熟生。真异熟是作为总果报体，必须具备三个条件：“一、业果，二、不断，三、遍三界。”即指第八识。异熟生，是由第八真异熟所引生的前六识别报果。此中，真异熟是有强盛业所招感的第八识总报果，而异熟生则是其他微弱业所招感的别报果。更加具体地说，“只有第八识心、心所才是总报果，第八心王所缘的胜义根与扶根尘也都是别报果”，以及异熟无记的前六识是别报果。①

（二）果报的形成机制

《瑜伽师地论》提到，造作十善和十不善业道，每一个业道都可得三种果——异熟果、等流果、增上果。且以杀生业道为例：

> 若于杀生亲近、数习、多所作故，生那落迦，是名杀生异熟果。若从彼没，来生此间人同分中，寿量短促，是名杀生等流果。于外所得，器世界中，饮食、果药，皆少光泽，势力、异熟及与威德，并皆微劣，消变不平，生长疾病，由此因缘，无量有情，未尽寿量，非时中夭，是名杀生增上果。②

杀生异熟果，感得三恶趣。文中虽然只列出一种，但依据其他经论，随杀生业的下中上三品不同，如次感得傍生、饿鬼、地狱的果报。杀生等流果，受异熟果报之后，生人中，感得寿量短促。杀生增上果，受完异熟果之后，生人中，感得器世界的种种微劣。但是，这三种果是如何感得的呢？遁伦在《瑜伽论记》中列出了三种解释：

> 若萨婆多，以方便业资根本业，招异熟果。正以根本业，招人等流果。以后起

① 参见傅新毅：《识体与识变——玄奘唯识学的基本问题》。
② 玄奘译：《瑜伽师地论》第60卷，《大正藏》第30册第633页中。

业资根本业，得增上果。虽复相资有果，而同根本业得此三果，故一业果。

若经部解，由方便时正苦有情故，还于地狱受苦受果。由根本业正断他命故，得人中短命之果。由后起业坏他光泽故，得增上果。所以三业各得一果，但以前后业从根本业，故云一业得三种。

今依大乘，一业道种中，各有三种用，别生一果，故一业道能生三果。①

有部的解释，以一业道的方便、根本、后得三个阶段，以相资不同，而得果不同；经部的解释，以一业道的三个阶段各得一果，而成三果；大乘的解释，以一业道中有三种力用，各生一果，所以一业道能生三果。

总结

如上所述，基于缘起，一切都是关系性的存在。佛教的业报理论，一定是在自他关系中才得以成立。在自他关系中，首先遣除了个体生命的独立实在性，同时，又通过自他关系建立起个体生命的统一性。唯识学虽然强调“唯识无境”，但这并不意味着所有的行为活动都是自识的自我造作，在业报理论中，我们仍然需要通过与他者的交互而完成相关的业行。

在文中，我们以杀生业道为例，说明在自他互动的过程中，当我们对他者造成伤害的同时，就已在自己的阿赖耶识中埋下将来受苦的种子。反过来，当我们去利益他者的时候，也会在我们的阿赖耶识中种下未来幸福的种子。也就是说，我们对于他者所做的一切行为，最终都会如实地反映在自己身上。

从修善的角度而言，我们对他者的每一个善行，最终都会落实在自己身上。如此，大乘佛教“慈悲利他”的精神不再是一个空洞的口号，“在利他中完成自利”的菩萨修行理念，更具有实践价值。

① 遁伦撰：《瑜伽论记》第17卷，《大正藏》第42册第689页中。

探析不相应行法中“命根”的假实性

道　弘

摘要：“命根”作为有情生命相续的形态及其所依重要条件之一，即是由过去业力所引生之有情身心在一期生命相续阶段，维持生命，依寿、暖、识三者相续不断，延续现有阶段的生命存在。在《阿含经》中对现世的生命体有“寿命”的作用性，此时是与暖、识相互所摄才形成。而部派佛教虽然认为“命根”还是“寿”，但已延伸成执受层面，从此“命根”便有执受根身的意义，也将命根演绎为实法。最终唯识学依于阿赖耶识相应心心所分位施设假立之“命根”，逐渐发展为种子即命根与现种为命根的观点，并且也将“命根”在本质上从实法演变为分位假法的理论。

关键词：命根；唯识学；《俱舍论》；有部

作者简介：道弘，中国佛学院栖霞山分院法师。

引言

“命根”无论在原始佛教、部派佛教还是唯识学中都是作为有情生命的延续形态，更以暖、识和合为所依。因此，早期《阿含经》中将命根定义为有情生命的“寿”，维持生命体征存续的核心要素。直到部派时期将“法”分为五种，即色法、心法、心所法、不相应行法、无为法。从而“命根”含括在不相应行中，以此成为实法特性。按照《俱舍论》的说法，“命根”是由先世之业引发相续不断，且能通于三界，作为有情的寿命枢纽。而《俱舍论》中又以死位和活位区别“命根”中命行、寿行的差别，故而说明于假立之外有实法的存在性。但，对此说法譬喻师并不认可，认为“不相应行无别实体”，所以，谓“命根”三法和合，识不离身之假法。而唯识学则依大乘种子说、现行说思想为要义，将“命根”安立在心、心所、色法三种分位差别假立。由此“命根”实法论的观点逐渐转向为分位差别假法说的理论，这也是后来唯识学派根据经部理论延伸成立的。本文为了对“命根”假实问题的讨论从原始佛教为切入点至唯识学为终，分三方面来说明：一、“三法”不相离的建立，二、有部“命根”的讨论，三、唯识学对命根假实的论述，以此梳理“命根”在唯识学中作为生命核心要素的关键点。

一、原始佛教时期“三法”不相离建立

“命根”这一概念是佛教生命论中的重要理论，也是维持有情生命相续的关键所在。“命根”提出有两方面问题的解决，一是一期生命的延续，二是寿、暖、识三法和合根身执受，令持不坏。这无非是对凡夫或圣者（定中）位时都能保持一种生命存续的性质，如此一来就在定中也不会有损坏色根和生命本质的现象。但是，原始佛教时代对“命根”的诠释相对而言较为简单，建立在一期生命（寿命）的基础上和寿、暖、识三法和合两种层面。在《中阿含经》中，对有情生死以“命根”为主轴进行安立，如经云：

> 诸贤！说生苦者，此说何因？诸贤！生者，谓彼众生、彼彼众生种类，生则生，出则出，成则成，兴起五阴，已得命根，是名为生。[①]

有情“生”的意义即是以五蕴为中心形成众生种类差别，而众生的五蕴又是由“命根”成就才能建立“生”的形成。换句话说，也就是由“命根”作为有情一期生命的维系，才能使得有情存续从生至老死。死则是“命根”的损坏，寿命尽失是为死。又云：

> 诸贤！说死苦者，此说何因？诸贤！死者，谓彼众生、彼彼众生种类，命终无常，死丧散灭，寿尽破坏，命根闭塞，是名为死。[②]

因此，在《中阿含》里成立“命根”作为有情一期生命相续的作用，也说明“命根”即是有情“寿”的功能。又，在无想定、灭尽定时由于有“六处缘命根”根身才能不坏失，也能在二无心定时延续生命及从定中出离。否则，若无“命根”作为有情生命延续的功能，进入二无心定根身即会出现坏烂和无相续的情况，由此色身坏灭便无法出定，也就结束了一期生命。但，《中阿含》又有另一说法，灭尽定与死亡不同，有寿、暖，诸根不坏，却没有识不离身的说法。如经中说：

> 毗舍佉优婆夷……复问曰：“贤圣，若死及入灭尽定者有何差别？”法乐比丘尼答

① 瞿昙僧伽提婆译：《中阿含经》第7卷，《大正藏》第1册第467页下。
② 瞿昙僧伽提婆译：《中阿含经》第7卷，《大正藏》第1册第462页中。

曰：“死者寿命灭讫，温暖已去，诸根败坏。比丘入灭尽定者，寿不灭讫，暖亦不去，诸根不败坏。若死及入灭尽定者，是谓差别。”①

这一说法也与南传尼柯耶有对应的内容，与之相当的南传《中部·大毗陀罗经》（或译作《有明大经》），虽然问答双方正好相反，是大拘絺罗问，舍利弗答，但内容大体相似。②直至《杂阿含经》《缘起经》等经典时期对“命根”的解释逐步走向阿毗达磨的形式，以十二缘起方式对生命论问题作了具体的分析。《杂阿含经》云：

缘有生者，云何为生？若彼彼众生，彼彼身种类一生，超越和合出生，得阴、得界、得入处、得命根，是名为生……云何为死？彼彼众生，彼彼种类没、迁移、身坏、寿尽、火离、命灭，舍阴时到，是名为死。此死及前说老，是名老死。是名缘起义说。③

《杂阿含》以十二缘起中“缘有生”形成有情“生”的一期生命构成，从而由“命根”对三科的维持才能让生命延续至结束。生是蕴处界法的维持延续一期生命，那么，死也就是根身坏灭；寿、暖、识三法不再和合相续，以此一期生命也就结束。所以，《缘起经》也说到：

有缘生者，云何为生？谓彼彼有情，于彼彼有情类，诸生等生趣，起出现蕴，得界、得处、得诸蕴，生起、命根出现，是名为生……云何为死？谓彼彼有情，从彼彼有情类，终尽坏没，舍寿舍暖，命根谢灭，弃舍诸蕴，死时运尽，是名为死。此死前老总略为一，合名老死，如是名为缘起差别义。④

从而，“命根”在原始时期逐渐发展成以寿、暖、识三法相聚有情一期生命观，“命根”起到的是寿命相续的作用。后来《杂阿含》的提出就不仅仅是寿，还具有执持根身不坏的意义，到部派时期被有部等学说采用，如《法蕴足论》等。由此可见，“命根”一词在早期佛教中只是单一性的寿命延续，逐步通过对其定义的扩展，又延伸至执持义。

---

① 瞿昙僧伽提婆译：《中阿含经》第58卷，《大正藏》第1册第789页上。
② 参见傅新毅：《识体与识变——玄奘唯识学的基本问题》。
③ 求那跋陀罗译：《杂阿含经》第12卷，《大正藏》第2册第85页中。
④ 玄奘译：《缘起经》第1卷，《大正藏》第2册第547页下。

二、有部“命根”的讨论

延续到阿毗达磨时代讨论“法”的分类与理论知识化发展，逐渐趋向于形而上或本体论的运思路向。在部派佛教中较为兴盛的学派应属有部、经部和大众部。其中，有部是以“三世实有，法体恒存”为宗旨，安立“法体”在时间观中以实有的恒存相续。而法体的现象却是无常刹那生灭，只有法的自性及无为法在三世中为恒存不变。因此，在有部看来有为法虽是无常生灭之法，其“法”之自性是可以恒常相续，由此就建立凡是“有为法”的自性在某种意义上都具有实体存在。有部依据本宗的主旨建立法之实体主义，也就将不相应行法中的“命根”体性划分为实法的范畴。在《入阿毗达磨论》中引用阿毗达磨论典内容，对命根性质作了定义，“故《对法》说：云何命根？谓三界寿，此有实体能持暖识”[①]，界定“命根”就是三界有情的寿命，其自性是实体存在的，又能任持有情暖与识相续从而使一期生命存续。同时，《俱舍论》中也提到“命根”实体的讨论，如云：

> 云何命根？谓三界寿。有余师说：先世业果名为寿行，现在业果名为命行。有说：由此众同分住名为寿行，由此暂住名为命行。多言为显留舍多念，命行寿行非一刹那，命行寿行有留舍故。有说：此言为遮有一命寿实体经多时住。有说：此言为显无一实命寿体，但于多行假立如是命寿二名。若谓不然，不应言行。世尊何故舍多寿行留多命行？为显于死得自在故舍多寿行，为显于活得自在故留多命行。[②]

将“命根”定义为“寿”是传统阿毗达磨中的说法，但是《俱舍论》提出了不同说法，认为“命根”即是寿之外，又是命行、寿行，将命根与寿区分开看待。这种分类的目的在于有情死位与活位之间的差别，于死位中是舍弃寿行，也就是寿尽是名为死；在活位中多以命行安立有情生命的相续，使有情一期生命保存。又，《俱舍论》依众生一期生命角度安立命根即是寿，与《入论》的说法一致。如论：“云何命根？谓三界寿。此复未了何法名寿？谓有别法能持暖识说名为寿。‘故世尊言：寿暖及与识，三法舍身时，所舍身僵仆，如木无思觉。故有别法，能持暖识相续住因说名为寿。’若尔，此寿何法能持？即暖及识还持此寿。若尔，三法更互相持，相续转故，何法先灭？由此灭故，余二随灭。是则此三应常无谢，既尔此寿应业能持，随业所引相续转故。”[③]所以，这里明确指出寿、暖、识三法是常法无谢，也就是实有自性，能随业任持又命根于业执持。既然认为“命根”有

---

① 玄奘译：《入阿毗达磨论》第2卷，《大正藏》第28册第987页上。
② 玄奘译：《阿毗达磨俱舍论》第3卷，《大正藏》第29册第15页下。
③ 玄奘译：《阿毗达磨俱舍论》第3卷，《大正藏》第29册第26页上。

实体，那么是以什么为体性呢？《俱舍论》说到：

> 若尔，何法说名寿体？谓三界业。所引同分住时势分，说为寿体。由三界业所引同分，住时势分相续决定，随应住时，尔所时住，故此势分说为寿体。如谷种等所引乃至熟时势分，又如放箭所引乃至住时势分。①

寿的体性是以三界业引发众同分的势力分位差别，此种业之势力时限是寿的体性，也就是异熟。因此，《顺正理论》解释命根时具有两个不同于暖、识的特征：一是命根是由业所感的异熟果，二是在一期生命中必定没有间断。相反，暖未必是由业所感的异熟果；而识未必满足这个特征，因为也有非业感的善染识，在比如二无心定时，识还会有间断。所以，由命根的延续力维系暖、识，而命根本身也是由业力来维系的。也正是因为命根的维系作用，所以有情在一期生命中，业感的异熟生识才能断而复续。

法宝在《俱舍论疏》中就解释“说何为寿？若于是处有业异熟，从生刹那至命终位，恒无间转，可说是处有业所引住时势分，相续决定，说为命根”②。因此，寿的体性就是业之异熟性，是由业所引发的势力决定有情相续轮转，形成现在世的众生后命根就会对此世的六处执受，产生寿、暖、识三法的延续。而六处执受的思想是承续《中阿含经》六处缘命根的理论，在阿毗达磨时期基本上认可命根属于六处，亦不是所缘的作用。《毗婆沙论》中说到：“命根虽遍一切处，亦不内入摄，不能有所缘。”③这就解释了命根虽遍三界，但于六处不为所缘的基本思路。

有部不仅将“命根”自性划为实有，还认为“命根”的形成是由先世的业引发令六处相续不断，建立施设众生种类，四生五趣等，而有情的生命是“命根”作为延续主导，因此，有“命根”的安立才能使生命保持相续。“命根”在时间上只对现在有情任持，过未的有情命根是无法能令生命延续的。因为，一是已经丧失命根对色根的执受，不再产生暖与识三法和合一期生命的具足；二是未来有情还未显现，无论命根为寿还是执受之义都无法对未显现的法进行相续，所以，命根只能是对现在有情寿命和根身执受。如《舍利弗阿毗昙论》中说：“云何命根？诸众生诸众生中不终不退、不丧不死、时未过、行在、护持，名命根。”④《舍利弗阿毗昙》是以命根执受、护持根身令有情不失、不死作为相续的功能。《集异门论》又说有情是以“命根”的存在才能有生命延续，因有情的存活在于命根，依此就能有想、言说等差别的生起。论说：

---

① 玄奘译：《阿毗达磨俱舍论》第3卷，《大正藏》第29册第26页中。
② 法宝撰：《俱舍论疏》第5卷，《大正藏》第41册第546中。
③ 浮陀跋摩共道泰等译：《阿毗达磨婆沙论》第37卷，《大正藏》第28册第274页上。
④ 昙摩耶舍共昙摩崛多等译：《舍利弗阿毗昙论》第5卷，《大正藏》第28册第560页上。

一切有情依行住者，何等是行，而言有情皆依行住？如世尊说：苾刍当知，若诸有情于彼彼聚不死不殒、不破不没、不失不退，皆由寿住命根相续。此寿命根说名为行，由此行故一切有情存济住活。此行于彼能护随护、能转随转，由此故说一切有情皆依行住。何缘故知诸有情类皆依行住？谓诸有情于彼彼聚，由此寿行未尽为因，有想等想、施设言说、活住存济差别而转。若诸有情于彼彼聚，由此寿行已尽为因，有想等想、施设言说、死没殒逝差别而转。由此故知诸有情类皆依行住。①

所以，当命根未尽所依有情的时候必然就能使有情得以安立。也可以说，有情的安立是在命根所依的基础上，就能转换成有情所依命根，命根依有情安立执受暖、识形成三法和合。而《大毗婆沙论》说到“命根依二法转，一、色，二、心”。其实，这也说明命根维系有情一期生命同时也要具备本身的所依条件，一是色法，二是心识。如此，在无色界虽然没有色根，命根可依于心识；在欲、色二界起灭尽定，虽然没有心识，命根可依于色根。也因此在无色界不能起灭尽定，否则既无色又无心，命根无所依，也就中断了。可见，在有部那里，正是遍三界有的命根的存续确保了生命的存续。②但，譬喻师却认为“不相应行蕴无有实体”③，所谓命根就是不相应行法之一，是由业力决定生命存续的时限而分位假立。由此，才能保证入定时并非如死亡一般诸根败坏，也正是因为心识的执持功能才使得根身存续。所以，譬喻师证明灭定有心的依据，有两个经证：一是原始典籍所说的寿、暖、识三法不相离；二是入灭定时，识不离于身。譬喻师的观点也遭到《成实论》的反对，认为外道进入无想定有微细心识，圣者进入灭尽定能断灭心心所。而在佛经中有情身中三法不相离是就欲、色界而言。若无色界中没有色身也就没有暖、识，只有寿与识维系生命；灭尽定时没有心识，只有暖与寿，所以称为“无心众生”。因此，《成实论》还是秉承有部思想寿、暖、识三法和合，维系众生一期生命，三界中对命根相互依持的关联也来自有部。其中，也有问题存在，若欲界三法和合不相离，色、无色界是唯有不同的二法相和，是否便会导致出定后无法再有另一法的相续维持？其次，按有部“不相应行谓实法”的观点来说，若命根自性是实有的法体，就会出现命根“实体主义”的形式，也就是命根永远延续下去，可作为有情的生命主体，或生死业果的主宰者。由此看来，譬喻师“不相应行蕴无别实体”，命根为假法之说，更加符合假实观框架理论的形态。

---

① 玄奘译：《阿毗达磨集异门足论》第1卷，《大正藏》第26册第368页下。
② 傅新毅：《识体与识变——玄奘唯识学的基本问题》。
③ 玄奘译：《大毗婆沙论》第38卷，《大正藏》第27册第198页上。

三、唯识学对命根假实的论述

阿毗达磨时代对“不相应行法”的讨论各有异说，也因为各派主张路向不同。如有部认为“不相应行法谓实法”，譬喻师则认为“不相应行蕴无别实体”，以此也就对不相应行法中的“命根”体性与作用的存在和意义存有不同观点。基于“命根”的安立才能使有情生命本身有其存续，但对于“命根”的界定则出现差异性的说法。有部“命根”建立为实有性，经部不承认有命根是以色、心二法相续假立的细心识为寿，譬喻师识认为无别实体，大乘则说种子即命根。亦如窥基《述记》中说：

> 即萨婆多师命根，命根体即寿。大乘前说种子是寿，即命根故。经量部师既无命根，以何为寿？色心不断于上假立，亦不离暖根无变坏。①

因此，唯识学随着义理发展过程，就将“命根”的作用安立在有情生命体中，也就使“命根”的性质从有部的实有论变成分位假法的思想，这种观点就是承续了譬喻师的思想来源。

唯识学对“命根”的施设立足于心、心所、色三法分位差别之上，从而形成不相应行法。概言之，“命根”的作用机能即是由业行的力量决定了未来世的生存时间，从而此中决定之力就是以业行在阿赖耶识种子上引起的相应功能实现的，也正是因种子上的此种功能力，才能成就未来世阿赖耶识生起及维系一期生命而不致根身败坏，就此功能而言假立为“命根”。所以，窥基《百法明门论解》中将“命根”解读为“命根者，依业所引，第八种上连持色心不断功能，假立命根耳”②。基师认为命根的建立是依于业为先导引发，第八识种子在有情身心中相续不断的功能。所以，命根也就是第八识种子分位功能性的假法。这也说明命根即是种子，此说法与《成唯识论》观点一致。然而，《成唯识论》提出“命根”所依第八识种子为根本，由业所引发功能性，这种功能作用就是命根。“然依亲生此识种子，由业所引功能差别，住时决定假立命根。”③所以，“命根”按照唯识学的理论就具有两重含义：一是使有情一期生命相续；二是能对根身安住产生执持作用，令根不坏。由此一期生命便能延续至终位。但是，普光却认为“命根”是第八识相应心心所分位假立，还能通于三界在欲、色二界是色假立，无色界无色法，所以在心心所法假立命根。普光的说法除了命根即种子，还将建立在现行的意义上来说，以此说明命根虽是假法，但能

---

① 窥基撰：《成唯识论述记》第4卷，《大正藏》第43册第369页上。
② 窥基撰：《大乘百法明门论解》第2卷，《大正藏》第44册第51页中。
③ 玄奘译：《成唯识论》第1卷，《大正藏》第31册第5页中。

贯通三界。普光之说与《成实论》观点相同。如《百法疏》中说：

> 此是命根，谓依阿赖耶识能持众同分，四大诸根不坏，则于阿赖耶识相应心、心所法上假立命根。此则通心、心所有法上假；若在欲、色二界，通色上假；若在无色界，唯心、心所有法上假。①

其次，若按照大乘师的观点“种子即寿”，命根只是由业引发形成有情的生命体。《成唯识论》则说根据“依本识亲种”分位假立的命根，从而不仅构建生命体，还依第八识执持根身。昙旷在《开宗义记》中提出命根由异熟识作为四生五趣的本体，能遍于三界相续生异熟果，即是有情本身，就现行义而言。另外，当异熟识对有情根身未舍未离，执受相续时说名为命根，这是就种子义。如云：

> 言命根者，《唯识论》云：谓异熟识为趣生体，是遍恒续异熟果故。此能执持根依处等，令不坏断，名为有情；即异熟识未舍执受，未断坏位，名为命根。此识亲从自种而生，即依亲生此识种子，由业所引功能差别，住时决定，假立命根。离此命根不可得故。②

因此，昙旷依《成唯识论》中“依本识亲种”的观点从现种方面假立命根。除此之外，命根所依在色心二法于现在世安住的时间上建立，《开宗义记》：“依色心住时分位建立一种，谓即命根。依异熟种令识持身，住执受时而假立故。”③所以，由第八识所依持也能使根身相续不坏，是命根的作用性，于第八识之上施设安立。这种说法是现种皆属命根的理论。虽然赖耶种身为“恒随转”，然此种子上维系一期生命的功能即“命根”却有起灭之时，当前世“命根”功用尽时，前世的异熟识即舍离它所执受的根身而使一期生命归于死亡。此时由于前世现行的熏习，能引生现世异熟识的名言种与业种均已成熟，业种即作为增上缘资助赖耶名言种转起现世的果报，赖耶种上“命根”的功能力亦同时开始发挥作用，如此便有了新的一期生命的历程。④

最后，普光的观点是就现行义而言，着重落实在命根是第八识相应心心所分位假立。这样就导致命根只能存在于有情本身心识相应阶段有作用，通三界的命根也是必然与心心所相应方能具起。

---

① 大乘光撰：《大乘百法明门论疏》第2卷，《大正藏》第44册第60页中。
② 昙旷撰：《大乘百法明门论开宗义记》第1卷，《大正藏》第85册第1062页中。
③ 昙旷撰：《大乘百法明门论开宗义记》第1卷，《大正藏》第85册第1063页中。
④ 傅新毅：《玄奘评传》，南京：南京大学出版社，2006年，第113页。

命根在《俱舍论·根品》中是由二十二根所摄，不含摄在心心所的范畴之内，但唯识学系统中却将“命根”统筹在行蕴中的“不相应行法”，这也就逐渐将“命根”从“根”的实法演变成“心心所色”三法分位的假法过程。早在《瑜伽师地论》中就曾对“命根”是否属于根的问题进行简别：“问：命根何等根分？答：此无所属。依先业所引，时量决定而建立故，唯说假有。”[①]这也是为了说明命根是分位假立无实体之假法的论证。

虽然唯识学体系理论相对完备，逻辑严密，但对于命根的建立在某种意义上是必然的可能要有讨论。因为，第八识从执持义而言，能够对有情根身及生命延续有作用性，再从第八识之上建立命根有些画蛇添足。所以，命根的提出有一定的必要性，但在某种角度而言也可以无须存在。无论如何解释，命根从唯识学方面讨论，已经逐步从实法变为假法，只保留了双重性的作用而已。

四、总结

综上所述，对“命根”的讨论在佛教中重点落实解决两方面问题：一是“命根”在三法和合的基础上延续生命，执受根身之外具有实法的特性，将“命根”本体化了；二是从生命论导向知识论的过程，对后来唯识学理论化也是有影响的。义理知识化、理论繁琐化对“命根”也有了重新讨论，将有部《俱舍论》提出“命根”实法的观点归入为心心所色法三位假立之法，从而将“命根”放置于第八识相应心心所分位作用，这样就解决了“命根”本体化问题。因此，即将“命根”施设在阿赖耶识功能性，作为生命论存在的假设阶段。

---

① 玄奘译：《瑜伽师地论》第57卷，《大正藏》第30册第614页下。

国图藏BD04406号写本研究

演 真

摘要：早在20世纪之初，敦煌藏经洞被发现后不久，国图藏BD04406号写卷就引起了有关专家的注意。不过在此后相当长的一段时间里，学界对此写卷的研究都没有取得突破性的进展。笔者留心搜集敦煌唯识学研究领域所取得的成果，并耐心核对传世文献，确定国图藏BD04406号写卷即为唐代唯识学者义忠的《大乘百法明门论疏》之残卷。

关键词：BD04406号写卷；义忠；《大乘百法明门论疏》

作者简介：演真，中国佛学院法师。

一、国图藏BD04406号写本概况及研究回顾

中国国家图书馆藏BD04406号写本，千字文编号为崑006，共包括三个文献，其中正名抄写文献拟名《大乘百法明门论述记》。该卷写本为卷轴装，正面卷幅（长×宽）为（654+5.5）cm×28.5 cm，17纸，每纸27行，每行约24～26字不等。共446行，其中第1、15、16、17纸有残破。①此写本为行楷字体，较易辨认。而此写卷背面还有两个文献：第一个文献为《百法义记》，存23行，首残尾缺；第二个文献为《大乘百法论随听手记》，存62行。②本文将要探讨的对象即是“BD04406”号写本正面抄写的文献。

---

① 见图1。
② 任继愈主编：《国家图书馆藏敦煌遗书》第59册，北京：北京图书馆出版社，2007年，“条记目录”，第14页。

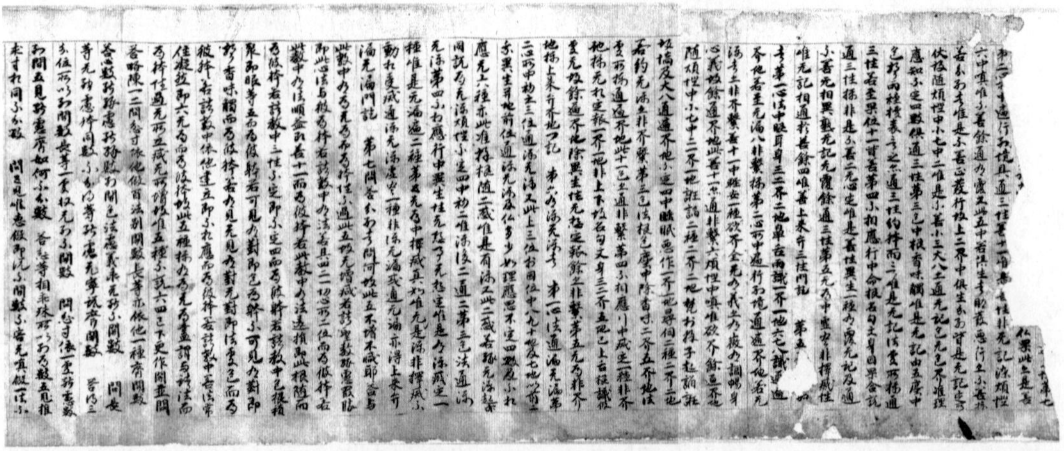

图1　国图藏BD04406号写卷第1、2纸

二、“BD04406”号写本的命名辨正

20世纪之初敦煌藏经洞文献被发现后不久，国图藏BD04406号写卷就引起了相关领域专家的注意。中国敦煌目录学者李证刚（翊灼）最早著录该写卷，他在《敦皇石室经卷中未入藏经论著述目录（附按）》中道："百法论述义 崑字第六 一卷。翊灼案：此卷残佚太多，不可考辨矣！"①由于此写卷没有相应的单行本传世流通，而当时学界所熟知的历代藏经也均未收录此写卷的内容，②加之此写卷首尾俱残，因此，精于唯识学的李证刚也无从判断此卷的真实情况。可以说李证刚对此写卷的著录基本代表了当时学界对此写卷的研究和认识水平。

此后，几十年间学界几乎没有人关注过此写卷。直到20世纪80年代，中国台湾的黄永武及日本的上山大峻两位专家都注意到了此写卷。黄永武在《敦煌宝藏》中将此写卷命名为"百法述"③，并从抄写内容方面断定P.2325V⁰与BD04406号写卷属于同一部论著。④不过，黄永武始终没有厘清此写卷的作者及出典两项基本信息。

稍后，上山大峻对敦煌新出的唯识学论疏进行了全面的检查，这件长达17纸的写卷

① 李翊灼：《敦皇石室经卷中未入藏经论著述目录（附按）》，《古学汇刊》第1集合目录类，上海国粹学报社，1912年。次年，此文又在《佛学丛报》第8期转载。详见《佛学丛报》第8期，1913年10月，第9页，收入黄夏年主编：《民国佛教期刊文献集成》第3卷，北京：全国图书馆文献微缩复制中心，2006年，第213页。20世纪70年代，李文被收入张曼涛主编：《现代佛教学术丛刊》第60册，《佛典译述及著录考略》，台北：大乘文化出版社，1978年，第343页。

② 1935年7月支那内学院本刊印单行本《百法忠疏》，1938年支那内学院派人调研大藏经，学界才知道历史上沉寂了几百年的《初刻南藏》中收录了《百法忠疏》全文。

③ 黄永武主编：《敦煌宝藏》第105册，台北：新文丰出版公司，1984年，第26—35页。

④ 黄永武："伯二三二五号背面 百法述（拟参见北七二三八号）。"详见黄永武主编：《敦煌宝藏》第119册，第262页。

不可能不引起他的关注。可能因为唯识学专业素养造成的隔阂，他对敦煌BD04406（即崑六）号写卷的研究还存在不少瑕疵。首先，在分类方面，他将此写卷归入“中原未传的古逸本论疏”之列。事实上，明《初刻南藏》收录有此疏（即《百法忠疏》）[①]的完整内容。另外，1935年7月，南京支那内学院也曾经刊行过此论的单行本，题名为《百法明门论忠疏》。[②]没有充分吸收唯识学研究领域的已有成果，想当然地称此写卷内容为“中原未传”，恐怕有失学术的严谨精神。

其次，写卷引文出处及作者断定方面的失误。本写卷的第246～248三行：“依止根本识，五识随缘现，或俱或不俱，如涛波依水。意识常现起，除生无想天，及无心二定，睡眠与闷绝。更有余义，如百法决中说。”由于上山大峻并不清楚以上两个偈颂出自世亲菩萨的《唯识三十颂》，[③]而紧接着下文提及了《百法决》，[④]因此，他误认为以上偈颂和《百法决》就是《新编诸宗教藏总录》卷三中所著录的窥基的《百法论决颂》，而此二偈颂也正是出自《百法论决颂》。不过，对于写卷中所提及的《百法决》，笔者也赞同为窥基的《百法论诀颂》。

对于此写卷所属论典的作者，上山大峻倾向于支持是窥基本人或者是他的继承者。另外，虽然缺乏直接证据，不过他认为晏法师《大乘百法明论义章》（简称《百法论义章》）中所提及的窥基“大章”就是敦煌法写卷崑六正面所抄写的《大乘百法明门论疏》。[⑤]事实上，晏法师《百法论义章》中“大章”是指《大乘法苑义林章》，[⑥]晏法师简称之为“大章”。

最后，关于BD04406号写本的录文，上山大峻整理出了第66～104行的内容，[⑦]不过错误较多。例如首行66行其录文“举一心法，略为八种”，“举”和“为”二字当为“第”“有”的误录；第248行“睡眠有问讫”，“有问讫”应该为“与闷绝”三字之误。其余错误，笔者不再一一枚举。[⑧]

以上两位敦煌研究领域的专家皆以文献整理见长，相对而言缺乏唯识学素养，因此，

---

① 义忠撰：《大乘百法明门论疏》，《初刻南藏》（现藏四川省图书馆）千字文号法八、九帙。1999年，四川省佛教协会缩印《初刻南藏》，命名为《洪武南藏》，被收入第205册。详见义忠撰：《大乘百法明门论疏》，《洪武南藏》第205册，成都：四川省佛教协会，1999年，第231—291页。

② 义忠撰：《百法明门论忠疏》，南京：支那内学院，1935年。

③ 玄奘译：《唯识三十论颂》，《大正藏》第31册第60页下。

④ BD04406号写卷第10纸，详见任继愈主编：《国家图书馆藏敦煌遗书》第59册，第237页。

⑤ 上山大峻：《敦煌新出の唯识系论疏》，《龙谷大学论集》通号428，1986年，第124—128页。其修订版收入上山大峻：《敦煌佛教研究》，京都：法藏馆，1990年，第378—383页。

⑥ 窥基撰：《大乘法苑义林章》，《大正藏》第45册。

⑦ 上山大峻在《敦煌新出の唯识系论疏》相关部分内容的小标题写作“崑六 六六～一〇三行录文”，而实际录文的首行却又标注为65。不过笔者复核了《国家图书馆藏敦煌遗书》第59册《百法忠疏》的图版，上山氏整理的录文内容应当为66—104行。

⑧ 上山大峻：《敦煌新出の唯识系论疏》，《龙谷大学论集》通号 428，1986年，第124页。其修订版收入上山大峻《敦煌佛教研究》，第379页。

对此写卷的研究考察多有失误。

在确定此写卷的作者方面，王雪的硕士论文《敦煌本〈大乘百法明门论开宗义记〉文献学研究》取得了突破性进展。她在考察BD04406号写卷背面1号文献《百法义记》时，确定其正面内容为义忠的《大乘百法明门论述》。[①]也许她清楚此文献就是《百法忠疏》，遗憾的是没有再复核刻本原论，以致错误地确定此写卷即为唐代唯识学者义忠的《大乘百法明门论疏》。

为了便于核对以上研究者对BD04406号写卷的研究进展，笔者将上文的相关内容编制成下表：

	编　号	作者	拟　名	研究结论
李证刚	崑六	不详	《百法论述义》	“此卷残佚太多，不可考辨矣。”
黄永武	北七二三八号	不详	《百法述》	此卷与P.2325V⁰的第三件文献的内容属于同一部论著。
上山大峻	崑六	不详	《大乘百法明门论疏》	怀疑作者为窥基或其传承者。
王雪	BD04406	义忠	《大乘百法明门论述》	确定写卷内容的作者为义忠。
笔者	BD04406	义忠	《大乘百法明门论疏》	

国图藏BD04406号写卷内容对应《百法忠疏》“第二随标别列”中“四三性分别、五界地有无、六有漏无漏、七问答料简”“第三问答前后”以及“第四别标重解”的“一最胜能缘门”的全部、“二共胜同缘门”的绝大部分内容，即“第二心所中遍行别境俱通三性善十一……四覆者于自作罪恐失利誉隐藏为性能障不覆悔恼为业”[②]，国图条记目录推定此写卷年代为公元8～9世纪。[③]

三、BD04406号写卷抄写年代下限推测

BD04406号写卷为行楷字体，正面抄写《百法忠疏》，其背面还抄写有两件楷书文献，其一为《大乘百法明门论开宗义记》，其二为《大乘百法明门论随听手记》。两件文献抄写连续，

① 王雪：《敦煌本〈大乘百法明门论开宗义记〉文献学研究》，上海师范大学硕士学位论文，2017年，第17—18页。

② 义忠撰：《百法明门论忠疏》，上卷第9页右—下卷8页右。BD04406号写卷第一张有残缺，笔者为了行文方便，从完整的第三行开始。事实上，在此之前的其第一行尚存“第七”二字，第二行存“佛果此二是善”五字。另外敦煌写卷内容与《初刻南藏》本《百法忠疏》内容相同，而支那内学院本补足了《百法论》原论文。此处本应该参照《初刻南藏》本，但因为恰好此部分内容存在严重的错简，因此，只能退而求其次选择支那内学院本。

③ 任继愈主编：《国家图书馆藏敦煌遗书》第59册，“附录”，第14页。

书写风格统一，可以肯定应当是同一人所写，但与正面的《百法忠疏》书写风格迥异。

BD04406号写卷背面的文献一——《百法义记》是唐代义学僧人昙旷的著作。公元8世纪，他曾经在敦煌地区担任高级僧官。根据昙旷在《百法义决》卷首的序中自述，他著作的顺序为："始在朔方撰《金刚旨赞》，次于凉城造《起信销文》，后于撰煌撰《入道次第开决》，撰《百法论开宗义记》，所恐此疏旨敻文幽，学者难究，遂更傍求众义开决疏文，使失学徒当成事业。其时巨唐大历九年岁次寅三月廿三日。"[①]可以肯定昙旷《百法义记》的撰述时间在《起信论销文》（即《大乘起信论略述》）和《百法义决》之间。

而《大乘起信论略述》卷上的写本（S.2436）末端有题记"宝应二载九月初于沙州龙兴寺写记"[②]。宝应元年（762）四月，唐肃宗驾崩，同年唐代宗登基，宝应二年七月改元广德。因此，所谓的"宝应二年九月"（763.10）事实上并不存在。估计因为敦煌地处唐王朝西北边陲，距离政治中心长安路途遥远，唐代宗七月改元的消息，直到两个月后的九月还没有传到敦煌，因此，当时敦煌还在沿用宝应的年号。《大乘起信论略述》的完稿时间为广德元年九月（763.10），而《百法义决》撰写时间为大历九年三月二十三日（774.5.8）。因此，也就是说昙旷《百法义记》著作时间在公元763年10月到774年5月之间。上文笔者确定了《百法义记》撰写的时间区间，BD04406号写卷背面的文献一《百法义记》抄写年代的上限为广德元年九月（763.10）。

BD04406号写卷背面的第二件文献《大乘百法明门论随听手记》，完全打破了正面《百法忠疏》及背面第一件"大乘百法明门论开宗义记"写卷天头地脚留白的惯例，根据文献的题目和书写的具体内容判断，此文献应该是当时义学僧人在《百法论》宣讲法会现场所作的听课笔记。遗憾的是，没有留下可资判断年代的有关线索。不过，笔者发现法藏P.2328号写卷的抄写内容与BD04406号写卷背面的这两件文献存在密切关系。

首先，从名字和抄写内容上判断，法藏P.2328号写卷正面抄写了《大乘稻芉经随听疏决》和《大乘百法随听手抄》，背面抄写内容与也属于《百法论》的解释。[③]这与BD04406号写卷背面的文献二《大乘百法明门论随听手记》的性质一样，都属于《百法论》的随听手记（抄）。其次，从行款格式和书写风格方面看，法藏P.2328号写卷文献二的抄写为了充分利用纸张，也没有天头地脚的留白。这也与BD04406号写卷背面文献二的抄写风格一致。由以上两点，笔者判断国图藏BD04406号写卷背面的两件楷书文献与法藏P.2328号写卷正面的"大乘百法随听手抄"属于同一时代抄写，都是《百法论》讲习法会现场的

---

① 英博物馆藏炖煌S.2732号背面，详见黄永武主编：《敦煌宝藏》第22册，第642页。

② 英藏S.2436号写卷，详见黄永武主编：《敦煌宝藏》第19册，第428页。

③《法藏敦煌西域文献》将其命名为"1. 瑜珈论（朱书）；2. 文书残片；3. 大乘稻芉经随听疏决补记；4. 大乘百法随听手抄补记"，详见《法藏敦煌西域文献》第12册，上海：上海古籍出版社，2000年，第49—58页。

听课笔记。BD04406号写卷背面文献二《大乘百法明门论随听手记》与法藏P.2328号写卷正面文献二《大乘百法随听手抄》图片对比如下：

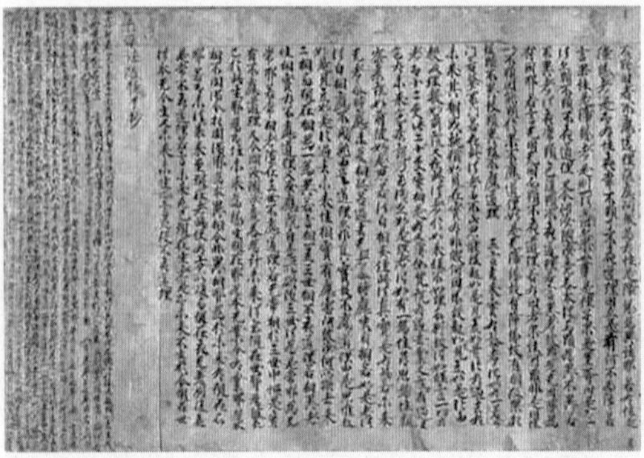
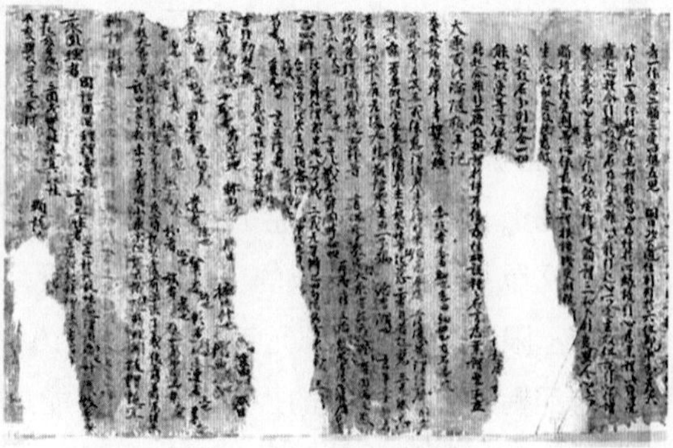

这样一来，只要确定了法藏P.2328号写卷《大乘百法随听手抄》的年代，那么基本就可以作为判断BD04406号写卷背面文献二《大乘百法明门论随听手记》抄写年代的一个重要参照。幸运的是法藏P.2328号写卷末尾的朱笔落款中保留了具体详实的日期：

癸巳年正月八日起首说论，至二月十五日终毕记。又说律从甲午年十二月八日起首至乙未年正月卅日了，计五十二日。校前一十四日迟。[①]

此文献落款至少透露了两个层面的信息。第一，《百法论》讲习在当时敦煌的某些寺院很可能是一个长期举行的制度性法会。因为该文献卷末的落款除了交代了年初《百法论》和年末戒律讲习开始和结束的确切日期外，最后还特地说明乙未年正月卅日结束戒律讲习“校前一十四日迟”，也就是说往年腊月初八开始至第二年正月十六日（或者十五日）结束。这无疑说明戒律、《百法论》的讲习在当时当地已经成为一个制度性的法会活动。

第二，写卷的年代。上文“癸巳正月八日”“二月十五日”“甲午年十二月八日”“乙未正月卅日”即应为唐宪宗元和八年正月八日（813.2.12）、元和八年二月十五日（813.3.21）、元和九年十二月八日（815.1.22）、元和十年正月三十日（815.3.14）。[②]唐

① 法藏P.2328号写卷见中国国家图书馆公布彩照，卷末题记录文见池田温：《中国古代写本识语集录》，东京：大藏出版社，1990年，第336页。

② 上述法藏P.2328号写卷落款的对应的公元纪年日期，笔者分别参照了“中研院”的“两千年中公历转”系统以及法鼓山的“佛学规范数据库”中的“规范检索”，不过两套系统查询结果并不相同。笔者又核对薛仲三、欧阳颐合编《两千年中公历对照表》及方诗铭、方小芬编著《中国史历日和中西历日对照表》，均与“中研院”转换系统查询结果一致。详见薛仲三、欧阳颐合编：《两千年中公历对照表》，北京：生活·读书·新知三联书店，1956年，第163页。为慎重起见，笔者采用前者之说。同时也将法鼓山的“佛学规范数据库”中的“规范检索”查询结果，即上述干支纪年对应公元纪年分别为813.2.16、813.3.2.5、815.1.26、815.3.18。

玄宗天宝末安史之乱后，守卫西域的唐朝军队回师长安，敦煌等广大地区落入吐蕃的控制（781～848）。这也是法藏P.2328号写卷书写者舍唐朝帝王纪年不用，而采用不包含任何政治色彩的干支纪年的最重要原因。[①]无论如何，P.2328号写卷的年代基本可以断定在唐宪宗元和十年（815）左右。

由于BD04406号写卷背面的文献一《大乘百法明门论开宗义记》和文献二《大乘百法明门论随听手记》出自同一人手笔，同时后者又与P.2328号写卷为同一时代的听课笔记性质，那么，P.2328号写卷书写年代宪宗元和十年（815）大致也可以作为BD04406号写卷背面文献抄写年代下限的一个重要参照。如此，则BD04406号写卷背面两件文献的抄写年代上限为唐代宗广德元年九月（763.10），应当在唐宪宗元和十年（815）左右。

遵照写卷正面文献的抄写年代不可能迟于背面文献的逻辑原则，BD04406号写卷正面《百法忠疏》的抄写年代应该在宪宗元和十年（815）以前，由于上文笔者推断义忠撰写《百法疏》的年代为二十六岁以后（677—724），这其实也是BD04406号写卷《百法忠疏》的抄写年代上限。这样一来，BD04406号写卷抄写时间的上限和下限与乘恩在敦煌活动时期（766—817）存在交大重合。考虑到乘恩曾经在唐都城长安游学，唯识学思想与慈恩窥基、潞府义忠有极深的渊源，因此，不排除BD04406号写卷即是乘恩从长安携来敦煌，或者是以此为底本的重抄本。

综上所述，笔者认为BD04406号写卷的抄写年代大致为8世纪后半叶至9世纪初，或者说是8世纪后半叶为宜，而非国图确定的8～9世纪。

而敦博082号、上博60号写卷为首尾残缺的草书字体抄写，目前还未发现可供确定年代的任何线索。不过上文笔者对P.2325V^0号、BD04406号写卷年代的推断已经足以证明《百法忠疏》在唐代中后期，最迟在8世纪末到9世纪初已经在敦煌地区流传了。

① 吐蕃统治敦煌时期抄经采用干支纪年的特点可参见池田温《中国古代写本识语集录》。

《大慈恩寺三藏法师传》与《续高僧传·玄奘传》文本差异考析

姚彬彬

摘要：《大慈恩寺三藏法师传》与《续高僧传·玄奘传》都是具有第一手资料性质的玄奘传记文献，长期以来被学界当作来源比较可靠的史料进行援用。《续传》的形成时间更早，其文简要平实；《慈恩传》则出于玄奘门人之手，胜在记事详尽。比较两种文本的细节记载与叙事风格差异，可见《慈恩传》中颇有"为尊者讳"与夸饰性叙事的情况，并强化渲染玄奘的观音信仰、暗示玄奘与观音菩萨冥冥中的密切联系，而这些传奇性和神异性故事皆未见于《续传》记载。《慈恩传》对传主的神圣形象塑造，应联系玄奘逝世后唯识宗所面临的颇为不利的生存环境进行理解，这样，《慈恩传》中所记《心经》故事的真实性问题、对一些史实的失记问题亦可得到合理解释。

关键词：《大慈恩寺三藏法师传》；《续高僧传·玄奘传》；玄奘；神圣化；观音信仰

作者简介：姚彬彬，武汉大学中国传统文化研究中心副教授。

有关玄奘法师的史传文献，记事较详者有道宣《续高僧传·玄奘传》、慧立《大慈恩寺三藏法师传》（以下省称《慈恩传》）、冥祥《大唐故三藏玄奘法师行状》（以下省称《行状》）、刘轲《三藏大遍觉法师塔铭》等数种。其中道宣《续高僧传·玄奘传》（以下省称《续传》）形成时间最早，因为道宣逝于乾封二年（667），仅比玄奘逝世晚三年，《续传》内容虽有后人补入的文句，[①]但其主体成篇下限不会晚于道宣逝世。而据《慈恩传》彦悰序文，该书原稿本为慧立所撰的五卷本，撰成后秘藏于地穴，直至其临终前才挖出交

① 苏晋仁先生在介绍《续高僧传》一书的情况时指出："本传也有后人补入的文字。如卷四《玄奘传》说：'其茔与兄捷公相近，苕然白塔，近烛帝城。寻下别敕，令改葬于樊川。'玄奘改葬是总章二年（669）事，见《大慈恩寺三藏法师传》卷十，这时道宣已逝世二年，此语自是后人所补。《开元释教录》卷八玄奘的事迹，就是引用本传的文字，作'至总章元年四月八日，有敕改葬樊川北原'。可见补入的年代是相当早的。"参见《中国佛教》（四），上海：知识出版社，1991年，第164页。

付弟子，但后来因为保管不善，致令“此《传》流离分散他所，后累载搜购，近乃获全”[①]，请彦悰整理重编，并加笺述，扩充为现行的十卷本，其最终成稿时间为武周垂拱四年（688）。冥祥之《行状》成文时间迄有争议，[②]亦出于玄奘门人之手，是一个与《慈恩传》属同类型的简要文本。刘轲之《塔铭》最晚，成于唐开成四年（839），主要基于《慈恩传》的内容而撰述。

《续传》作者道宣是一位谨严的佛教史传学者，生前又与玄奘交好，故其文简要平实，立场客观，较少神异性和故事性叙事。《慈恩传》则出于玄奘门人之手，胜在记事详尽，然与《续传》相较，多出了许多神异性和传奇性内容，蔡铁鹰认为这些内容的形成是“为了提高玄奘的声望，弟子们已经在他的身上做了手脚，实际上是开创了由本事向神话演进的先声”[③]。《慈恩传》针对传主的叙事亦难免偶有主观性和夸饰之处，谭世宝等对《慈恩传》最初成稿后何以“藏之地府”的原因进行分析，认为“或即此稿的内容公开会在其涉及的有关僧俗人士中引起很大的人事争议纠纷，对作者慧立不利，才是使得其不但不敢在完稿之初即公诸世上，而且非要将该传稿‘藏之地府，代莫得闻’的原因。而在慧立行将逝世之际，此稿的内容所涉及的有关僧俗人士亦大都已故……故其所述之事理为未经当时的有关公众检验而缺少信史应有的公信力”[④]。这也是较为合理的一种推断。然纵观中外学者在有关玄奘的研究中，多将《续传》与《慈恩传》作为同类型的史料进行援用。虽然多数严谨的学者并未简单采信《慈恩传》中的神异和传奇性故事（如杨廷福先生编撰《玄奘年谱》便基本未录此类记述），然因尚颇多涉及史实性方面的问题，实有必要对此两种文本进行一些比较辨析。刘淑芬、杨剑宵等学者曾撰文对玄奘形象在唐代的逐渐被“圣化”问题进行过一些探讨，[⑤]而本文通过对《续传》与《慈恩传》的比勘，则可见《慈恩传》在玄奘身后的“神圣化”形象塑造上是一个基础性的核心文本。

---

① （唐）慧立、彦悰：《大慈恩寺三藏法师传》，北京：中华书局，2000年，第3页。

② 任继愈先生主编的《佛教大辞典》中认为《行状》“其中所记玄奘事迹在《慈恩传》中都有原型，且叙事次序有许多相同，类似《慈恩传》‘要钞’”，故认为其应撰于《慈恩传》成书的唐垂拱四年（688）之后。（任继愈主编：《佛教大辞典》，南京：江苏古籍出版社，2002年，第151—152页。）刘淑芬在《玄奘的最后十年》文中则根据《行状》中“若斯法师还国已来，于今二十载，合翻梵本七十五部，译为唐言”这一叙述，并结合日本学者吉村诚在《“大唐大慈恩寺三蔵法师伝”の成立について》文中的有关考证，认为《行状》约在麟德元年（664）四月初之前完成。（刘淑芬：《玄奘的最后十年（655—664）——兼论总章二年（669）改葬事》，《中华文史论丛》2009年第3期。）通览《行状》全文，可见其中的叙事与《续传》《慈恩传》互有同异，其“为尊者讳”与对一些史实失记的情况则更近于《慈恩传》。

③ 蔡铁鹰：《整合的历程：论唐僧形象的演变——兼及中国小说演变过程的理论意义》，《汉中师院学报》（哲学社会科学版）1989年第3期。

④ 谭世宝、刘化重：《〈大唐大慈恩寺三藏法师传〉的一些疑问及点校问题略论》，增勤主编：《首届长安佛教国际学术研讨会论文集》第三册，西安：陕西师范大学出版社，2010年，第235—236页。

⑤ 参见刘淑芬：《唐代玄奘的圣化》，《中华文史论丛》2017年第1期；杨剑霄：《制造玄奘的面孔——唐代法相唯识宗创立问题研究》，《世界宗教研究》2019年第1期。

游侠先生早已注意到,《慈恩传》对《续传》中记述的一些重要情况失记，如“据唐道宣《续高僧传》卷四和《集古今佛道论衡》卷丙所载，奘师于贞观二十一年（647）曾应东印度童子王的要求，将中国旧籍《老子》译成梵文，流传于迦摩缕波。《续高僧传》并载奘师以《起信论》文出马鸣，印度诸僧思承其本，乃译唐为梵，通布五印，使法化之缘东西并举，这些都是值得记述的有关中、印思想交流的事业，而本传一概不提，显然是遗漏了”①。

季羡林先生在研究《大唐西域记》中记载的“大乘上座部”问题时，也发现了《续传》与《慈恩传》记载的差异。据季先生查证,《大唐西域记》中有五处记载提及“大乘上座部”一词,《慈恩传》有两处涉及，却一处改为“上座部”，另一处改为“大乘及上座部”，而《续传》虽仅有一处涉及，却与《西域记》完全一致，亦称“大乘上座部”。同为道宣所撰的《释迦方志》在与《西域记》对应的五处中则有三处亦称“大乘上座部”。②由此可见,《慈恩传》作者显然是按照自己的理解改动了《西域记》的原文，而道宣《续传》之记即使未必直接来源于听闻玄奘亲述，至少也忠实保持了《西域记》记载的原貌。

梁启超曾评价《慈恩传》说:“此书在古今所有名人谱传中，价值应推第一。其后关于奘师传记之作品，尚有道宣之《续高僧传》，智昇之《开元释教录》，靖迈之《译经图记》，冥详之《玄奘法师行状》，刘轲之《大遍觉法师塔铭》。”“诸家所记，什九皆取材于慧立之本书”③云云，这一说法是不正确的，至少由以上两处记载的出入情况已可见,《慈恩传》与《续传》所记，应系属同源，即均本于作者听闻的玄奘口述资料以及《大唐西域记》中记载的旅途经历见闻，而相比较而言,《续传》之成书在先，著述风格则更具史家的谨严性,《慈恩传》的翔实性虽远过于《续传》，却由于颇致力于对传主的神圣化形象塑造，难免濡染了一些“传记文学”性质的色彩。

一、《慈恩传》中“为尊者讳”与夸饰性叙事的情况

《续传》述及玄奘在出家前的家庭情况有一语,谓其“少罹穷酷”④,故由乃兄长捷法师携之出家。由此可见，玄奘出家前在其原生家庭中可能颇有坎坷不幸之事，此亦促成其出家的原因之一。但《慈恩传》于此只字不提，仅言“其第二兄长捷先出家，住东都净土寺。察法师堪传法教，因将诣道场”，时大理卿郑善果问其何以出家，遂有“意欲远绍如

---

① 游侠:《大慈恩寺三藏法师传》,《中国佛教》(四)，第197页。
② 参见季羡林:《关于大乘上座部的问题》,《季羡林文集》第七卷，南昌：江西教育出版社，1998年，第52—61页。
③ 梁启超:《支那内学院精校本〈玄奘传〉书后》,《梁启超佛学文选》，武汉：武汉大学出版社，2011年，第350页。
④（唐）道宣:《续高僧传》(上)，北京：中华书局，2014年，第95页。

来，近光遗法”[①]之答。由此可见，《续传》的记载恐更接近于真实情况，因为道宣所言自当有据，他没有必要去恶意编造玄奘童年的不幸遭遇。而《慈恩传》的叙述，则显然在表现玄奘少年时（其约13岁出家）已颖悟不凡且胸怀奇志。虽然《慈恩传》所记亦未必为虚构，由此情况已可见这两种文本叙事风格之分野。

《慈恩传》的“为尊者讳”的叙事尚不仅此一端，《续传》记载玄奘在那烂陀寺学习的第五年后，于学业更加精进，“晨夕无辍，将事博议，未忍东旋。贤诫曰：‘吾老矣，见子殉命求法，经途十年方至，今日不辞朽老，力为伸明。法贵流通，岂期独善，更参他部，恐失时缘。智无涯也，惟佛乃穷。人命如露，非旦则夕，即可还也。’便为装行调，付给经论。奘曰：‘敢闻命矣。’意欲南巡诸国，还途北指，以高昌昔言不得违也”[②]。《续传》言玄奘本计划在那烂陀寺多留几年，展开对不同派别的佛学更加深入和广泛的学习和研究，入得宝山，不忍速归（当然绝非是忘记“初心”），于是遂有戒贤敦促其早归之语，此亦人之常情。同时又解释了玄奘后何以又南行周游五印度诸国的原因，这是为了达成与高昌国王麹文泰的“还日请住此国三年”之约，归途选择向北方行进，所以南部诸国需要先行去参访。——这一说法在各方面都比较合乎情理，当出玄奘本人之述。

而《慈恩传》中则全然未见这一叙述，其言玄奘周游诸国返那烂陀寺后，撰写了反驳中观论者师子光批判唯识学观点、旨在调和空有之说的《会宗论》，破斥了顺世论者登门挑战的四十条论题，并撰写了破斥小乘学说的《制恶见论》，于是名声传出，鸠摩罗王与戒日王争相延请。玄奘亦在此时有思归之意，寺内众僧得知后皆来劝阻，谓：“印度者，佛生之处。大圣虽迁，遗踪具在，巡游礼赞，足豫平生，何为至斯而更舍也？又支那国者，蔑戾车地，轻人贱法，诸佛所以不生，志狭垢深，圣贤由兹弗往，气寒土崄，亦焉足念哉！”然玄奘不为所动，众僧又请来戒贤相劝，《慈恩传》卷五记：

> 戒贤谓法师曰：“仁意定何如？”报曰：“此国是佛生处，非不爱乐。但玄奘来意者，为求大法，广利群生。自到已来，蒙师为说《瑜伽师地论》，决诸疑网，礼见圣迹，及闻诸部甚深之旨，私心慰庆，诚不虚行。愿以所闻，归还翻译，使有缘之徒同得闻见，用报师恩，由是不愿停住。”戒贤喜曰：“此菩萨意也。吾心望尔，尔亦如是。任为装束，诸人不须苦留。”言讫还房。[③]

《续传》之记，是说玄奘返国之行，先由戒贤进行了敦促；而《慈恩传》之说，则着意表现玄奘心念故国、去意已决的坚定之志。《慈恩传》的说法虽全然未见于《续传》，也

---

① （唐）慧立、彦悰：《大慈恩寺三藏法师传》，第5页。
② （唐）道宣：《续高僧传》（上），第112页。
③ （唐）慧立、彦悰：《大慈恩寺三藏法师传》，第103页。

未必都是虚构的，但因“为尊者讳”而未记载戒贤敦促其早日回国之语，故欠缺了对玄奘何以在那烂陀学习了几年之后又“南巡诸国”缘由的交代。

此外《续传》叙及玄奘途经诸国的情况，除了简单介绍该国的佛教信仰状况、史迹及相关传说外，少有铺陈，倒是有数处言及玄奘在各国“转益多师”，跟多位高僧学习种种经典的记载。如在迦湿弥罗国时，该国“僧徒五千，多学小乘，国有大德名僧胜匠，奘就学《俱舍》《顺正理》《因明》《声明》及《大毗婆沙》，王慜远至，给书手十人供给写之”。至磔迦国时，“行至大林中，遇贼劫掠，才获命全，入村告乞，乃达东境。大林有婆罗门，年七百岁，貌如三十，明《中》《百》论及外道书，云是龙猛弟子，乃停一月学之。又东至那仆底国，就调伏光法师，学《对法》《显宗》《理门》等论。又东诣那伽罗寺，就月胄论师学《众事分婆沙》。又东至禄勒那国，就阇那崛多大德学经部《婆沙》。又就蜜多犀那论师学萨婆多部《辩真论》”①。

除此，《续传》还记载了玄奘在距离那烂陀寺已不远的摩揭陀国时，“有大乘居士，为奘开释《瑜伽师地》”②。这是《慈恩传》未提及的情况，可见玄奘在师从戒贤以前应已对《瑜伽师地论》有所学习和掌握了。

冥祥《行状》在此方面的有关叙述与《续传》情况类似，而《慈恩传》中虽亦多有玄奘沿途师从各国高僧研习不同经论的记述，但更侧重于表现玄奘之西行是一部佛法的“征服史”，不仅各国僧众与玄奘辩经论法之后无不赞叹有加乃至心悦诚服，各国统治者亦不乏因结识玄奘而改宗佛教者，若谓飒秣建国国王本信奉拜火教，经玄奘“为说人天因果，赞佛功德，恭敬福利。王欢喜，请受斋戒”③等事皆是。这类记述均未见《续传》之载，然虽难以证实，亦难证伪，可不置论。

然亦有其事不近情理，亦不甚符合玄奘之一贯为人风范之载，如至活国时：

> 彼有沙门名达摩僧伽，游学印度，葱岭以西推为法匠，其疏勒、于阗之僧无敢对谈者。法师欲知其学深浅，使人问师解几部经论，诸弟子等闻皆怒。达摩笑曰：“我尽解，随意所问。”法师知不学大乘，就小教《婆沙》等问数科，不是好通。因谢服，门人皆惭。从是相见欢喜，处处誉赞，言己不能及。④

《慈恩传》载玄奘与各国僧侣论辩之事，大多非出于己意，或因应答质疑而“箭在弦上”（如在屈支国与木叉毱多的讨论），或因应邀参加当地僧众常规论学活动（如在迦毕试

---

①（唐）道宣：《续高僧传》（上），第102—103页。
②（唐）道宣：《续高僧传》（上），第108页。
③（唐）慧立、彦悰：《大慈恩寺三藏法师传》，第30页。
④（唐）慧立、彦悰：《大慈恩寺三藏法师传》，第103页。

国“唯法师备谙众教，随其来问，各依部答，咸皆惬伏”[①]），此尚皆合乎情理。然以上在活国的这段记述，则谓玄奘主动派人登门质疑一位“葱岭以西”的佛学权威，而致其“诸弟子等闻皆怒”。以常情度之，玄奘孤身西行，旅途中自不应有意寻事树敌，此类行为往往招致祸在不测的事例，史不绝书，以玄奘平生处事之明达谦谨，断不会如此鲁莽。《慈恩传》中对类似这种情况的叙述，显然有所夸饰。

玄奘在屈支国因木叉毱多贬低大乘，又宣称于上座部佛典《杂心》《俱舍》《毗婆沙》诸论“尽解”，故举《俱舍》义发问，而毱多所答皆谬，惭愧无已。此后玄奘因雪山未解冻而淹留此地六十余日，期间与毱多常有谈论，《慈恩传》载毱多“私谓人曰：‘此支那僧非易詶对。若往印度，彼少年之俦未必出也。’其畏叹如是”[②]。此记亦相当可疑，既然是毱多私下言论，玄奘又何以知之？纵然可能有他人转告，然若玄奘后来将之述与学生，亦甚不得体，难免有“自赞”之嫌，此亦决非奘公能为之事，当出自《慈恩传》作者慧立等的“合理性想象”。

《慈恩传》中这种想象型的叙事不少，在迦湿弥罗国时，“到一寺宿，寺名护瑟迦罗。其夜众僧皆梦神人告曰：‘此客僧从摩诃脂那国来，欲学经印度，观礼圣迹，师禀未闻。其人既为法来，有无量善神随逐，现在于此。师等宿福为远人所慕，宜勤诵习，令他赞仰，如何懈怠沉没睡眠！’诸僧闻已，各各惊寤，经行禅诵，至旦，并来说其因缘，礼敬逾肃”[③]。这显然是慧立等奘门弟子对乃师形象的神圣化塑造，更具典型性。

二、《慈恩传》强化了玄奘的观音信仰叙事

《续传》于玄奘西行之始，对他在抵达高昌国之前的旅程，也就是经姑臧、敦煌而出玉门关，过五烽，度莫贺延碛大沙漠抵伊吾的这段经历，所记极简略，仅寥寥数语：

> 会贞观三年，时遭霜俭，下敕道俗逐丰四出。幸因斯际径往姑臧，渐至炖煌，路由天塞，裹粮吊影，前望悠然，但见平沙，绝无人径。回遑委命，任业而前，展转因循，达高昌境。[④]

而《慈恩传》卷一对这段历程的叙述极尽详实，依次介绍了玄奘所经过的秦州、凉州、瓜州、玉门关、五烽、莫贺延碛、伊吾各地。在其前行途中，屡有缉捕公文追至，但

---

① （唐）慧立、彦悰：《大慈恩寺三藏法师传》，第35页。
② （唐）慧立、彦悰：《大慈恩寺三藏法师传》，第26页。
③ （唐）慧立、彦悰：《大慈恩寺三藏法师传》，第43页。
④ （唐）道宣：《续高僧传》（上），第98页。

在僧人和信众的帮助下，都化险为夷。过五烽后，进入莫贺延碛沙漠，玄奘在沙漠中迷失道路，还不慎打翻水囊，四夜五日无一滴沾喉，几将殒命，幸有老马引路，觅得一小片绿洲。又走了两天，方抵西域小国伊吾。

《慈恩传》对玄奘这段九死一生经历的叙述，虽种种细节颇具故事性和传奇性，但大体记载则是可靠的。英国考古学者斯坦因曾在1907年亲身考察了玄奘从沙洲（敦煌一带）至伊吾间的行程，他说："玄奘在此沙漠之中几乎渴死，他对于此次冒险的记载，尚未有人根据其地地势正确的知识详细的审查。他的记载不见于《西域记》(因为《西域记》是离开高昌以后说起的)，惟见慧立所撰《大慈恩寺三藏法师传》卷一之中。看此书所说的若干灵异，好像此事不能相信，可是详细比较传中的记载，同安西到哈密的地势，其情形完全相符，可见传中所记忠实可信。"[①]斯坦因通过对实地的印证考察，其结论是："《慈恩寺传》的这段记载，始终皆能勘证。他说玄奘'更经两日方出流沙到伊吾'，现在从长流水到哈密，恰有两站，共计约三十五英里。如此看来，这卷《慈恩寺传》的第一卷，因为有冒险的事迹，同些灵异的解免，虽然比较容易发生许多夸张想象的解说，然而我敢保证他是出于玄奘口述，而经慧立笔受的。"[②]由此可知，《慈恩传》卷一所述，在不乏夸张想象的"冒险"和"灵异"事迹的背后，确实也忠实记录了玄奘的口述史实。

这段经历中所涉及的"灵异"，最为人熟知的应是玄奘在沙漠中遇险，因祷祝观音、念诵《心经》而终得脱难的这则故事：

> 从是已去，即莫贺延碛，长八百余里，古曰沙河，上无飞鸟，下无走兽，复无水草。是时顾影唯一，但念观音菩萨及《般若心经》……时行百余里，失道，觅野马泉不得。下水欲饮，袋重，失手覆之，千里行资一朝斯罄。又失路，盘回不知所趣……是时四夜五日无一滴沾喉，口腹干燋，几将殒绝，不复能进，遂卧沙中默念观音，虽困不舍。启菩萨曰："玄奘此行不求财利，无冀名誉，但为无上正法来耳。仰惟菩萨慈念群生，以救苦为务。此为苦矣，宁不知耶？"如是告时，心心无辍。至第五夜半，忽有凉风触身，冷快如沐寒水。遂得目明，马亦能起。体既苏息，得少睡眠。即于睡中梦一大神长数丈，执戟麾曰："何不强行，而更卧也！"法师惊寤进发，行可十里，马忽异路制之不回。经数里，忽见青草数亩，下马恣食。去草十步欲回转，又到一池，水甘澄镜澈，即而就饮，身命重全，人马俱得苏息。计此应非旧水草，固是菩萨慈悲为生，其至诚通神，皆此类也。[③]

---

① 斯坦因：《玄奘沙州伊吾间之行程》，冯承钧译：《西域南海史地考证译丛一编》，北京：商务印书馆，1962年，第22—23页。
② 斯坦因：《玄奘沙州伊吾间之行程》，冯承钧译：《西域南海史地考证译丛一编》，第33页。
③（唐）慧立、彦悰：《大慈恩寺三藏法师传》，第16—17页。

其间还插叙了一段玄奘早年在蜀地得受《心经》的传奇经历，并言《心经》之灵验的内容：

> 初，法师在蜀，见一病人，身疮臭秽，衣服破污，愍将向寺施与衣服饮食之直。病者惭愧，乃授法师此《经》，因常诵习。至沙河间，逢诸恶鬼，奇状异类，绕人前后，虽念观音不能令去，及诵此经，发声皆散，在危获济，实所凭焉。[①]

玄奘在蜀的这一经历亦未见《续传》提及片语，但在敦煌遗书的《唐梵翻对字音般若波罗蜜多心经并序》中又有进一步演绎，把授经"病人"改为"病僧"，并称之为观音化身，[②]并被宋代的笔记小说类书《太平广记》作为"异僧"的故事收入卷九十二中。

近年来中外学界对于《心经》的"真伪"及成书问题颇有讨论，1992年美国学者那体慧（Jan Nattier）发表了长文《心经：一部中国的伪经？》（"The Heart Sūtra: A Chinese Apocryphal Text?"）[③]，文中认为，大藏经中署名为鸠摩罗什译的《大明咒经》与《心经》内容相当接近，但《大明咒经》其实是有人依据鸠摩罗什所译经典及其他资料抄集的抄经，而所谓玄奘翻译的《般若心经》则是中国人编撰的伪经，《心经》的梵文本其实是汉文本的回译。就该文提出的问题，国内学者方广锠、纪赟、罗炤等分别撰文探讨，并有进一步的深入研究。详参各家发表的研究论文，多倾向于部分接受那体慧的看法，亦皆认为所涉相关问题相当复杂，尚有颇多值得探讨和商榷的余地，尚难最终定谳。方广锠先生认为："那文对《般若心经》的汉文本与梵文本做了详尽的对照与研究，指出该梵本乃从汉语回译，行文与梵文行文习惯有异，比较生硬。其观点可以信从。"[④]这一看法是公允的，但就《慈恩传》中玄奘于蜀地得《心经》的记述的真实性而言，方广锠、纪赟之文均对此未加否定，罗炤之文则明确支持这一记载。[⑤]日本学者原田和宗在其所著《〈般若心经〉成立史论》一书中则认定这一记载不可靠，他通过比对《慈恩传》与《续传》和《行状》三种文本，发现这则故事与其相关内容均未见于后二篇中，因此断定其为《慈恩传》作者的"完

---

① （唐）慧立、彦悰：《大慈恩寺三藏法师传》，第16页。

② 参见《唐梵翻对字音般若波罗蜜多心经并序》（方广锠校点），方广锠：《〈般若心经〉——佛教发展中的文化汇流之又一例证》（附录一），《深圳大学学报》（人文社会科学版）2013年第4期。

③ 纪赟曾将那体慧此文全文译出（尚未发表），并撰文对那氏的观点进行了详细介绍，参见纪赟：《〈心经〉疑伪问题再研究》，《福严佛学研究》第7期，2012年。

④ 方广锠：《〈般若心经〉——佛教发展中的文化汇流之又一例证》，《深圳大学学报》（人文社会科学版）2013年第4期。

⑤ 参见罗炤：《〈心经〉的最早版本及相关问题》，房山石经博物馆、房山石经与云居寺文化研究中心编：《石经研究（第二辑）》，北京：华夏出版社，2018年，第108—115页。

全创作捏造"，很可能是作者之一彦悰为迎合当时流行的《心经》信仰"加笔插入"的。[①]

关于《心经》的真伪问题，目前学界探讨已很充分，笔者未敢遽断诸家之得失。但其中所涉及的《慈恩传》所述玄奘得受《心经》之故事，其真实性恐怕确实值得怀疑，原田和宗的看法是有道理的，其更可能出自奘门后学的创作。因为，这则故事不仅情节太过离奇，又是在渲染玄奘观音信仰之虔诚性时的插叙。除了原田和宗所关注到的三种文献的具体文本差异外，尚有一情况需要注意：强化玄奘观音信仰、暗示玄奘与观音冥冥中的密切联系的叙事，在《慈恩传》中并非孤例，乃是一个明显的文本特点。

兹查证，《续传》中涉及观音之文，仅有一处：

> 至秣罗矩吒国，即赡部最南滨海境也。山出龙脑香焉。旁有岩顶，清流绕旋，二十许匝，南注大海。中有天宫，观自在菩萨常所住处，即观世音之正名也。[②]

而这又只是客观介绍五印度各地的观音圣迹情况的内容，笔者统计《大唐西域记》中类似的记载有七处，《慈恩传》中亦有多处，这些游记性的描述与玄奘的主观信仰应不构成太直接的联系。但《慈恩传》中除了以上描述玄奘在莫贺延碛沙漠中一路念诵观音名号和《心经》的叙事外，尚有三处叙事旨在渲染观音信仰与玄奘本人的密切联系。

其一，玄奘抵那烂陀寺后，参戒贤法师，戒贤向其述及往事，三年前因病痛困扰一度生弃世之念，梦中见诸菩萨劝止："其金色人指碧色者语和上曰：'汝识不？此是观自在菩萨。'又指银色曰：'此是慈氏菩萨。'和上即礼拜慈氏，问曰：'戒贤常愿生于尊处，不知得不？'报曰：'汝广传正法，后当得生。'金色者自言：'我是曼殊室利菩萨。我等见汝空欲舍身，不为利益，故来劝汝……'"[③]（《慈恩传》卷三）

其二，戒贤因玄奘的到来，向大众开讲《瑜伽师地论》，"开题讫，少时，有一婆罗门于众外悲啰而复言笑。遣人问其所以。答言：'我是东印度人，曾于布磔迦山观自在菩萨像所发愿为王，菩萨为我现身，诃责我言："汝勿作此愿！后某年月日那烂陀寺戒贤法师为支那国僧讲《瑜伽论》，汝当往听。因此闻法后得见佛，何用王为！"今见支那僧来，师复为讲，与昔言同，所以悲喜。'戒贤法师因令住听"[④]（《慈恩传》卷三）。

其三，玄奘在印度中部伊烂拏钵伐多国观自在菩萨像前祈愿："将到像所，至诚礼赞讫，向菩萨跪发三愿：一者，于此学已，还归本国，得平安无难者，愿花住尊手；二者，

---

① 参见原田和宗：《"般若心経"成立史論：大乘仏教と密教の交差路》，东京：大藏出版株式会社，2010年，第57—59页。

② （唐）道宣：《续高僧传》（上），第113页。

③ （唐）慧立、彦悰：《大慈恩寺三藏法师传》，第67页。

④ （唐）慧立、彦悰：《大慈恩寺三藏法师传》，第74页。

所修福慧，愿生睹史多宫，事慈氏菩萨，若如意者，愿花贯挂尊两臂；三者，圣教称众生界中有一分无佛性者，玄奘今自疑，不知有不，若有佛性，修行可成佛者，愿花贯挂尊颈项。语讫以花遥散，咸得如言。既满所求，喜欢无量。其傍同礼及守精舍人见已，弹指鸣足，言未曾有也。当来若成道者，愿忆今日因缘先相度耳。"[①]

以上第一则戒贤述其梦境之语亦见于《续传》之载，但其文有异："和上三年前患困如刀刺，欲不食而死，梦金色人曰：'汝勿厌身！往作国王多害物命，当自悔责，何得自尽！有支那僧来此学问，已在道中，三年应至。以法惠彼，彼复流通，汝罪自灭。吾是曼殊室利，故来相劝。'"[②]言其所梦到的菩萨仅有曼殊室利，而无慈氏与观音。此事系戒贤自述其宗教经验，事涉不经，不过也可能是戒贤向玄奘表示欢迎与勉励的一种"虚应故事"，如何理解自可见仁见智。但《慈恩传》中所述何以又增加了观音等两位菩萨，很可能与上述第二则故事直接相关，因为已铺垫观音菩萨早已了解玄奘将抵印度的情节，故其"现身"告知某婆罗门于某时来那烂陀寺听讲，也就显得顺理成章了。因此我们推测，第二则故事恐怕亦来源于《慈恩传》作者的想象和创作，为求文字的前后照应，顺带改动了曾见于《续传》的第一则。

《慈恩传》中以上三则有关观音信仰的叙述至少第一、第二两则的真实性很可疑，第三则的叙事则显然有所夸饰，而且又皆未见于《续传》。冥祥之《行状》亦曾言及玄奘在沙漠中"人马俱困，不能复行，遂卧沙中，默念观音"[③]，但全篇未提及《心经》。以此推之，《慈恩传》中与观音信仰直接相关的玄奘得受《心经》之传奇故事，可靠性的程度显然不高。

玄奘平生于观音确有一定信仰情结，这是毋庸置疑的。据王小蕾统计，玄奘平生传译观音类密教典籍共9部13卷，其中有6卷与观音部有直接关系，[④]此外，《慈恩传》载，显庆元年（656），在"佛光王"也就是后来的唐中宗李显出生满月时，玄奘上表称向高宗李治及皇后武曌"进金字《般若心经》一卷并函"[⑤]等。不过，玄奘的观音信仰是否如《慈恩传》所渲染的，在玄奘的生命中有极突出的重要程度，则是颇可怀疑的，这在上述第三则故事中已然可见端倪，玄奘虽在观音像前祈愿，所求却是"愿生睹史多宫，事慈氏菩萨"（他后来在逝世之前念兹在兹之事亦如此），可见弥勒信仰才是他"安身立命"的首要。

当然，任何个人的信仰情感之胚成，其主观心路历程微妙难知，自难确证，故以上所论，就玄奘本人与观音信仰的关系而言，只能当作一种"合理性推测"，但至少可以直接反映出，就《续传》和《慈恩传》的叙事差异而论，强化渲染玄奘的观音信仰情结，以及创作出诸多

---

① （唐）慧立、彦悰：《大慈恩寺三藏法师传》，第78页。
② （唐）道宣：《续高僧传》（上），第111页。
③ （唐）冥祥：《大唐故三藏玄奘法师行状》，释光中编著：《唐玄奘三藏传史料汇编》，台北：东大图书公司，1989年，第290页。
④ 参见王小蕾：《玄奘与密教观音法门研究》，《唐都学刊》2018年第1期。
⑤ （唐）慧立、彦悰：《大慈恩寺三藏法师传》，第202页。

传奇性故事来暗示观音菩萨在冥冥中对玄奘的认可，是《慈恩传》的一个重要文本特点。其何以如此，笔者认为可能与玄奘逝世后唯识宗所面临的颇为不利的发展环境有关。

如熊十力在《唐世佛学旧派反对玄奘之暗潮》一文中所论："奘师所传之学，在中国确是新学，奘师以前佛法来华，实由西域徒流入关内。梵僧偶有来者，于学术皆无深造。其后，有罗什一人足称大师，故从前翻译，莫有体系，复少大典。每译一部，阙漏错谬备诸众失，学者难作宏深的研究。奘师回国传业，而后大乘两宗皆备（小乘要典并来）。故曰奘师所传，在中国确是新学也。新学乍从外至，当然与旧学冲突。"[①]在玄奘生前，因为忌于其本人的学识威望与皇权的护持，反对方的力量自然只能形成"暗潮"，但在玄奘逝后，旧派佛学对唯识家的攻讦质疑，纷至沓来，天台宗之持论尤为针锋相对，集中批判唯识家的"无种姓"说[②]（值得注意的是，上文引《慈恩传》所载玄奘在伊烂拏钵伐多国观自在菩萨像前祈愿故事中，玄奘的第三点疑问亦涉及此问题，其事之述似亦有寄托于观音的肯定来"自神其教"之意）。由此，奘门后学群体的生存空间，亦逐渐逼仄起来，日趋衰微。[③]而观音菩萨一向在中国社会中具有广泛的信仰基础（天台宗尤重对观音信仰的推动），故在此时，奘门弟子对先师的形象进行进一步的神圣化，并强化渲染玄奘与观音的殊胜因缘，或应是面对环境压力的一种因应措施。

如果考虑到当时唯识宗面临的处境，《慈恩传》中何以绝口不提《续传》中所载玄奘曾将《大乘起信论》译汉为梵之事，其原因亦可得到解释：《起信论》是"佛学旧派"天台、华严诸宗奉为圭臬的典籍，其义理体系又与奘传唯识学颇相抵牾，言及此事恐难免有授人以柄之嫌。

三、结语

史书叙事中杂有想象情节与夸饰之言者，古今中外皆不少见，若《慈恩传》的这种写作风格，颇契合于钱锺书对《左传》的文本分析之论："吾国史籍工于记言者，莫先乎

---

① 熊十力：《唐世佛学旧派反对玄奘之暗潮》，哲学研究编辑部编：《中国哲学史论文初集》，北京：科学出版社，1959年，第102页。

② 玄奘所传唯识学主张众生有五类种姓，认为其中"无种姓"的一类人永远无修行成佛的可能，这一点与"佛学旧派"所持"一切众生皆有佛性"的观念全然违背，天台宗对唯识宗的这一观点的批驳尤为不遗余力。如吕澂先生所说："也就在这一点上，慈恩宗招致了别宗的反对、攻击，终至影响到它们没有能在中国畅行。"（参见吕澂：《中国佛学源流略讲》，北京：中华书局，2014年，第190—191页。）

③ 杨维中指出，当时的佛教界一直"弥漫着对玄奘及其弟子强力推行'新译'的不满情绪。如此等等，玄奘在世，尚不会有大碍，但在玄奘圆寂之后，这些都统统爆发出来了"，在政治地位上也日趋被边缘化，以玄奘学说的首席继承人窥基为例，"与高宗、武后时期的其它大师所受到的礼遇相比，窥基并未有受到朝廷的多少眷顾"。（参见杨维中：《中国唯识宗通史》（下），南京：凤凰出版社，2008年，第865页。）

《左传》，公言私语，盖无不有。虽云左史记言，右史记事，大事书策，小事书简，亦只谓君廷公府尔。初未闻私家雒左右史，燕居退食，有珥笔者鬼瞰狐听于傍也。上古既无录音之具，又乏速记之方，驷不及舌，而何其口角亲切，如聆謦欬欤？或为密勿之谈，或乃心口相语，属垣烛隐，何所据依？如僖公二十四年介之推与母偕逃前之问答，宣公二年鉏麑自杀前之慨叹，皆生无傍证、死无对证者。注家虽曲意弥缝，而读者终不餍心息喙。”[①]故韩愈《进学解》谓“《春秋》谨严，《左氏》浮夸”，无外此意，《续传》与《慈恩传》二者叙事风格之差异，与《春秋》与《左传》二者的情况类似。然亦如钱氏所言：“史家追叙真人实事，每须遥体人情，悬想事势，设身局中，潜心腔内，忖之度之，以揣以摩，庶几入情合理。”[②]于《慈恩传》之文，自亦不妨作如是观，但若将之作为史料，对其有意对玄奘形象的进一步神圣化，以及“为尊者讳”与夸饰性叙事的情况，则又不能不审慎看待。

① 钱锺书：《管锥编》(一)，北京：生活·读书·新知三联书店，2019年，第271页。
② 钱锺书：《管锥编》(一)，第272页。

现代新儒家的天台、华严圆教之判

徐 波

摘要："圆教"本来是一个植根于中国文化土壤的佛学概念，融合了汉字"圆"的丰富意象和佛学自身的判教理论，是中国佛学建立自身义理体系的重要标志。近代以来，一大批近现代中国思想家们在比较和判释中西哲学思想的过程中，经常借助并吸收来自佛学的资源。马一浮、唐君毅和牟宗三这三位现当代新儒学代表人物，不约而同地将"圆教"概念纳入他们的思想视野中，用"圆满""圆融"或"圆盈"为标准去判断思想体系的完满与否，并以"六经注我"的方式选择了不同宗派的圆教作为判定标准，进而在"欧风美雨"的冲击下从学理的角度展示中国传统文化的独特价值。这种多元标准和义理结构下的"殊途"，以及这背后具有普遍意义的"同归"，凸显了现当代新儒学在"西学东渐"变局下创造性转化和继承中国传统文化的具体路径。

关键词：现当代新儒学；圆教；唐君毅；牟宗三

作者简介：徐波，复旦大学哲学学院副教授、院长助理，香港科技大学哲学博士，主要研究领域为现当代中国哲学。

一、中国文化土壤中的圆教概念

圆教来源于佛学内部的判教思想，而判教最早则可以追溯到佛学早期在印度的发展。释印顺在《印度之佛教》中曾对判教历史有过梳理："声闻藏不判教。性空大乘经判小、大二教，以空为究竟说。真常与唯心之大乘经判三教：初则详无常、实有之声闻行；次则说性空、幻有之菩萨行；后则说真常、妙有（不空）之如来行，以空为不了义。"[1]这概

---

① 释印顺：《印度之佛教》，北京：中华书局，2011年，第2页。

括了早期印度佛教以“空”为标准判释大小二乘，[①]而大乘内部又有三个层次的不同教法。与此同时亦有学者认为，早期在印度的判教实际上是我们今天在考察中国佛教判教时，回过头去对早期印度佛教进行再审视、再反思的结果。[②]无论是今天以“后视镜的视角”去理性看待佛典经藏逐渐形成的历程，还是历史上佛教内部对佛经的整理和简别，我们都可以发现，众多佛经因为时间、地点、机缘、对象的不同，在内容、形式、方法等方面都存在着很大差别，甚至自相矛盾之处。因此，判教的工作正是对这些不同甚至矛盾之处进行解释、说明与判定，以建构佛学系统性、完整性和自我神圣性的必由之路。判教的过程，究其实质是对佛学理论的再度简别，本身具有相当的理论性和思想性。然而，我们也不可忽视，各个派别出于自身考虑也自然而然地会从本派的义理系统出发，对佛经的判定作出各种有利于自己的解释，从而产生高低上下之判分。早期判教的典型例子就是大乘佛教提出的“大乘”与“小乘”之判。大小乘之判定虽然早在印度部派佛教分裂时期就已经产生，但是就判教的具体应用而言，则始于部分大乘经典如《楞伽经》的顿渐之分、《华严经》的三照、《涅槃经》的五味、《法华经》的三车等等。

相比于判教，圆教一词出现较晚，可以说是中国佛学特有的概念。圆教将佛学内部判教理念与汉字“圆”所带有的圆满、圆融与完满等意涵有机结合，是佛教传入中国后在本土文化土壤中成长起来的新概念，同时也标志着中国本土学者已经有能力通过自己的理解对来源不同的佛经给予整体判断和评价。历史上，中国自汉代以来，大量佛经从印度、犍陀罗等地流传而来，路线各有不同。有类似玄奘天竺取经这类成规模的引进，也有从西域或东南海路的商路零星流入。这些佛经之中的学说种类杂多，加之传译又有先后，因此中国吸收佛学的过程并不是完整地接受了某个派别的学说，而是以一种并不系统的“杂糅并收”方式来进行的。比如安世高和支谶这两位早期中国佛学史上最重要的译经者，就分别以着力于翻译小乘禅数学与大乘般若学扬名于世。这样一种情况固然有利于中国佛学站在一个比较全面的基础上进行吸收与发展，但就佛学内部义理以及当时的实际情况而言，这种不加具体消化的“杂糅并收”，使得印度佛学中原有的诸如大小二乘、空有二宗之间说法迥异乃至相反等的问题在中国佛学中尤为突出。这不仅招致了来自外部，尤其是传统儒家学者的质疑，而且佛学内部各个流派之间各执一词、莫衷一是的现象更比比皆是。因此，对已经传入中国的佛学经典进行判教的需要就显得尤为迫切。

就圆教和判教的关系而言，有判教不一定有圆教，有圆教则必有判教。判教是方法

---

① 从地域上说，学界一般用北传、藏传、南传三系区分；从时间上，则有原始佛教、部派佛教等等之别，大乘佛教即是从部派佛教逐渐发展而来。到底是哪些派别被贬称为小乘，一直是众说纷纭。需要说明的是，小乘一词本来仅仅是大乘佛教对某些南传上座部佛教的称呼，南传上座部佛教本身并不接受。鉴于本文讨论的问题主要集中在中国佛教范围内，并不涉及具体的价值分判，故沿用这一名词。

② 参见王仲尧：《隋唐佛教判教思想研究》，成都：巴蜀书社，2009年，第1页。

和过程，圆教则是结果，判教的体系需要圆教来统摄，而圆教的系统需要判教来维持和简别。虽然早期诸如大乘、小乘这样的判教已经包含了日后圆教的部分内容，但高低、上下、经权以及满盈与否的差别并未突出以“圆满”作为其最高标准。在中国早期流传的佛经中，也并没有正式出现圆教这一术语，它在汉文佛经中大量使用一直要迟至智顗提出天台圆教之后。自智顗开始，中国佛学大量使用圆教来称谓各大判教体系之中最为完善的教法，而又以天台圆教和华严圆教影响较大。天台宗被认为是第一个在中国成长起来的佛教宗派，其中具有决定性的因素正是“圆教”这一概念的提出。也正是在这个意义上，判教与圆教成了一对不可分离、紧密联系在一起的概念。通过中国佛教自身的判教工作，一种具有自我主体性而有别于印度原始佛教的“中国佛教”也应运而生。

圆教的概念扎根于传统中国文化的深厚土壤，然而长期以来，它的使用范围绝大部分局限于佛学内部。在宋明理学“拒斥佛老”“严辨异端”的影响下，儒家学者并未对这一概念有太多关注，即使晚明三教合一潮流中对佛学有较多关注和了解的如焦竑、方以智等人，大多也只是在字面意思上借用这一概念，并未在佛学原有意义上进一步深化。19世纪后半叶以来，在欧风美雨的冲击下，传统形态的中国哲学开始向现代学术转型，儒学固有资源无法圆满地回应时代所提出的问题和挑战，在理性化和体系化等诸多方面与外来思想有较大差距。而由于佛学传统中重视义理阐发的“义学”思辨性较强，且在逻辑展开和理论论证的方式上和西方哲学更为接近，同时又有佛学自身鲜明的特色，因此，不少现代中国思想家们在比较和判释中西哲学思想的过程中，往往会在儒学思想之外，借助并吸收来自佛学的资源，继而涌现了一大批佛学研究相当精深的儒者。尤其是马一浮、熊十力、梁漱溟这三位奠定现当代新儒学发展方向和学术路向的代表人物，佛学在他们的知识背景中都占据了重要的角色，而他们思想的开创、发展与成熟也都受到佛学极为深远的影响。佛学以各种不同的形式在他们最终形成的义理体系中展露其雪泥鸿爪，这其中能够融会吸收佛学义理并“化为己用”形成一套较完整体系的，主要有马一浮、熊十力、牟宗三、方东美、唐君毅等人。值得注意的是，马一浮的“六艺之学”与“儒佛互释”、牟宗三的“判教—圆教—圆善”系统以及唐君毅的“心灵境界说”都不约而同地联系“圆教”概念，用“圆满”“圆融”或“圆盈”为标准去判摄古今中外各个思想体系。他们以“圆教”为通孔，结合中西哲学各方面的资源，对中国传统思想文化进行了重新诠释，从而开创了具有自身特色的不同思想学说，也由此将“圆教”这一佛学概念带入了整个中国哲学的公共视域中。

二、马一浮对圆教概念的“会通圆融”与“为我所用”

现当代新儒家中，马一浮最早明确将圆教概念纳入自身思想，认为儒家思想是一种圆教。而他之所以重视这一概念，首先是从会通各家，尤其是会通儒释道三家思想的视角切入，强调会通圆融是求道问学的基础和前提。在他看来，无论中西古今之学，学者问学首先需要摒弃门户之见。传统儒释道三家聚讼不已的各种争端，就求学问道而言不仅毫无必要，且因其过分注重门户之见而有四大过失："失之局""失之杂""失之烦""失之固"。从这个角度出发，马一浮认为研习传统中国思想一个必须掌握的原则就是"会通"。想要除去门户之见所带来的四大过失，真正能够去标去本的方法"唯在于通"，"门庭虽别，一性无差"。这不仅是今日学者所应该做到的，更是前贤往圣从其著书立说一开始就要求的。他例举了儒释道各家的说法，如《易传》讲"天下同归而殊途，一致而百虑"，《庄子》"恢诡谲怪，道通为一"，以及《般若经》中"若有一法出过涅槃者，我亦说为如梦如幻"，等等，认为"会通"是做学问的基本要求，要撇开门户之见和名相上的差异，以一种圆融的态度对儒释道三家的智慧进行综合梳理。

马一浮引入了华严圆教系统"小、始、终、顿、圆"的分别，认为《礼》之教相当于华严圆教系统下较为初步的"始教"，而《乐》之教类似于华严圆教中的"终教"。依照华严宗的讲法，"终教"较之于"始教"的区别在于，"始教"强调每个人的根性不同，因此需要因机设教、循循善诱，而"终教"则以《大乘起信论》所彰显的极具中国特色的佛性论为代表，从佛性本身的圆满出发，认为众生在现实生活中的差别并不具有根本的意义，进而承认一切众生皆可成佛。但无论是"始教"还是"终教"，在具体的修行实践方式上，都还是以渐修为主，而未能成就一种顿悟之学，而"圆教"能够统摄渐与顿、形上与形下、分别与非分别，因而是一种最完满的理论形态。

马一浮在谈论完满的理论模型时，多次借用了佛教圆教一词的内涵，并将其作为标准运用到对儒家乃至整个儒释道三家的评判当中。不过，马一浮虽然并不拒斥佛老，但就儒释道三家的相对地位而言，他依然坚持儒家最为圆融。在他看来，"孔子唯是显性而不破相，在佛氏唯圆教实义足以当之，简易又过佛氏"，"佛氏之教有大小偏圆，中土圣人六艺之教唯大无小，唯圆无偏"。换句话说，孔子的完满只有佛学中的圆教才可与之相当，但佛学的圆教固然已经相当接近于儒家的境界，由于其判教系统中除了圆教之外还有小、偏等不圆满教法，不像儒家彻头彻尾都是圆教，因此比起儒家之圆满相距甚远。

> 佛家权始偏小各教，盖为破除当时外道之邪计，故如此说，全属破相一宗。至圆教、顿教，抉示根源，直显真如法界，方是显性之言，与中土儒学相当。然儒家直显实理，没有许多络索，故言语尤为简要。[①]
>
> 吾儒则天即是理、性、命、道、教，初无二致。此乃一真法界，惟《华严》圆

---

① 马一浮：《马一浮集》（第二册），杭州：浙江古籍出版社，1996年，第502页。

教与之冥符，亦无执性废修之失。[①]

我们可以发现，马一浮这里其实是借用了佛家圆教的概念，以彼之道还施彼身，利用佛家自身对于圆教以下“藏、通、别”或“小、始、终、顿”教法的批评，来论证儒学从一开始就能够直接达至真理的境界，对比名相复杂的佛学义理系统，儒家工夫简易而直达鹄的。

总结而言，马一浮借用佛学圆教的真正目的正在于为儒所用，为己所用，以判教、圆教模型为工具，最终推出自己的哲学理念——六艺论，对儒释道三家进行综合定位，并试图在中国哲学的现代建构中建立起可以总摄一切学问的坐标系。这种方法，后来在牟宗三、唐君毅那里有所继承又有所深化，通过对中国佛学内部天台、华严圆教系统背后的哲学义理进行了分疏和再判定，他们各自发展出一套具有鲜明个人特色的圆教理论。

三、唐君毅判释“法界性起”之华严圆教及其“过渡作用”

唐君毅和牟宗三是现当代新儒学第二代人物中哲学思辨比较突出的二位大家，就他们最终呈现的义理框架而言，许多研究者已经指出唐君毅受到西方哲学中黑格尔的影响较多，如《生命存在与心灵境界》的“心灵九境”借鉴了黑格尔哲学中绝对精神的正反合三段式发展。牟宗三哲学中的康德元素则更显著，如在《智的直觉和中国哲学》《现象与物自身》等著作中针对康德哲学中物自体与现象的区分，以及人类理性如何可能进入智思界等问题有较为深刻的反思与回答。而同样不容忽视甚至更为重要的，则是他们二人都在西方哲学之外大量吸收并借助佛学思想去理解、诠释中西方哲学。他们同时也借助西方概念化的分析方法，对传统佛学义理进行了重新诠释。这种西方哲学、佛学与传统儒家思想的相互碰撞、影响与交融，是唐君毅和牟宗三哲学思想中极为关键的一个面相。

相较于马一浮借用圆教的概念为“六艺”统摄一切学问奠定方法论基础，唐君毅和牟宗三在利用圆教概念的同时，更条分缕析地深入佛学本身的话语体系之中，就天台圆教与华严圆教的义理差别等佛学史中的焦点问题分别作出了分析，并进一步将这些义理特色再带回到他们对于中国哲学乃至整个中西哲学的比较和梳理当中。由此，来自中国佛学的“圆教”思想，通过唐君毅和牟宗三的改造，不仅加深了他们各自的理论厚度，同时也为圆教概念进一步融入中国哲学的视域铺平了道路。

简单而言，圆教在中国佛学内部主要以天台圆教和华严圆教展开：天台以“五时八教”，而华严以“五教十宗”作为其核心的判教分类方法，两者判断理据其实大致相同，

---

① 马一浮：《马一浮集》（第三册），第963页。

最大的不同和争议点在于：按照天台判教系统，华严属于别教，天台是最圆满的圆教；而按照后起的华严判教，天台宗是“同教一乘圆教”，而华严宗作为“别教一乘圆教”才是最终极的境界。

唐君毅的哲学与华严义理有着千丝万缕的关系，他晚年提出用以综合自身思想体系的“心灵九境”说正是借鉴了《华严经》“四法界”所描绘的世界大观。他在各种著作中都对华严宗的义理进行了细致阐发。在《中国哲学原论·原道篇》中曾经以儒家理论与佛学作一比拟，认为法相唯识学如佛学中的荀学，般若如老庄，天台如佛教之《中庸》，华严如佛教之《易》。①他又在《原性篇》中指出天台宗是道中庸而极精微，华严宗是极高明而致广大。而就佛学圆教理论而言，唐君毅对中国佛学的这一发展进程的基本评价是：随着天台华严圆教理论的提出，中国佛学将以“法”为主、以“性”为附属的印度佛学转变为以心性为主，统摄一切法的佛学义理。唐君毅认为，天台、华严圆教理论其实并不冲突，天台是间接地开显，是一种会归，而华严是直接地开显，是流出。

对于传统中国佛学内部天台圆教和华严圆教之争，唐君毅富有洞见地指出，智顗最初判教时对《华严经》亦有相当高的评价，二者分歧的开始是被称为天台“中兴之祖”的荆溪湛然在为智顗《法华玄义》作注疏的《法华玄义释签》中针对华严宗法藏判教而有意贬抑《华严经》：

> （湛然）说华严经未如天台所宗之法华之开权显实，亦未如法华经之佛之由其近成，以及于其久已成道之远迹，（如无量劫来恒说法华等）而更发迹，以显其法身常住之本。又谓华严只对菩萨说法，不被小乘根器之机，不如法华兼对三乘说云云。②

在唐君毅看来，这种根据本宗派义理对佛经原典进行直接点名批评的情况在智顗、法藏等的早期判教思想中较为少见，更多是后世因为宗派意识等原因而开启。从源头而论，二者并无根本矛盾。又如后世天台宗所特别强调的“性具善恶”说，以及在华严宗和《大乘起信论》兴起为背景的天台宗内部山家、山外的“理毒性恶”之争，其实并非是《法华经》和《华严经》之间的差别，而更多是天台九祖湛然和华严四祖澄观之间的侧重点不同。湛然以“性具善恶”作为圆教意涵的终极标准，而澄观在一般意义上也认可性具善恶，只是在第一义的佛性上坚持不可以性恶说佛性，强调“净能夺染”的终极意义。

唐君毅进而提出了“天台性具”与“华严性起”原性二说的异同来具体凸显这两种中国本土圆教理论的侧重点之不同。华严圆教的精神在于紧扣佛在自证的境界中，只证一个

① 唐君毅：《中国哲学原论·原道篇卷三》，台北：学生书局，1986年，第3页。
② 唐君毅：《谈中国佛学中之判教问题》，《哲学与文化》第4卷第11期，1977年11月。

自性清净的法界性起心，这是华严宗立教的第一义。因此华严宗的工夫修行，也相应地必然从观诸法的相摄相入的法界缘起，来直接契入佛所自证的清净心。而这种契入之所以可能，是在于众生都具有一真心，而这个真心正是佛所证得悟道的心。华严圆教因此偏向于观无碍法之大缘起，以观成止，而天台圆教的侧重点则在止于“一念”，以止成观。

天台与华严圆教的这种差别是由于“性”之含义不同，华严所谓“性起”之性，是指法界性起心之性，是一种存在的实体。而这个实体的性，因其存在的方式而必有其体和其用，所以能有所“起”。具体而言，性起其所起者在众生那里是兼具了染净善恶，但是第一义的佛性，仍然是清净的法界性起心。而天台宗的“性具”，唐君毅认为是就十法界种种范畴法相来说的，所以此性并没有什么实体的意义。天台宗由此言性具善恶，而唐君毅以房屋之门来譬喻在天台宗那里，众生在此门中，佛也在此门中，但只是一种法门而已，佛可以用它来度众生，但天台宗的这种“性”，并没有实体的意义，因为其所具有的体用也并不实。唐君毅进而提出，天台圆教的意旨在于“开权显实”“废权立实”，那么既然还有“权”可以开，还有“权”可以废，那必然就不是彻底的圆融无碍。而华严圆教则是本来就无“权”可开、可废的圆融无碍，因而才可以直接显示出佛的境界。

唐君毅对华严圆教多有推崇，在华严与天台圆教之间的义理分疏上更重华严“法界性起”之终极圆满，晚年“心灵九境”说也对华严圆教多有借鉴。然而若就唐君毅思想的整体而言，华严圆教虽然对一些概念的提出有触类旁通的启发作用，但就整体哲学思想的推进和对儒释道三家的判定而言，华严圆教在唐君毅那里只是一过渡阶段，甚至在佛家内部他亦认为,“禅宗之重心悟而弃教观,即又可视为华严宗之向上一着”①。禅宗就教理的完整性而言，对比华严圆教更略胜一筹。而在儒佛之间的对比关系上，圆教的地位更远非终极圆满，如在“心灵九境”最高之“天德流行境”中谈及人类生命超越分别我执时就指出天台、华严圆教在“去执”上固然有其精彩洞见，但其以佛性论为基础认为心性为善而破我执终究是“第二义”上的佛性之用，这种圆教“未能直下就人之自然生命与人初生而有赤子之心处加以肯定”，因此只有顺儒家之教才能够真正在“第一义”上去除我执而又能肯定人类的自我生命价值。②

四、牟宗三由华严、天台之别对圆教的“内在融摄”及其“综合创新”

相较于佛家圆教在马一浮那里“为我所用”与唐君毅“过渡阶段”的偏形式和工具性的应用，牟宗三则通过对天台圆教的重视，“内在融摄”佛家哲学而对整个中国哲学有一

① 唐君毅：《唐君毅全集》（第18册），北京：九州出版社，2016年，第228页。
② 唐君毅：《唐君毅全集》（第26册），第134—135页。

综合创新。他一方面深入中国佛学的义理系统内部，重新梳理和分判传统佛学中天台圆教和华严圆教之间的义理差别，对天台圆教“性具善恶”的独特性作出了存有论意义上的重新诠释；另一方面，更试图进行“综合创新”，从哲学义理上跳出传统儒佛之间简单的正统、异端之争，大胆提出了天台圆教在理论架构上有超乎儒家的价值所在。在他自身哲学体系的完成篇《圆善论》中，牟宗三认为解决德福一致的终极哲学问题必须以天台圆教为模型，自圆教而圆善。圆善问题的提出则可以追溯到康德那里的德福一致问题，即存在与价值两方面问题的同时圆满解决，牟宗三将其视为哲学的终极问题。由此，圆教这个来自中国佛学的思想资源，更为直接、内在地成为牟宗三哲学思想的有机组成部分，最终成为他融摄佛家义理，综合创新近现代中国哲学的一条独特道路。[①]

联结并支撑起牟宗三“内在融摄”与“综合创新”二者的关键节点在于天台圆教的理论判定，这又进一步细化为以下两个相互关联而递进的问题：1. 佛学内部天台、华严圆教的理论差别；2. 圆教作为一种理论如何跳出佛学而成为一个公共的理论模型。

对于佛学内部的义理问题，牟宗三和唐君毅一样都特别重视圆教概念在中国佛学树立起自身义理主体性过程中的关键作用，而且都将分析的重点放在了天台圆教和华严圆教之间的义理差别上。唐君毅在佛学内部更推崇华严圆教，而牟宗三则尝试将天台圆教的义理架构从佛学内部的天台、华严之判分拓展到处理哲学问题的公共模型，这不仅与唐、牟二人的思想背景、哲学倾向差异有关，同时也揭示了他们利用佛学资源的微妙差别。

牟宗三在他学术生涯的黄金时期完成了百万字巨著《佛性与般若》，其中最核心的要点正是圆教。他通过“佛性”与“般若”两大概念的展开来体现圆教在中国佛学中的理论形态。第一，般若智慧可以归结为一种“作用地圆具”，重点在于“作用地”——即观法上、功能上的“圆通无碍”，破除一切执着而自身也无所执着的“非分别说”。第二，佛性概念则在般若智慧的基础上对存有问题进行回答。按天台圆教对《法华经》的解释，除了在观法上、功能上破除执着之外，依然需要交代“一切法之存在”的问题。天台圆教的具体路径正是在般若智慧的基础上，用“非分别说”的方式来凸显“圆满无尽”佛性概念。不同于般若智慧在观法上、功能上的“圆”，天台圆教下更为完满的理论模型是一种“存有论的圆具”。

圆教是牟宗三把握整个中国佛学的核心概念，通过“佛性”与“般若”两方面的梳理，他构建了一套理解圆教本身以及判定天台、华严圆教义理的理论框架。在《佛性与般若》中，牟宗三将华严宗视为中国佛学由来自印度的阿赖耶系统发展转化为如来藏系统的重要理论流派，标志着中国佛学在融会贯通原始佛学基础上开出新的理论面相。然而，若

---

① 牟宗三对圆教的认识有一个变化的过程，简而言之，早期坚持儒家道德创生之教，而对佛家圆教并不以为然，晚期则通过天台圆教的“存有论圆具”对佛家有诸多肯定之处，佛学内部及牟宗三内部的思想史脉络梳理，另文详述。

以天台圆教的观点视之,《华严经》以及后起的华严圆教并未达到究竟圆满的境界，结合牟宗三所梳理的“般若”与“佛性”两条主线，大致原因有二。

一、就对“般若”概念的“非分别说”辨析而言。从经典本身来讲,《华严经》之庄严恢弘，天台祖师智者大师本人亦十分欣赏。甚至就“圆融无碍、圆满无尽”的圆教标准而言,《华严经》以及后起的华严圆教亦可以在其自身义理系统内部找到如“理事无碍法界”“事事无碍法界”等相应资源。然而，在牟宗三看来,《华严经》和华严圆教在言说圆教理论形态时还只是一种分别说意义上的“分析的圆”，本身并不能决定此“分析的圆”之所以为圆。[①]华严圆教意义下的“圆融无碍、圆满无尽”的意涵是由“缘起性空”的佛学基本教义经过各种义理诠释来说明法身法界的圆满，因此华严圆教是一种“分析的圆教”，而非真正的圆教。

二、对“佛性”概念在存有问题上“开权显实”而言，华严圆教重视纯然无染的如来藏自性清净心，善之根源的“法性”与恶之根源的“无明”毫不相容，未能像天台宗“法性即无明”之彻底圆融。在牟宗三看来，两种圆教观念区分的另一个关键在于是否把圆教本身与一般的权教相分隔。天台宗认为佛是“即”于六道众生乃至声闻、缘觉、菩萨这“九法界”而成佛，是一种“即”权教以显圆教的彻底圆满。对于华严圆教，牟宗三延续了天台宗湛然、知礼等人对华严宗“缘理断九”的评价，认为华严圆教失之“隔”，隔于“九法界”而成就庄严的佛国世界，是一种隔开了权法的妙法与圆法。在他看来，这种圆法固然高明，却有些不食人间烟火。正因为隔开了九法界，因此在天台圆教的视域下，华严圆教在更高的层次上也还是一种权教：圆教高高居于小、始、终、别四教之上，成为一个“宝塔形的圆教”，必须把这一层“高”也圆融掉，才是真正的圆教。依天台宗，圆教不是宝塔形高高在上，而是涵盖所有的一个整体的圆，将华严圆教中高高在上的佛法身之圆也拉回到“九法界”之内，使之“即”于权教而成为真正的圆教。牟宗三在《佛性与般若》中不同于一般佛学史的写法，将天台宗的部分挪到了时间上原本更晚的华严宗之后。虽然从历史的角度而言，华严宗是后起，但牟氏从哲学义理的建构出发，认为华严宗的义理乃是顺着唯识学，由阿赖耶缘起到如来藏缘起再发展而来，是一种自然而然的义理发展，而唯有天台学因其对“般若”和“佛性”的圆融处理而显示出中国佛学相较于印度佛学的殊胜之处。[②]

不同于唐君毅止步于佛教内部，并以儒家作为最高境界的义理判释，牟宗三在《中国哲学十九讲》《圆善论》等晚期著作中，进而跳出佛教而谈圆教，提出天台圆教是一个普

① 牟宗三:《佛性与般若》，台北：联经出版，2003年，第576页，亦可参考第617页。

② 需要指出的是，此种认识是牟宗三根据其自身理解所提出的一家之言，并未得到佛学界的广泛认可，而即使在现代新儒学内部，也有不同意见，比如唐君毅先生就认为华严圆教方是最为圆满之圆教形态。

遍的教法，并不以佛教为限。而更值得注意的是，牟宗三进一步以天台圆教的理论模型，特别是用他梳理天台、华严圆教的分别的理论框架来对各家思想，甚至是儒家思想进行判释。

这种跳出佛教框架对“圆教”概念的运用在《圆善论》中有一特别体现，分别论述了儒释道三家的圆教形态。而当论及儒家圆教的部分时，牟宗三本来以阳明后学王龙溪以“四无句”改造王阳明“四有句”为“究竟圆教”，之后却有些出人意料地引入天台圆教的视角，认为王龙溪的思想近似华严圆教的“高山顶山之别教一乘圆教”，[①]儒家思想中真正能够继承程颢之学的胡五峰才是真正完满的“同教一乘圆教”。

结合牟宗三对华严、天台圆教的义理判释，王龙溪的“四无句”正是类似华严圆教所谓“高山顶上之别教一乘圆教”，只针对上根之人讲法，未能具体地落到实处。但真正的圆教，必须按照天台宗“一念三千、不断断、三道即三德”之“非分别说”方式而来，即对现实生活的真实性予以一种肯定和说明，并将其纳入圆教最终的圆满境界之中。可以说，牟宗三正是从天台圆教中汲取了灵感并拓展其理论框架，在儒家内部对形态上更接近于华严圆教的王龙溪之学进行了重新判定。[②]

五、天台、华严圆教背后的殊途同归

马一浮、唐君毅、牟宗三都是现当代新儒家的重要人物，他们对圆教的吸收、改造与发展引起了不少学者的关注。我们首先需要厘清，马一浮、唐君毅、牟宗三这批精通佛学的现当代新儒家们究竟是在何种意义下理解和使用“实体”或是“实有”的概念。“缘起性空”固然是佛学的基本教义，但佛学所讲的缘起性空并不等于否定现实世界的真实性。现实的经验世界虽然不是世界的实相，但依然是一种客观存在，万法刹那生灭，并无自性。虽然无自性，但依然可以是“有”，而并非是“无”，因此牟宗三在《佛性与般若》以及《中国哲学十九讲》中专门强调了“佛教式的存有论”，认为天台宗通过“一念三千”的特殊方式保有了现实世界的真实性，进而建立起一种相当特殊的、建立在缘起性空之上的存有论。因此，牟宗三对天台圆教的解读的作用之一恰恰是要去除传统重视华严圆教而来的，如杜保瑞批评那样的“实有之学的存有论系统”。

---

① 天台学内部本无“别教一乘圆教”与“同教一乘圆教”这两种圆教之分，这是后起华严宗的术语。在华严判教系统中，以《华严经》不共声闻、缘觉二乘的别教一乘圆教为真正圆满教法，天台所尊的《法华经》则为同教一乘圆教而相对次之。牟宗三不同意华严宗的这种高下之判，但亦认为随着佛教义理的细化，有必要吸纳这两个新的名词进入天台圆教系统中来更好地说明天台、华严这两大判教系统内部的差别。因此在其经过调整后的天台圆教系统中，同教一乘圆教才是真正的究竟圆教。

② 有关儒家内部“五峰圆教”与“龙溪圆教”的进一步梳理，可参考拙文《牟宗三哲学中的两种圆教形态及其内在张力》，《哲学研究》2016年第10期，在此不再赘述。

其次，牟宗三和唐君毅（也包括马一浮）之间有关天台、华严圆教之间的分歧，主要是对圆教不同面相的侧重分别。如果以圆满无尽、圆融无碍这两个圆教的标准来审视，实则唐君毅更注重圆教之“圆满”，而牟宗三相较而言则将重点放在了是否“圆融”上。唐君毅因为更注重圆满而倾向于以“性具”与“性起”之性体来详细探究天台、华严圆教理论的不同，而牟宗三则以法性和无明是同体还是异体，是否需要隔九法界而成佛来判断天台、华严高下。在牟宗三看来，真正的圆教在毫无挂碍的同时，也必须将人世间在内的六道众生包含在内。华严宗所谓的圆满并没有将权法包含在内，权实之间隔了一层，未能彻底圆融而终究无法达至圆满。当然，如果我们站在唐君毅和马一浮倾向华严的立场上，他们并不会接受牟宗三对华严宗是隔绝九法界而成佛的批评，反而会认为天台仅仅是方便之门的圆教，既然还留有权教的部分就还不能达至最终极圆满。

马一浮、唐君毅和牟宗三都相当敏锐地注意到中国佛学在天台、华严之后，发展出了一整套以心性论转向为特色的圆教理论。这种圆教理论不是对佛学基本义理的违反，而是佛学在植根中国土壤之后的进一步发展。事实上，如果我们注意日本“批判佛教”的思潮，便会发现中国佛学近现代以来受到质疑程度之深，甚至有研究者认为“所有在本觉思想阴影之下的汉化佛教——包括天台、华严——已经腐败地成为反智主义、泛神论、神秘主义和保守主义”①。而根据菅野博史的讲法，“大乘非佛说”虽然在日本引起了极大的反对，但至今已经成为日本佛学界普遍接受的说法。②对比之下，马一浮、唐君毅和牟宗三从不同的进路对中国传统天台、华严圆教理论进行了重新梳理，并将它们有机纳入了他们自身的哲学当中：马一浮重会通圆融为我所有，唐君毅重“法界性起”圆满境界的呈现，牟宗三重哲学分析基础上的“内在融摄”。归根到底，天台圆教和华严圆教只是进路、侧重不同，最终的目的依然是证得觉悟、彻底圆满的圆教境界。正如唐君毅所言，天台、华严圆教本不矛盾，天台是会归，而华严是流出，③无论是马一浮、唐君毅赞同华严宗以清净法界性为第一义，还是牟宗三欣赏天台宗一念三千无明法性，其实质都是一种以心摄法，凸显了人们修行证道的主动性。他们对圆教看法的不同，以及研究者们对圆教理论的肯定与批评的背后，都是试图从不同角度去理解在中国传统哲学土壤中发展变化而来的佛学心性论转向。

---

① 参见林镇国：《“批判佛教”思潮》，收入氏著《空性与现代性》，台北：立绪文化，1999年，第21—43页。
② 菅野博史：《法华经——永远的菩萨道》，台北：灵鹫山般若出版，2005年，“序论”，第17页。
③ 参见唐君毅：《中国哲学原论·原道篇卷三》，第322—328页。

论辽代的菩萨信仰*

王德朋

摘要：辽代是中国佛教发展的又一高峰时代，形式各异的菩萨信仰广泛流行。就观音信仰来看，其信仰方式主要有建造观音堂、绘塑观音佛像、以诗文赞叹观音神力、以“观音”入名等。疏抄、念诵《上升经》是辽代弥勒信仰的重要特色。辽代文殊信仰的重要标志是抄写、供养《般若经》《华严经》等，并以“华严”建寺、名山。在辽代菩萨崇拜体系中，定光佛舍利崇拜占据了突出位置。与上述菩萨信仰不同，辽代还存在焚身献佛的偏颇。辽代菩萨信仰并未超出唐末五代以来菩萨信仰的一般形式。但是，受民族结构、地域范围、宗教传统等因素的影响，辽代在继承以往佛教传统的同时，对前朝菩萨信仰方式有相当程度的深化。

关键词：辽代；菩萨；信仰；方式

作者简介：王德朋，内蒙古民族大学法学与历史学院教授、博士生导师。

菩萨信仰是佛教中国化、世俗化的产物，信众们深信，不同菩萨有不同神力，如观音菩萨的慈悲救难，弥勒菩萨的大慈恒乐与往生净土，药师菩萨的消灾祛病、延年益寿，这些神力可以满足信众不同的现实利益诉求。在中国佛教史上，辽代向以崇佛著称，作为佛教中国化的重要表征，菩萨信仰在辽代广泛流行，学术界对此已经有所探讨。[①]遗憾的是，现有研究大都围绕某一类别的菩萨信仰展开，而缺少对辽代菩萨信仰的整体描摹。因此，本文拟以石刻记载为中心，分类考察辽代的菩萨信仰情况，以期勾勒出辽代菩萨信仰的概貌。

---

* 本文为内蒙古民族大学博士启动基金项目“辽金时期佛教研究”（BS534）的阶段性成果。

① 黄春和梳理了辽代佛教造像的分布情况，提出观音菩萨是辽代最为流行的造像题材，参见黄春和：《浅论辽代佛像艺术》，《法音》2009年第6期。谢扬帆从文物修复角度着重研究了故宫博物院所藏辽代木雕菩萨立像，参见谢扬帆：《故宫博物院藏辽代木雕菩萨立像修复研究》，《文物天地》2021年第12期。程嘉静、杨富学借助出土文物，详细探讨了辽代的文殊信仰，参见程嘉静、杨富学：《考古资料所见辽代之文殊信仰考屑》，《内蒙古社会科学》2020年第1期。徐效慧从观音信仰的传入、观音经典的传播、观音造像的盛行等五方面论述了辽代观音信仰的基本情况，参见徐效慧：《论辽代的观音信仰》，刘宁主编：《辽金历史与考古》，沈阳：辽宁教育出版社，2014年，第260—265页。

一、辽代的观音信仰

观音信仰在中国由来已久，影响深远。有研究者指出，观音信仰的中国化是所有菩萨信仰中国化中最彻底的一种，信众们深信，“因为观音菩萨的救世法力，众生可以通过某种宗教仪式或心理实践而与菩萨沟通并由此使信仰者所求满足”[①]。自南北朝至隋唐，观音信仰日益深入民间，辽代的观音信仰也十分盛行，大安十年（1094）的《大悯忠寺观音菩萨地宫舍利石函记》开篇即云：“恭闻应物为现，利乐无穷者，大圣观音。”[②]信众往往以称名、闻名、归心、礼敬等方式作为获得观音救度的途径，其具体表现有以下一些。

一是建造观音堂。辽代最著名的观音堂莫过于辽太宗建造的木叶山观音堂，其建造原委，《辽史》载，永州“兴王寺，有白衣观音像。太宗援石晋主中国，自潞州回，入幽州，幸大悲阁，指此像曰：‘我梦神人令送石郎为中国帝，即此也。’因移木叶山，建庙，春秋告赛，尊为家神”[③]。《契丹国志》对此有更加详细的记载：

> 《纪异录》曰：契丹主德光尝昼寝，梦一神人，花冠，美姿容，辎軿甚盛，忽自天而下，衣白衣，佩金带，执骨朵，有异兽十二随其后，内一黑色兔入德光怀而失之。神人语德光曰：“石郎使人唤汝，汝须去。”觉，告其母，忽之不以为异。后复梦，即前神人也，衣冠仪貌，宛然如故。曰：“石郎已使人来唤汝。”既觉而惊，复以告母。母曰：“可命筮之。”乃召胡巫筮，言：“太祖从西楼来，言中国将立天王，要你为助，你须去。”未浃旬，唐石敬瑭反于河东………许割燕、云，求兵为援。契丹帝曰：“我非为石郎兴师，乃奉天帝敕使也。”率兵十万，直抵太原，唐师遂衄，立石敬瑭为晋帝。后至幽州城中，见大悲菩萨佛相，惊告其母曰：“此即向来梦中神人。冠冕如故，但服色不同耳。”因立祠木叶山，名菩萨堂。[④]

天显十一年（936）石敬瑭在晋阳反唐自立，辽太宗亲自将兵南下入援，在击败后唐兵马后，扶持石敬瑭登上帝位，契丹也因而取得燕云十六州，这是辽代早期历史上底定疆土的大事。太宗之所以愿意出兵援立石晋，根本动因当然是契丹人开疆拓土的强烈渴望，但在耶律德光口中，却表述为梦中受白衣观音开示所致，这种神化书写为辽太宗奄有燕云

① 李利安：《观音信仰的中国化》，《山东大学学报》（哲学社会科学版）2006年第4期。

②《大悯忠寺观音菩萨地宫舍利石函记》，向南主编：《辽代石刻文编》，石家庄：河北教育出版社，1995年，第460页。

③ 脱脱：《辽史》卷37《地理志一》，北京：中华书局，2016年，第504页。

④ 叶隆礼撰：《契丹国志》卷2《太宗嗣圣皇帝上》，贾敬颜、林荣贵点校，北京：中华书局，2014年，第21—22页。

十六州披上了佛教色彩的外衣。此外，在辽太宗看来，契丹人的出兵应援，对石晋来说颇有观音救难之意，因此，将扶持石敬瑭假托为观音神意，既给自己罩上了一层受命于佛的神秘面纱，又充分体现了拥立石晋的合法性。这种观音信仰与现实需求的结合，反映了辽代早期佛教发展与政治局势之间的内在关联。

由借助夜梦观音以粉饰出兵援立石晋合法性来看，辽太宗对观音信仰有一定了解，陶穀《清异录》曾有一段记载：

> 耶律德光入京师，春日闻杜鹃声。问李崧："此是何物"？崧曰："杜鹃。杜甫诗云：西川有杜鹃，东川无杜鹃，涪万无杜鹃，云安有杜鹃。京洛亦有之。"德光曰："许大世界，一个飞禽，任他拣选，要生处便生，不生处种也无，佛经中所谓观自在也。"[①]

这则史料中的"观自在"是佛教用语，同时也是观世音菩萨的另外一个名号。在这则史料中，太宗以飞禽拣选栖息之地为喻，说明佛教心无所碍的境界，可见太宗已有较深佛学修养，同时也说明他对观音信仰并不陌生。果然，在夜梦观音之后，太宗不但尊白衣观音为家神，还将祭拜菩萨堂列入祭山仪之中，据《辽史》记载，太宗时期，"于拜山仪过树之后，增'诣菩萨堂仪'一节"[②]。实际上，除了政治上的需要，可能太宗本人对观音菩萨的灵验确实深信不疑，会同五年（942）六月，皇太后不豫，太宗除亲侍汤药、祭告太祖庙之外，还"幸菩萨堂，饭僧五万人"[③]。

位于天津的独乐寺是国内仅存的三大辽代寺院之一，独乐寺观音阁是辽代建造的又一座供奉观音的殿堂。其建造原委，《重修独乐寺观音阁碑》云：

> 故尚父秦王，请谈真大师入独乐寺，修观音阁。以统和二年冬十月再建。上下两级，东西五间，南北八架，大阁一所，重塑十一面观世音菩萨像。[④]

据学者考证，这段石刻史料提到的"尚父秦王"指韩匡嗣。[⑤]景宗时期韩匡嗣历任上京留守、南京留守、西南面招讨使等要职，韩氏家族的其他成员，如韩匡美、韩德让、韩德源、韩德威等人尽为显宦，尤以韩德让最为显赫，《契丹国志·耶律隆运传》云，"耶律

---

① 厉鹗：《辽史拾遗》卷3，《丛书集成初编》本，上海：商务印书馆，1936年，第74页。
② 脱脱：《辽史》卷49《礼志一》，第929页。
③ 脱脱：《辽史》卷4《太宗纪下》，第56页。
④《重修独乐寺观音阁碑》，向南主编：《辽代石刻文编》，第88页。
⑤《重修独乐寺观音阁碑》，向南主编：《辽代石刻文编》，第88页注释②。

隆运，本汉人，姓韩名德让”，“隆运兄弟九人，缘翼戴恩，超授官爵，皆封王。诸侄三十余人，封王者五人，余皆任节度使、部署等官”。[①]韩氏家族之盛，几与大辽国祚相始终，韩匡嗣修建观音阁应有祈愿、感谢观音庇佑之意，因而，有学者猜测，观音阁有韩氏家寺的性质。[②]

二是绘塑观音佛像。辽代佛教神祇崇拜的常见形式是绘制佛像。信众绘制佛像，一方面有供养佛陀之意，另一方面所绘佛像又是发愿祈禳的对象。前者如清河张文藻曾在圣因寺施财绘佛以供奉养，《张文藻墓志》谓“于当州圣因寺施净财，画优填王壁，丹青绚彩，久而弥新，相好威仪，烂然可睹”[③]，其子张世古也“于圣因寺堂内，绘十方佛壁一门”[④]。父子两代共同在圣因寺施财绘佛，可能是某种有计划的绘制佛教题材壁画的活动。后者如重熙三年（1034）秦王萧孝穆“病染沉疴”，其子知足、无曲发愿敬奉三宝，其中一愿就是“舍财画像”。[⑤]

检视辽代石刻可以发现，在诸佛当中，观音是比较常见的绘画对象。天显十年（935）十一月，太宗幸弘福寺为皇后饭僧时，就看到弘福寺绘有观音画像。[⑥]此外，普通信众绘制观音像在辽代石刻中也时有所记：天庆四年（1114），彭城信士刘承遂出资“于王子寺画毗卢会，洎暖汤院绘大悲坛及慈氏相，并楼内画观音菩萨相，皆威容庠雅，侍从端凝”[⑦]。乾统三年（1103），金山演教院“阖院大众及近邻檀越田辛等，于亭子后建正堂五间，正面画本尊八菩萨形像，专请到燕京悯忠寺论主大师义景在中开演”[⑧]。

除丹青绘制观音像，辽代佛教信众也热衷于塑造观音像，前文所引《重修独乐寺观音阁碑》提到韩匡嗣在观音阁塑十一面观音菩萨像，这是辽代雕塑观音像的一个实例。此外，据《妙行大师行状碑》记载，道宗年间，妙行大师去世时，辽道宗还用白银铸造观音像。文曰：

> 先师在时，欲于塔内镕铸丈六银佛，用□五万□才及万余，□所愿未果而终。门人右僧判通□大师因赴行在，圣孝皇帝旨曰：“先师造像之银，朕欲熔范等身观音，姑以金铜易像，当塔之阳，颇示佳尚。”[⑨]

---

① 叶隆礼撰：《契丹国志》卷18《耶律隆运传》，第197、198—199页。
② 宿白：《独乐寺观音阁与蓟州玉田韩家》，《文物》1985年第7期。
③《张文藻墓志》，向南、张国庆、李宇峰辑注：《辽代石刻文续编》，沈阳：辽宁人民出版社，2010年，第216页。
④《张世古墓志》，向南、张国庆、李宇峰辑注：《辽代石刻文续编》，第294页。
⑤《秦王发愿纪事碑》，向南主编：《辽代石刻文编》，第198页。
⑥ 事见脱脱：《辽史》卷3《太宗纪上》，第39页。
⑦《刘承遂墓志》，向南主编：《辽代石刻文编》，第676页。
⑧《金山演教院千人邑记》，向南主编：《辽代石刻文编》，第534页。
⑨《妙行大师行状碑》，向南主编：《辽代石刻文编》，第588页。

这段石刻文字中的“先师”指辽代名僧妙行大师，圣孝皇帝是辽道宗谥号“仁圣大孝文皇帝”的省称。从石刻反映的情况看，妙行在世时，本想以白银铸造丈六佛像，待圆寂后置于自己的舍利塔内，但妙行事未成而身先逝。道宗皇帝改变了妙行的计划，以金铜造佛像，而将原本用于铸造佛像的白银改铸等身观音像。辽道宗大概偏好白银铸佛，有石刻记载，道宗曾以“白银千两，铸二佛像”①，此次又以白银铸造观音等身佛像，这种不计金钱铸造大型观音佛像的做法在一定程度上反映了道宗本人的观音信仰。

三是以诗文赞叹观音神力。歌颂观音神力的诗文在中国文学史上屡见不鲜。可惜辽代流传下来的诗歌本来就为数寥寥，与赞诵观音有关的诗作数量更少。但是，在寥若晨星的辽诗当中，《玉石观音像唱和诗》格外引人注目。《玉石观音像唱和诗》是道宗寿昌五年（1099）二十五位诗人创作的二十六首歌咏观音的诗歌总称。歌咏者除沙门智化、释善□、释性莲、释性鉴以外，都是有一定官职的世俗信众，如兵部尚书、兼门下侍郎、平章事郑若愚，左仆射、兼中书侍郎、平章事韩资让，兵部尚书、兴中尹赵庭睦等。从诗歌唱和的情况看，应是寺中玉石观音像落成后，崇禄大夫、检校太师、行鸿胪卿、英辨大师、赐紫沙门智化率先题诗记事，咏叹观音功德。

考察《玉石观音像唱和诗》的主要内容，除称颂智化慧眼识贞石以及赞颂玉石观音像雕琢精美外，一个重要主题就是赞叹观音神力，如赵庭睦和诗“观音神力不思议，举世归依颇异哉”，史仲爱和诗“种种形容何处现，巍巍神力此中来”，杨涤瑕和诗“救苦尽随威力去，欲求必应愿心来”，寇□和诗“能遣众生忧患去，可令千种□□来”。②这些诗句虽然相对简单粗糙，稍欠意境之美，却以质朴的文字流露出辽人对观音的赞叹和崇信。

四是以“观音”作为人名。以佛称入人名是辽代姓名文化的一个重要特点。新生儿出生后，自然涉及人名问题。人名是社会成员之间彼此区分的重要标志。按照中国传统，命名寄托了长辈对晚辈的期望以及对美好生活的向往，因此，人名不仅仅是语言现象，更是社会文化现象，不同的命名特点反映不同的文化取向。而且，群体共同的命名趋向往往能够反映某一时期价值观念、社会风气、生活习俗的变化情况。自佛教传入中国以来，佛教思想观念渗入中国传统命名规则当中，进而，一些中国人名的用字、意蕴都呈现出浓厚的佛教色彩，这一现象自南北朝时就已显现。有学者考证，自晋至隋，世俗人名直接袭用佛教人名或佛教术语的例子有41个之多，③取用一个与佛教有关的单字与其他字组合而成人名的数量更多。④

以辽代佛教之盛，佛教因素自然渗入社会成员的命名当中，其中，以“观音”入人名

---

①《银佛背铭》，陈述辑校：《全辽文》卷2，北京：中华书局，1982年，第32页。
②《玉石观音像唱和诗碑》，向南主编：《辽代石刻文编》，第502—505页。
③ 吕叔湘：《南北朝人名与佛教》，《中国语文》1988年第4期。
④ 参见王泉根：《南北朝人名与宗教——中国人名发展简史之六》，《寻根》2012年第1期。

的现象非常突出。具体方式各异：有的是直接以"观音"作为名字，如世宗第二女名"观音"，[①]大同军节度使名观音，[②]北院枢密使耶律贤适有子名观音，[③]宣懿皇后"姿容端丽，为萧氏称首，皆以观音目之，因小字观音"[④]；有的以"观音"配以单字作为人名，如奚王搭纥之孙萧观音奴，[⑤]萧柳文集《岁寒集》的整理者耶律观音奴，[⑥]景宗长女名"观音女"，[⑦]兴宗太平十一年（1031）冬十月杀鉏不里党名弥勒奴、观音奴等，[⑧]曾任三镇口巡检使的耶律元宁"有六子，长曰崇庆奴，次曰观音奴、慈氏奴、释加奴"[⑨]等，这种情况估计和整个家庭、家族有浓厚的佛教氛围有关。

还需说明的是，辽代以带有"观音"的用字为社会成员命名具有普遍性。翻检史料可以发现，不仅契丹人如此，汉人亦如此；不仅中上层社会如此，普通社会成员亦如此。从时间上看，该习俗贯穿辽代始终。由此可见，观音信仰对辽代命名习俗产生了深刻而持久的影响。

二、辽代的弥勒信仰

弥勒佛是辽代崇拜的又一位佛教神祇。弥勒信仰产生的年代很早，有学者认为，大约公元前3、前2世纪，弥勒信仰在西北印度、东北波斯等地伴随原始大乘教的兴起而兴起，[⑩]而中国人的弥勒信仰则始于晋代有关弥勒经的传译与流行。[⑪]在中国的信仰世界里，弥勒以悲悯四众、大慈恒乐、能给信仰者幸福快乐著称。崇拜弥勒的形式十分简单，不过"闻是菩萨，大悲名称，造立形像，香花衣服，缯盖幢幡，礼拜系念"[⑫]而已，即称弥勒之名，造弥勒之像，敬奉香花衣服，制作缯盖幢幡，礼拜其像与诵念其经。辽代弥勒信仰的方式大抵如法。造像立幢方面，如燕京易州涞水县水东村"先于寺西约□步有相承古塔一坐，村众共重兴□新。内有弥陀石佛六尊，特□浑金我□已讫"，重妆弥陀石佛后，"尚有余钱，又弘大愿，新造香幢一所"。[⑬]《三宝感应要略录》云："释诠明法师发愿造三寸刻檀

① 脱脱：《辽史》卷65《公主表》，第1107页。
② 脱脱：《辽史》卷79《耶律贤适传》，第1403页。
③ 脱脱：《辽史》卷79《耶律贤适传》，第1403页。
④ 王鼎：《焚椒录》，《丛书集成初编》本，北京：中华书局，1991年，第1页。
⑤ 脱脱：《辽史》卷85《萧观音奴传》，第1446页。
⑥ 脱脱：《辽史》卷85《萧柳传》，第1449页。
⑦ 脱脱：《辽史》卷65《公主表》，第1107页。
⑧ 脱脱：《辽史》卷18《兴宗纪一》，第241页。
⑨《耶律元宁墓志》，向南、张国庆、李宇峰辑注：《辽代石刻文续编》，第58页。
⑩ 普慧：《略论弥勒、弥陀净土信仰之兴起》，《中国文化研究》2006年冬之卷。
⑪ 张培锋：《中国古代文人的弥勒信仰研究》，《哈尔滨工业大学学报》（社会科学版）2012年第4期。
⑫ 沮渠京声译：《观弥勒菩萨上生兜率天经》，《大正藏》第14册第420页中。
⑬《水东村傅逐秀等造香幢记》，向南主编：《辽代石刻文编》，第364页。

慈氏菩萨像，祈誓生兜率天。”[①]

弥勒信仰的主要经典有《观弥勒菩萨上升兜率天经》《弥勒下生经》《弥勒成佛经》等六部经典，统称“弥勒六部经”，其中，《观弥勒菩萨上升兜率天经》简称《弥勒上升经》或《上升经》等，是弥勒净土信仰的主要经典之一，辽代信众十分重视这部经书，僧人诠明曾“著《上生经抄》四卷以明幽玄”[②]。考古发掘也证实了辽代信众对《上升经》的重视程度。1989年，辽代庆州白塔覆钵内壁发现的佛教经卷中，有一卷雕版印经《观弥勒菩萨上生兜率天经》，卷前有大小8幅线刻佛画，卷尾题“慈氏真言普劝授持”。更为重要的是，庆州白塔发现的这卷《上生经》经卷揉折破残，卷背多处补裱，似为常诵展读之经，[③]说明诵读此经是施经人日常生活的一部分。

除像诠明那样专门疏抄《上升经》，我们从辽代石刻中还看到一些僧尼专以研习《上升经》为业，如“讲上生经沙门智玄”“讲上生经沙门云净”，[④]讲上生经沙门可略、可寿等。[⑤]世俗信众对以《上生经》为代表的弥勒经典也十分崇信，在辽代佛教邑社方面，我们发现有弥勒邑、[⑥]大兜率邑，[⑦]这应该是专门念诵弥勒经典的民间佛教邑社。这些邑社，有的专诵弥陀圣号，如沙门善信等“为报四种之恩，遂结千人之友。为念佛邑，每会称念阿弥陀佛名号”[⑧]；有的居家清修时，也以称念弥陀佛号为主，如张公恕妻陈氏“自寅至巳但念弥陀佛”[⑨]。此外，还有些信众热衷于塑造弥陀佛像，如会同十年（947）的一方石刻记录“弟子宋晖、法愿造阿弥陀佛一尊”[⑩]。

三、辽代的文殊信仰与定光佛信仰

魏晋以来，中国佛教信众习惯于将文殊菩萨作为智慧的象征加以崇敬，文殊信仰随之成为中国世俗生活中最重要的佛教信仰之一。文殊信仰的标志是抄写、供养《般若经》《华严经》，造文殊塔以及礼拜文殊像等。辽代华严宗盛行，华严经典的刊刻、抄解在道宗前后形成了一个高潮。如咸雍四年（1068）二月，“颁行《御制华严经赞》”[⑪]，咸雍八

---

① 释非浊编：《三宝感应要略录》，邵颖涛校注，北京：人民出版社，2018年，第331页。
② 释非浊编：《三宝感应要略录》，第331页。
③ 德新、张汉君、韩仁信：《内蒙古巴林右旗庆州白塔发现辽代佛教文物》，《文物》1994年第12期。
④《沈阳无垢净光舍利塔石函记》，向南主编：《辽代石刻文编》，第238页。
⑤《造经题记》，向南主编：《辽代石刻文编》，第731页。
⑥《弥勒邑特建起院碑》，向南主编：《辽代石刻文编》，第325页。
⑦《为故坛主传菩萨戒大师特建法幢记》，向南主编：《辽代石刻文编》，第384页。
⑧《金山演教院千人邑记》，向南主编：《辽代石刻文编》，第534页。
⑨ 齐伟、都惜青：《辽张公恕妻陈氏墓志考释》，苏州博物馆编：《苏州文博论丛（总第2辑）》，北京：文物出版社，2011年，第95页。
⑩《宋晖造像题记》，向南主编：《辽代石刻文编》，第3页。
⑪ 脱脱：《辽史》卷22《道宗纪二》，第303页。

年（1072）七月，道宗“以御书《华严经五颂》出示群臣”[①]。1974年，考古工作者在山西应县佛宫寺释迦塔内发现的辽代佛经中，含《大方广佛华严经》卷26、47、51以及《大方广佛花严经疏》卷4下、《大方广佛花严经随疏演义钞》卷第一上等华严经典及钞疏。[②]与文殊菩萨相关的佛教典籍，诸如《文殊师利所说般若波罗密经》《文殊师利佛土严净经》《文殊师利所说不思议佛境界经》《文殊师利宝藏陀罗尼经》《文殊师利法宝藏陀罗尼经》是房山石经辽代刻经的重要组成部分。我们从相关题记中能够看到多条信众的施捐记录，如《文殊师利法宝藏陀罗尼经》的施刻题记涉及的世俗信众就有安次县秦舜卿、崔士千、刘二郎、冯贵，固安县黑堡里王安甫，范阳韩春里、范惟正等，[③]《文殊师利所说般若波罗密经》的施刻信众有邵师宁、宋文通、王致君、杨恂如、耶律泽。[④]此外，陈国别胥为《文殊师利问菩萨署经》的镌刻施捐。[⑤]

辽代的文殊信仰还表现为建寺、名山。应该是出于对《华严经》的尊崇，辽道宗于清宁八年（1062）在西京创建华严寺，并将辽代诸帝石像、铜像奉安于此。[⑥]此外，对五台山的崇拜也是辽代文殊信仰的重要组成部分。从学界现有研究成果来看，唐高宗至代宗时期，五台山确立了文殊道场的神圣地位。[⑦]但进入北宋之后，由于辽宋对峙，五台山所在地区被归入北宋，辽朝为弥补遗憾，将自己境内蔚州之东的一座山命名为五台山，在这座山上修建了金河寺，圣宗、道宗多次到过这座佛寺。[⑧]

在辽代舍利崇拜体系中，定光佛舍利崇拜占据了突出位置。定光佛又称“燃灯佛”“锭光佛”，学术界根据石刻文献考证，北魏时期北方即有定光佛崇拜，而宋代开始才有瘗埋定光佛舍利的习俗，由此看来，辽代的定光佛崇拜应与北宋有关。[⑨]瘗埋定光舍利时见于辽代石刻。如统和二年（984）霸州僧俗“上兴塔庙，下置石宫。藏释迦佛舍利一尊，定光佛舍利一十八粒”[⑩]，重熙十五年（1046）兴中府东北甘草埚藏定光佛舍利四颗，[⑪]

---

① 脱脱：《辽史》卷23《道宗纪三》，第312页。

② 阎文儒、傅振伦、郑恩淮：《山西应县佛宫寺释迦塔发现的〈契丹藏〉和辽代刻经》，《文物》1982年第6期。

③ 北京图书馆金石组、中国佛教图书文物馆石经组编：《房山石经题记汇编》，北京：书目文献出版社，1987年，第404、405页。

④ 北京图书馆金石组、中国佛教图书文物馆石经组编：《房山石经题记汇编》，第303页。

⑤ 北京图书馆金石组、中国佛教图书文物馆石经组编：《房山石经题记汇编》，第389、390页。

⑥ 事见脱脱：《辽史》卷41《地理志五》，第578页。

⑦ 王颂：《五台山文殊信仰与华严初祖崇拜》，《世界宗教研究》2017年第1期。

⑧ 参见萧村：《辽朝别有一五台山》，《文物》1984年第9期。

⑨ 参见杨梅：《中国古代的定光佛信仰——兼论唐宋以来的民间“造佛运动”》，《世界宗教研究》2006年第4期；徐苹芳：《中国舍利塔基考述》，《传统文化与现代化》1994年第4期。

⑩《朝阳南塔定光佛舍利铭记》，向南、张国庆、李宇峰辑注：《辽代石刻文续编》，第22页。

⑪ 姜洪军、李宇峰：《辽〈南赡部州大契丹国兴中府东北甘草埚建塔葬定光佛舍利记〉考释》，中国人民大学北方民族考古研究所、中国人民大学历史学院考古文博系编：《北方民族考古（第2辑）》，北京：科学出版社，2015年，第293—301页。

清宁四年（1058）“中京留守兼侍中韩知白葬定光佛舍利一十四尊”[①]。1963年，考古工作者在北京顺义区城关乡发现一座辽代塔基，出土幢石题记刻有“定光佛舍利五尊，大利菩萨舍利一尊，土蹬舍利十四尊，单灰舍利十尊，螺髻舍利四尊”[②]字样。从现有研究成果看，唐宋时期某些地区的定光佛崇拜与国家权力向基层渗透以强化社会控制有关，[③]而辽代的定光佛崇拜尚未发现这种现象。应该说，辽代的定光佛崇拜是北魏以来定光佛信仰的自然延续。

四、信仰的歧途：辽代的焚身献佛

辽代菩萨崇拜还有一种特殊形式——焚身献佛。焚身献佛是一种极端供养方式，指佛教信徒自燃身体或身体的一部分以表示对佛的礼敬，一般认为，其事源出《妙法莲华经》卷6《药王菩萨本事品第二十三》。[④]中古时期焚身献佛颇为流行，有学者对《高僧传》《续高僧传》《宋高僧传》的焚身供养进行统计，辑得实例31件。[⑤]唐代由于佛教兴盛，焚身供养屡见不鲜。尤其在奉迎法门寺佛骨过程中，焚身之风更烈。[⑥]受前代影响，辽代焚身信仰之风犹存。《澄赞上人塔记》记叙了燃身头陀澄赞上人焚身后信士张从信建塔奉安舍利的主要经过。[⑦]该则史料记录的虽是澄赞上人焚身，但张从信感于澄赞异行，主动奉金帛而造石塔，供养澄赞舍利，反映的却是辽代世俗信众对焚身献佛的认同态度。《重修范阳白带山云居寺碑》反映了云居寺附近信众佛诞日焚身供养情形，记述白带山云居寺每年四月八日庆祝佛诞时，信众不远百里而来，“是时也，香车宝马，藻野缛川，灵木神草，赩赫芊绵，从平地至于绝巅，杂沓驾肩，自天子达于庶人，归依福田”，“观其感于心，外于身，所燃指续灯者，所炼顶代香者，所堕岩舍命者，所积火焚躯者，道俗之间，岁有数辈”。[⑧]《法均大师遗行碑铭》记载法均圆寂后，“七众号恸，如哭所天。具缞经者数百人，舍身命者十余辈”[⑨]。从上述史料看，辽代焚身信仰虽不见载于佛家史乘，但仍有流传是毫无疑问的。需要注意的是，焚身供养严重违背中国传统的伦理观、生命观，焚身供养所激发的宗教狂热严重违背公序良俗，因而，从南北朝开始，焚身供养为历代政府所反对，

①《蓟县白塔石函记》，向南、张国庆、李宇峰辑注：《辽代石刻文续编》，第115页。
②《净光舍利塔经幢记》，向南、张国庆、李宇峰辑注：《辽代石刻文续编》，第54页。
③ 参见靳阳春：《信仰与控制：宋代汀州定光佛信仰研究》，《中国史研究》2016年第2期。
④ 鸠摩罗什译：《妙法莲华经》，李海波注译，郑州：中州古籍出版社，2010年，第329—330页。
⑤ 石刚：《论中古时期中国佛教徒的焚身供养》，《首都经济贸易大学学报》2010年第1期。
⑥ 参见林鸣宇：《烧身供养与舍利信仰》，《佛学研究》，2008年；侯慧明：《论舍利崇拜在中国的兴起与风行——兼论法门寺佛指舍利》，《安徽史学》2016年第3期。
⑦《澄赞上人塔记》，向南主编：《辽代石刻文编》，第165—166页。
⑧《重修范阳白带山云居寺碑》，向南主编：《辽代石刻文编》，第33页。
⑨《法均大师遗行碑铭》，向南主编：《辽代石刻文编》，第439页。

辽代也是如此，开泰九年（1020）十二月辽圣宗发布“禁僧燃身炼指”[①]诏令就说明了这一点。

结语

辽代是继魏晋隋唐之后佛教发展的又一个高峰时期，以致忽必烈有“辽以释废”之问。在佛教大盛的历史背景下，魏晋以来的菩萨信仰顺理成章地被辽代所继承。就具体情况看，辽代菩萨信仰的表现大体有称名、造像、礼拜、持咒等，严格地说，这并未超出唐末五代以来菩萨信仰的一般方式。但是，我们还要看到，辽代在继承以往佛教传统的同时，对前述菩萨信仰方式有相当程度的深化，例如，与以往相比，辽代以菩萨名号入名的范围更广更普遍，以称念菩萨名号为主要目的的佛教邑社数量众多，影响广泛。在僧人持念诸经当中，类似《上升经》《华严经》这样与菩萨信仰联系紧密的佛教经典更为流行。而这些变化，又与辽代的民族结构、地域范围、宗教传统等因素息息相关。总之。辽代的菩萨信仰是中国古代菩萨信仰的重要一环，也是佛教中国化历程的重要表征。

---

① 脱脱 :《辽史》卷16《圣宗纪七》，第210页。

日本平安中后期的弥勒信仰与中国浙江

郝祥满

内容提要：日本平安中后期，大约894至1192年，各种净土信仰在中日两国几乎同时兴起且繁荣一时，对日本的影响尤其深远。日本以弥勒信仰为代表的净土信仰兴起并平民化，这与中国净土信仰的发展历程不是偶然巧合，是两国贸易往来和佛教文化交流频繁的必然结果。10世纪以来日本净土信仰兴起，内因在于日本频发的天灾人祸，强化了日本佛教的“末法思想”和“厌离秽土，往生净土”观念，于是日本僧俗更加关注西方净土，关注中国，与中国结缘，在内外复合因素的作用下，浙江弥勒信仰等净土信仰及相关文化艺术征服了日本人的内心世界。

关键词：净土信仰；弥勒信仰；佛像；中国；日本

作者简介：郝祥满，湖北大学中日社会文化比较研究中心教授。

宗教产生于人们的终极关怀，其作用在于给绝望的人以希望（信仰），给人们提供一种精神上的安慰、解脱或方便，让对当下、现世和现实不满的人们，或缅怀过去，或憧憬未来，忘记并忽视现在或现世的烦恼。弥勒净土等弥陀净土信仰等，自中国浙江等地传入日本后在日本列岛广为传播，10世纪中期以来，因称念“阿弥陀佛”的方便流行，及文学绘画艺术等对庄严净土、弥勒眷属等的描绘，日本的人们在祈祷声和佛名吟唱声中憧憬着“往生净土”。

一、五代宋吴越地区的净土信仰因赴日浙商影响了日本

中国净土信仰传入和影响日本，其历史至少可以上溯到“入唐八家”之一的日本天台宗开山祖师最澄（767—822）及圆仁（794—864）。中国天台宗的创始者智顗是提倡净土信仰的，他的“常行三昧”因此影响了日本弟子从而影响了日本社会。

10世纪以降的日本僧众，为何更加关注中国浙江一带的宗教信仰？这是因为吴越地

区自唐末以来较早从战乱归于平和，统一该地区的钱氏吴越国政权大兴佛教，发展海外贸易，特别是与日本的贸易往来，进而推动了中日间的宗教文化交流。

吴越国佛教繁荣的突出表现是，五代末以来的佛教复兴政策带来寺院和经藏的恢复、明州的弥勒信仰流传、江浙地区的净土信仰与禅宗的结合等等。此与吴越王钱镠（852—932）战后如印度阿育王一般，放下屠刀立地忏悔的举措有关，也与经历了残酷战争，体验到人间地狱的浙江民众的热切期望有关，故钱氏的吴越国审时度势，兵不血刃而纳土臣服，合并于宋朝，保全了东南一方几百年的平安繁荣。

入宋以后，吴越地区，乃至整个中国的佛教呈现了“诸宗归净土”的趋势，其第一步可以说是“禅净合流”。禅净两宗的结合在宋代、在吴越地区尤为引人注目，离不开这一时代辈出的高僧大德，离不开江浙地区的富庶、民风的淳朴，倡导二宗合流的重要人物之一当是五代末年吴越禅宗法眼宗延寿禅师（904—975）。二宗合流让禅净并盛。

永明延寿，俗姓王，浙江余杭人，曾于天台山静修禅法，960年受吴越王钱俶之请，住杭州灵隐寺，次年住杭州永明寺（即净慈寺），从学者二千余人，或言他前后度弟子一千七百人。其《宗镜录》完成于永明寺，弘扬宗密禅教一致的理论，大量引用了天台论著和教义。宋开宝七年（974），延寿入天台山，度戒约万余人。延寿的《万善同归集》就是专论禅宗修净土、禅净调和的，故他被奉为净土宗六祖。因延寿的宗旨是倡导禅净合一、台净合一，禅净双修，禅宗、净土宗、天台宗合行，故其文集称《万善同归集》，被日本人奉为圭臬。

延寿之后，宣扬净土信仰影响极大的还有杭州昭庆寺净土宗省常大师（959—1020）。省常字造微，浙江钱塘人，俗姓颜，生于五代十国时期的后周世宗显德六年（959）。省常原是天台宗人，于宋太宗末年在西湖边大昭庆寺结莲社（后改易行社），专修净业，一时入社的信众百余人，僧众达千余人，包括以宰相王旦为首的士大夫。省常后被尊为净土宗第七祖。结净行社念佛法门遂在浙江一带行成风气。[①]

10世纪，中国提倡净土信仰的大师辈出。大师的提倡最能汇集大众，故宋代佛教教徒盛行结会，特别是在江浙和四川各地，因佛教净土宗等信仰非常发达，而且两地僧侣的交流密切（特别是禅僧），故此江浙、西蜀等地方的宗教法会也特别多，“什么水陆斋会、水陆道场（施饿鬼会）、山头斋筵聚会（葬斋）、烧香会、诸神圣诞会等名目之会不计其数”[②]。宋人形容当时佛教信仰之普及程度，有“家家观世音，处处弥勒佛”的说法。在众多的结社和结会中，往生净土的结会影响是很大的，尤其是杭州、台州、天台山等佛寺附近地区，因海外贸易而经济繁荣，因经济繁荣而文化昌盛。在杭州有延寿的宣传，他960年在灵隐

① 参见陈振主编：《第七卷 中古时代·五代辽宋夏金时期 上册》，白寿彝总主编：《中国通史》（11），上海：上海人民出版社，1999年，第1025—1026页。
② 徐吉军等：《中国风俗通史》（宋代卷），上海：上海文艺出版社，2001年，第580页。

寺、961年以后在永明寺（即净慈寺）宣扬“心宗”，编辑出版了《宗镜录》一百卷，此外还有《万善同归集》，主张禅教合一、净禅兼修、禅戒并重。《佛祖统纪》在谈及他的影响时说：“师道播海外，高丽国王致书献物叙弟子礼。”①其影响必也达于日本。

五代、宋时，浙江及整个吴越地区的净土教和弥勒信仰进一步影响了日本，根据之一就是，由于历代吴越王对海外贸易的提倡，往返于中日之间从事航海贸易的中国商人众多，日本史书中因此记载了大量浙商姓名。入宋以后，浙江沿海的众多港口成为海外贸易商品的集散地，杭州、明州、台州的宁海等地因此先后设有市舶司管理海外贸易，故远航海外的商人不能不在此结集、查证、榷卖，商人籍贯自然以江浙地区为主，如朱仁聪等，大都信仰净土教，且赴日后广泛结交日本僧人及权贵等。

宋朝商人作为下层民众，经营冒险的营生，在茫茫的大海只能听天由命，自然以信仰为精神寄托，信奉的主要是净土宗。这从日本《续本朝往生传》的记载可知，海商朱仁聪对于《华严经》有较深刻的研究，在渡海过程中携带佛像或佛经也是顺理成章的事。988年初，日僧源信、宽印来访的时候，朱仁聪曾拿出船上所携的画像对他们说：“是婆删婆演底守夜神也。为资渡海之恐，我等所归也。”实际上是考问两位日本高僧，源信僧都寻思片刻，想起了“《华严经》善财童子赞叹之偈，自笔书其侧曰‘见汝清净身，相好超世间’”。因为《华严经》是朝廷规定僧人必须背诵之经，源信知道宽印也一定知道此偈，因此“次招宽印曰：‘可书续此末。’宽印书曰：‘如文殊师利，亦如宝山王。’书毕搁笔，同声诵之。仁聪感之，出倚子令僧都居之”。对于此事，日本人曾感叹：“宽印若忘此文者，是非本朝之耻乎？”②由此可见宋朝海商的净土信仰以及与中日净土信仰僧人的积极交往，他们的关系也自然因此非常密切，这是宋朝海商何以与宋僧齐隐、日僧源信等交往的重要原因。

证据之二是，日僧日延于天历年间（947—957）因平安朝廷的派遣而来到吴越国，体验到了中国南方台州、杭州一带净土宗的兴盛，他于天历末返回日本，在带回了著名的宝箧印塔的同时，传抄了《往生西方净土瑞应删传》一书并将它带到了日本。这本书在日本的影响非常大，庆滋保胤读后模仿它撰写了《日本往生极乐记》，以日本人往生成功的案例激发了日本人净土往生的追求。日本最早系统研究净土宗，从理论上加以建构的，当推良源（912—985）僧正，他著有《极乐净土九品往生仪》一卷，是对《观无量寿经》中九品往生经文的解释，在他的影响下，源信和觉运两大弟子使日本的天台净土信仰建立起来。如此看来良源、源信等促成了日本的“台净合流”。

可以说，10世纪以来日本的“台净合流”，与同时期中国的“台净合流”是相互影响

① 志磐撰：《佛祖统纪》第26卷，《大正藏》第49册第264页下。
② 江匡房撰：《续本朝往生传》，塙保己一编：《群书类丛》第4辑，东京：经济杂志社，1893年，第393页。

的。“宋代禅净合流影响到天台宗，使天台宗兼修净土更增热情。”[①]宋朝推动“台净合流”的代表人物为四明知礼（960—1028）和慈云遵式（964—1032）、孤山智圆（976—1022）等高僧，他们在浙江商人中很有影响，因而他们的大名也让日本僧人知晓，以至慕名来拜访他们，问道论法求答释。[②]所谓“修真名自神州起，慕法僧多日本来”[③]。

例如，明州（今浙江宁波），根据释知礼《结念佛会疏》记载：

> 明州延庆院念佛净社：
>
> 当社普结僧俗男女一万人，毕世称念阿弥陀佛，发菩提心，求生净土。每年二月十五日，于院启建道场，供养三宝，斋设僧田功德，祝延帝寿，福利军民。其建会之法，劝请会首二百一十人，各募四十八人……为度众生，取于净土。请画佛数于历子上……所冀常结万人同修净业者。[④]

由此“万人同修净业”的结社可见世俗影响之大，亦可见“画佛”礼赞之举盛行。当时推动台净双修的天台宗高僧义寂及其门下非常活跃，作为山家派代表的知礼、遵式等与日本天台宗联系密切，当时日本天台山僧人転智、日延等频繁来中国，在杭州一带活动。称念阿弥陀佛名号以求往生净土是中国天台宗智顗以来的传统。天台宗山外派的晤恩、源清、智圆（976—1022）等也热心净土，著书立说称赞净土，山外派与日本也有密切的联系。可以说，宋朝净土法会、结社等熏染了日本社会。

唐末以来，借中日海上贸易往来的便利，来自中国的许多《往生集》之类的佛教典籍在日本流传，如唐朝弘法寺迦才的《净土论》、文谂与少康（？—805）共编的《净土瑞应删传》等，大陆舶来书籍激发了日本学问僧们想象的灵感，对社会现实的认知和分析则促进了日本净土信仰的发展和理论水平的提高。

最后不能不指出的是，影响日本的媒介自然是赴日贸易的商人，本文中所谓的自浙江赴日贸易的商人，未必是浙江籍贯，但基本上是从浙江沿海港口出发赴日的。

二、宋朝弥勒净土信仰因自浙江赴日商人而影响日本

净土信仰有西方阿弥陀佛净土、东方药师佛净土、观音如来净土等多种形式，其中一

---

① 陈杨炯：《中国净土宗通史》，南京：江苏古籍出版社，1995年，第443页。
② 参见郝祥满：《中日关系史（894—1170）》，武汉：湖北人民出版社，2016年，第135—136、204—221页，以及郝祥满《奝然与宋初的中日佛法交流》（北京：商务印书馆，2012年）的相关部分，此略。
③ 宗晓编：《四明尊者教行录》第7卷，《大正藏》第46册第927页中—下。
④ 宗晓编：《四明尊者教行录》第1卷，《大正藏》第46册第862页上—中。

种为弥勒净土（即兜率天净土）。

中国的弥勒信仰兴盛后不久在北周时遭到了武帝宇文邕（561—578年在位）的剿灭，以后虽然经过玄奘师徒的宣扬、武则天的信奉而一时复兴，但在经历唐玄宗禁断弥勒教，又逢唐武宗时期的“会昌法难”（841—846）之后它已经衰落了。弥勒佛信仰在中国降为一般菩萨崇拜的水平，净土信仰成为弥陀信仰一家的天下。在弥勒信仰盛行的时代，弥勒佛是单独存在并被供奉的，旁立二胁侍菩萨，经过多次打击之后，单独的弥勒像被安置到了天王殿的正面。五代以后，弥勒像以五代时的“布袋和尚”为模特造为大肚弥勒像，像汉化的观音菩萨一样，成为另一个成功汉化的佛。

在未经法难的日本，其弥勒信仰未受到中国那样的消极影响，10世纪以后的日本贵族阶级，无论南都北京，非常喜爱白居易（772—846）的诗歌，因白居易信仰弥陀净土，其诗歌中常念阿弥陀佛，谈往生西方极乐世界，谈转世为僧，白居易晚年在香山曾请人画弥勒兜率天宫，书《画弥勒上生帧记》，“稽首发愿，愿当世来世，与一切众生，同弥勒上生，随慈氏下降”，这些使得弥陀信仰、弥勒信仰在10世纪的日本扩大了影响。

例如983年获得日本朝廷的批准来宋求法取经的日僧奝然（938—1016），就是一个坚定的弥勒净土信仰者。

首先，奝然因信奉和宣扬弥勒净土信仰，972年曾和同学义藏一同书写的血手印誓愿《现当二世结缘状》中，有誓愿“第二生必共生兜率内院，见佛闻法”，此即为弥勒“上生信仰”；誓愿“第三生共随从弥勒下生阎浮，闻法得益，深增菩萨大悲之心，随愿往来十方净土，疾证无上正等菩提”，则表明他同时信奉弥勒“下生信仰”。[①]因此，我们可以断言奝然信奉和宣扬的是弥勒净土信仰。所以奝然来宋后特于新昌县礼拜百尺弥勒佛像。

其次，奝然983年出发来宋前，在给母亲逆修之时，“奉图十斋佛菩萨，及弥勒、文殊、梵天、帝释像一帧”[②]，从所悬挂的佛像看，他信奉的既有弥勒净土，又有文殊净土。

宋都城开封的启圣禅院大佛殿，供奉弥勒佛，在大佛殿的中央为丈六弥勒，左边阿弥陀如来，右边“千百亿释迦”，东边殿阁有旃檀释迦瑞像，西边殿阁有宝志真身像。

奝然参拜了被安置在启圣禅院的旃檀释迦瑞像，便模仿雕刻请回日本。熙宁五年（1072）来宋，十月二十三日在此访问的日本僧成寻的《参天台五台山记》也有参拜的记载。

> 次礼大佛殿。丈六弥勒为中尊，左右弥陀、千百亿释迦，庄严甚妙。次礼卢舍那大殿烧香。先祈誓：“圣主万岁。万々岁。”[③]

---

① 京都国立博物馆：《释迦信仰と清凉寺》（京都国立博物馆1982年展），京都：京都新闻社，1982年，第33页。
② 黑板胜美编辑：《本朝文粹》，东京：吉川弘文馆，1999年，第335页。
③ 成寻撰：《参天台五台山记》，佛书刊行会编：《大日本佛教全书》第115卷，东京：佛书刊行会，1922年，第75页。

再次，10世纪的日本，弥陀净土信仰虽然兴起，人们热切期盼迎接释迦回归，但往生弥勒净土的信仰依然有很大“市场”，在10世纪前后日本南都（奈良）的各寺中也很流行。奝然的弥勒净土信仰与南都净土教学、三论宗和法相宗的教学关系密切。

日本三论宗的祖师之一智光，受到朋友礼光的感化，信仰净土，画净土曼荼罗，又著作《净土论注》。

日本南都法相宗的祖师是玄奘、窥基师徒，此二人信仰和坚持的是弥勒净土，“由于法相宗的两位祖师玄奘和窥基都信仰弥勒,法相宗形成了兜率上生信仰的传统”[①]。在日本法相宗可以说是坚持着这一传统的，这一传统自然影响了奝然。

奝然一行于983年搭乘吴越商人陈仁爽、徐仁满等的商船来宋朝，于浙江台州上岸，986年携佛像、佛经搭乘吴越商人陈仁爽、徐仁满等的商船返回日本，台州雕刻的释迦摩尼佛旃檀释迦瑞像，及宋雕版《大藏经》运向京都之时，日本僧俗纷纷助力，以结佛缘，[②]与此时佛教信仰氛围相关。

雪窦山属浙江四明山脉，四明知礼和尚与净土信仰、弥勒信仰关系密切，知礼曾请匠人雕刻版画《弥勒菩萨像》，广为流传，并随奝然和浙商传入日本（具体参见下文）。知礼在浙江僧俗（包括商人）中影响很大，这也是浙江净土信仰通过浙商影响日本的原因。

那么，弥勒信仰等净土信仰何以影响10世纪的日本，又是如何影响日本的呢？

净土信仰在10世纪的日本兴起并大众化，论其原因，首先是现实日本社会的烦恼促使日本众生追求信仰中的庄严净土，接受净土宗信仰的宣讲，也因有空也上人（903？—972）这样面向市民的传教净土者的存在。

10世纪以后日本进入平安中后期，社会现实残酷，各种政治、社会问题尖锐突出，内有藤原纯友、平将门之乱（936、939），外有朝鲜半岛刀伊族的频繁入侵。政治上天皇制不断衰退，律令制度也由于不断的宫廷政变和地方势力的坐大开始走向崩溃；社会环境方面，各种疾病和灾难经常发生，如961年京畿一带疫病流行之时，一如地狱，仿佛末日到来，民众生不如死；寺院和宫廷经常莫名其妙地发生火灾，由此引起的反复兴建土木工程又将繁重的经济负担全部转嫁于民众。

现实生活的残酷让人们感到地狱的真实存在，更加渴求净土，祈祷弥勒佛的拯救，因为弥勒佛有着“救世主”的象征意义，而日本平安时代可以说是一个充满烦恼并普遍需要解脱的时代。在这个号称“平安”的时代，平民有平民的烦恼，贵族有贵族的烦恼，皇室有皇室的烦恼，僧人有僧人的烦恼；有来自现世的烦恼，也有来自他界的烦恼，有贫困的烦恼，也有荣华的烦恼。这些社会问题让日本人联想到传说中“末法时代”[③]的来临，怀疑

① 陈杨炯：《中国净土宗通史》，第206页。
② 参见郝祥满：《奝然与宋初的中日佛法交流》，第210—215页。
③ 有谓佛陀入灭后正法有五百年，像法一千年，此后进入末法时代。

这一切灾难和变局都是末法时代来临的预兆或警告。为寻找佛法理论支撑，作为“显密体制”的天台宗、真言宗高僧也纷纷研究净土信仰，著书立说。

10世纪的日本，国民各阶层纷纷寻求可以逃避灾难获得拯救的净土。这一时期的天皇几乎都遁入了空门，一般皇族成员也大量遁入空门，或由于突然而又不断的宫廷政变，或出自佛法教诲的觉悟。寺院似乎是政治的避难所，或者说是解脱、超脱的净土。其他贵族大臣们也纷纷效法皇室，为寻求烦恼的解脱而拜倒在佛法之下，将财产与佛门共享，寻求僧侣的帮助和指引，企求得到佛祖和菩萨的解救。他们的一切献纳、结缘、誓愿都与对地狱的恐惧、对往生的追求相关联。于是倾家荡产立佛建寺的风气也在贵族之间流行起来，他们不惜把自己象征财富和权力的别墅献纳于佛，例如藤原氏一门，在平安时期就建成了许多寺院，良房建了贞观寺，基经建了极乐寺，以及为光的法住寺、兼家的法兴院、道长的法成寺、赖通的平等院，还有清凉寺等。越来越多的贵族大臣出政而“入道”①，不再是仅仅派家族的某个成员为代表入寺为僧了。而这些寺院的格局，往往模仿中国浙江的佛寺，其镇寺之宝的佛像、藏经等，往往期待从宋朝迎请，特别是藤原道长为了迎请宋朝《大藏经》为镇寺之宝，费尽心机。②

以藤原氏为中心的贵族寻求解脱的行为影响了社会心理，贵族出身的文人和僧侣，是平安时代的知识阶层，他们应时代而生，为公卿贵族提供心理辅导，为公卿贵族提供精神食粮。为了贵族们往生极乐净土的愿望，借助中国的典籍和思想，学问僧们制造并宣扬美妙的净土世界和往生解脱的愉悦，如源信在《往生要集》中描绘出了“圣众来迎”的不同待遇，③庆滋保胤并在《日本往生极乐记》等著述中列举出了往生的具体事例。

而平安末期兴起的图解地狱的绘画，如《地狱绘草纸》《饿鬼绘草纸》《疾病绘草纸》等，则是从另一个侧面来警示世人，特别是警示读不懂经文的社会下层。

进入10世纪以后，日本净土信仰兴起并普遍流传的重要原因，除了恶劣的社会现实与“末法时代”的认识之外，更与唐末以来中国的净土思想不断影响日本有关，这一影响不仅通过从浙江、福建沿海赴日的商人来传播，也通过日本僧俗西行中国巡礼名山圣迹、供养佛寺等方式来结缘。

总之，日本接受净土信仰、弥勒信仰的内因，是日本社会的“末法”观，对来世、对救世主的期待。最后必须要补充说明的是，日本的净土信仰完全改变了中国净土宗的精神，是不守戒律的净土信仰，是日本化的名义上的净土宗。

---

① 当时大臣出家被称为入道。
② 参见郝祥满《奝然与宋初的中日佛法交流》的相关部分，此略。
③ 即“上品上生”“上品中生”“上品下生”“中品上生”“中品中生”“中品下生”“下品上生”“下品中生”“下品下生”九个等级。

三、日本净土信徒与中国浙江地区寺院、僧俗的结缘

在大乘佛教诸经论中说到许多净土，其中比较有影响的是阿閦佛净土、药师佛净土、弥勒净土、文殊净土、唯心净土以及阿弥陀佛净土，而对日本影响最深刻的则是弥勒净土、文殊净土和阿弥陀佛净土，它们在唐朝以前就已影响日本。

在10世纪以后日本"厌离秽土，欣求净土""往生净土"的语境下，在广结佛法善缘的观念下，本土日本被视为秽土，处于日本西方的中国，及其诸多佛教名山因此成为日本僧俗往生和结缘的理想之地、庄严净土，浙江台州、杭州等地之于日本有地利之便，故"西方阿弥陀佛净土"信仰的影响也越来越大。如奝然因三论宗出身的关系，受弥勒净土信仰的影响较深，与同学一同誓愿要往生弥勒净土。

10世纪以后，中国的净土思想进一步影响着日本的净土信仰。宋朝净土宗发展及其和禅宗等他宗的"合流"，对于日本佛教的影响，可以说是894年以后东渐佛教的继续。中国入宋以来，因太祖、太宗的大力推崇，佛教再次复兴。结会修行、结缘布施、结社造像等等活动，构成佛教信仰风气习俗，表现出宋朝世俗化、社会化的念佛特征，这在佛教复兴较早的江浙地区尤甚，983年来宋求法巡礼的日僧奝然等当更有体会。

奝然986年在台州雕刻完成释迦牟尼佛像时，应当按宋朝的惯例举行了法会，台州僧众和信徒踊跃结缘施舍，我们从奝然纳入释迦瑞像胎内的那一张"舍钱结缘交名记"所记名单就可以知道江浙一带民众与日本僧俗结缘的宗教热情：

> 大宋台州男女弟子具姓名舍钱如后：
>
> 刘廿七娘、应五娘、李化青、蒋十一娘、苏景□[①]、颜彦韶、□公寿、高了师、张袭、李神铃、陆太、苏细获、王仁朗、周文竖、林五娘、施太娘、谢□□、郑□□、高郑姑、高三娘、杜太娘、应玄靖、徐太娘、高四娘、袁遂、顾承备、苏彦□、苏十一娘、散张十娘、张十一娘、高四娘、苏景□、刘廿七娘、王彦□、辜四娘、杨付庆、王十娘。
>
> 雍熙二年（985）八月十八日，匠人张延皎并弟子延袭、胡仁招，开元寺僧居信，同募缘僧保宁入此五藏。
>
> 上　报四旋三有，下至三□苦记。[②]

---

① "□"因文字草书无法辨认或因本人不能判定，暂存疑，下同。

② 京都国立博物馆编：《释迦信仰と清凉寺》，第92页。

其中所谓的“刘廿十娘、应五娘”等，都是一些有姓无名的普通人家妇女，她们和来自异国的奝然素不相识，全因净土结社和结缘，前来参与奝然的法会，或者全家、或者单独施舍。我们再看佛像胎内的第二张“舍钱结缘交名记”所载：

公李文建，男李化青，孙李仁安、李仁泰、齐儿、小齐，妻林八娘，共舍七文，愿当当来世生在佛国。[①]

北宋时期像这样的净土修行法会，决非自知礼法师首创，知礼修会也不是某些日本学者所说的，是受日僧源信《往生要集》的启发。

奝然985年纳入释迦瑞像胎内的“奝然系念人交名帐”中列举了圆融天皇、皇后、皇太子、藤原赖忠、兼家、为光各大臣的姓名，并注明祈愿佛祖为他们“守护现当利益”。[②]这说明他们接受了南都各宗信仰的净土信仰，通过结缘西方净土，往生极乐世界。

与奝然同时代的日本高僧源信，特别在意与中国浙江天台山国清寺等祖庭、圣迹，以及宋朝高僧大德的结缘。比如，源信将其所撰《往生要集》托浙江商人和旅日的中国僧人带到天台山等地流传。[③]自五代以来，中国浙江地区的许多寺院不断有僧侣随商人到日本求经书，因而结识日僧。永延元年（宋太宗雍熙四年，987）十一月二十六日，宋商朱仁聪赴日，同行的还有杭州水心寺僧齐隐，大概是得到此消息，源信于永延二年（宋太宗端拱元年，988）正月十五日前后西游九州，在九州岛会见了宋台州商人周文德等，拜托此事。

长保四年（宋真宗景德元年，1002）三月十五日，源信派弟子寂照再度申请入宋，得到日本朝廷的批准，寂照遂带着老师的疑问来宋求答。

来中国浙江天台山国清寺等地巡礼，“渡石梁、瞻四果之真居”，对于10世纪以后远在海岛的日本僧人，乃至一般日本人来说，是一大结缘，若在天台山平稳渡过石桥，且渡石桥时见到罗汉现身，则是一大福报。浙江天台山圣迹信仰在日本广泛影响的原因之一就是，这里（特别是天台山）是罗汉显现之地。

在唐“会昌毁佛”事件发生之后，到五代宋初，中国江浙一带罗汉信仰流行尤为突出，因为这一中国化的信仰、罗汉的性格特征更容易被世俗大众接受，所以一时流行出售大量的罗汉画和罗汉雕刻。

关于中国的十六罗汉的雕刻佛像，最早的有杭州烟霞洞吴越国忠懿王命吴延爽造的

---

① 京都国立博物馆编：《释迦信仰と清凉寺》，第92页。
② 京都国立博物馆编：《释迦信仰と清凉寺》，第33页。
③ 参见郝祥满：《中日关系史（894—1170）》，第204—221页，以及郝祥满《奝然与宋初的中日佛法交流》的相关部分，此略。

十六罗汉，[①]到宋代增补僧像一、布袋和尚像一，凑数十八，因为布袋和尚是浙江人。至于画十六罗汉像，在唐朝末年就已流行了。吴越王钱氏造五百铜罗汉于天台山方广寺，显德元年（954）道潜禅师得忠懿王的允许，迁雷峰塔下的十六罗汉大士像于净慈寺，创建五百罗汉堂。宋太宗于雍熙元年（984）造罗汉像五百十六身（十六罗汉与五百罗汉的合并），奉安于天台山寿昌寺。[②]这些境况，想必日僧奝然在中国巡礼期间是能够见到和感受到的，何况天台山石桥五百罗汉的名号早已闻名于日本。

浙江10世纪弥勒信仰流行的一个标志是剡溪弥勒大佛像的观像修行，该石像即著名的剡溪大佛，通称“三生所制百尺弥勒石像”，位于浙江新昌县西南南明山大佛寺，“为江浙第一大造像”。[③]根据《高僧传》卷十三《释僧护传》等的记载，大佛的雕造起于南朝齐，僧护主持隐岳寺（大佛寺的初名），历护、淑、祐三僧，完成于僧祐，世称三世石佛，即奝然所谓的“三生所制”佛像。[④]

宋初修缮佛寺佛像，此弥勒佛像显然在列。奝然983年来宋，在奉宋太宗圣旨北上朝见的途中，于十月十一日过新昌县时，礼拜了“百尺弥勒石像”。北宋真宗咸平五年（1002），僧辩端曾对大佛作过丈量：龛高一十一丈，广七丈，深五丈，佛身通高一十丈，坐广五丈有六尺。现在实测结果是：座高2.4米，正面趺坐高13.23米。[⑤]奝然说它是“百尺弥勒石像”一点也不虚。尤其让奝然感慨的是大弥勒佛像的奇特“梵容”，不是他在日本通常所见之佛像那样完全一副日本化的面孔。因为这是一座前建台阁殿堂的大像窟，所以奝然不由得赞叹它的“灵阁巍峨”[⑥]，感动不已。该楼阁据说有东西7间共三层，是吴越国王钱镠赐钱80万贯修建的。

四、浙江佛僧在日本“转世”“权现”多因浙商在日的传说

佛教高僧“化身”“分身”“转世”的传说，在中国浙江地区非常流行。其在日本则表现为“权现”“垂迹”的演绎和传说。中国高僧在日本“转世”或“垂迹”的传说也有很多，最早的当是南岳慧思转世投胎日本为圣德太子的故事。

慧思和尚（515—577）不仅主张“末法时代”说，在《南岳思大禅师立誓愿文》中我们可以看到他立誓：“我今誓愿持令不灭，教化众生至弥勒佛出……修习苦行，如是过

① 周叔迦：《周叔迦佛学论著集》（上、下），北京：中华书局，1991年，第708页。
② 周叔迦：《周叔迦佛学论著集》（上、下），第711页。
③ 任继愈主编：《中国佛教史》第三卷，北京；中国社会科学出版社，1988年，第744页。
④ 塚本善隆：《塚本善隆著作集》第七卷《浄土宗史、美術篇》，东京：大东出版社，1974年，第215页。
⑤ 任继愈主编：《中国佛教史》第三卷，第745页。
⑥ 塚本善隆：《塚本善隆著作集》第七卷《浄土宗史、美術篇》，第215页。

五十六亿万岁，必愿具足佛道功德见弥勒佛。”[①]他倡导对阿弥陀佛和弥勒佛的信仰，因此在湖南衡山时，喜欢说自己的前身事，故南岳有纪念慧思的“三生塔”。根据《日本往生极乐记》《本朝神仙传》等书的记载，圣德太子的母亲丰日天王妃在怀上第二个孩子的时候，曾经梦有金色和尚对她说：“吾有救世之愿，愿宿后腹！”皇妃感到奇怪，此小和尚竟然要进自己的肚子里去，便问：“你是谁？”金色和尚答道：“吾救世菩萨，家在西方。”一听是菩萨，皇妃稍微安定了一些，因而回答说：“妾腹垢秽，何宿矣？”但和尚并不在意，说：“吾不厌垢秽，唯望感人间。”于是跃入皇妃口中，皇妃立即醒来，并感觉咽喉似乎吞下了什么东西，此后开始感觉到自己怀孕了。渐渐地过了八个月，胎内似乎有人言语，声音在外面都能听到。正因为是高僧转世投胎，故圣德太子出生之时，忽有赤黄色的光自西方照耀皇宫殿内，刚出生的他便能说话，“知人举动”。当时，恰逢朝鲜半岛的百济国向日本进献经论，太子立即上奏说：“欲披阅之！”天皇感到奇怪，刚出生的婴儿竟然要念经，便问其所以然。太子奏答道：“儿惜在汉住南岳，历数十（或本为“千”）年，修行佛道。”[②]圣德太子是南岳慧思转世日本故事，及圣德太子往中国湖南衡山梦游故事，显然有中国商人参与了这些故事的建构，其路线是：南朝隋时江浙地区—朝鲜古百济国—日本大和国、飞鸟王朝，后面的实例可以作为旁证。直接的例证便是，浙江天台山及慧思弟子天台宗四祖智顗（538—597）及天台宗在日本的影响。

日本因引进中国佛教而引进汉字，阅读汉籍，撰写汉诗文，中国诗人学者中，10世纪以后最受日本人喜爱的白居易，其诗文在日本被广泛阅读，白居易信仰弥勒佛，喜欢想象自己的前世身份，中年时曾在诗中说：“坐倚绳床闲自念，前生应是一诗僧。”到晚年则说：“且共云泉浩缘境，他生当此作山僧。”白居易的诗集和文集在日本的影响极大，自然也推动了净土信仰在日本的传播。

再看日本“七福神”传说的建构和流传。作为“七福”之一的布袋和尚，其原型显然是中国浙江的布袋和尚，名契此（？—916）。布袋和尚或东渡日本，或日本转世，是中国高僧日本化的神祇，尤其是他“吃鱼吃肉”“荤酒不拒”，挑战戒律的行为，让12世纪以后的日本人感到彻底自由的解放，故其形象、语言和行为均深得日本人的喜爱。在中国净、禅二宗的日本化过程中，前文提及的朱仁聪这样的浙江商人，应该参与了相关话语的建构，因为他们的船上很可能携带过布袋和尚的雕像。

浙江奉化（宋属明州）是中国化弥勒化身——布袋和尚出生、出家、弘法、圆寂和归葬之地，雪窦山是佛教界公认的弥勒应迹圣地、根本道场。因布袋和尚圆寂前有曾留

---

① 慧思撰：《南岳思大禅师立誓愿文》，《大正藏》第46册第786页下。
② 井上光贞、大曾根章介校注：《日本思想大系·往生传/法华验记·日本往生极乐记》，东京：岩波书店，1974年，第500页。

一偈语“弥勒真弥勒，化身千百亿，时时示时人，时人自不识”[①]，故人们认为他是弥勒化身，这得到皇家的认可，他在宋哲宗元符元年（1098）获赐“定应大师”号。日本僧人奝然、成寻等来宋，在宋朝巡礼时，总是怀疑遇到的中国人是弥勒化身，就是确信佛化身示现，此见于他们的日记。[②]故千百年来，日本艺术家想象和描绘了各种形象的布袋和尚。

在日本平安中后期，赴日的浙江商人很多，他们善于结交日本权贵和高僧，也善于讲故事，讲中日之间连带、因缘的故事。

浙江商人跟日本僧人交往过程中编故事的实例，举不胜举，最为著名的还有，日僧源信的《往生要集》在中国、在天台山大受欢迎的故事，也是宋朝商人朱仁聪，或是周文德，或是两个人合作，编造演绎给源信和当时其他的日本人听的，日本人深信不疑，近百年后成寻来宋朝时还在南北寺院刻意询问此事。

编排最多的还是中国高僧日本转世的传说。例如，1072年，浙江商人陈咏陪同日僧成寻在天台山国清寺巡礼时，因副寺主拜成寻数回，成寻感觉受宠若惊，陈咏便对成寻解释说：“师容颜似智者，疑是大师再现，故寺主重拜耳。”[③]此可见浙江商人的机灵。陈咏也叫陈一郎，是毛遂自荐要做翻译的。因为翻译成绩出色，得到宋朝廷的奖励，批准并由尚书祠部颁发度牒，让他剃发出家，成了成寻的一名弟子，法名“悟本”，以此身份赴日本贸易。

再看此后一百多年，宋商陈和卿也在日本传播了中国高僧日本转世再诞的故事。陈和卿的籍贯记载不详，浙江出身的可能性极大，传说为明州人。日本朝廷为了东大寺重建，让俊乘房重源担任劝进重任，重源因此多次来中国浙江化缘，寻找资金和技术支持，与商人陈和卿等往来，便是证明。据载，浙商陈和卿拜见镰仓幕府将军源实朝时也说，实朝将军的前世是宋朝明州育王山长老，[④]于日本权化再诞。这惹得源实朝将军拜托陈和卿建造大船，要乘船到浙江看看自己的前世所在之地。[⑤]

中日之间类似的传言太多，兹不一一列举。

浙江商人在中日高僧之间充当传递书信书籍的信差，例如源信与宋源清书信往来，相互赠书，传言传话之际，不免投其所好，因而添油加醋，固有一些善意的“欺骗”。[⑥]商人

---

① 参见道原：《景德传灯录》第27卷，《大正藏》第51册第434页上—中。

② 参见郝祥满《奝然与宋初的中日佛法交流》《中日关系史（894—1170）》等著作的相关内容。

③ 成寻撰，成岛让俭补：《删补天台五台山记》，佛书刊行会编：《大日本佛教全书》第116卷，东京：佛书刊行会，1917年，第31页。

④ 或说南山宣律师。

⑤ 参见郝祥满：《禅宗东渐与中世日本的社会转型》，北京：中国社会科学出版社，2021年，第40—41页。

⑥ 参见郝祥满：《中日关系史（894—1170）》，第126—135页。

为了在日本经商的安全，不得不结交日本权贵，寻求保护，因日本权贵信仰佛教，希求往生净土，故也编一些故事，以引起他们的关注和支持。

五、从浙江佛教图像在日本的流传看弥勒信仰对日本的影响[①]

由于中日远隔大海重洋，往西方赴中国巡礼、结缘不易，往生净土难行，“观像修行”在10世纪末的日本非常盛行，因此浙江佛、菩萨和高僧等的绘画、雕像等作品大量输入日本。有具体记载的是宋初来华的日僧奝然。日本清凉寺所藏释迦牟尼佛像是在浙江台州请雕工张氏兄弟雕刻的。[②]

奝然所携回日本的佛画多购自浙江，其中部分佛像、菩萨像、罗汉像、经变图画在日本保存至今，仅在清凉寺释迦牟尼佛像胎内就保存了以下变相或曼荼罗：纸本版画《灵山净土图》一枚、[③]纸本版画《弥勒菩萨像》一枚、[④]纸本版画《文殊菩萨骑狮像》一枚、纸本版画《普贤菩萨骑象像》一枚。[⑤]

此四图像作为一个组合，纳入佛像体内，或许弥勒、文殊、普贤三菩萨象征体、相、用的结合，以组合象征“一体会合”“一乘圆教”。这些佛画亦为密教的隐喻，我们可以看到《普贤菩萨骑象像》（以下简称《普贤像》）和《文殊菩萨骑狮像》（以下简称《文殊像》）在图下面雕刻有真言咒语，日本有学者认为这两图（现藏日本京都国立博物馆）是一套，是配对的。参见图1。

《文殊像》下面有文殊的五字真言“阿啰波遮那”，菩萨头上云中的梵字为其种子。《普贤像》下的真言如下：

> 伏以等觉慈尊普贤大士，示难思之妙行，开方便之法门，说灭罪真言，除恒沙恶业。若能志心讽诵，每日受持，□□□垢黸消亦，乃迎祥集福。普劝四众同心课持。真言曰：
>
> □　支波啄　吡　波啄　乌苏波啄□（？）[⑥]

这些被保存下来的《灵山净土变相图》《弥勒菩萨图》及《普贤像》《文殊像》等都是

① 参见郝祥满《奝然与宋初的中日佛法交流》。同类相关论文，参见泉武夫、李银广：《印度·中国·日本的弥勒信仰与美术——兜率天的菩萨像及其源流》，《中国美术研究》2019年第1期。
② 参见郝祥满：《奝然与宋初的中日佛法交流》，第180页。
③ 京都国立博物馆编：《释迦信仰と清凉寺》，第96页。
④ 京都国立博物馆编：《释迦信仰と清凉寺》，第97页。
⑤ 京都国立博物馆编：《释迦信仰と清凉寺》，第98页。
⑥ 京都国立博物馆编：《释迦信仰と清凉寺》，第98页。□为破损无法辨认之字。

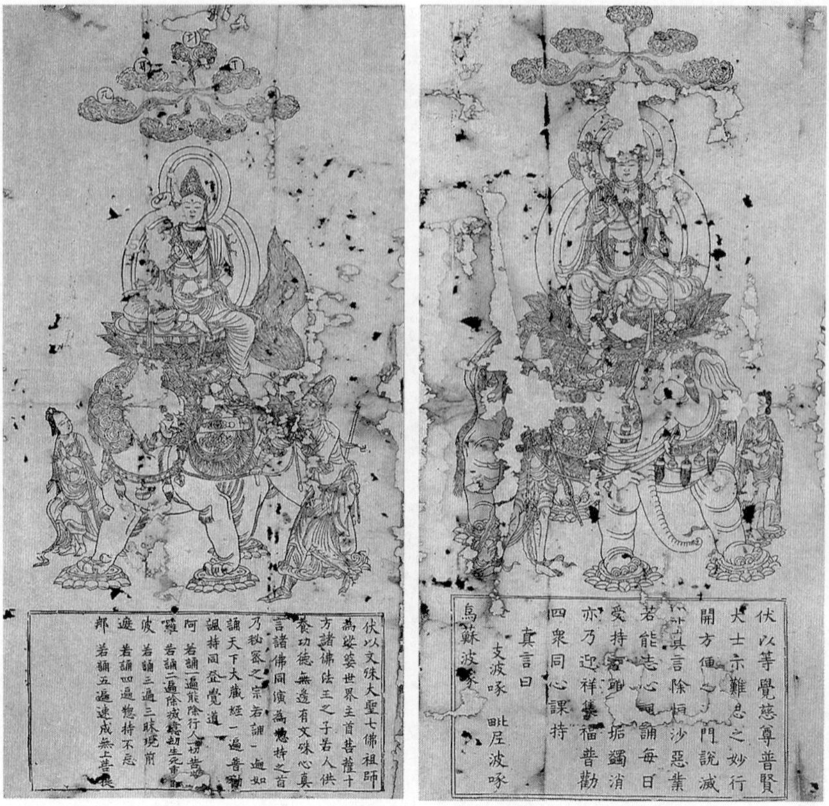

图1 《文殊像》与《普贤像》

版画，可见当时是大量印刷并出售的。它们很可能是奝然在寺院获赠的，或是从台州等处集市上购买来的，或别人购买施舍给他结缘的。相信奝然带回日本许多类似的变相画，绝对不止藏在瑞像胎内的这几件，我们从现藏于日本京都醍醐寺，镰仓时代所作并保存至今的一幅《文殊渡海图》中完全可以作这样的判断，该图正是奝然师徒奉请文殊菩萨到日本的写真。

为何奝然带回日本的藏在清凉寺释迦牟尼佛像胎内的骑狮文殊像与骑象普贤像是如此配对的？中国佛教画像构图、模式等，体现了中国人信仰和情感的选择，大致在隋末唐初，骑狮的文殊与骑象的普贤得以配对（见图2）。如《历代名画记》卷三："慈恩寺塔内面东西间尹琳画，西面菩萨骑狮子，东面骑象。"卷九载："（尹琳画）今京师慈恩寺塔下，南面师利、普贤妙极。"成寻来宋巡礼求法时，在大相国寺的东西楼上看到了安置的普贤和文殊像，各自都具备了白象和眷属、狮子和眷属。

浙江海商为请求海上航行平安，以观音为保护神，唐宋以来也影响了日本。奝然携回日本的菩萨画像，内有一"线刻水月观音镜像"，镜为白铜制圆镜，像刻在镜的背面，在偌大的镜面之上，除在中间雕刻观音半跏坐像之外，上有浮云，下有流水浮莲，左刻供花

图2 敦煌205窟“骑狮文殊”“骑象普贤”设色壁画

（来自网络，仅供参考）

与瑞鸟，右镂山坡竹林，线条流畅而明快，构图丰富而不紊，宛如一幅水墨画，足见当时宋朝铜版画技术的高超。此种主体的水月观音不仅在元明两代流行，在日本南朝水墨画中我们可以发现好几例构图类似的作品。[①]据《入瑞像五藏具记拾物》所载，镜为宋僧端鉴所舍，镜钮上结有绢制的纽带，上书“台州女弟子□娘舍带一条”[②]。可见当时宋朝佛画，无论是木板画还是铜版画已经大量印行，深入普通民众之中。

奝然自宋朝传入的大量佛像画极大地影响了日本，日本平安中期以后，随着本地垂迹说的确立，大量制作类似的镜面像，这无疑是受到了宋朝铜版画艺术的影响。故奝然之后，日本不断派人来华，求取中国新版新绘的佛像（特别是观音像），突出的证明就是，此时摄政大臣“关白”藤原道长，通过寂照师徒从宋朝奉请佛像，根据现有记载，我们知道他曾经于1012年得到“天竺观音一幅”。其他平安公卿贵族，如藤原实资等，也通过宋朝客商或奝然弟子的关系，从宋朝奉请文殊像、十六罗汉像等。

中国在画罗汉像方面，五代时期因罗汉信仰的流行，罗汉像名画师辈出，主要集中在四川、吴越两地，有南唐的陶守立、王斋翰、赵元长，[③]前蜀的李升、张玄，吴越的王

① 参见鹈饲光昌、濑户内寂听：《古寺巡礼 京都21・清凉寺》，东京：同朋舍，1978年，第122页。
② 京都国立博物馆编：《释迦信仰と清凉寺》，第99页。
③ 参见梶谷亮治：《十六羅漢像について》，《佛教藝術》第172号，1987年，第123页。

道求，而以前蜀贯休最为有名。[①]这些人离奝然来宋之时不远，贯休所绘罗汉，“形多古野”[②]，奝然所携罗汉画正是这一风格。

奝然在台州停留了一年多时间，自然受到了宋朝罗汉信仰的影响。所以，奝然返回日本的时候带回了十六罗汉画像。该十六罗汉画，现藏在京都西部的嵯峨清凉寺（也被日本政府定为国宝，据说原作被烧毁，现为摹写品），它确“是最早传到日本来的罗汉像，但不是著名的有‘罗汉面孔’之称的贯休大师的罗汉画，而是另一个系统的李龙眠的十六罗汉画像”[③]，奝然是为日本输入罗汉信仰的先驱。他是为日本国家的宗教事业而输入的，这是一个巡礼僧所无法想象的事，当时的日本是把佛教作为国教的。罗汉画的输入对于日本镰仓时代的佛画颇有影响，该时代创作的“释迦三尊十六罗汉像”是受奝然所携宋佛画影响的代表作之一，尤其是对于改革宅磨派画法起了颇大的作用。罗汉画是禅宗兴起的标志，罗汉的风格就是禅僧生活粗犷风格的写真。布袋和尚禅宗形象的描绘，相应地，作为弥勒佛化身的布袋弥勒形象的建构，都与禅宗与其他宗派的合流相关。

图3 《弥勒菩萨像》，日本京都清凉寺珍藏

这里要特别指出的是奝然带回日本的版画《弥勒菩萨像》，参见图3。这是传统的弥勒佛形象，在10世纪的中国依然是主流，大肚弥勒显然是在此后出现的。[④]此《弥勒菩萨像》右侧刻有“云离兜率，月满娑婆，稽首拜手，惟阿逸多。沙门仲休赞”[⑤]。“阿逸多”即弥勒，或言“慈氏”。此处，日僧奝然依照自己的信仰，将弥勒以菩萨的身份与普贤、文殊并列藏入佛像体内，反映出10世纪前后日本的三大菩萨信仰取向。

该弥勒像右上角有“待诏高文进画”六字，待诏乃“翰林待诏”之略，此高文进乃宫廷画院画师，长于道释画，留有相国寺塔壁画等多种名作，是宋初著名画家。宋朝建有宫廷画院，他的画出现在民间，足见当时宋朝朝野一致的佛教信仰。版画左上

---

① 周叔迦：《周叔迦佛学论著集》（上、下），第707页。
② 周叔迦：《周叔迦佛学论著集》（上、下），第230页。
③ 道端良秀：《日中佛教友好二千年史》，徐明、何燕生译，北京：商务印书馆，1992年，第71页。
④ 最早大约在12世纪前后，因佛、菩萨化身形象的流行，平民化取向更让民众感到亲近。
⑤ 京都国立博物馆编：《释迦信仰と清凉寺》，第97页。

角有“越州僧知礼雕”五字，可知此画雕刻者当为知礼和尚，他或仅施财而已，或亲自动手，从雕刻的时间和场所来判断，他可能就是后来著名的“四明尊者”知礼（960—1028）。从该画中部左边的刻字“甲申岁十月丁丑朔十五日辛卯雕印，普施，永充供养”[①]可知，此画成于宋雍熙元年（984）十月十五日，是在有关寺院中“普施”，即可能是免费赠送结缘的。知礼自979年从中兴教观之祖宝云义通（927—988）学法，984年知礼24岁，在义通的门下已经崭露头角了。日僧奝然在台州、越州雕刻释迦牟尼佛瑞像时，曾长期逗留，与知礼谋面、论法也是情理之中的事。

纵观奝然以来10至12世纪的日本，从释迦牟尼佛到弥勒佛、文殊菩萨、普贤菩萨、观音菩萨，再到十六罗汉，系统地迎来了中国佛教艺术瑰宝，其中释迦摩尼佛瑞像、弥勒佛像和观音菩萨像的组合颇为引人注目，突出了此时日本的弥勒信仰及其大众化，以及“上求菩提”“下化众生”“往生净土”的解脱祈愿。

结语

总之，中国五代至宋这一时期，吴越地区传承并繁荣了中国佛教，突出表现为禅净合流，表现为佛教信仰的世俗化，不仅推动了地区的禅宗和净土宗发展，而且推动了该信仰的国际传播。在此风土和人情影响下，浙江商人广泛接受佛教信仰，为浙江净土信仰（从弥勒净土到阿弥陀净土）东传日本，从佛法僧三宝的运送运输到寺院的施才供养、技术支持，以及佛教故事建构等各个方面都作出了极大的贡献，繁荣了10世纪以后日本以弥勒净土为代表的净土信仰，推进了日本净土信仰的大众化。

随着日本对“布袋和尚”这一形象，以及相关语言和行为的接受，弥勒佛形象的世俗化在日本也被接受。10至12世纪，在中国佛教文化影响下，特别是在净土信仰大众化的影响下，标志着服务于社会底层的净土诸宗作为独立的佛教宗派，突破“显密体制”，出现在了日本。

---

① 京都国立博物馆编：《释迦信仰と清凉寺》，第97页。

弥勒信仰的社会意义与人性光芒

崔玉卿

摘要：弥勒信仰就是对弥勒思想的信服仰慕。弥勒是一位悲悯众生、爱护众生、能予众生幸福快乐的大菩萨。弥勒信仰分两个层次，一为兜率净土信仰，二为人间净土信仰。实现人间净土的途径是依靠自力，时时处处修行五戒十善四无量心，提升人的精神素质，创造出丰富的物质时代。

关键词：弥勒；弥勒信仰；大慈恒乐；兜率净土；人间净土

作者简介：崔玉卿，山西省社会科学院研究员。

弥勒信仰就是对弥勒思想的信服仰慕。那么，弥勒是何许人也？弥勒是梵文Maitreya的音译，意译为慈氏，是菩萨之姓；阿逸多，意译为无能胜，是菩萨之名。据《弥勒上生经》和《弥勒下生经》说，弥勒菩萨是南天竺波罗捺国大婆罗门之子，父名修梵摩，母名梵摩越，长大后出家学道，为释尊弟子、大乘有宗的肇始人。他先佛灭度，居于六欲天的兜率天，以菩萨身为天人说法。以释尊曾授记他4 000岁（约人间56亿7千万年）尽时，将下生人间，在龙华树下成佛，分三会说法。以其是代佛说法，故谓“一生补处菩萨”；又因他此时已得佛果，故又谓“弥勒佛”。那么，弥勒的特征是什么呢？

大慈恒乐

弥勒是释迦佛的弟子，先佛入灭。在《中阿含》《长阿含》和《增壹阿含》经中就说，他与释尊（未成之前）是当时唯有的两位菩萨。

唐代慈恩法师窥基在其《阿弥陀经疏》中说：

阿逸多菩萨者，依新译《称赞净土经》，翻为无能胜，或言弥勒，此言慈氏。由彼多修慈心，多入慈定，故言慈氏。修慈最胜，名无能胜。①

可见，弥勒菩萨的德性是“慈”。

又,《心地观经》说:“弥勒菩萨法王子,从初发心不吃肉。”②《一切智光明仙人慈心因缘不食肉经》说弥勒菩萨:“愿我世世不起杀想，恒不噉肉，入白光明慈三昧，乃至成佛，制断肉戒。”③“宁破骨髓出头脑,不忍噉肉食众生。”④从初发心起,生生世世,乃至成佛,都不起杀想，不噉肉食，就是破了骨髓身头脑，也不杀生，也不吃肉，也不予众生苦难，而要时时处处给予众生恒安乐。又,《悲华经》说，弥勒发愿于兵刀劫中，拥护众生，是则慈降即世，悲臻后劫，至极之慈，一切权小皆无能胜，故以名焉。⑤弥勒姓慈，具有“至极之慈”。“至极之慈”就是“大慈”。《大智度论》卷27曰:“大慈与一切众生乐，大悲拔一切众生苦。”⑥可见,弥勒菩萨是一位大慈菩萨,他的特点是“能与一切众生乐”。“乐”狭义为“快乐”，广义为“幸福”。又，慈还有“爱”的意思，如《新书·道术》云:“亲爱利子，谓之慈。”这又可引申为怜爱，如“恻隐怜人谓之慈”。因此说，弥勒是一位悲悯众生、爱护众生、能予众生幸福快乐的大慈菩萨。西晋竺法护译的《弥勒菩萨本愿经》说:

弥勒菩萨本求道时，不持耳鼻头目手足身命珍宝城邑妻子及以国土布施与人，以成佛道，但以善权方便安乐之行得致无上正真之道。⑦

为什么？这是由于释迦牟尼出生在“五浊恶世”，其众生刚强难化，不知惭愧；道德败坏，不易教诲；六时作恶，不知厌足。所以，佛教最初的重点是讲地狱、饿鬼、畜牲等“刚强语”，使人作恶不善时，有所畏惧，有所惊惕。菩萨则以种种难行苦行，布施国土家园、财物妻子，乃至耳目头足、血肉骨髓，以利益众生，成就佛道。因此，释迦牟尼就成了舍己救人的楷模，观音菩萨就成了救苦救难的大悲菩萨。而弥勒菩萨则有所不同，不是以舍身苦行、呵责恫吓的方法教化度人，而是以“善权方便安乐之行”说法度人。所谓善权方便安乐之行，就是随物所宜，给予平安快乐。所以，欢笑快乐就成了弥勒形象的特征。

那么，如何修这一法门呢?

首先要具有慈心、爱心和恻隐之心，而且还要有悲心、恒心和忍心，常常予以众生快

① 窥基:《阿弥陀经疏》,《大正藏》第37册第318页中。
② 般若译:《大乘本生心地观经》第3卷,《大正藏》第3册第305页下。
③ 失译:《一切智光明仙人慈心因缘不食肉经》,《大正藏》第3册第458页下。
④ 失译:《一切智光明仙人慈心因缘不食肉经》,《大正藏》第3册第458页下。
⑤ 参见昙无谶译:《悲华经》第5卷,《大正藏》第3册第200页下—201页上。
⑥ 鸠摩罗什译:《大智度论》第27卷,《大正藏》第25册第256页中。
⑦ 竺法护译:《弥勒菩萨所问本愿经》,《大正藏》第12册第188页下。

乐。《佛说弥勒大成佛经》说："本为菩萨时，常施一切乐，不杀不恼他，忍心为大地。"[①]这就是说，在常修慈心，常入慈定的同时，也要伴随着多修忍心、多入忍定，因为忍是对治贪、嗔、痴、慢、疑的最好法门。这样才会不骄不躁、不恼不杀，恒与众生常安乐。

兜率净土信仰

对弥勒菩萨的信仰，可分为两个层次。一是弥勒修成菩萨后，先佛入灭，上升到兜率天宫，为天人说法，这称为升天信仰，或兜率净土信仰。二是弥勒下生人间净土成佛，这称为对未来佛的信仰，或人间净土的信仰。

南朝宋沮渠京声译的《观弥勒菩萨上生经》说：

> 此阿逸多具凡夫身，未断诸漏……今者虽复出家，不修禅定，不断烦恼……此人从今十二年后命终，必得往生兜率陀天上。[②]

释尊告诉我们，弥勒是带业往生，住于兜率内院。兜率天是六欲天——四天王天、三十三天、焰摩天、兜率天、化乐天和他化自在天中的第四重天。兜率天，译曰知足天。此天欢乐饱满，资具满足，有内外两院。内院是即将成佛者（即补处菩萨）所居之处，今为弥勒菩萨住处。外院属于欲界天，为天人所居，享受欲乐。弥勒在兜率内院的四十九重如意殿，昼夜六时向天人宣说佛法。当住满4 000岁时，即下生人间，于龙华树下成佛。由于弥勒是住在兜率内院说法度众，故称之为兜率净土。

依《弥勒上生经》说，兜率净土是一个土地肥沃、物产丰富、风景秀丽、环境优美的净土世界。它有500万亿天子，一一都修布施波罗蜜，以天福力造作种种宫殿、园林，化作无数宝珠、莲花、乐器和诸天宝女，供养弥勒菩萨。如《经》云："诸园中有八色瑠璃渠，一一渠有五百亿宝珠，而用合成。一一渠中有八味水，八色具足，其水上涌，绕梁栋间，于四门外化生四花，水出花中如宝流花。一一花上有二十四天女，身色微妙，如诸菩萨庄严身相，手中自然化出五百亿宝器，一一器中天诸甘露自然盈满，左肩荷佩无量璎珞，右肩复负无量乐器，如云住空，从水而出，赞叹六波罗蜜……演说苦空无常无我诸波罗蜜。"[③]在社会方面，物质财富共同享有，没有巧取豪夺、私蓄占有，而是"各取所需、各得所适"；没有种族界限，强弱分别，没有怨敌，和睦相处；修习五戒八斋，远离二障三毒，没有私我我所，演说四弘十善，精进不退，一心追求净土社会。总之，兜率净土是

---

① 鸠摩罗什译：《佛说弥勒大成佛经》，《大正藏》第14册第433页上。
② 沮渠京声译：《佛说观弥勒菩萨上生兜率天经》，《大正藏》第14册第418页下。
③ 沮渠京声译：《佛说观弥勒菩萨上生兜率天经》，《大正藏》第14册第419页上—中。

三界中最底层欲界中的一片净土，而且可以不断烦恼，不修禅定，带业往生，故从古以来就受到众生欢迎。

人间净土信仰

依沮渠京声译的《观弥勒菩萨上生兜率天经》，当阎浮提岁数56亿7千万年时，弥勒菩萨将从兜率天上下生阎浮提。阎浮提是个什么样的世界呢？西晋竺法护译的《弥勒下生经》说：

> 尔时，阎浮地东西南北千万由旬，诸山河石壁皆自消灭，四大海水各减一万。时阎浮地极为平整，如镜清明……谷食丰贱，人民帜盛，多诸珍宝。诸村落相近，鸡鸣相接。是时弊花果树枯竭，秽恶亦自消灭；其余甘美果树香气殊好者，皆生于地。尔时，时气和适，四时顺节。人身之中无有百八之患，贪欲、瞋恚、愚痴不大殷勤；人心均平，皆同一意；相见欢悦，善言相向；言辞一类，无有差别，如彼优单越人，而无有异。是时，阎浮地内人民，大小皆同一向，无若干差别也。彼时，男女之类意欲大小便时，地自然开；事讫之后，地便还合。尔时，阎浮地内自然生粳米，亦无皮裹，极为香美，食无患苦。所谓金银珍宝、车渠、玛瑙、珍珠、琥珀，各散在地，无人省录，无人守护。……尔时，法王出现，名曰蠰佉，正法治化，七宝成就……镇此阎浮地内。不以刀杖，自然靡伏……以此四大宝藏，惠施贫穷……时阎浮地内，自然树上生衣，极细柔软，人取着之……尔时，彼王有大臣名曰修梵摩，是王少小同好，王甚爱之。又且颜貌端正，不长不短，不肥不瘦，不白不黑，不老不少。是时，修梵摩有妻，名曰梵摩越，王女中最极为殊妙，如天帝妃。口作优钵莲华香，身作旃檀香，诸妇人八十四态永无复有，亦无疾病乱想之念。尔时，弥勒菩萨于兜率天观察父母不老不少，便降神下应，从右胁生……是时，修梵摩即与子立字，名曰弥勒。弥勒菩萨有三十二相、八十种好，庄严其身，身黄金色。尔时，人寿极长，无有诸患，皆寿八万四千岁，女人年五百岁，然后出嫡……人唯有三病，一者便利，二者饮食，三者衰老。尔时，弥勒在家，未经几时，便当出家学道。尔时，去翅头城不远有道树名曰龙花，高一由旬，广五百步。时弥勒菩萨坐彼树下，成无上道果……时三千大千刹土六番震动，地神各各相告曰："今时弥勒已成佛。"①

阎浮提，译曰秽土，实指人间世界。但它已不同于释尊出生时的那个"五浊恶世"

---

① 竺法护译：《佛说弥勒下生经》，《大正藏》第14册第421页上—下。

了，因为，自然环境、城乡面貌、社会结构、物质财富、生活质量、精神境界、道德品质等方面都有了相当大的进步，成了佛教那时能够想象到的理想国。这个理想国不是弥勒恩惠的，而是人民群众用自己那聪明的智慧和勤劳的双手，自己努力实现的。此时，即满足了弥勒“本愿”时，他才下生到这个理想国，在龙华树下三会说法，使282亿人都得了阿罗汉。我想这个理想国，就是弥勒净土，换句话说就是现在佛教界极力倡导的人间净土吧！那么，弥勒本愿是什么呢？西晋竺法护译的《弥勒菩萨所问本愿经》云，佛对阿难说：

> 弥勒菩萨求道本愿使其作佛时，令我国中人民无有诸垢秽、瑕秽，于淫怒痴不大殷勤，奉行十善，我尔乃取无上正觉。[①]

鉴于弥勒菩萨的本愿是“后当来世的人民无有垢秽，奉行十善，于淫怒痴不以经心”[②]，所以，在弥勒菩萨的人间净土中，人们对于淫怒痴等瑕疵就不很注意，不很留心了。但其离人颇近，比较现实，所以，追求人间净土已成了佛教界的一种趋势、潮流。

总之，弥勒净土分为两种，一是兜率净土，二是人间净土，它们都在三界之最底层欲界，不过兜率天是欲界的第四重天。故就兜率天而言，还是男女杂居，有上心之欲、染著境界，是退居的处所。其天人寿命达4 000岁，还有中夭现象。其天人间或还有三性心，故恶心之人仍会堕于地狱；又因其有三受心，还会三受互起。又，兜率天之六尘，还会使天人放逸。所以，兜率天所生之物，也可得果，也可能不得果。兜率天之受生，男则生于其父膝上，女则生于其母膝上。兜率天中，只有佛和菩萨（观音、势至除外）在向天人说法。尽管如是，要升至兜率天，也得依靠自力，通过施、戒、修三种法门，具足十善，才得上生，故较至人间净土为难。那么，如何至弥勒佛之人间净土呢？依靠自力，时时处处修行五戒十善四无量心，或者是以弥勒菩萨的“善权方便安乐之行得致佛道”，以提升人的精神素质，创造出丰硕的物质财富，即会实现弥勒佛的人间净土。

---

① 竺法护译：《弥勒菩萨所问本愿经》，《大正藏》第12册第188页下—189页上。
② 竺法护译：《弥勒菩萨所问本愿经》，《大正藏》第12册第189页上。

白银弥勒小考

王鹤琴

摘要：中古时期白银弥勒为僧人的一种普遍认识，其出处为《一切智光明仙人慈心经》所言弥勒金色而放白银光明。敦煌壁画中的白银弥勒、弥勒白佛和白衣佛图像，其宗教意涵即弥勒放白银光明，与观佛实践有关。弥勒教尚白的传统并非异端，乃弥勒白银色的进一步延伸。女身与白银色的连结在经典中有迹可循，可为考察女身与弥勒关系的一重视角。

关键词：白银弥勒；《一切智光明仙人慈心经》；白衣佛；女身

作者简介：王鹤琴，青岛大学历史学院副教授，上合组织经贸学院中国—上海合作组织国家文明协同发展研究中心研究员。

弥勒与白色之关系较早为学者所关注，已有比较丰富的研究成果，然而文献与图像中出现的“白银弥勒”尚未获得学界足够的重视。本文从白银弥勒的经典依据出发，讨论敦煌瑞像中白衣佛像的宗教意涵和弥勒教何以尚白的问题。

一、白银弥勒出何经？

梁宝唱《名僧传》载昙斌“梦见一人，白银色，相好分明，似是弥勒”①。这里，白银色似乎是弥勒的重要特征，其经典依据究竟为何？隋吉藏《弥勒经游意》对此作了解释：

> 问：白银弥勒出何经？
>
> 答：《一切智光仙人慈心经》云“弥勒金色，放白银光明，黄金校饰，如白银山”。唯有此文，无有白银色。

① 吉藏撰：《名僧传抄》，《大正藏》第38册第272页中。

《一切智光仙人慈心经》，即《一切智光明仙人慈心因缘不食肉经》，其关于弥勒放银光的记载，原文如下：

> 时有迦波利婆罗门子，名弥勒，躯体金色，三十二相，八十种好，放银光明，黄金校饰，如白银山，威光无量，来至佛所。①

该经讲述了“过去世有世界名胜华敷，佛号弥勒，恒以慈心教化一切，彼佛说经名《慈三昧光大悲海云》②。时彼国中有仙人，名一切智光明，闻此经功德，愿于未来成佛，亦号弥勒”③，此仙人因感白兔王母子舍身供养而发誓愿：“愿我世世不起杀想，恒不噉肉，入白光明慈三昧，乃至成佛制断肉戒。”④仙人成佛后所说经典亦名《慈三昧光大悲海云》。⑤由此可见，弥勒菩萨所放白银光明，象征慈三昧光。

《一切智光明仙人慈心因缘不食肉经》最早为《法经录》所著录，失译，⑥出现时间当在594年以前，此后经录基本沿袭了《法经录》的著录，唯《大周录》标注此经著录“出《宝唱录》”⑦，若然，则此经出现当在6世纪初以前。《开元录》附秦录，⑧《贞元录》亦沿袭其著录。⑨大野法道认为，此经不见《祐录》，其译出时间当在梁代甚至更晚。⑩另，此经提到“如《弥勒菩萨下生经》说”⑪，则其成立当在弥勒下生经形成之后。

现存所谓弥勒下生经共有五部，西晋竺法护译《弥勒下生经》、⑫东晋失译《弥勒来时经》、后秦鸠摩罗什译《弥勒下生成佛经》、后秦鸠摩罗什译《弥勒大成佛经》、唐义净译《弥勒下生成佛经》。这五部经典分属阿含弥勒经（《弥勒下生经》）与舍利弗系弥勒经（《弥勒成佛经》）两个系统，王雪梅比对二者异同时注意到“阿含弥勒经没有关于佛身长的记载，但是舍利弗系的四部经都有对于佛身长的记载”⑬。其实不仅是身长，关于身色与

---

① 失译：《一切智光明仙人慈心因缘不食肉经》，《大正藏》第3册第457页下。
② 关于该经名，吉藏《法华义疏》卷一云：“弥勒昔作一切智光仙人，值慈氏佛说《慈心三昧经》，故曰慈也。”见吉藏撰：《法华义疏》，《大正藏》第34册第463页下。
③ 该段经文概括取自仪润述：《百丈清规证义记》第3卷，《新纂卍续藏》第63册第397页中—下。
④ 失译：《一切智光明仙人慈心因缘不食肉经》，《大正藏》第3册第458页下。
⑤ 唐栖复集《法华经玄赞要集》卷三三记载弥勒昔为一切智光仙人的故事，言出《报恩经》，当误，因同书卷十引用大致相同的故事时已标其出处为《一切智光仙人经》。
⑥ 法经等撰：《众经目录》第1卷，《大正藏》第55册第121页上。
⑦ 明佺等撰：《大周刊定众经目录》第11卷，《大正藏》第55册第438页中。
⑧ 智昇撰：《开元释教录》第12卷，《大正藏》第55册第605页中。
⑨ 元照撰：《贞元新定释教目录》第22卷，《大正藏》第55册第938页下。
⑩ 大野法道：《大乘戒経の研究》，东京：理想社，1954年，第362页。
⑪ 失译：《一切智光明仙人慈心因缘不食肉经》，《大正藏》第3册第459页上。
⑫ 此据《大正藏》所标，实际上译者未知（《祐录》归为失译）。《弥勒下生经》是《增壹阿含经》卷四四《十不善品》第三的单行本。
⑬ 王雪梅：《弥勒信仰研究》，上海：上海古籍出版社，2016年，第69页。

光明，阿含弥勒经全然没有涉及，而在舍利弗系弥勒经中却有记载，如失译《弥勒来时经》云："弥勒者种当作婆罗门，身有三十二相、八十种好，身长十六丈。弥勒生堕城地，目彻视万里内，头中日光照四千里。"其他三部《成佛经》不仅讲到身长，还明确提到身体金色，特别是鸠摩罗什译《弥勒下生成佛经》与《弥勒大成佛经》，对于弥勒身色和光明的描述非常详细：[①]

《弥勒下生成佛经》	《弥勒大成佛经》
身紫金色，三十二相，众生视之，无有厌足。身力无量，不可思议；光明照曜，无所障碍，日月火珠，都不复现。身长千尺，胸广三十丈，面长十二丈四尺，身体具足，端正无比，成就相好，如铸金像。肉眼清净，见十由旬，常光四照，面百由旬。日月火珠，光不复现，但有佛光，微妙第一。	放大光明，尘垢不障，身紫金色，具三十二大丈夫相，坐宝莲华，众生视之，无有厌足。光明晃耀，不可胜视，诸天世人所未曾睹；身力无量，一一节力，普胜一切大力龙象，不可思议；毛孔光明，照耀无量，无有障碍，日月、星宿、水火珠光，皆悉不现，犹如埃尘。身长释迦牟尼佛八十肘（三十二丈），胁广二十五肘（十丈），面长十二肘半（五丈），鼻高修直当于面门，身相具足，端正无比，成就相好，一一相，八万四千好，以自庄严，如铸金像。一一好中，流出光明，照千由旬；肉眼清彻，青白分明；常光绕身，面百由旬。日月星宿、真珠摩尼、七宝行树，皆悉明耀，现于佛光，其余众光不复为用，佛身高显，如黄金山，见者自然脱三恶趣。

需要注意的是，《弥勒大成佛经》已有对光色的描述——"青白分明"，或为《一切智光明仙人慈心经》中"放银光明"之先声。

刘宋沮渠京声译《观弥勒菩萨上生兜率天经》中对弥勒身色及光明的描述——"身紫金色，光明艳赫如百千日"当沿袭自下生经，因该经亦提到"如《弥勒菩萨下生经》说"[②]。唐窥基所作《观弥勒上生兜率天经赞》卷一引用《一切智光明仙人慈心经》说："弥勒菩萨金色相好，放银光明，黄金校饰，如白银山。"[③]由此可见，《一切智光明仙人慈心经》对"弥勒金色而放白银光明"形象塑造的影响已经嵌入弥勒信仰的主流群体。在另外一部不知作者的《佛说观弥勒菩萨上生兜率天经述赞》中，除了引用《一切智光明仙人慈心经》外，还提到《无量光三昧经》云"弥勒白银色"：

> 身色如金，表可宝重也。《无量光三昧经》云"弥勒白银色"，会通而言，"其体阎浮提金色而外照之光者是银"也，是以在表见者为银色也。《一切智光仙人慈心经》云"弥勒金色而于白银光明，以黄金校饰如白银山"，此亦有白银之光，会还同前。

---

① 义净译《弥勒下生成佛经》云："金色光明朗，声如大梵音；目等青莲叶，支体悉圆满。身长八十肘，二十肘肩量；面广肩量半，满月相端严。"（义净译：《弥勒下生成佛经》，《大正藏》第14册第427页上。）这里的"金色光明朗"当是身体金色、光明照耀的意思。

② 沮渠京声译：《观弥勒菩萨上生兜率天经》，《大正藏》第14册第420页上。

③ 窥基撰：《观弥勒上生兜率天经赞》，《大正藏》第38册第275页中。

这里的《无量光三昧经》究竟为何经，笔者暂且不知，考虑到《一切智光明仙人慈心经》中多次强调之《大慈三昧光大悲海云经》，两者或许存在联系，而且“无量光三昧”很可能意指“白光明慈三昧”。该经在活跃于7世纪末的新罗僧憬兴所撰《三弥勒经疏》中亦见引用：

> 《无量光三昧经》云“弥勒白银色者，其体阎浮檀金色而外照光是银色”也。是故《一切智光仙人经》云“弥勒金色而白银光，校饰如白银山”也。

此段文字与《佛说观弥勒菩萨上生兜率天经述赞》中的对应段落极为相似，考虑到《无量光三昧经》不见载他处，或许《佛说观弥勒菩萨上生兜率天经述赞》的作者就是憬兴。《述赞》讲到弥勒身体金色而放白银色光明，“是以在表见者为银色也”。再回到本文开篇，昙斌梦见一人，相好分明，为什么看到“白银色”就推断“似是弥勒”，这个问题也就不难回答了。

二、白银弥勒、弥勒白佛瑞像与白衣佛像①

莫高窟吐蕃统治时期第237、231窟（839年建成）主室龛内东披南起第6格内，各绘一尊倚坐佛像，着白色袈裟。在第237窟内，佛右手于胸前结说法印，左手抚左膝。本画格内无题榜，但北侧邻格内的凉州瑞像，除了本像的榜题之外，另衍出一方题榜：“天竺国白银弥勒瑞像。”此弥勒瑞像当指无题榜画格内佛像。在第231窟内，佛双手于胸前结转法轮印，榜题为“天竺白银弥勒瑞像”。类似倚坐佛像今还见于莫高窟第85窟（张氏归义军时期），第108、146、454窟（曹氏归义军时期）。敦煌遗书P.3352-c所记“天竺白银弥勒瑞像”，即指此种瑞像。

《大唐西域记》卷八载摩揭陀国有白银铸成的弥勒菩萨像：

> 菩提树东有精舍，高百六七十尺，下基面广二十余步，垒以青砖，涂以石灰。层龛皆有金像，四壁镂作奇制，或连珠形，或天仙像，上置金铜阿摩落迦果（亦谓宝瓶，又称宝壶）。东面接为重阁，檐宇特起三层，榱柱栋梁，户扉寮牖，金银雕镂以饰之，珠玉厕错以填之。奥室邃宇，洞户三重。外门左右各有龛室，左则观自在

① 此部分瑞像资料皆来自张小刚先生《敦煌佛教感通画研究》一书，后面只在涉及观点时出注，资料部分不再一一出注。见张小刚：《敦煌佛教感通画研究》，兰州：甘肃教育出版社，2015年。

菩萨像，右则慈氏菩萨像，白银铸成，高十余尺。[①]

张小刚已指出，此处白银弥勒像为菩萨像，而天竺白银弥勒瑞像为佛像，两者之间存在一定出入，[②]笔者认为恐怕很难将天竺白银弥勒瑞像比定为此像。

莫高窟张氏归义军初期第72窟（晚唐）主室龛内西披南起第4格内绘一立佛像，着白色袈裟，右手于胸前结说法印，左手下垂，手把袈裟，榜题为："南天竺国弥勒白佛瑞像纪（记）。"张小刚释读出莫高窟第220窟主室南壁表层宋初壁画最上排东起第4身倚坐佛像题识："天竺弥勒白佛瑞相。"此倚坐佛像身着白色袈裟，左手搭于膝上，右手于右胸前作说法印，是常见的弥勒造像形式，说明此榜题与图像相契合。敦煌遗书S.2113V-a所记"南天竺国弥勒白佛瑞像记。其像坐，白"，所指当为此种瑞像。张小刚认为天竺弥勒白佛瑞像在敦煌壁画中可能有立像和倚坐像两种造像形式。敦煌遗书P.3352、S.5659所记"南天竺国弥勒白佛瑞像记"所指为哪种造像形式，不明。伯希和在莫高窟第76窟抄出题记"南天竺国弥勒现佛（？）瑞像记"。张小刚指出其中的"现"字当为"白"字所讹，说明该窟内原来也有瑞像，但今天已经难以辨识，[③]其究竟为立姿还是坐姿已不可考。由于笔者未见220窟倚坐佛像图片，不知其与"天竺国白银弥勒瑞像"有何区别，单从张氏的文字描述感觉二者一样。另外，张氏将"南天竺国弥勒白佛瑞像"比定为《大唐西域记》卷十一所载恭建那补罗国刻檀慈氏菩萨像，[④]但正如他曾指出的摩揭陀国白银弥勒菩萨像与天竺白银弥勒瑞像存在的菩萨像与佛像的出入一样，南天竺国弥勒白佛瑞像与恭建那补罗国刻檀慈氏菩萨像亦存在这种出入。

斯坦因从藏经洞所获的盛唐后期绢画Ch.xxii.0023上，绘有一身小佛像，似着袒右袈裟，双手于胸前结转法轮印，结跏趺坐于狮子座上，背靠的两侧各有一只鸟嘴四蹄兽，顶有伞形华盖，圆形头光两侧各有一天人。之前学者们释读其榜题为"迦毗罗卫国银瑞像"，张小刚重新释读作"迦毕试国银瑞像"[⑤]。其依据为《大唐西域记》卷一载迦毕试国国王"岁造丈八尺银佛像"[⑥]，亦见《续高僧传》卷四《玄奘传》"其王岁造银像，举高丈八"。不过文献中并无迦毕试国国王所造银像的神迹故事，且其丈八的尺寸也很难让人与绢画中的小像联系在一起。

莫高窟张氏归义军初期第72窟主室龛内北披西起第三格内，绘一身坐佛，着偏袒式

---

① （唐）玄奘、辩机原著，季羡林等校注：《大唐西域记校注》，北京：中华书局，1985年，第672—673页。
② 张小刚：《敦煌佛教感通画研究》，第30页。
③ 张小刚：《敦煌佛教感通画研究》，第53页。
④ 张小刚：《敦煌佛教感通画研究》，第53—54页。
⑤ 张小刚：《敦煌佛教感通画研究》，第59—60页。
⑥ （唐）玄奘、辩机原著，季羡林等校注：《大唐西域记校注》，第136页。

白色袈裟，结跏趺坐于金刚狮子座之上，左手平置于腹前，右手于胸前结印。榜题："伽你释迦牟尼佛从舍卫国来在固城。"张小刚认为，此榜题可能指的是相邻画格内戴宝冠的立佛瑞像，而画面中的白衣坐佛像可能是迦毕试国银瑞像。此种瑞像还见于吐蕃统治时期第53窟主室龛内西披南起第11格[①]与张氏归义军前期第85窟（晚唐）甬道北披西起第4格内。因缺少榜题证明，此类白衣坐佛像是否与绢画Ch.xxii.0023上小佛像属同类瑞像，恐不宜贸然下结论。笔者认为，此类白衣坐佛像很可能为弥勒像，详见下文。

莫高窟第254窟"是敦煌北魏最精彩的一个洞窟"[②]，其主室西壁中央画一龛，龛内绘一结跏趺坐佛，着通肩式厚重袈裟，身体与袈裟均为白色，左手屈肘下把袈裟，右手于胸前施无畏印，两侧各立一胁侍菩萨。龛外绘龛柱、龙首龛梁、焰光，焰光之外绘山峦。类似图像还见于北魏第263窟，西魏第288、431、435窟，"均出现在有中心柱的洞窟中，均位于西壁"[③]。其中，254、263、288窟的白衣佛有二胁侍菩萨，431、435窟的白衣佛为单尊像。学者们据其形象，习称"白衣佛"。关于此五尊白衣佛的学术史，详见刘屹《敦煌所谓"白衣佛"问题之我见》。[④]主流看法认为白衣佛的形象是根据"那竭国佛影"故事而形成，是释迦佛灭度后，存留在人间的佛影，以供佛教徒观像。然而，仍有学者不断对"观像"的思路和"佛影"的解释提出质疑。刘屹通过文献对证指出"佛影"颜色应为金色，又从观想实践的角度指出"佛影"飘忽不定、不易得见的特征很难令人观想其恒久以坐之姿。[⑤]这两点质疑非常有力，白衣佛为佛影说并不能成立。王惠民注意到北朝这五尊白衣佛与前述72窟南天竺国弥勒白佛瑞像与231窟天竺白银弥勒瑞像的联系，指出白衣佛"有可能是弥勒信仰过程中产生的一种瑞像"[⑥]。笔者赞同该观点。周晓冀将泰山北齐乾明元年（560）佛教造像碑座作为考察敦煌北朝白衣佛问题的新证据，指出白色与弥勒在佛教经典和艺术现实中关系密切，"白衣佛"是弥勒无疑。[⑦]该碑座今存泰安岱庙历代碑亭，碑文如下：

> 齐乾明元年岁在庚□八月辛巳朔□五日，比丘尼慧承、比丘尼静游、□□聂义美、率镇诸邑同建洪业，敬造弥勒像一区。上为皇帝陛下、群臣宰守、诸师父母、含生之类。愿使电传冥昏，三空现证，法界共修，等成正觉。邑义主比丘尼识究、邑

① 在53窟内其榜题首字似为"于"，张小刚指出，由于同披施珠瑞像榜题也误作"于阗……"，故并不能肯定此像一定与于阗有关，当仍比定为迦毕试国银瑞像为宜。
② 王惠民：《敦煌佛教与石窟营建》，兰州：甘肃教育出版社，2013年，第164页。
③ 王惠民：《敦煌佛教与石窟营建》，第167页。
④ 刘屹：《敦煌所谓"白衣佛"问题之我见》，《敦煌吐鲁番研究》第20卷，2021年，第43—46页。
⑤ 刘屹：《敦煌所谓"白衣佛"问题之我见》，第46—52页。
⑥ 王惠民：《敦煌佛教与石窟营建》，第168页。
⑦ 周晓冀：《泰山北齐造像碑记与敦煌"白衣佛"问题新证》，《大庆师范学院学报》2015年第1期，第122—125页。

义主比丘尼僧炎、白衣大像主张苟生兄弟等、邑义樊兴、像主梁伏香、□□□□、由像主徐明年、像主徐六周、像主苾苌受……[①]

造像主题名有“白衣大像主张苟生兄弟”，联系造像题记中“敬造弥勒像一区”，则白衣大像指弥勒像当无疑义。

笔者认为，无论是白银弥勒、弥勒白佛还是白衣佛，其表现的都是“弥勒白银色”，具体意涵为弥勒放白银光明，而与造像材质和袈裟颜色关系不大。第254窟白衣佛，身体与袈裟均为白色，恰恰表明白衣佛并非仅仅衣白而是整个看上去呈白色，这种“白色袈裟及衣身一色的特征”[②]表现的正是弥勒放白银光明、如白银山的形象。《观佛三昧海经》提到“白色化佛身白银色”，敦煌白色佛像与观像实践之间的关系，贺世哲、滨田瑞美等学者皆曾讨论过，这一思路再结合弥勒信仰或是下一步研究此问题的一个突破口。

东晋支遁《弥勒赞》有“晃晃凝素姿，结跏曜芳莲”[③]之句，与前述85窟白色坐佛像颇能契合，“弥勒白银色”或“白银弥勒”很可能是中古时期僧人的普遍认识。因此，昙斌梦里所见白银色者被推断为弥勒。吉藏对于“弥勒白银色”的说法好像颇为不满，特意强调白银弥勒乃金色身放银光明，并非白银色。不过这种“较真”好像并没有起到太大作用，因为正如憬兴所言，白银弥勒乃会通而言，弥勒金色身放白银光明，“见者为银色也”。

《大慈恩寺三藏法师传》卷三载：

（戒贤法师）于夜中梦三天人，一黄金色，二琉璃色，三白银色，形貌端正，仪服轻明，来问和上曰：“汝欲弃此身耶？经云：‘说身有苦，不说厌离于身。’汝于过去曾作国王，多恼众生，故招此报。今宜观省宿愆，至诚忏悔，于苦安忍，勤宣经论，自当销灭。直尔厌身，苦终不尽。”和上闻已，至诚礼拜。其金色人指碧色者语和上曰：“汝识不？此是观自在菩萨。”又指银色曰：“此是慈氏菩萨。”和上即礼拜慈氏，问曰：“戒贤常愿生于尊处，不知得不？”报曰：“汝广传正法，后当得生。”金色者自言：“我是曼殊室利菩萨。我等见汝空欲舍身，不为利益，故来劝汝。当依我语，显扬正法《瑜伽论》等，遍及未闻，汝身即渐安隐，勿忧不差。有支那国僧乐通大法，欲就汝学，汝可待教之。”[④]

---

① 此据周晓冀录文，见周晓冀上揭文，第122页。
② 需要注意的是，“白色袈裟及衣身一色”并非弥勒瑞像的独有特征，莫高窟126窟甬道南披第6格内绘白檀身释迦牟尼佛瑞像亦具此一特征。见张小刚《敦煌佛教感通画研究》，第136页。
③ 道宣撰：《广弘明集》第15卷，《大正藏》第52册第197页上。
④ 慧立本，彦悰笺：《大唐大慈恩寺三藏法师传》第3卷，《大正藏》第50册第236页下—237页上。

黄金色、琉璃色与白银色皆为佛教宝色，在三色中弥勒菩萨为白银色，恐非偶然。另外需要注意的是，白银色不能作为区分弥勒“佛与菩萨二重身份”的标志。换言之，弥勒白银色并不特指其尊格为弥勒佛或弥勒菩萨。

三、弥勒教何以尚白？

弥勒与白色的关系，早已为学者所瞩目。早在1948年，唐长孺先生发表《白衣天子试释》一文，揭櫫白衣天子谣谶与弥勒教之关系。对于弥勒信仰者为何尚白，唐先生从白莲的角度取其意。从经典和图像中的白银弥勒出发，或许可对这一问题再作阐释。

《旧唐书》卷三六《天文志下》载："永隆二年九月一日，万年县女子刘凝静，乘白马，着白衣，男子从者八九十人，入太史局，升令厅，床坐勘问，比有何灾异，太史令姚玄辩执之以闻。"[①]唐长孺先生说："按以地域及服饰言之，其为弥勒教余党无疑。但以女子为主，则又其变也。"[②]关于女子与弥勒之关联，考察武周政权者多有论及，笔者此处想就女子与白银色之间的佛典依据稍加申说。

《善见律毗婆沙》卷十毗舍离根本因缘部分讲到，往昔波罗㮈国王夫人怀妊，生一段肉，见“余夫人生儿，色如金色”而生羞耻心，遂将此一段肉盛贮器中，送放江中，为一道士所拾取。“过半月已而成二片……复经半月，二片各生五胞，又却后半月，一片成男一片成女，男色如黄金，女色如白银，道士见如是相已，心生爱重，如自子无异。”[③]“男色如黄金，女色如白银”，与男子相比，女子与白银色的联系更为紧密。

另外，《观佛三昧海经》卷三《观相品第三》记载，诸比丘尼“见佛银色、银华、银光”，而“不见如来金光赫艳”，是因为前世无量劫时，有佛出世，亦名释迦文。彼佛灭后有诸弟子出家学道，其中一僧游化至五百童女所，诸女各脱银环散比丘上，并发愿："比丘精进德行纯备，后必成佛，愿我见之时，如所散环。"该比丘即今之释迦佛，诸女“贪著银宝色故，生生常在白银山中，受银山神宝女之身”，因供养沙门奉献银环，今遇释迦文佛，出家证道。[④]这里，女子与银色也表现出强相关性。而且《观佛三昧海经》所述今之释迦佛乃前世释迦佛之出家弟子，感得童女奉献银环，成佛后现银色银光，与《一切智光明仙人慈心经》中今之弥勒乃前世弥勒佛之出家弟子，感得白兔王舍身供养，成佛后入白光明慈三昧，二者在叙述框架及情节内容上有一定的相似性与共通性。山部能宜对《观佛三昧海经》已经作了很好的研究，借鉴其成果或许可以对《一切智光明仙人慈心经》这

---

①《旧唐书》卷三十六《天文志下》，北京：中华书局，1975年，第1320页。
② 唐长孺：《白衣天子试释》，《山居存稿三编》，北京：中华书局，2011年，第11页。
③ 僧伽跋陀罗译：《善见律毗婆沙》第10卷，《大正藏》第24册第743页中。
④ 佛陀跋陀罗译：《佛说观佛三昧海经》第3卷，《大正藏》第15册第661页下。

部重要但尚未引起足够重视的弥勒本生经进行更加细致的考察。

身体金色为佛的重要特征，中国人最先接受佛教时对佛的理解即为“金人”。或许为了区隔释迦金色，逐渐发展出弥勒银色的信仰，这成为后世白衣弥勒的渊源。白衣弥勒因与宗教叛乱相关，弥勒教尚白遂被看作异端的表现，而通过本文的考察，可见弥勒尚白的传统实则有经典依据。由白银弥勒到白衣弥勒，图像在其中起到了关键作用。[①]通过白衣展现白光的宗教意涵逐渐为人们所淡忘，白衣成为弥勒信仰乃至秘密宗教团体的象征符号。[②]而女子与白银的联系，或许也为我们理解女身与弥勒的关系提供了一个新的视角。

① 日本学者宫治昭强调图像超逸于文本的自主性，见宫治昭：《吐峪沟石窟壁画与禅观》，贺小萍译，上海：上海古籍出版社，2009年。

② 北宋建立之后，曾多次禁白衣师、禁夜聚晓散，梁庚尧指出二者都和摩尼教的传教方式有关，摩尼教传教士有穿白衣的习俗。到了南宋，为了逃避政府的查禁，摩尼教改易名称，例如白衣佛会。见梁庚尧：《中国社会史》，上海：东方出版中心，2016年，第317页。

从敦煌到新昌：中国早期弥勒造像的时空演进

马　德

内容摘要：公元4世纪弥勒造像从印度传入中国之后，在公元5世纪时经历了从敦煌到中国北方的两山两河等地区，再到南方的浙江新昌的时空演进，其身份也由上生兜率天说法的一生补处菩萨到下生人间成佛，展示出弥勒信仰在中国社会的需要与背景。

关键词：敦煌；新昌；交脚弥勒菩萨；弥勒佛

作者简介：马德，敦煌研究院研究员。

弥勒信仰与造像起源及其东渐

弥勒佛是继承释迦牟尼佛位的未来佛菩萨。佛经记载他原出生于婆罗门，后为释迦佛的弟子，又称慈氏菩萨，名阿逸多，受释尊的教化出家修行，并获授记将来必定成佛；根据经典描述，弥勒先佛入灭，上生兜率天宫内院修行，为诸天人说法，是一生补处的大菩萨；释尊入灭后五十六亿七千万年，弥勒菩萨自兜率天下生人间，出家学道，于翅头城华林园中龙华树下成等正觉，前后分三次说法。昔时于释迦佛的教法下未曾得道者，至此会时，以上中下根之别，悉可得道。佛经中的弥勒经分为上生经和下生经，上生经讲叙弥勒菩萨上生兜率天为天人说法，下生经叙述弥勒降世成佛，度众出家，创建丰盛太平的弥勒世界。①

弥勒信仰大约于公元2至3世纪在印度北部及西北部形成，早期主要经由西北陆路传入中国。弥勒经典的翻译，自佛教传入中国开始，许多著名的译经大师，诸如安世高、菩提留支、竺法护、鸠摩罗什等先后译出一些上生、下生经。到5世纪末，流行于世的汉文弥勒经已达二十种。江南名僧道安及其弟子法遇等笃信弥勒，誓生兜率；西行求法高僧法显东返，也大力宣扬弥勒。

弥勒造像在信仰地的出现也是在2、3世纪之时，主要在印度北部的犍陀罗地区。因

① 参见任继愈主编：《中国佛教史》第3卷，北京：中国社会科学出版社，1988年，第589—599页。

为弥勒净土信仰中存在上生信仰与下生信仰，以及由下生信仰所演化而来的化身信仰，多种信仰格局相承而互生，这就决定了关于弥勒的造像艺术也呈现出多样而变化的特征。弥勒上生信仰的本尊为在兜率天为众天子讲法的弥勒菩萨。作为为众生“作大归依处”[①]的本尊，其造像形式也显得不同寻常。在历史遗存中，犍陀罗的弥勒像基本为菩萨装，有站姿和坐姿两大类，而坐姿中通常可见交脚倚坐及半跏思惟这两种形式的弥勒菩萨造像，以交脚倚坐为主（图1-1、1-2），这种坐姿后来被认为是弥勒菩萨的专属坐姿形式。

图1-1 犍陀罗交脚弥勒

图1-2 犍陀罗交脚弥勒

研究认为，交脚坐姿是一种象征高贵身份的坐姿仪式；基于这种象征意义，在犍陀罗等地区产生了交脚倚坐的佛教造像而流行于中亚及西域，并随佛法而东渐。另一种常见的弥勒菩萨造像形式是半跏倚坐的思惟形象。这种姿势通常是右腿搭于左腿之上，右手支颐作思悟状。这种造像形式从犍陀罗等地区发源而来，北朝时期一度在中国北方地区流行。

公元430年前后：新疆、敦煌的交脚弥勒与西域高僧工匠团队

弥勒造像后来随着信仰的传播进入中国的新疆和敦煌地区。新疆龟兹石窟保存下来的主要是壁画，早期主要是龟兹克孜尔石窟的壁画。最有代表性的就是克孜尔石窟第17窟和第38窟的交脚弥勒菩萨像（图2-1、2-2），也是在兜率天为诸天人说法的场景。交脚倚坐的弥勒菩萨又称交脚弥勒，自5世纪中叶起，风行于从敦煌至云冈、龙门的北方广大地

① 沮渠京声译：《佛说观弥勒上生兜率天经》，《大正藏》第14册第420页中。

图2-1 克孜尔第17窟交脚弥勒

图2-2 克孜尔第38窟交脚弥勒①

区，开始成为弥勒菩萨造像的专属造型形态。

敦煌莫高窟交脚弥勒像有30余身，集中于北凉、北魏时期的洞窟，均被命名为交脚弥勒菩萨。莫高窟第275窟交脚弥勒菩萨，正壁中央塑主尊交脚坐弥勒菩萨，高3.34米，造型雄健，面相丰圆，神态文静。此窟主尊，位于西壁中央，保存基本完好，唯头部略有重妆，双手残损。此塑像头戴化佛三珠宝冠，发披两肩，右手置膝作与愿印，左手已残，颈饰贴花镶宝的项圈及璎珞，上身袒裸，胸挂璎珞，肩披大巾，腰束翻边羊肠大裙，衣褶贴泥条隆起，加阴刻衣纹线。菩萨面相浑圆而略长，隆鼻直通额际，眉长眼圆，上唇较厚，下唇作半圆状，肩宽胸平，体态健硕，双足相交，身靠三角形靠背，端坐在比较高大的方形双狮座上，神情庄重凝静，威严肃穆，造型概括稳定，比例均称，色彩明快单纯，手法简朴。其造型风格及坐具、服饰均表现出西域佛教艺术的影响，具有十六国时期造像的显著特点（图3）。同时代的第268窟主尊亦很经典（图4）。另外一些北凉、北魏早期洞窟中塑造于左右两壁宫阙的交脚菩萨，更可以证明弥勒在兜率天宫的一生补处菩萨身份。同在天宫佛龛中的还有半跏倚坐思惟菩萨，应该是弥勒菩萨在兜率天的修行展示（图5-1、5-2）。

一个值得注意的现象是：无论是新疆地区还是敦煌地区，绘塑这些弥勒菩萨形象的主事者是西边来的高僧，工匠团队也是由这些高僧带来的。因为有证据表明：敦煌本地

① 图2-2由龟兹石窟研究院郭锋研究员提供，谨致谢忱。

图3 莫高窟第275窟交脚弥勒

图4 莫高窟第268窟交脚弥勒

图5-1 莫高窟第254窟北壁交脚弥勒

图5-2 莫高窟第254窟中心柱交脚弥勒

也好，中原来的艺术工匠也好，在北魏前期以前基本不参与佛教石窟的营建及其画塑的绘制。[①]

470年前后：云岗、龙门及中国北方的的交脚弥勒与凉州高僧工匠团队

因弥勒信仰的广泛流行，中原和北方广大地区，弥勒造像极为普遍，数量很多。交

① 参见余义虎：《论敦煌西魏石窟佛教艺术的多元化特征》，《敦煌研究》2001年第4期。

脚弥勒像在云冈石窟更是比比皆是，仅昙曜五窟就有55身，第11窟31身（图6-1、6-2）。在大量交脚像中，专家们认定只有1身是释迦牟尼佛，其余凡有铭文者几乎都是弥勒像。在云冈石窟，弥勒经常与过去佛迦叶、现在佛释迦牟尼组成三世佛图像出现。如云冈石窟第17窟南壁明窗东侧上层内雕交脚菩萨像，下层内刻释迦、多宝二佛并坐像，下发愿文说："大代太和十三年（489），岁在己巳，九月壬寅朔，十九日庚申。比丘尼惠定，身遇重患，发愿造释迦、多宝、弥勒像三区，愿患消除，愿现世安稳，戒行猛利，道心日增，暂不退转。以此造像功德，逮及七世父母，累劫诸师，无边众生，咸同斯庆。"[①]身患重病的尼姑惠定，为了去病，造了三区佛像，其中一区的交脚菩萨像就是弥勒像。专家们根据大量图像与铭文一致的造像资料来看，可以肯定北朝佛教造像中的绝大多数交脚像是弥勒像。这其中云冈石窟的交脚像最多，最具代表性。

图6-1　云岗第5窟交脚弥勒

图6-2　云岗第17窟交脚弥勒

龙门石窟仅古阳洞就有50余身（图7）。[②]类似的交脚弥勒菩萨造像，贯穿于整个北朝时期的山西、河南、河北、山东等地，同时期同地域还保存有大量有铭文纪年的金铜质交脚弥勒菩萨造像。[③]

云冈早期石窟如昙曜五窟的营造者，是随从昙曜从凉州和河西迁徙到北魏首都平城的工匠团队。昙曜在河西就曾有过石窟营造的经历，除了迎合北魏政治的需要之外，在内容上依然承续河西一脉，这就是这里大量出现与河西地区几乎相同的交脚弥勒菩萨造像的原因。

---

① 辛长青：《云冈第17窟比丘尼惠定造像题记考释》，《北朝研究》1989年第1期。
② 参见刘景龙编著：《古阳洞：龙门石窟第1443窟》第一册，北京：科学出版社，2001年。
③ 参见金申：《中国历代纪年佛像图典》，北京：文物出版社，1994年，第30—32、36—37、124、137、147—148、212—213页。

中国北方十六国、北朝盛行弥勒菩萨造像，实际上也是一种社会历史背景的反映。北朝盛行弥勒造像有多方面的原因。从当时的历史背景来看，北方自公元304年匈奴贵族刘渊称王起，到439年北魏统一止，长达135年，一直处于各族混战中，社会经济遭到严重破坏，百姓处于水深火热之中。在这动乱的社会中，百姓自然渴望和平与幸福。弥勒下生经提供了一幅美丽的蓝图：一种七收，树上生衣；夜不闭户，路不拾遗；人寿超高龄，可活四万八千岁；每天夜半，有一龙王，以香水洒扫街道。如此美好的世界，比起中国儒家提倡的“大同世界”还要美好，处于战乱的百姓当然愿意接受了。民间多有借“弥勒下世”“除去旧魔”而举旗聚义的，最著名者为冀州沙门法庆聚反的“大乘之乱”。敦煌文书也保存有北魏兴安三年（454）的《大慈如来告疏》，宣称弥勒下生，呼吁改天换地。[①]

图7　龙门古阳洞交脚弥勒

交脚倚坐式及半跏思惟式的弥勒菩萨造像，在6、7世纪之交，逐步退出了我国的佛教造像序列，代之出现的新的弥勒造像是一种完全不同的位格和形式。其背后的原因是弥勒净土信仰整体格局的发展和演化。

480年前后：新昌的结跏弥勒与西域及本地高僧工匠团队

南北朝时期的江南，社会相对安定繁荣，比起北方来，离人们的理想社会更接近一些。这就有了南朝齐梁年间（486—516），僧护、僧俶、僧祐三代僧人相继雕凿的“江南第一大佛”新昌大佛，历时三十年建成。据记载：公元486年，僧护来到石城，见仙髻岩数十丈高的徒削青壁，岩壁下流水叮咚，如闻琴弦之乐，不觉口念弥陀，拜倒在地，立下“原造弥勒，敬拟千尺”的宏愿。此后他到处募化，悉心准备，十年后正式开工，但经营一年即劳累不堪，才浅浅凿出一个浮雕式的面部轮廓，就病倒不起，临终时嘱咐徒弟僧俶“吾之所造，本不期一生成办，第二身中其愿克果”[②]。僧护园寂后，由弟子僧俶继续雕凿，虽“夙夜匪懈”，但因工程艰巨，资金无着，难以为继。到了天监六年（507），梁武帝和

① 敦煌研究院藏DY007号文书。

② 慧皎撰：《高僧传》第13卷，《大正藏》第50册第412页上。

图8　新昌弥勒大佛

建安王萧伟鼎力资助，并派建筑和造像大师、一代名僧僧祐设计和指挥施工，资金和人才得到了保证，大佛得于翌年完工，世称“三生圣迹”。石弥勒像佛座高1.91米，佛身高13.74米，头高4.87米，耳长2.8米，口宽1.28米，两膝相距10.6米。佛像秀骨清相，额部宽广，鼻梁高隆，眉眼细长，方颐薄唇，两耳垂肩，雕刻精细，线条飘逸流畅，妙相庄严，气度娴雅，表达了其沉静、智慧、坚定、超脱的内心世界，仔细观瞻，使人悚心静虑，意境深沉。佛像各部分的比例运用了透视原理，而佛像头部特意放大，使观瞻者仰望佛陀面容时能接受启示，但又把握好放大的分寸，毫无比例失调之感，正是早期中国佛教造像的特征。大佛虽经后世不断重修，仍不失当年风貌。在一千五百年前就处理得这么好，是一个惊人的创造（图8）。新昌大佛是当时艺术和宗教上的伟大创造，代表了那个时代的工艺最高水平，造像年代与价值可与云冈石窟、龙门石窟相比，是我国早期石窟造像在南方仅存的伟绩。

大佛虽然建成于6世纪初，历时三十年建成，但初衷还是公元486年僧护的设计理念。公元486年前后正是北方大造交脚弥勒菩萨的时代，虽然在犍陀罗地区早就有结跏倚坐弥勒像，但总的看北方还是菩萨装，为什么到了南方就直接成为结跏倚坐的弥勒佛呢？这可能就是僧护审时度势，适应了江南地区社会和民众的需要，直接营造下生的弥勒佛像。所以说，当年新昌大佛的出现，完成了弥勒由一生补处菩萨到未来佛的转变，以及弥勒信仰在中国从北方到南方、由上生到下生的演进历程和地域特征及社会需要。

3—5世纪：从犍陀罗一生补处菩萨到新昌降生成佛

弥勒造像在犍陀罗时代就有站姿和坐姿，坐姿有交脚、半跏和结跏数种，但都是菩萨装。这就是说，一开始就有蓝本，可以根据需要“认领”。所以中国北方“认领”了上生兜率天的交脚菩萨，而南方则“认领”了下生的结跏佛。这就是时间和空间所带来的不同结果。弥勒下生信仰本身自起源以来就体现出强烈的社会性，反映人们最实际的要求——衣食温饱、婚丧嫁娶、老有所养、死有所归，无人世之险恶、社会之奸诈等，也符合中国传统伦理道德观念和人们对太平盛世的向往。从某种意义上讲，对宗教的信仰，即是对现实生活的实际企求，是强烈的社会需要与入世理念。不过，虽然从犍陀罗弥勒造像出现到新昌大佛的落成，前后也有两三百年的时间，这是因为国家和民族文化的不同而需要有一个较长的过程，但从新疆，特别是从敦煌的交脚弥勒菩萨到新昌的弥勒坐佛，前后也就是半个世纪的时间，无论是中国社会还是佛教信仰，都可以说是历史性的社会变革！

所以，造什么样的弥勒像，实际上也是一种社会的折射，体现着一方水土养一方人、一方人造一方神的社会需要，反映的是一方社会和民众的理想和目标。北方各地连续不断塑造的交脚弥勒菩萨远离尘世，只能是身处乱世的广大民众的一种向往和呼唤，而新昌大佛的建成，直接体现出这种向往和呼唤成为现实！这不仅在当时的佛教造像方面开一代新风，而且题材和内容方面也有一种敢为天下先的开拓和进取精神！从这一点上讲，佛教传入时间相对较晚的江浙地区一下子成了引领弥勒信仰的前沿阵地！

不仅如此，在这块山青水秀、富饶美丽的土地上，经历了无数次的动荡和战乱之后，出现了深受民众欢迎的以布袋和尚为原型的弥勒佛造像及其信仰，更是体现出敢为天下先的地域精神传承。

余论：弥勒信仰的佛教中国化与社会化的先声

南北朝时期成为弥勒净土信仰发展中一个重要时期。弥勒净土信仰在中土盛行，弥勒菩萨的造像成为这一时期的造像风尚。弥勒净土信仰在中国近两千年的灯火传续之中，伴随着中国佛教整体的跌宕演进，形成了其自身的兴衰演变。弥勒信仰的佛教造像，作为弥勒净土观修及弘法的工具和载体，以恰当的表现形式客观地反映出了这一演变进程。

从艺术风格来看，这一时期可称为摇曳多姿的时代。由凉州模式到云冈模式再到龙门模式，中国的造像艺术发生了多重的风格转化。从弥勒造像的艺术风格的演变中，可以观察到佛教作为外来宗教在这时期所发生的中国化的转变。从敦煌莫高窟第275窟的主尊（北凉时期）所体现的简括、挺拔、明快的西域风格，到云冈石窟第13窟注重装饰元素的表达、出现“太和风格”，开始了佛教造像的本土汉化进程。龙门石窟交脚弥勒的褒衣博带、隽逸清癯，萧萧如松下风，表现的是汉式审美取向。而新昌弥勒大佛形体壮硕丰腴，是南北朝后期艺术风格的转化，为后世开了先声。

产生于各个时期、各个地区的弥勒造像是其所对应的时代与地域弥勒信仰的概括和象征的表达，是世俗生活中美好诉求与愿景的寄托。弥勒造像不仅有助于对弥勒净土信仰的了解，也有助于认识中国佛教的中国化的演变历程以及佛教思想与社会世俗思潮之间的互动关系，以及中国社会历史发展的时间进程与地域之间的差别背景。

弥勒造像艺术研究

周祝英

摘要：弥勒是佛教中影响广泛、地位重要的佛菩萨，尤其是大肚弥勒佛倍受人们的喜爱。奉化雪窦山是中外闻名的佛教圣地，奉化还是布袋和尚契此出家、弘法、圆寂之地，被尊为弥勒佛的应迹圣地。弥勒造像形式多样，内容丰富，唐以前的弥勒造像形式大多是交脚坐姿菩萨像。初唐时期，弥勒造像十分盛行，大多为双腿下垂的说法倚坐像。五代后梁时期，人们依据浙江奉化契此和尚奇异行迹，认定这位胖和尚就是弥勒佛的化身，因此，就按照他的模样塑成弥勒佛像，置于天王殿正中，受人膜拜。这种形式从五代开始流行，到明代已成为每个寺庙的固定规制，形成了中国化的弥勒佛形象。弥勒造像有弥勒菩萨、弥勒佛、弥勒化佛布袋和尚等三种形态，有立像、结跏趺坐、半跏趺坐、交脚倚坐、双腿下垂的善跏坐、半跏思惟、游戏坐等形式。

关键词：弥勒造像；交脚弥勒；思惟菩萨；布袋和尚

作者简介：周祝英，山西省社会科学院研究员。

弥勒是现在的菩萨、未来的佛，在汉地佛教中具有广泛的影响，尤其是大肚弥勒佛备受人们的喜爱。这位世俗极为熟悉的大肚弥勒佛，历史上实有其人，而且是中国人，他就是布袋和尚契此，唐末五代的后梁时期明州奉化（现浙江省宁波市奉化区）僧人，号长汀子，身胖腹大，面带笑容，常用竹竿挑着大布袋走街串巷，四处化缘。他言语无常，随处坐卧，“曾于雪中卧，而身上无雪，人以此奇之”①。他能示人吉凶，善测天气，是五代时后梁高僧。有偈云：“弥勒真弥勒，分身千百亿。时时示时人，时人自不识。”②人们都说这是慈氏（即弥勒佛）垂迹于世，因此布袋和尚被称为弥勒佛的化身，“江浙之间多图画其像

① 赞宁等撰：《宋高僧传》第21卷，《大正藏》第50册第848页中。
② 道原纂：《景德传灯录》第27卷，《大正藏》第51册第434页中。

焉"[①]。此后布袋和尚的造像风靡天下,替代了以前弥勒的形象。布袋和尚就是现在最常见的大肚弥勒佛，因其平民化的艺术造型深受广大信众喜爱。大肚弥勒佛这种笑容可掬、与人为善的形象，表现的是中国人民乐观积极向上的精神。奉化雪窦山景色怡人，气候凉爽，人杰地灵，高僧辈出，是中外闻名的佛教圣地，还是布袋和尚契此出家、弘法、圆寂之地，被尊为弥勒佛的应迹圣地，民国时期在太虚大师的倡议下被佛教界公认为中国佛教第五大名山、弥勒道场。

弥勒造像演变

弥勒是佛教中影响广泛、地位重要的佛菩萨。弥勒是梵语的音译，意为慈氏。他与释尊是同时代人，随释尊出家修习，释尊曾预言弥勒将来会继承自己的佛位为未来佛。弥勒先于释尊入灭，上生到兜率天宫与诸天演说佛法，直到释尊灭度后五十六亿七千万年时，才从兜率天宫下生到人间，将在华林园龙华树下三次说法，继续弘扬佛法和普度众生，终究成佛。西晋竺法护译的《弥勒下生经》云:"尔时彼王有大臣名曰修梵摩，……是时修梵摩有妻，名梵摩越，……尔时弥勒菩萨于兜率天，观察父母，不老不少，便降神下应，从右胁生……是时修梵摩即与子立字，名云弥勒，……弥勒在家，未经几时，便当出家学道。尔时，去鸡头城不远有道树，名曰龙华，时弥勒菩萨，坐彼树下，成无上道果。"[②]弥勒于龙华树下三次会众说法，第一会度96亿人，第二会度94亿人，第三会度92亿人，所度之人皆获得"阿罗汉果"。这就是佛教所说的"龙华三会"。

弥勒菩萨所在的兜率天，是"六欲天"(四天王天、三十三天、焰摩天、兜率天、化乐天、他化自在天)的第四个天界，美妙无比，"时诸园中有八色琉璃渠，一一渠有五百亿宝珠而用合成，一一渠中有八味水，八色具足。其水上涌游梁栋间，于四门外化生四花，水出华中如宝花流。一一华上有二十四天女，身色微妙，如诸菩萨庄严身相，手中自然化五百亿宝器；一一器中，天诸甘露自然盈满；左肩荷佩无量璎珞，右肩复负无量乐器，如云住空，从水而出，赞叹菩萨六波罗蜜。若有往生兜率天上，自然得此天女侍御。亦有七宝大师子座，……座四角头生四莲花，一一莲华百宝所成，一一宝出百亿光明，其光微妙，化为五百亿众宝杂华庄严宝帐。时十方面百千梵王，各各持一梵天妙宝，以为宝铃悬宝帐上……时诸阁间有百千天女，色妙无比，手执乐器，其乐器中演说苦、空、无常、无我、诸波罗蜜。如是天宫有百亿万无量宝色，一一诸女亦同宝色。尔时十方无量诸天命终,皆愿往生兜率天宫"[③]。只要信奉弥勒菩萨,来世就可上升"兜率天"。在这美丽的

---

① 赞宁等撰:《宋高僧传》第21卷,《大正藏》第50册第848页下。
② 竺法护译:《佛说弥勒下生经》,《大正藏》第14册第421页中—下。
③ 沮渠京声译:《观弥勒菩萨上生兜率天经》,《大正藏》第14册第419页上—中。

天堂乐园里，人们对物质利益和精神快乐的任何追求都可实现，待未来弥勒下降人间成佛时，也会随同下降人间，达到最后解脱。

弥勒下降人间的佛国，亦是奇景异色，人寿福全，美妙无比："其地平净如琉璃镜，……大金叶华、七宝叶华、白银叶华，华须柔软，状如天缯，生吉祥果，香味具足，软如天绵。丛林树华，甘果美妙……城邑次比，鸡飞相及。……智慧威德，五欲众具，快乐安隐（稳），亦无寒热风火等，病无九恼苦，寿命具足八万四千岁，无有中夭，人身悉长一十六丈，日日常受极妙安乐，游深禅定以为乐器。唯有三病：一者饮食，二者便利，三者衰老。女人五百岁尔乃行嫁……"[①]人常善心，恭敬和顺，并且年年五谷丰登，树上生衣，随意取用，山喷香气，地涌甜泉，明珠宝柱，照耀通明。

佛经中所说的兜率天和弥勒佛国如此光明美满，使得广大信徒们对弥勒特别崇拜，而且修行简便，"若有得闻弥勒菩萨摩诃萨名者，闻已欢喜恭敬礼拜，此人命终如弹指顷"，"即得往生兜率陀天，于莲花上结加（跏）趺坐"。[②]不仅如此，据称只要听到弥勒之名，相信有弥勒就会功德无量。因为弥勒既有"未来佛"又有"菩萨"的双重身份，所以，他就有佛、菩萨两种形象。菩萨形的弥勒像表现的是弥勒菩萨上生诸天说法的形象，佛形的弥勒像表现的是弥勒下生成佛后的形象。弥勒造像最早出现于公元2世纪贵霜王朝时期印度北部马图拉及西北犍陀罗，弥勒身披璎珞、天衣，戴项饰、臂钏或冠饰等，作菩萨打扮，造像特征是长鬈发垂肩、头上结髻及左手持瓶，也有在发髻或头冠上饰小型的窣都波。随着佛教的东传，弥勒信仰随之传来中国。据《出三藏集》卷二《新集经论录第一》中载，竺法护所译经典中就有《弥勒成佛经》一卷、《弥勒本愿经》一卷，可见在西晋初年弥勒经典就已流布中土。《梁高僧传》卷五《道安传》所载，前秦苻坚遣使西域，携回弥勒结珠像等，道安开席讲法时，常罗列尊像。《道安传》中还说："安每与弟子法遇等，于弥勒前立愿，愿生兜率。"在道安的带动下，弥勒信仰蔚然成风，南北朝时弥勒信仰达到鼎盛。因为宣扬只要信念弥勒，就可以往生兜率天宫，亲近弥勒菩萨，随着弥勒菩萨从兜率天宫降生到世间，到那时弥勒将在龙华树下三次说法，普度众生，人间将变得十分美好，风调雨顺，珍宝遍地，"花果茂盛，谷稼滋茂，不生草秽，一种七获"，"树上生衣"，人民丰衣足食，社会秩序稳定。因此，人们对富足、美满、文明的未来弥勒世界充满向往之情，纷纷造弥勒像，膜拜供养。此时，"所刻之像以释迦、弥勒为最多，其次则定光、药师、无量寿佛、地藏菩萨、琉璃光、卢舍那、优填王、观世音"[③]。中国现存最早的弥勒造像如陕西三原出土、今藏于日本东京藤井有邻馆十六国时造的和故宫博物院所藏东晋造的这两尊金铜立像，完全继承了犍陀罗

① 鸠摩罗什译：《佛说弥勒大成佛经》，《大正藏》第14册第429页上—中。
② 沮渠京声译：《佛说观弥勒菩萨上生兜率天经》，《大正藏》第14册第420页上。
③ 叶昌炽撰：《语石》，姚文昌点校，杭州：浙江大学出版社，2018年，第153—154页。

弥勒造像特征。然而在不久以后的北凉时期，中国艺人发挥自己的想象力，造像形式逐渐中国化，抛弃了犍陀罗最具有代表弥勒特征的长鬈发垂肩、左手持瓶的立像形制，改成了交脚弥勒菩萨造像形式，并把交脚形式固定为弥勒，这样就成为中土弥勒造像的一个特征，此后人们只要看到交脚像就认定其为弥勒菩萨。交脚坐式到中国后成为弥勒的特殊坐式，正体现出宗教偶像崇拜与艺术表现手法的结合。当然在此前，交脚只是佛与菩萨的一种坐姿，不专指弥勒，但中土从北凉以后交脚弥勒已成定式。北凉时期至南北朝时的敦煌、云冈、龙门、天龙山等石窟中出现了大量弥勒佛菩萨造像。有七佛一菩萨、有单独供养的、有在兜率天为众说法的、有在龙华树下度化众生的，其形式多样，内容丰富，充分体现了这位未来佛受到人们极大的尊崇信仰。早期最为流行的弥勒造像是交脚弥勒菩萨的形式。唐以前的弥勒造像形式大多是交脚坐姿菩萨像，同时也出现了半跏思惟菩萨像和以佛的形象出现的倚坐像。初唐时期，弥勒造像十分盛行，特别是武则天在执政时期以“弥勒下生”自诩，令天下广造弥勒大佛，这时期的弥勒造像大多为双腿下垂的说法倚坐像。此后，菩萨装的交脚弥勒像就很少见了，弥勒像多数成了佛装之造型，除坐姿外，其面相、衣着等方面与释迦佛没有明显区别。这些塑像均依据《弥勒上生经》和《弥勒下生经》所雕塑。五代后梁时期，人们依据浙江奉化契此和尚奇异行迹和他所说“弥勒真弥勒，化身千百亿，时时示时人，时人自不识”之偈，认定这位身背布袋、面带笑容、肚子胖大、四处化缘、能测福祸、随处坐卧的胖和尚就是弥勒佛的化身，因此，就按照他的模样塑成弥勒佛像，置于天王殿正中，受人膜拜。每至寺庙天王殿，首先迎面看到的就是笑容满面、敞胸露肚的大肚弥勒佛，坐姿为游戏式，给人一种亲切之感，把佛和人的距离缩短了，所以，这位大肚弥勒佛（或称布袋和尚）受到大众的广泛喜爱和极高尊崇。这种形式从五代开始流行，到明时已成为每个寺庙的固定规制，形成了中国化的弥勒佛形象。此后，交脚弥勒菩萨、半跏思惟菩萨、倚坐弥勒佛的造像逐渐消失。有的殿堂所供的竖三世佛中的弥勒佛形象跟释迦牟尼佛基本相同，也是结跏趺坐于莲台上，只是手印有所区别而已。下面将各种姿态的弥勒造像作一简要论述。

弥勒造像有弥勒菩萨、弥勒佛、弥勒化佛布袋和尚等三种形态，有立像、结跏趺坐、半跏趺坐、交脚倚坐、双腿下垂的善跏坐、半跏思惟、游戏坐等形式。

交脚倚坐弥勒像

在弥勒造像中，交脚倚坐菩萨像的形式，是我国早期洞窟中流行的题材，弥勒像一般在中心柱和两侧壁上层的阙形龛中，表示弥勒为兜率天上补处菩萨，即弥勒上生像。

在古印度佛教造像中弥勒呈交脚倚坐形的只有少数，多为持净瓶的菩萨立像，但在建于公元1世纪的山支大窣堵波北门牌楼下所刻的凡夫俗子等人物中多有交脚坐式。由此可知，古代印度佛教造像中，交脚坐并不固定为佛菩萨的特殊坐式，而是一种生活中的坐式。可是在犍陀罗西缘的西域地区，佛教造像和壁画呈交脚坐式极为普遍。如斯坦因在于阗地区得到的四身佛坐像（现藏大英博物馆），以及于阗废寺等二寺址壁画《龙女传说图》中龙女右旁的两佛均为交脚坐，[①]新疆吐鲁番县境内出土的木雕坐佛也为交脚坐式，特别是克孜尔千佛洞壁画中佛以及听闻佛法的众菩萨大多为交脚坐姿。这就说明交脚坐在西域地区是一种常见的坐式，并未特定为弥勒之坐式。但在北凉时从西域传入敦煌的佛教造像中，当地工匠们在继承印度犍陀罗及以西域造像艺术文化的同时，大胆创新渗透进本土文化艺术，把交脚坐式固定于弥勒佛菩萨。因此，人们只要见到交脚造像，大都称其为交脚弥勒。

我国最早的交脚弥勒造像是北凉时开凿的敦煌第275窟的弥勒窟。此窟是莫高窟最早开凿的三个洞窟之一，该窟的主像和壁龛中的造像均为交脚弥勒菩萨。主像弥勒头戴宝冠，冠中有化佛，长发分披两肩，袒胸露臂，胸前饰有项圈璎珞，下身穿羊肠裙，左手施与愿印，右手残缺，双腿交叉各踩一朵莲花坐于双狮子座上。他面相丰满圆润，眼球鼓突，鼻梁高隆，直通额际，双唇薄而紧闭，体态健硕，具有西域少数民族特点。而衣褶的表现采用贴条与阴刻相结合的方法，则显示了犍陀罗造像艺术。南北两壁上端各开三小龛，其中塑小型交脚菩萨，表现弥勒菩萨高居兜率天宫。这些小型的弥勒菩萨头戴宝冠，宝冠上饰有禅定化佛，上身半裸，腰束羊肠裙，项饰璎珞，身披天衣，双足相交。敦煌石窟中还有为数不少的弥勒造像，第275窟的弥勒菩萨既是我国现存最早的交脚弥勒菩萨造像，又是敦煌石窟弥勒菩萨的代表作。

北魏太延五年（439）北凉被魏太武帝拓跋焘灭后，从姑臧迁宗族吏民3万户至平城，其中有僧侣3 000多人，大多数僧人工匠被掳至平城。北魏并于城西武周山南麓大规模开凿云冈石窟，参加开凿人数多达4万余人。当时狮子国（今斯里兰卡）的佛教徒也参与了这一举世闻名的伟大艺术创作。云冈石窟大多数完成于北魏迁都洛阳前，至今已有1 500多年的历史，与甘肃敦煌莫高窟、河南龙门石窟并称“中国三大石窟群”，也是世界闻名的石雕艺术宝库之一。北魏著名地理学家郦道元在《水经注》中，记录了当年云冈石窟的壮景：“凿石开山，因岩结构，真容巨壮，世法所希。山堂水殿，烟寺相望，林渊锦镜，缀目所眺。”由佛教高僧昙曜奉旨开凿营造的云冈石窟举世闻名，这一石窟群既彰显了强大的国力，又表现了当时劳动人民巧夺天工的精湛技艺；既弘扬了佛法，更张扬了华夏文化博采众长的精神。《魏书·释老传》云：“昙曜白帝，于京城西武周塞，凿山石壁开窟五所，镌建佛像各一。”[②]所以，后来有“昙曜五窟”之说，即为云冈第16至20窟。云冈石

① 熊谷宣夫：《西域の美術》，西域文化研究会编著：《西域文化研究第五：中央アジア佛教美術》，京都：法藏馆，1962年，第102页。
② 魏收：《魏书》卷一一四，北京：中华书局，1974年，第3037页。

窟在很大程度上承袭了北凉石窟造像艺术，因此也有很多交脚弥勒造像，如第17窟主像为菩萨装束的交脚弥勒像，倚坐在须弥座上，头戴宝冠，冠中有化佛，身着璎珞，臂上有钏，与敦煌石窟的交脚弥勒极其相近。第17窟是云岗石窟中最早开凿的“昙曜五窟”之一，气势磅礴，造像手法具有浑厚、纯朴的西域情调。云岗石窟除了第17、13窟为弥勒窟外，大多数石窟中的上方龛中均造有交脚弥勒菩萨像，这些造像大多身着菩萨装，肩披披帛，胸佩璎珞或项圈，下身着长裙，头戴高冠。由此可见，交脚坐姿和头戴高高的宝冠是云冈石窟中弥勒造像的主要特征。早期石窟中的弥勒菩萨像一般都雕塑在中心柱或窟壁上层龛中，表示弥勒高居“兜率天”。还有七佛一菩萨和三世佛中的弥勒也均为交脚坐式。但当时人物形象清瘦俊美，比例适中，是中国北方石窟艺术的榜样和“瘦骨清像”的源起，交脚弥勒成为北魏时期的艺术风格。

太和十八年（494），魏孝文帝拓跋宏率领贵族、文武百官及鲜卑兵20万，自平城迁都洛阳。大批工匠随之迁往，从那时起，历经东魏、西魏、北齐直至明清，营建了规模宏大的龙门石窟群。龙门石窟雕刻中，北魏时代的作品约占百分之三十。其中第1443窟，即古阳洞，是龙门石窟开凿最早、内容最为丰富的一个洞窟。古阳洞的窟顶，大龛、小龛密布，龛内多为交脚弥勒菩萨和千佛，龛外多有造像题记，内容多种多样，一般都是为祈福禳灾而发愿。龛像大多是北魏造像艺术的精品。龛内的造像主要有释迦牟尼佛的禅定像和说法像，数量更多的是弥勒菩萨的交脚像，反映了当时弥勒信仰极其兴盛。交脚弥勒的流行是北魏佛教艺术显著的特点之一，龙门石窟的建造艺术风格，远承印度石窟艺术，近继云冈石窟风范，是北方鲜卑族文化与中原和南朝汉族文化为主相融合、外来的佛教艺术与中国传统的艺术风格相融合的具有地方色彩和民族色彩的时代风格，普遍出现了瘦削型的“秀骨清像”和“褒衣博带”式的服装，呈现出划时代的特征和风格。石窟艺术的东方风格开始形成，出现了中原化的佛教形象，因此称其为中原风格。

开凿于北齐皇建元年（560）的山西昔阳县赵壁乡东丰稔村东的摩崖石窟中，也有保存较好的一尊交脚弥勒，弥勒佛形状为高发髻，长颈，肩胛狭窄，身披袒胸袈裟，两脚相交于佛座前。这尊交脚弥勒是佛的形象，此后，特别是在唐代时弥勒造像大多以佛的形象出现，交脚坐姿逐渐消失。

思惟半跏趺坐弥勒像

弥勒半跏思惟菩萨像，即是弥勒从兜率天宫下生人间，在龙华树下思惟成佛的表现。半跏思惟坐像，一般是左足垂地，右足横叠于左膝上，右手一指或多指支着脸颊、低首下视侧身的冥想沉思状。因此，半跏趺坐也就成为菩萨思惟时的基本坐姿。《大毗卢遮那经供养次第法疏》卷下说：“跏趺坐者，凡坐法，圣善之寺三藏和上边面受。左足先着右髀上，右足次着左髀上，名为莲华坐；单足着左髀上，名为吉祥坐也。别此坐者，非圣坐也。若欲求菩提学佛坐为得。”[①]由此可知，右足叠于左膝上的半跏趺坐为吉祥坐。南北朝时期因弥勒信仰大兴，交脚菩萨和思惟菩萨像便成为中国特定的盛行图像表现。半跏思惟像在公元2世纪时便已在印度出现，它可代表悉达多太子、弥勒菩萨，以及其他的菩萨。也就是说，半跏思惟这个姿势，在印度的佛教艺术中并没有任何的特定意义。3世纪左右时，半跏思惟这种图像已自印度传入中国。在中国石窟、单体造像、造像碑等形式中出现的半跏思惟像，一般来说就特定为太子思惟和弥勒思惟两种。释迦在成佛前装束是菩萨形，《过去现在因果经》《佛本行赞》等本缘部典籍均频频提到，太子悲悯众生，感于人世无常，而常思惟。释迦身为悉达多太子之时，太子思惟像在树下观耕得初禅思惟之时情状，或者是表现太子出家时，其坐骑白马与马夫辞行，白马舔足，依依不舍之情状的思惟菩萨像，一般多是释迦太子思惟像。但在造像碑最上方或石窟最上方的思惟像多是思惟弥勒像，二者在外形上没有什么区别，有的要靠铭文题记来判断，没有铭文的要根据整体造像形制、题材内容或配置方式来判断。观音菩萨有时亦作思惟像，但观音的姿势并不是一足下垂、另一足横置，而是一腿半跏趺坐、另一腿屈起的适坐姿势，与我们所说的半跏太子思惟与弥勒思惟像并不相同。此外，在佛教图像学里，半跏思惟像多代表太子思惟，或弥勒菩萨，却从不为观音。

我国现存最早的半跏思惟像是开凿于北凉时期的敦煌第275窟上层一尊半跏思惟像，因为此窟的主尊为交脚弥勒菩萨，窟壁的上层则雕有许多小佛龛，其中除了一尊半跏思惟像外，余皆为交脚弥勒菩萨。由此可知，在5世纪初时，半跏思惟菩萨即已被当作弥勒。在北魏雕刻造像中，有不少作为胁侍的半跏思惟菩萨。云冈第17窟明窗东侧佛龛的上层雕刻的主尊为弥勒菩萨，弥勒两侧胁侍是两位半跏思惟菩萨。主尊两侧的胁侍往往可视为主尊的变身，因此这两尊思惟菩萨自然可以当作弥勒的变身。半跏思惟菩萨既作为弥勒的胁侍，又代表他的变身，这种形式在云冈第8窟北壁的佛龛里表现得更为突出。这个佛龛内原有五尊佛像，然因日久风蚀，残损不全，最西端的雕像已荡然无存。主尊为双足下垂的坐佛，一手作无畏印。左右两侧胁侍则是交脚菩萨，虽然风化严重，但能依稀可辨。而东端的半跏思惟像保存完好，从此佛龛五尊像对称的安排，最西端原应有一尊半跏思惟菩萨。因而原来五尊像的配置当以垂足坐佛为主尊，交脚及半跏思惟菩萨分列两侧。因为倚坐和交脚坐姿都是弥勒图像上的特征，所以此佛龛的主尊是弥勒佛，交脚弥勒菩萨一则是主尊的胁侍，同时又是他的变身。同理推之，半跏思惟菩萨亦是弥勒的胁侍与变身。云冈第10窟前室西壁一屋形龛的造像，此佛龛的主尊也是交脚弥勒菩萨，两旁胁侍则是树下思惟菩萨。这两位胁侍菩萨并不是太子树下思惟像，而是弥勒菩萨。因为悉达多太子在弥

---

① 释不可思议撰：《大毗卢遮那经供养次第法疏》第2卷，《大正藏》第39册第800页中。

勒未升兜率天时即已成佛，所以在弥勒身为菩萨为众说法时，早已成佛的悉达多太子是不可能当作弥勒的胁侍出现的。根据《历代名画记》记载，洛阳“敬爱寺佛殿内菩萨，树下弥勒菩萨塑像，麟德二年（665），王玄策取道西域所图菩萨像为样”。由此看来，在西域即有树下弥勒思惟像的出现，那就是说树下半跏思惟像并不都是太子思惟像。以弥勒佛或弥勒菩萨为主尊，弥勒思惟菩萨为胁侍的造像艺术大多出现在我国早期的石窟造像中，这种半跏思惟弥勒像到北周后逐渐消失。唐代时风行雕造弥勒大佛。

倚坐弥勒像

倚坐就是双足平行自然垂下的坐姿，这种坐姿也称善跏坐。倚坐佛像一般是指弥勒下生成佛的图像。在中国的早期石窟造像中，弥勒的形象大多为交脚形式，充分体现了弥勒上生信仰的盛行。隋唐之际，弥勒造像转为佛的形象，代表弥勒降生人世成佛，弥勒佛是三世佛中的未来佛，象征着未来世界的光明和幸福，佛经说弥勒出世就会“天下太平”，弥勒下生信仰逐渐转盛。特别是武则天执政时，令天下广造弥勒大佛。据《新唐书》载，天授元年（690）七月，法明和尚编撰了一部《大云经》献给武则天，经中说：“弥勒下生作女王，威伏天下。”称武则天为西天弥勒佛下凡，应该取代唐朝做天下主。武则天利用弥勒当来下生，以制造神示天授的神话，声称自己是弥勒佛的化身，下降人间来拯救众生的苦难，登基做了女皇，改国号为“周”，改年号为“天授”，并下令将《大云经》颁布天下，令长安、洛阳及诸州建大云寺，造弥勒佛像，诵《大云经》，宣扬“君权神授”。一时间全国掀起了一股崇拜弥勒、塑造弥勒大佛之风，从此，弥勒下生信仰极其兴盛。全国最大的弥勒佛倚坐像就是闻名天下的四川乐山弥勒大佛。这种摩崖弥勒大佛早在南朝时就有栖霞山大佛，但唐代的弥勒大像更是盛极一时，蔚为壮观。乐山大佛古称“弥勒大像”，始凿于唐开元元年（713），历时90余年建成，佛像依山临江开凿而成，高71米，是世界现存最大的一尊摩崖造像，也是世界上最大的石刻弥勒佛坐像。这尊佛像双脚自然下垂，双手抚膝，胸脯饱满，面相端庄，体魄魁伟，雕刻细致，线条流畅，比例匀称，气势恢宏，体现了盛唐文化的宏大气派。佛教的发展也离不开国家扶持，在武则天的大力提倡下，全国各地塑凿了许多弥勒倚坐大佛，保存至今的如建于武则天时期的莫高窟第96窟，这是莫高窟最大的石窟，位于石窟群的正中间，窟檐依山崖峭壁建造，高达45米，共九层，是一座气势雄伟壮观的楼阁。它是莫高窟最大的建筑物，也是莫高窟的标志。窟内的倚坐弥勒佛像，又称北大像，大佛高34.5米，是世界上最大的一尊室内石胎泥塑佛像，依崖而坐，双腿下垂，两脚着地，双手放于膝上，挺胸抬头，双目正视，庄严慈祥。还有建于唐开元年间的莫高窟第130窟26米高的倚坐弥勒像，左手抚膝，右手施无畏印，右腿上置经书，头微俯，双眼微合下视，略含笑意，神情庄重慈祥。另外，还有龙门石窟惠简洞中唐咸亨四年（673）的弥勒像、极南洞中的唐景云二年至先天二年（708—713）的弥勒像，均为双腿下垂，双手抚膝，呈善跏坐姿。虽然全国各地还有许多弥勒倚坐佛像，但现在我们所见唐以前的弥勒佛菩萨像基本均为石窟造像与摩崖石刻像，在寺庙里唐代以前的弥勒佛菩萨塑像保存至今的极为少见。五台山佛光寺东大殿保存着一尊塑于唐大中十年（856）的倚坐弥勒佛彩塑，是寺庙中极为稀少的唐代遗物，十分珍贵。该寺主体建筑东大殿气势雄伟，艺术精湛，是我国建筑史上璀璨的明珠。殿内佛坛上塑有气势庞大、神态各异、塑艺高超、栩栩如生的唐大中十年的35尊彩塑。主像是：中释迦牟尼佛、左弥勒佛、右阿弥陀佛。寺院主殿一般供有三身佛（中法身佛毗卢遮那、左报身佛卢舍那、右应身佛释迦牟尼）或三世佛，三世佛又分横三世佛（中娑婆世界的释迦牟尼佛、左东方净琉璃世界的药师佛、右西方极乐世界的阿弥陀佛）、竖三世佛（中现在佛释迦牟尼佛、左过去佛燃灯佛、右未来佛弥勒佛）。佛光寺大殿主像的这种排列在近代极为少见，但早在东魏时开凿的天龙山石窟中的三尊像，即为正壁释迦牟尼佛、左壁弥勒佛、右壁阿弥陀佛，弥勒佛为倚坐。西魏改为五尊像，倚坐的弥勒佛改为交脚坐的弥勒菩萨。佛光寺这三尊塑像，都面颊丰满，眉毛弧弯，具有极为显著的唐风。释迦牟尼与阿弥陀佛均是结跏趺坐于须弥座上，而弥勒佛是两腿自然分开垂地，两足皆赤，各踩莲花一朵，坐姿为倚坐（善跏座）形式。弥勒佛螺旋卷发，头顶肉髻高高突出，面部丰润，眼睛饱满，炯炯有神，细弯的长眉显示了佛的端庄慈祥。前额宽平，中有一痣，鼻梁适中，厚唇紧闭，棱角分明，嘴角两边微微上翘，体现了弥勒佛宽容纯厚的神态。下巴肌肉突出，脖颈短而粗，两耳垂肩，佩带耳环。上身挺直端坐，身披袈裟，红色袈裟上绣着一排排蓝色弯曲游动之龙，并间有黄色线条勾勒出的祥云。外衣领口大开，顺两臂垂落到腹前。深蓝色的内衣从左肩向右腋倾披，腰系绢带，打结处两端下垂，一长一短，垂落于圆鼓的腹前。佛衣由丝质软料做成，紧贴肢体，衣纹由上往下垂落，自然垂于脚面，可明显看出体形结构，底端趋向直平，没有多层多折履座，无不反映出唐代雄浑、丰满、温和之特点。左臂垂直向下，肘部弯曲，手指并合，手心向上，平放在左膝盖上；右臂上直下曲，举于胸前，手心朝外，五指张开，唯中指弯曲前伸。弥勒佛背后有制作精细的由光圈、相轮和火焰纹构成的背光，意味着佛法无边、法轮常转、光明普照。这尊弥勒佛彩塑面容丰腴圆厚，嘴唇厚实圆鼓，脖颈粗而短，颏下肌肉突起，形成双下巴，体现了唐代风格。唐代中、后期的弥勒佛像造型，除坐姿为双腿下垂的倚坐外，其余均与其他佛像没有什么区别。

游戏坐弥勒佛

到了五代后梁时，契此和尚被人们认为是弥勒的化身，人们以他的模样，塑成弥勒佛坐像。弥勒造像出现了一种大的革新，并形成了中国化的特征，还成为各个寺院的固定形制，那就是我们每至寺院首先看到的天王殿中笑容可掬、体态肥胖、席地而坐的大肚弥勒佛。据宋《高僧传》和《佛祖历代通载》（卷17）等书记载，契此是五代时明州（今浙江宁波）人，其貌不扬，蹙额皤腹，言语无常，寝卧随处，经常手持锡杖，杖上挂一布袋，出入于市镇乡村，在江浙一带游化行乞，他所有的用具尽数存放布袋之内，所乞讨到的食物也塞入其中。他见什么乞讨什么，放入布袋中，号为“长汀子布袋师”。因此，时人称他为“布袋和尚”。相传他耳形肥大，衣着随便，言语行为不拘小节，为人预测吉凶非常灵验，还能预知晴雨，人们都觉得他神秘莫测。后梁贞明二年（916），契此坐化于明州岳林寺庑下的一块磐石上，示寂前曾留下一偈：“弥勒真弥勒，分身千百亿，时时示时人，时人自不识。”[①]“人言慈氏垂迹也”，于是后人认为他是弥勒转世，为他建塔供养，“江浙之间，多图画其像焉”。[②]由此可见，契此和尚作为弥勒化身，起初人们是将他绘成画像用来供养。据吴孟庆《东来紫气——宗教散文随笔》书中载，上海最早的寺庙万寿寺建于吴嘉禾元年（232），历经兴废，到宋太祖建隆元年（960），钱镠之孙钱朝佐资助重金装修万寿寺。在对佛像妆金时，他对天王殿上的弥勒像作了一个重大的改变，将其舅祖父浙东奉化“布袋和尚”陈契此的形象塑成弥勒佛。弥勒本从印度传入，早期弥勒像表情严肃，钱朝佐根据民间流行的舅祖父画像塑造成万寿寺内弥勒造像，一改以往严肃之状，变成肥头大耳、袒胸露腹、笑口常开之态。钱朝佐又亲自为造像题联：“大肚能容天下难容之物；开颜便笑人间好笑之事。”这可能是最早把契此和尚的形象塑成弥勒佛造像。此后，江浙一带就逐步流行以契此的模样，塑成弥勒佛像，并安置在寺院的天王殿中，使人一进寺中，就能看到这位笑口常开的大肚弥勒佛，有一种无比开心的感觉。这种贴近生活，极富艺术感染力的弥勒造像，也蕴含着乐观、豁达、包容、大度的处世理念，因而深得人们的喜爱，从而取代了原来佛装与菩萨装的弥勒佛造像，成为佛寺中的固定模式，一直流传至今。北宋时期，布袋和尚是弥勒化身的传说，得到了皇家的认可，元符元年（1098），赐号为“定应大师”。从此，源自印度的庄严神圣的弥勒佛，演化成了亲切可爱、乐观豁达的中国的布袋和尚形象，从而也形成了中国佛寺中新的弥勒形象代表。这种来自生活、和蔼可亲的大肚弥勒佛被单独供奉于天王殿内，成为人们进入寺院首先膜拜的佛像，同时深得广大民众信徒的欢迎。弥勒道场雪窦寺的主殿为弥勒宝殿，有别于其他寺庙供奉释迦牟尼的大雄宝殿，其主殿正中供奉着高5米的弥勒化身布袋和尚塑像，端坐于须弥座上，笑容可掬，神态自若。左侧为法音林菩萨，右侧为大妙相菩萨佛。雪窦山还建有露天弥勒大佛像，总高为56.74米（其中铜制佛身33米，莲花座9米，基座14.74米），是全球最高的铜制坐姿弥勒大佛造像，是以布袋和尚基本形态为造型的中国化弥勒佛像。大佛居高临下，与整个岩体连成一体，宏伟壮观，气势非凡，宝相庄重，栩栩如生，是弥勒道场的标志性景观。

---

① 念常集：《佛祖历代通载》第17卷，《大正藏》第49册第652页上。
② 赞宁等撰：《宋高僧传》第21卷，《大正藏》第50册第848页下。

国内现存最早的中国化布袋弥勒佛造像，是浙江杭州飞来峰石窟中南宋时期的弥勒佛，袒腹露怀，笑态动人，两耳垂肩，下巴肥厚，左手持念珠，右手按着一只布袋，腹部束绳，托着个大肚子，席地而坐。这种形制的弥勒佛从宋代风靡全国各地，一直流传至今。中国民间之所以更喜爱布袋和尚形象的弥勒佛，是因为寺院里供奉的佛菩萨大都庄严肃穆，唯有大肚弥勒给人以安然、和蔼、平等、欢乐的感觉。

总之，除了以上这些弥勒造像外，还有为数稀少的具有印度犍陀罗特征的弥勒持水瓶立像。如出自陕西三原县、现藏于日本京都藤井有邻馆的十六国时期的弥勒金铜立像，面部肌肉丰硕，眼睑大而开张，下颌宽厚，胡须浓密，左手持水瓶，具有典型的犍陀罗艺术特征。因此说，弥勒佛造像从印度传来中国后，逐渐改造创新，造型多样，最终发展成最具中国特色的弥勒佛像造型，并流传到日本等地，同时也是影响最为广泛的佛菩萨。

说一切有部“一切有”学说的经证研究

——以《识身足论》和《杂阿含经》的“观”为例

辛 放

摘要：本文首先考察了《俱舍论》论证“三世实有”学说的两个经证，并认为这两个经证有内在的关联。《识身足论》对“三世有”的论证中表现了这种关联。通过考察《识身足论》论证“三世有”的过程，发现其与《杂阿含经》对“正观”的描述极其相似，其对“过去”“未来”的“法”的描述又补全了三世的维度。故由此可知，《杂阿含经》第1经等涉及“正观”的“契经”也是说一切有部“一切有”学说的经证。

关键词：一切有；《识身足论》；《杂阿含经》；正观；如理作意

作者简介：辛放，清华大学人文学院哲学系博士生。

“一切有”是说一切有部的基本观点之一，它指的是过去、现在、未来三世有为法的实有和虚空、择灭、非择灭三种无为法实有。《俱舍论》将其表述为“三世实有”而为人熟知。[①]本文旨在通过考察有部最早提出“三世有”学说的《识身足论》，探索“一切有”学说的经证。

---

①《俱舍论》以来，佛教各派几乎都用“三世实有”概括说一切有部的主张，这种概括或许不符合有部的宗义。《俱舍论》指出：“决定应许实有去来世，以说三世皆定实有故，许是说一切有宗。谓若有人说三世实有，方许彼是说一切有宗。”（《大正藏》第29册第104页中）此处仅仅强调了承许过去、现在、未来三世实有即可称为说一切有部。但《顺正理论》的表述则是：“诸有处俗及出家人，信有如前所辩三世，及有真实三种无为，方可自称说一切有。”（《大正藏》第29册第104页下）故《顺正理论》认为，除了承认过去、现在、未来三世实有，还应当承认虚空、择灭、非择灭三种无为法的真实性才能被称为是说一切有部，这与《俱舍论》中“三世实有”的表述不尽相同。《顺正理论》的表述更符合有部的宗义，故不采用“三世实有”而选取“一切有”表述这一主张。

一、《俱舍论》中“一切有”学说的经证

《俱舍论》将“三世实有”的论据归结为四点，分为两种经证和两种理证。其中经证一是：

> 苾刍当知，若过去色非有，不应多闻圣弟子众于过去色勤修厌舍。以过去色是有故，应多闻圣弟子众于过去色勤修厌舍。若未来色非有，不应多闻圣弟子众于未来色勤断欣求。以未来色是有故，应多闻圣弟子众于未来色勤断欣求。①

这段文字在《杂阿含经》中出现三次，分别是第8经、第46经和第79经。这些经文意在表明佛陀教导弟子修行的时候不应当顾念过去色，也不应该欣求未来色。其中仅有第79经明确出现与《俱舍论》引文类似的“过去色是有”和“未来色是有”的表述：

> 若无过去色者，多闻圣弟子无不顾过去色；以有过去色故，多闻圣弟子不顾过去色。若无未来色者，多闻圣弟子无不欣未来色；以有未来色故，多闻圣弟子不欣未来色。若无现在色者，多闻圣弟子不于现在色生厌、离欲、灭尽向；以欲现在色故，多闻圣弟子于现在色生厌、离欲、灭尽向。受、想、行、识亦如是说。②

经证二是“识二缘生”，指的是有“根”和“境”作为缘才能生起“识”。对此《俱舍论》中有如下引文：

> 识二缘生。其二者何？谓眼及色。广说乃至意及诸法。③

这一经证与理证一“识必有境”密切相关。有部认为，如果过去和未来的“法”不存在，那么我们对它们的认识属于“对象不存在”的认识活动。《杂阿含经》中有许多表述“二因缘生识”的用例。其中最具代表的是第214经：

> 有二因缘生识。何等为二？谓眼色、耳声、鼻香、舌味、身触、意法……④

---

① 玄奘译：《阿毗达磨俱舍论》第20卷，《大正藏》第29册第104页中。
② 求那跋陀罗译：《杂阿含经》第3卷，《大正藏》第2册第20页上。
③ 玄奘译：《阿毗达磨俱舍论》第20卷，《大正藏》第29册第104页中。
④ 求那跋陀罗译：《杂阿含经》第2卷，《大正藏》第2册第54页上。

上文梳理了《俱舍论》中关于有部“一切有”学说的两种经证。由上文看来经证一和经证二似乎没有必然的联系。但是若深究经证一会发现其与经证二的密切关系。尽管世亲在《俱舍论》列举这一经证意在表明此处明确出现“有过去色”和“有未来色”的文句。但是从《杂阿含经》第8经可以看出，“有过去色”和“有未来色”是“观”的结果：

> 过去、未来色无常，况现在色！圣弟子！如是观者，不顾过去色，不欲未来色，于现在色厌、离欲、正向灭尽。如是，过去、未来受、想、行、识无常，况现在识！圣弟子！如是观者，不顾过去识，不欣未来识，于现在识厌、离欲、正向灭尽。如无常，苦、空、非我亦复如是。①

不过《俱舍论》列举的这两个经证虽然具有一定的说服力，其论证还是有些缺陷。具体而言，经证一中，论主对其解释今希望导向“佛世尊”亲自在语词上承认“过去有”和“未来有”。这固然是论师常见论证思路之一，但是由于佛言随类得解的特点，极易受到批判。事实上世亲在随后的批判中就用“过去曾有”和“未来当有”作为论据攻击“三世实有”的诠释路径。此外，根据“识必有境”的原则，仅凭“观过去色”和“观未来色”的表述也可以推出“有过去色”的结论。经证二虽然更有说服力，但是若仅论根境识的关系，易落入“思辨哲学”的窠臼中，于解脱无益。这种高明的哲学思辨恐怕并非作为声闻佛教教派代表的说一切有部的根本宗义所主张的。

“一切有”对说一切有部来说是其最重要的根本教义，有部用这一教义为自己命名。故仅选用《俱舍论》列举的两处经证或许难以撑起其基本教义。下一节将论述通过对最早提出“三世有”学说的《识身足论》的考察，揭示出“一切有”学说更深刻的内涵，并由此溯及更为坚实的“经证”。

二、《识身足论》中的若言“能观”，则应说“有”

《识身足论》鲜明地指出“言观过去，应说有过去，言观未来，应说有未来”的观点，并解释“三不善根”为：

> 谓契经中世尊善语善词善说三不善根：贪不善根、瞋不善根、痴不善根。彼答言：尔。复问彼言：汝然此不？谓有能于贪不善根已观、今观、当观是不善？彼答

① 求那跋陀罗译：《杂阿含经》第1卷，《大正藏》第2册第1页下。

言：尔。[①]

此处，论主首先引用“契经”中的“三不善根”（akuśalamūla）。这“三不善根”分别是“贪不善根”（lobho' kuśalamūla）、“嗔不善根”（deveṣo' kuśalamūla）与“痴不善根”（moho' kuśalamūla）。然后指出，“贪不善根”[②]是“观”的对象，而观“贪不善根”的结论是“不善”的。

后续论主基于“三不善根”个例一般化，明确地提出了若言“能观”，则应说“有”的结论：

若言观过去，应说有过去，不应无过去；言过去无，不应道理。若言观未来，应说有未来，不应无未来；言未来无，不应道理。[③]

这段引文表明如果说可以观“过去”，则应该说是有“过去”，如果在能观“过去”的情况下说“过去”是无，这是不对的；如果说观“未来”，则应该说是有“未来”，不应该说无“未来”，如果在能观“未来”的情况下说“未来”是无，这也是不对的。对于“现在”，论主指出：

若言观现在，应说有一补特伽罗，非前非后二心和合，一是所观、一是能观，此不应理。若不说一补特伽罗，非前非后二心和合，一是所观、一是能观，则不应说观于现在；言观现在，不应道理。[④]

此处论主使用归谬论证。因为对于有部而言，“心心所”不能自了知，当能观之心观察所观之心时，二心不同时，因此必然是观“过去”或者“未来”，由此进一步强化了“过去”和“未来”是“有”的结论。但是，为什么能于过去、现在未来的贪不善根观察到这是不善的呢？论主认为，这是因为：

谓有能于贪不善根已观、今观、当观，后世感苦异熟？彼答言：尔。[⑤]

---

① 玄奘译：《阿毗达磨识身足论》第1卷，《大正藏》第26册第531页上。
② 此处论主虽然只写了贪不善根，但实际上应该可以包含三种不善根。
③ 玄奘译：《阿毗达磨识身足论》第1卷，《大正藏》第26册第531页中。
④ 玄奘译：《阿毗达磨识身足论》第1卷，《大正藏》第26册第531页中。
⑤ 玄奘译：《阿毗达磨识身足论》第1卷，《大正藏》第26册第531页中。

故“贪不善根”之所以能被“观”为是“不善”的，是因为其后有作为“异熟果”（vipāka-phala）的“苦”，因为“异熟果”是“苦”，所以是“不善”的。此处，论主举出这一例证，意在表明作为“异熟果”的“苦”生起的时候，作为“业”的“贪不善根”已经成为过去，因为有部认为“业”（karma）和“异熟果”不同时，故也用了归谬论证来证明过去“有”。但此处还有更深刻的含义，这就在于，如果将“观”限制在取相这一过程中，那么这一过程无法获取对对象“属性”的判断。纯粹的取相活动无法得出这一“根”是否是“苦”或者“不善”的，只有通过其异熟果的属性才能感知到“苦”或者“不善”。对有部来说，尽管这一过程是“慧”心所抉择的产物，但是它不伴随着对对象的进一步加工，仅仅是对“法”的“共相”的如实呈现，故没有影响这一“法”的独立性。

三、《识身足论》中“观”的意义

在《识身足论》之中，“贪不善根”因为能被“观”才能说是有的，那么为什么需要“观”？因为此处的“观”与解脱涅槃直接相关。论主在《识身足论》中，继观过去、现在、未来后接着说道：

> 若言不观过去、未来、现在，则无能于贪不善根已观、今观、当观。是不善若无能观，则无能已厌、今厌、当厌。若无能厌，则无能已离染、今离染、当离染。若无能离染，则无能已解脱、今解脱、当解脱。若无能解脱，则无能已般涅槃、今般涅槃、当般涅槃。如不善，如是结，缚、随眠、随烦恼、缠，所弃、所舍、所断遍知亦尔。①

在论主看来，如果不观“过去、未来和现在”的贪不善根，那么就不能于贪不善根生厌、离染、解脱，那么也就不可能获得解脱涅槃。由此可见，《识身足论》中认为“观”的目的不是为了单纯地获取“认识”，更重要的是“生厌、离染、解脱、涅槃”。而且论主进一步指出，只有通过“观”才可能“生厌、离染、解脱、涅槃”。

这种说法充分体现了早期有部继承“原始佛教”以实践为导向的宗风，与后来的有部关注散心状态下的“认识”不同。《识身足论》几乎只举了若干与禅修相关的例子，一个重要的旁证是，不仅被“观”的“有”与修行活动有密切关系，《识身足论》对即便被认为是“假说有”的“事物”的论证也与修行活动密切相关。如关于“补特伽罗蕴”的讨论。这一部分中，论主以“性空论者”自称，并把论辩对象称为“补特伽罗论者”。其中

① 玄奘译：《阿毗达磨识身足论》第1卷，《大正藏》第26册第531页中。

“补特伽罗论者”首先指出：

谛义胜义补特伽罗，可得、可证、现有、等有，是故定有补特伽罗。[①]

也就是说，“补特伽罗论者”认为胜义补特伽罗是可被知觉而显现的（可得，upalabhamāna）、可以被证入的（可证，adhigamanīya）、现在有的（现有，samvidyamana）、道理上可能有的（等有，saṃbhava），因此补特伽罗一定是有的。对此，论主的观点是：

性空论者作如是言：谛义胜义补特伽罗，非可得、非可证、非现有、非等有，是故无有补特伽罗。[②]

论主认为，补特伽罗是可以不被知觉、不显现（非可得）、不可以被证入的（非可证）、不是现在有（非现有）、道理上不可能有的（非等有）的，因此补特伽罗一定是不可能“有”的。对此，补特伽罗论者予以反驳：

补特伽罗论者问言：具寿！慈何所缘？[③]

此处的“慈”（Maitrī）指的是“四无量心”（Caturapramāṇāḥ）中的“慈”。补特伽罗论者认为，“慈”既然是要生起“使有情具诸快乐”之心，如果没有补特伽罗的话，那么这个“慈”也就没有对象了。对此，论主反驳道：

诸法性有等有，由想等想假说有情，于此义中慈缘执受诸蕴相续。[④]

故在论主看来，诸法（dharma）作为个别的存在，“有情”不同于是个别“法”存在。因为有情是通过“想”的作用，假说而成的，因此，“慈”的所缘实际上是“受”等蕴，通过“想”形成的“有情”。故在慈心观中，意识的缘本质上还是着于“色、受、想、行、识”五蕴（pañca-skandha）中，通过“想”心所的作用最终形成补特伽罗。

由此可知，《识身足论》中的讨论都集中在禅观上，只有通过“观”才可能“生厌、

① 玄奘译：《阿毗达磨识身足论》第2卷，《大正藏》，第26册第537页中。
② 玄奘译：《阿毗达磨识身足论》第3卷，《大正藏》，第26册第543页下。
③ 玄奘译：《阿毗达磨识身足论》第3卷，《大正藏》，第26册第543页下。
④ 玄奘译：《阿毗达磨识身足论》第3卷，《大正藏》，第26册第543页下。

离染、解脱、涅槃”。同样的表述在类似的“契经”中也经常出现。与《识身足论》不同的是，“契经”中所用的概念是“正观”。

四、《杂阿含经》中的“真实正观”

《识身足论》对“观”与“解脱”关系的描述与《杂阿含经》非常相似。如前《识身足论》引文：

> 若言不观过去、未来、现在，则无能于贪不善根已观、今观、当观。是不善若无能观，则无能已厌、今厌、当厌。若无能厌，则无能已离染、今离染、当离染。若无能离染，则无能已解脱、今解脱、当解脱。若无能解脱，则无能已般涅槃、今般涅槃、当般涅槃。如不善，如是结，缚、随眠、随烦恼、缠，所弃、所舍、所断遍知亦尔。①

简要抽取其中的论证逻辑，我们可以发现以下结构：如果不“观”，那么就不能“生厌、离染、解脱”，也就不可能获得解脱涅槃。在“契经”的描述中与这种说法最接近的首先应该是《杂阿含经》第1经：②

> 当观色无常。如是观者，则为正观。正观者，则生厌离；厌离者，喜贪尽；喜贪尽者，说心解脱。
>
> 如是观受、想、行、识无常。如是观者，则为正观。正观者，则生厌离；厌离者，喜贪尽；喜贪尽者，说心解脱。③
>
> 如是，比丘！心解脱者，若欲自证，则能自证：我生已尽，梵行已立，所作已作，自知不受后有。如观无常，苦、空、非我亦复如是。④

简要抽取其中的论证逻辑，我们可以发现以下结构：如果“观”，那么就可以生厌离、喜贪尽、心解脱，进而解脱涅槃。此处，“契经”中所强调观“色、受、想、行、识”的“五蕴”是“无常、苦、空、非我”的，因为这种“观”是“正观”，之所以是“正观”，是因为通过这样的“正观”才能“生厌、离染、解脱、涅槃”，这种描述与《识身足

---

① 玄奘译：《阿毗达磨识身足论》第1卷，《大正藏》第26册第531页中。
② 本文中《杂阿含经》所用经号均指的是《大正藏》中的编号。
③ 求那跋陀罗译：《杂阿含经》第1卷，《大正藏》第2册第1页上。
④ 求那跋陀罗译：《杂阿含经》第1卷，《大正藏》第2册第1页上。

论》中的描述如出一辙，因此，《识身足论》的“观”的意义应该是与“契经”中的“观”相同。

紧接着，在“契经”中，接着上一段中的“观”，《杂阿含经》第2经继续描述：

> 于色当正思惟，色无常如实知。所以者何？比丘！于色正思惟，观色无常如实知者，于色欲贪断；欲贪断者，说心解脱。如是受、想、行、识当正思惟，观识无常如实知。所以者何？于识正思惟，观识无常者，则于识欲贪断；欲贪断者，说心解脱。[①]

由此可知，通过观“色、受、想、行、识”的“五蕴”是“无常、苦、空、非我”的“正观”所获的“知”是“如实知”，因为这种“如实知”是与“生厌、离染、解脱、涅槃”相关的。

《杂阿含经》将此处的“观”进一步表述为“正思惟”和“如实”。《杂阿含经》第2经强调“如实观”，第9经又将其表述为“真实正观”。[②]由此可知在“契经”之中“正观”与“真实”的意思是对应的，也就是观“色、受、想、行、识”的“五蕴”是“无常，苦、空、非我”的，只有了知“色、受、想、行、识”的“五蕴”是“无常、苦、空、非我”的才是“真实”的，这种说法与《识身足论》中对于“观”的理解是相似的。

那么如何理解此处的“如实”呢？笔者对比了《杂阿含经》第2经在南传上座部佛教所传的《相应部》(*Saṃyutta Nikāya*)中的平行文本：

> Rūpe bhikkhave yoniso manasikarotha, rūpāniccatañca **yathābhūtaṃ** samanupassatha, rūpe bhikkhave bhikkhu yoniso manasikaronto rūpāniccatañca **yathābhūtaṃ** samanupassanto rūpesu nibbindati.[③]
>
> 译：比丘们，应该如理作意（yoniso manasikarotha）色，以及**如实（yathābhūta）**观察色的无常性，比丘们，当如理作意色的时候，也就是**如实**观察色的无常性的时候，也就于色之中生起厌离。[④]

---

① 求那跋陀罗译：《杂阿含经》第1卷，《大正藏》第2册第1页上。

②《杂阿含经》卷1：“色无常，无常即苦，苦即非我，非我者亦非我所。如是观者，名真实正观。如是受、想、行、识无常，无常即苦，苦即非我，非我者亦非我所。如是观者，名真实观。”（求那跋陀罗译：《杂阿含经》第1卷，《大正藏》第2册第2页上。）

③ SN.22.52：M. Leon Feer ed., *Saṃyutta Nikāya part Ⅲ Khandha-Vāgga*, London: Oxford University Press, 1890, p.63.

④ 本处翻译参考元亨寺版汉译南传大藏经《相应部经典》（第22—34卷）：“诸比丘！对色如理作意，且如实以观色之无常性！诸比丘！比丘若对色如理作意，如实以观色之无常性者，则厌患于色。”（《汉译南传大藏经》，第15册第76页上。）

由此可知，《杂阿含经》中的“正思维”对应巴利语平行文本中的概念应该是yoniso manasikarotha，这个概念的梵文是yoniśo manasikarāra。这一概念有一个更耳熟能详的译法——“如理作意”。“如实”一词则是yathābhūta，巴利语和梵语中该词同形。通过对比新近发现的梵文本的《杂阿含经》和求那跋陀罗的翻译可知“yathābhūta”确实被翻译为了“如实”，如：

> tat kasmād dhetoḥ | tathā hi śrutavatāryaśrāvakeṇa prat（ī）tyasamutpādaś ca pratītyasamutpannāś ca dharmā **yathābhūtaṃ** samyakprajñayā sudṛṣṭāh su（16.2）juṣṭāh suviditāḥ supratividdhāḥ|[①]
>
> 是名多闻圣弟子于因缘法、缘生法**如实**正知，善见、善觉、善修、善入。[②]

故汉译《杂阿含经》中的“如实”所对应的梵文概念确实是yathābhūta，这个词可理解为“如其所是”。[③]《法蕴足论》将“如理作意”解释为：

> 云何名为如理作意？谓从善士闻正法已，内自庆慰，欢喜踊跃：“奇哉世尊！能说如是深妙正法。佛所说苦实为真苦，佛所说集实为真集，佛所说灭实为真灭，佛所说道实为真道。”彼由如是内自庆慰欢喜踊跃引摄其心，随摄等摄作意发意，审正观察深妙句义，如是名为如理作意。[④]

《法蕴足论》对“如理作意”的描述指向了“四谛”，这与《杂阿含经》将“正观”“正思维”的对象指向“苦”“空”“无常”“无我”的做法类似。但是无论是《法蕴足论》《识身足论》还是《杂阿含经》第1经、第2经和第9经等与“真实正观”相关的经文几乎没有涉及对“过去”“未来”法的态度，仅仅强调这些“法”的“苦、空、无常、无我”的“共相”。《杂阿含经》将了知这些真实的“共相”判定为“正观”。

但是观过去、未来“无常”的经证恰好可以通过《俱舍论》的经证一则补全。故《俱舍论》经证一所涉及的内容实则是其文意中的冰山一角。在这一例证中，有部真正依托的契经应该是以《杂阿含经》第一经为代表描述“正观”的诸多经文。

事实上，对有部来说，共相不可能单独被证知，必然伴随着对“自相”的观察。《识

---

① C. Tripāṭhī, *Sanskrittexte aus den Turfanfunden, 8: Fünfundzwanzig Sūtras des Nidānasaṃyukta,* Berlin: Akademie Verlag, 1962, p.152.

② 求那跋陀罗译：《杂阿含经》第12卷，《大正藏》第2册第84页下。

③ M. Monier-Williams, *A Sanskrit-English Dictionary*, Oxford: Oxford University Press, 1990, p.842.

④ 玄奘译：《阿毗达磨法蕴足论》第2卷，《大正藏》第26册第459页下。

身足论》认为通过对“业”的“果”的属性判断证知其“不善”和“苦”的本质，本质上是通过事物在时间中呈现出来的“共相”获得“正观”活动的智慧。

因为在有部看来，唯有如实观察“色”“受”等“五蕴”的“自性”才能观察其在时间序列中的变化呈现出来的“无常”“苦”“空”“非我”的共相。唯有过去和未来的“法”都真实存在，才能保证“共相”的真实性。正是因为“正观”的重要性，故有部所传的《杂阿含经》将其编排在开头。因为它浓缩了有部的根本宗义，是有部理论体系的根源。正是因为“一切有”学说在“契经”中有如此重要的根源，才能说“一切阿毗达磨皆为解释契经中义”①。

五、结语

“一切有”是说一切有部的基本观点之一，它指的是过去、现在、未来三世有为法的实有和虚空、择灭、非择灭三种无为法实有。本文梳理了我们熟悉的《俱舍论》中论证“一切有”的两个经证，并认为这些经证不足以支撑作为有部最基础理论的“一切有”学说。

通过考察《识身足论》发现，以《杂阿含经》第1经为代表，描述“真实正观”的若干契经也应该被当作有部的经证。在这一前提下，《俱舍论》经证一仅仅是这一系列经证的冰山一角。由此可知，有部所传的《杂阿含经》将这一系列的“契经”编排在其开头，用意可见一斑。

---

①《大毗婆沙论》第2卷：“复次，一切阿毗达磨，皆为解释契经中义，以广分别诸经义故，乃得名为阿毗达磨。”玄奘译：《阿毗达磨大毗婆沙论》第2卷，《大正藏》第27册第5页中。

以“慧苑异端化”事件来探讨“胜利者的历史”

平燕红

提要：慧苑，作为法藏的上首弟子，却因“背叛”老师的“小始终顿圆”五教判释、另立四教判释，而为后人所诟病，并被贴上了“异端”这一标签。但当我们重新审视这一历史结果时，却发现这一结果并不能解释慧苑及其一系的继续发展，以及此系对华严学与华严宗的发展产生的不可忽视的作用，其中慧苑的弟子法诜（铣）正是华严四祖澄观的老师，且除澄观之外，法诜本人还收有会稽神秀、正觉等弟子，此神秀在历史上被人误解为北宗禅荷泽神秀而失去了其应有的荣耀。当我们在重新审视“慧苑异端化”这一事件的过程中，似乎能明确地感知到“历史是由胜利者书写的历史”这一点。

主题词：慧苑、法诜、神秀、胜利者的历史、正统性的萌芽

作者简介：平燕红，南京大学哲学系助理研究员。

葛兆光老师曾提出：“人们很容易接受一些史书上的既成说法而忽略‘历史总是胜利者的历史’这句格言，除非这‘胜利者’本身也成了‘历史’。如果这些史书上的既成说法又刚好被后来者所得到的的新资料再次复述，那么这种‘历史’就可能成为三堂会审后的定案，于是胜利者的叙述语言、评价原则连同他们撰述的‘历史’就会被一而再再而三地反复强调，使后来者不得不隔着这一层‘过滤镜’来理解过去的一切，北宗禅似乎就遭到了这样的厄运。”[①]这一观点非常有趣，确实诚然如其所言，我们现在所看到的一切资料，都是历史经过被选择、沉淀的结果，而更重要的其实是：历史是如何进化的，这些选择、沉淀是一个怎么样的过程，在这个漫长的过程中，到底改变、消失了什么？此外，若历史呈现的结果带有一定宗派性的倾向，那么我们在被动接受这些结果的同时，其实也已经潜移默化地认可了这些倾向，如何在处理历史文献材料时跳出这些既定的范式与倾向，重新审视这些历史的结果才是问题的关键。笔者想说的是，除了在整理禅宗材料时需要警惕这

① 葛兆光：《中国禅思想史——从6世纪到9世纪》，北京：北京大学出版社，1995年，第174页。

些所谓的“胜利者历史”之外，在处理华严宗材料之时，我们同样要面对相同的问题，其中“慧苑异端化”这一历史事件就值得我们重新审视。现今学者在提及慧苑此人时，经常会用到“异端”这一术语，用“异端”这个词评价慧苑，正确也不正确。当我们站在历史发展的结果上，以带有价值倾向的视野来看时，这个词相当恰如其分，但用这个词来形容“其时其地”的慧苑却并不恰当。作为法藏的“上首门人”，并为其师造《续刊定记》的慧苑，是什么时候被人打上“异端”这一烙印其实是非常有趣的课题。

华严宗自法藏（643—712）提出“小始终顿圆”五教判释之后，一直享有盛名，但其上首弟子慧苑（673—743）没有继承其师的五教判释，另立“迷真异执教、真一分半教、真一分满教、真具分满教”这一独特的四教判释，又将华严宗的“十玄门”改为“十种德相”和“十种业用”，并因此遭后人诟病、批判，被视为“异端”。从唐代史料中的作为法藏“上首门人”[①]的慧苑，到宋代史料中被评价为“悉叛其说”[②]的慧苑，这一系列貌似前后矛盾的评价很值得解析。此外，“思想史上失败者的命运有两种，一是作为胜利者的对立面遭受贬斥，一是被当作可有可无的事实在历史中消失”[③]，如果说慧苑是前者的话，那么他的弟子及其再传弟子就是后者。慧苑的弟子法诜（铣），著有《华严经义记》《刊定记纂释》等七部，除了具有慧苑弟子这一身份之外，他其实还是华严四祖澄观（738—839）的老师，另外，他还有会稽神秀、正觉等多位弟子，且关于此位会稽神秀最大的问题，就是与北宗禅大德荷泽神秀的纠葛，现今学界都将义天录中所载的《华严经疏》《妙理圆成观》二文作为北宗神秀的作品进行讨论，但这一前提就存在着巨大的问题，会稽神秀才是此二文的真实作者。

由此看来，慧苑一系其实一直在发展，且对于盛唐时期的华严学以及华严宗的发展产生了巨大而不可忽视的影响，但很遗憾，慧苑被后人贴上了“异端”的标签，而他的弟子及其再传弟子也被当作可有可无的历史被处理淡化。但我们不得不承认，在法藏（643—712）至澄观（738—839）的这百年间，慧苑一系承担着不可磨灭的重要作用，诚然慧苑学说与其师法藏有较大的区别，这也是他为人诟病的主要原因，但本文将不涉及这一方面的处理，仅从文献与历史入手，重新审视慧苑被“异端化”的过程，并在其中感知“历史是胜利者的历史”这一论点。

一、慧苑及其弟子法诜（铣）

法藏于高祖武德二年（619）去世，此时距离华严四祖澄观的出世（738）还有一百

① 智昇撰：《开元释教录》第9卷，《大正藏》第55册第571页上。
② 志磐撰：《佛祖统纪》第29卷，《大正藏》第49册第293页上。
③ 葛兆光：《中国禅思想史——从6世纪到9世纪》，第175页。

多年，华严宗历史正式进入了慧苑（673—743）、法诜（718—778）的时代。据崔致远（857—904）《唐大荐福寺故主翻经大德法藏和尚传》所载可以了解，法藏撰有《音义》一卷（关于唐译《华严经》的梵语音译的作品），但已不存，而其弟子慧苑撰有《音义》二卷，此本尚存；法藏集《华严传》五卷，此本又名《纂灵记》，但尚未完成法藏就已过世，由其弟子慧苑、慧英二人继承老师遗志续写之；法藏重述略疏，方至第十九经奄归寂灭，有其弟子宗一、慧苑续其遗作，慧苑续成十六编。[①]可以看出法藏"上首门人"慧苑继承了法藏的衣钵，为其师或续编《华严传》，或续编《刊定记》，足以说明法藏过世之时，慧苑其实是继承了法藏衣钵的受人尊敬的僧人。

而慧苑也像自己的老师一样，开始了收徒的历程。关于法诜（铣）到底是不是慧苑的弟子，其实是有疑问的。据《宋高僧传》所载，法诜师承"地恩贞"习《华严经》《菩萨戒》《起信论》，此"地恩贞"为何人，不知。[②]若慧苑与"地恩贞"为同一人，为何赞宁不直呼其名？且赞宁也撰有《唐洛京佛授记寺慧苑传》一文，称慧苑为"然禀从贤首之门，不负庭训之美也"，毫不吝啬溢美之词。[③]若二者不为一人，那么"地恩贞"是谁？诚然光从赞宁的记录来看，我们很难确认慧苑与法诜二者的关系，但日本僧人凝然（1240—1321）却明确提出法诜为慧苑弟子。他在《法界华严义镜》中指出："第四清凉山澄观法师，……乃依东都法诜大师，习学《华严》，诜是慧苑大师门人。"[④]此外，他在《孔目章发悟记》中指出："贤首上足有静法寺惠苑，苑之弟子有天竺寺法铣，今澄观师承于法铣。"[⑤]但值得注意的是，凝然在这两处虽然都提到了慧苑弟子、澄观老师，但他一处使用的是法诜，另一处使用的是法铣，除此之外，凝然还在《梵网戒本疏日珠钞》中称呼其为"法诠"与"法铨"，但不管是法铨的"三种通缘"[⑥]，还是法诠的"七缘"[⑦]，都能在法铣撰《梵网经菩萨戒疏》中找到共同之处，[⑧]那么可知，凝然笔下的"法诜""法铣""法诠""法铨"都是同一人，即《宋高僧传》卷五记载的慧苑弟子、澄观老师的天竺寺法诜。

---

① 崔致远撰：《唐大荐福寺故主翻经大德法藏和尚传》，《大正藏》第50册第280页下—286页中。

② 赞宁等撰：《宋高僧传》第5卷，《大正藏》第50册第736页上。

③ 赞宁等撰：《宋高僧传》第6卷，《大正藏》第50册第739页上。

④ 凝然述：《华严法界义镜》，《大日本佛教全书》第13册，第303页。

⑤ 凝然述：《华严孔目章发悟记》，《大日本佛教全书》第7册，第251页。

⑥ "法铨建立三种通缘，次第相貌。……"凝然述：《梵网戒本疏日珠钞》第11卷，《大正藏》第62册第66页上。

⑦ "集论业道五支为今五缘，法诠大师建立七缘，全同疏主。……"凝然述：《梵网戒本疏日珠钞》第11卷，《大正藏》第62册第65页下。

⑧ "三具缘者亦有通别通缘有三，一是受菩萨戒人以不受戒人则无犯，故经云有犯名菩萨无犯名外道，文云，若佛子故。二是住自性谓非犯等以无犯。……"法铣撰：《梵网经疏》，《新纂卍续藏》第38册第541页上。"或无间死，或后时死，合此二想具论七缘，一他身二众生三众生想四杀心五有三毒六兴方便七断命，通别合论十缘成犯。……"法铣撰：《梵网经疏》，《新纂卍续藏》第38册第541页上。

据凝然的记载，华严的传承当为法藏—慧苑—法诜（法铣、法诠、法铨）—澄观，但凝然是依据哪部典籍提出的上述说法不得而知，从年代上来看，身处13世纪的凝然涉猎广泛，著述颇丰，应该是有一定的依据才会提出上述的观点，所以说对于凝然而言，法诜是慧苑的弟子、澄观的老师这一点是清楚肯定、毋庸置疑的，退一步讲，若法诜与法铣、法诠、法铨并不是同一人，那么又会引发另外的问题，即凝然故意造假，显然这对于华严宗师凝然的人格会产生巨大的冲击，笔者更倾向于凝然此说是正确无误的。另外，正如坂本幸男老师所说，“即使假定地恩贞大师与慧苑不是同一人，从法诜的著作来看也可以推定出法诜是慧苑门下”[①]。此外，永超在《东域传灯目录》中指出“同经疏一卷、法铣师、私今开为四卷。私铣惠苑门人、花严宗”[②]，此处永超也认为法铣是华严宗慧苑的门人。

此外，义天（1055—1101）在《答大宋元照律师书》中指出：“所须大诜法师文字《新集文类》中，略引其说。然诜师记文解释刊定记，承习苑公故不盛行。外有《法诜师书》三十余卷，解释大经文类中，亦引□云。亲见贤首，故知与诜公有别，其疏虽立□教，亦涉异端。此中久存写本，不能信行与世，未果寄上。”[③]从此段文字可知，义天手上拥有法诜撰《新集文类》《法诜师书》，《新集文类》是对法藏《刊定记》的解释，其思想继承于慧苑，应该指的就是义天录中所载的《刊定记纂释》，至于《法诜师书》三十余卷，指的应是义天录中所载的《华严经疏》三十一卷。此处，义天明确指出了法诜与慧苑的关系，即法诜承习慧苑，且他的《法诜师书》（即《华严经疏》）中的思想与法藏大有不同，“亦摄异端”，这个“亦”字很有意思，看来义天认为，除了法诜之外，势必还有另一个人的学说“也”牵扯到了异端学说，那么这另一个人，自然不言而喻，就是法诜的老师慧苑。其实从这段记录来看，不难想象法诜受其师慧苑影响应该颇大，也能进一步确认慧苑与法诜二人的师徒关系。义天的这一记录应该是现今关于法诜的最早记录，也许凝然所获得的信息也来自义天（但时至今日我们已经失去了很多可参考的信息）。

关于天竺寺法诜的著作，我们直接采用坂本幸男老师的记录与总结，[④]即：

1.《宋高僧传》卷第五：《华严经义记》，十二卷，法诜撰。

2.《新编诸宗教藏总录》（义天录）卷第一：《刊定记纂释》，二十一卷（或十三卷），法诜创造，正觉再造；《华严经疏》，三十一卷，法铣述。

3.《奈良朝现在一切经疏目录》：《尼戒本疏》，法铣，二卷，胜宝六年（754）。

4.《华严宗章疏并因明录》（圆超录）：《维摩经疏》，六卷，法铣述。

---

① 坂本幸男：《華厳教学の研究》，京都：平乐寺书店，1956年，第52页。
② 永超：《东域传灯目录》，《大日本佛教全书》第1册，第58页。
③ 义天：《高丽大觉国师文集》，黄纯艳点校，兰州：甘肃人民出版社，2007年，第44—45页。
④ 坂本幸男：《華厳教学の研究》，第54—55页。

5.《东域传灯目录》(永超录):同《维摩经疏》,二卷,法铣师述造;同《梵网经疏》,二卷,法铣师。

6.《华严宗经论章目录》(凝然录):《梵网经疏》,二卷,法铣大师述。

7.《佛典疏目录》(兴隆录)卷上:《华严义记》,卅一卷,唐法铣述;《梵网经疏》,天竺寺法铣述。

上述著作中现仅有《梵网经疏》上卷存于《卍续藏经》,另义天录中所载的《华严经疏》三十一卷的部分内容为日本顺高所撰《起信论本疏听集记》所引用,其他现今均不存。关于法铣的《梵网经疏》,中西俊英《天竺寺法诜的教学和背景——以〈梵网经疏〉断简为中心》①及《法诜〈梵网经疏〉卷上的三聚净戒解释和戒体论》②、惠谷隆戒《新出的唐法诜撰梵网经疏卷上之上》③等文均有过详细探讨。而《华严经疏》此文并没有全文留存,仅以被《圆宗文类》收录的模式为人所引用,现今能一窥其文及其思想的方法仅有依靠顺高撰《起信论本疏听集记》中的引文。④

坂本幸男老师指出,就像凝然在《梵网戒本书日珠钞》中认为"法铣法师造此经疏二卷,所立义门并依贤首大师今疏,所释精妙,意致详委",法铣的《梵网经疏》是在法藏大师疏的基础之上所作,其中的传承应为法藏—慧苑—法铣。⑤与法诜的《梵网经疏》相同,法铣的《华严经疏》也受法藏学说的影响颇深,但也有其独到之处,其实从思想继承的方面来说,不管是《梵网经疏》中法铣对法藏大师疏的继承,还是《华严经疏》中法铣与法藏大师相似的言论,都显示出二者之间的思想继承关系,也进一步为法铣是法藏的再传弟子这一论点提供了可信性。但上文义天指出,法诜的《华严经疏》大体上还是继承慧苑的异端学说,与法藏有很大的不同,但很遗憾的是,因其全文没有流传下来,我们很难对其著作进行检视。

二、慧苑的再传弟子们

依据《宋高僧传》中法诜传的记载,他的受法弟子有太初、浔阳正觉、会稽神秀以及

---

① 中西俊英:《天竺寺法詵の教学とその背景—〈梵網経疏〉断簡を中心に—》,《印度学佛教学研究》第59卷第2号,2011年,第45—48页。

② 中西俊英:《法詵〈梵網経疏〉卷上における三聚浄戒解釈と戒体説》,《印度学佛教学研究》第67卷第1号,2018年,第213—217页。

③ 惠谷隆戒:《北宗禅——敦煌本発見によりて明瞭となれる神秀の思想》,《大正大学学报》第30、31辑,1937年,第183—221页。

④ 顺高:《起信论本疏听集记》,《大日本佛教全书》第92册,第125页。

⑤ 坂本幸男:《華厳教学の研究》,第56页。

越僧澄观，其中澄观作为华严宗四祖最为出名。太初一名仅出自此传，有用信息太少。据义天录所载，《刊定记纂释》一文由法诜创造，正觉再修，[①]此正觉正是浔阳正觉。浔阳指代的应是地名，即现今江西省九江市，遗憾的是，除了将其列在浔阳地区之外，《宋高僧传》并没有提供这位正觉的其他任何信息，但基于义天录的记载，此人能为老师法诜再修《刊定记纂释》一文，足以看出他的文笔及教理方面的成就应该相当高。

法诜大师剩下的最后一名弟子为“会稽神秀”，此人与北宗玉泉寺大师神秀（638—713）同名。与浔阳正觉一样，法诜传中除了“会稽神秀”这一信息之外，我们无法再从中得出任何有用的信息。高丽义天在给自己的学徒讲经时曾提及“会稽神秀的《花严疏》”，即“故会稽嘉祥寺神秀法师《花严疏》中引《漩澓颂》云……”[②]，此处可以明确地得知“会稽嘉祥寺神秀法师”著有《华严疏》。“会稽”指代的应该是会稽郡，即如今长江下游江南尤其是绍兴一带，江南地区的神秀拜杭州天竺寺的法诜为师，地域上也更有说服力。西晋至南朝末年，会稽郡仅辖今绍兴、宁波一带。隋文帝灭陈（589），废会稽郡，置吴州。隋炀帝改吴州为越州（605），后又改为会稽郡（607）。唐武德四年（621）复置越州，唐玄宗天宝元年（742）改越州为会稽郡，唐肃宗乾元元年（758）复为越州，会稽郡遂不复存在，之后仅作为越州、绍兴的别称。[③]若“会稽”指的是“会稽郡”，那么会稽神秀当在758年之前就确立了自己的法号，可以推测一下，会稽神秀当为8世纪左右的人。至于“嘉祥寺”，位于绍兴城南的秦望山麓，最早创建于东晋宁康元年（373）至太元三年（378）之间，当时的会稽郡首王荟特地为竺道一建了这座嘉祥寺，请他在此住持弘法。自此之后大约五百年的时间里，嘉祥寺可谓人杰地灵，高僧相继，佛法兴隆，佛学鼎盛。南朝梁（503—557）时，著名的佛教史家高僧慧皎（497—554）住持嘉祥寺三十余年。隋朝平定江浙一带后，吉藏（549—623）就来到了绍兴嘉祥寺，他在这里弘传佛法，跟随他学习的弟子最多的时候有一千多人，嘉祥寺作为吉藏大师早期弘扬三论的道场，也成了三论宗的祖庭之一。但在会昌法难（845）之后，唐武宗下令废除天下寺院，绍兴地区只留下一座大善寺（开元寺），嘉祥寺就在这时被毁，从此以后再没有被复兴过，“嘉祥寺”的名字也从此在中国佛教史上渐渐被人遗忘。[④]由此看来，神秀法师当在会昌法难之前驻锡浙江绍兴嘉祥寺内。并且，与澄观同为法诜弟子的会稽神秀（但二者是否同时在法诜膝下学

---

① “刊定记纂释二十一卷（或十三卷）（法诜创造，正觉再修）。”义天录：《新编诸宗教藏总录》，《大正藏》第55册第1166页上。

② 义天：《高丽大觉国师文集》，第64页。

③ “越州中都督府，隋会稽郡。武德四年，平李子通，置越州总管。……天宝元年，改越州为会稽郡。乾元元年，复为越州。……会稽，汉郡名。宋置东扬州，理于此，齐、梁不改。隋平陈，改东扬州为吴州，炀帝改为越州，寻改会稽郡，皆立于此县。”《旧唐书》卷40《志第二十 地理三》，刘昫等：《旧唐书》，北京：中华书局，1975年，第五册，第1589—1590页。

④ 黄凯：《不二法门——三论宗及其祖庭》，西安：西安电子科技大学出版社，2016年，第145—147页。

法不知），当与澄观为同时代的人，即8—9世纪的人物。

围绕这位神秀的一个非常重要的问题，就是义天录中记载的《华严经疏》(三十卷)及《妙理圆成观》(三卷)的作者“神秀”，是法诜弟子会稽神秀，还是北宗玉泉神秀？虽然支持此二书为北宗神秀作品的有久野芳隆、柳田圣山、吉津宜英等学者，但也有学者认为华严宗的会稽神秀当为此二文的作者，例如，高峰了州先生认为会稽神秀是《华严经疏》三十卷的作者，[①]坂本幸男老师也曾指出义天录中所载《华严经疏》三十卷及《妙理圆成观》三卷乃是会稽神秀的作品，[②]佛尔（Bernard Faure）在其著作《正统性的意欲：北宗禅之批判系谱》[③]及论文《神秀と华严经》[④]中明确指出，除了北宗神秀禅师之外，还有另一位神秀，该神秀的光彩为北宗领袖神秀的名望所遮蔽，他的名字出现在法显传（此处应是法诜）中，遗憾的是，除了将其列在会稽寺（现在浙江绍兴附近）的名单，《宋高僧传》没有提供关于这位神秀的任何信息，该神秀是华严宗四祖澄观的同时代人。

关于神秀的《华严经疏》(三十卷)，吉津宜英在其论文《神秀の华严经疏について》[⑤]中作了详细的介绍（排除他对《华严经疏》作者的结论，我们可以借鉴他的文本分析与解说），即，会稽神秀在其《华严经疏》中论述“昔古来依义立教”之时，不同于法藏的“先立菩提流支的一音教，后立真谛的渐顿二教，后立光统律师承袭佛陀三藏的渐顿圆三种教，再立大衍法师的因缘宗、假名宗、不真宗、真宗四教，再立护身法师的因缘宗、假名宗、不真宗、真宗、法界宗五教……”，此处采用的是慧苑《续华严略疏刊定记》中的“或立一音教，或立渐顿半满二教，或立玄奘三藏依《解深密经》所立的三时法轮教，或立真谛三藏依《金光明经》所立的转照持三法轮教”。其次，在“第三显正”部分，此文大量引用法藏《探玄记》中“第五明现传者，当今诸德于大乘中自有二说，一立三乘大乘……二立一乘大乘……”的原文，并以此来解说大乘中“三乘大乘”与“一乘大乘”的区别。最后，此文在解说法华三车和大白牛车的比喻时，提出了三乘教与一乘教的十种差别，这一说来源于法藏在《华严一乘教义分齐章》中的十差别，即“一权实差别、二教义差别、三所明差别、四德量差别、五约寄位差别、六付嘱差别、七根缘受者差别、八难信易信差别、九约机显理差别、十本末开合差别”。

会稽神秀《妙理圆成观》中继承法藏思想这一特点也很明显，例如，“神秀公妙理圆

---

① 高峰了州：《华严思想史》，京都：百华苑，1942年，第273页。

② 坂本幸男：《華厳教学の研究》，第56页。

③ Bernard Faure, *The Will to Orthodoxy: A Critical Genealogy of Northern Chan Buddhism*, Stanford: Stanford University Press, 1997, pp.45-46.（伯兰特佛尔：《正统性的意欲——北宗禅之批判系谱》，蒋海怒译，上海：上海古籍出版社，2010年，第39—40页。）

④ ベルナール・フォール：《神秀と華厳経》，《禅文化研究所纪要》第15号，1988年，第195—214页。

⑤ 吉津宜英：《神秀の華厳経疏について》，《宗学研究》第24号，1982年，第204—209页。

成观”中对“三无性”[1]的解释以及“三性、无性、双融”[2]的分类均来自法藏。首先，法藏指出“非有无者有三门，一约三性，二约三无性，三约双融。初中复二，初别后总。别中三性各有二义，所执中一是情有二是理无，依他中一是幻有二是性空，圆成中一离相二是体实。此上三一一各融不二为一性故。总者所执是无，圆成是有，依他是俱，以真妄该摄二相尽故无二也。二约三无性者初无相观境中，所执有无皆虚故，又无有有无故俱离也，依他无生性中，无幻有有性空不二故俱离也，圆成无性中，无二性有真理亦不二故俱绝也。三约双融者……”[3]，此处法藏认为非有无者有约三性、约三无性、约双融这三门，其中第一门三性各有二义，遍计所执中一是情有二是理无，依他中一是幻有二是性空，圆成中一是离相二是体实。所执是无，圆成是有，依他是俱。第二门三无性中，所执无相中的情理有无皆是虚妄，无有有无故俱离；依他无生性中无幻有、有性空，二者不二故俱离；圆成无性中，无二性有真理，二者不二故俱离。第三门是双融，如此等等。

此外，法藏还指出：“三性各有二义，真中二义者，一不变义，二随缘义。依他二义者，一似有义，二无性义。所执中二义者，一情有义，二理无义。由真中不变，依他无性，所执理无，由此三义故。”[4]他在这里揭示三性的每一种都具有两重含义，圆成实性有不变与随缘二义，依他起性有似有和无性二义，遍计所执性有情有和理无二义，合成为六义。方立天老师认为：法藏六义说中，遍计所执性情有理无，“情有”是指因迷妄而执着于万物为实有，“理无”即是说在道理上是无；依他起性似有无性，“似有”表示无自性与实体，“无性”即无自然，是空；圆成实性不变随缘，“不变”表示世界万物的永恒性，“随缘”表示随着因缘条件变现出世界万物，真如若没有随缘之义，就不能现起宇宙万有，故真如正是依随缘之义才能表现出不变之理。此上三性的二义相辅相成，相即一体。[5]

此处神秀利用法藏对“三性”的六义说来完善自己的“三无性”，当然要指出的是，关于依他起性的二义，法藏一处指明“依他中一是幻有二是性空”，另一处指明“依他二义者，一似有义，二无性义”，两处虽然用词不同，但意思是完全相同的，“幻有”即“似有”，“性空”即“无性”。另外，法藏指出圆成实性“不变随缘”，而神秀采用的是“不反随缘”，虽用词不同，但在笔者看来“不变”与“不反”同义。神秀指出：正是因为遍计所执性情有理无，所以遍计所执性也就是无相；正是因为依他起性幻有性空，所以依他起

---

① “神秀公妙理圆成观云，三无性者，初遍计无相观中，所执情有即理无，理无即无相。二依他无生中，幻有即性空，性空即无生。三圆成中，随缘即不反，不反即无性。”均如说：《释华严教分记圆通钞》第6卷，《大藏经补编》第2册第355—356页。

② “妙理圆成观云，一三性，二三无性，三双融。初三性，各有二义。”均如说：《释华严教分记圆通钞》第6卷，《大藏经补编》第2册第356页。

③ 法藏述：《华严经探玄记》第4卷，《大正藏》第35册第175页上—中。

④ 法藏述：《华严一乘教义分齐章》第4卷，《大正藏》第45册第499页上。

⑤ 方立天：《法藏》，台北：东大出版，1991年，第92—96页。

性也就是无生；正是因为圆成实性随缘不反，所以圆成实性也就是无性。

这里还需强调的是，不管是法藏的“真中二义者，一不变义，二随缘义”还是神秀的“三圆成中，随缘即不反，不反即无性”，都已经摆脱了唯识原意的“三性”。关于法藏三性说与唯识学派三性说的区别，方立天老师有过详细的介绍，他认为：“关于圆成实性，唯识学派是以一切事物和识的真实性为圆成实性，法藏是以万物本体的同一性、永恒性为圆成实性。唯识学派认为真如只有不变义，没有随缘义，法藏则主张真如既有不变义，又有随缘义，虽有随缘义，但又不违不变义。……真如只是凝然，不随缘生起万物，是‘失真常’；真如只有不变随缘，不异无常之常，才是‘真常’。这是华严宗和唯识学派在世界观上的重大分歧。”①神秀的“三圆成中，随缘即不反，不反即无性”，毫无疑问，应是继承了法藏的“真中二义者，一不变义，二随缘义”。

基于以上的论证，笔者认为，义天录中所载的《华严经疏》（三十卷）及《妙理圆成观》（三卷）当为法诜弟子会稽神秀的作品。从现有的资料来看，慧苑及其继承者法诜、神秀在对《华严经》进行注释、解说之时，依然深受法藏的影响，利用法藏的学说、观点来进行自我学说的论证也是常事。但是，义天指出法诜在一定程度上还是深受慧苑异端学说的影响，这也导致了这些著作不存的状况，会稽神秀在其著作中也有对慧苑的借鉴，不知道他的命运是不是与其师法诜一样，因涉及慧苑“异端学说”而被历史人为地抹杀与清除了。

但是，我们还是能了解，慧苑一系在对于《华严经》的注释、解说以及发扬华严学方面，作出了巨大的努力与贡献，并且，这些大师促进了华严宗的发扬这一点也是可以猜测的。在华严宗的发展历史中，慧苑系统的这些大师应该与澄观、宗密系统一样受到注目。可是，在现今的研究中，这一系被打上了“异端”的烙印，为人所轻视。

三、慧苑评价在历史中的一系列改变

可以看出，慧苑在法藏过世之后，还有自己的继承者，且其传承绵延至澄观时代，那么问题来了，慧苑的学说是何时开始被人认为是“异端”，并且慧苑本人是何时被正统华严谱系排除在外的呢？

智昇在《开元释教录》（730年作）中指出“沙门释慧苑，京兆人，华严藏法师上首门人也，勤学无惰，内外兼通，华严一宗尤所精达”②，智昇在此处称慧苑为“法藏法师上首门人”，对其评价颇高。圆照与智昇相同，在《贞元新定释教目录》中将慧苑视为法藏

① 方立天：《法藏》，第98—99页。
② 智昇：《开元释教录》第9卷，《大正藏》第55册第571页上。

的上首门人，且精通华严学。[①]从上述两个记录来看可以了解，730年到800年之间，慧苑作为法藏最重要的弟子，为人所尊敬。此后，澄观在《大方广佛华严经随疏演义钞》[②]中对慧苑进行了猛烈的学术批判，其弟子宗密（780—841）也在《圆觉经大疏释义钞》[③]中对慧苑的学说进行了批判。但在笔者看来，澄观与宗密二人的批判仅仅局限于教理的批判，不管从主观还是客观来讲，此举都没有造成将慧苑剔除出华严宗系统的后果，因为在《贞元新定释教目录》（800年作）以及崔致远在《唐大荐福寺故主翻经大德法藏和尚传》[④]中，慧苑仍被当作法藏的弟子提出。

此外，S2755号敦煌写本的残片，被《大正藏》第85册收录，并被命题为“华严经疏”。此残片是对法藏撰《华严经探玄记》、慧苑撰《续华严略疏刊定记》、澄观撰《大方广佛华严经疏》的部分抄录，基于《英国国家图书馆藏敦煌遗书》对此残片的解题，可以了解此《华严经疏》当为7—8世纪的作品，那么由此来看，在7—8世纪之间，慧苑撰《续华严略疏刊定记》还为人所重视并被抄录。另外，赞宁（919—1001）与智昇、圆照相同，指出慧苑“号上首门人也，有勤无惰，内外该通，华严一宗尤成精博”，但更有趣的是他额外增加了“然禀从贤首之门，不负庭训之美也”[⑤]这一评价，光从这一记录来看，慧苑师从法藏，并且继承法藏学说是为赞宁所认可的，如此看来，在宋初，慧苑也还未被华严系统所抛弃。

但是，就像上文提及的一样，义天在《答大宋元照律师书》中明确指出慧苑与法诜二人的学说均涉及“异端”，也因为这个原因他们的作品不被流传。此外，志磐在《佛祖统纪》（1269年作）中指出“师既亡，弟子慧苑悉叛其说。灭后百年而得澄观”[⑥]，在这一记录中，慧苑完全背叛了老师法藏的学说，也因此被剔出华严系统，由百年后的澄观继承其位。从赞宁到志磐的这二百多年，慧苑从“然禀从贤首之门，不负庭训之美也”变成了“悉叛其说”的“异端”，关于这一点如何解释，在现有的历史与文献资料基础上，并不能解答，但是，我们可以明确的是，慧苑被剔出华严系统，应当是在相当后的时代（很有可能是从宋代开始）。

慧苑的弟子以及再传弟子，都是相当优秀的学问僧，此外，澄观也曾问学于法诜（铣），在一定程度上可以被认为是法诜的弟子，而法诜是慧苑的弟子，如此一来，澄观正

---

① “沙门释慧苑京兆人，华严藏法师上首门人也，勤学无惰，内外兼通，华严一宗尤所精达。”圆照：《贞元新定释教目录》第14卷，《大正藏》第55册第874页上。

② 参见澄观：《大方广佛华严经随疏演义钞》第2、3卷，《大正藏》第36册，第16页中—19页上。

③ 参见宗密：《圆觉经大疏释义钞》第3卷，《新纂卍续藏》第9册第515页下—516页上。

④ 参见崔致远：《唐大荐福寺故主翻经大德法藏和尚传》，《大正藏》第50册，第282页下、283页上、283页中、285页上。

⑤ 赞宁等撰：《宋高僧传》第6卷，《大正藏》第50册第739页上。

⑥ 志磐撰：《佛祖统纪》第29卷，《大正藏》第49册第293页上。

是慧苑的再传弟子，虽然澄观对慧苑的教理批判是不争的事实，但是澄观本人是否是想取慧苑在华严宗中的地位而代之，笔者认为这一点是可以否定的。澄观、宗密的批判确实让慧苑与法藏二人学说有异这一点为人所知，并且在一定程度上扩大了这一点的影响性，但慧苑真正被华严系统排除在外，绝不是在这二人之时。

四、“异端”一词从何而来——兼论“胜利者的历史”

“异端”一词，在上述所有材料中，仅出现于义天《答大宋元照律师书》[①]中，“亦涉异端”一句明确了慧苑与法诜二人的学说不为正统华严所认可、已被剔除出正统华严学说，与此同时，也预示着慧苑与法诜二人也被正统华严系统排除在外。那么义天是那个将此二人剔出华严系统的人吗？还是另有其人，而义天也仅仅是遵从此人的意志？这一问题就又牵扯到华严宗系统内部从何时开始萌发了师资相承这一“正统性”意识这一点。

正如李四龙先生提到的“宗派佛教”更重视通过判教、编撰传法谱系的方式来维护本宗派的正统性，[②]华严宗内部在自我发展的过程中，也逐渐出现了判教和编撰传法谱系这些象征正统性意识产生的行为。但在华严宗内部，判教与编撰传法谱系的产生并不同步，“判教”这一条线还是相对清晰的，从法藏提出“小始终顿圆”五教判释，第一次明确地将华严宗推上最高“别教一乘”开始，华严宗就已经具备教派的性质了，随后宗密在法藏五教判释的基础上提出了“人天教、小乘教、大乘法相教、大乘破相教、一乘显性教”的五教判释以及“三宗对三教”的禅教判释，在华严宗圆教的教理之下会通儒释道三教及禅教二门，其包容性与可解释性更胜一筹。这一宗派的僧徒的强烈归属感，便表现在这些判教之中，这也是华严宗人正统性意识的第一次自觉产生。

但法统观念何时在华严宗内部萌芽确实是一个问题，不同于禅宗的发展，华严宗在一开始就确立了《华严经》这一部根本经典为自宗的立宗之本，对于《华严经》“别教一乘”的地位极为推崇，且在此基础上建立了“华严五教”的判释模式，所以其传承的纯粹与正统，并不依赖于师资之间的继承，学说和教理的继承更能证明其合理性，在这种情况下，也就导致了华严宗内部判教发展与传法谱系的形成并不同步这一尴尬局面。涉及华严宗传承体系的最早记录当为宗密在《注华严法界观门》中的“京终南山释杜顺集，姓杜，名法顺……是华严新旧二疏初之祖师，俨尊者为二祖，康藏国师为三祖”[③]。但值得注意的是，宗密在此处使用的“祖”并不是后世所提出的具有强烈正统意识、不含有强烈排他意识的宗派祖师之义，宗密在此处使用的“宗”是汤用彤先生提出的“宗”的两种概念中的第一

---

① 义天：《高丽大觉国师文集》，第43—44页。
② 李四龙：《天台智者研究——兼论宗派佛教的兴起》，北京：宗教文化出版社，2003年，第3—4页。
③ 宗密注：《注华严法界观门》，《大正藏》第45册第684页下。

种，[1]宗密仅仅是将杜顺作为《华严经》注疏的第一人，并以此为标准给予撰写《搜玄记》的智俨和撰写《探玄记》的法藏“华严二祖、三祖”的地位，这一点王颂老师已经提出。[2]而关于华严宗内部传世法系的建立者，王颂老师另指出，进入宋代以后，随着儒家道统说的确立和禅宗传灯谱系的修订，以及天台宗山家、山外的派系论争，华严宗也产生了树立本宗派传法谱系、神化祖师信仰地位的迫切需求。这项工作是由晋水净源（1011—1088）率先完成的。以杜顺、智俨、法藏、澄观、宗密为华严祖师的传承体系是由净源创建的，建立这个体系的一个重要理论依据是判教说。[3]净源提出的以杜顺、智俨、法藏、澄观、宗密为华严祖师的“五祖说”是流传最广的华严祖师谱系。但王颂老师在此之外，还提出了“在法藏的时代，并不存在排他性的华严教团，在澄观和宗密的时代也是一样”[4]，这一点笔者并不赞同。法藏“五教判”的出现其实已经能证明当时的华严宗具有相当强烈的排他性，更不用说之后宗密以华严宗的一乘显性教统摄儒道佛三教的行为，相较于王颂老师提出的只有当“道统说”（传法谱系）的出现才预示着华严宗教团的成立，笔者更倾向于这是华严宗在发展过程中不同阶段的展现，在华严宗内部，判教与传法谱系的确立并不同步，但两者确实都是华严宗确立本宗至高无上地位的重要武器与标志。不同于禅宗的发展路线，在华严宗内部，传法谱系是在其创派立宗很久之后才产生的成果，并不能以其中任何一项来作为立宗的标志，判教的出现，已经是华严宗立派的标识，而传法谱系的出现，不如说是为了发展而发展的手段，但不可否认的是，这两者都包含了华严宗人满满的正统性的表达。

从王颂老师的观点来看，净源依据“五教判释”建立了华严五祖说，此外，魏道儒老师指出：“子璇的另一部重要著作是《大乘起信论笔削记》二十卷。此书更便于和华严学相联系。唐代华严学说中，渗透了《起信论》的多种思想因素。到了宋代，关注华严教义的学僧中兼重此论者不乏其人。稍早于子璇的东京开宝寺守真（894—971），一生‘讲《起信》及《法界观》共七十余遍’（《宋高僧传》卷二十五）。从子璇习《起信》的净源此后接受了这个传统，从重视《起信论》中提出了排定华严宗初祖的法系传承说。”[5]

---

① “在上次的文章中，我们认为中国佛教宗派，即古来汉文资料中所称为‘宗’者，本来有两个意思：一是指宗旨之宗，实际指的是学派。例如中国僧人对印度般若佛学各种不同的解释，又如讲习各种经论的经师论师的学说，用现代的话说，这都是学说的派别；另一个是指教派，它是有创始人、有传授者、有信徒、有教义、有教规的宗教集团，如隋唐时的天台宗、禅宗、三阶教以及后来的白莲教等，用现代话说，都是宗教的派别，实际上所谓宗派者指此。隋唐以前中国佛教主要表现为学派的分歧，隋唐以后，各派争道统之风渐盛，乃有各种教派之竞起。”汤用彤：《中国佛教宗派问题补论》（1963年），《汤用彤全集》第2卷，石家庄：河北人民出版社，2000年，383—384页。

② 王颂：《宋代华严思想研究》，北京：宗教文化出版社，2008年，第34—35页。

③ 王颂：《宋代华严思想研究》，第35—36页。

④ 王颂：《从日本华严宗的两大派别反观中国华严思想史》，《世界宗教研究》2005年第4期，第11—12页。

⑤ 魏道儒：《中国华严宗通史》，南京：江苏古籍出版社，1998年，第224页。

与唐代法藏、宗密时期华严宗的鼎盛局面不同，宋朝净源之时，华严宗正试图从“会昌法难”这一严重打击中慢慢恢复过来，华严宗中有人开始发现，单纯凭借学说教理的传承来显示其正统性与合法性已经不合时宜了，且宗密之后学术的断层与师承的没落导致人们无法确立传承的正确性，这时候就需要另一种正统性的表达，而宗祖传法的谱系就此应运而生。五代宋初，天台、华严均遭受重大打击，而禅宗却蓬勃发展，禅宗通过灯录的撰写确立了自身传承的合法性与正统性，也在撰写过程中将禅宗内部精英彰显于天下，产生了强大的吸引力与凝聚力。不得不说这一模式对处于复兴阶段的其他宗派来说具有诱惑力，华严宗不得不放弃了单纯依赖教义发展来确定其传承正统性的模式，加入了重视师承法统的措施，而净源本人在撰写这一“五祖说”的过程中不仅从唐朝华严大师那里获得了合法性和神圣性，也在这一传承中确立了自己的位置，获得了正统性的力量。通过“五祖说”来维护华严宗正统性的净源，其实也在祖统承袭的确立中彰显和巩固了自己的继承正统性。

综上所述，净源从重视五教判释和《起信论》中提出了排定华严宗的法系传承说，而与此同时，他本人也从建立这一师资承袭图中巩固与稳定了自己在华严宗历史中的地位，即继承了唐代的华严系统，并且代表着华严宗的正统。那么回到慧苑的问题上来，另立“迷真异执教、真一分半教、真一分满教、真具分满教”四教判释的慧苑，不为净源所认可也是可以猜测的。若我们认同王颂老师提出的华严宗内部的师资传承谱系是由净源率先完成的这一说法的话，所谓慧苑的学说为“异端”、慧苑系统并不被正统华严所认可，应当也是后人作出的评价与选择，至少可以推迟到宋代（及以后），唐代时（尤其是法藏刚过世的百年间）这种认识应该并没有出现，在“其时其地”，慧苑作为法藏的“上首门人”，继承其师遗志为其师补续著作，且不断培养华严学的优秀弟子及再传弟子，他的一生应该是非常精彩且受人尊敬的。或许可以猜测，慧苑本人应该也料想不到自己过世百年后，会被打上“悉叛其师”“异端”的烙印吧。

识心如何成为知识基础

——牟宗三对唯识学与康德知识论的融会*

黄 敏

摘要： 牟宗三将识心之执视为知识建构的关键要素。遍计所执性具有知识论意义，识心之执本质是认知心。识心之执对知识的建构体现在感性层的识心活动、想象层的识心之执以及知性统思中的概念执取。心不相应行法由此可对应放置在康德的十二范畴之下，表示知性之执将对象视为对象的可能性，即执成对象为定相加以认识。识心之执是牟宗三接通康德知识学与两层存有论的关键，也是执的存有层得以确立的核心概念。识心之执的确立表明牟宗三试图以"一心开二门"融会唯识学与康德知识学，把知识纳入遍计所执的范围，既是对唯识学心识理论的再造，也是对康德知识学的新诠。

关键词： 识心之执；感性；想象；知性；心不相应行法

作者简介： 黄敏，中南财经政法大学哲学院副教授。

唯识学是现代新儒家代表人物牟宗三建构其道德形而上学体系的重要思想资源。其中，他的两层存有论的建立即来源于对佛教执的观念的运用。在佛教中，执是执着之意，是一种虚妄分别之心产生的对万法的执着、计较。早在原始佛教时期，释迦牟尼便以摄、习、染形容人生在世的烦恼状态。由计较、执着遂有我执、法执等对人我和法我的分辨。《大乘入楞伽经》卷四云"于一切法，如言取义，执着深密，其数无量"①。牟宗三对佛教计执观念的运用则出于他对唯识学遍计所执性的思考。在他看来，无论我执还是法执，执着均说明心识之染污状态，故可谓识心之执。但是，他认为佛教的识心概念更侧重泛心理主义的论说，重在说烦恼，然而，烦恼心的实质是执着，执着之心亦是一种认识心，"从

---

* 本文系国家社科基金项目"现代新儒家知识论思想研究"（编号21BZX075）的研究成果。

① 实叉难陀译：《大乘入楞伽经》第4卷，《大正藏》第16册第611页上。

泛心理主义的唯识论中理应可有一认知主体”[①],因此,他致力于把识心之执理解为认识心,由此认知主体而接通康德哲学，这才使他的两层存有论得以建立。

一、执的存有之识心活动

所谓两层存有论，即无执的存有论与执的存有论两层。无执存有论指本体界的存有，执的存有论指现象界的存有，所以又分别称本体界存有论与现象界存有论。但是，受到唯识学的启发，他把两层存有的区分看作一种主观区分。依据康德所说，“物自身之概念与现象之概念间的区别不是客观的，但只是主观的。物自身不是另一个对象，但只是关于同一对象的表象之另一面相”[②]。这就意味着现象与物自身的存有亦可视为主观区分,若依于主体视之，则根据主体之心即实现两层区分。

因此，他的本体论建构是从人出发，首先从人入手。牟宗三认为，就人的本质而言，人是有限而可无限的。人虽有限而可无限这一点引申出来，就是人需要存有论，一个本体界的实有，即本体才使人成为无限，本体体现了人的实有性，而现象界的存有则肯定了人有限存在的实有性。值得注意的是，就“因为正是一个本体界的本体（实体）才使他成为创造的，无限的”[③]这层意义而言，是人需要本体的存有，是人创造了本体，这就把本体论转化为一种从主体出发的主体哲学。这是两层存有论潜含的一个理论前提。就人虽有限而可无限，即人有自由无限心这一点就引申出两层的存有来确定人的本质。所以他又自称为是一种实践的形上学，是在人成圣、成佛、成真人的实践中带出来的两层存有。而肯定人有自由无限心，人才是有限而可无限的。自由无限心的自我坎陷，就成为一种执，即自己执持自己而成为一认知主体，并由执物之在其自己而成为一现象执，构成两层存有的执。执的概念就是他吸取佛家执的意义来融摄康德哲学的物自身与现象的关键环节，这是他对佛家执的含义的发挥。

执的存有通过识心之执来实现，而现象的存有实际上是通过唯识学遍计执性来保证。他说：

> 依其中的遍计所执性与染依他，它可含有一现象界的存有论，即执的存有论。

---

① 牟宗三：《现象与物自身》,《牟宗三先生全集》第21卷，台北：台湾联经出版公司，2003年，“序”，第18页。

② 牟宗三：《智的直觉与中国哲学》，台北：台湾商务印书馆，1971年，第37页。牟氏在不同段落引述这段话时表述略有差别，如亦说“物自身与现象之分不是客观的，但只是主观的。物自身不是另一个对象，但只是就着同一对象而说的表象之另一面相”，见《现象与物自身》,《牟宗三先生全集》第21卷，第16页。

③ 牟宗三：《现象与物自身》,《牟宗三先生全集》第21卷，第30页。

此一存有论，我们处于今日可依康德的对于知性所作的超越的分解来补充之或积极完成之。所谓补充之，是说原有的赖耶缘起是不向这方面用心的，虽然它有可以引至这方面的因素，如“计执”这一普遍的底子以及“不相应行法”这一些独特的概念便是。所谓积极完成之，是说只有依着康德的思路，我们始可把这“执的存有论”充分地作出来。①

所谓依着康德的思路，就是在知性认识层面将佛家遍计所执之现象界作为一执的存有，由遍计所执来保证现象界的一切法，这在认识上则是知性认识的需要。而康德所建立种种时空所表象的范畴即所决定的关系在佛家的不相应行法中可以与之相应，其中就是遍计所执之相。这就把识心之执成的现象作为知识成立的根据，现象则为遍计所执而成。这种对现象的解读在康德是没有的，但在佛家则可以成立。就现象界而言，牟宗三认为可以佛家所谓的执来解释现象，就是把现象收摄于识心。这就通过识心之执看待康德的感性、知性及理性，将康德接入他的中国哲学知识论构想中。具体来说，“佛教因为是泛心理主义，所以特重识心之执着义，染污义，以及变现义，所谓唯识所变，境不离识。我们现在从这笼罩的心理主义中，凸出这识心之知识义，暂时忘掉那泛心理主义的颜色，客观地看知识之所由成以及知识对象之何所是，反省地明知识所由成之形式条件以及知识对象之所以如此‘是’之形式条件，如此，便可说明了那些假立的‘不相应行法’，即‘非色非心而隶属于思的形式法’之特性与作用”②。牟宗三认为，佛家原意的执侧重识心之执，是泛心理主义的，重在说烦恼，这是从佛教立足于解脱众生的宗教关怀来说，识心体现出佛教对众生生存状态的描述。而牟宗三力图突出识心之执的认识内涵，重在建立认知主体，所以他的执的含义是就认知主体的人而言，是一种认识心之执。识心之执所描述的作为思的主体便是认知主体的特质，并且心不相应行法就是对认识对象何以可能的条件说明。

牟宗三根据《维摩诘经》将知识分为智知和识知两类。就世间知识来说，识知的识心之执有两层含义，一是逻辑意义的认识心，表明识心之执具有逻辑性，二是存有论意义的识心，表明识心之执的存有论性格。识心之执的活动可分别用来对应康德在《纯粹理性批判》中划分的感性、想象、知性、理性认识机能三态。牟宗三认为，感性、想象、知性不过是识心之执层层执持自身分别认识活动的三种形态而已，三者构成识心之执的基本结构。

首先，认识活动中的感性活动为感触的直觉之执，“是识心虽感性底接受而起的任运执，无分化无造作的执，依佛家，便名曰现量执”③。牟宗三把佛教的现量直接视为经验直

① 牟宗三：《佛性与般若》（上册），台北：台湾学生书局，2004年修订版，第429页。
② 牟宗三：《佛性与般若》（上册），第159页。
③ 牟宗三：《现象与物自身》，《牟宗三先生全集》第21卷，第225页。

觉的执，不仅强调其当下性和接受性，更强调此时识心依据感性能力执着外物为现象，才使现量成为可能。可见，他把认识对象与认识主体两相结合，并依于识心说明现量的来源，这是依于唯识无境的角度理解现象，即把外境视为依于心识执持产生的结果。不过，与唯识学的侧重现象假有不同，牟宗三并未因此否定物质世界的存在，“感性底本质就是形躯性，即物质性”①。只不过他认为，当识心的感性活动与外物相接触，是以经验地知外物，此经验的知已经包含了对执持外物为种种定相后之了解，感性经验所得的物相已是识心自执事象的结果。这是因为，外境在存在意义上已然受认识主体执持的时空观念之影响。若无时间、空间观念，吾人无法理解任何现象事物。为此，牟宗三对康德的时空观念予以了唯识学的改造。

“由直觉执之拘限于当下而跃起而进至于想像，吾人即由此想像说明时空之起现以及规模之构成，此曰想像之执。”②牟宗三认为，康德将时空视为感性直观的形式条件，这只是反省后的说明，严格说，识心之执在感性活动中已经跃起，将想象之执执于认识对象。“感触直觉以时空为形式条件，故当其摄取外物时，即已把外物排列之于时空中，那即是说，即已执成外物之时间相与空间相。反过来，当其执成外物之时空相时，即已预伏时空本身之成立，不管你自觉不自觉。”③因此，感性的识心之执跃起时，随之产生的是想象的识心之执，由此想象活动才有时空的产生。时空即是心灵的主观建构。也就是说，当现量作用时，识心之执亦同时将外物视为时空相之物，说时空作为感性直观的先天条件，并不能使时空概念得到本源性的说明。时空概念的产生是识心之执产生想象活动的结果。

二、心不相应行与康德范畴论的建立

时空相是外物作为现象存有的第一层执定。在此基础上，现象存有的种种存有相才可以为认识主体所讨论，现象才获得定相，这一意义的执是通过知性统思完成的。为此，牟宗三把康德的先验十二范畴放置在识心的知性之执中讨论。与康德不同的是，牟宗三并不将范畴视为纯粹知性不证自明的自发产物，因为这会导致主观的综和如何能与外物相符的客观有效性疑难。故他并不承认范畴在形而上学上的先验性，而只保留范畴在认识论上的先验性，这就使得对范畴作先验演绎变得不那么必要。他说：“只因先验概念之置于纯粹知性是凭空无端的，未就知性之即于现象而论其自发地执现这些先验概念，所以始有那‘如何可应用’之煞有介事的疑难。”④牟宗三为此将范畴扭转于识心之执中论证，试图以经

① 牟宗三：《现象与物自身》，《牟宗三先生全集》第21卷，第227页。
② 牟宗三：《现象与物自身》，《牟宗三先生全集》第21卷，第226页。
③ 牟宗三：《现象与物自身》，《牟宗三先生全集》第21卷，第255页。
④ 牟宗三：《现象与物自身》，《牟宗三先生全集》第21卷，第251页。

验论调和先验论，强调范畴由识心执持外物之定相产生。现象是种种关系相，现象是因着识心遍计所执计度为定相的结果，这些定相便是识心执成，“并不是有现成的现象而待我们去决定它。现象是被绉起的。感性把现象给与于我们，是绉起地给与于我们，并不是现成地给与于我们。因此，当感性把它们绉起而给与于我们时，它们即已有定相，识心之执已默运其中”①。抛开这些特有术语看，他的意思是现象由心识执成，心识的执持活动，无论是感性、想象还是知性的执，总是现象得以现起的原因。就现象是被心识所给予而言，这就消解了康德那里必不可少的物自身义，因康德的物自身对现象的产生有刺激作用，而牟宗三直接从将现象的存有全然视为心识所致，便成为另一种形式的万法唯识说。

牟宗三指出，心不相应行的行可以思来说明。他依据熊十力的解释，谓行是行动、迁流义，“若法无常，即是动相，即是空相”②，就广义来说，一切色法、心法皆行，因其有造作、流动。就五蕴中与色、受、想并列之行而言，此行偏指思义，“行名造作，思是业性造作义强，故为最胜。是故佛说若能造作有漏有为名行取蕴”③。就行可解为思维活动来说，此表明人类活动中思业之胜。由思维、逻辑意义之思可跳出烦恼心的心理意义看，使思的活动结果具有逻辑意义。故思虽为心理活动，属心所，但由思所发的虚概念却不属心。不相应行即“是由思行所发的虚概念”④。这些虚概念不能说与心无关，但很难与心建立同或异的关系，所以名之为心不相应之行。牟宗三由此认为，心不相应行是分位假法，“即与色心诸法不相应合，因不相应合，难说为心，亦难说为色，但却是依色心等法之分位而假名以立”⑤。就心不相应于色法和心法，又不能归于心所有法来说，心不相应预设着思之所及的一种特殊形式，它具有认识论上的积极意义，体现出思的活动对心物关系的关联性把握。故以心不相应说行，并不就着与色不相应说，体现心识活动的主导作用。

就心不相应为分位假法而言，心不相应行便可视为形式性概念：“不相应行法与心建立不起同或异质关系，与物也建立不起同或异的关系。此在西方就是范畴，为形成知识的形式概念。”⑥这样一来，心不相应行法就是嫁接康德范畴论的关键环节。他认为，康德说的知性的先验概念就是执着。据康德感性、知性层对认识机能的划分，牟宗三把唯识学中心不相应行法予以重新分类。

在感性层，他分出心不相应行中的时间、空间，感性的接受形式即时间、空间。不过，牟宗三只取康德视时间、空间为感性的接受形式义，但认为仅止于此仍不完满，因

---

① 牟宗三：《现象与物自身》，《牟宗三先生全集》第21卷，第254页。
② 鸠摩罗什译：《大智度论》第52卷，《大正藏》第25册第433页下。
③ 玄奘译：《阿毗达磨俱舍论》第1卷，《大正藏》第29册第4页上。
④ 牟宗三：《中西哲学之会通十四讲》，《牟宗三先生全集》第30卷，第108页。
⑤ 牟宗三：《佛性与般若》（上册），第141页。
⑥ 牟宗三：《中西哲学之会通十四讲》，《牟宗三先生全集》第30卷，第110页。

“这不表示时间、空间是由感性主体而发，这只表示时间与空间用于感性主体”[①]。既然要说明时间、空间为心灵的主观建构，就要明确属于哪一层次的心灵。他不像康德那样从纯粹知性活动中分解出一种图型法来解释范畴运用于现象的同质可能性的原因。在康德看来，先验时间规定与现象同质，同时也与范畴同质，这使得范畴运用于现象成为可能。康德同时又认为，先验时间就是知性概念的图型。[②]而图型就其本身来说，“任何时候都只是想像力的产物”[③]，那么，康德的先验时间便与想象力联系在一起。牟宗三把这种图型法直接视为识心之执，这样一来，对康德来说属于人类心灵深处隐藏的一种技艺的图型法，看来就是识心的想象活动产物。因此，牟宗三把时间、空间理解为心识活动的想象涌现，时间、空间并不是因感性活动引起。感性活动本身是接受性，如前五识的活动，但前五识本身并不是五官，前五识只分别表示眼、耳、鼻、舌、身的官能活动，这并不能产生时间、空间。故时间、空间并不由前五识所发，说时间、空间是发自想象层的心更确切。而想象层的心即表明心识有想象的认知活动。“佛教认为作为客观而自存之实有的时间、空间是由虚妄执着而虚构而成”[④]，这表明时间、空间本质为识心之执想象涌现的执持。在时空形式的主观执持下，感性给予对象于认识主体才得以成为认识对象，因感性通过眼、耳、鼻、舌、身只提供具体事相，具体事相如何呈现为普遍共相的内容，即能将对象视为对象之对象性条件则需要识心之执的主观建构。时间、空间是第一层的建构条件，除此之外，心不相应法的其他概念都能划归第二层之下，构成知性概念。

决定事物之所以能成为认识对象的条件，就是对象之所以能作为对象的对象性，这是决定眼前呈现的对象能为现象的普遍性相，同时也是遍计所执相。对应于康德的十二范畴，牟宗三把这些定相分为量、质、关系三类。实际上，康德也是在将时间、空间视为纯粹先天想象力的图型基础上讨论其他与之对应的范畴的，故他说“外感官的一切量的纯粹形象是空间；而一般感官的一切对象的纯粹形象是时间”[⑤]。包括数、实在性、实体、原因、可能、现实、必然等种种图型都与时间有关，“每一个范畴的图型都包含和表现着仅仅一种时间的规定，……因此，图型无非是按照规则的先天时间规定而已”[⑥]。牟宗三在时间、空间范畴基础上讨论其他不相应行法，也是出于对时空观念此种特殊性的考虑。

心不相应行法，在佛教说一切有部时期已出现，《俱舍论》将心不相应行法分为十四

① 牟宗三：《中西哲学之会通十四讲》，《牟宗三先生全集》第30卷，第130页。

② 康德称：“我们将把知性概念在其运用中限制于其上的感性的这种形式的和纯粹的条件称为这个知性概念的图型，而把知性对这些图型的处理方式称之为纯粹知性的图型法。”康德：《纯粹理性批判》，邓晓芒译，北京：人民出版社，2004年，第140页。

③ 康德：《纯粹理性批判》，第140页。

④ 牟宗三：《中西哲学之会通十四讲》，《牟宗三先生全集》第30卷，第133页。

⑤ 康德：《纯粹理性批判》，第141页。

⑥ 康德：《纯粹理性批判》，第143页。

种，即得、非得、同心、无想果、无想定、灭尽定、命根、生、住、异、灭、名身、句身、文身。后唯识学加以补充为二十四种。牟宗三沿用熊十力《佛家名相通释》所说，以唯识论师的二十四种心不相应行法为参照系。他指出，时、方、数三者是二十四不相应行法更为形式和普遍的概念，这三者既不是一个描述个体的单位，也不是一个个体性概念，它们毫无内容，如数是纯思想上建立，独存一层，与其他存在法不同。而于因果相续流转假立的时间也只是形式的有，“依康德，因果是形式概念，而时间则是感性直觉摄取外物之形式条件。它当然是假立，就色心等法说，它甚至不是色心等法之义……它是表象色心等法的形式条件”[①]。故所谓时间表象为过去、现在、未来相，其实是心识的时间意识，识心执成对象的诸法而使时间成为形式的有。

在此基础上，牟宗三对二十四心不相应行重新予以分类，他剔除了二十四不相应行中的名身、句身、文身、无想定、灭尽定、无想天、得、异生性，并增加了因果一项，合为十七种心不相应行法。理由分别如下。

首先是名身、句身、文身三者。他认为三者是同类一组，都表示语言文字层，名身、句身表示语言，文身表示文字，语言文字均为主体表诠诸法自体及差别的工具。[②]名字、句子和文字都涉及对万法的描述，不过牟宗三进一步提出，作为文字的文身能表名身和句身之自性，是就名身、句身而立，故文字更远于色心诸法而为一套工具，能表说一切，但既然一切说法皆有可说，则能用语言文字表述之法岂不都成不相应行法？这样一来，所有可言说者都成了不相应行法，因此，必须强调心不相应行意义上的语言文字具有形式概念的意义。所谓不相应，不仅仅是分位假立之意，还应该看到不相应可理解为本身无实体性，并无一客观实有法与之相对，不是色心等法之材质的谓词，这就突出了心不相应行的形式概念作用。但名身、句身、文身作为语言文字组含义太过宽泛，失去形式概念应该具有的限定性特征，故不宜列入心不相应行中。

其次，无想定、灭尽定、无想天这一组。他指出三者乃就修行工夫言说状态立言，是对修行状态的描述语，随心之状态假立，“一方面不足以显单提二十四为不相应行法之独特性，一方面若顺此三者亦为不相应行法想下去，则不相应行法将无穷无尽，此则太宽泛，丧失列举二十四个为不相应行法之意义”[③]。若修行次第上的分位假法均可，那空三昧、四禅八定、七觉分等等都可算在内，这就失去了确立不相应行法的意义，特别是其作为形式概念的认知意义。再者，他认为得、异生性也具有随意性，不便列入二十四不相应行

---

① 牟宗三：《佛性与般若》（上册），第151—152页。

② 杜继文指出，名身、句身、文身分别表示名词、句子和字母，这是按照域外拼音文字而对语言作的分类，三者最能表现“心不相应行”的特色。见杜继文：《汉译佛教经典哲学》（上卷），南京：江苏人民出版社，2008年，第528页。

③ 牟宗三：《佛性与般若》（上册），第153页。

中，若仅从分位假的角度考虑，二十四不相应行亦只是略示其概，无法一一遍举，则不相应行也就没有单列的必要了。

剔除了上述八个心不相应行法后，牟宗三对其余十六个心不相应行法又予以重新分判，增加因果一项，确立十七个不相应行法，分别是流转、定异、相应、势速、次第、和合、不和合、命根、众同分、生、老、住、无常、时、方、数、因果。其中，他认为时、方、数、因果为十七个不相应行中最为基础的四个，其中，流转、定异、相应、势速、次第，此五个分位假法最广泛，牟宗三认为此五者皆就着因果说，“若把因果视为一个更根本的客观法则，则流转，定异，相应，势速，次第，这五者，似乎可以说皆由‘因果’而引申,亦可以说皆可反而谓述这因果关系之形式特性”[①]。故他把因果加入不相应行的范围后，直接取消了上述五者，把因果作为关系相的范畴提出，与康德的关系范畴构成对应关系。其余命根、众同分、生、老、住、无常此六个不相应行法也同样表示宽泛的形式概念意义。而生、老、住、无常即是成住坏空的另一说法，这被他列入强度量，也即康德的质的范畴当中。这样做的目的是把原来看似只有描述诸法相续流转的诸如生、老、病、死、成住坏空的描述词确立出从实在到虚无的量度意义来，体现存在法的普遍的形式特性，实现形式地辨物。他由此受到启发，认为“形式概念大体是属于西方哲学中所谓范畴之类的东西，不过西方哲学中尚无以离、合为范畴者。但是须知康德所系统地建立的范畴表亦只是纲领而已，尚可以引申出许多个”。通过对比心不相应行的分类，他认为康德的范畴表中所涉及的概念是有限的，若按照唯识学的分类，形式概念远不止康德范畴表所列举的那些，这就使形式概念超出了康德限定的十二范畴，赋予主体对形式概念的绝对执持，使先验化为经验的产物。

结语

顺着知性之执使范畴得以确立来说，心不相应行法表明了知性的执性能认知地统思万法并对之进行概念化的具体规范。“故依佛教唯识宗看，凡是康德所言之综和作用都是一种综持、执持。执持是一种执着。”[②]由感性的杂多、想象的综摄到知性的统思，这表明识心活动在认知的我的层面如何步步实现对外界事物的执持，这正是知识形成的由来。现象的时间性、空间性也就是感性心的执性，前五识随心灵活动将现象呈现于主体，主体的知性则提供范畴决定对象的对象性，使对象成为知识的对象，这就是知性为自然立法。从佛教立场上说，感性、知性到理性都是识，“我们有感性上的了别、想像的了别、知性上的

---

① 牟宗三:《佛性与般若》(上册)，第149页。
② 牟宗三:《中西哲学之会通十四讲》,《牟宗三先生全集》第30卷，第174页。

了别，了别就是认知，这些都是认知的能力”①。通过对唯识学执性概念的运用，牟宗三把康德知识论的认识机能分析全部纳入识执范围，也纳入他的执的存有层中，实现他安置世间知识的初衷。

不过，无论牟宗三对唯识学与康德知识论的嫁接是否成功，以下问题都不应忽视。第一，牟宗三的知识论构想表面看是另一种变相的万法唯识，但其中又不乏调和唯识学与如来藏系思想的折中色彩。他虽把心识活动视为知识存有的先决条件，但并不否认外物的存有。外物虽不能以康德的物自身视之，但绝不是依于心识的假有。因识心之执是由自由无限心自觉坎陷执持的结果，牟宗三把识心之执视为一个积极意义的认知概念，不强调其烦恼性，只强调其自知其自执，这就是他融摄《大乘起信论》的“一心开二门”，以如来藏自性清净心改造阿赖耶识的结果。第二，将唯识宗的二十四个心不相应行法改造为十七个心不相应行法是否可行？在唯识宗的角度看，唯识的证成当然至关重要，转识成智亦步步有迹可循，若取消了无想定、灭尽定等关乎修行功夫的述谓语，很难看出心不相应行法在区分心法、心所有法之外的特殊意义，心识活动中的认知与烦恼始终相关这一独具佛教思维特色的解释结构便被消解，那么，这种取消可谓发明和再造。再者，从知识确立的形式概念需要来说，描述事物从存在到消亡的质的范畴亦可不胜枚举，何以只保留流转、定异、相应、势速等描述词，若按照经验的执取可辅助知性统思，则范畴均不必云先验，那么，既然流转、定异、相应、势速均可视为描述因果的形式概念，则其余能够描述因果的模态词是否也可列入？如此则因果与述谓因果的描述语列为同一层，在逻辑上亦不规范，而描述词的大量出现则表明范畴亦不必仅此十七个而已。

当然，牟宗三据唯识学发掘出认识活动的本质在识心之执是极具启发性的哲思，他指明了知识发生的实质在人类认识机能的主观之执。他把康德的知识学内容用唯识学一一加以消化吸收，试图用遍计所执解释主体认识机能的活动方式，至少表明了主体认识活动中感性、知性、理性夹杂着个人心识执持活动的复杂性，也使人们看到单纯以感性、知性、理性划分人类认识活动可能带来的问题，这为推进人类认识机能研究，探索知识获得和发生路径提供了一种可能方向，也提供了唯识学在知识论研究上的方法可能性反思。

① 牟宗三：《中西哲学之会通十四讲》，《牟宗三先生全集》第30卷，第199页。

阿含部弥勒经典《古来世时经》译者考*

黄　凯

摘要：汉译佛典中有关弥勒信仰的经典数量庞大，种类繁多。在阿含部弥勒经典中，《中阿含经·说本经》及其别译单本《古来世时经》首次将历史上真实的佛弟子弥勒确立为未来佛，是未来佛弥勒观念形成的经典源头，极具特殊性。对勘两经内容可发现，《古来世时经》保存了许多早期译经的特色译语，可以佐证该经的译者为西晋译经高僧竺法护。对《古来世时经》的个案研究表明，对于早期佛典翻译史的研究，对于佛教中国化问题的探索，应当充分重视《阿含经》的别译单本经。

关键词：《古来世时经》;《说本经》; 弥勒信仰

作者简介：黄凯，上海大学历史系讲师，研究方向为中国佛教思想史。

引言

汉译佛典中有关弥勒信仰的经典数量庞大，种类繁多，大小乘兼备，杨惠南、松元文三郎、王雪梅等学者对此均有整理并分类。[①]在这些弥勒经典中，学界以往对大乘弥勒经典研究较多，[②]而对阿含部弥勒经典着力较少。[③]

---

* 本文为国家社科基金重大项目"'一带一路'佛教交流史"（19ZDA239）中期成果。

① 参见杨惠南：《汉译佛经中的弥勒信仰——以弥勒上、下生经为主的研究》，《台湾大学文史哲学报》第35期（1987年），第119—181页；松本文三郎：《弥勒净土论》，张元林译，北京：宗教文化出版社，2001年；王雪梅：《弥勒信仰研究》，上海：上海古籍出版社，2016年。

② 相关研究情况可参见王雪梅《弥勒信仰研究》"导论"部分的介绍。

③ 笔者所见的代表性成果有：松本文三郎的《弥勒净土论》是弥勒信仰研究中最具开创性意义的成果，该书第五章《阿含部中的弥勒经典》详细考察了阿含部弥勒经典的成立顺序及相互关系（《弥勒净土论》，第72—90页）；黄夏年的《〈阿含经〉中的弥勒佛——兼论中国佛教的弥勒崇拜》介绍了《阿含经》中的14部有关弥勒信仰的经典内容（段文杰、茂木雅博主编：《敦煌学与中国史研究论集——纪念孙修身先生逝世一周年》，兰州：甘肃人民出版社，2001年）；哈磊的《〈阿含经〉中的弥勒菩萨》依据汉译《阿含经》及南传《经集》等经典，对弥勒的身世、授记、涅槃及弥勒在释迦僧团中的修行方法等问题进行了较为全面的探讨（觉醒主编：《觉群·学术论文集（第三辑）》，2004年）；王雪梅在《弥勒信仰研究》第一章第二节《弥勒信仰的早期形态》中，以《增壹阿含经》卷四十四《十不善品》之第三为对象，深入分析了印度弥勒信仰的最初形态（第46—51页）。

阿含部弥勒经典共有19部，[①]其中属于《增壹阿含经》的经文最多，叙述内容也相对完整，《长阿含经》与《中阿含经》各有一部记载弥勒的经典，《杂阿含经》则没有关于弥勒的经典。在所有阿含部弥勒经典中，《中阿含经·说本经》及其别译本《古来世时经》的特别之处在于，"在《阿含经》中首次明确地提出了在未来世中，弥勒将绍嗣佛法，传法说教的理论"[②]，因此极具深入研究的价值和必要。

前辈学者们对于阿含部弥勒经典的研究，主要集中在大本经的内容，对于相应的别译单本经，往往忽视其与大本经的差异而缺少关注。如学者们多以《说本经》为对象展开对弥勒信仰的讨论而对《古来世时经》一笔带过。实际上，单本经往往译出时间更早，其内容与大本经差异较大，值得考察的问题更多。

本文拟对《说本经》与《古来世时经》进行文本对勘，就其内容差异处作进一步追查，在此基础上对该经译者、其与大本经之关系，及其所反映的弥勒信仰等问题，展开一些基础研究。

一、《古来世时经》基本情况

《古来世时经》(《大正藏》经号0044，失译人附东晋录)，又名《佛说古来世时经》《古来经》，一卷。经名中的"古"是指过去、往世，"来"是指将来、未来世。"古来世时经"即为叙说过去和未来世时事的经典。

《古来世时经》与《古来经》两种名称在历代经录中均有著录。现存最早佛教经录《出三藏记集》卷四《新集续撰失译杂经录》之中收录有"古来经"，将其列入"失译经"中的"阙本"。此后，法经《众经目录》以"古来世时经"之名收入"小乘修多罗藏录"之"众经异译"，并指出其出自《中阿含经》卷十三。此说为彦琮《众经目录》、静泰《众经目录》、《大唐内典录》、《大周刊定众经目录》所沿用。智昇《开元释教录》开始将《古来世时经》作为"失译经"中的"见在"本附于东晋录之末，他注意到《古来世时经》"与《说本经》同本异译，比于本经此文稍略"[③]，并怀疑阙本的《古来经》就是藏中的《古来世时经》。吕澂在其《新编汉文大藏经目录》的"古来世时经"一条中提到，"题中'世

① 分别为：《中阿含经·说本经》，《长阿含经·转轮圣王修行经第二》，《增壹阿含经》卷1序品第一、卷11善知识品二十、卷19四意断品第二十六之余、卷30六重品第三十七之二、卷32力品第三十八之二、卷35七日品之余、卷37八难品第四十二之二、卷38马血天子问八政品第四十三、卷44十不善品第四十八、卷45十不善品第四十八入前品中、卷48礼三宝品第五十、卷49非常品第五十一，以及阿含部单本经《佛般泥洹经》(No.5，白法祖译)、《般泥洹经》(No.6，失译)、《佛说古来世时经》(No.44，失译)、《佛说兜调经》(No.78，失译)、《佛说三摩竭经》(No.129，竺律炎译)。

② 陈士强：《大藏经总目提要·经藏1》，上海：上海古籍出版社，2007年，第317页。

③ 智昇撰：《开元释教录》第13卷，《大正藏》第55册第612页上。

时’二字依经录加”[①]，主张二经为一。笔者也同意上述推测。

关于《古来世时经》的翻译时间。智昇将《古来世时经》记为“失译今附东晋录”，此说为《贞元新定释教目录》等后世藏经目录沿用，影响深远。这容易造成一个误解，让读者以为本经就是东晋时期（317—420）翻译。如陈士强在介绍本经时就说：“东晋失译，建武元年（317）至元熙二年（420）之间译出。”[②]实际上智昇在《开元释教录》卷三中有过交代，他指出包括《古来世时经》在内的36部经，“并是入藏见经，莫知译主。诸失译录阙而未书，似是远代之经，故编于晋末，庶无遗漏焉”[③]。也就是说，东晋末只是智昇给《古来世时经》翻译时间定的下限，并不是说该经一定就是东晋译，实际上“远代之经”的描述，表明智昇认为该经的翻译时间可能要更早。这提示我们不能将经录中“失译人附某录”的经典，简单认定为这一时期的译经。

《古来世时经》的内容为佛在波罗奈仙人鹿处对诸比丘所作有关弥勒成佛的预言。本经的前半部分，为佛弟子阿难律讲述过去世布施一位辟支佛，并因此得大福报的事情。本经的后半部分，佛为弟子们讲说未来世当人的寿命达到八万岁时，有个名叫“轲”的“转轮圣王”出世，同时当有“弥勒如来”化导天人，而弥勒就是当时在场的佛的一个弟子。

本经的同本异译有东晋僧伽提婆译《中阿含经》卷十三《王相应品·说本经》，对应《南传大藏经》的《小部·长老偈》第九一〇至九一九（Theragāthā. 910—919），无藏文本、英译本。

《古来世时经》在弥勒经典中具有特殊地位。《古来世时经》与《说本经》的内容和框架基本相同，所呈现的弥勒信仰信息也基本相同。过去学者们在讨论弥勒信仰时，对《说本经》也有过比较充分的讨论，其中最值得注意的是王雪梅的研究。她将弥勒信仰在印度的发展总结为三个阶段：第一，最初的弥勒信仰形态，即对未来佛弥勒的崇拜；第二，因为对弥勒未来成佛的期待，而产生了弥勒下生信仰；第三，因为对弥勒一生补处菩萨的皈敬，于是产生了弥勒的上生信仰。[④]她认为在未来佛弥勒信仰中，又经历了从对未来佛弥勒观念的认知，到对未来佛崇拜与信仰的发展过程。也就是说，存在一个时期，出现了弥勒是未来佛的观念，但弥勒还没有成为崇拜对象。最早将历史上真实的佛弟子弥勒确立为未来佛，就是在《中阿含经·说本经》以及其异译本《古来世时经》中出现的。关于这一点王雪梅《弥勒信仰研究》第一章《未来佛的期待：弥勒信仰的初成》部分已有详细讨论。下文我们将重点分析的是《古来世时经》的译者为谁的问题。

---

① 吕澂：《新编汉文大藏经目录》，济南：齐鲁书社，1980年，第42页。
② 陈士强：《大藏经总目提要·经藏1》，第546页。
③ 智昇撰：《开元释教录》第3卷，《大正藏》第55册第510页中。
④ 王雪梅：《弥勒信仰研究》，第35页。

二、《古来世时经》译者考证

通过对勘《古来世时经》和《说本经》的内容可以发现，两者除译文简略不同外，在表达同一意涵时使用的译语也多有不同。《古来经》中多处译语可以佐证该经译者为竺法护，兹列如下。

（1）"所行平等""何所胜乎"

《古来世时经》：设有长者，所行平等，有净戒比丘，奉行真戒，来入其舍，从受分卫，若复曰获致百斤金，何所胜乎？①

《说本经》：云何？诸贤！居士在家何者为胜？为比丘等持戒妙法，成就威仪，入家受食耶？为朝朝益利百千万倍乎？②

按："所行平等"一语僧伽提婆译本无对应内容。在南北朝以前的译经中，除本经外，"所行平等"在西晋竺法护所译的7部佛经中皆有用例，其他译经仅姚秦竺佛念译《十住断结经》有1例。

"何所胜乎"一语，僧伽提婆译为"何者为胜"为汉译佛经中所惯见，而"何所胜乎"的译语，**除本经外，仅见于竺法护译《顺权方便经》卷下。**

（2）"无极之宝""无极之众"

《古来世时经》：正使过此无极之宝，犹不及长者供养饭食真戒比丘。……欲救无数无极之众。③

《说本经》：何用益利百千万倍？设复过是，唯此至要，若有比丘持戒妙法，成就威仪，入家受食，非为朝朝益利百千万倍。……广演流布梵行，大会无量。④

按：形容数量巨大的词语，汉译佛典常见"无数""无量"，而以"无极"表"无数"的用法较少见，是早期译经的一个特色，多见于南北朝以前的译经中。除本经外，"无极"表无数的用例见于竺法护译经28部，其译经团队成员聂承远译经1部，其他译者译经16部。而"无极之宝"的译法，**除本经外，仅见于竺法护译《等目菩萨经》卷下。**

---

① 失译：《古来世时经》，《大正藏》第1册第829页中。
② 僧伽提婆译：《中阿含经》第13卷，《大正藏》第1册第508页下。
③ 失译：《古来世时经》，《大正藏》第1册第829页中—830页中。
④ 僧伽提婆译：《中阿含经》第13卷，《大正藏》第1册第508页下—511页上。

（3）“上道人”“愍伤受之”

《古来世时经》：即持食出，长跪授之：“身安隐具，愿上道人愍伤受之。”①

《说本经》：即持食分与辟支佛，白曰：“仙人！当知此食是我己分，为慈愍故，愿哀受之。”②

按：“上道人”一词僧伽提婆译为“仙人”，别经也有译为“圣人”。以“上道人”为名词，是早期译经的特殊表达。除本经外，还见于《法句经》卷上（吴维祇难等译）、**《生经》卷四（西晋竺法护译）**、《菩萨睒子经》（失译人附西晋录），**《出菩萨本起经》（西晋聂道真译）**、《法句譬喻经》卷一（西晋法炬共法立译）、《睒子经》（西秦圣坚译）等早期译经。

“愍伤受之”一语，僧伽提婆译为“为慈愍故，愿哀受之”，**除本经外，仅见于竺法护译《正法华经》卷四。**

（4）“人中之尊”

《古来世时经》：七反生天，为诸天王，七反在世，人中之尊。③

《说本经》：七反生天，得为天王，七反生人，复为人王。④

按：“人中之尊”，僧伽提婆译为“复为人王”。“人中之尊”的译法在汉译佛典中并不多见，除本经外，竺法护译经中有11例，支娄迦谶1例（《伅真陀罗所问如来三昧经》），竺昙无兰1例（《五苦章句经》），昙无谶1例（《悲华经》），沮渠京声1例（《耶祇经》），鸠摩罗什1例（《大宝积经》）。

（5）“弃家捐业，行作沙门”

《古来世时经》：弃家捐业，行作沙门。⑤

《说本经》：弃舍百千姟金钱王，出家学道。⑥

按：“出家学道”是汉译佛经中常见的译语，同义说法“行作沙门”的用例则少见得

---

① 失译：《古来世时经》，《大正藏》第1册第829页中。
② 僧伽提婆译：《中阿含经》第13卷，《大正藏》第1册第509页上。
③ 失译：《古来世时经》，《大正藏》第1册第829页下。
④ 僧伽提婆译：《中阿含经》第13卷，《大正藏》第1册第509页上。
⑤ 失译：《古来世时经》，《大正藏》第1册第829页下。
⑥ 僧伽提婆译：《中阿含经》第13卷，《大正藏》第1册第509页上。

多，主要见于早期译经，如支娄迦谶、支谦、康僧会、康孟祥、康僧铠、竺法护、法炬、帛尸梨蜜多罗等人的作品，其中又以竺法护译经中用例最多。而“弃家捐业”的译语，**除本经外，仅见于竺法护译《持人菩萨经》卷第四。**

（6）“竹树”

《古来世时经》：维耶竹树间，吾命尽于彼，在于竹树下，灭度而无漏。①

《说本经》：随耶离竹林，我命在彼尽，当在竹林下，无余般涅盘。②

按：“竹树”一词在汉译佛典中很少见，**除本经外，南北朝以前仅见于竺法护的译经中。**竺法护之后也仅有北魏瞿昙般若流支和宋法贤各一例。

（7）“威光巍巍”

《古来世时经》：其车甚高，威光巍巍，在上举幡，令一切布施众生；③

《说本经》：有大金幢，诸宝严饰，举高千肘，围十六肘，彼当竖之。④

按：“威光巍巍”作形容词，**除本经外，在东晋以前仅见于竺法护译经中。**竺法护之后，也仅在东晋竺昙无兰译《采花违王上佛授决号妙花经》、后秦鸠摩罗什译《佛说千佛因缘经》、隋阇那崛多译《佛本行集经》中各有1例。

（8）“无著慧”

《古来世时经》：出家学道，成无著慧耶？⑤

《说本经》：于现法中自知自觉，自作证成就游，生已尽，梵行已立，所作已办，不更受有，知如真。⑥

按：“无著慧”对应僧伽提婆一本“知如真”，意指佛陀的最高智慧觉悟。此用法在唐前译经中，**除本经外，仅见于竺法护的《佛说海龙王经》和《等目菩萨经》中。**

① 失译：《古来世时经》，《大正藏》第1册第830页上。
② 僧伽提婆译：《中阿含经》第13卷，《大正藏》第1册第509页中。
③ 失译：《古来世时经》，《大正藏》第1册第830页上。
④ 僧伽提婆译：《中阿含经》第13卷，《大正藏》第1册第509页下。
⑤ 失译：《古来世时经》，《大正藏》第1册第830页中。
⑥ 僧伽提婆译：《中阿含经》第13卷，《大正藏》第1册第509页下。

（9）“无央数千”

《古来世时经》：其比丘众，无央数千。[①]

《说本经》：彼当有无量百千比丘众。[②]

按：“无央数千”与僧伽提婆译本“无量百千”对应，形容数量巨大。此译语为早期译经之特色，仅见于16部佛典，其中竺法护译经10部，其他译者6部。

除此之外，《古来世时经》中还有一些译语也可以作为补充证据。如“闻如是”是早期译经中较多见的卷首语，竺法护译经也惯用此语。“自说宿命所兴德本”一句中的“德本”一词可解为“德行资本”，也是竺法护译经中常见的用词。以“道教”指称佛陀教法，以“无极”翻译“彼岸”，也是竺法护译经中常见的用法。

以上所举《古来世时经》的这些译语，要么仅见于竺法护译经，要么多见于竺法护译经，要么符合竺法护翻译习惯，因此，将《古来世时经》的译者确定为竺法护应该是可信的。

值得注意的是，竺法护译经大多忠实于原文，而本经内容相较《说本经》有所删略，篇幅减少近一半，有可能是经过了聂道真或聂承远的修改，这种情况在竺法护译经中多见。聂承远、聂道真父子是竺法护最主要的译经助手，《高僧传》卷一《竺昙摩罗刹传》记载：“时有清信士聂承远，明解有才，笃志务法，护公出经，多参正文句。《超日明经》初译，颇多烦重，承远删正，得今行二卷。其所详定，类皆如此。”《古来世时经》很可能也像《超日明经》一样经过聂氏父子的“删正”。结合上文所举的《古来世时经》中的一些译语也多见于聂氏父子的译经这一现象，笔者认为《古来世时经》当为竺法护翻译后经聂氏父子整理而成。

三、《古来世时经》与《说本经》之比较

《古来世时经》与《说本经》同本异译，两经相较，区别明显。在确定《古来世时经》译者为竺法护后，笔者想再就两经的异同，谈几点感受。

第一，两经情节要素完全一致，但单本经要简略于大本经。从篇幅上看，《古来世时经》全文2 391字，《说本经》全文5 027字，《古来世时经》的篇幅比《说本经》缩小了一半多。这一现象并非《古来世时经》所特有，而是早期《阿含经》别译单本经常见的情

① 失译：《古来世时经》，《大正藏》第1册第830页中。
② 僧伽提婆译：《中阿含经》第13卷，《大正藏》第1册第510页下。

况。智昇在《开元释教录》中著录《阿含经》单本经时就有察觉，他在《梵摩喻经》等数十部《阿含经》别译本下都有类似“比于本经此文稍略”[①]的注释。**可以说，经文缩略、篇幅简短是早期《阿含经》别译单本经普遍存在的现象。**

第二，单本经的译文有中国化处理，更符合汉地文风。《阿含经》的别译单本经缩略篇幅的目的主要是为了适应汉地读者尚简的书写和阅读习惯。如《古来世时经》比《说本经》篇幅减半，所简略的文字多是印度佛典中重复冗余的内容。试举一例：

《古来世时经》：

于是世尊呵诘比丘：“咄愚痴子！当以一生，究成道德，而反更求，周旋生死，言我来世为转轮圣王，贪于七宝，千子勇猛，然后入道？”[②]

《说本经》：

于是，世尊诃尊者阿夷哆曰：“汝愚痴人！应更一死，而求再终。所以者何？谓汝作是念：‘世尊！我于未来久远人寿八万岁时，可得作王，号名曰螺，为转轮王，聪明智慧，有四种军，整御天下，由己自在。如法法王成就七宝，彼七宝者，轮宝、象宝、马宝、珠宝、女宝、居士宝、主兵臣宝，是为七，我当有千子具足，颜貌端正，勇猛无畏，能伏他众，我当统领此一切地乃至大海，不以刀杖，以法教令，令得安乐。有大金幢，诸宝严饰，举高千肘，围十六肘，我当竖之。既竖之后，下便布施沙门、梵志、贫穷、孤独、远来乞者，以饮食、衣被、车乘、华鬘、散华、涂香、屋舍、床褥、氍氀、綩綖、给使、明灯。我施此已，便剃除须发，着袈裟衣，至信、舍家、无家、学道，我族姓子所为，剃除须发，着袈裟衣，至信、舍家、无家、学道者，唯无上梵行讫，于现法中自知自觉，自作证成就游，生已尽，梵行已立，所作已办，不更受有，知如真。’”[③]

上引这两段经文内容相应，都是佛陀对阿夷哆比丘的呵斥。《说本经》遵照经典原貌，将阿夷哆尊者前面所讲的内容又重复叙述一遍，而《古来世时经》则作了总结提炼，使经文简明流畅。这种适应汉地读者阅读习惯而作的中国化译经处理方式，在中国译经史上比较常见，译经高僧鸠摩罗什就以此译经风格著称。僧叡在《大智度论序》中对此有精准总结：“胡文委曲，皆如初品。法师以秦人好简故，裁而略之。若备译其文，将近千有余卷。”[④]《古来世时经》中类似上文这样的翻译还有多处，同时我们也注意到，在早期的《阿

① 智昇撰：《开元释教录》第13卷，《大正藏》第55册第612页。
② 失译：《古来世时经》，《大正藏》第1册第830页中。
③ 僧伽提婆译：《中阿含经》第13卷，《大正藏》第1册第510页上—中。
④ 僧祐撰：《出三藏记集》第10卷，《大正藏》第55册第75页上。

含经》翻译中，相比于大本经的忠实原貌，别译的单本经往往存在化繁就简的中国化处理。**这提示我们对于早期佛典翻译史的研究、对于佛教中国化问题的探索，应当充分重视《阿含经》的别译单本经。**

第三，《古来世时经》比《说本经》的接受程度更高。在中国译经史上，多数佛典在翻译之后便被束之高阁，鲜人问津，乃至散佚不存。即便有幸保存下来，收入藏经，也流传不广，影响不大。相比于大乘佛经，阿含部的小乘佛典被接受的程度更低。但在阿含部经典中，单译本《古来世时经》比大本《说本经》的接受程度则要更高一些，这从其他作品对两经的引用情况可以看出。

唐道世所撰的《法苑珠林》卷第五十《报恩篇第五十一》之《引证部第二》中引用《古来世时经》中前半部分阿那律比丘叙述自己过去世供养辟支佛经历的内容。[①]《法苑珠林》是唐初释道世编纂的一部大型佛教类书，它把当时人们所能搜罗到的佛教文献按类编排，这种百科全书式的类书，其所承载的内容是当时最主流的、最普遍的知识，是佛教徒知识最初的开始。道世在《法苑珠林》中引用《古来世时经》而非《说本经》，未必能说明当时《古来世时经》就比《说本经》更加流行、影响更远，但道世在编辑《法苑珠林》时的这一选择，势必影响后世读者对两经的接受程度。

值得注意的是，清徐昌治在《法苑珠林》的基础上删繁就简、去肉存髓，编辑出《醒世录》8卷，其中在卷六《报恩篇》之"引证"部分仍然保留了对《古来世时经》的引用。[②]

《法苑珠林》和《醒世录》的例子提醒我们，要充分认识到，过去被认为是小乘经的阿含部经典，实际上一直被佛教类书作为知识来源大量引用，是中国佛教知识体系的稳定信息来源。过去我们对于中国汉传佛教的认识，是将它与大乘佛教画等号，即便认识到中国汉传佛教的经典体系、教义体系中有小乘佛教的内容，也多认为小乘佛教在中国汉传佛教中是可有可无、无关紧要的。**《古来世时经》的例子则表明，从佛教知识结构的角度看，阿含部的小乘经典也是汉传佛教知识拼图中不可或缺的一块。其中，别译单本经往往流传更广，影响更大，扮演着比大本《阿含经》更加重要的角色。**

余论

上文我们通过对勘《古来世时经》与其别译本《中阿含经·说本经》，发现《古来世时经》中有一些译语，要么仅见于竺法护译经，要么多见于竺法护译经，要么符合竺法护

① 道世撰：《法苑珠林》第50卷："又《佛说古来世时经》阿那律比丘自说宿命云……自来求吾吾无所忘。"《大正藏》第53册第664页。

② 徐昌治：《醒世录》卷6，《嘉兴大藏经》第23册第144—145页。

的翻译习惯，因此将《古来世时经》的译者推定为竺法护，并推测本经译出后可能经过聂承远或聂道真的删定整理。但早期译经情况复杂，笔者学力不足，涉猎未深，未定之论，祈请方家指教。

关于《古来世时经》的弥勒信仰，有一些认识前人或有谈及，笔者以为有必要再次加强以形成学界共识。

第一，应该重视弥勒在大小乘佛教关系研究中的重要性。在佛教的菩萨信仰中，弥勒是唯一在大小乘经典中都有记载和反映的菩萨信仰。"从佛教史看，弥勒是唯一贯串小乘佛教到大乘佛教的菩萨，遂成为大乘菩萨道的典型人物。"①弥勒信仰发展史、弥勒经典发展史的研究，对于认识大小乘佛教之关系，可以提供有益的启发。

第二，在弥勒经典中应该重视阿含部弥勒经典的研究。阿含部弥勒经典并非是受到大乘佛教影响而掺入的结果，相反，弥勒信仰对于大乘佛教的兴起至为重要，"正是弥勒信仰促进了大乘思想学说以及菩萨行宗教实践的发展，为佛教在印度的进一步发展乃至东传开辟了新天地"②。弥勒作为未来佛的观念，最早是在《中阿含经·说本经》以及其异译本《古来世时经》中出现的，很可能是释迦时代就已经形成的观念。此后，在未来佛观念的基础上，弥勒的相关事典逐渐丰富，未来佛的形象与性格更加清晰理想，在释迦灭后百年左右形成了对未来佛弥勒的信仰与崇拜。可以说弥勒信仰发展的经典源头就是这一阿含部的弥勒经典《古来世时经》。

第三，在阿含部弥勒经典中应该更重视《古来世时经》等别译单本经。正如本文所展示的，相较于大本《阿含经》，阿含部的别译单本经译出时间更早，译文风格更加中国化，在中国佛教中的传播与影响更大，总体接受程度更高。重视单本经与大本经之间的差异，并将同本异译经典中的单本经纳入重点考察范围，对于研究弥勒信仰可能会带来更多意外的收获。

---

① 廖阅鹏：《净土三系之研究》，台北：佛光出版社，1989年，第17页。
② 王雪梅：《弥勒信仰研究》，第37页。

探究"识"的渊源与发展

——从早期佛教到瑜伽行派

祖 光

摘要：本文主要关注"识"（viñāṇa / vijñāna）的背景，探讨其教义及其从部派、阿毗达磨到大乘瑜伽行派的发展历史。vijñāna（梵语）、viñāṇa（巴利语）既是"意识"又是"认知意识"。除此之外，识还与业、业力以及认知情感的痛苦与烦恼相关。vijñāna也被视为潜在的感知，它作为不间断的意识流，出现在"生死轮回"中。识又是根对境时发生的认知作用，并且在五蕴理论与十二因缘理论中分别具有独特的内涵。本文通过参照各种传统的文献，具体分析了从早期佛教讲"心、意、识"到部派佛教的"有分识"等理论，到后期瑜伽行派"阿赖耶识"等理论的发展历程。

关键词：识；早期佛教；部派佛教；瑜伽行派；有分识；阿赖耶识

作者简介：祖光，闽南佛学院国际部副主任。

1. 早期佛教的"心识"思想

在佛教传统中，vijñāna（巴利语：viñāṇa）通常被翻译为"意识"。意识具有功能性，总是认识到某些物体，但它的产生依赖于条件。事实上，这就是佛陀关于缘起的主要观点——意识观点：意识本身是有条件的。[①]巴利文献中指"心识"的各个层面。心（citta）、意（mana）、识（viñāṇa）是心智或精神领域的三个术语。

"识"在巴利文献中，至少有三个相关但在不同语境中的讨论：

（1）作为感觉器官，识在十二处（āyatana）；

（2）作为五蕴（khandhā）之一识蕴；

① http://jayarava.blogspot.com/2009/07/what-is-consciousness.html。

（3）作为十二因缘的第三支识。[①]

在《阿毗达磨》和后来的注释中，识（viñāṇa）被进一步分析为八十九种不同状态，这些是根据其业力的（kammic）结果进行分类，前五识由色根与外尘的接触而产生。[②]

心是构成认识关系的重要条件。早期佛教十分重视人的认识作用及其分类，有“十二处”“十八界”之说。“十二处”即把认识关系分为主观认识能力——眼、耳、鼻、舌、身、意“内六处”（六根），客观认识对象——色、声、香、味、触、法“外六处”（六尘或六境）。存在六根六尘，再加上作意等认识活动，就会产生眼识、耳识乃至意识即六识的认识作用。六识也就是“心”的作用。

十二处加上六识是“十八界”，是识成立的各种条件。六根、六境和六识之间存在着一种因缘和合的关系，根境和合而生起识，只有六根与六境之间和合作用，人的认识活动才能正常进行。

十二缘起说中“心”意义的开展，首先的“识”（识支）是结生心，这不仅是心的认识作用，而且作为十二缘起的一个环节，是前连潜在的造作诸业（行），后生关于名色有不同的说法，《中阿含经》卷7：“云何知名？谓四非色阴为名。云何知色？谓四大及四大造为色。此说色，前说名，是为名色，是谓知名色如真。”[③]其次，从动态变化角度论述心识的状态。如“无明”是对人生、社会、宇宙的无知无智，后者引起了造作诸业（“行”），又由“行”引生“识”，“识”再转生“名色”。

在原始佛教的根本教理——五蕴、十二处、十八界、缘起说中，可以发现心识说，但是六识或识似乎本来是指认识作用的心，一方面十二缘起支中讲了识支，还有说“灭尽定中识不离身”，这引令后世论师们展开细心识说。然而，“眼识身”“六识身”则将识看成作为识体的心之“体”。[④]

心、意、识从语源上说，虽然有不同的意思，但都是指同一的基本心理作用。后来，逐渐出现心、意、识三者结合的用法。《杂阿含经》卷12说：

> 彼心、意、识日夜时刻，须臾转变，异生异灭。犹如猕猴游林树间，须臾处处，攀捉枝条，放一取一。[⑤]

---

① 例如，见Rhys Davids & Stede（1921—25），第618页，“viñāṇa”，于2007年从芝加哥大学的“南亚数字词典”中检索。

② 参见菩提比丘：《阿毗达摩概要精解》，寻法比丘译，高雄：正觉学会，2000年，第76页。

③ 瞿昙僧伽提婆译：《中阿含经》第7卷，《大正藏》第1册第463页下。

④ 水野弘元：《佛教教理研究》，《水野弘元著作选集》（二），释惠敏译，台北：法鼓文化事业股份有限公司，2000，第383页。

⑤ 求那跋陀罗译：《杂阿含经》第12卷，《大正藏》第12册第81页下。

心、意、识三者，都有如河流，时刻地生灭变化，没有常性，并且犹如猕猴遇见外境不断地攀缘执取，心识所缘境不断变化，一个境不再缘（放一），缘取另一个境（取一）以为我我所，形成渴爱执取。

长部（Dīgha Nikāya）认为人在胚胎时如果识不进入母胎，胚胎的发育就不会成功。[①]Viñāṇa被认为是个体死后继续生存的原因，识是从此生到下一世的延续的重要因素，从而使生命不断延续轮回。[②]但同时识也是解脱生死轮回和涅槃的关键。

在讨论轮回和涅槃中，viñāṇa随着意识流的再生，成为产生新蕴的原因之一。此生的意识与前世的意识既不相同，也不完全不同。

识（viñāṇa）的认知意识非常清楚，在讨论了别（vijānāti）和如实知（pajānāti）这两个术语的各种用法时，K. N. Jayatilleke说：识“viñāṇa”是“认知”的通用术语，而智慧（pañā）或多或少地对应精神真理的认知，[③]viñāṇa与pañā在各自的认知对象方面有所不同，识（viñāṇa）作为一种认知行为并不具有洞察力，而pañā则不仅有认知作用，并且在了别的作用下，对于事物的本质能产生正确的认知。[④]

值得注意的是，viñāṇa和名色（nāma-rūpa）是互缘的，并不是单向的识缘名色。在《大缘经》中，viñāṇa被称为在受孕时进入母胎，并在母胎中形成心理生理有机体名色（nāma-rūpa）。[⑤]如果viñāṇa进入母胎，然后离开它，心理物理有机体将不会经历正常的生长过程，从而导致一个生命的诞生。如果在出生时识离开，那么心理物理有机体就不会增长和成熟。如果识没有在名色站稳脚跟，那么就不会再有重生了。《大本经》中也指出，正是这种对viñāṇa和nāma-rūpa的互缘，导致了不断地轮回生死。[⑥]

作为轮回延续的一个因素，vijñāna在这个世界的“持续”或“逗留”延续了轮回的存在。这种轮回的存在，使得识蕴以及其他四个蕴（khandhās），包含“获得增长，增加和丰富”（virūlhim vuddhi vepullam āpajjeyya）的内涵。[⑦]而如果想完全消除这种累积的业力潜能以及根除痛苦的欲望，则与解脱（niṛvāna）密切相关。[⑧]

---

① 《长阿含经》对应经文：“若识不入母胎者，有名色不？答曰：无也。”佛陀耶舍共竺佛念译：《长阿含经》第10卷，《大正藏》第1册第61页中。

② R. N. Dandekar, M. H. F. Jayasuriya and OH de A. Wijesekara, “Buddhist and Vedic Studies: A Miscellany”, *Buddhist Studies Review* Vol. 13, No. 2, 1994, p. 361.

③ Kulatissa Nanda Jayatilleke, *Early Buddhist Theory of Knowledge*, London: Routledge, 1963, p. 435.

④ P. D. Premasiri, *Studies in Buddhist Philosophy and Religion: Collected Papers of Professor P. D. Premasiri,* Singapore: Buddha Dhamma Mandala Society, 2006, p.120.

⑤ P. D. Premasiri, *Studies in Buddhist Philosophy and Religion: Collected Papers of Professor P. D. Premasiri,* p.63.

⑥ P. D. Premasiri, *Studies in Buddhist Philosophy and Religion: Collected Papers of Professor P. D. Premasiri*, p.63.

⑦ *Saṃyuttanikāya* II 65.

⑧ *Saṃyuttanikāya* III 53.

原始佛教只是将心、意、识作为认识作用与认识主体，从而建构了六识说，但是，对心、意、识三者之间的关系并没有更深入探讨，而是作为一个整体讨论了它们共同的无常变异、攀缘执取、导致轮回痛苦的特征。而到了部派佛教时期，论师们开始探究三者关系，尤其三者之体的同异问题，则影响了后来瑜伽行派的心识论。[①]

2. 部派佛教中的“心识”思想

部派佛教在早期佛教的识的分类的基础上，进一步从“存在论”的立场，对宇宙一切存在加以分类，并对心理、精神现象展开了深入、细致的分析，如五蕴中并列的受、想、行、识都是心，十二因缘等中的“识”都是独立作用。部派佛教视识为主体，而受、想、行是从属于识且不能单独发生的心理作用，从而突出了识的主导地位。心与心所存在主从关系，“心”指心的主体，“心所”指心的作用、状态。[②]

部派佛教时期提出了很多说法，其中比较重要的是“细意识”（“细心”）说，这个学说认为众生从无始以来就存在一种非常微细的心识，这种微细的心识在任何情况下都保持着同一状态，持续而无间断。

例如，上座部对禅定修习中的“心性”问题，对心理过程作了非常细密的观察、研究和分析；还有指出“有分识”（bhavaṅga-citta），它在生命最初形成的刹那称为“结生心”（paṭisandhi-viññāṇa），生命完结的刹那称为“死心”（cuti citta）。从“结生心”到“死心”之间，“有分识”相续不断。“有分识”还推动前生的“死心”向后生的“结生心”过渡，形成以后新的轮回。“有分识”是人的全部行为和经验的潜在保持者，是形成轮回流转的一种推动力。“有分识”既呈现为表面的心理活动，又作为表面心理活动经验的积淀而潜藏存在着，这种识也就是一种“细意识”，是众生在三界中生死轮回的根本原因。方立天提到大众部所说的“根本识”、化地部所说的“穷生死蕴”、经量部所说的“一味蕴”、正量部所说的“果报识”，也都是细意识。[③]

总之，各部派阿毗达磨的心识说极为详细而复杂，主体的识体被区分为六种、十五种、二十种等，南方上座部的巴利佛教，则将心分成八十九种、一百二十一种等，依此设立一切有情于一切刹那的心之类型。对于作为属性的心所法，有部将之区分为六类四十六种，巴利佛教则立七类五十二种心所，[④]详细说明这些识体与心所法相应俱起的状态，甚至

① 圣凯：《真谛三藏的“一意识”论——以旧译、新译心识思想比较为中心》，《法源》2004年第22期。
② 方立天：《印度佛教心性思想述评》，《佛学研究》1995年第4期。
③ 方立天：《印度佛教心性思想述评》，《佛学研究》1995年第4期。
④ 有部的六类四十六种心所法之分类，成立于《俱舍论》之后；巴利佛教七类五十二种心所分类，完成于12世纪的《摄阿毗达磨义论》。承袭有部等说的瑜伽行派，在最后提出众所周知的六类五十一种心所的说法。

对此心心所相应的具体之心，在认识作用、思惟作用、禅定作用、修道作用等状态时，有着如何的心理过程，也分别作了研究考察。[①]

如上述经文之例，原始经典中到处可见，细意识是众生生死轮回流转的主体，而由此业相续的思想，产生了部派佛教以后的种种潜在力或潜在识之说。[②]这种看法也是后来大乘佛教瑜伽行派的阿赖耶识思想的先驱。[③]

种子说系瑜伽行派继承经量部的思想而来，经量部的种子思想显然受大众部随眠说的影响。《阿毗达磨大毗婆沙论》卷48云："复次，诸烦恼等或是随眠或非随眠。若说贪欲瞋恚疑盖，当知总说是随眠者。若说惛沈睡眠掉举恶作，当知总说非随眠者。"[④]大众部认为随眠为心不相应行法，凡夫纵使有一念之善，但因随眠的附随，使其系缚流转于三界，借此以保住凡圣的差别，在这样的理解之下，随眠是一种与心不相应但可使烦恼现行的法。[⑤]大众部使得随眠脱离烦恼心所的范畴，经量部则进一步主张作为令现行法产生的原因之种子既非与心相应的心所，亦非与心不相应的实法，首次开显出与现行诸法不同层次的种子领域。[⑥]

于是在部派时代，虽然没有让它与心识说直接有所关连，但是，有提出某种形式的潜在力或潜在心之说。此种意义的业的潜在势力，有的是以个别部分性的潜在力来说，也有的是以全体的潜在心来说。这些潜在势力的思想，被加以整理改善，发展为后来的唯识思想。在唯识思想中，种子说可看成是部派时代个别的部分性潜在力思想的发展，阿赖耶识则可看成是全体潜在心的开展。[⑦]

---

① 详细的说明，主要是在巴利佛教。巴利佛教的注释书类（Atthasālinī, Visuddhi-magga）及之后的文献 Abhidhammavātāra, Abhidhammattha-saṅgaha 等有详细说明。

② 方立天：《印度佛教心性思想述评》，《佛学研究》1995年第4期。

③ 方立天：《印度佛教心性思想述评》，《佛学研究》1995年第4期。

④ 玄奘译：《阿毗达磨大毗婆沙论》第48卷，《大正藏》第27册第250页上—中。

⑤ 此处所谓大众部系包括大众、一说、说出世、鸡胤四部。大众部的随眠专门针对烦恼来说，所以是否可直接称为种子，有不同的看法：法宝与普光认为随眠即是烦恼的种子，灵泰则认为大众部的随眠非种子。灵泰说若随眠即是种子，为何只针对烦恼说有随眠，而不于善、恶、无记心皆立有种子。（参见灵泰撰：《成唯识论疏抄》第4卷，《新纂卍续藏》第50册第179页下—180页上。）结城令闻提出此二者，并对后者表示赞同，因为将类似随眠的思想扩张到蕴、处、界一切法的是化地末宗。参见结城令闻：《心意识论より见たる唯识思想史》，东京：东方文化学院东京研究所，1935年，第33—34页。由此可见大众部的随眠思想尚未达种子说的形态，但从其将随眠视为烦恼之因的思惟方式，说为种子说的滥觞。

⑥ 陈一标：《有关阿赖耶识语义的变迁》，《圆光佛学学报》1999年第4期。

⑦ 水野弘元：《佛教教理研究》，《水野弘元著作选集》（二），第383页。

3. 早期大乘佛教中的“心识”思想

早期大乘佛教尤其是中观学派思想中，龙树菩萨强调，缘起是甚深的无生之理，等同于“空性”。在传统生活中，人类意识（vijñāna）与客观世界中的名色（nāma-rūpa）相互作用，通过把握世界来肯定自己的存在。

在《中论·观因缘品第一》中，由缘空、因缘法无生而推知一切有为法皆空。所谓有为法泛指四缘生诸法，五根对境的所有感觉认识的色法，以及由所缘缘、等无间缘等所生人的心识、思维所生的心法。从认识论的观点而言，所有感觉与心知认识往往被执为是依附在一个称为“自我”生存主体上的一种作用。[①]龙树菩萨在《十二门论》中说：

> 有为法尚空，何况我耶？因五阴、十二入、十八界有为法故说有我，如因可然故说有然；若阴、入、界空，更无有法可说为我，如无可然不可说然。[②]

换言之，中观学派以为一般凡夫之所以迷执有“自我”，最主要的原因是人的主观感觉与心识作用加以分别而产生；又色、受、想、行、识五蕴中，色与受、想、行、识相对，即感觉与心识相对，而心识能对感觉“色”之外物加以分辨，也能对心识内的差别活动加以区别。也就是分辨了认识主体与认识对象，以及认识主体和认识对象的关联活动之后，才执着有个“自我”的实体概念。《十二门论》提到：

> 佛告诸比丘：“因我故有我所，若无我则无我所。”[③]

在这有为法空、无我的同时，当知无为之涅槃法亦空，理由是《十二门论》中说：

> 此五阴灭，更不生余五阴，是名涅槃。[④]

《中论》云：

---

① 悟实：《中观因果论蠡测》，《法源》2006年第24期。
② 鸠摩罗什译：《十二门论》，《大正藏》第30册第160页中。
③ 鸠摩罗什译：《十二门论》，《大正藏》第30册第160页中。
④ 鸠摩罗什译：《十二门论》，《大正藏》第30册第160页中。

受诸因缘故，轮转生死中。不受诸因缘，是名为涅槃。[①]

涅槃、如来本自自空、本自无生，无生法是相对于有生法而立的假说，而有为的生法空，则无为法的施设也就不能成立了。所以说：

非阴非离阴，此彼不相在。如来不有阴，何处有如来。[②]

因此，只要是缘起的，就是无“自性”的，就是不可得的，就是不生不灭幻现的假相。

早期大乘佛教，《般若经》、中观学派（Mādhyāmika）等对识有不同的表述，中观学派是一切皆“破”，认为阿赖耶识也是空。清辨、月称等认为阿赖耶识根本不存在。而唯识学派则认为阿赖耶识实有，是“立”。[③]而在《楞伽经》（*Laṅkāvatāra*）中，如来藏（Tathāgata-garbha）被特别地与阿赖耶识相提并论，被认为是引导或指向开悟的潜力或原因。

4. 瑜珈行派中的“心识”思想

瑜伽行派（梵语：Yogācāra）与中观学派并列为印度大乘佛教两大思想流派，兴盛于笈多王朝及伐檀那王朝时期的西北印和中印地区，在中国演变为法相唯识宗。该派创始人传说为弥勒菩萨，在无著（Asanga）与世亲（Vasubandu）两位论师的努力下，其学说一度成为印度佛教思想主流。瑜伽行派经历了奠基、兴盛至衰微的发展演变过程，学派中对于佛教思想和实践的探讨也经过了一个不断发展和完善的阶段，最终形成了以唯识三性为中心的观行体系。[④]

早期瑜伽行派仍然是对大乘法空思想的继承和发展，并依据自身的特色提出有异于中观学派和部派佛教的独特的三乘教法体系，以此展开整个学派修行理论和实践的论证。[⑤]随着大乘佛教和中观学派的出现，早期的vijñāna概念发生了一些变化。无著和世亲在较早的著作中体现了这些思想，如无著菩萨的《大乘阿毗达磨集论》与《摄大乘论》，以及

① 鸠摩罗什译：《中论》第4卷，《大正藏》第30册第35页中。
② 鸠摩罗什译：《中论》第4卷，《大正藏》第30册第29页下。
③（佛教的中观，唯识，如来藏三派有什么联系和区别？）对于阿赖耶识，中观还是“因缘所生法，我说即是空”；如来藏说阿赖耶识是有；唯识认为阿赖耶识还是依他起，依因缘而起，并不是常，这就避免了常有。
④ 李嘉俊：《略论早期瑜伽行派佛教思想的人间性》，《人间佛教学报艺文》2021年第36期。
⑤ 李嘉俊：《略论早期瑜伽行派佛教思想的人间性》，《人间佛教学报艺文》2021年第36期。

世亲菩萨的《唯识三十论》和《唯识二十论》。

早期瑜伽行派重点关注的一个问题就是“唯识无境”如何成立。通过对于没有离识以外的真实之境的阐述，以证成“一切法唯识”之理，从而使瑜伽行派从人生本位去认识世界的道理得到成立，进而断染成净证得佛法所说的转依。因此，“唯识无境”的辨析贯穿了整个唯识思想的发展历程，早期瑜伽行派在此问题上从两个方面予以辨析。[①]《解深密经》的《分别瑜伽品》中说：

> 慈氏菩萨复白佛言：世尊，诸毗钵舍那三摩地所行影像，彼与此心，当言有异？当言无异？佛告慈氏菩萨曰：善男子，当言无异。何以故？由彼影像唯是识故。善男子，我说识所缘，唯识所现故。世尊，若彼所行影像，即与此心无有异者，云何此心还见此心？善男子，此中无有少法能见少法；然即此心如是生时，即有如是影像显现。[②]

上述引证中，对定中所缘境归结为唯识所现，将心所认知的外境归结为心自身所生的影像，符合大乘佛法“一切唯心造”的根本主旨，并没有独立于心识以外的真实外境，从唯识的角度证成了无境的思想。[③]

早期瑜伽行派由了别境识和一切种子心识，来否定外境相状的真实性，但并不否定外境的因缘关系是存在的，如《瑜伽师地论》说：

> 云何说诸大种能生所造色耶。……答由一切内外大种及所造色种子皆悉依附内相续心，乃至诸大种子未生诸大以来，造色种子终不能生，造色要由彼生，造色方从自种子生，是故说彼能生造色，要由彼生为前导故。[④]

通过上面的论述我们看到，心心所法认知外境时，即使阿赖耶识中有能造色法的因缘种子（内种子），但若无构成外境的地水火风四大种子（外种子），心心所法终不能无中生有地去认知到四大色法。早期瑜伽行派只否定对于外境认知相状的真实性，与般若系统常说的一切诸法是“如幻、如焰、如水中月、如虚空、如响、如揵闼婆城、如梦、如影、如镜中像、如化”的十喻是相通的，[⑤]只是从认识论角度对“虽有而非真”的原理进行了

---

① 李嘉俊：《略论早期瑜伽行派佛教思想的人间性》，《人间佛教学报艺文》2021年第36期。
② 玄奘译：《解深密经》第3卷，《大正藏》第16册第698页上—中。
③ 李嘉俊：《略论早期瑜伽行派佛教思想的人间性》，《人间佛教学报艺文》2021年第36期。
④ 玄奘译：《瑜伽师地论》第3卷，《大正藏》第30册第290页上。
⑤ 鸠摩罗什译：《摩诃般若波罗蜜经》第1卷，《大正藏》第8册第217页上。

阐述。

瑜伽行派的思想在世亲的《唯识二十论》《唯识三十颂》中系统化。与该教义相关的其他大乘论是无著的《大乘阿毗达磨集论》和《大乘庄严经》。玄奘大师译出的十大论师对《唯识三十颂》的释本中，以护法论师的唯识观点为正义而糅译成《成唯识论》。这其中包含了瑜伽行派的八识理论，即包括前六识、第七末那识（klista-manas）和第八阿赖耶识（ālaya-vijñāna）。

《成唯识论》中提到了第七识：

俱生我执，……此复二种，一常相续，在第七识，缘第八识，起自心相，执为实我。①

此第七识本质，即以第八为境，由似一常，似实我相，故缘第八。②

第七唯托第八为相，举其本质言，起自心相。③

第七识属于另一种范畴，它和前六识不同，并不以外境为对象，以内在的第八阿赖耶识为它的“境”。它的作用是恒审思量，即执着第八识，思量为自我。这种坚执是恒常、细微的，它不随外境的迁流而有间断，它所坚执的第八识是持续的。

而第六识是与外境相联系而构成一个随外境的迁流而时断时起的自我中心，第七识乃是一个内在的、深藏的、无间的自我中心。在这方面，它与第六识及第八识既有共同之处，也有差异。

如下文所说：

其第六识，体虽是识，而非是意（第七识），非恒审故。④

以相续思量故，此但名意，第六缘境，转易间断，故加识名。⑤

谓第七识恒审思量，此说恒言，简（简别之意）第六识，意识（第六识）虽审思而非是恒，有间断故。次审思言，复简第八，第八虽恒，非审思故。恒审思量，双简五识，彼非恒起、非审思故。⑥

此我外缘，行相粗猛（指第六识），非第七起，由第七故第六起，此举由七生增明为论，非实显之。彼是第六识中我执，体有间断，遍三性心间杂生故。⑦

① 玄奘译：《成唯识论》第1卷，《大正藏》第31册第2页上。
② 窥基撰：《成唯识论述记》第4卷，《大正藏》第43册第249页中。
③ 窥基撰：《成唯识论述记》第4卷，《大正藏》第43册第249页下。
④ 窥基撰：《成唯识论述记》第4卷，《大正藏》第43册第377页中。
⑤ 窥基撰：《成唯识论述记》第4卷，《大正藏》第43册第377页下。
⑥ 窥基撰：《成唯识论述记》第2卷，《大正藏》第43册第298页中。
⑦ 窥基撰：《成唯识论述记》第5卷，《大正藏》第43册第414页上。

自我意志的最后根源的第七识，其特性便是连续与深远，如《述记》中说的“第七深而”，“行相深及相续”。[①]

根据著名佛教学家L. Schmithausen教授的说法，阿赖耶识一词是在《瑜伽师地论》中首次提出。[②]阿赖耶识，是藏识，也被称为第八识，储存了一个众生的无始以来善或不善的业种子，这些业种子在人的一生中表现为维系业力的因缘，维持身体和精神的生活。瑜伽行派强调，我们对外部物体存在的日常理解是有问题的，带着染污的见，使我们并不能看清事物的真相。前世的业与种子不断流转，在今生遇缘而又生出现行，继而反过来又熏习种子使种子的力量更加强大，从而执持渴爱，流浪生死，无有出期。

5. 分析各宗“诸识”理论的相似性与差异性

心识显现认知意识模式转识（pravṛtti-vijñāna），这是由于各自感觉能力和感官刺激之间的相互作用而产生的。而在早期的佛教传统中，存在着这样一个问题：冥想的定中，感知和感觉完全停止后，一个人的意识流如何保持不间断的连续性。这里的入定过程被称为“想受灭”（saññā-vedayita-nirodha），而上座部经文*Milindapañha*提出，此时心识进入了一种叫作有分（bhavaṅga）的状态，以持续的潜意识的形式保持其不间断的流动。Schmitausen指出《瑜伽师地论》认为，阿赖耶识是在这种定中不间断地持续存在的基本识。认知意识表现形式的因果条件，似乎在出定后会于阿赖耶识中重新出现。

瑜伽行者基于对人类深层心理的体验，延续部派佛教六识体异、体一的“多意识师”与“一意识师”的争论，在心识论上有诸识差别与一心论的不同主张。[③]

《解深密经·心意识相品》提到：

> 于中，最初一切种子心识成熟展转和合，增长广大，依二执受：一者，有色诸根及所依执受；二者，相名分别言说戏论习气执受……广慧！此识亦名阿陀那识，何以故？由此识于身随逐执持故。亦名阿赖耶识，何以故？由此识于身摄受藏隐，同安危义故。亦名为心，何以故？由此识色声香味触等积集滋长故。广慧！阿陀那识为依止，为建立故，六识身转，谓眼识、耳、鼻、舌、身、意识……广慧！齐此名为于心、意、识一切秘密善巧菩萨……阿陀那识甚深细，我于凡愚不开演，一切

---

① 窥基撰：《成唯识论述记》第1卷，《大正藏》第43册第249页中。

② Lambert, Schmithausen, “Ālayavijñāna”, *On the Origin and the Early Development of a Central Concept of Yogācāra Philosophy* (Part I: Text), Tokyo: The International Institute for Buddhist Studies, 1987, p.14.

③ 圣凯：《真谛三藏的“一意识”论——以旧译、新译心识思想比较为中心》，《法源》2004年第22期。

种子如瀑流，恐彼分别执为我。[①]

《解深密经》是在六识以外，为了统一六识、执持身心，预想作为轮回主体的特殊深层心识，将这些功能的主体称为一切种子心识、阿陀那识、阿黎耶识、心。作为阿黎耶识异名的心，其理由在于积集滋长色等诸法的种子。《解深密经》抛弃了以心、意、识体一名异的六识说，而且提出六识的根本——一切种子心识，为后来建立八识思想体系奠定了基础。同时，《解深密经》说明有情身分最初生起，所以没有提到器世间，但说到了执受名言戏论习气。在阿黎耶识的执受了别中有种子，可见这是着重阿黎耶识现行的。[②]

《心意识相品》中总结了之前有关心意识的学说，以奠立瑜伽行派的理论基础，在此将阿陀那识、阿赖耶识、心视为一切种子心识的同义异语，并分别对其作语源式的解释。虽然这些概念指向的是我们心识的整体，但从其不同语源，却也可以看出彼此侧重面向的差别，此差别的一面，产生了后来的八识理论学说。

《解深密经》之后的初期唯识学，瑜伽行派对心、意、识差别的区分逐渐明确，《瑜伽师地论·本地分》便提出：

云何意自性？谓心、意、识。心谓一切种子所随依止性、所随（依附依止）性、体能执受、异熟所摄阿赖耶识。意谓恒行意及六识身无间灭意。识谓现前了别所缘境界。[③]

“心”是指阿赖耶识，“识”指六识，这一点与《解深密经》相同。但是，《本地分》更将“意”区分为恒行意与六识无间灭意，其中“无间灭意”是《俱舍论》等阿毗达磨论书中经常提到的，“恒行意”（染污意、末那识）则是首次创立，但是特点则不明确。《抉择分》则对染污意的特点明确加以说明：“末那名意，于一切时执我我所及我慢等，思量为性。”[④]另外，如《阿毗达磨集论》卷一说：

云何建立识蕴？谓心、意、识、差别。何等为心？谓蕴、界、处、习气所熏，一切种子阿赖耶识，亦名异熟识，亦名阿陀那识，以能积集诸习气故。何等为意？谓一切时缘阿赖耶识，思度为性，与四烦恼恒相应，谓我见、我爱、我慢、无明。此意遍行，一切善、不善、无记位，唯除圣道现前，若处灭尽定及在无学地。

---

① 玄奘译：《解深密经》第1卷，《大正藏》第16册第692页中。
② 印顺：《印度佛教思想史》，台北：正闻出版社，1993年，第274—275页。
③ 玄奘译：《瑜伽师地论》第1卷，《大正藏》第30册第280页中。
④ 玄奘译：《瑜伽师地论》第63卷，《大正藏》第30册第651页中。

又六识以无间灭识为意。何等为识？谓六识身，眼识、耳识、鼻识、舌识、身识、意识。①

这与上面所引《抉择分》的内容基本相似，详细说明心、意、识三者功能的差别。心的异名有一切种子识、阿黎耶识、异熟识、阿陀那识，其主要功能在于积集习气。意与四大烦恼相应，思量执取阿黎耶识；另外，为意识生起作等无间缘，亦称为“意”，这就是染污意与无间灭意，八识作用的区分十分明显。所以，《瑜伽师地论》对心、意、识进行明确区分，尤其是“二种意”的提出，完成了八识差别的建构，完善了“诸识差别”的心识论。

世亲《唯识三十颂》依据《解深密经》偏重本识的现行性，继承了《摄大乘论》及《瑜伽师地论·摄抉择分》的思想，同时又有所创新与发挥。

世亲依“诸识差别”，发展成“八识现行”，即八识各有其相分与见分。阿黎耶识分为现行阿黎耶识和种子阿黎耶识，现行阿黎耶是见分，其相分为根身、器世间、种子，它能了别而且执受三者；末那识能了别阿黎耶识，并且执其为我；六识能了别六尘。这样，能变现的便有三种，成为三能变的八识现行。②

6. 结语

从上面的讨论中可以得出结论，早期佛教对识从第六种认知主体和认知对象（即主观和客观认知）进行阐述，识还与行为、业力以及认知情感的痛苦与烦恼（梵语：kleśa）相关。vijñāna也被称为潜在的感知，它作为不间断的意识流流动，在“生死轮回”“涅槃解脱”中扮演关键角色。同时它又是感觉器官，对外部世界起认知意识关键作用。我们可以看到：原始佛教只是将心、意、识作为认识作用与认识主体，从而建构了六识说，但是，对心、意、识三者之间的关系并没有涉及；到了部派佛教开始探索心、意、识三者含义的差异，并从有分识等理论来进行阐释，从而逐渐出现三者在体上的差别，最后奠定或者铺垫瑜伽行派建立了八识的完整的理论和实践体系。

---

① 玄奘译：《大乘阿毗达磨集论》第1卷，《大正藏》第31册第666页上。

② 牟宗三认为，世亲头脑明晰，喜分析，但是缺乏理想主义的情调，喜作能所之分别，与宋明理学的朱熹相似，而且，重八识现行，是将八识的“能”“所”义凸出。参见牟宗三：《佛性与般若》（上册），台北：学生书局，1997年，第410页。

龙树与弥勒对《阿含经》“空”思想诠释之同异

——以《中论》与《瑜伽师地论·摄事分》为线索

普　超

摘要：“空”思想虽见于《阿含经》，部派佛教也有论义，能受到高度的瞩目是因为《般若经》的流传与龙树等大乘行者的阐扬，他们厥功至伟。自古以来，教内和学界不少人以为《中论》是依《般若经》而造，但印顺、万金川等学者认为，龙树《中论》中的“缘起”“空”“假名”和“中道”思想是以般若学的立场阐发《阿含经》“缘起深义”这一理念。再者，借由吕澂等近代学者的研究成果，可知《瑜伽师地论》的“契经事择摄”是《杂阿含经》的“本母”。令人感兴趣的是，面对《阿含经》的“空”思想，龙树与弥勒是如何看待的？是否因自派观点而出现歧异性的诠释？本文仅依《中论》与《瑜伽论·摄事分》作一扼要的对比研究。

关键词：空；《第一义空经》；《中论》；《瑜伽师地论·摄事分》；二谛

作者简介：普超，浙江佛学院法师。

一、《第一义空经》之内涵

印顺论证《中论》主要依凭的是《阿含》和《般若》等经，其中与“空”思想密切相关的是《杂阿含经》中的《第一义空经》和《大空法经》。[①]《第一义空经》唯存于汉译

① 《第一义空经》唯存于汉译《杂阿含经》，巴利《相应部》并没有对应的经典；而汉译《大空法经》与巴利《相应部》“因缘相应”的35和36经内容等同，但经中并没有说此经名。“命”（jīva）有“寿命”“生命”和“存在”等义，另指“灵魂”或“神我”等意。（参见荻原云来：《汉译对照梵和大辞典》，成都：巴蜀书社，2004年，第183—184页。）本经破除“命即是身”“即蕴计我”和“命异身异”等执，从而确立“此故彼”的缘起正见。而这三种错误的见解，《杂阿含》卷10说：“三见者，何等为三？有一种见，如是如是说：命则是身。复有如是见：命异身异。又作是说：色是我，无二无异，长存不变。”（求那跋陀罗译：《杂阿含经》第10卷，《大正藏》第2册第72页中。）引文中的三种外道之见：（一）“命则是身”，指持断见的顺世论；（二）“命异身异”，也就是“离蕴计我”，指数论、胜论等；（三）“即蕴计我”，色等蕴是我，指印度传统的婆罗门，以生命自体为“我”，此我为实有、常住妙乐，与宇宙本体的“梵”同一。印顺在《佛法概论》中说：“此三见，在现实生活中，（转下页）

佛典，巴利相应部并没有对应的经典。笔者阅读文献发现，此经另有其他译本，如东晋僧伽提婆译《增壹阿含·六重品》的第七经、宋施护等译《佛说胜义空经》等。而《增壹阿含·非常品》的第八经阐述“空行第一之法”①的经句完全同于《第一义空经》眼等“生时无有来处，灭时无有去处”②的内涵。

《第一义空经》阐述世间生灭流转的业果相续，依“世俗”名言安立诸法的缘起而生灭，并没有实体的“来去”可得。《杂阿含经》卷13说：

> 云何为第一义空经？诸比丘！眼生时无有来处，灭时无有去处。如是眼不实而生，生已尽灭，有业报而无作者，此阴灭已，异阴相续，除俗数法。耳、鼻、舌、身、意亦如是说，除俗数法。俗数法者，谓此有故彼有，此起故彼起，如无明缘行，行缘识。……广说乃至纯大苦聚集起。又复，此无故彼无，此灭故彼灭，无明灭故行灭，行灭故识灭。……如是广说，乃至纯大苦聚灭。比丘！是名第一义空法经。③

此中，值得留意的是：首先，《第一义空经》中说的“俗数法”与其他异译本及相关经论对照如下：

汉译经论	译　　语
《杂阿含·第一义空经》	俗数法④
《增壹·六重品》	假号法，因缘法⑤
《增壹·非常品》	因缘法⑥
《胜义空经》	缘生⑦

（接上页）于有情自体而直觉为有我，并无差别；不过推论此我与身的关系如何，见地多少不同而已。以有情为本的佛法，即适应此一思想潮流而出世者。释尊的正观，即于蕴、处、界作深切的观察，否定这些异见，树立无我的有情论；净化情本的有情，使成为智本的觉者。”（释印顺：《印顺法师佛学著作全集》第18卷，北京：中华书局，2009年，第44页。）

① “若眼起时，亦不知来处；若眼灭时则灭，亦不知去处。无有而眼生，已有而眼灭，皆由合会诸法因缘。所谓因缘法者，缘是有是，无是则无。……耳、鼻、舌、身、意，亦复如是，无有而生，已有而灭，亦复不知来处，亦不知去处，皆由合会诸法因缘。是谓，长者！名为空行第一之法。”僧伽提婆译：《增壹阿含经》第49卷，《大正藏》第2册第819页下。

② 求那跋陀罗译：《杂阿含经》第13卷，《大正藏》第2册第92页下。

③ 求那跋陀罗译：《杂阿含经》第13卷，《大正藏》第2册第92页下。

④ 求那跋陀罗译：《杂阿含经》第13卷，《大正藏》第2册第92页下。

⑤ 僧伽提婆译：《增壹阿含经》第30卷，《大正藏》第2册第713页下。

⑥ 僧伽提婆译：《增壹阿含经》第49卷，《大正藏》第2册第819页下。

⑦ 施护等译：《佛说胜义空经》第1卷，《大正藏》第15册第806页下。

续 表

汉译经论	译　语
《俱舍论》《顺正理论》	法假[①]
《成实论》	假名字[②]

经中的“俗数法”，指“此有故彼有，此起故彼起”，从世间的因果法则说的“流转门”，而这一法则是建构在万事万物上，并不是离开“缘起”。“法本来就有依因托缘而生起的性质，这是法的内在本性即空性。”[③]其次，依于世间行法而施设建立，为何此经为“第一义空经”？从法法的无常、无我等法则，不存在常恒独立的性质。日本学者和辻哲郎在《原始佛教的实践哲学》中认为：

> 使用无常、苦作为无我的一个根据，尤其是以色无常，亦即以色是变异法为其最根本根据。因此，我们知道无我是其中心概念，而在给与根据的关系上，无常这个概念最受重视。[④]

经中“生时无有来处，灭时无有去处”是直显“性本空寂”，[⑤]也就是诸法当体即空的“第一义空”。“其实阿含的本义，无常无我，即空义，由法性本空而说的。因为法性空，常性不可得，所以法法是息息迁变的。”[⑥]《第一义空经》彰显了“缘起”与“空义”是相应的。《杂阿含经》卷12说：“为彼比丘说贤圣出世空相应缘起随顺法，所谓有是故是事有，是事有故是事起。”[⑦]可见，佛法的“空”乃是即缘起而见空，“正因为空无自性，而一

---

① 玄奘译：《阿毗达磨俱舍论》第9卷，《大正藏》第29册第47页下；玄奘译：《阿毗达磨顺正理论》第28卷，《大正藏》第29册第498页下。“法假”一词现存于《俱舍》，梵文“Dharma-saṃketa”，表示约定俗成的名言、概念等，与《般若经》“三假”中的“法假”（dharma-prajñapti）并不同。印顺在《空之探究》中说：“佛的教法，一切都是方便施设的。这本是《阿含经》以来的一贯见解，如《第一义空经》说‘俗数法者，谓此有故彼有，此起故彼起’等，缘起的集与灭。所说的‘俗数法’，《顺正理论》引经，译作‘法假’。阿毗达磨论者，虽知缘起等一切教法，是方便施设的，而对于文句所诠表的法义，总是分为实有与假有。《般若经》明一切法但假施设。”（释印顺：《印顺法师佛学著作全集》第18卷，第198页。）

② 鸠摩罗什译：《成实论》第12卷，《大正藏》第32册第333页上。

③ 金刚：《〈瑜伽师地论〉思想的目的论特征》，中国人民大学博士学位论文，2009年，第61页。

④ 和辻哲郎：《原始佛教的实践哲学》，《原始佛教的实践哲学》编委会译，贵阳：贵州大学出版社，2016年，第90页。

⑤ 释印顺：《以佛法研究佛法》，《印顺法师佛学著作全集》第7卷，第202页。

⑥ 释印顺：《佛法是救世之光》，《印顺法师佛学著作全集》第10卷，第102页。

⑦ 求那跋陀罗译：《杂阿含经》第12卷，《大正藏》第2册第83页下。

切依缘起，才成为可能"[①]。这种即缘起而见空在《阿含经》中是透过"五蕴""十二处"和"十八界"等一切缘起法深观，其乃是无常、苦、无我、无我所而彰显出来的。首先，《杂阿含经》卷1说：

> 尔时，世尊告诸比丘：色无常，无常即苦，苦即非我，非我者亦非我所。如是观者，名真实正观。如是受、想、行、识无常，无常即苦，苦即非我，非我者亦非我所。如是观者，名真实观。[②]

其次，《杂阿含经》卷8说：

> 尔时，世尊告诸比丘：当正观察眼无常。如是观者，是名正见。正观故生厌，生厌故离喜、离贪，离喜、贪故，我说心正解脱。如是耳、鼻、舌、身、意，离喜、离贪，离喜、贪故。……如无常，如是苦、空、非我，亦如是说。[③]

然后，《杂阿含经》卷17说：

> 佛告罗睺罗：谛听，善思，当为汝说。罗睺罗！若比丘于所有地界，若过去、若未来、若现在，若内、若外，若粗、若细，若好、若丑，若远、若近，彼一切非我、不异我、不相在如实知，水界、火界、风界、空界、识界亦复如是。[④]

由此可见，无论是色等五蕴、眼等六处和地等六界，这一切是缘起法，是无常、苦、无我及无我所，而一切法即是"空"。换言之，一切法是如幻的缘起，所以"我性"不可得，即"无我"。"缘起法门，以离我见为本的一切戏论为大用，见之于实际修证上，便能离我我所，得大解脱而实证涅槃。"[⑤]《杂阿含经》说："多闻圣弟子于此六入处观察非我、非我所，观察已，于诸世间都无所取，无所取故无所着，无所着故自觉涅槃。"[⑥]佛法并没有设立任何独断性的预想，而是"如实"去认识一切"存在"的法是无常、苦、无我以及一切存在的法是"蕴""处"和"界"构成的。水野弘元在《佛教教理研究》中说：

---

① 释印顺：《空之探究》，《印顺法师佛学著作全集》第18卷，第211页。
② 求那跋陀罗译：《杂阿含经》第1卷，《大正藏》第2册第2页上。
③ 求那跋陀罗译：《杂阿含经》第1卷，《大正藏》第2册第49页中。
④ 求那跋陀罗译：《杂阿含经》第8卷，《大正藏》第2册第118页下。
⑤ 释印顺：《性空学探源》，《印顺法师佛学著作全集》第5卷，第42页。
⑥ 求那跋陀罗译：《杂阿含经》第2卷，《大正藏》第2册第7页下。

说十二处或十八界的理由，与五蕴的情况相同，是为了证明任何一种要素或状态，皆是无常、苦、无我的。五蕴也好，十二处十八界也好，皆是为了说明：一切经验性现象的存在，皆非固定常住不变，它不能独立而绝对的存在，而是受到周围种种条件的影响，时时刻刻在变化。①

真实的认识是舍弃实在论及形而上的偏见，其实就是《杂阿含经》说现实的“一切者，谓十二入处，眼色、耳声、鼻香、舌味、身触、意法，是名一切。若复说言此非一切，沙门瞿昙所说一切，我今舍，别立余一切者，彼但有言说，问已不知，增其疑惑。所以者何？非其境界故”②。因此，佛陀说的“一切”是现实的一切，是佛法的根本立场。印顺在《说一切有部为主的论书与论师之研究》中说：

佛说“一切”、“一切有”、“一切法”，只是现实的一切。十二处是一切，一切有的；离了十二处，就没有什么可知可说，可修可证的。那些离十二处而有所施设的——超经验的，形而上的，在佛看来，那是戏论，是无关于实存的幻想，佛总是以“无记”去否定他。然而，这样的“一切”，“一切有”佛法的根本立场。③

佛法是探取“无我”的立场，在实践性的现实本身之内找到现实成立的根据，“若见缘起便见法，若见法便见缘起”④。甚至可以说，佛法是遮断自然的立场而立于本质直观的立场时所见的实践性，就是真实的认识或者是真实的“如实知”或“如实见”等。

《阿含经》从“无我”进而到“无我所”，也就是从“我空”进而到“法空”。对于我法二空的观察，佛陀是借由蕴处界的观察而彰显“空”。汤用彤在《印度哲学史略》中说：

因如实知见，而佛陀一生于宇宙人生作种种之分析，或分为五蕴，或十二入，或十八界，或十二因缘，其不惮烦作此详密之分，盖欲从各方面如实知此有为法之世间也。因佛以如实知见即为契于实相之唯一方法，此知见即智慧即般若。⑤

再来，佛陀是借由“色”与“心”的观待的观察而达至空。印顺在《佛法概论》中说：

① 水野弘元：《佛教教理研究》，释惠敏译，台北：法鼓文化，2000年，第304页。
② 求那跋陀罗译：《杂阿含经》第13卷，《大正藏》第2册第91页上。
③ 释印顺：《说一切有部为主的论书与论师之研究》，《印顺法师佛学著作全集》第15卷，第78页。
④ 僧伽提婆译：《中阿含经》第7卷，《大正藏》第1册第467页中。
⑤ 汤用彤：《印度哲学史略》，《汤用彤全集》第3卷，石家庄：河北人民出版社，2000年，第59页。

论到三处观，即五蕴观、六处观、六界观。蕴处界的分别观察，是从不同的立场去分别，看到有情的各个侧面。蕴观，详于心理的分析；处观，详于生理的分析；界观，详于物理的分析。依不同的立场而观有情自体，即成立此三种观门，三者并不是截然不同的。蕴中的色蕴，界中的地水火风，可通于非执受的自然界。六处虽专为有情身心的分析，但从六处而发识缘境，即由此说到内心外界的一切。这有情中心论的观察，都说到了心与色，即证明了有情是色心平等和合相应的存在者，不能偏重于物质或精神。[①]

这说明了心与色是相互观待而存在的，其中之一不能独立于另一而存在。在《阿含经》中佛陀明确就色与心的依待关系而说明缘起的依待性，“释迦常说，懂得了缘起说，也就懂得了法”[②]。佛陀为了破斥“我执”，指出人们主观的心识乃是依待客观的色等法而存在，如果离开了客观的外在色等法，主观的心识也就不能独立而存在。《中阿含经》卷54说：

汝等知我如是说法。所以者何？我亦如是说，识因缘故起，我说识因缘故起，识有缘则生，无缘则灭，识随所缘生，即彼缘。说缘眼色生识，生识已说眼识，如是耳、鼻、舌、身，意法生识，生识已说意识。犹若如火，随所缘生，即彼缘，说缘木生火，说木火也。缘草粪聚火，说草粪聚火。如是识随所缘生，即彼缘，说缘眼色生识，生识已说眼识。如是耳、鼻、舌、身，缘意法生识，生识已说意识。[③]

佛陀说此经的目的是教化嗏帝比丘妄执“今此识，往生不更异”[④]，此比丘执着于有情生死流转中有一常住不变的“心识”，这就如同外道对“神我”的妄执，[⑤]“根据传统的印度宗教哲学，正统的婆罗门教各派哲学，基本持‘常’见，强调‘我’（灵魂）常住不灭”[⑥]。佛陀说“能缘”的心识依待于“所缘”的外境才能生起，如眼识依待于眼根、色境而生，才能称为眼识。“认识必有其所认知的外部对象，没有对象，认识就不可能发生。……同样的，外境就是为眼根所见、为眼识所了，没有它的存在，眼根与眼识也不能实现其能见

---

① 释印顺：《佛法概论》，《印顺法师佛学著作全集》第4卷，第38—39页。
② 吕澂：《印度佛学源流略讲》，《吕澂佛学论著选集》第4卷，济南：齐鲁书社，1991年，第1943页。
③ 僧伽提婆译：《中阿含经》第54卷，《大正藏》第1册第767页上。
④ 僧伽提婆译：《中阿含经》第54卷，《大正藏》第1册第766页上。
⑤ 婆罗门和其他学派都把“业”和“我”结合，以为在有情的生死轮回中有一个常住不变的“我”作为轮回的主体。
⑥ 成建华：《从因果关系上看中观佛教对“生”的破斥》，《世界宗教研究》2020年第6期。

与能了的功用。”[①]其余耳等五识亦复如是。佛陀在经中举各种“火”的名称为例，说明我们对火的主观观念乃是依待于火所依于生起客观条件，例如有“木火”“草火”“粪聚火”等这些火的不同名称乃是由于它们分别依待于“木”“草”“粪”等这些外在的物质而生起。这不外乎说明人们主观上的认识是依待于客观的，如果离开客观，主观的认识也就不能独存。换句话说，佛陀是为了破除主观的“我执”，指出“心”必依“色”，也就是《杂阿含》说的“眼、色缘生眼识”，离开了色，则没有独立自存的心。黄心川在《印度哲学史》中说：

> 佛陀从缘起的理论出发，对宇宙和人生进行了分析，他认为，一切有情的生物（sattva，有情，众生）都是成立于因缘关系中的，它们是由种种的精神原素（名）和物质原素（色）所构成，精神原素和物质原素的集合才构成了有情。早期佛经曾用车和车的部件的关系来说明这种集合。[②]

总之，佛陀说缘起法是在对治外道“我”的常见，当然也对治“无”的断见。因此，在《阿含经》中“心”与“色”的依待关系偏重于“心”依待于“色”的说明，而对两者之间互相依待的关系似乎着墨不多。不过在说明缘起支中的“识”与“色”之间的关系时，经中指出了“识”与“名色”乃是互相待而生。[③]《杂阿含经》说：“今当说譬，如智者因譬得解。譬如三芦立于空地，展转相依而得竖立，若去其一，二亦不立，若去其二，一亦不立，展转相依而得竖立，识缘名色亦复如是，展转相依而得生长。”[④]显示了心与色是相互依待的存在，两者不能独立自存。

原始佛教的缘起观是“业感缘起”，其所揭示的是“此有故彼有，此生故彼生”的缘起论，目的在于遮破外道执“我”所引起的“常见”与“断见”。汤用彤在《印度哲学讲义》中说：

> 奥义书之我，梵为“阿提芒”，佛之所斥也。现象之我，佛名之为补特伽罗，曾

---

① 傅新毅：《认识如何可能？——从有部到经部的佛教认识论思想考察》，《南京大学学报》（哲学·人文科学·社会科学）2016年第1期。

② 黄心川：《印度哲学史》，北京：商务印书馆，1989年，第180页。

③ 梁启超在《佛陀时代及原始佛教教理纲要》中说：“主观的要素——识，与客观的要素——名色，相对待相接触，名之曰‘因缘’。但最当注意者，主观客观两要素，并非有现成的两件东西如两个球呆呆相碰。依佛所说，主观即构成客观之一条件，客观亦即构成主观之一条件。离主观则客观不能存在，离客观则主观不能存在。故曰‘识缘名色，名色缘识。此生则彼生，此灭则彼灭’。宇宙万有，皆借此种认识论的结合，而得有存在之相以供我们研究。”（梁启超：《佛学研究十八篇》，上海古籍出版社，2011年，第70页。）

④ 求那跋陀罗译：《杂阿含经》第12卷，《大正藏》第2册第81页中。

> 比之为负担者，而以五蕴为担。然所谓负担者，仍不过指此现象相续之我，非谓常我也。然谓自我常在，固为邪见，而称一切断灭，死后无有，则为恶见。盖释迦虽立无我，而仍深信轮转业报之说。业报者就福善祸淫之说，而谓作业此生，依其自然牵引力（简自在天外道），受果来世（谓之异熟）。作业必异熟，故前后生灭相续不绝，如火燎原，薪尽火传。五蕴散灭，因业另聚，非常亦非断见，故佛自称其说为中道。[①]

业感缘起揭示了"有业报而无作者"的观念，不但否定了外道的我见，而且也显示了佛法"有作用而无实体"及"世俗有而胜义空"的中道观，缘起与空是相应的，建立了"因为空相应缘起，即开示业果流转等道理"[②]之学说。总之，在《阿含经》中，佛陀借由蕴、处、界等，观察其皆是无常、苦、无我、无我所，故我与法两者皆"空"，同时，经由色和心的相互依待传达了我法二空之意义，以彻底否定外道对"我"和"五蕴"等诸法所产生的实执。

二、《中论》与《瑜伽论》对《第一义空经》诠释之同

（一）《中论》对《第一义空经》的诠释

印顺、万金川等学者认为，《中论》归敬颂揭示的"八不中道"[③]的缘起思想是渊源于《杂阿含·第一义空经》，是不需怀疑的。[④]首先，经中眼等六入"生时无有来处、灭时无有去处"，文中的"来去"，指物体在空间位置的移动，当然，也伴随着时间的迁流。《中论》阐释"不来不出"的深义较详尽，如《观去来品》说："已去无有去，未去亦无去；离已去未去，去时亦无去。"[⑤]印顺在《中观论颂讲记》中说：

> 这是因为去与来，同是一种运动，不过就立足点不同，有去来的差别。如以法王寺为中心，到赤水去叫去；以赤水为中心，这从法王寺去就叫来。去是动作，运动，像我们身体的动作，在时间空间中活动，从此去彼，从彼来此，就名为去来。但去来，不单就人说，流水、白云，在空间中有位置的移动，也就称之为去来。就是在时间的演变中，有性质，分量，作用的变化，从过去来现在，从[⑥]现在去未来，或者从未来来现在，从现在到过去，都是去来所摄。说到彻底处，生灭就是去来。

---

① 汤用彤：《印度哲学讲义》，《汤用彤全集》第3卷，第181页。
② 释印顺：《宝积经讲记》，《印顺法师佛学著作全集》第1卷，第103页。
③ 关于"八不"，参见释印顺：《空之探究》，《印顺法师佛学著作全集》第18卷，第174—181页；万金川：《中观思想讲录》，嘉义：香光书乡出版社，1998年，第70—82页。
④ 释印顺：《空之探究》，《印顺法师佛学著作全集》第18卷，第176页。
⑤ 鸠摩罗什译：《中论》第1卷，《大正藏》第30册第3页下。
⑥ 梁启超：《佛陀时代及原始佛教教理纲要》，《佛学研究十八篇》，第79页。

经上说“生无所从来，灭无所从去”，这不是明白的证据吗？总之，诸行无常的生灭法，是缘起的存在，存在者，就是运动者，没有不是去来的。①

扼要地说，诸法如有实在的自性、常恒不变的法，就决无运动的可能性。“佛的生命观是流动的不是固定的”，正因为“诸行无常”，方能成立“来去”的状态，与世间现见相符。

其次，经中“有业报而无作者”。引文“有业报”，指世间的因果法，即“俗数法”，也就是“此有故彼有，此起故彼起”的缘起“流转门”，这是对治无有业报的我“断见”。而经中“无作者”是“此无故彼无，此灭故彼灭”，这是对治实有作者的“常见”。因此，如果能正观缘起，就能远离常断两边之见，而远离两边即是经中的“有业报而无作者”。龙树以为，依造因感果等“事”，假说有作业、有受报的有情，“因业有作者，因作者有业；成业义如是，更无有余事”②，这是世间共许而施设的，也就是“依缘起而施设成立”③。实际上，独立不变的“我”并不存在于现实中，若实有，种种业感流转与解脱还灭之“事”就无法成立了。印顺在《中观论颂讲记》中说：

是常是实的作作者，固不可以说有；假名的作作者，也还是要承认的。同样的，业及果报，虽说是有，但业果的实自性，也还是不可得的。作作者、受受者、业、果报，都没有实在自性可得，而经说自作自受，这都是约缘起的假名说。这缘起如幻的作业、受报，是佛法中最难解的。④

在此，笔者以为，归敬颂中的“八不”是从诸行在时空中流变的真相，否定法的实有性，而八项都是描述“缘起法”的。万金川在《中观思想讲录》中说：

如此一来，我们或许可以了解龙树的“八不缘起”所要描述的，就是整个世间万法生成变化的如实状态，面对此一无常世间的生成变化，佛陀以“此有故彼有，此生故彼生；此无故彼无，此灭故彼灭”来描述其间的变化律则；而龙树则以“八不”来诠表此一变化的底据是“空”，其实这二者之间是并行而不冲突的。⑤

但为何称之为“空”？龙树在《中论》中有一极为著名的偈颂：

---

① 释印顺：《中观论颂讲记》，《印顺法师佛学著作全集》第2卷，第51—52页。
② 鸠摩罗什译：《中论》第2卷，《大正藏》第30册第13页上。
③ 释印顺：《空之探究》，《印顺法师佛学著作全集》第18卷，第203页。
④ 释印顺：《中观论颂讲记》，《印顺法师佛学著作全集》第2卷，第111页。
⑤ 万金川：《中观思想讲录》，第82页。

众因缘生法，我说即是无。亦为是假名，亦是中道义。

未曾有一法，不从因缘生。是故一切法，无不是空者。[①]

现见世间万物都是依因待缘的种种条件而有，即“存在”，不具有“常恒”“独一”“主宰”的性质，即“无自性”，由此称之为“空”。龙树以“缘合即无定性，无定性即是空”[②]的深义善巧地将阿含“八不缘起”与“空”相结合。[③]

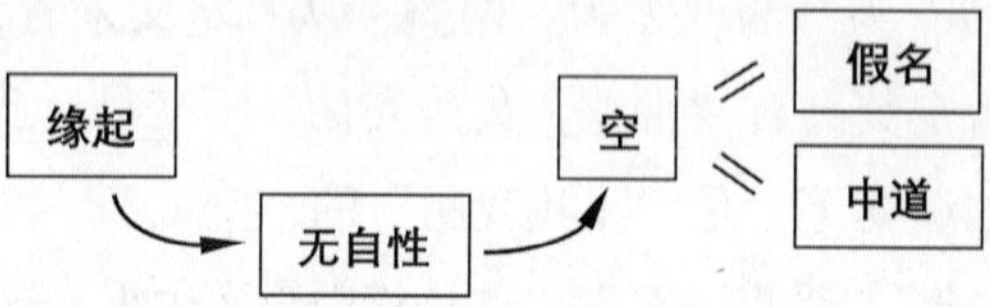

这样，诸法缘起即显性空，也就是“眼之不实而生，非即都无真实，但以假名因缘有之说乎”[④]的善巧之说。

（二）《瑜伽论》对《第一义空经》的诠释

弥勒《瑜伽论·摄事分》对“空经”的诠释分为“世俗谛空”与“胜义谛空”两方面。[⑤]在阐述这两方面之前，笔者先阐述《瑜伽论》对“世俗谛”与“胜义谛”的界定。论中说到，“名色”总括五蕴以及诸有情类，以约定俗成的语言、文字等表称其“名”，显示其“用”，“依世俗谛假立作用，宣说此法能生彼法”[⑥]，这是世间共许的真实，称为“世俗谛”；而“胜义谛”是在“此”有为法，有情身心相续中见“彼”法的“无常性”“造作性”乃至“苦”“无我性”等等，称为“胜义谛”。[⑦]根据《瑜伽师地论》来说，无论是“世俗谛”或“胜义谛”都依于“诸行”而安立。因此，通透二谛之正见，在《论》中称

---

① 鸠摩罗什译：《中论》第4卷，《大正藏》第30册第33页中。

② 释印顺：《中观今论》，《印顺法师佛学著作全集》第4卷，第51页。

③ 印顺在《空之探究》中引《中论》说：“缘起即空，为龙树《中论》的精要所在。阐发《阿含经》中（依中道说）的缘起深义，善巧的贯通了声闻与大乘，为后代的学者所尊重。……凡是众缘有的，就没有自性；如说法有自性，那就不从缘生了。一切是依因缘而有的，所以一切是无自性的；一切无自性，也就一切法无不是空了。进一步说，由于一切法无自性空，所以一切依因缘而成立，‘以有空义故，一切法得成’，显示了龙树学的特色。依无自性来阐明缘起与空的一致性，而《阿含经》的一切依缘起，《般若经》（等）的一切法皆空，得到了贯通，而达成‘缘起即空’的定论。说明龙树学的这一特色，还要从《阿含经》与《般若经》说起。”（释印顺：《印顺法师佛学著作全集》第18卷，第203—204页。）

④ 释印顺：《无诤之辩》，《印顺法师佛学著作全集》第8卷，第74页。

⑤ “于外事中，世间假名增上力故，亦说有果及有受者。彼或时空世现可得，或时不空，如果受者，因与作者，当知亦尔，如是名为世俗谛空，非胜义空。若说恒时一切诸行唯有因果，都无受者及与作者，当知是名胜义谛空。”玄奘译：《瑜伽师地论》第92卷，《大正藏》第30册第826页中。

⑥ 玄奘译：《瑜伽师地论》第92卷，《大正藏》第30册第826页中。

⑦ 玄奘译：《瑜伽师地论》第83卷，《大正藏》第30册第766页上；第87卷，第792页上。

为“有为法见”。[①]而《阿含经》中“世间空”一经（《杂阿含》232经），[②]《瑜伽师地论》就此将“空”分为两类。《瑜伽师地论》卷90说：

复次，空有二种：一者有为，二者无为。此中有为，空无常、恒、久久安住、不变易法、及我我所。若诸无为，唯空无有我及我所。[③]

论中将“空”分为“有为”与“无为”两类，从其定义来看，论中的“有为”，是就因缘和合生灭的诸行，否定其具有“常恒、久久安住、不变易、我我所”等特性，因而称为“空”，而“无为”，如涅槃等，是“无我我所”的“空”。[④]

本着名言施设种种“业”“受报”等事，这是依因缘而生灭，这是《第一义空经》“俗数法”的内容，对此内容，《瑜伽师地论》为“世俗谛空”的诠释。而对于经眼等“生无所来，灭无所去”等内涵，《瑜伽师地论》为“胜义谛空”的诠释，在此基础上，又分成七种：[⑤]

《瑜伽师地论》		《第一义空经》
七种空	释义	
后际空	诸行生时，非实有自性之法从未来世来生，若有自性，则不应生	生时无有来处
前际空	诸行灭时，非实有自性之法往至过去世，[⑥]若有自性，则常住不灭	灭时无有去处[⑦]

① 玄奘译：《瑜伽师地论》第92卷，《大正藏》第30册第824页下。

② 求那跋陀罗译：《杂阿含经》第9卷，《大正藏》第2册第56页中。

③ 玄奘译：《瑜伽师地论》第90卷，《大正藏》第30册第812页上。

④ 关于这两类空，另见《瑜伽师地论》第85卷，《大正藏》第30册第774页下。另外，印顺在《空之探究》“诸行空与涅槃空”一节中对“空”作此区分，似乎略有微言，不甚赞同。参见释印顺：《印顺法师佛学著作全集》第18卷，第97—102页。

⑤ “若说恒时一切诸行唯有因果，都无受者及与作者，当知是名胜义谛空。应知此空复有七种：一后际空，二前际空，三中际空，四常空，五我空，六受者空，七作者空。”玄奘译：《瑜伽师地论》第92卷，《大正藏》第30册第826页中。

⑥《论》认为，诸行“不待余因，自然灭坏”（玄奘译：《瑜伽师地论》第16卷，《大正藏》第30册第363页中）。

⑦ 印顺在《性空学探源》中说：“《瑜伽师地论》所说的七种空，就是明显的例子：‘此空复有七种：一后际空，二前际空，三中际空，四常空，五我空，六受者空，七作者空。’这是根据《第一义空经》（杂含三三五经）的空义而立名的。如经说‘眼（等诸法）生时无有来处’，就安立为前际空。经说‘灭时无有去处’，就安立为后际空。经说‘如是眼（等诸法）不实而生，生已尽灭’，现在是刹那不住的，就安立为中际空。经说‘空诸行，常恒住不变易法空’，就安立为常空。经说‘无我我所’，就安立为我空。经说‘有业报而无作者’，只有惑业因缘所感受的如幻生死，没有一个真实有自体的作者我或受者我，就安立为‘受者空’、‘作者空’。所以，空的名字虽有七个，总不出《第一义空经》，而都是约义立名的。”（释印顺：《印顺法师佛学著作全集》第5卷，第76页。）

续 表

《瑜伽师地论》		《第一义空经》
七种空	释　义	
中际空	诸行刹那生灭中，唯有诸行暂时可得，而无余异物。	不实而生，生已尽灭
常　空		空诸行，常恒住不变易法空
我　空		无我我所①
受者空	以无我故↗无受果之实我	有业报而无作者
作者空	↘无造因之实我	

总之，从“世俗谛”来看，假立业、受者以及依“此”生“彼”的种种因缘等事，彰显了“有作用而无实体”的业论思想，但以“胜义谛”来看，则是“人无我”“法无我”，在诸行中，“我不可得”，其性非实，亦无种种作用别事。②《瑜伽师地论》卷92说：

> 因性业行空无作者，如是名为受者、作者二种皆空。作者、受者无所有故，唯有诸行，于前生灭；唯有诸行，于后生生。于中都无舍前生者取后生者，是故说言唯有诸法从众缘生能生诸法。又一切法都无作用，无有少法能生少法。是故说言此有故彼有，此生故彼生，但唯于彼因果法中，依世俗谛假立作用，宣说此法能生彼法。③

由此说明了“世俗有而胜义空”的二谛观，也就是说，有情依缘起因果“流转”相续而“有”乃是世俗“有”，于胜义谛则是“无我我所而空”。④

三、《中论》与《瑜伽论》对《第一义空经》诠释之别

中观说“空”，笔者以为，这是从“世间虚妄”与“出世胜义”两方面而说，是约利钝的观机逗教而说，或是约契入真实的修证历程而说，而“空”思想并无差别。虽然中观不时强调“诸法当体即空”“此性自尔”等，从“教法”的诠释和“实践”两方面显然为

① 关于“常空”“我空”所对应的经文，印顺引用《杂阿含经》的“空诸行，常恒住不变易法空，无我我所”。对“常空”“我空”的诠释，印顺在《空之探究》“常空、我我所空”一节中有详细的诠释。参见释印顺：《印顺法师佛学著作全集》第18卷，第86—88页。

② 玄奘译：《瑜伽师地论》第16卷，《大正藏》第30册第363上—365页下。

③ 玄奘译：《瑜伽师地论》第92卷，《大正藏》第30册第826页中。

④ 释印顺：《中观今论》，《印顺法师佛学著作全集》第4卷，第53页。

龙树所重，正是因为上契合《阿含》，"'终归磨灭'[①]与'终归于空'[②]，在阿含中是完全一致的。所以，空是遍通诸行'此性自尔'的——后代大乘的本性空、法性空等皆出此；因为空，所以诸行无常，所以诸法无我"[③]，从《阿含》圣典中挖掘了佛陀的"缘起论"而又发挥。吕澂在《印度佛学源流略讲》中说：

> 因为原始佛学讲的缘起是有所偏重的，如讲生灭无常，这个理论联系到实践，是对人生的一种价值判断，认为无常故苦，苦则生灭，以至到涅槃清净。……到龙树时期，他认为释迦提出的缘起论是全面的，不单纯说有或说无，而是有无统一。如从因果关系上说有无，所能推论出来的不外乎生灭、常断、一异、来去等现象，这些都是由时空上因果相望而说的。但是真正的缘起说，在龙树看来，对八个方面都是不能执着的，如果执着了，就等于戏论。……而佛所说的缘起，是超出戏论，是消灭戏论，也可以说是寂灭状态，所以颂说"善灭诸戏论"。这句话，据梵藏本有两层意思，一是息诸戏论，二是息戏论后成为寂灭状态。汉译只谈灭戏论，将另一层意思略去了。用以上这种观点讲因果，是过去所有各因果说中说得最好的，所以对佛致最高的礼敬。意思是说照佛这样说说法，加以发挥，就是此论的宗旨。[④]

从《中论》和《瑜伽论》对"空经"的诠释可见一斑，同样《大智度论》诠释"中品般若"时也指出此一道理。[⑤]而《瑜伽论·摄事分》在诠释《阿含》时说"此空性，离诸因缘，法性所摄，法尔道理为所依趣；此或如是、或异、或非，遍一切处，无不同归法尔道理"[⑥]，仍然不离蕴处界缘起等说"空"。佛陀所说一切法是以蕴处界等彰显有情的"流转"，说明世间的一切法并没有实在的"我"，也就是没有实在的"作者""受者"等，以假名因果相续、诸行流转而彰显一切。弥勒在《瑜伽论》中引经说："都无有宰主，及作者受者，诸法亦无用，而用转非无，唯十二有支，蕴处界流转，审思此一切，众生不可得。"[⑦]那么，两部论书所说的"空"思想等同吗？在不违原始教义的缘起法则上，各学派自有其与众不同的宗义。中观以"诸法如幻假有，胜义毕竟空寂"的"缘起性空"，而瑜伽行派则以"假说自性"与"离言自性"之说，认为经中所说的"一切法空如幻、无生无灭"是"不

---

① 鸠摩罗什译：《大智度论》第72卷，《大正藏》第25册第566页上。
② 鸠摩罗什译：《大智度论》第71卷，《大正藏》第25册第560页下。
③ 释印顺：《性空学探源》，《印顺法师佛学著作全集》第5卷，第24页。
④ 吕澂：《印度佛学源流略讲》，《吕澂佛学论著选集》第4卷，第2073—2074页。
⑤ 鸠摩罗什译：《大智度论》第26卷，《大正藏》第25册第253下—254中。另外，印顺在《初期大乘佛教之起源与开展》（下）等著作中以为，般若法门是从"原始般若"的"深义"发展到"下品""中品""上品"等随机适应。参见释印顺：《印顺法师佛学著作全集》第17卷，第553—571页。
⑥ 玄奘译：《瑜伽师地论》第90卷，《大正藏》第30册第812页中。
⑦ 玄奘译：《瑜伽师地论》第16卷，《大正藏》第30册第363页上。

了义”，应是有所“空”（世俗）而有所“不空”（胜义）；若以为“一切皆空”，则是落入损减执的恶取空者。[①]印顺在《印度佛教思想史》中说：

> 瑜伽行者怎样决了当时流传的“大乘佛法”？《般若》等空相应经，说一切法皆空，瑜伽者说是“不了义经”；如依文解义，说一切法都无自性空，那就是恶取空（durgṛhītā-śūnyatā）。初期的《瑜伽师地论》中，“菩萨地”的“真实义品”立假说自性（prajñaptivāda-svabhāva），离言自性（nirabhilāpya-svabhāva），近于二谛说。[②]

瑜伽行派的“空”思想渊源于《中阿含·小空经》。对此，印顺在《中观今论》和《印度佛教思想史》等著作中有详细的诠释。他在《中观今论》中说：

> 唯识学者说空，无论如何巧妙的解说，永不能跳出此他空的圈子。此他空论，也不是唯识学所特创的，他的渊源即远从萨婆多部而来。有名的世友论师曾说：空与无我不同，无我是究竟了义的，空不是究竟了义的。如说五蕴无我，这是彻底的，确乎是无我的；若说五蕴为空，这不是彻底的。由于五蕴无我，所以佛说空，而于此色、受等五蕴却是不可空的。如解经说“诸行空”，也说：诸行中无我我所，所以是空，不是诸行的行空。唯识学者继承此种思想，所以说：由于依他起上，远离遍计所执相，名之为空；而依他起是自相有，不能说为空的。这种他空论，早已根深蒂固而必然的与自性有论相结合。说得远一点，他空的思想，早见于《中阿含经》中，如《中阿含经》的《小空经》，就是他空论。[③]

然而，瑜伽行派的经论中指出“一切法空”是为“隐密相”，为“五事具足”的上根人而说，并不是能普被一切，由兹方成“不了义”。[④]以此而论，笔者以为，所谓“不了

---

① 玄奘译：《瑜伽师地论》第36卷，《大正藏》第30册第488下—489页上。

② 释印顺：《印度佛教思想史》，《印顺法师佛学著作全集》第13卷，第222页。

③ 释印顺：《中观今论》，《印顺法师佛学著作全集》第4卷，第52页。

④ 参见玄奘译：《解深密经》第2卷，《大正藏》第16册第695中—697页中；《瑜伽师地论》第76卷，《大正藏》第30册第720中—723页上。印顺在依此观点认为，瑜伽行派说的“一切法空为不了义教”，这是基于众生根器资粮而论。他在《成佛之道（增注本）》中说：“胜义，是一切法的究极真性，没有更过上的，所以胜义就是了义。这是中观论者，承《般若》、《无尽意经》而确立的见地。但《解深密经》以了义与深密（不了义）相对论：说得显明易了的，是了义；说得深隐微密的，是不了义。因此，在胜义谛中，又有深密与了义的分别。依佛说的《解深密经》去理解，胜义法空性，所以有深密与了义，是根机的问题。……对于‘一切法无性’的教说，像这类根机成熟的，已有‘善入’甚深法性的能力，就能以无倒修慧，‘能’证能‘入’，也就不需要佛说《解深密经》了。但或有‘五事不具’足的，对于一切法无性的教说，就有了问题。经上说：种上品善根，清净诸障，成熟相续，多修胜解，但还没有积集上品的福智资粮。这一类有情，有的听了，就觉得甚深甚深，（转下页）

义”，并不在于“法”的本身，而是在于应机与否，这与“下品般若”“中品般若”等主张“不应为新学菩萨说深般若”之意趣完全相符。

再者，《般若经》说到因学般若而生“轻慢他人”“起增上慢”，口说“空”而行于“有”等谬行，而有种种偏差，评彼等为“恶取空者”，颇具当头棒喝的遏阻之效，与经中“宁起我见积若须弥，非以空见起增上慢”①亦不谋而合。

结论

本文撰写的缘起来自阅读万金川《中观思想讲录》②和印顺《中观今论》《空之探究》等著作提出“《中论》乃《阿含经》的通论”，本着“般若法门”的深悟，“以大乘学者的立场”，“抉发《阿含》的深义”的这一理念，③诠释佛法“空”思想。再借由给学僧讲授《印度佛教思想史》《成唯识论》等课程的缘起，将《中论》和《瑜伽论·摄事分》同引注的《杂阿含经》(335经，又名《第一义空经》)，从中观、唯识学派两部重要论典说明，一方面透过其深邃的智慧来诠释《阿含经》的“空”，另一方面反观其诠释《阿含》的立场以及彼此的同异。

一是《第一义空经》眼等“生无来处、灭无去所”，“有业报而无作者”的思想，《中论》着重于“不来不去”的缘起法彰显了“法无自性、本自空寂”的胜义谛。中观以为，一切法无自性，唯依世俗“假名”而施设，依此成立一切染净因果，“则知正见缘起因果之可有可无，而生而灭，悟解都无真实，惟有假名，即假名而悟无实，乃能离有无见而观乎空寂。性空唯名之旨，显见于此”④。就《第一义空经》，《瑜伽论·摄事分》依“二谛空”诠表，胜义空又由时间、空间、法体等为成“七种空”，借以各别注释经句文意。二是中观与唯识的“空”思想虽同样依《阿含》的无常、苦、无我的缘起论诠释，但彼此有所分

(接上页)虽能信仰，但不能解了。有的听了，虽能信仰，不能解了，却要照着自己的意见去解说。以为一切法无自性空，就是什么都没有(龙树称之为方广道人)。结果是对自己毫无利益，反而退失智慧。从他听法的人，有的跟着他执着无见，有的就反对一切法性空教。还有，五事都不具足的，听了一切法无性空的教说，不信不解说：‘此非佛语，是魔所说。’……依经文的叙述去了解，在五事具足的，于一切法无自性空，能成立一切法，能修能证的根机来说，这还不是了义教吗？如根机不够，五事不具足，于一切法无自性空，不能成立一切法，或者破坏一切法，这才成为深密难解，而需要佛的浅显解释了。……《般若经》等说一切法无性空，一切唯名唯假，对般若法会的根性来说，是究竟的了义教。不过在五事不具的根性看来，深而又密，这所以又要解释一番，浅显明了，能信能解，觉得这才是了义法门。”(释印顺：《印顺法师佛学著作全集》第5卷，第248—250页。)

① 菩提流志译：《大宝积经》第112卷，《大正藏》第11册第634页上。

② 万金川：《中观思想讲录》，第56—59页。

③ 释印顺：《中观今论》，《印顺法师佛学著作全集》第4卷，第17—24页；《空之探究》，第18卷，第113—126页。

④ 释印顺：《无诤之辩》，《印顺法师佛学著作全集》第8卷，第74页。

歧：前者在“缘起即空”“一切法无自性”的“自空观”，而后者在“由彼故空，彼实是无;于此而空，此实是有”[①]的“他空观”。唯识以为，世俗的一切“假法”必依“实法”而成立。“瑜伽行派依据‘假必依实’的道理认为虚妄假法也必须有其真实的依据，否则假法就不会有。”[②]由此延伸出“世俗空”而“胜义有”的思想。两学派虽说有异，但这是基于应机施教，而臻至体悟应是无二无别。

① 玄奘译:《瑜伽师地论》第36卷,《大正藏》第30册第488页下。

② 金刚:《〈瑜伽师地论〉思想的目的论特征》，第64页。“假必依实”的思想源自有部，在《大毗婆沙论》中阐述为他空自不空。《论》曰:“有说：非我行相其意决定，是故偏说。谓空行相义不决定，以一切法有义故空，约他性故；有义不空，约自性故。非我行相无不决定，以约自他俱无我故。”（玄奘译:《阿毗达磨大毗婆沙论》第9卷,《大正藏》第27册第45页中。）

镜涵万流，包容一切

——太虚大师“现实之理”的思想与特质

颜　峻

摘要：太虚大师《真现实论·宗体论》集中讲述了“现实之理”，以现变实事、现事实性、现性实觉、现觉实变重重相摄而总成一“四现实轮”之体系。简略来说，现变实事主要讲法相，现事实性主要讲法性，现性实觉主要讲正智，现觉实变主要讲智用。《宗体论》的特质是教理上融贯一切佛法，维护、继承宗派之学而放弃宗派之见；行果上重视知识的学习，提倡圆渐的大乘行。《真现实论》是太虚大师以“镜涵万流，包容一切”的态度而作的“佛学大全”，构建了一套完整的教理行果体系，融贯大乘三系、中国八宗，以之抉择世出世法，为太虚大师一生思想的体现和结晶，亦是人生佛教的教理基础。

关键词：真现实论；太虚；人生佛教；融贯

作者简介：颜峻，南京大学哲学系博士研究生。

引论

太虚大师有一首我们耳熟能详的偈子：“仰止唯佛陀，完就在人格。人圆佛即成，是名真现实。”[①]众所周知它出自《即人成佛的真现实论》，不过我们的目光往往过多地停留在“人圆佛即成”，有意无意忽略了“是名真现实”，但恰恰“真现实”才是更值得深究的重心，有着超过前句的深广内涵。

围绕“真现实”太虚有一系列著述和演讲，[②]其中最重要最全面的当属皇皇巨著《真现实论》。相比汗牛充栋的太虚研究论文，《真现实论》处于一个落寞的状态，相关研究可称

① 太虚：《即人成佛的真现实论》，《太虚大师全书》，北京：宗教文化出版社，2015年，第21卷，第377页。

② 如《即人成佛的真现实论》《佛学的现实论》《佛法之四现实观》《佛陀学纲》，相关性比较强的还有《自由史观》《人生观的科学》《大乘与人间两般文化》《大乘佛法的真义》等。

寥寥无几。我们可以看到，先行研究大致有三个维度：一是偏重对《真现实论》思想作一整体的论述，如霍韬晦、李广良、侯坤宏；[①]二是侧重于研究《真现实论》对世学的融摄、超越，并探讨其对于当代文化的意义，以邓子美为代表；[②]三是涉及《真现实论》的佛学思想的某一专题，特别是《宗依论》所展现的认识论，如聂士全、罗同兵。[③]我们可以看到，先行的专题类研究更多地集中在《宗依论》，对《宗体论》的研究多较简略，对《宗体论》思想与特质的分析尚有可推进处。在先行研究的基础上，本文拟对《宗体论》作出解读，进而以佛学义理的视角对《宗体论》乃至整部《真现实论》的特质作出分析，兼论《真现实论》对于人生佛教的重要理论意义。

一、释名与结构

《真现实论》分为《宗依论》《宗体论》《宗用论》三个部分，太虚大师完成了《宗依论》（1927）和《宗体论》第一节“现实之理”（1938），而《宗体论》剩余的现实之教、现实之果、现实之教理行果和《宗用论》未及讲出便已示寂，现在的《宗用论》由印顺法师汇集太虚大师其他文章和演讲而成。

《真现实论》不仅是太虚佛学思想的核心，也是汉传佛教的新开展，在中国佛教思想史上具有独特的意义。一方面，它是太虚佛学思想的核心，是人生佛教的教理基础。[④]人

① 霍韬晦《太虚〈真现实论〉略简》（《太虚诞生一百周年国际会议论文集》，香港：法住出版社，1990年）最早整体介绍《真现实论》的思想和框架；李广良《心识的力量》（上海：华东师范大学出版社，2004年）一书的第八章《佛法与现实》分析了现实的含义、能知与所知和四现实观的内容；侯坤宏《太虚大师〈真现实论〉思想探微》（《法音》2017年第9期）论述了《真现实论》在太虚大师思想体系中的地位，分析了主要论旨，由“现实”如何推展至“真现实论”“四现实观”“四现实轮”。此外还有朱俊龙的硕士学位论文《太虚“现实之理”思想探微》（吉林大学，2014年），陈述了《真现实论·宗体论》的内容。王雷泉《近代佛教名家名著提要·真现实论》（《法音》1996年第3期）《中国学术名著提要·宗教卷》（上海：复旦大学出版社，1997年）、陈永革《人间潮音：太虚大师传》（杭州：浙江人民出版社，2003年）亦对《真现实论》有所介绍，因为较为简略，故不赘述。

② 邓子美《多元价值迷惘下的超越性指引——论太虚大师未竟之志》（“太虚大师思想高峰论坛”论文，上海：玉佛寺，2017年3月）、《太虚的佛学意义世界——〈真现实论〉之当代解读》（《西南民族大学学报》[人文社科版]2018年第4期）是非常重要的两篇文章，以非常前沿的视角对《真现实论》作出解读，着重发挥其有助于全球摆脱现代性困境的价值，并通过《真现实论》分析了佛学的认识论、方法论、价值论和思维方式。

③ 聂士全《大乘振兴的突破口——〈真现实论〉对世出世间法的现代融通》（《西南民族大学学报》[人文社科版]2018年第4期）集中在摄破世学方面进行研究，认为太虚以认识论作为沟通佛教和科学的桥梁，主要研究内容来自《宗依论》，旁涉《宗体论》。罗同兵《〈真现实论〉的“理性批判”》（《西南民族大学学报》[人文社科版]2018年第4期）将太虚学说与康德哲学作出比较研究。以上三个维度只是一个粗略的分类，有的文章同时有着两个维度的分析。

④ 人间佛教、人生佛教虽有细微差别，人间佛教更侧重整个社会、整个国家方面的改善，人生佛教更重视人而菩萨而佛的“精进主义”或“进化主义”，但是基本上二者的内涵是一致的。本文“人生佛教”特指太虚的人间佛教思想，以突出其修行论的色彩，亦以区别于后来昭慧法师所谓“千山竞秀、万壑争幽”的种种人间佛教形态。

生佛教不是突然产生的，它产生于太虚整体的佛学思想，即太虚所谓“佛陀学”。一般对人生佛教、人间佛教的理解往往被看作是一种佛教在现代性冲击下的“应对”，或者说是“世俗化”佛教，其实人生佛教更应该理解为一棵大树上的果实，这棵大树是经过判释的整体佛学，即太虚所谓“佛陀学”。这棵大树的树根，即太虚佛陀学的核心，应该说是《真现实论》，“《真现实论》是善清净言教之总持，亦为如来最深秘意”①。另一方面，在中国佛教思想史上《真现实论》有着独特的意义，可以视为传统汉传佛教的新开展。与一般印象中人间佛教的革命性不同，以《真现实论》为核心的太虚“佛陀学”看似采用了新式的概念和诠释方式，但在根本的教理上与传统中国佛学并无二致，只是有着海纳百川式的融贯性，②而为了达到融贯的目的，故有部分教理上的创新。《真现实论》广博精深，用语又颇为艰涩，容易落入重重繁复的内容而难有全面的体认，故本节对“真现实”的名义和《真现实论·宗依论》的结构略作分析，下节详述《宗体论》。

首先，是关于“真现实”的名义。所谓真现实，实际上就是现实，加“真”字是为了简别一般通俗意义上的现实。③太虚《真现实论》的现实有层次不同的含义，他首先用“现实即宇宙”“现实即法界”“现实即现实”三个命题来解释。所谓现实即宇宙，不仅仅是说空间和时间，还是说相续自住的各种事物，更包括人，“即人生全部云宇宙”。现实即法界，是说法界是一切法之总和，更有诸法总相、诸法之因、诸法互交相编，“现实即法界，法界即现实”。现实即现实，是说现变实事、现事实性、现性实觉、现觉实变均为现实。不过，虽然重重事相均可说为现实，但最根本的、最究竟的现实（法尔如是），是真现量所知的究竟实相，非名言性，无法言说。最终，太虚大师得出结论，《真现实论》的现实主义，不是一般意义上的现实主义，而是“佛陀无主义之主义”，是无有所执、无有所立，唯是亲证实相后随机而说的契理、应真之教法。④在《宗体论》中，太虚使用“四现实轮”解释现实，一般所说的现实只是“现前实事”，《真现实论》的现实则是指现变实事、现事实性、现性实觉、现觉实变四重内涵。

从近代思想史来看，使用“现实”一词有着三个针对性的意图：一是回应近代两大思潮，《救僧运动》谓是人本主义和实验主义，《佛学的现实论》谓是理想主义和现实主义；二是回应近代中国的科玄论战、东西方文化论战；三是为了纠正时人对佛教不重现世而

① 太虚：《真现实论·宗依论》，《太虚大师全书》第21卷，第114页。

② 印顺法师谓《真现实论》“规模宏大，极其量，足以贯摄一切佛法，破摄一切世学”。释印顺：《太虚大师年谱》，北京：中华书局，2011年，第157页。

③ 太虚：《真现实论·宗体论》，《太虚大师全书》第21卷，第431页。太虚有时也借用近代思潮中“现实主义”一词，《真现实论·宗依论》在1927年写成时一开始就叫作《现实主义》，后改为今名。现实主义在浅层含义是与理想主义相对而言，在深层上与太虚所谓“现实”含义相同。参见释印顺：《太虚大师年谱》，第157页；太虚：《太虚大师全书》第21卷，第207页。

④ 太虚：《真现实论·宗依论》，《太虚大师全书》第20卷，第3—6页。

重视死、鬼的印象，表明佛教重视现实的一面。[①]但太虚并没有就此停止，而是将“现实”的内涵扩大化，引申出佛教本位的阐释，即“真实”“实相”，并涵摄修行论的内容。如吕澂所说：“佛学对像的中心范畴是‘真实’……佛学发展的各主要阶段，‘真实’这一范畴的发展，就是佛学学说的发展。”[②]太虚的“真现实”“现实”“现实主义”，亦是在佛学发展长河中对真实的新诠释，是对佛学核心教义的一种新式诠表，如太虚所说，“佛陀学的原理，用一种名词把他表示出来，就是现实主义”[③]。

因此，《真现实论》有着佛学百科全书的性质，显示出太虚构建宏大体系的意图。不同于以往的佛教论书，如《摄大乘论》《起信论》等论书是对大乘法义的总结，《瑜伽师地论》《菩提道次第广论》等是对整体佛法的总结，《真现实论》更应称为“摄一切法论”，以“现实”摄破世学、外道，总持小乘、大乘，把它们放到一个整体性的框架之中，而以大乘不共法为旨归，鼓励学人通过圆渐的大乘法门不断“进化”，由人而菩萨而佛。

其次简论《真现实论·宗依论》的结构。《宗依论》分为能知（量论）和所知（境论）两大部分，能知部分为第一章，包括为求自知之现比量、为令他知之因明、能知之工具（算学、声明）三大部分，这里太虚继承《因明正理门论》《因明入正理论》悟他悟自的区分，悟自为现、比量，悟他为因明，又创新性地加入了辅助能知的工具，即数学和语言学。所知部分涵摄现实成事、成事蕴素两部分：现实成事是指已经生成的事物，大致分为有情器界、超情佛刹两部分内容；成事蕴素指组成现实成事的“材素”，有蕴处界、五位百法等分类，这即是宗依论第三、四章内容。现实成事及成事蕴素之关系，指因果律，为第四章内容。总论能知所知的关系，为第五章内容（参见图1）。

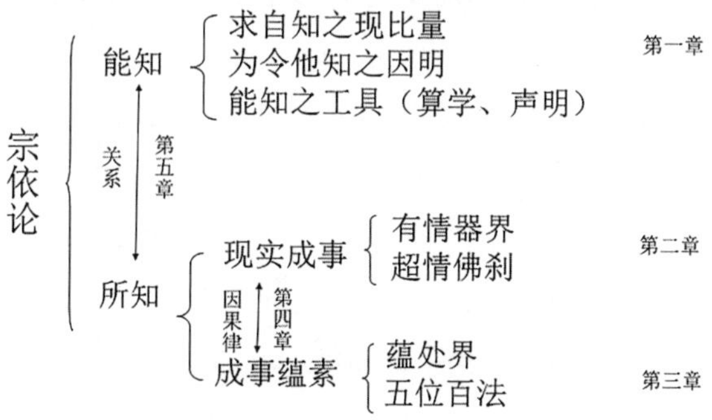

图1 《宗依论》结构

---

① 参见聂士全：《大乘振兴的突破口——〈真现实论〉对世出世间法的现代融通》，《西南民族大学学报》（人文社科版）2018年第4期。

② 吕澂：《印度佛学源流略讲》，上海：上海人民出版社，2005年，第7页。

③ 太虚：《佛陀学纲》，《太虚大师全书》第1卷，第186页。

二、现实之理的思想体系

《宗依论》虽然非常重要，但从名字也可看出，《真现实论》的重心在于《宗体论》，《宗依论》是正面阐述《宗体论》之前的准备，太虚独特的思想更集中地体现在《宗体论》中。《宗体论》讲于《宗依论》十一年后，思想更为圆熟，自不待言。因为《宗体论》未及全部完成，所以真正的核心是已完成的“现实之理”。所谓现实之理，就是现实一词所诠表的义理。“现实之理”分为五个部分，首先是现变实事，然后依次是现事实性、现性实觉、现觉实变，最后重重相摄而总成一“四现实轮”之体系。

对于四现实的命名，太虚有着精巧的构思，四现实每个都有“现实”两字，且前后有次第的关系，前者的简称即是后者的前两个字，如现变实事缩略为“现事”，而成为现事实性，乃至现觉实变缩略为“现变”而循环至现变实事。从写作体例上来看，《宗体论》每个部分分为十小节，第一小节总论，然后次第深入，大致按照世学、外道、二乘、大乘、佛果的顺序，摄破世学（科学、哲学）、外道（其他教派、思想体系），融贯全体佛法。下文依此体例来逐节评述，以佛学思想为主要关注对象。

（一）现变实事

现变实事指“现起变动的如实有事”[①]，要点在于现起、变动，现起指在时间上属于现在，并非过去未来，在空间上属于显现，而非隐藏，变动指的是迁流不息。这个定义之下，“惟现在显现而变动着的，始为实有之事”[②]，如果不符合现起、变动的定义，则非如实有事，是事实上没有的事物，如此则简别了灵魂（神我）、上帝（自在天）、原子（极微）、精神（觉）等常住不变性的事物是非真实有的。

之后太虚从九个方面对现变事实进行阐释，本章第二、三节“辩证法的世界”“易的宇宙”，认为辩证法和易学属于世学中对现变实事最好的分析。第四节“业果的两种生死”是讲业果关系和分段生死、变易生死。第五节“色心的刹那起灭”指的是五蕴的刹那生灭、急速变动，而前述三节内容都只不过是依五蕴现起的假相而已，“显惟刹那起灭的色、心是现变实事”[③]。第六节“现行种子的熏持”从唯识学角度阐述缘起法，唯识学认为有更为根本的因缘关系，即现行、种子的相互熏生，以及种子的自类相生，唯此可以称为因缘。第七节“非常非断的恒转”指的是第八阿赖耶识。第八节“有为法的自然灭”主要讲有为法灭不待因的道理。第九节“三性等无常义”讲《辩中边论》中依三性说三种无常，

① 太虚：《真现实论·宗体论》，《太虚大师全书》第21卷，第208页。
② 太虚：《真现实论·宗体论》，《太虚大师全书》第21卷，第208页。
③ 太虚：《真现实论·宗体论》，《太虚大师全书》第21卷，第224页。

《显扬圣教论》唯以遍计所执性、依他起性论述两种无常，太虚对此差异作了圆融阐释。第十节“八不的因缘义”依《中论》八不中道来阐述缘起性空，但这里仅取八不破外道、小乘的部分，八不的深意属于“现事实性”一节。

据此可见，“现变实事”部分可以分为四个层次：第一是辩证法、《易》学的世界观，属于世学中最高明的；第二是业果的两种生死，属于佛法，但还是粗显的无常相；第三是五蕴，属细微的无常相，是缘起中的“实事”，为三乘共许；第四是大乘唯识学、中观学对因缘的看法。缘起是佛教最核心的教理，太虚用此章该摄、抉择了世学、小乘、大乘的缘起理论，逐层深入地探究何为缘起中的真实之事。

（二）现事实性

将“现变实事”缩略为“现事”，其真实性即是现事实性。这部分的意图是“在现前刹那生灭变化的事物中，考究其有否普遍如此、永久如是的‘真实性’”[①]。第一节总论“现变事之真实性”中太虚先从苦、无常、无我、不净来说一切有为法的真实性，这也是“佛教思想和世间一般思想的不同点”，其次讲述四揾柁南“诸行无常，有漏皆苦，诸法无我，涅槃寂静”，《瑜伽师地论》如所有性、尽所有性等二诸法真实性、二空真如，最后论述若离名言、正智的分别，则为一真法界。故此，说到究竟，现事实性实为一真法界。第二节“无创造主宰性”，从反面破斥非佛学的见解，破斥了神创万物论。第三节“无特定本因性”论述一切事物均无特定的本因，即本体、本根，无论认为这个本因是物质、虚空、时间、空间、数、神我、无还是观念，都是不符合佛学的，只有无特定本因才是诸法真实性。第四节“无世间进化性”，是说有学说认为可以从无常、无我进化到善美结果，故此不认为有苦、不净，这里一一破斥，世间的进化论包括返于神本的（基督教、婆罗门教）、返于自然的（老庄、卢梭）、唯心的（柏拉图、黑格尔）、唯物的（马克思）、《周易》的阴阳循环论，进而论述佛教的进化论，即业果蝉联的流转论（佛法所论的世间相）、流转还灭的解脱论（小乘解脱道）、增进不退的进化论（大乘菩萨道）、圆满无上的均化论（佛果功德）。第五节“众缘生与唯识现”，论述佛教中对缘生的看法，分为声闻乘的重因的缘生义和大乘的重缘的缘生义，其次论述一切法是识所变现的，即唯识现，分为：一心的唯识论，以起信论为代表，生起万法的只是一心；八识的唯识论，即瑜伽行派。实际上，这是把与唯识融合的如来藏学（印顺称之为真常唯心论）和瑜伽行派都算作唯识论了，唯识学者不会赞同。第六节“众生无我性”论述生空性。第七节“诸法无我性”论述法空性，而侧重中观学。第八节“三自性无性”论述瑜伽行派的三自性三无性说。第九节“涅槃常乐性”论述涅槃之性，即清净真如，是为出世法的真实性，此处侧重如来藏系的解释。第

① 太虚：《真现实论·宗体论》，《太虚大师全书》第21卷，第240页。

十节“重重二谛性”，阐述佛学中种种不同的二谛说法，而以天台的不思议二谛“显理最圆”，唯识宗四重二谛“次第最明晰”，而现事实性，则归结为四重二谛中的胜义谛。

现事实性可分为三个部分：世间法部分的无创造主宰性、特定本因性、世间进化性，归结到众缘生、唯识现；出世法部分众生无我性、诸法无我性、三性三无性归结到涅槃常乐性；最后以重重二谛性作结。现事实性可以有种种复杂的开显，但归根结底是言语道断、心行处灭的一真法界。

（三）现性实觉

现事实性缩略为“现性”，“实觉”是对现事实性“能实证的觉知”。[①]现事实性是所缘，现性实觉属能缘。第一节“现事性的实证觉”总论各类觉知，包括随业报的常识、人类习俗的常识、学者的理智，学者的理智又分为科学、哲学、神教、心教，以上都属于世间、外道的认识与智慧，虽有深浅不同，但在佛教看来都是不足的。真正的智慧是圣者的净智，包括声闻、缘觉断烦恼障的净智，以及大乘圣者断除所知障的净智。从另一个方面说，又可以从三量的角度来看，即非量、比量、现量，现量中最高的是见道位缘真如的根本无分别智，为胜义现量，“要得真正的了达现事性，必须得这圣者的胜义现量，才能究竟真实的觉知”[②]。第二节“本体可知不可知”，将现变解释为现象，将实性解释为本体，则现性实觉就是对现象与本体的觉知，由此讨论西方种种哲学对本体是否可知，当然其结论是“哲学尚未能达到现性的实觉”[③]。第三节“现量比量圣教量”，以《瑜伽师地论》的内容补充《宗依论》中对三量的解释，而结论是“对现事实性的证觉，需要真现量”，即出世圣智的现量。此真现量的获得，太虚认为有两个途径，一个是参禅，一个是“依明白正确的圣教量，生起正确的比量智，依比量智实践修习，由戒生定，由定修观；此比量智与定心相应，引生真实智，乃得出世清净现量”[④]。这实际上是强调了正闻熏习的作用。第四节“闻思修所成慧”解释前述的第二种获得真现量的途径，包括遍学五明的闻所成慧、“深深思维教义”的思所成慧、定心相应的修所成慧，由修所成慧引发清净现量智，证知现事实性。第五节“六现观与四谛十六观行”、第六节“九智十智十一智等”说通于三乘的观智，第七节“四寻思所引如实智”、第八节“二智三智四智五智”是侧重大乘的观智，由此种种观智，即可如实觉知现事实性。第九节“自觉圣智”主要是讲禅宗，自觉圣智本出《楞伽经》，禅宗以此印心，即是离一切分别的自性清净心。自觉圣智当下现成，只是烦恼遮蔽不能显现。此节的特色，在于用唯识学理论阐述禅宗思想。第十节“无上遍正觉”讲

① 太虚：《真现实论·宗体论》，《太虚大师全书》第21卷，第300页。
② 太虚：《真现实论·宗体论》，《太虚大师全书》第21卷，第309页。
③ 太虚：《真现实论·宗体论》，《太虚大师全书》第21卷，第315页。
④ 太虚：《真现实论·宗体论》，《太虚大师全书》第21卷，第324页。

佛智。

总之，现性实觉是“对此真实性的觉了义”，“对这现事性已有一种修证所成的现量体验”。具体来说，最狭义是亲证真如的根本无分别智，广义则四智相应心品、禅宗顿悟自性等等净智都可以算是现性实觉。不同学派对“真实”的理解不同，就会有不同的现性实觉，但根本来说，现性实觉首先是非名言性的根本无分别智，后得智也是建立在根本无分别智的基础上的。现性实觉有层次的不同，唯佛才有圆满的现性实觉。根据《真现实论》前浅后深的体例，如来藏系的自觉圣智被放到了仅次于佛智的地位，太虚并用唯识学理论为之辩护，亦可见太虚一贯的分判取舍。

（四）现觉实变

将“现性实觉”缩略为“现觉”，“实谓事实，变即变化”，现觉实变即“现性实觉中的实际变化”。第一节“现觉实变的拣别”简择了刹那生灭的实感境、推测而知的测信境、龟毛兔角一类的设想境、产生错误认识的幻觉境、产生执着的倒取境、圣智所证的圣证境，而圣证境分为两种，一是“现觉实不变，谓圣智现证觉了的普遍常住真实的不变性”，二是“现觉实变，谓圣智现证觉了的极微细极实际的变化”。[①]现觉实不变已经在现事实性、现性实觉中说过，此章论述现觉实变。第二节“十二缘的流转还灭”讲三乘共许的十二缘起，及其流转还灭，而四谛十六行相亦可区分现觉实变、现觉实不变。第三节“空故一切法成”，从中观学论述，由性空才能成就一切法，能知空义者为三乘圣者，真知者唯有佛。第四节“染净唯识能所变”，讲述唯识学一切染净诸法均唯识所变现，及三能变、种子、转依学说，能知者唯识所变者是地上菩萨和佛，不共声闻。第五节“如来藏是善不善因”，论述真常系思想，以《起信论》为主，如来藏是“佛及利智菩萨之境界”，含藏一切佛果功德，与阿赖耶识不一不异，“由如来清净法观之即如来藏，以世间杂染法观之即阿赖耶”，值得注意的是批评了藏传将如来藏视为他空见的看法，认为“如来藏性即空即不空，说他空者不免于偏见”。第六节“理具事造三千性相”讲天台圆教三谛圆融、一念三千、性具思想。第七节“六相十玄事事无碍”讲华严一乘别教六相、十玄、事事无碍法界思想。第八节“六大四曼三密双运”讲密宗思想，以六大为体的大日如来等流身、四曼陀罗、身语意三密、无上瑜伽的菩提心、般若双运。第九节“颠倒杂染即涅槃秘藏”讲《涅槃经》的常乐我净、惑业苦即三德密藏思想。第十节“如来法身不思议变”讲佛果境界，法身有种种不思议变化，又可以化身示现，拔济众生，为教化众生甚至可以现犯重戒、一阐提等恶相，引证天台的性恶说。

本章除总论外可分为三个部分，二、三节是讲三乘圣者的现觉实变，四、五节讲地

---

① 太虚：《真现实论·宗体论》，《太虚大师全书》第21卷，第370页。

上菩萨与佛的现觉实变，六至十节从不同宗派视角讲佛的现觉实变。现觉实变承接现性实觉，主要论述圣智所见的不可思议的境界（特指“变化境”，区别于现事实性的“现觉实不变境”），与不可思议的妙用。前三重现实较重因位，现觉实变更侧重果德，小乘圣者、大乘地上菩萨、佛层层深入，只有佛才有圆满的现觉实变。按理事关系来说，现觉实不变侧重于理，现觉实变侧重于事，是圣智所见种种微细事相、变化。跟现变实事相比，现变实事粗显，是凡夫亦可认识的，而现觉实变细微，是圣智之境。现觉实变有种种不同的施设，中观、唯识、如来藏三系，汉地八宗，西藏密宗的根本宗旨都涵摄在内。最后落实到圣智而施设的种种教化，类似《起信论》“不思议业相”，菩萨成就一分，佛果才能圆满。

（五）总论

太虚就四重现实讲了四种关系，即四现实轮的相摄关系、深浅关系，能量、所量的广狭关系。

相摄关系指后项可以总摄前项，并且更进一步阐述“前所未明之义”①。比如现事实性摄现变实事，进而阐明法性，右图表示为一条实线；现性实觉摄前二者，进而阐明证悟之义，右图表示为两条实线；现觉实变摄前三者，进而阐明智所起大用，右图表示为三条实线。最后是一个特殊的摄入，现变实事摄现觉实变，其实只是一种方便表述，只是间接的关系，并非像前面那种真的涵摄，因为二者的“变”有宽狭、凡圣的不同，右图表示为一条虚线（参见图2）。

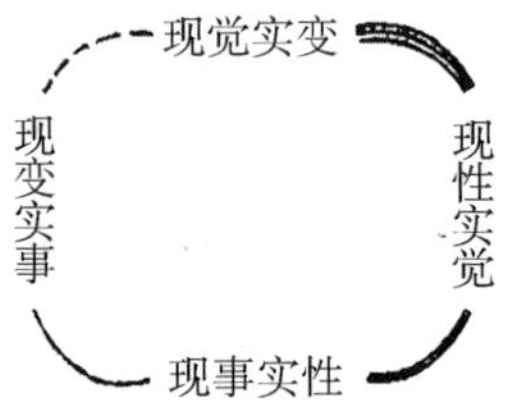

图2 四现实轮

深浅关系比较简单，指后一项比前一项深入，图示中还表现了后项涵摄前项（参见图3）。

现　觉实变
现　性实觉
现　事实性
现变实事

图3 四现实深浅关系

广狭关系分成所量境的广狭和能量者的广狭。所量境是从狭到广，现变实事属有为法，现事实性通有为无为，而以无为法为主，这是有为无为的一对关系；前二讲境，现性实觉讲智，是境与智的一对关系；前三是明体，现觉实变是由体达用，是体与用的一对关系。所量者来说是由广到狭，现变实事是从凡夫到圣者都可以了知的，现事实性是从哲人到圣者才可以了知的，现性实觉只有三贤位的贤者和圣者才有，现觉实变则唯有圣者才有。既然讲到了圣者由体而起的用，现实之理也就圆满，自然而然接入现实之行、现实之果。虽然未能讲

① 太虚：《真现实论·宗体论》，《太虚大师全书》第21卷，第418页。

出，但大旨已明，基本的线索都有了（参见图4）。[①]

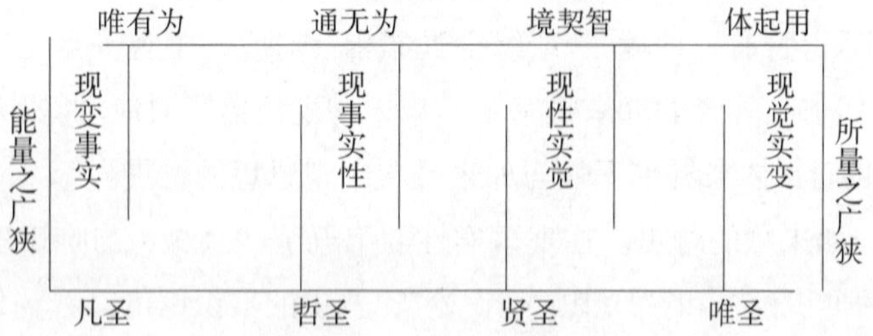

图4 四现实广狭关系

用最简略的方式勉强概括，现变实事主要讲法相，现事实性主要讲法性，现性实觉主要讲正智，现觉实变主要讲智用。总之“以现实为唯一大总持”，现实包含了一切，有无穷的内涵，“从众生现下一刹那的事实，到究竟的佛果，亦不越此”。[②]

三、《真现实论》的特质

《宗体论》乃至整部《真现实论》的思想特质可以分为教理与行果两个方面，教理上融贯一切佛法，维护中国宗派佛学，行果上重视知识的学习，提倡圆渐的大乘行。

（一）融贯一切佛法

对于世学，主要在于摄破，虽然予以一定的地位，但认为是不究竟的，这方面的先行研究很多，即不赘述。对于佛法，《真现实论》体现出强大的融贯性，特别是大乘三系法义的融贯，把有矛盾的义理作出融贯解释，融贯中可以看到太虚独到的思路。

第一，以唯识学为融贯的桥梁。太虚对唯识学本身当然是重视的，有一次唯识性质的证悟，[③]在理论构建上吸纳了很多正统唯识今学理论，比如在阐释现事实性时他采用了唯识宗四重胜义的说法，认为“次第最明晰”[④]；现事实性中，第四、第五和第十段“就可以将佛法的世间法说全了”，第六到第九段特属唯识学，似乎可以略过，但是针对微细的法执，需要用“一种微细分析的说明来加以剖解……足以胜任这项任务的，正是大乘法相上所说的这几种义理”[⑤]。在融贯如来藏与中观学的时候，用唯识学作为桥梁和证成工具，这是太

① 可参看386页注②所引诸文。
② 太虚：《真现实论·宗体论》，《太虚大师全书》第21卷，第431页。
③ 太虚：《真现实论·宗体论》，《太虚大师全书》第31卷，第199—200页。
④ 太虚：《真现实论·宗体论》，《太虚大师全书》第21卷，第299页。
⑤ 太虚：《真现实论·宗体论》，《太虚大师全书》第21卷，第424—425页。

虚习惯的做法。但我们同时可以看到，在融贯的同时，太虚对唯识学理论就作出了一些改造和灵活运用。比如在总摄的时候，以唯识学三性三无性理论判摄中观、唯识、如来藏，[①]《宗体论》中提出后得智有三种境，“变缘空真如相”对应“中观等空无自性宗”，“性具如来净德”对应“《楞伽》等经的如来藏宗”，“藏识种现情器”对应“《摄大乘》等赖耶缘起唯识宗”。[②]以下我们具体来看唯识学与如来藏、中观思想的融贯。

第二，唯识与如来藏的融贯。在现事实性的第五节“众缘生与唯识现”中，太虚讲唯识现分为“一心的唯识论”和“八识的唯识论”，八识的唯识论可以看到是指玄奘系的唯识今学，一心的唯识论指的却是以《起信论》为代表的真常唯心论。[③]太虚指出：“这一心，通于真妄：在妄心方面是本空的；但本空之当体即真心，这真心就是妙有的。这都是说明诸法惟是一心所现：一切事物现起转变不出心识，故谓之一心的唯识论。”[④]此外，在现性实觉中用后得智解释空性含藏功德的如来藏观点，第四节“染净唯识能所变”中说“大乘菩萨之自证后得智，已见诸法空理，始能见空性中具种种清净功德”[⑤]，第五节“如来藏是善不善因”，引《楞伽》《密严》《胜鬘》三经与《起信论》，来论证因为如来藏“甚深希有难可通达”，除了佛遍知以外，“菩萨后得智上亦少分知如来藏藏识境”，所以如来藏只是“佛及利智菩萨之境界”，一般的非利智菩萨恐怕都不行。[⑥]但是把阿赖耶识解释为如来藏藏识、后得智知藏识、空性中具种种清净功德，这三点是纯粹的唯识今学学者难以认同的。

第三，唯识与中观的融贯。在现变实事一章，太虚说可从色心刹那起灭直接八不因缘义，中间的唯识部分“不须亦可，以业因缘果法即不生不灭等八不因缘法也”，“由此，故后期之中观论师，每每排斥唯识论之色、心等种子现行实因缘法”，但是他认为，“色心等种现因缘法义，在龙树《根本论》中不但可容纳，而亦正须引申阐明”，所以排序如此，“以明色心种现诸因缘法，皆八不因缘法，皆缘起性空法”。[⑦]可见太虚对于中观、唯识的空有之争的态度是实无诤论，两家“义不相违”，这一意见与支那内院的唯识今学立场全然是对立的，中观学者也不会认同，却是符合中国传统佛学主流的一个阐释，即佛法是一味的。如法藏：“此二士各破一边共显中道，此乃相成非相破也。”[⑧]义净：“斯并咸遵圣教，

---

① 太虚：《佛法总抉择谈》，《太虚大师全书》第10卷，第373—375页。另可见《大乘法苑义林唯识章讲录》《释会觉质疑》。

② 太虚：《真现实论·宗体论》，《太虚大师全书》第21卷，第428页。

③ 此处使用印顺法师的“真常唯心”一词，而非太虚的“法界圆觉”，因为虽然都是指如来藏学，真常唯心却有融摄唯识学的特指。“《楞伽》与《密严经》，是在如来藏我的基石上，融摄了瑜伽学——阿赖耶识为依止的唯识学，充实了内容，成为‘真常（为依止的）唯心论’。”印顺：《印度佛教思想史》，北京：中华书局，第275页。

④ 太虚：《真现实论·宗体论》，《太虚大师全书》第21卷，第273—274页。

⑤ 太虚：《真现实论·宗体论》，《太虚大师全书》第21卷，第380页。

⑥ 太虚：《真现实论·宗体论》，《太虚大师全书》第21卷，第390页。

⑦ 太虚：《真现实论·宗体论》，《太虚大师全书》第21卷，第240页。

⑧ 法藏撰：《入楞伽心玄义》，《大正藏》第39册第430页下。

孰是孰非？同契涅槃，何真何伪……依行则俱升彼岸，弃背则并溺生津。”[①]不过，虽然平等一味，却有“深浅之迹”[②]，中观、唯识、如来藏，太虚以此为重重深入，重视程度亦不同。一切法空是“三乘圣者现觉之实变”，是通三乘的，而“唯识变惟大乘圣者所了”，至少是进入初地的菩萨才能了知。并且如果未通一切法空直说唯识，容易把阿赖耶识执着为实我实法，所以唯识的门槛比空宗还要高。如来藏是“佛及利智菩萨”的境界，在能知者的角度来说更高一层。[③]

综上可见，太虚对唯识学的掌握虽然到了极深的程度，但他毕竟不是内院一系那样纯正的唯识学者。他一方面吸收了唯识学的教理，认为唯识学是最精密的表诠体系，但是另一方面其思想底色还是与唯识融合的真常唯心思想，在一系列核心问题上并不同意唯识之说。因为唯识学有着精密的理论体系，有着更强的表诠能力和可信度，近代以来大受重视，故而很多时候太虚是借用唯识学作为证成自宗的工具。太虚赅摄了各种不同性质乃至矛盾的佛教思想，当与台、贤同属佛教中国化的“综合融汇模式”[④]。

（二）维护、继承宗派之学，放弃宗派之见

中国传统宗派如台贤禅在近代受到非常多的挑战，太虚则是中国传统佛学的维护者。从太虚自身学习经历也可看到，他是接受了中国传统佛学并有两次证悟后，1915年才真正学习唯识学。随着唯识学的风气越来越盛行，中国佛学遭到质疑，太虚开始用唯识学的理论证成中国佛学，特别是起信、楞严一系的思想，比如写成《起信论唯识释》《楞严摄论》等著作。《真现实论》亦处处可见维护中国宗派佛学的痕迹，比如在现事实性最后讲天台的不思议二谛“显理极圆”[⑤]，现觉实变中特别分出两节容纳天台、华严义理。这是依据佛果位的现觉实变，特别标明天台、华严义理的圆融性，以为果乘之法。[⑥]现觉实变的最后谈到如来法身有恶逆变相，借用天台“性恶”“佛具恶”来解释。[⑦]

值得一提的是《真现实论》中所体现的禅宗思想。太虚虽然提倡大乘渐道，但对禅宗

---

① 义净撰：《南海寄归内法传》，《大正藏》第54册第205页下。

② 释印顺：《太虚大师年谱》，第128页。

③ 太虚：《真现实论·宗体论》，《太虚大师全书》第21卷，第379、390页。太虚早年即有此意，如1925年的《摄大乘论初分讲义》中说：“法空观慧宗……重破小乘法执。法相唯识宗，前宗虽以空慧洗尽法执，然离执之法相则未广明，故以此宗继之……真如净德宗，凡有言说可安立者，前宗摄尽而无余。此宗所明者，乃法空观慧所生所显。”太虚：《摄大乘论初分讲义》，《太虚大师全书》第9卷，第18—19页。

④ 冉云华：《中国禅学研究论集》，台北：东初出版社，1990年，第124页。

⑤ 太虚：《真现实论·宗体论》，《太虚大师全书》第21卷，第299页。

⑥ 太虚《佛法大系》等文谈到此意，即台贤禅净密等法界圆觉宗都可以摄入彰果化因的如来乘。参见《太虚大师全书》第1卷，第276页。

⑦ 参见太虚：《真现实论·宗体论》，《太虚大师全书》第21卷，第415—417页。不过还要注意，这里将性解释为可能性，虽然不能说不对，但至少是一种简单化的解释，淡化了天台理论背景。

法门并无贬抑，相反还甚为推崇，比如："所谓中国的禅宗法门，也就是最直接的现性实觉。"[①]太虚用唯识学理论证成禅宗顿悟的可能性，认为禅宗顿悟是暂伏第七识的俱生我执，以唯识教理来说这需要进入见道位获初品平等性智才可以，但太虚认为"二乘入灭受想定，在定心时能消极的使第七识的人我执相应四惑不起"，从这个角度来说二乘圣者"虽没有大乘圣者那样的平等性智，可也能伏断恒行的烦恼不起"，以此来说明参禅如果得力，"虽此时福慧资粮未曾具足，不能即刻达到初地的自觉圣智境界，可是在一刹那间，能够使独头意识完全不起，第七识恒审思量的我见也得一刹那的暂伏。这时，六七二识的非量完全止息，不落惛沉、散乱、无记，惟是明明了了的现量心现起。在此刹那的相应时，岂非本有的离言清净觉心顿得相应？不过此仿佛满空黑云中忽然露了一下明月，虽是透露一下，因无始时来的分别熏习浓厚，如虚空明月倏忽又被云雾遮起来一样"。[②]这依然是太虚对唯识理论的灵活运用，但绝非出于臆想，而是与太虚自身修证经验密切相关。在太虚的三次证悟体验中，第二次证悟的描述是："一夜，在闻前寺开大静的一声钟下，忽然心断。心再觉，则音光明圆无际，从泯无内外能所中，渐现能所、内外、远近、久暂，回复根身座舍的原状，则心断后已坐过一长夜，心再觉系再闻前寺之晨钟矣。心空际断，心再觉而渐现身器，符《起信》《楞严》所说。"[③]这次证悟与"自觉圣智"密切相关，太虚承认禅宗法门通常的教理难以解释，但因为自身的经验，故予以了创造性的解释。太虚以唯识释楞严、起信、禅宗，均出自这样的心理背景，而非仅仅是对于中国佛学的感情。

《真现实论》也并非对中国佛学全盘继承，而是有所取舍。他去除了台贤的判教理论，其意为去除诸宗"他非而炫己是"[④]的偏见，要在八宗平等的背景下给予同样的尊重，"惟台、贤于大乘三宗不免有所抑扬。真心为圆实，性空、唯识为偏权，则仍落排蔽……而各宗学者每欲扬自宗独胜而抑他宗为劣，致令一部分经论被排隐蔽，执性空者仍不免，故因是而发之"[⑤]。我们依然能看到太虚早年思想的痕迹，比如八宗"皆实非权，皆圆非偏，皆妙非粗"[⑥]，这实际上是要保留宗派之学，去除宗派之见。另外，太虚淡化了净土的色彩，更重视现实人间，这一点众所周知，故不赘述。

（三）重视知识的学习

现性实觉第三节以《瑜伽师地论》的内容补充《宗依论》中对三量的解释，而结论是"对现事实性的证觉，需要真现量"，即出世圣智的现量，而此真现量的获得太虚认为有两

---

① 太虚：《真现实论·宗体论》，《太虚大师全书》第21卷，第362页。
② 太虚：《真现实论·宗体论》，《太虚大师全书》第21卷，第360—361页。
③ 太虚：《太虚自传》，《太虚大师全书》第31卷，第199页。
④ 太虚：《佛法大系》，《太虚大师全书》第1卷，第282页。
⑤ 太虚：《阅为性空者辩》，《太虚大师全书》第28卷，第114—115页。
⑥ 太虚：《整理僧伽制度论·宗依品》，《太虚大师全书》第18卷，第34页。

个途径，一个是“禅宗向非量的心中参究”，一个是“依明白正确的圣教量，生起正确的比量智（太虚认为比量大多不可靠，可靠的比量都是圣者证悟后所施设的），依比量智实践修习，由戒生定，由定修观；此比量智与定心相应，引生真实智，乃得出世清净现量”。其后的第四节论闻所成慧、思所成慧、修所成慧，亦以《瑜伽师地论》相关论述为本。于五明广学，“由听闻、阅览、无倒了解而得成”闻所成慧；思所成慧有不离语言文字的，也有“离开语言文字，而得到一种抽象的概况的要义，去深深的研究思维，不一定依靠那部经论去研究”的；最终定心相应，为修所成慧。我们可以看到这两段，是强调知识学习的重要性。[①]由其所依的《瑜伽师地论》，可见太虚是用唯识学对于闻熏的重视，来纠正禅宗末流的反智倾向。因为唯识不认为人本来觉悟，而是要通过正闻熏习来提升，故此对于知识有特别的重视。而如来藏系认为人本来觉悟，则工夫在于返本，于是就有了导向束书不观的可能。太虚虽然高推禅宗顿教，但认为并不适合时代，而主张“依圣教量之比量”来获得正见，这其实也是整个《真现实论》处处体现的倾向。[②]

（四）提倡圆渐的大乘行

《真现实论》虽然没有讲全“现实之行”“现实之果”，但是大致已有脉络和明确观点，即可见其提倡圆渐的大乘行，这一点可与太虚其他著作互参。如前所述，太虚既然已持八宗皆圆、三系平等的观点，实际上“圆渐”一词中的“圆”已经没有了天台判教中那样的权一实意味，“渐”就成了重心。比如现事实性中太虚以解脱论、进化论、均化论来说明二乘道、菩萨道、佛果位，二乘重在“个人的解脱”，佛果位的均化论是指佛已觉行圆满，第八识不再受熏，种子不再增长。菩萨则通过发菩提心，修菩萨行，通过十信、十住、十行、十回向的修行，亲证真如进入十地对修道位，终至成佛，与世间可能溃退的进化相比，太虚认为这是“真的进化”，因为修行中可以获得信不退、发心不退、行不退、证不退、念不退等成就，不再退转。[③]里面的“进化”一语值得重视，这是太虚对菩萨道修行的表述，见于太虚多处著作。比较重要的是《佛陀学纲》，这篇文章与《真现实论》有紧密的联系，甚至可以说是《宗体论》的框架。[④]其中提出，佛陀学的原理是现实主义，动机是平等主义，办法是进化主义，效果是自由主义。进化主义就是讲菩萨道的修行，由人

---

① 太虚：《真现实论·宗体论》，《太虚大师全书》第21卷，第324页。

② 此意亦见于《真现实论·宗依论》，谓求学的根本目的在于求得“符现实之正觉”，而求学的过程有五步：“一、拣择于一切学者之学说，以求得至极圆满之教诠定量；二、依所得至教量，破除一切若他传若自起之迷谬执，自成殊胜之正比量；三、依所成正比量，决定印持平常见闻动静之身心日用事，开发真觉；四、依真觉正思，以销落余妄，究竟显现；五、依真现量之智境，施正比量之教义，令未觉者借之以觉。”《太虚大师全书》第20卷，第140页。

③ 太虚：《真现实论·宗体论》，《太虚大师全书》第21卷，第268—269页。

④《佛陀学纲》讲于1928年8月，距写成《真现实论·宗依论》不到一年。此外，《人生观的科学》《大乘与人间两般文化》《自由史观》也须重视。

而菩萨而佛。可见太虚的构想是由人开始直接进入菩萨道的修行，直入大乘，而非先修声闻行，然后回入大乘，这正是太虚人生佛教思想的核心要旨，《即人成佛的真现实论》总结为“直依人生增进成佛”“发达人生进化成佛”。[①]《真现实论·宗体论》的最后三小节是“真现实之真进化”“发达人生即证佛身”“淑善人间即严佛土”，引用的是《自由史观》的内容，同样是在讲上述菩萨道的修行，是为“人圆佛即成”。

“佛法无他缪巧，不过阐明正确的宇宙观以立为从基本进向究竟的人生观耳；详说在真现实论。”[②]《真现实论》由教理而至行果，在融贯一切佛法之后，倡导了菩萨渐道，在这个意义上，可以视《真现实论》皇皇一部大论为人生佛教的教理基础。由此我们可以看到，人生佛教相比于以往中国传统佛教，最核心的改变并不在于教理，而在于行果，主张“人乘正法”，“依人乘行果趣进修大乘行”，[③]由人而菩萨而佛逐次“进化”。针对清末佛学的束书不观、隐山静修等情况，主张由圆顿变为圆渐，拒绝好高躐等，提倡脚踏实地；与随信行相比，更提倡随法行，也就是重视对法的学习，有着依自不依他的特性。故此对于人生佛教，不应理解为标新立异，而是它致力于恢复大乘道的本来面目。

五、余论

太虚《真现实论》的写作宗旨是什么呢？在写作中贯彻了什么原则？笔者认为可见于《新与融贯》。太虚自陈意趣是“非研究佛书之学者”，故重视修行证果，并以悟境圆融教理；“不为专承一宗之徒裔”，故继承宗派之学，放弃宗派之见；“无求即时成佛之贪心”，故放弃顿教；“为学菩萨发心修行者”，故提倡由人而菩萨而佛的长劫修行。“佛教中心的新”，以佛学统摄一切世间法，成一新体系；“中国佛教本位的新”，“是扫去中国佛教不能适应中国目前及将来的需求的病态”，“是揭破离开中国佛教本位而易以异地异代的新谬见”，故此革故鼎新，建立契理契机的汉传佛教教理行果体系；“宗乘融贯与文系融贯”，融贯各个宗派、五乘佛法、三语系佛教，构建一套圆融的体系。[④]我们可以看到，《真现实论》的思想和特性其实在太虚的其他文章中也有提及，但如此整体的论述当首推《真现实论》。

总之，《真现实论》是太虚大师以“镜涵万流，包容一切”的态度而作的“佛学大全”，是太虚大师一生思想的体现和结晶。《真现实论》构建了一套完整的教理行果体系，融贯大乘三系、汉地八宗，以之抉择世出世法，以唯识学为主要诠表工具，以如来藏为

---

① 太虚：《即人成佛的真现实论》，《太虚大师全书》第25卷，第380页。
② 太虚：《即人成佛的真现实论》，《太虚大师全书》第25卷，第380页。
③ 太虚：《我怎样判摄一切佛法》，《太虚大师全书》第1卷，第449—450页。
④ 太虚：《新与融贯》，《太虚大师全书》第1卷，第375—384页。

旨归，提倡大乘圆渐法门，为人生佛教建立教理基础，可视为中国传统佛学的最后一本大论。

但《真现实论》绝非完美无瑕，思想和结构上可能存在三点不足。第一，目标宏大，意图圆融一切世出世法，所以加入了很多世间科学哲学的内容，这是在以往的论书中都没有的，但是一方面太虚的理解未必正确，另一方面科学哲学是会变化的，随着时间流逝，这部分内容的价值就降低了，在无形中削减了《真现实论》的生命力。①第二，就佛学来说，三系、八宗存在着自身义理的矛盾，太虚的融贯很难让没有相同证悟体验的修学者接受，学人最终还是会选择某一种观点作为“究竟”。太虚对于唯识学理论的创造性运用，诚然是融贯的善巧方便，但毕竟与纯正的唯识学理论有别，会导致其理论可信度降低。第三，因为完成时间有先后，且《宗体论》是讲授不是写作的形式，故此《宗依论》和《宗体论》有重合的部分，也有略有出入的部分，《宗体论》中还有成段引述《自由史观》等文章的内容。如果从《真现实论》的整体来看，结构还有缝隙，没有《大智度论》《菩提道次第广论》等论书那么精审。

当然，这几点不足无损《真现实论》的地位，这其实是《真现实论》思想特质的一体两面。相信如果天假以年，太虚必然会把《真现实论》讲全，作出更好的修订，但终究成了历史的遗憾。而在百年后的今天，我们须予以《真现实论》应有的重视，并在它的基础上继往开新。

---

① 一个典型例子是太虚根据当时的天文学报道，结合佛学知识，认为四大洲指的是太阳系行星，地球是南瞻部洲，火星是北俱芦洲。参见太虚：《真现实论·宗依论》，《太虚大师全书》第20卷，第193—195页。

图书在版编目(CIP)数据
雪窦山第一届慈氏学学术研讨会论文集 / 怡藏主编.
上海 : 中西书局, 2025. -- ISBN 978-7-5475-2348-3
Ⅰ. B942.1-53
中国国家版本馆CIP数据核字第2025EB2852号

雪窦山第一届慈氏学学术研讨会论文集

怡　藏　**主编**

责任编辑　邓益明
装帧设计　梁业礼
责任印制　朱人杰

出版发行　上海世纪出版集团
中西書局(www.zxpress.com.cn)
地　　址　上海市闵行区号景路159弄B座(邮政编码: 201101)
印　　刷　常熟市人民印刷有限公司
开　　本　787毫米×1092毫米　1/16
印　　张　25.75
字　　数　526 000
版　　次　2025年6月第1版　2025年6月第1次印刷
书　　号　ISBN 978-7-5475-2348-3/B·148
定　　价　128.00元